中国应急管理

（2014）

EMERGENCY MANAGEMENT IN CHINA 2014

夏保成　姚军玲 主编

当代中国出版社
Contemporary China Publishing House

图书在版编目(CIP)数据

中国应急管理. 2014 / 夏保成, 姚军玲主编. -- 北京：当代中国出版社, 2016. 10
ISBN 978-7-5154-0701-2

Ⅰ. ①中… Ⅱ. ①夏… ②姚… Ⅲ. ①突发事件—公共管理—中国—2014 Ⅳ. ①D63

中国版本图书馆 CIP 数据核字(2016)第 139329 号

出 版 人	曹宏举
责任编辑	袁又文　张　瑞
责任校对	康　莹
封面设计	古涧文化
出版发行	当代中国出版社
地　　址	北京市地安门西大街旌勇里 8 号
网　　址	http://www.ddzg.net　邮箱：ddzgcbs@sina.com
邮政编码	100009
编 辑 部	(010)66572264　66572154　66572132　66572180
市 场 部	(010)66572281 或 66572155/56/57/58/59 转
印　　刷	北京润田金辉印刷有限公司
开　　本	787 毫米×1092 毫米　1/16
印　　张	18.75 印张　486 千字
版　　次	2016 年 10 月第 1 版
印　　次	2016 年 10 月第 1 次印刷
定　　价	78.00 元

中国应急管理（2014）

主　　编：夏保成　姚军玲

参编人员：杜笑宇　田家琳　刘　丽　王超兴
冯　洁　姬琰玲　任　晴　和　杰
夏　越　刘亚妮　王　碧　朱俊杰

目录

第一编 法律法规

第二编 机构设置

第三编 重大活动

第四编　突发事件

第五编 文 献

第一编　法律法规

全国人民代表大会常务委员会关于修改《中华人民共和国安全生产法》的决定

（2014年8月31日第十二届全国人民代表大会常务委员会第十次会议通过）

第十二届全国人民代表大会常务委员会第十次会议决定对《中华人民共和国安全生产法》作如下修改：

一、将第三条修改为："安全生产工作应当以人为本，坚持安全发展，坚持安全第一、预防为主、综合治理的方针，强化和落实生产经营单位的主体责任，建立生产经营单位负责、职工参与、政府监管、行业自律和社会监督的机制。"

二、将第四条修改为："生产经营单位必须遵守本法和其他有关安全生产的法律、法规，加强安全生产管理，建立、健全安全生产责任制和安全生产规章制度，改善安全生产条件，推进安全生产标准化建设，提高安全生产水平，确保安全生产。"

三、将第七条修改为："工会依法对安全生产工作进行监督。

"生产经营单位的工会依法组织职工参加本单位安全生产工作的民主管理和民主监督，维护职工在安全生产方面的合法权益。生产经营单位制定或者修改有关安全生产的规章制度，应当听取工会的意见。"

四、将第八条修改为："国务院和县级以上地方各级人民政府应当根据国民经济和社会发展规划制定安全生产规划，并组织实施。安全生产规划应当与城乡规划相衔接。

"国务院和县级以上地方各级人民政府应当加强对安全生产工作的领导，支持、督促各有关部门依法履行安全生产监督管理职责，建立健全安全生产工作协调机制，及时协调、解决安全生产监督管理中存在的重大问题。

"乡、镇人民政府以及街道办事处、开发区管理机构等地方人民政府的派出机关应当按照职责，加强对本行政区域内生产经营单位安全生产状况的监督检查，协助上级人民政府有关部门依法履行安全生产监督管理职责。"

五、将第九条修改为："国务院安全生产监督管理部门依照本法，对全国安全生产工作实施综合监督管理；县级以上地方各级人民政府安全生产监督管理部门依照本法，对本行政区域内安全生产工作实施综合监督管理。

"国务院有关部门依照本法和其他有关法律、行政法规的规定，在各自的职责范围内对有关行业、领域的安全生产工作实施监督管理；县级以上地方各级人民政府有关部门依照本法和其他有关法律、法规的规定，在各自的职责范围内对有关行业、领域的安全生产工作实施监督管理。

"安全生产监督管理部门和对有关行业、领域的安全生产工作实施监督管理的部门，统称负有安全生产监督管理职责的部门。"

六、增加一条，作为第十二条："有关协会组织依照法律、行政法规和章程，为生产经营单位提供安全生产方面的信息、培训等服务，发挥自律作用，促进生产经营单位加强安全生产管理。"

七、将第十二条改为第十三条，修改为："依法设立的为安全生产提供技术、管理服务的机构，依照法律、行政法规和执业准则，接受生产经营单位的委托为其安全生产工作提供技术、管理服务。

"生产经营单位委托前款规定的机构提供安全生产技术、管理服务的，保证安全生产的责任仍由本单位负责。"

八、将第十七条改为第十八条，增加一项，作为第三项："组织制定并实施本单位安全生产教育和培训计划"。

九、增加一条，作为第十九条："生产经营单位的安全生产责任制应当明确各岗位的责任人员、责任范围和考核标准等内容。

"生产经营单位应当建立相应的机制，加强对安全生产责任制落实情况的监督考核，保证安全生产责任制的落实。”

十、将第十八条改为第二十条，增加一款，作为第二款：“有关生产经营单位应当按照规定提取和使用安全生产费用，专门用于改善安全生产条件。安全生产费用在成本中据实列支。安全生产费用提取、使用和监督管理的具体办法由国务院财政部门会同国务院安全生产监督管理部门征求国务院有关部门意见后制定。”

十一、将第十九条改为第二十一条，修改为：“矿山、金属冶炼、建筑施工、道路运输单位和危险物品的生产、经营、储存单位，应当设置安全生产管理机构或者配备专职安全生产管理人员。

“前款规定以外的其他生产经营单位，从业人员超过一百人的，应当设置安全生产管理机构或者配备专职安全生产管理人员；从业人员在一百人以下的，应当配备专职或者兼职的安全生产管理人员。”

十二、增加一条，作为第二十二条：“生产经营单位的安全生产管理机构以及安全生产管理人员履行下列职责：

“（一）组织或者参与拟订本单位安全生产规章制度、操作规程和生产安全事故应急救援预案；

“（二）组织或者参与本单位安全生产教育和培训，如实记录安全生产教育和培训情况；

“（三）督促落实本单位重大危险源的安全管理措施；

“（四）组织或者参与本单位应急救援演练；

“（五）检查本单位的安全生产状况，及时排查生产安全事故隐患，提出改进安全生产管理的建议；

“（六）制止和纠正违章指挥、强令冒险作业、违反操作规程的行为；

“（七）督促落实本单位安全生产整改措施。”

十三、增加一条，作为第二十三条：“生产经营单位的安全生产管理机构以及安全生产管理人员应当恪尽职守，依法履行职责。

“生产经营单位作出涉及安全生产的经营决策，应当听取安全生产管理机构以及安全生产管理人员的意见。

“生产经营单位不得因安全生产管理人员依法履行职责而降低其工资、福利等待遇或者解除与其订立的劳动合同。

“危险物品的生产、储存单位以及矿山、金属冶炼单位的安全生产管理人员的任免，应当告知主管的负有安全生产监督管理职责的部门。”

十四、将第二十条改为第二十四条，第二款修改为：“危险物品的生产、经营、储存单位以及矿山、金属冶炼、建筑施工、道路运输单位的主要负责人和安全生产管理人员，应当由主管的负有安全生产监督管理职责的部门对其安全生产知识和管理能力考核合格。考核不得收费。”

增加一款，作为第三款：“危险物品的生产、储存单位以及矿山、金属冶炼单位应当有注册安全工程师从事安全生产管理工作。鼓励其他生产经营单位聘用注册安全工程师从事安全生产管理工作。注册安全工程师按专业分类管理，具体办法由国务院人力资源和社会保障部门、国务院安全生产监督管理部门会同国务院有关部门制定。”

十五、将第二十一条改为第二十五条，修改为：“生产经营单位应当对从业人员进行安全生产教育和培训，保证从业人员具备必要的安全生产知识，熟悉有关的安全生产规章制度和安全操作规程，掌握本岗位的安全操作技能，了解事故应急处理措施，知悉自身在安全生产方面的权利和义务。未经安全生产教育和培训合格的从业人员，不得上岗作业。

“生产经营单位使用被派遣劳动者的，应当将被派遣劳动者纳入本单位从业人员统一管理，对被派遣劳动者进行岗位安全操作规程和安全操作技能的教育和培训。劳务派遣单位应当对被派遣劳动者进行必要的安全生产教育和培训。

“生产经营单位接收中等职业学校、高等学校学生实习的，应当对实习学生进行相应的安全生产教育和培训，提供必要的劳动防护用品。学校应当协助生产经营单位对实习学生进行安全生产教育和培训。

“生产经营单位应当建立安全生产教育和培训档案，如实记录安全生产教育和培训的时间、内容、参加人员以及考核结果等情况。”

十六、将第二十五条改为第二十九条，修改为：“矿山、金属冶炼建设项目和用于生产、储存、装卸危险物品的建设项目，应当按照国家有关规定进行安全评价。”

十七、将第二十七条改为第三十一条，修改为：“矿山、金属冶炼建设项目和用于生产、储存、装卸危险物品的建设项目的施工单位必须按照批准的安全设施设计施工，并对安全设施的工程质量负责。

“矿山、金属冶炼建设项目和用于生产、储存危险物品的建设项目竣工投入生产或者使用前，应当由建设单位负责组织对安全设施进行验收；验收合格后，方可投入生产和使用。安全生产监督管理部门应当加强对建设单位验收活动和验收结果的监督核查。”

十八、将第三十条改为第三十四条，修改为：“生产经营单位使用的危险物品的容器、运输工具，以及涉及人身安全、危险性较大的海洋石油开采特种设备和矿山井下特种设备，必须按照国家有关规定，由专业生产单位生产，并经具有专业资质的检测、检验机构检测、检验合格，取得安全使用证或者安全标志，方可投入使用。检测、检验机构对检测、检验结果负责。”

十九、将第三十一条改为第三十五条，修改为：“国家对严重危及生产安全的工艺、设备实行淘汰制度，具体目录由国务院安全生产监督管理部门会同国务院有关部门制定并公布。法律、行政法规对目录的制定另有规定的，适用其规定。

“省、自治区、直辖市人民政府可以根据本地区实际情况制定并公布具体目录，对前款规定以外的危及生产安全的工艺、设备予以淘汰。

“生产经营单位不得使用应当淘汰的危及生产安全的工艺、设备。”

二十、增加一条，作为第三十八条：“生产经营单位应当建立健全生产安全事故隐患排查治理制度，采取技术、管理措施，及时发现并消除事故隐患。事故隐患排查治理情况应当如实记录，并向从业人员通报。

“县级以上地方各级人民政府负有安全生产监督管理职责的部门应当建立健全重大事故隐患治理督办制度，督促生产经营单位消除重大事故隐患。”

二十一、将第三十五条改为第四十条，修改为：“生产经营单位进行爆破、吊装以及国务院安全生产监督管理部门会同国务院有关部门规定的其他危险作业，应当安排专门人员进行现场安全管理，确保操作规程的遵守和安全措施的落实。”

二十二、将第三十八条改为第四十三条，修改为：“生产经营单位的安全生产管理人员应当根据本单位的生产经营特点，对安全生产状况进行经常性检查；对检查中发现的安全问题，应当立即处理；不能处理的，应当及时报告本单位有关负责人，有关负责人应当及时处理。检查及处理情况应当如实记录在案。

“生产经营单位的安全生产管理人员在检查中发现重大事故隐患，依照前款规定向本单位有关负责人报告，有关负责人不及时处理的，安全生产管理人员可以向主管的负有安全生产监督管理职责的部门报告，接到报告的部门应当依法及时处理。”

二十三、将第四十一条改为第四十六条，第二款修改为：“生产经营项目、场所发包或者出租给其他单位的，生产经营单位应当与承包单位、承租单位签订专门的安全生产管理协议，或者在承包合同、租赁合同中约定各自的安全生产管理职责；生产经营单位对承包单位、承租单位的安全生产工作统一协调、管理，定期进行安全检查，发现安全问题的，应当及时督促整改。”

二十四、将第四十三条改为第四十八条，增加一款，作为第二款：“国家鼓励生产经营单位投保安全生产责任保险。”

二十五、增加一条，作为第五十八条：“生产经营单位使用被派遣劳动者的，被派遣劳动者享有本法规定的从业人员的权利，并应当履行本法规定的从业人员的义务。”

二十六、将第五十三条改为第五十九条，修改为：“县级以上地方各级人民政府应当根据本行政区域内的安全生产状况，组织有关部门按照职责分工，对本行政区域内容易发生重大生产安全事故的生产经营单位进行严格检查。

“安全生产监督管理部门应当按照分类分级监督管理的要求，制定安全生产年度监督检查计划，并按照年度监督检查计划进行监督检查，发现事故隐患，应当及时处理。”

二十七、将第五十六条改为第六十二条，第一款修改为：“安全生产监督管理部门和其他负有安全生产监督管理职责的部门依法开展安全生产行政执法工作，对生产经营单位执行有关安全生产的法律、法规和国家标准或者行业标准的情况进行监督检查，行使以下职权：

“（一）进入生产经营单位进行检查，调阅有关资料，向有关单位和人员了解情况；

“（二）对检查中发现的安全生产违法行为，当场予以纠正或者要求限期改正；对依法应当给予行政处罚的行为，依照本法和其他有关法律、行政法规的规定作出行政处罚决定；

“（三）对检查中发现的事故隐患，应当责令立即排除；重大事故隐患排除前或者排除过程中无法保证安全的，应当责令从危险区域内撤出作业人员，责令暂时停产停业或者停止使用相关设施、设备；重大事故隐患排除后，经审查同意，方可恢复生产经营和使用；

“（四）对有根据认为不符合保障安全生产的国家标准或者行业标准的设施、设备、器材以及违法生产、储存、使用、经营、运输的危险物品予以查封或者扣押，对违法生产、储存、使用、经营危险物品的作业场所予以查封，并依法作出处理决定。”

二十八、增加一条，作为第六十七条：“负有安全生产监督管理职责的部门依法对存在重大事故隐患的生产经营单位作出停产停业、停止施工、停止使用相关设施或者设备的决定，生产经营单位应当依法执行，及时消除事故隐患。生产经营单位拒不执行，有发生生产安全事故的现实危险的，在保证安全的前提下，经本部门主要负责人批准，负有安全生产监督管理职责的部门可以采取通知有关单位停止供电、停止供应民用爆炸物品等措施，强制生产经营单位履行决定。通知应当采用书面形式，有关单位应当予以配合。

“负有安全生产监督管理职责的部门依照前款规定采取停止供电措施，除有危及生产安全的紧急情形外，应当提前二十四小时通知生产经营单位。生产经营单位依法履行行政决定、采取相应措施消除事故隐患的，负有安全生产监督管理职责的部门应当及时解除前款规定的措施。”

二十九、增加一条，作为第七十五条：“负有安全生产监督管理职责的部门应当建立安全生产违法行为信息库，如实记录生产经营单位的安全生产违法行为信息；对违法行为情节严重的生产经营单位，应当向社会公告，并通报行业主管部门、投资主管部门、国土资源主管部门、证券监督管理机构以及有关金融机构。”

三十、增加一条，作为第七十六条：“国家加强生产安全事故应急能力建设，在重点行业、领域建立应急救援基地和应急救援队伍，鼓励生产经营单位和其他社会力量建立应急救援队伍，配备相应的应急救援装备和物资，提高应急救援的专业化水平。

“国务院安全生产监督管理部门建立全国统一的生产安全事故应急救援信息系统，国务院有关部门建立健全相关行业、领域的生产安全事故应急救援信息系统。”

三十一、增加一条，作为第七十八条：“生产经营单位应当制定本单位生产安全事故应急救援预案，与所在地县级以上地方人民政府组织制定的生产安全事故应急救援预案相衔接，并定期组织演练。”

三十二、将第六十九条改为第七十九条，修改为：“危险物品的生产、经营、储存单位以及矿山、金属冶炼、城市轨道交通运营、建筑施工单位应当建立应急救援组织；生产经营规模较小的，可以不建立应急救援组织，但应当指定兼职的应急救援人员。

“危险物品的生产、经营、储存、运输单位以及矿山、金属冶炼、城市轨道交通运营、建筑施工单位应当配备必要的应急救援器材、设备和物资，并进行经常性维护、保养，保证正常运转。”

三十三、将第七十二条改为第八十二条，第一款修改为：“有关地方人民政府和负有安全生产监督管理职责的部门的负责人接到生产安全事故报告后，应当按照生产安全事故应急救援预案的要求立即赶到事故现场，组织事故抢救。”

增加二款，作为第二款、第三款：“参与事故抢救的部门和单位应当服从统一指挥，加强协同联动，采取有效的应急救援措施，并根据事故救援的需要采取警戒、疏散等措施，防止事故扩大和次生灾害的发生，减少人员伤亡和财产损失。

“事故抢救过程中应当采取必要措施，避免或者减少对环境造成的危害。”

三十四、将第七十三条改为第八十三条，修改为：“事故调查处理应当按照科学严谨、依法依规、实事求是、注重实效的原则，及时、准确地查清事故原因，查明事故性质和责任，总结事故教训，提出整改措施，并对事故责任者提出处理意见。事故调查报告应当依法及时向社会公布。事故调查和处理的具体办法由国务院制定。

“事故发生单位应当及时全面落实整改措施，负有安全生产监督管理职责的部门应当加强监督检查。”

三十五、将第七十七条改为第八十七条，第一款增加一项，作为第四项：“在监督检查中发现重大事故隐患，不依法及时处理的”。

增加一款，作为第二款：“负有安全生产监督管理职责的部门的工作人员有前款规定以外的滥用职权、玩忽职守、徇私舞弊行为的，依法给予处分；构成犯罪的，依照刑法有关规定追究刑事责任。”

三十六、将第七十九条改为第八十九条，修改为：“承担安全评价、认证、检测、检验工作的机构，出具虚假证明的，没收违法所得；违法所得在十万元以上的，并处违法所得二倍以上五倍以下的罚款；没有违法所得或者违法所得不足十万元的，单处或者并处十万元以上二十万元以下的罚款；对其直接负责的主管人员和其他直接责任人员处二万元以上五万元以下的罚款；给他人造成损害的，与生产经营单位承担连带赔偿责任；构成犯罪的，依照刑法有关规定追究刑事责任。

“对有前款违法行为的机构，吊销其相应资质。”

三十七、将第八十条改为第九十条，修改为：

“生产经营单位的决策机构、主要负责人或者个人经营的投资人不依照本法规定保证安全生产所必需的资金投入，致使生产经营单位不具备安全生产条件的，责令限期改正，提供必需的资金；逾期未改正的，责令生产经营单位停产停业整顿。

“有前款违法行为，导致发生生产安全事故的，对生产经营单位的主要负责人给予撤职处分，对个人经营的投资人处二万元以上二十万元以下的罚款；构成犯罪的，依照刑法有关规定追究刑事责任。”

三十八、将第八十一条改为第九十一条，修改为：“生产经营单位的主要负责人未履行本法规定的安全生产管理职责的，责令限期改正；逾期未改正的，处二万元以上五万元以下的罚款，责令生产经营单位停产停业整顿。

“生产经营单位的主要负责人有前款违法行为，导致发生生产安全事故的，给予撤职处分；构成犯罪的，依照刑法有关规定追究刑事责任。

“生产经营单位的主要负责人依照前款规定受刑事处罚或者撤职处分的，自刑罚执行完毕或者受处分之日起，五年内不得担任任何生产经营单位的主要负责人；对重大、特别重大生产安全事故负有责任的，终身不得担任本行业生产经营单位的主要负责人。”

三十九、增加一条，作为第九十二条：“生产经营单位的主要负责人未履行本法规定的安全生产管理职责，导致发生生产安全事故的，由安全生产监督管理部门依照下列规定处以罚款：

“（一）发生一般事故的，处上一年年收入百分之三十的罚款；

“（二）发生较大事故的，处上一年年收入百分之四十的罚款；

“（三）发生重大事故的，处上一年年收入百分之六十的罚款；

“（四）发生特别重大事故的，处上一年年收入百分之八十的罚款。”

四十、增加一条，作为第九十三条：“生产经营单位的安全生产管理人员未履行本法规定的安全生产管理职责的，责令限期改正；导致发生生产安全事故的，暂停或者撤销其与安全生产有关的资格；构成犯罪的，依照刑法有关规定追究刑事责任。”

四十一、将第八十二条改为第九十四条，修改为：“生产经营单位有下列行为之一的，责令限期改正，可以处五万元以下的罚款；逾期未改正的，责令停产停业整顿，并处五万元以上十万元以下的罚款，对其直接负责的主管人员和其他直接责任人员处一万元以上二万元以下的罚款：

“（一）未按照规定设置安全生产管理机构或者配备安全生产管理人员的；

“（二）危险物品的生产、经营、储存单位以及矿山、金属冶炼、建筑施工、道路运输单位的主要负责人和安全生产管理人员未按照规定经考核合格的；

“（三）未按照规定对从业人员、被派遣劳动者、实习学生进行安全生产教育和培训，或者未按照规定如实告知有关的安全生产事项的；

“（四）未如实记录安全生产教育和培训情况的；

“（五）未将事故隐患排查治理情况如实记录或者未向从业人员通报的；

“（六）未按照规定制定生产安全事故应急救援预案或者未定期组织演练的；

“（七）特种作业人员未按照规定经专门的安全作业培训并取得相应资格，上岗作业的。”

四十二、将第八十三条改为第九十五条、第九十六条，修改为：“第九十五条生产经营单位有下列行为之一的，责令停止建设或者停产停业整顿，限期改正；逾期未改正的，处五十万元以上一百万元以下的罚款，对其直接负责的主管人员和其他直接责任人员处二万元以上五万元以下的罚款；构成犯罪的，依照刑法有关规定追究刑事责任：

“（一）未按照规定对矿山、金属冶炼建设项目或者用于生产、储存、装卸危险物品的建设项目进行安全评价的；

“（二）矿山、金属冶炼建设项目或者用于生产、储存、装卸危险物品的建设项目没有安全设施设计或者安全设施设计未按照规定报经有关部门审查同意的；

“（三）矿山、金属冶炼建设项目或者用于生产、储存、装卸危险物品的建设项目的施工单位未按照批准的安全设施设计施工的；

“（四）矿山、金属冶炼建设项目或者用于生产、储存危险物品的建设项目竣工投入生产或者使用前，安全设施未经验收合格的。

“第九十六条生产经营单位有下列行为之一的，责令限期改正，可以处五万元以下的罚款；逾期未改正的，处五万元以上二十万元以下的罚款，对其直接负责的主管人员和其他直接责任人员处一万元以上二万元以下的罚款；情节严重的，责令停产停业整顿；构成犯罪的，依照刑法有关规定追究刑事责任：

“（一）未在有较大危险因素的生产经营场所

和有关设施、设备上设置明显的安全警示标志的；

“（二）安全设备的安装、使用、检测、改造和报废不符合国家标准或者行业标准的；

“（三）未对安全设备进行经常性维护、保养和定期检测的；

“（四）未为从业人员提供符合国家标准或者行业标准的劳动防护用品的；

“（五）危险物品的容器、运输工具，以及涉及人身安全、危险性较大的海洋石油开采特种设备和矿山井下特种设备未经具有专业资质的机构检测、检验合格，取得安全使用证或者安全标志，投入使用的；

“（六）使用应当淘汰的危及生产安全的工艺、设备的。”

四十三、将第八十四条改为第九十七条，修改为：“未经依法批准，擅自生产、经营、运输、储存、使用危险物品或者处置废弃危险物品的，依照有关危险物品安全管理的法律、行政法规的规定予以处罚；构成犯罪的，依照刑法有关规定追究刑事责任。”

四十四、将第八十五条改为第九十八条，修改为：“生产经营单位有下列行为之一的，责令限期改正，可以处十万元以下的罚款；逾期未改正的，责令停产停业整顿，并处十万元以上二十万元以下的罚款，对其直接负责的主管人员和其他直接责任人员处二万元以上五万元以下的罚款；构成犯罪的，依照刑法有关规定追究刑事责任：

“（一）生产、经营、运输、储存、使用危险物品或者处置废弃危险物品，未建立专门安全管理制度、未采取可靠的安全措施的；

“（二）对重大危险源未登记建档，或者未进行评估、监控，或者未制定应急预案的；

“（三）进行爆破、吊装以及国务院安全生产监督管理部门会同国务院有关部门规定的其他危险作业，未安排专门人员进行现场安全管理的；

“（四）未建立事故隐患排查治理制度的。”

四十五、增加一条，作为第九十九条：“生产经营单位未采取措施消除事故隐患的，责令立即消除或者限期消除；生产经营单位拒不执行的，责令停产停业整顿，并处十万元以上五十万元以下的罚款，对其直接负责的主管人员和其他直接责任人员处二万元以上五万元以下的罚款。”

四十六、将第八十六条改为第一百条，修改为：“生产经营单位将生产经营项目、场所、设备发包或者出租给不具备安全生产条件或者相应资质的单位或者个人的，责令限期改正，没收违法所得；违法所得十万元以上的，并处违法所得二倍以上五倍以下的罚款；没有违法所得或者违法所得不足十万元的，单处或者并处十万元以上二十万元以下的罚款；对其直接负责的主管人员和其他直接责任人员处一万元以上二万元以下的罚款；导致发生生产安全事故给他人造成损害的，与承包方、承租方承担连带赔偿责任。

“生产经营单位未与承包单位、承租单位签订专门的安全生产管理协议或者未在承包合同、租赁合同中明确各自的安全生产管理职责，或者未对承包单位、承租单位的安全生产统一协调、管理的，责令限期改正，可以处五万元以下的罚款，对其直接负责的主管人员和其他直接责任人员可以处一万元以下的罚款；逾期未改正的，责令停产停业整顿。”

四十七、增加一条，作为第一百零五条：“违反本法规定，生产经营单位拒绝、阻碍负有安全生产监督管理职责的部门依法实施监督检查的，责令改正；拒不改正的，处二万元以上二十万元以下的罚款；对其直接负责的主管人员和其他直接责任人员处一万元以上二万元以下的罚款；构成犯罪的，依照刑法有关规定追究刑事责任。”

四十八、将第九十一条改为第一百零六条，修改为：“生产经营单位的主要负责人在本单位发生生产安全事故时，不立即组织抢救或者在事故调查处理期间擅离职守或者逃匿的，给予降级、撤职的处分，并由安全生产监督管理部门处上一年年收入百分之六十至百分之一百的罚款；对逃匿的处十五日以下拘留；构成犯罪的，依照刑法有关规定追究刑事责任。

“生产经营单位的主要负责人对生产安全事故隐瞒不报、谎报或者迟报的，依照前款规定处罚。”

四十九、增加一条，作为第一百零九条：“发生生产安全事故，对负有责任的生产经营单位除要求其依法承担相应的赔偿等责任外，由安全生产监督管理部门依照下列规定处以罚款：

“（一）发生一般事故的，处二十万元以上五十万元以下的罚款；

“（二）发生较大事故的，处五十万元以上一百万元以下的罚款；

“（三）发生重大事故的，处一百万元以上五百万元以下的罚款；

“（四）发生特别重大事故的，处五百万元以上一千万元以下的罚款；情节特别严重的，处一千万元以上二千万元以下的罚款。”

五十、将第九十四条改为第一百一十条，修改为：“本法规定的行政处罚，由安全生产监督管理部门和其他负有安全生产监督管理职责的部门按照职责分工决定。予以关闭的行政处罚由负有安全生产监督管理职责的部门报请县级以上人民政府按照国务院规定的权限决定；给予拘留的行政处罚由公安机关依照治安管理处罚法的规定决定。”

五十一、增加一条，作为第一百一十三条：“本法规定的生产安全一般事故、较大事故、重大事故、特别重大事故的划分标准由国务院规定。

“国务院安全生产监督管理部门和其他负有安全生产监督管理职责的部门应当根据各自的职责分工，制定相关行业、领域重大事故隐患的判定标准。”

五十二、对部分条文作了以下修改：

（一）将第一条中的“为了加强安全生产监督管理”修改为“为了加强安全生产工作”，“促进经济发展”修改为“促进经济社会持续健康发展”。

（二）在第二条中的“民用航空安全”后增加“以及核与辐射安全、特种设备安全”。

（三）将第十一条中的“提高职工的安全生产意识”修改为“增强全社会的安全生产意识”。

（四）将第二十三条第一款中的“取得特种作业操作资格证书”修改为“取得相应资格”。

（五）将第二十三条第二款、第三十三条第二款、第六十六条、第七十六条中的“负责安全生产监督管理的部门”修改为“安全生产监督管理部门”。

（六）将第二十六条第二款中的“矿山建设项目和用于生产、储存危险物品的建设项目”修改为“矿山、金属冶炼建设项目和用于生产、储存、装卸危险物品的建设项目”。

（七）将第三十四条第二款、第八十八条第二项中的“封闭、堵塞”修改为“锁闭、封堵”。

（八）将第四十二条中的“重大生产安全事故”修改为“生产安全事故”，将第六十八条中的“特大生产安全事故应急救援预案”修改为“生产安全事故应急救援预案”。

（九）将第四十三条、第四十四条第一款、第四十八条中的“工伤社会保险”修改为“工伤保险”。

（十）将第三章章名修改为“从业人员的安全生产权利义务”。

（十一）将第五十四条中的“依照本法第九条规定对安全生产负有监督管理职责的部门（以下统称负有安全生产监督管理职责的部门）”修改为“负有安全生产监督管理职责的部门”。

（十二）将第六十七条中的“安全生产宣传教育”修改为“安全生产公益宣传教育”。

（十三）将第七十条第二款、第七十一条、第九十二条中的“拖延不报”修改为“迟报”。

（十四）将第七十七条、第七十八条、第九十二条中的“行政处分”修改为“处分”。

（十五）将第八十七条、第八十八条中的“责令限期改正”修改为“责令限期改正，可以处五万元以下的罚款，对其直接负责的主管人员和其他直接责任人员可以处一万元以下的罚款”。

（十六）删去第八十八条中的“造成严重后果”，删去第九十条中的“造成重大事故”。

本决定自2014年12月1日起施行。

《中华人民共和国安全生产法》根据本决定作相应修改，重新公布。

国家突发环境事件应急预案

1 总 则

1.1 编制目的

健全突发环境事件应对工作机制，科学有序高效应对突发环境事件，保障人民群众生命财产安全和环境安全，促进社会全面、协调、可持续发展。

1.2 编制依据

依据《中华人民共和国环境保护法》、《中华人民共和国突发事件应对法》、《中华人民共和国放射性污染防治法》、《国家突发公共事件总体应急预案》及相关法律法规等，制定本预案。

1.3 适用范围

本预案适用于我国境内突发环境事件应对工作。

突发环境事件是指由于污染物排放或自然灾害、生产安全事故等因素，导致污染物或放射性物质等有毒有害物质进入大气、水体、土壤等环境介质，突然造成或可能造成环境质量下降，危及公众身体健康和财产安全，或造成生态环境破坏，或造成重大社会影响，需要采取紧急措施予以应对的事件，主要包括大气污染、水体污染、土壤污染等突发性环境污染事件和辐射污染事件。

核设施及有关核活动发生的核事故所造成的辐射污染事件、海上溢油事件、船舶污染事件的应对工作按照其他相关应急预案规定执行。重污染天气应对工作按照国务院《大气污染防治行动计划》等有关规定执行。

1.4 工作原则

突发环境事件应对工作坚持统一领导、分级负责，属地为主、协调联动，快速反应、科学处置，资源共享、保障有力的原则。突发环境事件发生后，地方人民政府和有关部门立即自动按照职责分工和相关预案开展应急处置工作。

1.5 事件分级

按照事件严重程度，突发环境事件分为特别重大、重大、较大和一般四级。突发环境事件分级标准见附件1。

2 组织指挥体系

2.1 国家层面组织指挥机构

环境保护部负责重特大突发环境事件应对的指导协调和环境应急的日常监督管理工作。根据突发环境事件的发展态势及影响，环境保护部或省级人民政府可报请国务院批准，或根据国务院领导同志指示，成立国务院工作组，负责指导、协调、督促有关地区和部门开展突发环境事件应对工作。必要时，成立国家环境应急指挥部，由国务院领导同志担任总指挥，统一领导、组织和指挥应急处置工作；国务院办公厅履行信息汇总和综合协调职责，发挥运转枢纽作用。国家环境应急指挥部组成及工作组职责见附件2。

2.2 地方层面组织指挥机构

县级以上地方人民政府负责本行政区域内的突发环境事件应对工作，明确相应组织指挥机构。跨行政区域的突发环境事件应对工作，由各有关行政区域人民政府共同负责，或由有关行政区域共同的上一级地方人民政府负责。对需要国家层面协调处置的跨省级行政区域突发环境事件，由有关省级人民政府向国务院提出请求，或由有关省级环境保护主管部门向环境保护部提出请求。

地方有关部门按照职责分工，密切配合，共同做好突发环境事件应对工作。

2.3 现场指挥机构

负责突发环境事件应急处置的人民政府根据需要成立现场指挥部，负责现场组织指挥工作。参与现场处置的有关单位和人员要服从现场指挥部的统一指挥。

3 监测预警和信息报告

3.1 监测和风险分析

各级环境保护主管部门及其他有关部门要加强日常环境监测，并对可能导致突发环境事件的风险信息加强收集、分析和研判。安全监管、交通运输、公安、住房城乡建设、水利、农业、卫生计生、气象等有关部门按照职责分工，应当及时将可能导致突发环境事件的信息通报同级环境保护主管部门。

企业事业单位和其他生产经营者应当落实环境安全主体责任，定期排查环境安全隐患，开展环境风险评估，健全风险防控措施。当出现可能导致突发环境事件的情况时，要立即报告当地环境保护主管部门。

3.2 预 警

3.2.1 预警分级

对可以预警的突发环境事件，按照事件发生的可能性大小、紧急程度和可能造成的危害程度，将预警分为四级，由低到高依次用蓝色、黄色、橙色和红色表示。

预警级别的具体划分标准，由环境保护部制定。

3.2.2 预警信息发布

地方环境保护主管部门研判可能发生突发环境事件时，应当及时向本级人民政府提出预警信息发布建议，同时通报同级相关部门和单位。地方人民政府或其授权的相关部门，及时通过电视、广播、报纸、互联网、手机短信、当面告知等渠道或方式向本行政区域公众发布预警信息，并通报可能影响到的相关地区。

上级环境保护主管部门要将监测到的可能导致突发环境事件的有关信息，及时通报可能受影响地区的下一级环境保护主管部门。

3.2.3 预警行动

预警信息发布后，当地人民政府及其有关部门视情采取以下措施：

（1）分析研判。组织有关部门和机构、专业技术人员及专家，及时对预警信息进行分析研判，预估可能的影响范围和危害程度。

（2）防范处置。迅速采取有效处置措施，控制事件苗头。在涉险区域设置注意事项提示或事件危害警告标志，利用各种渠道增加宣传频次，告知公众避险和减轻危害的常识、需采取的必要的健康防护措施。

（3）应急准备。提前疏散、转移可能受到危害的人员，并进行妥善安置。责令应急救援队伍、负有特定职责的人员进入待命状态，动员后备人员做好参加应急救援和处置工作的准备，并调集应急所需物资和设备，做好应急保障工作。对可能导致突发环境事件发生的相关企业事业单位和其他生产经营者加强环境监管。

（4）舆论引导。及时准确发布事态最新情况，公布咨询电话，组织专家解读。加强相关舆情监测，做好舆论引导工作。

3.2.4　预警级别调整和解除

发布突发环境事件预警信息的地方人民政府或有关部门，应当根据事态发展情况和采取措施的效果适时调整预警级别；当判断不可能发生突发环境事件或者危险已经消除时，宣布解除预警，适时终止相关措施。

3.3　信息报告与通报

突发环境事件发生后，涉事企业事业单位或其他生产经营者必须采取应对措施，并立即向当地环境保护主管部门和相关部门报告，同时通报可能受到污染危害的单位和居民。因生产安全事故导致突发环境事件的，安全监管等有关部门应当及时通报同级环境保护主管部门。环境保护主管部门通过互联网信息监测、环境污染举报热线等多种渠道，加强对突发环境事件的信息收集，及时掌握突发环境事件发生情况。

事发地环境保护主管部门接到突发环境事件信息报告或监测到相关信息后，应当立即进行核实，对突发环境事件的性质和类别作出初步认定，按照国家规定的时限、程序和要求向上级环境保护主管部门和同级人民政府报告，并通报同级其他相关部门。突发环境事件已经或者可能涉及相邻行政区域的，事发地人民政府或环境保护主管部门应当及时通报相邻行政区域同级人民政府或环境保护主管部门。地方各级人民政府及其环境保护主管部门应当按照有关规定逐级上报，必要时可越级上报。

接到已经发生或者可能发生跨省级行政区域突发环境事件信息时，环境保护部要及时通报相关省级环境保护主管部门。

对以下突发环境事件信息，省级人民政府和环境保护部应当立即向国务院报告：

（1）初判为特别重大或重大突发环境事件；

（2）可能或已引发大规模群体性事件的突发环境事件；

（3）可能造成国际影响的境内突发环境事件；

（4）境外因素导致或可能导致我境内突发环境事件；

（5）省级人民政府和环境保护部认为有必要报告的其他突发环境事件。

4　应急响应

4.1　响应分级

根据突发环境事件的严重程度和发展态势，将应急响应设定为Ⅰ级、Ⅱ级、Ⅲ级和Ⅳ级四个等级。初判发生特别重大、重大突发环境事件，分别启动Ⅰ级、Ⅱ级应急响应，由事发地省级人民政府负责应对工作；初判发生较大突发环境事件，启动Ⅲ级应急响应，由事发地设区的市级人民政府负责应对工作；初判发生一般突发环境事件，启动Ⅳ级应急响应，由事发地县级人民政府负责应对工作。

突发环境事件发生在易造成重大影响的地区或重要时段时，可适当提高响应级别。应急响应启动后，可视事件损失情况及其发展趋势调整响应级别，避免响应不足或响应过度。

4.2　响应措施

突发环境事件发生后，各有关地方、部门和单位根据工作需要，组织采取以下措施。

4.2.1　现场污染处置

涉事企业事业单位或其他生产经营者要立即采取关闭、停产、封堵、围挡、喷淋、转移等措施，切断和控制污染源，防止污染蔓延扩散。做好有毒有害物质和消防废水、废液等的收集、清理和安全处置工作。当涉事企业事业单位或其他生产经营者不明时，由当地环境保护主管部门组织对污染来源开展调查，查明涉事单位，确定污染物种类和污染范围，切断污染源。

事发地人民政府应组织制订综合治污方案，采用监测和模拟等手段追踪污染气体扩散途径和范围；采取拦截、导流、疏浚等形式防止水体污染扩大；采取隔离、吸附、打捞、氧化还原、中和、沉淀、消毒、去污洗消、临时收贮、微生物消解、调水稀释、转移异地处置、临时改造污染处置工艺或临时建设污染处置工程等方法处置污染物。必要时，要求其他排污单位停产、限产、限排，减轻环境污染负荷。

4.2.2　转移安置人员

根据突发环境事件影响及事发当地的气象、地理环境、人员密集度等，建立现场警戒区、交通管制区域和重点防护区域，确定受威胁人员疏散的方式和途径，有组织、有秩序地及时疏散转移受威胁人员和可能受影响地区居民，确保生命安全。妥善做好转移人员安置工作，确保有饭吃、有水喝、有衣穿、有住处和必要医疗条件。

4.2.3　医学救援

迅速组织当地医疗资源和力量，对伤病员进行诊断治疗，根据需要及时、安全地将重症伤病员转运到有条件的医疗机构加强救治。指导和协助开展受污染人员的去污洗消工作，提出保护公众健康的措施建议。视情增派医疗卫生专家和卫生应急队伍、调配急需医药物资，支持事发地医学救援工作。做好受影响人员的心理援助。

4.2.4　应急监测

加强大气、水体、土壤等应急监测工作，根据突发环境事件的污染物种类、性质以及当地自然、社会环境状况等，明确相应的应急监测方案及监测方法，确定监测的布点和频次，调配应急监测设备、车辆，及时准确监测，为突发环境事件应急决策提供依据。

4.2.5　市场监管和调控

密切关注受事件影响地区市场供应情况及公众反应，加强对重要生活必需品等商品的市场监管和调控。禁止或限制受污染食品和饮用水的生产、加工、流通和食用，防范因突发环境事件造成的集体中毒等。

4.2.6　信息发布和舆论引导

通过政府授权发布、发新闻稿、接受记者采访、举行新闻发布会、组织专家解读等方式，借助电视、广播、报纸、互联网等多种途径，主动、及时、准确、客观向社会发布突发环境事件和应对工作信息，回应社会关切，澄清不实信息，正确引导社会舆论。信息发布内容包括事件原因、污染程度、影响范围、应对措施、需要公众配合采取的措施、公众防范常识和事件调查处理进展情况等。

4.2.7　维护社会稳定

加强受影响地区社会治安管理，严厉打击借机传播谣言制造社会恐慌、哄抢救灾物资等违法犯罪行为；加强转移人员安置点、救灾物资存放点等重点地区治安管控；做好受影响人员与涉事单位、地方人民政府及有关部门矛盾纠纷化解和法律服务工作，防止出现群体性事件，维护社会稳定。

4.2.8　国际通报和援助

如需向国际社会通报或请求国际援助时，环境保护部商外交部、商务部提出需要通报或请求援助的国家（地区）和国际组织、事项内容、时机等，按照有关规定由指定机构向国际社会发出通报或呼吁信息。

4.3　国家层面应对工作

4.3.1　部门工作组应对

初判发生重大以上突发环境事件或事件情况特殊时，环境保护部立即派出工作组赴现场指导督促当地开展应急处置、应急监测、原因调查等工作，并根据需要协调有关方面提供队伍、物资、技术等支持。

4.3.2　国务院工作组应对

当需要国务院协调处置时，成立国务院工作组。主要开展以下工作：

（1）了解事件情况、影响、应急处置进展及当地需求等；

（2）指导地方制订应急处置方案；

（3）根据地方请求，组织协调相关应急队伍、物资、装备等，为应急处置提供支援和技术支持；

（4）对跨省级行政区域突发环境事件应对工作进行协调；

（5）指导开展事件原因调查及损害评估工作。

4.3.3　国家环境应急指挥部应对

根据事件应对工作需要和国务院决策部署，成立国家环境应急指挥部。主要开展以下工作：

（1）组织指挥部成员单位、专家组进行会商，研究分析事态，部署应急处置工作；

（2）根据需要赴事发现场或派出前方工作组赴事发现场协调开展应对工作；

（3）研究决定地方人民政府和有关部门提出的请求事项；

（4）统一组织信息发布和舆论引导；

（5）视情向国际通报，必要时与相关国家和地区、国际组织领导人通电话；

（6）组织开展事件调查。

4.4　响应终止

当事件条件已经排除、污染物质已降至规定限值以内、所造成的危害基本消除时，由启动响应的人民政府终止应急响应。

5　后期工作

5.1　损害评估

突发环境事件应急响应终止后，要及时组织开展污染损害评估，并将评估结果向社会公布。评估结论作为事件调查处理、损害赔偿、环境修复和生态恢复重建的依据。

突发环境事件损害评估办法由环境保护部制定。

5.2　事件调查

突发环境事件发生后，根据有关规定，由环境保护主管部门牵头，可会同监察机关及相关部门，组织开展事件调查，查明事件原因和性质，提出整改防范措施和处理建议。

5.3 善后处置

事发地人民政府要及时组织制订补助、补偿、抚慰、抚恤、安置和环境恢复等善后工作方案并组织实施。保险机构要及时开展相关理赔工作。

6 应急保障

6.1 队伍保障

国家环境应急监测队伍、公安消防部队、大型国有骨干企业应急救援队伍及其他相关方面应急救援队伍等力量，要积极参加突发环境事件应急监测、应急处置与救援、调查处理等工作任务。发挥国家环境应急专家组作用，为重特大突发环境事件应急处置方案制订、污染损害评估和调查处理工作提供决策建议。县级以上地方人民政府要强化环境应急救援队伍能力建设，加强环境应急专家队伍管理，提高突发环境事件快速响应及应急处置能力。

6.2 物资与资金保障

国务院有关部门按照职责分工，组织做好环境应急救援物资紧急生产、储备调拨和紧急配送工作，保障支援突发环境事件应急处置和环境恢复治理工作的需要。县级以上地方人民政府及其有关部门要加强应急物资储备，鼓励支持社会化应急物资储备，保障应急物资、生活必需品的生产和供给。环境保护主管部门要加强对当地环境应急物资储备信息的动态管理。

突发环境事件应急处置所需经费首先由事件责任单位承担。县级以上地方人民政府对突发环境事件应急处置工作提供资金保障。

6.3 通信、交通与运输保障

地方各级人民政府及其通信主管部门要建立健全突发环境事件应急通信保障体系，确保应急期间通信联络和信息传递需要。交通运输部门要健全公路、铁路、航空、水运紧急运输保障体系，保障应急响应所需人员、物资、装备、器材等的运输。公安部门要加强应急交通管理，保障运送伤病员、应急救援人员、物资、装备、器材车辆的优先通行。

6.4 技术保障

支持突发环境事件应急处置和监测先进技术、装备的研发。依托环境应急指挥技术平台，实现信息综合集成、分析处理、污染损害评估的智能化和数字化。

7 附 则

7.1 预案管理

预案实施后，环境保护部要会同有关部门组织预案宣传、培训和演练，并根据实际情况，适时组织评估和修订。地方各级人民政府要结合当地实际制定或修订突发环境事件应急预案。

7.2 预案解释

本预案由环境保护部负责解释。

7.3 预案实施时间

本预案自印发之日起实施。

附件：1. 突发环境事件分级标准

2. 国家环境应急指挥部组成及工作组职责

附件 1

突发环境事件分级标准

一、特别重大突发环境事件

凡符合下列情形之一的，为特别重大突发环境事件：

1. 因环境污染直接导致 30 人以上死亡或 100 人以上中毒或重伤的；

2. 因环境污染疏散、转移人员 5 万人以上的；

3. 因环境污染造成直接经济损失 1 亿元以上的；

4. 因环境污染造成区域生态功能丧失或该区域国家重点保护物种灭绝的；

5. 因环境污染造成设区的市级以上城市集中式饮用水水源地取水中断的；

6. Ⅰ、Ⅱ类放射源丢失、被盗、失控并造成大范围严重辐射污染后果的；放射性同位素和射线装置失控导致 3 人以上急性死亡的；放射性物质泄漏，造成大范围辐射污染后果的；

7. 造成重大跨国境影响的境内突发环境事件。

二、重大突发环境事件

凡符合下列情形之一的，为重大突发环境事件：

1. 因环境污染直接导致 10 人以上 30 人以下死亡或 50 人以上 100 人以下中毒或重伤的；

2. 因环境污染疏散、转移人员1万人以上5万人以下的；

3. 因环境污染造成直接经济损失2000万元以上1亿元以下的；

4. 因环境污染造成区域生态功能部分丧失或该区域国家重点保护野生动植物种群大批死亡的；

5. 因环境污染造成县级城市集中式饮用水水源地取水中断的；

6. Ⅰ、Ⅱ类放射源丢失、被盗的；放射性同位素和射线装置失控导致3人以下急性死亡或者10人以上急性重度放射病、局部器官残疾的；放射性物质泄漏，造成较大范围辐射污染后果的；

7. 造成跨省级行政区域影响的突发环境事件。

三、较大突发环境事件

凡符合下列情形之一的，为较大突发环境事件：

1. 因环境污染直接导致3人以上10人以下死亡或10人以上50人以下中毒或重伤的；

2. 因环境污染疏散、转移人员5000人以上1万人以下的；

3. 因环境污染造成直接经济损失500万元以上2000万元以下的；

4. 因环境污染造成国家重点保护的动植物物种受到破坏的；

5. 因环境污染造成乡镇集中式饮用水水源地取水中断的；

6. Ⅲ类放射源丢失、被盗的；放射性同位素和射线装置失控导致10人以下急性重度放射病、局部器官残疾的；放射性物质泄漏，造成小范围辐射污染后果的；

7. 造成跨设区的市级行政区域影响的突发环境事件。

四、一般突发环境事件

凡符合下列情形之一的，为一般突发环境事件：

1. 因环境污染直接导致3人以下死亡或10人以下中毒或重伤的；

2. 因环境污染疏散、转移人员5000人以下的；

3. 因环境污染造成直接经济损失500万元以下的；

4. 因环境污染造成跨县级行政区域纠纷，引起一般性群体影响的；

5. Ⅳ、Ⅴ类放射源丢失、被盗的；放射性同位素和射线装置失控导致人员受到超过年剂量限值的照射的；放射性物质泄漏，造成厂区内或设施内局部辐射污染后果的；铀矿冶、伴生矿超标排放，造成环境辐射污染后果的；

6. 对环境造成一定影响，尚未达到较大突发环境事件级别的。

上述分级标准有关数量的表述中，“以上”含本数，“以下”不含本数。

附件2

国家环境应急指挥部组成及工作组职责

国家环境应急指挥部主要由环境保护部、中央宣传部（国务院新闻办）、中央网信办、外交部、发展改革委、工业和信息化部、公安部、民政部、财政部、住房城乡建设部、交通运输部、水利部、农业部、商务部、卫生计生委、新闻出版广电总局、安全监管总局、食品药品监管总局、林业局、气象局、海洋局、测绘地信局、铁路局、民航局、总参作战部、总后基建营房部、武警总部、中国铁路总公司等部门和单位组成，根据应对工作需要，增加有关地方人民政府和其他有关部门。

国家环境应急指挥部设立相应工作组，各工作组组成及职责分工如下：

一、污染处置组。由环境保护部牵头，公安部、交通运输部、水利部、农业部、安全监管总局、林业局、海洋局、总参作战部、武警总部等参加。

主要职责：收集汇总相关数据，组织进行技术研判，开展事态分析；迅速组织切断污染源，分析污染途径，明确防止污染物扩散的程序；组织采取有效措施，消除或减轻已经造成的污染；明确不同情况下的现场处置人员须采取的个人防护措施；组织建立现场警戒区和交通管制区域，确定重点防护区域，确定受威胁人员疏散的方式和途径，疏散转移受威胁人员至安全紧急避险场所；协调军队、武警有关力量参与应急处置。

二、应急监测组。由环境保护部牵头，住房城乡建设部、水利部、农业部、气象局、海洋局、总参作战部、总后基建营房部等参加。

主要职责：根据突发环境事件的污染物种类、性质以及当地气象、自然、社会环境状况等，明确相应的应急监测方案及监测方法；确定污染物扩散范围，明确监测的布点和频次，做好大气、水体、土壤等应急监测，为突发环境事件应急决策提供依据；协调军队力量参与应急监测。

三、医学救援组。由卫生计生委牵头，环境保护部、食品药品监管总局等参加。

主要职责：组织开展伤病员医疗救治、应急心理援助；指导和协助开展受污染人员的去污洗消工作；提出保护公众健康的措施建议；禁止或限制受污染食品和饮用水的生产、加工、流通和食用，防范因突发环境事件造成集体中毒等。

四、应急保障组。由发展改革委牵头，工业和信息化部、公安部、民政部、财政部、环境保护部、住房城乡建设部、交通运输部、水利部、商务部、测绘地信局、铁路局、民航局、中国铁路总公司等参加。

主要职责：指导做好事件影响区域有关人员的紧急转移和临时安置工作；组织做好环境应急救援物资及临时安置重要物资的紧急生产、储备调拨和紧急配送工作；及时组织调运重要生活必需品，保障群众基本生活和市场供应；开展应急测绘。

五、新闻宣传组。由中央宣传部（国务院新闻办）牵头，中央网信办、工业和信息化部、环境保护部、新闻出版广电总局等参加。

主要职责：组织开展事件进展、应急工作情况等权威信息发布，加强新闻宣传报道；收集分析国内外舆情和社会公众动态，加强媒体、电信和互联网管理，正确引导舆论；通过多种方式，通俗、权威、全面、前瞻地做好相关知识普及；及时澄清不实信息，回应社会关切。

六、社会稳定组。由公安部牵头，中央网信办、工业和信息化部、环境保护部、商务部等参加。

主要职责：加强受影响地区社会治安管理，严厉打击借机传播谣言制造社会恐慌、哄抢物资等违法犯罪行为；加强转移人员安置点、救灾物资存放点等重点地区治安管控；做好受影响人员与涉事单位、地方人民政府及有关部门矛盾纠纷化解和法律服务工作，防止出现群体性事件，维护社会稳定；加强对重要生活必需品等商品的市场监管和调控，打击囤积居奇行为。

七、涉外事务组。由外交部牵头，环境保护部、商务部、海洋局等参加。

主要职责：根据需要向有关国家和地区、国际组织通报突发环境事件信息，协调处理对外交涉、污染检测、危害防控、索赔等事宜，必要时申请、接受国际援助。

工作组设置、组成和职责可根据工作需要作适当调整。

社会消防技术服务管理规定

目　录

第一章　总　则

第一条　为规范社会消防技术服务活动，建立公平竞争的消防技术服务市场秩序，促进提高消防技术服务质量，根据《中华人民共和国消防法》，制定本规定。

第二条　在中华人民共和国境内从事社会消防技术服务活动、对消防技术服务机构实施资质许可和监督管理，适用本规定。

本规定所称消防技术服务机构是指从事消防设施维护保养检测、消防安全评估等消防技术服务活动的社会组织。

第三条　消防技术服务机构及其从业人员开展社会消防技术服务活动应当遵循客观独立、合法公正、诚实信用的原则。

本规定所称消防技术服务从业人员，是指依法取得注册消防工程师资格并在消防技术服务机构中执业的专业技术人员，以及按照有关规定取得相应消防行业特有工种职业资格，在消防技术服务机构中从事消防设施维护保养检测的一般操作人员。

第四条　国家对消防技术服务机构实行资质许可制度。消防技术服务机构应当取得相应消防技术服务机构资质证书（以下简称资质证书），并在资质证书确定的业务范围内从事消防技术服务活动。

第五条 鼓励依托消防协会成立消防技术服务行业协会。消防技术服务行业协会应当加强行业自律管理，组织制定并公布消防技术服务行业自律管理制度和执业准则，弘扬诚信执业、公平竞争、服务社会理念，规范执业行为，促进提升服务质量，反对不正当竞争和垄断，维护行业、会员合法权益，促进行业健康发展。

消防协会、消防技术服务行业协会不得从事营利性社会消防技术服务活动，不得从事或者通过消防技术服务机构进行行业垄断。

第二章 资质条件

第六条 消防设施维护保养检测机构的资质分为一级、二级和三级，消防安全评估机构的资质分为一级和二级。

第七条 消防设施维护保养检测机构三级资质应当具备下列条件：

（一）企业法人资格，注册资本三十万元以上；

（二）维修用房满足维修灭火器品种和数量的要求，且建筑面积一百平方米以上；

（三）与灭火器维修业务范围相适应的仪器、设备、设施；

（四）注册消防工程师一人以上，具有灭火器维修技能的人员五人以上；

（五）健全的质量管理制度；

（六）法律、行政法规规定的其他条件。

第八条 消防设施维护保养检测机构二级资质应当具备下列条件：

（一）企业法人资格，注册资本二百万元以上，场所建筑面积二百平方米以上；

（二）与消防设施维护保养检测业务范围相适应的仪器、设备、设施；

（三）注册消防工程师六人以上，其中一级注册消防工程师至少三人；

（四）操作人员取得中级技能等级以上建（构）筑物消防员职业资格证书，其中高级技能等级以上至少占百分之三十；

（五）健全的质量管理体系；

（六）法律、行政法规规定的其他条件。

第九条 消防设施维护保养检测机构一级资质应当具备下列条件：

（一）取得消防设施维护保养检测机构二级资质三年以上，且申请之日前三年内无违法执业行为记录；

（二）注册资本四百万元以上，场所建筑面积三百平方米以上；

（三）与消防设施维护保养检测业务范围相适应的仪器、设备、设施；

（四）注册消防工程师十人以上，其中一级注册消防工程师至少六人；

（五）操作人员取得中级技能等级以上建（构）筑物消防员职业资格证书，其中高级技能等级以上至少占百分之三十；

（六）健全的质量管理体系；

（七）申请之日前三年内从事过至少二十项设有自动消防设施的单体建筑面积二万平方米以上的工业建筑、民用建筑的消防设施维护保养检测活动；

（八）法律、行政法规规定的其他条件。

第十条 消防安全评估机构二级资质应当具备下列条件：

（一）法人资格，注册资本二百万元以上，场所建筑面积一百平方米以上；

（二）与消防安全评估业务范围相适应的设备、设施和必要的技术支撑条件；

（三）注册消防工程师八人以上，其中一级注册消防工程师至少四人；

（四）健全的消防安全评估过程控制体系；

（五）法律、行政法规规定的其他条件。

第十一条 消防安全评估机构一级资质应当具备下列条件：

（一）取得消防安全评估机构二级资质三年以上，且申请之日前三年内无违法执业行为记录；

（二）注册资本四百万元以上，场所建筑面积二百平方米以上；

（三）与消防安全评估业务范围相适应的设备、设施和必要的技术支撑条件；

（四）注册消防工程师十二人以上，其中一级注册消防工程师至少八人；

（五）健全的消防安全评估过程控制体系；

（六）申请之日前三年内从事过至少十项单体建筑面积三万平方米以上的工业建筑、民用建筑的消防安全评估活动；

（七）法律、行政法规规定的其他条件。

第十二条 一个消防技术服务机构可以同时取得两项以上消防技术服务机构资质。同时取得两项以上消防技术服务机构资质的，应当具备下列条件：

（一）注册资本不少于拟同时取得的各单项资质条件的注册资本之和的百分之八十，且不得低于五百万元；

（二）场所建筑面积三百平方米以上；

（三）注册消防工程师数量不少于拟同时取得的各单项资质条件要求的注册消防工程师人数之和的百分之八十，且不得低于任一单项资质条件的人数；

（四）拟同时取得的各单项资质的其他条件。

第十三条 在本规定实施前已经从事消防设施维护保养检测、消防安全评估活动三年以上，且符合本规定第九条、第十一条规定的资质条件的（二级资质从业时间除外），可以自本规定实施之日起六个月内申请临时一级资质。

临时一级资质有效期为二年，期限届满后，可以依照本规定申请相应的资质。

第十四条 一级资质的消防安全评估机构可以在全国范围内执业。其他消防技术服务机构可以在许可所在省、自治区、直辖市范围内执业。

第十五条 具备下列条件的一级资质的消防设施维护保养检测机构可以跨省、自治区、直辖市执业，但应当在拟执业的省、自治区、直辖市设立分支机构：

（一）取得一级资质二年以上，申请之日前二年内无违法执业行为记录；

（二）注册消防工程师十人以上，其中一级注册消防工程师至少八人，不包括拟转到分支机构执业的注册消防工程师及已设立的分支机构的注册消防工程师。

拟设立的分支机构注册消防工程师数量，应当不少于所申请的消防技术服务机构资质条件要求的注册消防工程师人数的百分之八十，且符合相应消防技术服务机构资质的其他条件。

消防技术服务机构的分支机构应当在分支机构取得的资质范围内执业。

第三章 资质许可

第十六条 消防技术服务机构资质由省级公安机关消防机构审批；其中，对拟批准消防安全评估机构一级资质的，由公安部消防局书面复核。

第十七条 申请消防技术服务机构资质的，应当向机构所在地的省级公安机关消防机构提交下列材料：

（一）消防技术服务机构资质申请表；

（二）营业执照等法人身份证明文件复印件；

（三）法人章程，法定代表人身份证复印件；

（四）从业人员名录及其身份证、注册消防工程师资格证书及其社会保险证明、消防行业特有工种职业资格证书、劳动合同复印件；

（五）验资证明，场所权属证明复印件，主要仪器、设备、设施清单；

（六）有关质量管理文件；

（七）法律、行政法规规定的其他材料。

申请一级资质的，还应当提交二级资质证书和申请之日前三年内承担的消防技术服务项目目录。

第十八条 消防技术服务机构申请设立分支机构，应当向拟设立分支机构地的省级公安机关消防机构提交下列材料：

（一）设立消防技术服务分支机构申请表；

（二）资质证书复印件；

（三）所属注册消防工程师情况汇总表、注册消防工程师资格证书及其社会保险证明和身份证复印件；

（四）分支机构的从业人员名录及其身份证、注册消防工程师资格证书及其社会保险证明、消防行业特有工种职业资格证书、劳动合同复印件；

（五）分支机构的验资证明，场所权属证明复印件，主要仪器、设备、设施清单；

（六）有关质量管理文件，对分支机构的管理办法；

（七）法律、行政法规规定的其他材料。

第十九条 省级公安机关消防机构收到申请后，对申请材料齐全、符合法定形式的，应当出具受理凭证；不予受理的，应当出具不予受理凭证并载明理由；申请材料不齐全或者不符合法定形式的，应当当场或者在五日内一次告知申请人需要补正的全部内容，逾期不告知的，自收到申请材料之日起即为受理。

第二十条 省级公安机关消防机构受理申请后，应当自受理之日起二十日内作出行政许可决定。二十日内不能作出决定的，经省级公安机关消防机构负责人批准，可以延长十日，并将延长期限的理由告知申请人。

对拟颁发消防安全评估机构一级资质证书的，省级公安机关消防机构应当自受理申请之日起二十日内审查完毕，并将审查意见以及申请材料报公安部消防局。公安部消防局应当自收到审查意见之日起十日内完成复核工作。

作出许可决定的，应当自作出决定之日起十日内向申请人颁发、送达资质证书；不予许可的，应当出具不予许可决定书并载明理由。

第二十一条 公安机关消防机构在审批期间应当组织专家评审，对申请人的场所、设备、设施等进行实地核查。

专家评审时间不计算在审批时限内，但最长不得超过三十日。专家评审的具体办法由公安部消防局制定并公布。

第二十二条 资质证书分为正本和副本，式样由公安部统一制定，正本、副本具有同等法律效力。资质证书有效期为三年。

申请人领取消防设施维护保养检测、消防安全评估一级资质证书时，应当将二级资质证书交回原发证机关予以注销。

第二十三条 消防技术服务机构的资质证书有效期届满需要续期的，应当在有效期届满三个月前向原许可公安机关消防机构提出申请。原许可公安机关消防机构应当按照本规定第十九条、第二十条规定的程序进行复审；必要时，可以进行实地核查。

经复审，消防技术服务机构不再符合资质条件，或者在资质证书有效期内有三次以上违反本规定第四十七条、第五十条第一款规定行为的，不予办理续期手续。

第二十四条 消防技术服务机构的名称、地址、注册资本、法定代表人等发生变更的，应当在十日内向原许可公安机关消防机构申请办理变更手续。

消防技术服务机构遗失资质证书的，应当向原许可公安机关消防机构申请补发。

原许可公安机关消防机构受理变更、补发资质证书申请后，应当进行审查，并自受理之日起五日内办理完毕。

第四章　消防技术服务活动

第二十五条 消防技术服务机构及其从业人员应当依照法律法规、技术标准和执业准则，开展下列社会消防技术服务活动，并对服务质量负责：

（一）三级资质的消防设施维护保养检测机构可以从事生产企业授权的灭火器检查、维修、更换灭火药剂及回收等活动；一级资质、二级资质的消防设施维护保养检测机构可以从事建筑消防设施检测、维修、保养活动；

（二）消防安全评估机构可以从事区域消防安全评估、社会单位消防安全评估、大型活动消防安全评估、特殊消防设计方案安全评估等活动，以及消防法律法规、消防技术标准、火灾隐患整改等方面的咨询活动。

第二十六条 一级资质、临时一级资质的消防设施维护保养检测机构可以从事各类建筑的建筑消防设施的检测、维修、保养活动。一级资质、临时一级资质的消防安全评估机构可以从事各种类型的消防安全评估以及咨询活动。

二级资质的消防设施维护保养检测机构可以从事单体建筑面积四万平方米以下的建筑、火灾危险性为丙类以下的厂房和库房的建筑消防设施的检测、维修、保养活动。二级资质的消防安全评估机构可以从事社会单位消防安全评估以及消防法律法规、消防技术标准、一般火灾隐患整改等方面的咨询活动。

第二十七条 消防设施维护保养检测机构应当按照国家标准、行业标准规定的工艺、流程开展检测、维修、保养，保证经维修、保养的建筑消防设施、灭火器的质量符合国家标准、行业标准。

第二十八条 消防技术服务机构应当依法与从业人员签订劳动合同，加强对所属从业人员的管理。注册消防工程师不得同时在两个以上社会组织执业。

消防技术服务机构所属注册消防工程师发生变化的，应当在五日内通过社会消防技术服务信息系统予以备案。

第二十九条 消防技术服务机构应当设立技术负责人，对本机构的消防技术服务实施质量监督管理，对出具的书面结论文件进行技术审核。技术负责人应当具备注册消防工程师资格，一级资质、二级资质的消防技术服务机构的技术负责人应当具备一级注册消防工程师资格。

第三十条 消防技术服务机构承接业务，应当与委托人签订消防技术服务合同，并明确项目负责人。项目负责人应当具备相应的注册消防工程师资格。

消防技术服务机构不得转包、分包消防技术服务项目。

第三十一条 消防技术服务机构出具的书面结论文件应当由技术负责人、项目负责人签名，并加盖消防技术服务机构印章。

消防设施维护保养检测机构对建筑消防设施、灭火器进行维修、保养后，应当制作包含消防技术服务机构名称及项目负责人、维修保养日期等信息的标识，在消防设施所在建筑的醒目位置、灭火器上予以公示。

第三十二条 具有消防设施维护保养检测资质的施工企业为其施工项目出具的竣工验收前的消防设施检测意见，不得作为建设单位申请建设工程消防验收的合格证明文件。

第三十三条 消防技术服务机构应当在消防技术服务项目完成之日起五日内，通过社会消防技术服务信息系统将消防技术服务项目目录以及出具的书面结论文件予以备案。

第三十四条 消防技术服务机构应当对服务情况作出客观、真实、完整记录，按消防技术服务项目建立消防技术服务档案。

特殊消防设计方案安全评估档案保管期限为长期，灭火器维修档案保管期限为五年，其他消防技术服务档案保管期限为二十年。

第三十五条 消防技术服务机构应当在其经营场所的醒目位置公示资质证书、营业执照、工作程序、收费标准、收费依据、执业守则、注册消防工程师资格证书、投诉电话等事项。

第三十六条 消防技术服务机构收费应当遵守价格管理法律法规的规定。

第三十七条 消防技术服务机构在从事社会消防技术服务活动中，不得有下列行为：

（一）未取得相应资质，擅自从事消防技术服务活动；

（二）出具虚假、失实文件；

（三）涂改、倒卖、出租、出借或者以其他形式非法转让资质证书；

（四）泄露委托人商业秘密；

（五）指派无相应资格从业人员从事消防技术服务活动；

（六）法律、法规、规章禁止的其他行为。

第五章　监督管理

第三十八条 县级以上公安机关消防机构依照有关法律、法规和本规定，对本行政区域内的社会消防技术服务活动实施监督管理。

消防技术服务机构及其从业人员对公安机关消防机构依法进行的监督管理应当协助和配合，不得拒绝或者阻挠。

第三十九条 县级以上公安机关消防机构应当结合日常消防监督检查工作，对消防技术服务质量实施监督抽查。

公民、法人和其他组织对消防技术服务机构及其从业人员的执业行为进行举报、投诉的，公安机关消防机构应当及时进行核查、处理。

第四十条 公安机关消防机构对发现的消防技术服务机构违法执业行为，应当责令立即改正或者限期改正，并依法查处，将违法执业事实、处理结果、处理建议及时通知原许可公安机关消防机构。

第四十一条 公安机关消防机构发现消防技术服务机构取得资质后不再符合相应资质条件的，应当责令限期改正，改正期间不得从事相应社会消防技术服务活动。

第四十二条 公安机关消防机构的工作人员滥用职权、玩忽职守作出准予消防技术服务机构资质许可的，作出许可的公安机关消防机构或者其上级公安机关消防机构，根据利害关系人的请求或者依职权，可以撤销消防技术服务机构资质。

公安机关消防机构及其工作人员不得设立消防技术服务机构，不得参与消防技术服务机构的经营活动，不得指定或者变相指定消防技术服务机构，不得滥用行政权力排除、限制竞争。

第四十三条 消防技术服务机构有下列情形之一的，作出许可的公安机关消防机构应当注销其资质：

（一）自行申请注销的；

（二）自行停止执业一年以上的；

（三）自愿解散或者依法终止的；

（四）资质证书有效期届满未续期的；

（五）资质被依法撤销或者资质证书被依法吊销的；

（六）法律、行政法规规定的其他情形。

第四十四条 省级公安机关消防机构应当建立和完善社会消防技术服务信息系统，公布消防技术服务机构及其注册消防工程师的有关信息，发布执业、诚信和监督管理信息，并为社会提供有关信息查询服务。

第六章　法律责任

第四十五条 申请人隐瞒有关情况或者提供虚假材料申请资质的，公安机关消防机构不予受理或者不予许可，并给予警告；申请人在一年内不得再次申请。

申请人以欺骗、贿赂等不正当手段取得资质的，原许可公安机关消防机构应当撤销其资质，并处二万元以上三万元以下罚款；申请人在三年内不得再次申请。

第四十六条 消防技术服务机构违反本规定，有下列情形之一的，责令改正，处二万元以上三万元以下罚款：

（一）未取得资质，擅自从事社会消防技术服务活动的；

（二）资质被依法注销，继续从事社会消防技术服务活动的；

（三）冒用其他社会消防技术服务机构名义从事社会消防技术服务活动的。

第四十七条 消防技术服务机构违反本规定，有下列情形之一的，责令改正，处一万元以上二万元以下罚款：

（一）超越资质许可范围从事社会消防技术服务活动的；

（二）不再符合资质条件，经责令限期改正未改正或者在改正期间继续从事相应社会消防技术服务活动的；

（三）涂改、倒卖、出租、出借或者以其他形式非法转让资质证书的；

（四）所属注册消防工程师同时在两个以上社会组织执业的；

（五）指派无相应资格从业人员从事社会消防技术服务活动的；

（六）转包、分包消防技术服务项目的。

对有前款第四项行为的注册消防工程师，处五千元以上一万元以下罚款。

第四十八条 消防技术服务机构违反本规定，有下列情形之一的，责令改正，处一万元以下罚款：

（一）未设立技术负责人、明确项目负责人的；

（二）出具的书面结论文件未签名、盖章的；

（三）承接业务未依法与委托人签订消防技术服务合同的；

（四）未备案注册消防工程师变化情况或者消防技术服务项目目录、出具的书面结论文件的；

（五）未申请办理变更手续的；

（六）未建立和保管消防技术服务档案的；

（七）未公示资质证书、注册消防工程师资格证书等事项的。

第四十九条 消防技术服务机构出具虚假文件的，责令改正，处五万元以上十万元以下罚款，并对直接负责的主管人员和其他直接责任人员处一万元以上五万元以下罚款；有违法所得的，并处没收违法所得；情节严重的，由原许可公安机关消防机构责令停止执业或者吊销相应资质证书。

消防技术服务机构出具失实文件，造成重大损失的，由原许可公安机关消防机构责令停止执业或者吊销相应资质证书。

第五十条 消防设施维护保养检测机构违反本规定，有下列情形之一的，责令改正，处一万元以上三万元以下罚款：

（一）未按照国家标准、行业标准检测、维修、保养建筑消防设施、灭火器的；

（二）经维修、保养的建筑消防设施、灭火器质量不符合国家标准、行业标准的。

消防设施维护保养检测机构未按照本规定在经其维修、保养的消防设施所在建筑的醒目位置或者灭火器上公示消防技术服务信息的，责令改正，处五千元以下罚款。

第五十一条 消防技术服务机构有违反本规定的行为，给他人造成损失的，依法承担赔偿责任；经维修、保养的建筑消防设施不能正常运行，发生火灾时未发挥应有作用，导致伤亡、损失扩大的，从重处罚；构成犯罪的，依法追究刑事责任。

第五十二条 本规定设定的行政处罚除本规定另有规定的外，由违法行为地的县级以上公安机关消防机构决定。

第五十三条 消防技术服务机构及其从业人员对公安机关消防机构在消防技术服务监督管理中作出的具体行政行为不服的，可以依法申请行政复议或者提起行政诉讼。

第五十四条 公安机关消防机构的工作人员指定或者变相指定消防技术服务机构，利用职务接受有关单位或者个人财物，或者有其他滥用职权、玩忽职守、徇私舞弊的行为，依照有关规定给予处分；构成犯罪的，依法追究刑事责任。

第七章 附 则

第五十五条 保修期内的建筑消防设施由施工单位进行维护保养的，不适用本规定。

第五十六条 本规定实施前已经从事社会消防技术服务活动的社会组织，应当自本规定实施之日起六个月内，按照本规定的条件和程序申请相应的资质。逾期不申请或者申请后经审核不符合资质条件，继续从事社会消防技术服务活动的，依照本规定第四十六条的规定处罚，并向社会公告。

第五十七条 本规定中的“日”是指工作日，不含法定节假日；“以上”、“以下”均含本数。

第五十八条 执行本规定所需要的文书式样，以及消防技术服务机构应当配备的仪器、设备、设施目录，由公安部制定。

第五十九条 本规定自 2014 年 5 月 1 日起施行。

全国人民代表大会常务委员会关于修改《中华人民共和国军事设施保护法》的决定

（2014年6月27日第十二届全国人民代表大会常务委员会第九次会议通过）

第十二届全国人民代表大会常务委员会第九次会议决定对《中华人民共和国军事设施保护法》作如下修改：

一、将第二条修改为："本法所称军事设施，是指国家直接用于军事目的的下列建筑、场地和设备：

"（一）指挥机关，地面和地下的指挥工程、作战工程；

"（二）军用机场、港口、码头；

"（三）营区、训练场、试验场；

"（四）军用洞库、仓库；

"（五）军用通信、侦察、导航、观测台站，测量、导航、助航标志；

"（六）军用公路、铁路专用线，军用通信、输电线路，军用输油、输水管道；

"（七）边防、海防管控设施；

"（八）国务院和中央军事委员会规定的其他军事设施。

"前款规定的军事设施，包括军队为执行任务必需设置的临时设施。"

二、将第三条第二款、第三款修改为："中国人民解放军总参谋部在国务院和中央军事委员会的领导下，主管全国的军事设施保护工作。军区司令机关主管辖区内的军事设施保护工作。

"设有军事设施的地方，有关军事机关和县级以上地方人民政府应当建立军地军事设施保护协调机制，相互配合，监督、检查军事设施的保护工作。"

三、增加一条，作为第五条："国家统筹兼顾经济建设、社会发展和军事设施保护，促进经济社会发展和军事设施保护相协调。"

四、将第六条改为第三十九条，修改为："军用机场、港口、码头实行军民合用的，需经国务院和中央军事委员会批准或者国务院和中央军事委员会授权的机关批准。"

五、增加一条，作为第七条："国家对在军事设施保护工作中做出突出贡献的组织和公民，给予表彰、奖励。"

六、将第七条改为第八条，修改为："国家根据军事设施的性质、作用、安全保密的需要和使用效能的要求，划定军事禁区、军事管理区。

"本法所称军事禁区，是指设有重要军事设施或者军事设施具有重大危险因素，需要国家采取特殊措施加以重点保护，依照法定程序和标准划定的军事区域。

"本法所称军事管理区，是指设有较重要军事设施或者军事设施具有较大危险因素，需要国家采取特殊措施加以保护，依照法定程序和标准划定的军事区域。"

七、将第八条改为第九条，增加一款，作为第二款："军事禁区、军事管理区应当按照规定设置标志牌。标志牌由县级以上地方人民政府负责设置。"

八、将第九条改为第十条，删去第二款。

九、将第十三条改为第二十九条，修改为："县级以上地方人民政府编制国民经济和社会发展规划、土地利用总体规划、城乡规划和海洋功能区划，安排可能影响军事设施保护的建设项目，应当兼顾军事设施保护的需要，并征求有关军事机关的意见。安排建设项目或者开辟旅游景点，应当避开军事设施。确实不能避开，需要将军事设施拆除、迁建或者改作民用的，由省、自治区、直辖市人民政府或者国务院有关部门和军区级军事机关商定，并报国务院和中央军事委员会批准或者国务院和中央军事委员会授权的机关批准。"

十、将第十五条修改为："禁止陆地、水域军事禁区管理单位以外的人员、车辆、船舶进入军事禁区，禁止对军事禁区进行摄影、摄像、录音、勘察、测量、描绘和记述，禁止航空器在军事禁区上空进行低空飞行。但是，经军区级以上军事机关批准的除外。

"禁止航空器进入空中军事禁区，但依照国家有关规定获得批准的除外。

"使用军事禁区的摄影、摄像、录音、勘察、测量、描绘和记述资料，应当经军区级以上军事机关批准。"

十一、增加一条，作为第十六条："在水域军事禁区内，禁止建造、设置非军事设施，禁止从事水产养殖、捕捞以及其他妨碍军用舰船行动、危害军事设施安全保密和使用效能的活动。”

十二、将第十六条改为第十七条，修改为：“在陆地军事禁区内采取的防护措施不足以保证军事设施安全保密和使用效能，或者陆地军事禁区内的军事设施具有重大危险因素的，军区和省、自治区、直辖市人民政府或者军区和省、自治区、直辖市人民政府、国务院有关部门在共同划定陆地军事禁区范围的同时，可以在禁区外围共同划定安全控制范围，并在其外沿设置安全警戒标志。安全警戒标志的设置地点由军事禁区管理单位和当地县级以上地方人民政府共同确定。”

十三、将第十九条改为第二十条，修改为：“军事管理区管理单位以外的人员、车辆、船舶进入军事管理区，或者对军事管理区进行摄影、摄像、录音、勘察、测量、描绘和记述，必须经过军事管理区管理单位批准。”

十四、增加一条，作为第二十一条：“在水域军事管理区内，禁止从事水产养殖；未经军区级以上军事机关批准，不得建造、设置非军事设施；从事捕捞或者其他活动，不得影响军用舰船的战备、训练、执勤等行动。”

十五、增加一条，作为第二十五条：“没有划入军事禁区、军事管理区的作战工程外围应当划定安全保护范围。作战工程的安全保护范围，应当根据作战工程性质、地形和当地经济建设、社会发展情况，由军级以上主管军事机关提出方案，报军区和省、自治区、直辖市人民政府共同划定，或者报军区和省、自治区、直辖市人民政府、国务院有关部门共同划定。”

十六、增加一条，作为第二十六条：“在军用机场净空保护区域内，禁止修建超出机场净空标准的建筑物、构筑物或者其他设施，不得从事影响飞行安全和机场助航设施使用效能的活动。”

十七、增加一条，作为第二十七条：“在军用无线电固定设施电磁环境保护范围内，禁止建造、设置影响军用无线电固定设施使用效能的设备和电磁障碍物体，不得从事影响军用无线电固定设施电磁环境的活动。

“军用无线电固定设施电磁环境的保护措施，由军地无线电管理机构按照国家无线电管理相关规定和标准共同确定。

“军事禁区、军事管理区内无线电固定设施电磁环境的保护，适用前两款规定。”

十八、增加一条，作为第二十八条：“未经国务院和中央军事委员会批准或者国务院和中央军事委员会授权的机关批准，不得拆除、移动边防、海防管控设施，不得在边防、海防管控设施上搭建、设置民用设施。在边防、海防管控设施周边安排建设项目，不得危害边防、海防管控设施安全和使用效能。”

十九、增加一条，作为第三十条：“军队编制军事设施建设规划、组织军事设施项目建设，应当考虑地方经济建设和社会发展的需要，符合城乡规划的总体要求，并进行安全环境评估和环境影响评价。涉及城乡规划的，应当征求地方人民政府的意见，尽量避开地方经济建设热点区域和民用设施密集区域。确实不能避开，需要将生产、生活设施拆除或者迁建的，应当依法进行。”

二十、将第二十三条改为第三十一条，增加一款，作为第二款：“军事设施管理单位对军事设施的重要部位应当采取安全监控和技术防范措施。”

二十一、将第二十五条改为第三十三条，修改为：“军事设施管理单位应当认真执行有关保护军事设施的规章制度，建立军事设施档案，对军事设施进行检查、维护。

“军事设施管理单位不得将军事设施用于非军事目的，但因执行抢险救灾等紧急任务的除外。”

二十二、增加一条，作为第三十四条：“军事设施管理单位应当了解掌握军事设施周边建设项目等情况，发现可能危害军事设施安全和使用效能的，应当及时向军事设施保护主管机关和当地人民政府主管部门报告，并配合有关部门依法处理。”

二十三、将第二十八条改为第三十七条，修改为：“各级人民政府应当对公民加强国防和军事设施保护教育，增强国防观念，保护军事设施，保守军事设施秘密，制止破坏、危害军事设施的行为。”

二十四、增加一条，作为第四十条：“军事设施因军事任务调整、周边环境变化和自然损毁等原因，失去使用效能并无需恢复重建的，军事设施管理单位应当按照规定程序及时报国务院和中央军事委员会批准或者国务院和中央军事委员会授权的机关批准，予以拆除或者改作民用。

“军队执行任务结束后，应当及时将设立的临时设施拆除。”

二十五、将第三十条第一款改为第四十一条，修改为：“违反本法规定，有下列情形之一的，军事设施管理单位的执勤人员应当予以制止：

“（一）非法进入军事禁区、军事管理区的；

“（二）对军事禁区、军事管理区非法进行摄影、摄像、录音、勘察、测量、描绘和记述的；

“（三）进行破坏、危害军事设施的活动的。”

二十六、将第三十条第二款改为第四十二条，修改为：“有本法第四十一条所列情形之一，不听制止的，军事设施管理单位的执勤人员依照国家有关规定，可以采取下列措施：

“（一）强制带离非法进入军事禁区、军事管理区的人员，对违法情节严重的人员予以扣留并立即移送公安机关或者国家安全机关；

“（二）立即制止信息传输等行为，扣押用于实施违法行为的器材、工具或者其他物品，并移送公安机关或者国家安全机关；

“（三）在紧急情况下，清除严重危害军事设施安全和使用效能的障碍物；

“（四）在危及军事设施安全或者执勤人员生命安全等紧急情况下使用武器。

“现役军人、军队文职人员和军队其他人员有本法第四十一条所列情形之一的，依照军队有关规定处理。”

二十七、将第三十一条改为第四十六条，修改为：“有下列行为之一，构成犯罪的，依法追究刑事责任：

“（一）破坏军事设施的；

“（二）盗窃、抢夺、抢劫军事设施的装备、物资、器材的；

“（三）泄露军事设施秘密的，或者为境外的机构、组织、人员窃取、刺探、收买、非法提供军事设施秘密的；

“（四）破坏军用无线电固定设施电磁环境，干扰军用无线电通讯，情节严重的；

“（五）其他扰乱军事禁区、军事管理区管理秩序和危害军事设施安全的行为，情节严重的。”

二十八、将第三十二条改为第四十三条，修改为：“有下列行为之一的，适用《中华人民共和国治安管理处罚法》第二十三条的处罚规定：

“（一）非法进入军事禁区、军事管理区，不听制止的；

“（二）在军事禁区外围安全控制范围内，或者在没有划入军事禁区、军事管理区的军事设施一定距离内，进行危害军事设施安全和使用效能的活动，不听制止的；

“（三）在军用机场净空保护区域内，进行影响飞行安全和机场助航设施使用效能的活动，不听制止的；

“（四）对军事禁区、军事管理区非法进行摄影、摄像、录音、勘察、测量、描绘和记述，不听制止的；

“（五）其他扰乱军事禁区、军事管理区管理秩序和危害军事设施安全的行为，情节轻微，尚不够刑事处罚的。”

二十九、增加一条，作为第四十四条：“违反国家规定，故意干扰军用无线电设施正常工作的，或者对军用无线电设施产生有害干扰，拒不按照有关主管部门的要求改正的，依照《中华人民共和国治安管理处罚法》第二十八条的规定处罚。”

三十、增加一条，作为第四十五条：“毁坏边防、海防管控设施以及军事禁区、军事管理区的围墙、铁丝网、界线标志或者其他军事设施的，依照《中华人民共和国治安管理处罚法》第三十三条的规定处罚。”

三十一、删去第三十三条、第三十四条。

三十二、将第三十五条改为第四十七条，修改为：“现役军人、军队文职人员和军队其他人员有下列行为之一，构成犯罪的，依法追究刑事责任；情节轻微，尚不够刑事处罚的，按照军队有关规定给予处分：

“（一）有本法第四十三条、第四十四条、第四十五条、第四十六条规定行为的；

“（二）擅自将军事设施用于非军事目的，或者有其他滥用职权行为的；

“（三）擅离职守或者玩忽职守的。”

三十三、增加一条，作为第四十八条：“国家机关工作人员在军事设施保护工作中玩忽职守、滥用职权，构成犯罪的，依法追究刑事责任；尚不够刑事处罚的，给予处分。”

三十四、增加一条，作为第四十九条：“违反本法规定，造成军事设施损失的，依法承担赔偿责任。”

三十五、增加一条，作为第五十条：“中国人民武装警察部队所属军事设施的保护，适用本法。”

三十六、增加一条，作为第五十一条：“国防科技工业重要武器装备的科研、生产、试验、存储等设施的保护，参照本法有关规定执行。具体办法和设施目录由国务院和中央军事委员会规定。”

本决定自2014年8月1日起施行。

国家安全生产监督管理总局令

第70号

《企业安全生产风险公告六条规定》已经2014年11月24日国家安全生产监督管理总局局长办公会议审议通过，现予公布，自公布之日起施行。

局长　杨栋梁

2014年12月10日

企业安全生产风险公告六条规定

一、必须在企业醒目位置设置公告栏，在存在安全生产风险的岗位设置告知卡，分别标明本企业、本岗位主要危险危害因素、后果、事故预防及应急措施、报告电话等内容。

二、必须在重大危险源、存在严重职业病危害的场所设置明显标志，标明风险内容、危险程度、安全距离、防控办法、应急措施等内容。

三、必须在有重大事故隐患和较大危险的场所和设施设备上设置明显标志，标明治理责任、期限及应急措施。

四、必须在工作岗位标明安全操作要点。

五、必须及时向员工公开安全生产行政处罚决定、执行情况和整改结果。

六、必须及时更新安全生产风险公告内容，建立档案。

关于办理危害药品安全刑事案件适用法律若干问题的解释

法释〔2014〕14号

（2014年9月22日最高人民法院审判委员会第1626次会议

2014年3月17日最高人民检察院第十二届检察委员会第18次会议通过）

为依法惩治危害药品安全犯罪，保障人民群众生命健康安全，维护药品市场秩序，根据《中华人民共和国刑法》的规定，现就办理这类刑事案件适用法律的若干问题解释如下：

第一条　生产、销售假药，具有下列情形之一的，应当酌情从重处罚：

（一）生产、销售的假药以孕产妇、婴幼儿、儿童或者危重病人为主要使用对象的；

（二）生产、销售的假药属于麻醉药品、精神药品、医疗用毒性药品、放射性药品、避孕药品、血液制品、疫苗的；

（三）生产、销售的假药属于注射剂药品、急救药品的；

（四）医疗机构、医疗机构工作人员生产、销售假药的；

（五）在自然灾害、事故灾难、公共卫生事件、社会安全事件等突发事件期间，生产、销售用于应对突发事件的假药的；

（六）两年内曾因危害药品安全违法犯罪活动受过行政处罚或者刑事处罚的；

（七）其他应当酌情从重处罚的情形。

第二条　生产、销售假药，具有下列情形之一的，应当认定为刑法第一百四十一条规定的“对人体健康造成严重危害”：

（一）造成轻伤或者重伤的；

（二）造成轻度残疾或者中度残疾的；

（三）造成器官组织损伤导致一般功能障碍或者严重功能障碍的；

（四）其他对人体健康造成严重危害的情形。

第三条 生产、销售假药，具有下列情形之一的，应当认定为刑法第一百四十一条规定的“其他严重情节”：

（一）造成较大突发公共卫生事件的；

（二）生产、销售金额二十万元以上不满五十万元的；

（三）生产、销售金额十万元以上不满二十万元，并具有本解释第一条规定情形之一的；

（四）根据生产、销售的时间、数量、假药种类等，应当认定为情节严重的。

第四条 生产、销售假药，具有下列情形之一的，应当认定为刑法第一百四十一条规定的“其他特别严重情节”：

（一）致人重度残疾的；

（二）造成三人以上重伤、中度残疾或者器官组织损伤导致严重功能障碍的；

（三）造成五人以上轻度残疾或者器官组织损伤导致一般功能障碍的；

（四）造成十人以上轻伤的；

（五）造成重大、特别重大突发公共卫生事件的；

（六）生产、销售金额五十万元以上的；

（七）生产、销售金额二十万元以上不满五十万元，并具有本解释第一条规定情形之一的；

（八）根据生产、销售的时间、数量、假药种类等，应当认定为情节特别严重的。

第五条 生产、销售劣药，具有本解释第二条规定情形之一的，应当认定为刑法第一百四十二条规定的“对人体健康造成严重危害”。

生产、销售劣药，致人死亡，或者具有本解释第四条第一项至第五项规定情形之一的，应当认定为刑法第一百四十二条规定的“后果特别严重”。

生产、销售劣药，具有本解释第一条规定情形之一的，应当酌情从重处罚。

第六条 以生产、销售假药、劣药为目的，实施下列行为之一的，应当认定为刑法第一百四十一条、第一百四十二条规定的“生产”：

（一）合成、精制、提取、储存、加工炮制药品原料的行为；

（二）将药品原料、辅料、包装材料制成成品过程中，进行配料、混合、制剂、储存、包装的行为；

（三）印制包装材料、标签、说明书的行为。

医疗机构、医疗机构工作人员明知是假药、劣药而有偿提供给他人使用，或者为出售而购买、储存的行为，应当认定为刑法第一百四十一条、第一百四十二条规定的“销售”。

第七条 违反国家药品管理法律法规，未取得或者使用伪造、变造的药品经营许可证，非法经营药品，情节严重的，依照刑法第二百二十五条的规定以非法经营罪定罪处罚。

以提供给他人生产、销售药品为目的，违反国家规定，生产、销售不符合药用要求的非药品原料、辅料，情节严重的，依照刑法第二百二十五条的规定以非法经营罪定罪处罚。

实施前两款行为，非法经营数额在十万元以上，或者违法所得数额在五万元以上的，应当认定为刑法第二百二十五条规定的“情节严重”；非法经营数额在五十万元以上，或者违法所得数额在二十五万元以上的，应当认定为刑法第二百二十五条规定的“情节特别严重”。

实施本条第二款行为，同时又构成生产、销售伪劣产品罪、以危险方法危害公共安全罪等犯罪的，依照处罚较重的规定定罪处罚。

第八条 明知他人生产、销售假药、劣药，而有下列情形之一的，以共同犯罪论处：

（一）提供资金、贷款、账号、发票、证明、许可证件的；

（二）提供生产、经营场所、设备或者运输、储存、保管、邮寄、网络销售渠道等便利条件的；

（三）提供生产技术或者原料、辅料、包装材料、标签、说明书的；

（四）提供广告宣传等帮助行为的。

第九条 广告主、广告经营者、广告发布者违反国家规定，利用广告对药品作虚假宣传，情节严重的，依照刑法第二百二十二条的规定以虚假广告罪定罪处罚。

第十条 实施生产、销售假药、劣药犯罪，同时构成生产、销售伪劣产品、侵犯知识产权、非法经营、非法行医、非法采供血等犯罪的，依照处罚较重的规定定罪处罚。

第十一条 对实施本解释规定之犯罪的犯罪分子，应当依照刑法规定的条件，严格缓刑、免予刑事处罚的适用。对于适用缓刑的，应当同时宣告禁止令，禁止犯罪分子在缓刑考验期内从事药品生产、销售及相关活动。

销售少量根据民间传统配方私自加工的药品，或者销售少量未经批准进口的国外、境外药品，没有造成他人伤害后果或者延误诊治，情节显著轻微危害不大的，不认为是犯罪。

第十二条 犯生产、销售假药罪的，一般应当依法判处生产、销售金额二倍以上的罚金。共同犯罪的，对各共同犯罪人合计判处的罚金应当在生产、销售金额的二倍以上。

第十三条 单位犯本解释规定之罪的，对单位判处罚金，并对直接负责的主管人员和其他直接责任人员，依照本解释规定的自然人犯罪的定罪量刑标准处罚。

第十四条 是否属于刑法第一百四十一条、第一百四十二条规定的“假药”“劣药”难以确定的，司法机关可以根据地市级以上药品监督管理部门出具的认定意见等相关材料进行认定。必要时，可以委托省级以上药品监督管理部门设置或者确定的药品检验机构进行检验。

第十五条 本解释所称“生产、销售金额”，是指生产、销售假药、劣药所得和可得的全部违法收入。

第十六条 本解释规定的“轻伤”“重伤”按照《人体损伤程度鉴定标准》进行鉴定。

本解释规定的“轻度残疾”“中度残疾”“重度残疾”按照相关伤残等级评定标准进行评定。

第十七条 本解释发布施行后，《最高人民法院、最高人民检察院关于办理生产、销售假药、劣药刑事案件具体应用法律若干问题的解释》（法释〔2009〕9号）同时废止；之前发布的司法解释和规范性文件与本解释不一致的，以本解释为准。

国家安全生产监督管理总局令

第68号

《严防企业粉尘爆炸五条规定》已经2014年8月11日国家安全生产监督管理总局局长办公会议审议通过，现予公布，自公布之日起施行。

局长　杨栋梁

2014年8月15日

严防企业粉尘爆炸五条规定

一、必须确保作业场所符合标准规范要求，严禁设置在违规多层房、安全间距不达标厂房和居民区内。

二、必须按标准规范设计、安装、使用和维护通风除尘系统，每班按规定检测和规范清理粉尘，在除尘系统停运期间和粉尘超标时严禁作业，并停产撤人。

三、必须按规范使用防爆电气设备，落实防雷、防静电等措施，保证设备设施接地，严禁作业场所存在各类明火和违规使用作业工具。

四、必须配备铝镁等金属粉尘生产、收集、贮存的防水防潮设施，严禁粉尘遇湿自燃。

五、必须严格执行安全操作规程和劳动防护制度，严禁员工培训不合格和不按规定佩戴使用防尘、防静电等劳保用品上岗。

电力监控系统安全防护规定

目录

第一章　总　则

第一条 为了加强电力监控系统的信息安全管理，防范黑客及恶意代码等对电力监控系统的攻击及侵害，保障电力系统的安全稳定运行，根据《电力监管条例》、《中华人民共和国计算机信息系统安全保护条例》和国家有关规定，结合电力监控系统的实际情况，制定本规定。

第二条 电力监控系统安全防护工作应当落实国家信息安全等级保护制度，按照国家信息安全等级保护的有关要求，坚持“安全分区、网络专用、横向隔离、纵向认证”的原则，保障电力监控系统的安全。

第三条 本规定所称电力监控系统，是指用于监视和控制电力生产及供应过程的、基于计算机及网络技术的业务系统及智能设备，以及做为基础支撑的通信及数据网络等。

第四条 本规定适用于发电企业、电网企业以及相关规划设计、施工建设、安装调试、研究开发等单位。

第五条 国家能源局及其派出机构依法对电力监控系统安全防护工作进行监督管理。

第二章 技术管理

第六条 发电企业、电网企业内部基于计算机和网络技术的业务系统，应当划分为生产控制大区和管理信息大区。

生产控制大区可以分为控制区（安全区Ⅰ）和非控制区（安全区Ⅱ）；管理信息大区内部在不影响生产控制大区安全的前提下，可以根据各企业不同安全要求划分安全区。

根据应用系统实际情况，在满足总体安全要求的前提下，可以简化安全区的设置，但是应当避免形成不同安全区的纵向交叉联接。

第七条 电力调度数据网应当在专用通道上使用独立的网络设备组网，在物理层面上实现与电力企业其它数据网及外部公用数据网的安全隔离。

电力调度数据网划分为逻辑隔离的实时子网和非实时子网，分别连接控制区和非控制区。

第八条 生产控制大区的业务系统在与其终端的纵向联接中使用无线通信网、电力企业其它数据网（非电力调度数据网）或者外部公用数据网的虚拟专用网络方式（VPN）等进行通信的，应当设立安全接入区。

第九条 在生产控制大区与管理信息大区之间必须设置经国家指定部门检测认证的电力专用横向单向安全隔离装置。

生产控制大区内部的安全区之间应当采用具有访问控制功能的设备、防火墙或者相当功能的设施，实现逻辑隔离。

安全接入区与生产控制大区中其他部分的联接处必须设置经国家指定部门检测认证的电力专用横向单向安全隔离装置。

第十条 在生产控制大区与广域网的纵向联接处应当设置经过国家指定部门检测认证的电力专用纵向加密认证装置或者加密认证网关及相应设施。

第十一条 安全区边界应当采取必要的安全防护措施，禁止任何穿越生产控制大区和管理信息大区之间边界的通用网络服务。

生产控制大区中的业务系统应当具有高安全性和高可靠性，禁止采用安全风险高的通用网络服务功能。

第十二条 依照电力调度管理体制建立基于公钥技术的分布式电力调度数字证书及安全标签，生产控制大区中的重要业务系统应当采用认证加密机制。

第十三条 电力监控系统在设备选型及配置时，应当禁止选用经国家相关管理部门检测认定并经国家能源局通报存在漏洞和风险的系统及设备；对于已经投入运行的系统及设备，应当按照国家能源局及其派出机构的要求及时进行整改，同时应当加强相关系统及设备的运行管理和安全防护。生产控制大区中除安全接入区外，应当禁止选用具有无线通信功能的设备。

第三章 安全管理

第十四条 电力监控系统安全防护是电力安全生产管理体系的有机组成部分。电力企业应当按照“谁主管谁负责，谁运营谁负责”的原则，建立健全电力监控系统安全防护管理制度，将电力监控系统安全防护工作及其信息报送纳入日常安全生产管理体系，落实分级负责的责任制。

电力调度机构负责直接调度范围内的下一级电力调度机构、变电站、发电厂涉网部分的电力监控系统安全防护的技术监督，发电厂内其它监控系统的安全防护可以由其上级主管单位实施技术监督。

第十五条 电力调度机构、发电厂、变电站等运行单位的电力监控系统安全防护实施方案必须经本企业的上级专业管理部门和信息安全管理部门以及相应电力调度机构的审核，方案实施完成后应当由上述机构验收。

接入电力调度数据网络的设备和应用系统，其接入技术方案和安全防护措施必须经直接负责的电力调度机构同意。

第十六条 建立健全电力监控系统安全防护评估制度，采取以自评估为主、检查评估为辅的方式，将电力监控系统安全防护评估纳入电力系统安全评价体系。

第十七条 建立健全电力监控系统安全的联合防护和应急机制，制定应急预案。电力调度机构负责统一指挥调度范围内的电力监控系统安全应急处理。

当遭受网络攻击，生产控制大区的电力监控系统出现异常或者故障时，应当立即向其上级电力调度机构以及当地国家能源局派出机构报告，并联合采取紧急防护措施，防止事态扩大，同时应当注意保护现场，以便进行调查取证。

第四章 保密管理

第十八条 电力监控系统相关设备及系统的开发单位、供应商应当以合同条款或者保密协议的方式保证其所提供的设备及系统符合本规定的要求，并在设备及系统的全生命周期内对其负责。

电力监控系统专用安全产品的开发单位、使用单位及供应商，应当按国家有关要求做好保密工作，禁止关键技术和设备的扩散。

第十九条 对生产控制大区安全评估的所有评估资料和评估结果，应当按国家有关要求做好保密工作。

第五章 监督管理

第二十条 国家能源局及其派出机构负责制定电力监控系统安全防护相关管理和技术规范，并监督实施。

第二十一条 对于不符合本规定要求的，相关单位应当在规定的期限内整改；逾期未整改的，由国家能源局及其派出机构依据国家有关规定予以处罚。

第二十二条 对于因违反本规定，造成电力监控系统故障的，由其上级单位按相关规程规定进行处理；发生电力设备事故或者造成电力安全事故（事件）的，按国家有关事故（事件）调查规定进行处理。

第六章 附 则

第二十三条 本规定下列用语的含义或范围：

（一）电力监控系统具体包括电力数据采集与监控系统、能量管理系统、变电站自动化系统、换流站计算机监控系统、发电厂计算机监控系统、配电自动化系统、微机继电保护和安全自动装置、广域相量测量系统、负荷控制系统、水调自动化系统和水电梯级调度自动化系统、电能量计量系统、实时电力市场的辅助控制系统、电力调度数据网络等。

（二）电力调度数据网络，是指各级电力调度专用广域数据网络、电力生产专用拨号网络等。

（三）控制区，是指由具有实时监控功能、纵向联接使用电力调度数据网的实时子网或者专用通道的各业务系统构成的安全区域。

（四）非控制区，是指在生产控制范围内由在线运行但不直接参与控制、是电力生产过程的必要环节、纵向联接使用电力调度数据网的非实时子网的各业务系统构成的安全区域。

第二十四条 本规定自2014年9月1日起施行。2004年12月20日原国家电力监管委员会发布的《电力二次系统安全防护规定》（国家电力监管委员会令第5号）同时废止。

医疗器械监督管理条例

（2000年1月4日中华人民共和国国务院令第276号公布
2014年2月12日国务院第39次常务会议修订通过）

第一章 总 则

第一条 为了保证医疗器械的安全、有效，保障人体健康和生命安全，制定本条例。

第二条 在中华人民共和国境内从事医疗器械的研制、生产、经营、使用活动及其监督管理，应当遵守本条例。

第三条 国务院食品药品监督管理部门负责全国医疗器械监督管理工作。国务院有关部门在各自的职责范围内负责与医疗器械有关的监督管理工作。

县级以上地方人民政府食品药品监督管理部门负责本行政区域的医疗器械监督管理工作。县级以上地方人民政府有关部门在各自的职责范围内负责与医疗器械有关的监督管理工作。

国务院食品药品监督管理部门应当配合国务

院有关部门，贯彻实施国家医疗器械产业规划和政策。

第四条 国家对医疗器械按照风险程度实行分类管理。

第一类是风险程度低，实行常规管理可以保证其安全、有效的医疗器械。

第二类是具有中度风险，需要严格控制管理以保证其安全、有效的医疗器械。

第三类是具有较高风险，需要采取特别措施严格控制管理以保证其安全、有效的医疗器械。

评价医疗器械风险程度，应当考虑医疗器械的预期目的、结构特征、使用方法等因素。

国务院食品药品监督管理部门负责制定医疗器械的分类规则和分类目录，并根据医疗器械生产、经营、使用情况，及时对医疗器械的风险变化进行分析、评价，对分类目录进行调整。制定、调整分类目录，应当充分听取医疗器械生产经营企业以及使用单位、行业组织的意见，并参考国际医疗器械分类实践。医疗器械分类目录应当向社会公布。

第五条 医疗器械的研制应当遵循安全、有效和节约的原则。国家鼓励医疗器械的研究与创新，发挥市场机制的作用，促进医疗器械新技术的推广和应用，推动医疗器械产业的发展。

第六条 医疗器械产品应当符合医疗器械强制性国家标准；尚无强制性国家标准的，应当符合医疗器械强制性行业标准。

一次性使用的医疗器械目录由国务院食品药品监督管理部门会同国务院卫生计生主管部门制定、调整并公布。重复使用可以保证安全、有效的医疗器械，不列入一次性使用的医疗器械目录。对因设计、生产工艺、消毒灭菌技术等改进后重复使用可以保证安全、有效的医疗器械，应当调整出一次性使用的医疗器械目录。

第七条 医疗器械行业组织应当加强行业自律，推进诚信体系建设，督促企业依法开展生产经营活动，引导企业诚实守信。

第二章 医疗器械产品注册与备案

第八条 第一类医疗器械实行产品备案管理，第二类、第三类医疗器械实行产品注册管理。

第九条 第一类医疗器械产品备案和申请第二类、第三类医疗器械产品注册，应当提交下列资料：

（一）产品风险分析资料；

（二）产品技术要求；

（三）产品检验报告；

（四）临床评价资料；

（五）产品说明书及标签样稿；

（六）与产品研制、生产有关的质量管理体系文件；

（七）证明产品安全、有效所需的其他资料。

医疗器械注册申请人、备案人应当对所提交资料的真实性负责。

第十条 第一类医疗器械产品备案，由备案人向所在地设区的市级人民政府食品药品监督管理部门提交备案资料。其中，产品检验报告可以是备案人的自检报告；临床评价资料不包括临床试验报告，可以是通过文献、同类产品临床使用获得的数据证明该医疗器械安全、有效的资料。

向我国境内出口第一类医疗器械的境外生产企业，由其在我国境内设立的代表机构或者指定我国境内的企业法人作为代理人，向国务院食品药品监督管理部门提交备案资料和备案人所在国（地区）主管部门准许该医疗器械上市销售的证明文件。

备案资料载明的事项发生变化的，应当向原备案部门变更备案。

第十一条 申请第二类医疗器械产品注册，注册申请人应当向所在地省、自治区、直辖市人民政府食品药品监督管理部门提交注册申请资料。申请第三类医疗器械产品注册，注册申请人应当向国务院食品药品监督管理部门提交注册申请资料。

向我国境内出口第二类、第三类医疗器械的境外生产企业，应当由其在我国境内设立的代表机构或者指定我国境内的企业法人作为代理人，向国务院食品药品监督管理部门提交注册申请资料和注册申请人所在国（地区）主管部门准许该医疗器械上市销售的证明文件。

第二类、第三类医疗器械产品注册申请资料中的产品检验报告应当是医疗器械检验机构出具的检验报告；临床评价资料应当包括临床试验报告，但依照本条例第十七条的规定免于进行临床试验的医疗器械除外。

第十二条 受理注册申请的食品药品监督管理部门应当自受理之日起3个工作日内将注册申请资料转交技术审评机构。技术审评机构应当在完成技术审评后向食品药品监督管理部门提交审评意见。

第十三条 受理注册申请的食品药品监督管理部门应当自收到审评意见之日起20个工作日内作出决定。对符合安全、有效要求的，准予注册并发给医疗器械注册证；对不符合要求的，不予注册并书面说明理由。

国务院食品药品监督管理部门在组织对进口医疗器械的技术审评时认为有必要对质量管理体系进行核查的，应当组织质量管理体系检查技术机构开展质量管理体系核查。

第十四条 已注册的第二类、第三类医疗器械产品，其设计、原材料、生产工艺、适用范围、使用方法等发生实质性变化，有可能影响该医疗器械安全、有效的，注册人应当向原注册部门申请办理变更注册手续；发生非实质性变化，不影响该医疗器械安全、有效的，应当将变化情况向原注册部门备案。

第十五条 医疗器械注册证有效期为5年。有效期届满需要延续注册的，应当在有效期届满6个月前向原注册部门提出延续注册的申请。

除有本条第三款规定情形外，接到延续注册申请的食品药品监督管理部门应当在医疗器械注册证有效期届满前作出准予延续的决定。逾期未作决定的，视为准予延续。

有下列情形之一的，不予延续注册：

（一）注册人未在规定期限内提出延续注册申请的；

（二）医疗器械强制性标准已经修订，申请延续注册的医疗器械不能达到新要求的；

（三）对用于治疗罕见疾病以及应对突发公共卫生事件急需的医疗器械，未在规定期限内完成医疗器械注册证载明事项的。

第十六条 对新研制的尚未列入分类目录的医疗器械，申请人可以依照本条例有关第三类医疗器械产品注册的规定直接申请产品注册，也可以依据分类规则判断产品类别并向国务院食品药品监督管理部门申请类别确认后依照本条例的规定申请注册或者进行产品备案。

直接申请第三类医疗器械产品注册的，国务院食品药品监督管理部门应当按照风险程度确定类别，对准予注册的医疗器械及时纳入分类目录。申请类别确认的，国务院食品药品监督管理部门应当自受理申请之日起20个工作日内对该医疗器械的类别进行判定并告知申请人。

第十七条 第一类医疗器械产品备案，不需要进行临床试验。申请第二类、第三类医疗器械产品注册，应当进行临床试验；但是，有下列情形之一的，可以免于进行临床试验：

（一）工作机理明确、设计定型，生产工艺成熟，已上市的同品种医疗器械临床应用多年且无严重不良事件记录，不改变常规用途的；

（二）通过非临床评价能够证明该医疗器械安全、有效的；

（三）通过对同品种医疗器械临床试验或者临床使用获得的数据进行分析评价，能够证明该医疗器械安全、有效的。

免于进行临床试验的医疗器械目录由国务院食品药品监督管理部门制定、调整并公布。

第十八条 开展医疗器械临床试验，应当按照医疗器械临床试验质量管理规范的要求，在有资质的临床试验机构进行，并向临床试验提出者所在地省、自治区、直辖市人民政府食品药品监督管理部门备案。接受临床试验备案的食品药品监督管理部门应当将备案情况通报临床试验机构所在地的同级食品药品监督管理部门和卫生计生主管部门。

医疗器械临床试验机构资质认定条件和临床试验质量管理规范，由国务院食品药品监督管理部门会同国务院卫生计生主管部门制定并公布；医疗器械临床试验机构由国务院食品药品监督管理部门会同国务院卫生计生主管部门认定并公布。

第十九条 第三类医疗器械进行临床试验对人体具有较高风险的，应当经国务院食品药品监督管理部门批准。临床试验对人体具有较高风险的第三类医疗器械目录由国务院食品药品监督管理部门制定、调整并公布。

国务院食品药品监督管理部门审批临床试验，应当对拟承担医疗器械临床试验的机构的设备、专业人员等条件，该医疗器械的风险程度，临床试验实施方案，临床受益与风险对比分析报告等进行综合分析。准予开展临床试验的，应当通报临床试验提出者以及临床试验机构所在地省、自治区、直辖市人民政府食品药品监督管理部门和卫生计生主管部门。

第三章 医疗器械生产

第二十条 从事医疗器械生产活动，应当具备下列条件：

（一）有与生产的医疗器械相适应的生产场地、环境条件、生产设备以及专业技术人员；

（二）有对生产的医疗器械进行质量检验的机构或者专职检验人员以及检验设备；

（三）有保证医疗器械质量的管理制度；

（四）有与生产的医疗器械相适应的售后服务能力；

（五）产品研制、生产工艺文件规定的要求。

第二十一条 从事第一类医疗器械生产的，由生产企业向所在地设区的市级人民政府食品药品监督管理部门备案并提交其符合本条例第二十条规定条件的证明资料。

第二十二条 从事第二类、第三类医疗器械生产的，生产企业应当向所在地省、自治区、直辖市人民政府食品药品监督管理部门申请生产许可并提交其符合本条例第二十条规定条件的证明资料以及所生产医疗器械的注册证。

受理生产许可申请的食品药品监督管理部门应当自受理之日起30个工作日内对申请资料进行审核，按照国务院食品药品监督管理部门制定的医疗器械生产质量管理规范的要求进行核查。对符合规定条件的，准予许可并发给医疗器械生产许可证；对不符合规定条件的，不予许可并书面说明理由。

医疗器械生产许可证有效期为5年。有效期届满需要延续的，依照有关行政许可的法律规定办理延续手续。

第二十三条 医疗器械生产质量管理规范应当对医疗器械的设计开发、生产设备条件、原材料采购、生产过程控制、企业的机构设置和人员配备等影响医疗器械安全、有效的事项作出明确规定。

第二十四条 医疗器械生产企业应当按照医疗器械生产质量管理规范的要求，建立健全与所生产医疗器械相适应的质量管理体系并保证其有效运行；严格按照经注册或者备案的产品技术要求组织生产，保证出厂的医疗器械符合强制性标准以及经注册或者备案的产品技术要求。

医疗器械生产企业应当定期对质量管理体系的运行情况进行自查，并向所在地省、自治区、直辖市人民政府食品药品监督管理部门提交自查报告。

第二十五条 医疗器械生产企业的生产条件发生变化，不再符合医疗器械质量管理体系要求的，医疗器械生产企业应当立即采取整改措施；可能影响医疗器械安全、有效的，应当立即停止生产活动，并向所在地县级人民政府食品药品监督管理部门报告。

第二十六条 医疗器械应当使用通用名称。通用名称应当符合国务院食品药品监督管理部门制定的医疗器械命名规则。

第二十七条 医疗器械应当有说明书、标签。说明书、标签的内容应当与经注册或者备案的相关内容一致。

医疗器械的说明书、标签应当标明下列事项：

（一）通用名称、型号、规格；

（二）生产企业的名称和住所、生产地址及联系方式；

（三）产品技术要求的编号；

（四）生产日期和使用期限或者失效日期；

（五）产品性能、主要结构、适用范围；

（六）禁忌症、注意事项以及其他需要警示或者提示的内容；

（七）安装和使用说明或者图示；

（八）维护和保养方法，特殊储存条件、方法；

（九）产品技术要求规定应当标明的其他内容。

第二类、第三类医疗器械还应当标明医疗器械注册证编号和医疗器械注册人的名称、地址及联系方式。

由消费者个人自行使用的医疗器械还应当具有安全使用的特别说明。

第二十八条 委托生产医疗器械，由委托方对所委托生产的医疗器械质量负责。受托方应当是符合本条例规定、具备相应生产条件的医疗器械生产企业。委托方应当加强对受托方生产行为的管理，保证其按照法定要求进行生产。

具有高风险的植入性医疗器械不得委托生产，具体目录由国务院食品药品监督管理部门制定、调整并公布。

第四章　医疗器械经营与使用

第二十九条 从事医疗器械经营活动，应当有与经营规模和经营范围相适应的经营场所和贮存条件，以及与经营的医疗器械相适应的质量管理制度和质量管理机构或者人员。

第三十条 从事第二类医疗器械经营的，由经营企业向所在地设区的市级人民政府食品药品监督管理部门备案并提交其符合本条例第二十九条规定条件的证明资料。

第三十一条 从事第三类医疗器械经营的，经营企业应当向所在地设区的市级人民政府食品药品监督管理部门申请经营许可并提交其符合本条例第二十九条规定条件的证明资料。

受理经营许可申请的食品药品监督管理部门应当自受理之日起30个工作日内进行审查，必要时组织核查。对符合规定条件的，准予许可并发给医疗器械经营许可证；对不符合规定条件的，不予许可并书面说明理由。

医疗器械经营许可证有效期为5年。有效期届满需要延续的，依照有关行政许可的法律规定办理延续手续。

第三十二条 医疗器械经营企业、使用单位购进医疗器械，应当查验供货者的资质和医疗器械的合格证明文件，建立进货查验记录制度。从事第二类、第三类医疗器械批发业务以及第三类医疗器械零售业务的经营企业，还应当建立销售记录制度。

记录事项包括：

（一）医疗器械的名称、型号、规格、数量；

（二）医疗器械的生产批号、有效期、销售日期；

（三）生产企业的名称；

（四）供货者或者购货者的名称、地址及联系方式；

（五）相关许可证明文件编号等。

进货查验记录和销售记录应当真实，并按照国务院食品药品监督管理部门规定的期限予以保存。国家鼓励采用先进技术手段进行记录。

第三十三条 运输、贮存医疗器械，应当符合医疗器械说明书和标签标示的要求；对温度、湿度等环境条件有特殊要求的，应当采取相应措施，保证医疗器械的安全、有效。

第三十四条 医疗器械使用单位应当有与在用医疗器械品种、数量相适应的贮存场所和条件。

医疗器械使用单位应当加强对工作人员的技术培训，按照产品说明书、技术操作规范等要求使用医疗器械。

第三十五条 医疗器械使用单位对重复使用的医疗器械，应当按照国务院卫生计生主管部门制定的消毒和管理的规定进行处理。

一次性使用的医疗器械不得重复使用，对使用过的应当按照国家有关规定销毁并记录。

第三十六条 医疗器械使用单位对需要定期检查、检验、校准、保养、维护的医疗器械，应当按照产品说明书的要求进行检查、检验、校准、保养、维护并予以记录，及时进行分析、评估，确保医疗器械处于良好状态，保障使用质量；对使用期限长的大型医疗器械，应当逐台建立使用档案，记录其使用、维护、转让、实际使用时间等事项。记录保存期限不得少于医疗器械规定使用期限终止后5年。

第三十七条 医疗器械使用单位应当妥善保存购入第三类医疗器械的原始资料，并确保信息具有可追溯性。

使用大型医疗器械以及植入和介入类医疗器械的，应当将医疗器械的名称、关键性技术参数等信息以及与使用质量安全密切相关的必要信息记载到病历等相关记录中。

第三十八条 发现使用的医疗器械存在安全隐患的，医疗器械使用单位应当立即停止使用，并通知生产企业或者其他负责产品质量的机构进行检修；经检修仍不能达到使用安全标准的医疗器械，不得继续使用。

第三十九条 食品药品监督管理部门和卫生计生主管部门依据各自职责，分别对使用环节的医疗器械质量和医疗器械使用行为进行监督管理。

第四十条 医疗器械经营企业、使用单位不得经营、使用未依法注册、无合格证明文件以及过期、失效、淘汰的医疗器械。

第四十一条 医疗器械使用单位之间转让在用医疗器械，转让方应当确保所转让的医疗器械安全、有效，不得转让过期、失效、淘汰以及检验不合格的医疗器械。

第四十二条 进口的医疗器械应当是依照本条例第二章的规定已注册或者已备案的医疗器械。

进口的医疗器械应当有中文说明书、中文标签。说明书、标签应当符合本条例规定以及相关强制性标准的要求，并在说明书中载明医疗器械的原产地以及代理人的名称、地址、联系方式。没有中文说明书、中文标签或者说明书、标签不符合本条规定的，不得进口。

第四十三条 出入境检验检疫机构依法对进口的医疗器械实施检验；检验不合格的，不得进口。

国务院食品药品监督管理部门应当及时向国家出入境检验检疫部门通报进口医疗器械的注册和备案情况。进口口岸所在地出入境检验检疫机构应当及时向所在地设区的市级人民政府食品药品监督管理部门通报进口医疗器械的通关情况。

第四十四条 出口医疗器械的企业应当保证其出口的医疗器械符合进口国（地区）的要求。

第四十五条 医疗器械广告应当真实合法，不得含有虚假、夸大、误导性的内容。

医疗器械广告应当经医疗器械生产企业或者进口医疗器械代理人所在地省、自治区、直辖市人民政府食品药品监督管理部门审查批准，并取得医疗器械广告批准文件。广告发布者发布医疗器械广告，应当事先核查广告的批准文件及其真实性；不得发布未取得批准文件、批准文件的真实性未经核实或者广告内容与批准文件不一致的医疗器械广告。省、自治区、直辖市人民政府食品药品监督管理部门应当公布并及时更新已经批准的医疗器械广告目录以及批准的广告内容。

省级以上人民政府食品药品监督管理部门责令暂停生产、销售、进口和使用的医疗器械，在暂停期间不得发布涉及该医疗器械的广告。

医疗器械广告的审查办法由国务院食品药品监督管理部门会同国务院工商行政管理部门制定。

第五章 不良事件的处理与医疗器械的召回

第四十六条 国家建立医疗器械不良事件监测制度，对医疗器械不良事件及时进行收集、分析、评价、控制。

第四十七条 医疗器械生产经营企业、使用单位应当对所生产经营或者使用的医疗器械开展不良事件监测；发现医疗器械不良事件或者可疑不良事件，应当按照国务院食品药品监督管理部门的规定，向医疗器械不良事件监测技术机构报告。

任何单位和个人发现医疗器械不良事件或者可疑不良事件，有权向食品药品监督管理部门或者医疗器械不良事件监测技术机构报告。

第四十八条 国务院食品药品监督管理部门应当加强医疗器械不良事件监测信息网络建设。

医疗器械不良事件监测技术机构应当加强医疗器械不良事件信息监测，主动收集不良事件信息；发现不良事件或者接到不良事件报告的，应当及时进行核实、调查、分析，对不良事件进行评估，并向食品药品监督管理部门和卫生计生主管部门提出处理建议。

医疗器械不良事件监测技术机构应当公布联系方式，方便医疗器械生产经营企业、使用单位等报告医疗器械不良事件。

第四十九条 食品药品监督管理部门应当根据医疗器械不良事件评估结果及时采取发布警示信息以及责令暂停生产、销售、进口和使用等控制措施。

省级以上人民政府食品药品监督管理部门应当会同同级卫生计生主管部门和相关部门组织对引起突发、群发的严重伤害或者死亡的医疗器械不良事件及时进行调查和处理，并组织对同类医疗器械加强监测。

第五十条 医疗器械生产经营企业、使用单位应当对医疗器械不良事件监测技术机构、食品药品监督管理部门开展的医疗器械不良事件调查予以配合。

第五十一条 有下列情形之一的，省级以上人民政府食品药品监督管理部门应当对已注册的医疗器械组织开展再评价：

（一）根据科学研究的发展，对医疗器械的安全、有效有认识上的改变的；

（二）医疗器械不良事件监测、评估结果表明医疗器械可能存在缺陷的；

（三）国务院食品药品监督管理部门规定的其他需要进行再评价的情形。

再评价结果表明已注册的医疗器械不能保证安全、有效的，由原发证部门注销医疗器械注册证，并向社会公布。被注销医疗器械注册证的医疗器械不得生产、进口、经营、使用。

第五十二条 医疗器械生产企业发现其生产的医疗器械不符合强制性标准、经注册或者备案的产品技术要求或者存在其他缺陷的，应当立即停止生产，通知相关生产经营企业、使用单位和消费者停止经营和使用，召回已经上市销售的医疗器械，采取补救、销毁等措施，记录相关情况，发布相关信息，并将医疗器械召回和处理情况向食品药品监督管理部门和卫生计生主管部门报告。

医疗器械经营企业发现其经营的医疗器械存在前款规定情形的，应当立即停止经营，通知相关生产经营企业、使用单位、消费者，并记录停止经营和通知情况。医疗器械生产企业认为属于依照前款规定需要召回的医疗器械，应当立即召回。

医疗器械生产经营企业未依照本条规定实施召回或者停止经营的，食品药品监督管理部门可以责令其召回或者停止经营。

第六章 监督检查

第五十三条 食品药品监督管理部门应当对医疗器械的注册、备案、生产、经营、使用活动加强监督检查，并对下列事项进行重点监督检查：

（一）医疗器械生产企业是否按照经注册或者备案的产品技术要求组织生产；

（二）医疗器械生产企业的质量管理体系是否保持有效运行；

（三）医疗器械生产经营企业的生产经营条件是否持续符合法定要求。

第五十四条 食品药品监督管理部门在监督检查中有下列职权：

（一）进入现场实施检查、抽取样品；

（二）查阅、复制、查封、扣押有关合同、票据、账簿以及其他有关资料；

（三）查封、扣押不符合法定要求的医疗器械，违法使用的零配件、原材料以及用于违法生产医疗器械的工具、设备；

（四）查封违反本条例规定从事医疗器械生产经营活动的场所。

食品药品监督管理部门进行监督检查，应当出示执法证件，保守被检查单位的商业秘密。

有关单位和个人应当对食品药品监督管理部门的监督检查予以配合，不得隐瞒有关情况。

第五十五条 对人体造成伤害或者有证据证明可能危害人体健康的医疗器械，食品药品监督管理部门可以采取暂停生产、进口、经营、使用的紧急控制措施。

第五十六条 食品药品监督管理部门应当加强对医疗器械生产经营企业和使用单位生产、经营、使用的医疗器械的抽查检验。抽查检验不得收取检验费和其他任何费用，所需费用纳入本级政府预算。

省级以上人民政府食品药品监督管理部门应当根据抽查检验结论及时发布医疗器械质量公告。

第五十七条 医疗器械检验机构资质认定工作按照国家有关规定实行统一管理。经国务院认证认可监督管理部门会同国务院食品药品监督管理部门认定的检验机构，方可对医疗器械实施检验。

食品药品监督管理部门在执法工作中需要对医疗器械进行检验的，应当委托有资质的医疗器械检验机构进行，并支付相关费用。

当事人对检验结论有异议的，可以自收到检验结论之日起7个工作日内选择有资质的医疗器械检验机构进行复检。承担复检工作的医疗器械检验机构应当在国务院食品药品监督管理部门规定的时间内作出复检结论。复检结论为最终检验结论。

第五十八条 对可能存在有害物质或者擅自改变医疗器械设计、原材料和生产工艺并存在安全隐患的医疗器械，按照医疗器械国家标准、行业标准规定的检验项目和检验方法无法检验的，医疗器械检验机构可以补充检验项目和检验方法进行检验；使用补充检验项目、检验方法得出的检验结论，经国务院食品药品监督管理部门批准，可以作为食品药品监督管理部门认定医疗器械质量的依据。

第五十九条 设区的市级和县级人民政府食品药品监督管理部门应当加强对医疗器械广告的监督检查；发现未经批准、篡改经批准的广告内容的医疗器械广告，应当向所在地省、自治区、直辖市人民政府食品药品监督管理部门报告，由其向社会公告。

工商行政管理部门应当依照有关广告管理的法律、行政法规的规定，对医疗器械广告进行监督检查，查处违法行为。食品药品监督管理部门发现医疗器械广告违法发布行为，应当提出处理建议并按照有关程序移交所在地同级工商行政管理部门。

第六十条 国务院食品药品监督管理部门建立统一的医疗器械监督管理信息平台。食品药品监督管理部门应当通过信息平台依法及时公布医疗器械许可、备案、抽查检验、违法行为查处情况等日常监督管理信息。但是，不得泄露当事人的商业秘密。

食品药品监督管理部门对医疗器械注册人和备案人、生产经营企业、使用单位建立信用档案，对有不良信用记录的增加监督检查频次。

第六十一条 食品药品监督管理等部门应当公布本单位的联系方式，接受咨询、投诉、举报。食品药品监督管理等部门接到与医疗器械监督管理有关的咨询，应当及时答复；接到投诉、举报，应当及时核实、处理、答复。对咨询、投诉、举报情况及其答复、核实、处理情况，应当予以记录、保存。

有关医疗器械研制、生产、经营、使用行为的举报经调查属实的，食品药品监督管理等部门对举报人应当给予奖励。

第六十二条 国务院食品药品监督管理部门制定、调整、修改本条例规定的目录以及与医疗器械监督管理有关的规范，应当公开征求意见；采取听证会、论证会等形式，听取专家、医疗器械生产经营企业和使用单位、消费者以及相关组织等方面的意见。

第七章 法律责任

第六十三条 有下列情形之一的，由县级以上人民政府食品药品监督管理部门没收违法所得、违法生产经营的医疗器械和用于违法生产经营的工具、设备、原材料等物品；违法生产经营的医疗器械货值金额不足1万元的，并处5万元以上10万元以下罚款；货值金额1万元以上的，并处货值金额10倍以上20倍以下罚款；情节严重的，5年内不受理相关责任人及企业提出的医疗器械许可申请：

（一）生产、经营未取得医疗器械注册证的第二类、第三类医疗器械的；

（二）未经许可从事第二类、第三类医疗器械生产活动的；

（三）未经许可从事第三类医疗器械经营活动的。

有前款第一项情形、情节严重的，由原发证部门吊销医疗器械生产许可证或者医疗器械经营许可证。

第六十四条 提供虚假资料或者采取其他欺骗手段取得医疗器械注册证、医疗器械生产许可证、医疗器械经营许可证、广告批准文件等许可证件的，由原发证部门撤销已经取得的许可证件，并处5万元以上10万元以下罚款，5年内不受理相关责任人及企业提出的医疗器械许可申请。

伪造、变造、买卖、出租、出借相关医疗器械许可证件的，由原发证部门予以收缴或者吊销，没收违法所得；违法所得不足1万元的，处1万元以上3万元以下罚款；违法所得1万元以上的，处违法所得3倍以上5倍以下罚款；构成违反治安管理行为的，由公安机关依法予以治安管理处罚。

第六十五条 未依照本条例规定备案的，由县级以上人民政府食品药品监督管理部门责令限期改正；逾期不改正的，向社会公告未备案单位和产品名称，可以处1万元以下罚款。

备案时提供虚假资料的，由县级以上人民政府食品药品监督管理部门向社会公告备案单位和产品名称；情节严重的，直接责任人员5年内不得从事医疗器械生产经营活动。

第六十六条 有下列情形之一的，由县级以上人民政府食品药品监督管理部门责令改正，没收违法生产、经营或者使用的医疗器械；违法生产、经营或者使用的医疗器械货值金额不足1万元的，并处2万元以上5万元以下罚款；货值金额1万元以上的，并处货值金额5倍以上10倍以下罚款；情节严重的，责令停产停业，直至由原发证部门吊销医疗器械注册证、医疗器械生产许可证、医疗器械经营许可证：

（一）生产、经营、使用不符合强制性标准或者不符合经注册或者备案的产品技术要求的医疗器械的；

（二）医疗器械生产企业未按照经注册或者备案的产品技术要求组织生产，或者未依照本条例规定建立质量管理体系并保持有效运行的；

（三）经营、使用无合格证明文件、过期、失效、淘汰的医疗器械，或者使用未依法注册的医疗器械的；

（四）食品药品监督管理部门责令其依照本条例规定实施召回或者停止经营后，仍拒不召回或者停止经营医疗器械的；

（五）委托不具备本条例规定条件的企业生产医疗器械，或者未对受托方的生产行为进行管理的。

第六十七条 有下列情形之一的，由县级以上人民政府食品药品监督管理部门责令改正，处1万元以上3万元以下罚款；情节严重的，责令停产停业，直至由原发证部门吊销医疗器械生产许可证、医疗器械经营许可证：

（一）医疗器械生产企业的生产条件发生变化、不再符合医疗器械质量管理体系要求，未依照本条例规定整改、停止生产、报告的；

（二）生产、经营说明书、标签不符合本条例规定的医疗器械的；

（三）未按照医疗器械说明书和标签标示要求运输、贮存医疗器械的；

（四）转让过期、失效、淘汰或者检验不合格的在用医疗器械的。

第六十八条 有下列情形之一的，由县级以上人民政府食品药品监督管理部门和卫生计生主管部门依据各自职责责令改正，给予警告；拒不改正的，处5000元以上2万元以下罚款；情节严重的，责令停产停业，直至由原发证部门吊销医疗器械生产许可证、医疗器械经营许可证：

（一）医疗器械生产企业未按照要求提交质量管理体系自查报告的；

（二）医疗器械经营企业、使用单位未依照本条例规定建立并执行医疗器械进货查验记录制度的；

（三）从事第二类、第三类医疗器械批发业务以及第三类医疗器械零售业务的经营企业未依照本条例规定建立并执行销售记录制度的；

（四）对重复使用的医疗器械，医疗器械使用单位未按照消毒和管理的规定进行处理的；

（五）医疗器械使用单位重复使用一次性使用的医疗器械，或者未按照规定销毁使用过的一次性使用的医疗器械的；

（六）对需要定期检查、检验、校准、保养、维护的医疗器械，医疗器械使用单位未按照产品说明书要求检查、检验、校准、保养、维护并予以记录，及时进行分析、评估，确保医疗器械处于良好状态的；

（七）医疗器械使用单位未妥善保存购入第三类医疗器械的原始资料，或者未按照规定将大型医疗器械以及植入和介入类医疗器械的信息记载到病历等相关记录中的；

（八）医疗器械使用单位发现使用的医疗器械存在安全隐患未立即停止使用、通知检修，或者继续使用经检修仍不能达到使用安全标准的医疗器械的；

（九）医疗器械生产经营企业、使用单位未依照本条例规定开展医疗器械不良事件监测，未按照要求报告不良事件，或者对医疗器械不良事件监测技术机构、食品药品监督管理部门开展的不良事件调查不予配合的。

第六十九条 违反本条例规定开展医疗器械临床试验的，由县级以上人民政府食品药品监督管理部门责令改正或者立即停止临床试验，可以处5万元以下罚款；造成严重后果的，依法对直接负责的主管人员和其他直接责任人员给予降级、撤职或者开除的处分；有医疗器械临床试验机构资质的，由授予其资质的主管部门撤销医疗器械临床试验机构资质，5年内不受理其资质认定申请。

医疗器械临床试验机构出具虚假报告的，由授予其资质的主管部门撤销医疗器械临床试验机构资质，10年内不受理其资质认定申请；由县级以上人民政府食品药品监督管理部门处5万元以上10万元以下罚款；有违法所得的，没收违法所得；对直接负责的主管人员和其他直接责任人员，依法给予撤职或者开除的处分。

第七十条 医疗器械检验机构出具虚假检验报告的，由授予其资质的主管部门撤销检验资质，10年内不受理其资质认定申请；处5万元以上10万元以下罚款；有违法所得的，没收违法所得；对直接负责的主管人员和其他直接责任人员，依法给予撤职或者开除的处分；受到开除处分的，自处分决定作出之日起10年内不得从事医疗器械检验工作。

第七十一条 违反本条例规定，发布未取得批准文件的医疗器械广告，未事先核实批准文件的真实性即发布医疗器械广告，或者发布广告内容与批准文件不一致的医疗器械广告的，由工商行政管理部门依照有关广告管理的法律、行政法规的规定给予处罚。

篡改经批准的医疗器械广告内容的，由原发证部门撤销该医疗器械的广告批准文件，2年内不受理其广告审批申请。

发布虚假医疗器械广告的，由省级以上人民政府食品药品监督管理部门决定暂停销售该医疗器械，并向社会公布；仍然销售该医疗器械的，由县级以上人民政府食品药品监督管理部门没收违法销售的医疗器械，并处2万元以上5万元以下罚款。

第七十二条 医疗器械技术审评机构、医疗器械不良事件监测技术机构未依照本条例规定履行职责，致使审评、监测工作出现重大失误的，由县级以上人民政府食品药品监督管理部门责令改正，通报批评，给予警告；造成严重后果的，对直接负责的主管人员和其他直接责任人员，依法给予降级、撤职或者开除的处分。

第七十三条 食品药品监督管理部门及其工作人员应当严格依照本条例规定的处罚种类和幅度，根据违法行为的性质和具体情节行使行政处罚权，具体办法由国务院食品药品监督管理部门制定。

第七十四条 违反本条例规定，县级以上人民政府食品药品监督管理部门或者其他有关部门不履行医疗器械监督管理职责或者滥用职权、玩忽职守、徇私舞弊的，由监察机关或者任免机关对直接负责的主管人员和其他直接责任人员依法给予警告、记过或者记大过的处分；造成严重后果的，给予降级、撤职或者开除的处分。

第七十五条 违反本条例规定，构成犯罪的，依法追究刑事责任；造成人身、财产或者其他损害的，依法承担赔偿责任。

第八章 附 则

第七十六条 本条例下列用语的含义：

医疗器械，是指直接或者间接用于人体的仪器、设备、器具、体外诊断试剂及校准物、材料以及其他类似或者相关的物品，包括所需要的计算机软件；其效用主要通过物理等方式获得，不是通过药理学、免疫学或者代谢的方式获得，或者虽然有这些方式参与但是只起辅助作用；其目的是：

（一）疾病的诊断、预防、监护、治疗或者缓解；

（二）损伤的诊断、监护、治疗、缓解或者功能补偿；

（三）生理结构或者生理过程的检验、替代、调节或者支持；

（四）生命的支持或者维持；

（五）妊娠控制；

（六）通过对来自人体的样本进行检查，为医疗或者诊断目的提供信息。

医疗器械使用单位，是指使用医疗器械为他人提供医疗等技术服务的机构，包括取得医疗机构执业许可证的医疗机构，取得计划生育技术服务机构执业许可证的计划生育技术服务机构，以及依法不需要取得医疗机构执业许可证的血站、单采血浆站、康复辅助器具适配机构等。

第七十七条 医疗器械产品注册可以收取费用。具体收费项目、标准分别由国务院财政、价格主管部门按照国家有关规定制定。

第七十八条 非营利的避孕医疗器械管理办

法以及医疗卫生机构为应对突发公共卫生事件而研制的医疗器械的管理办法，由国务院食品药品监督管理部门会同国务院卫生计生主管部门制定。

中医医疗器械的管理办法，由国务院食品药品监督管理部门会同国务院中医药管理部门依据本条例的规定制定；康复辅助器具类医疗器械的范围及其管理办法，由国务院食品药品监督管理部门会同国务院民政部门依据本条例的规定制定。

第七十九条 军队医疗器械使用的监督管理，由军队卫生主管部门依据本条例和军队有关规定组织实施。

第八十条 本条例自 2014 年 6 月 1 日起施行。

第二编　机构设置

政府机构以及职责

第一节　国家应急管理机构设置

一、领导机构

国务院是突发公共事件应急管理工作的最高行政领导机构。在国务院总理领导下，由国务院常务会议和国家相关突发公共事件应急指挥机构（以下简称相关应急指挥机构）负责突发公共事件的应急管理工作；必要时，派出国务院工作组指导有关工作。

二、办事机构

国务院办公厅设国务院应急管理办公室，承担国务院应急管理的日常工作和国务院总值班工作，履行值守应急、信息汇总和综合协调职责，发挥运转枢纽作用。

（一）主要职责

1. 承担国务院总值班工作，及时掌握和报告国内外相关重大情况和动态，办理向国务院报送的紧急重要事项，保证国务院与各省（区、市）人民政府、国务院各部门联络畅通，指导全国政府系统值班工作。

2. 办理国务院有关决定事项，督促落实国务院领导批示、指示，承办国务院应急管理的专题会议、活动和文电等工作。

3. 负责协调和督促检查各省（区、市）人民政府、国务院各部门应急管理工作，协调、组织有关方面研究提出国家应急管理的政策、法规和规划建议。

4. 负责组织编制国家突发公共事件总体应急预案和审核专项应急预案，协调指导应急预案体系和应急体制、机制、法制建设，指导各省（区、市）人民政府、国务院有关部门应急体系、应急信息平台建设等工作。

5. 协助国务院领导处置特别重大突发公共事件，协调指导特别重大和重大突发公共事件的预防预警、应急演练、应急处置、调查评估、信息发布、应急保障和国际救援等工作。

6. 组织开展信息调研和宣传培训工作，协调应急管理方面的国际交流与合作。

7. 承办国务院领导交办的其他事项。

（二）主要业务

主要办理各地区、各部门报送国务院涉及下列业务的文电和有关会务、督查工作等：

1. 涉及防汛抗旱、减灾救济、抗震救灾，以及重大地质灾害、重大森林草原火灾及病虫害、沙尘暴及重大生态灾害事件的处置及相关防范业务，重要天气形势和灾害性天气的预警预报等业务。

2. 涉及安全生产、交通安全、环境安全、消防安全及人员密集场所事故处置和预防等业务。

3. 涉及重大突发疫情、病情处置，重大动物疫情处置，重大食品药品安全事故处置及相关防范等业务。

4. 涉及社会治安、反恐怖、群体性事件等重大突发公共事件应急处置和防范业务，涉外重大突发事件的处置等业务。

三、工作机构

国务院有关部门依据有关法律、行政法规和各自的职责，负责相关类别突发公共事件的应急管理工作。具体负责相关类别的突发公共事件专项和部门应急预案的起草与实施，贯彻落实国务院有关决定事项。

（一）自然灾害应急管理机构

国家减灾委员会负责组织、领导全国的自然灾害救助工作，协调开展重大自然灾害救助活动。国务院民政部门负责全国的自然灾害救助工作，承担国家减灾委员会的具体工作。国务院有关部门按照各自职责做好全国的自然灾害救助相关工作。

县级以上地方人民政府或者人民政府的自然灾害救助应急综合协调机构，组织、协调本行政区域的自然灾害救助工作。县级以上地方人民政府民政部门负责本行政区域的自然灾害救助工作。县级以上地方人民政府有关部门按照各自职责做好本行政区域的自然灾害救助相关工作。

（二）事故灾难应急管理机构

全国安全生产事故灾难应急救援组织体系由国务院安委会、国务院有关部门、地方各级人民政府安全生产事故灾难应急领导机构、综合协调指挥机构、专业协调指挥机构、应急支持保障部门、应急救援队伍和生产经营单位组成。

国家安全生产事故灾难应急领导机构为国务院安委会，综合协调指挥机构为国务院安委会办公室，国家安全生产应急救援指挥中心具体承担安全生产事故灾难应急管理工作，专业协调指挥机构为国务院有关部门管理的专业领域应急救援指挥机构。

地方各级人民政府的安全生产事故灾难应急机构由地方政府确定。

应急救援队伍主要包括消防部队、专业应急救援队伍、生产经营单位的应急救援队伍、社会力量、志愿者队伍及有关国际救援力量等。

国务院安委会各成员单位按照职责履行本部门的安全生产事故灾难应急救援和保障方面的职责，负责制订、管理并实施有关应急预案。

现场应急救援指挥以属地为主，事发地省（区、市）人民政府成立现场应急救援指挥部。现场应急救援指挥部负责指挥所有参与应急救援的队伍和人员，及时向国务院报告事故灾难事态发展及救援情况，同时抄送国务院安委会办公室。

涉及多个领域、跨省级行政区或影响特别重大的事故灾难，根据需要由国务院安委会或者国务院有关部门组织成立现场应急救援指挥部，负责应急救援协调指挥工作。

（三）公共卫生事件应急管理机构

1. 日常管理机构

国务院卫生行政部门设立卫生应急办公室（突发公共卫生事件应急指挥中心），负责全国突发公共卫生事件应急处理的日常管理工作。

各省、自治区、直辖市人民政府卫生行政部门及军队、武警系统要参照国务院卫生行政部门突发公共卫生事件日常管理机构的设置及职责，结合各自实际情况，指定突发公共卫生事件的日常管理机构，负责本行政区域或本系统内突发公共卫生事件应急的协调、管理工作。

各市（地）级、县级卫生行政部门要指定机构负责本行政区域内突发公共卫生事件应急的日常管理工作。

2. 专家咨询委员会

国务院卫生行政部门和省级卫生行政部门负责组建突发公共卫生事件专家咨询委员会。

市（地）级和县级卫生行政部门可根据本行政区域内突发公共卫生事件应急工作需要，组建突发公共卫生事件应急处理专家咨询委员会。

3. 应急处理专业技术机构

医疗机构、疾病预防控制机构、卫生监督机构、出入境检验检疫机构是突发公共卫生事件应急处理的专业技术机构。应急处理专业技术机构要结合本单位职责开展专业技术人员处理突发公共卫生事件能力培训，提高快速应对能力和技术水平，在发生突发公共卫生事件时，要服从卫生行政部门的统一指挥和安排，开展应急处理工作。

4. 应急指挥机构

卫生部依照职责和本预案的规定，在国务院统一领导下，负责组织、协调全国突发公共卫生事件应急处理工作，并根据突发公共卫生事件应急处理工作的实际需要，提出成立全国突发公共卫生事件应急指挥部。

地方各级人民政府卫生行政部门依照职责和本预案的规定，在本级人民政府统一领导下，负责组织、协调本行政区域内突发公共卫生事件应急处理工作，并根据突发公共卫生事件应急处理工作的实际需要，向本级人民政府提出成立地方突发公共卫生事件应急指挥部的建议。

各级人民政府根据本级人民政府卫生行政部门的建议和实际工作需要，决定是否成立国家和地方应急指挥部。

地方各级人民政府及有关部门和单位要按照属地管理的原则，切实做好本行政区域内突发公共卫生事件应急处理工作。

5. 全国突发公共卫生事件应急指挥部的组成和职责

全国突发公共卫生事件应急指挥部负责对特别重大突发公共卫生事件的统一领导、统一指挥，作出处理突发公共卫生事件的重大决策。指挥部成员单位根据突发公共卫生事件的性质和应急处理的需要确定。

6. 省级突发公共卫生事件应急指挥部的组成和职责

省级突发公共卫生事件应急指挥部由省级人民政府有关部门组成，实行属地管理的原则，负责对本行政区域内突发公共卫生事件应急处理的协调和指挥，作出处理本行政区域内突发公共卫生事件的决策，决定要采取的措施。

四、地方机构

地方各级人民政府是本行政区域突发公共事件应急管理工作的行政领导机构，负责本行政区域各类突发公共事件的应对工作。

五、专家组

国务院和各应急管理机构建立各类专业人才库，可以根据实际需要聘请有关专家组成专家组，为应急管理提供决策建议，必要时参加突发公共事件的应急处置工作。

根据《应急管理专家组工作规则》，2011 年，应急管理专家组要认真贯彻落实党中央、国务院关于应急管理的决策部署，紧紧围绕应急管理各项重点工作，充分发挥专家的决策咨询和技术服务作用，进一步加强应急管理重点问题的研究和攻关，切实履行好应急管理专家组职责。

1. 参与重特大突发事件的防范和应急处置工作，为应急指挥决策提供政策建议、专业咨询、理论指导和技术支持。

2. 参与做好修订、完善《突发事件应对法》等相关调研和专家咨询工作。

3. 协助做好“十一五”应急体系建设规划项目验收和“十二五”应急体系建设规划编制相关工作。

4. 参与修订、完善《国家突发公共事件总体应急预案》，协助各省（区、市）和有关部门开展预案修订和演练工作。

5. 围绕国务院领导同志关心的应急管理工作重点和热点问题，针对应急管理制度设计、标准化建设、完善联动机制、应急产业发展、应急管理学科建设和人才培养等方面开展专题调查研究，组织召开相关研讨会，有针对性地提出相关工作建议或政策建议。

6. 组织专家协助有关省（区、市）和相关部门应急管理机构及专家咨询机构，做好公共安全形势分析、突发事件预警防范、应急处置评估等工作。

7. 针对国内外一些重特大突发事件及应急处置典型案例，组织专家分析其发生、发展的规律和特点，评估应对处置过程和措施，总结处置工作的经验和教训，编纂《重特大突发事件案例评析》。

8. 组织专家积极参与国家行政学院及有关地方和部门举办的应急管理培训工作，会同有关方面做好应急管理培训教材的编写和修订工作。

9. 配合有关部门和单位做好应急管理类科普读物、专业书籍的翻译、编著和科普宣教工作。跟踪掌握、吸收引进国际上成熟的应急管理经验和先进技术及装备，进一步加强与境外相关学术机构及专家学者之间的交流与合作。

10. 完成 2009 年度应急管理专家组课题研究的结题评审工作，做好 2011 年度应急管理专家组重点课题选题和研究工作，组织专家对一些重点问题开展调查研究并进行攻关。继续组织专家做好科技部和自然科学基金委开展的有关应急管理重大科技项目研究工作。

11. 组织召开省（区、市）应急管理专家组工作情况交流片会。

12. 会同各地区、各有关部门开展专家信息收集、分类、建档工作，逐步建立和完善全国应急管理专家库，完善专家信息共享机制，逐步形成分级分类、覆盖全面的应急专家资源信息网络。

13. 研究提出应急管理专家组换届工作意见和建议，按程序报批。专家组成员要密切跟踪掌握所在行业领域应急管理工作动态，围绕突发事件防范应对过程中面临的突出问题，加强与行业主管部门等有关各方的沟通，主动开展工作，积极建言献策，切实履行职责，为推动本领域及全国的应急管理工作提供智力支持。

参考资料

1. 国家突发公共事件总体应急预案，见 http：//www. gov. cn/yjgl/2005–08/07/content_21048. htm。

2. 关于印发《应急管理专家组 2011 年工作要点》的通知，见 http：//sps. saic. gov. cn/zcfg/201106/t20110614_106858. html。

3. 国务院办公厅关于设置国务院应急管理办公室（国务院总值班室）的通知，见 http：//www. gov. cn/gongbao/content/2006/content_320626. htm。

4. 国家安全生产事故灾难应急预案，见 http：//www. gov. cn/yjgl/2006 – 01/23/content_21262. htm。

5. 国家突发公共卫生事件应急预案，见 http：//www. gov. cn/yjgl/2006 – 02/26/content_211654. htm。

第二节　省级应急管理机构设置

北京市应急机构设置

一、领导机构及职责

（一）北京市应急委员会主要职责

1. 研究制定全市应对突发事件重大决策和指导意见。

2. 审定市突发事件总体应急预案。

3. 组织指挥处置特别重大、重大突发事件。

4. 应对突发事件工作中协调与中央和国家各部委、驻京部队及其他有关部门和单位的关系。

5. 领导区县突发事件应急委员会开展特别重大、重大突发事件的相关应对工作。

6. 分析总结全市年度应对突发事件工作。

（二）北京市应急委员会人员组成

主　任：王安顺（市委副书记、市长）

副主任：李士祥（市委常委、常务副市长）

赵凤桐（市委常委、市委秘书长、市委政法委书记）

委　员：李　伟（市委常委、市委宣传部部长）

郑传福（市委常委、北京卫戍区司令员）

傅政华（市委常委、市公安局局长）

陈　刚（市委常委、副市长）

程　红（副市长）

张　工（副市长）

戴均良（副市长）

林克庆（副市长）

张延昆（副市长）

杨晓超（副市长）

王炳深（武警北京市总队司令员）

李　伟（市政府秘书长、市政府办公厅主任）

秘书长：李　伟（兼）（市政府秘书长、市政府办公厅主任）

二、办事机构及职责

北京市突发事件应急委员会办公室为北京市突发事件应急委员会（简称市应急委）的常设办事机构，挂北京市人民政府总值班室和北京市应急指挥中心的牌子，下设应急指挥处、预案管理处、综合信息处、宣教动员处、技术通信处。

主要职责为负责协助市政府领导同志处理需由市政府直接处理的突发事件和重大事故，承担市应急委的具体工作，负责规划、组织、协调、指导、检查本市突发事件应对工作及应急管理的预案、体制、机制和法制建设。

三、工作机构

1. 市电力事故应急指挥部；2. 市通信保障和信息安全应急指挥部；3. 市反恐和刑事案件应急指挥部；4. 市建筑工程事故应急指挥部；5. 市城市公共设施事故应急指挥部；6. 市交通安全应急指挥部；7. 市防汛抗旱应急指挥部；8. 市突发公共卫生事件应急指挥部；9. 市生产安全事故应急指挥部；10. 市森林防火应急指挥部；11. 市人防工程事故应急指挥部；12. 市重大动植物疫情应急指挥部；13. 市消防安全应急指挥部；14. 市地震应急指挥部；15. 市突发事件应急救助指挥部。

四、地方机构（区县应急委）及主要职责

（一）区县应急委

1. 东城区突发事件应急委员会；2. 西城区突发事件应急委员会；3. 朝阳区突发事件应急委员会；4. 海淀区突发事件应急委员会；5. 丰台区突发事件应急委员会；6. 石景区突发事件应急委员会；7. 门头沟区突发事件应急委员会；8. 房山区突发事件应急委员会；9. 通州区突发事件应急委员会；10. 顺义区突发事件应急委员会；11. 昌平区突发事件应急委员会；12. 大兴区突发事件应急委员会；13. 平谷区突发事件应急委员会；14. 怀柔区突发事件应急委员会；15. 密云县突发事件应急委员会；16. 延庆县突发事件应急委员会

（二）区县应急委主要职责

1. 研究制定全区（县）处置突发事件重大决策和指导意见；

2. 审定区（县）突发事件应急预案、工作规则、工作方案；

3. 负责本区（县）内发生较大以上突发事件先期处置和善后工作；负责本区内发生的一般突发事件指挥处置工作；

4. 在处置突发事件工作中，负责协调联系驻区（县）中央国家机关、市级机关、驻区（县）部队等有关部门；

5. 当突发事件超出本区处置能力时，依程序报请北京市政府应急办支援；

6. 定期召开应急委全会和季度形势分析会；

7. 分析总结全区（县）年度突发事件处置工作。

（三）办事机构主要职责

1. 执行区（县）应急委的决定，负责统一组织、协调、指导、检查本城区突发事件的预防和处置工作；

2. 负责收集、分析相关突发事件的情况和信息，及时向区（县）应急委和市应急办报告，提出预警建议，经市应急办批准后，发布有关预警信息；

3. 定期完善修订本区突发事件应急预案，审核区（县）专项指挥部、分指挥部预案，指导辖区各相关单位的应急预案制定；

4. 负责建立和完善突发事件信息通信系统，维护突发事件应急指挥平台；

5. 负责协调本行政区域内一般突发事件处置工作；协助配合市应急办和市专项指挥部处置本行政区域内特别重大、重大、较大突发事件；

6. 组织、检查和落实专业部门、相关单位、社区和市民进行预案演习，开展有关处置突发事件的宣传教育工作；

7. 承担区（县）应急委交办的其他工作。

参考资料

1. 北京市突发事件委员会，见 http：//www. bjyj. gov. cn/yjjg/syjw/。

2. 北京市突发事件工作机构，见 http：//www. bjyj. gov. cn/yjjg/。

3. 地方机构（区县应急委）及主要职责，见 http：//www. bjyj. gov. cn/qxyjw/。

上海市应急管理机构设置

一、领导机构

上海市突发公共事件应急管理委员会（简称市应急委）决定和部署本市突发公共事件应急管理工作。

二、办事机构

上海市应急管理委员会办公室（简称市应急办）是市应急委的日常办事机构，设在市政府办公厅，具体承担值守应急、信息汇总、办理和督促落实市应急委的决定事项；组织编制、修订市总体应急预案，组织审核专项和部门应急预案；综合协调全市应急管理体系建设及应急演练、保障和宣传培训等工作。

三、工作机构

本市具有处置突发公共事件职责的市级协调机构、相关职能部门和单位，作为应急管理的工作机构，承担相关类别的应急管理工作。

上海警备区、武警上海总队、市委办公厅、市委宣传部、市政府办公厅、市政府法制办、市发展改革委、市经委、市建设交通委、市教委、市科委、市公安局、市安全局、市监察委、市民政局、市财政局、市农委、市外经贸委、市文广影视局、市卫生局、市水务局、市政府外办、市环保局、市食品药品监管局、市旅游委、市房地资源局、市交通局、市民防办、市金融办、市港口局、市安全生产监管局、市政府新闻办、市市政局、市绿化局、市市容环卫局、市地震局、市气象局、民航华东地区管理局、上海铁路局、上海出入境检验检疫局、上海海事局、国家海洋局东海分局、市通信管理局、上海机场集团、申能集团公司、市电力公司。

四、区县应急机构

区县名称	领导机构	办事机构
浦东新区	浦东新区应急委	浦东新区应急办
徐汇区	徐汇区应急委	徐汇区应急办
长宁区	长宁区应急委	长宁区应急办
普陀区	普陀区应急委	普陀区应急办
闸北区	闸北区应急委	闸北区应急办
虹口区	虹口区应急委	虹口区应急办
杨浦区	杨浦区应急委	杨浦区应急办
黄浦区	黄浦区应急委	黄浦区应急办
卢湾区	卢湾区应急委	卢湾区应急办
静安区	静安区应急委	静安区应急办
宝山区	宝山区应急委	宝山区应急办
闵行区	闵行区应急委	闵行区应急办
嘉定区	嘉定区应急委	嘉定区应急办
金山区	金山区应急委	金山区应急办
松江区	松江区应急领导小组	松江区应急办
南汇区	南汇区应急委	南汇区应急办
奉贤区	奉贤区应急委	奉贤区应急办
青浦区	青浦区应急委	青浦区应急办
崇明县	崇明县应急委	崇明县应急办

五、专家机构

市应急委和各应急管理工作机构根据实际需要建立各类专业人才库，组织聘请有关专家组成专家组，为应急管理提供决策建议，必要时参加突发公共事件的应急处置工作。

参考资料

1. 上海应急管理机构设置，见 http：//shszx. eastday. com/node2/node4810/zwh/node4916/node4918/u1a25584. html。

天津市应急机构设置

一、领导机构

天津市突发公共事件应急委员会（以下简称市应急委员会）作为我市突发公共事件应急管理的最高领导机构，负责领导全市突发公共事件的应急工作，研究制定全市应对突发公共事件重大决策和指导意见；审定市突发公共事件总体应急预案；组织指挥处置特别重大、重大突发公共事件；应对突发公共事件工作中协调与中央和国家机关各部委、天津警备区、武警天津总队及其他有关部门和单位的关系；领导区县突发公共事件应急委员会开展特别重大、重大突发公共事件的相关应对工作；分析总结全市年度应对突发公共事件工作。

市应急委员会主任由市长担任，为了有效应对突发事件的发生，根据工作需要，委员会由有关市领导、天津市警备区、武警天津总队及相关委办局负责同志组成。

市政府秘书长作为总协调人，市委、市政府主管副秘书长配合，市委、市政府办公厅主管副主任协助，协调突发公共事件应急工作。

二、办事机构

天津市突发公共事件应急委员会下设办公室，作为常设办事机构。办公室设在市政府办公厅，与市政府总值班室合署办公，加挂天津市应急指挥中心牌子（以下简称市应急指挥中心）。履行值守应急、信息汇总和综合协调职责，发挥运转枢纽作用，负责接收和办理向市突发公共事件应急委员会报送的紧急重要事项；指导全市突发公共事件应急体系、应急指挥信息平台建设；组织编制、修订《天津市突发公共事件总体应急预案》，组织审核专项应急预案，指导应急预案体系建设；收集突发公共事件信息，组织专业部门和专家对突发公共事件进行评估，报告评估结果和预案启动建议；按照市应急委的决定，组织、协调突发公共事件的处置和善后工作；对突发公共事件进行事件调查，并进行事后评估；向社会发布信息。

三、工作机构

各专项指挥部、有关部门和驻津部队依据有关法律、行政法规和职责，负责相关类别突发公共事件的应急管理工作。明确本部门处置突发公共事件的组织体系和责任；制定和实施相关类别的突发公共事件专项和部门应急预案；组建突发公共事件防控、抢险队伍；收集突发公共事件信息，预测、预报突发公共事件，及时向市应急委员会报告重要情况和建议；贯彻落实市应急委员会有关决定事项，承担相关应急指挥机构办公室的工作；建立应急信息系统，与市应急指挥中心、下级相关部门连通；指导和协助区县人民政府做好突发公共事件的预防、应急准备、应急处置和恢复重建等工作。

各区（县）人民政府（含滨海新区、经济技术开发区、天津港保税区和新技术产业园区管委会）是本行政区域突发公共事件应急管理工作的行政领导机构，负责本行政区域各类突发公共事件应急处置工作。

四、区（县）机构

各区（县）人民政府（含滨海新区、经济技术开发区、天津港保税区和新技术产业园区管委会）是本行政区域突发公共事件应急管理工作的行政领导机构，设立区（县）应急委员会及常设工作机构，负责本行政区域突发公共事件管理工作。

五、专家组

天津市政府和各应急管理机构根据实际需要聘请有关专家分别组成技术专家组和法律专家组，为应急管理提供决策建议，参加突发公共事件的应急处置工作。

参考资料

1. 天津市应急管理机构设置，见 http：//www. yj. tj. gov. cn/101679/。

2. 天津市人民政府突发公共事件总体应急预案，见 http：//www. gov. cn/yjgl/2006－03/22/content_233422. htm。

重庆市应急机构设置

一、领导机构

重庆市委、市政府是全市应急管理工作的领导机构。设立重庆市人民政府突发公共事件应急委员会（以下简称市政府应急委），在市委、市政府的统一领导下组织指挥全市突发公共事件应急管理工作。

市政府应急委的职责是：贯彻落实国务院应急管理工作的方针、政策；向国务院报告我市应急管理工作情况；决定我市重大、特别重大级突发公共事件应急预案的启动，集中领导和统一指挥应急处置工作；协调重庆警备区、驻渝部队、中央在渝单位共同处置重大、特别重大级突发公共事件；审定重大、特别重大级突发公共事件的专项资金和物资分配计划；部署全市应急管理工作和总结经验教训；决定对涉及应急管理和处置工作的有关部门及单位、人员的奖惩。

重庆市政府应急委主任由市政府市长担任，常务副主任由市政府常务副市长担任，副主任由市政府相关副市长、秘书长和重庆警备区负责人担任，成员由市政府有关部门和相关单位负责人担任。

二、办事机构

重庆市政府应急委下设重庆市人民政府应急管理办公室（以下简称市政府应急办），为市政府应急管理的常设机构。

市政府应急办承担市政府应急委的日常工作，其具体职责是：在市委、市政府的领导下，贯彻执行市政府应急委的工作指令；在市政府应急委的领导下，组织指挥、统筹协调重庆市自然灾害应急指挥部办公室（设在市政府救灾办）、重庆市事故灾难应急指挥部办公室（设在市安监局）、重庆市公共卫生事件应急指挥部办公室（设在市卫生局）、重庆市社会安全事件应急指挥部办公室（设在市公安局）（以下简称四个市应急指挥部办公室）和按照国务院要求设立的市专项指挥部办公室对重大、特别重大级突发公共事件的应急处置工作；经市政府应急委批准，向国务院应急管理办公室报告重大、特别重大预警和灾害信息，并根据市政府应急委的决定发布预警信息；提出应急资金和物资分配建议；统筹协调全市应急管理工作；办理市政府、市政府应急委应急管理方面的文、会、事；组织开展应急管理工作调研，并提出工作建议；定期组织修订本预案，审定各专项应急预案、综合应急预案、部门应急预案及保障预案；负责组织筹建市政府突发公共事件应急处置综合指挥平台、市接警中心和应急管理信息数据库；组织和协调突发公共事件的宣传教育和演习、演练；承担市委、市政府领导交办的其他事项。

市政府应急办设主任、副主任，负责应急管理的日常工作。

四个市应急指挥部办公室和八个市专项指挥部办公室在市政府应急办的统筹协调下负责重大、特别重大级突发公共事件的应急处置工作。

三、工作机构

重庆市政府各部门是应急处置重大、特别重大级突发公共事件的责任主体，负责相关类别突发公共事件的应急管理工作。从源头上强化安全生产和灾害预防，特别要加强对水陆交通、煤矿化工、烟花爆竹等高危行业和公共密集场所的监督和管理；加强对危险源和灾害灾难隐患点的监控，明确相关处室的应急管理职责。市政府各部门的具体职责按各部门应急预案确定。

重庆市专项指挥部和市政府各部门编制的部门应急预案，涉及中央在渝单位的由市政府应急办协调，按其确定的职责，共同或分别编制应急预案并确定其职责。

市应急指挥部的职责是：重庆市突发自然灾害、重庆市突发事故灾难、重庆市突发公共卫生事件、重庆市突发社会安全事件四个市应急指挥部（以下简称四个市应急指挥部）分别由市政府分管副市长任指挥长，交叉分管的并列担任指挥长。成员分别由牵头编制四个专项应急预案及编制部门应急预案的市政府各部门和单位负责人组成，市应急指挥部职责按照相关专项应急预案确定。四个市应急指挥部在市政府应急委的领导下，加强与市政府各部门和单位的密切协作，共同做好以预防为主的预测预警、预警化解、应急处置和灾后评估、恢复重建等工作。

市专项指挥部的职责是：国务院或国家有关部门成立有专项指挥部并在我市建立了相应指挥机构的予以保留。目前有重庆市防汛抗旱指挥部、重庆市地质灾害抢险救援指挥部、重庆市抗震救灾指挥部、重庆市森林防火指挥部、重庆市防治动物重大疫病指挥部、重庆市处理信访突出问题及群体性事件联席会议、重庆市处置劫机事件工作领导小组、重庆市反恐协调小组共八个市专项指挥部（以下简称八个市专项指挥部）。市专项指挥部的职责是在发生相应类别的突发公共事件时，在市政府应急委的领导下，会同相关的市应急指挥部，快速有效地对突发公共事件进行应急处置。市专项指挥部按照国务院或国务院有关部门的要求，做好信息传递和共享、应急联动处置等各项基础工作。市专项指挥部办公室的应急管理工作由市政府应急办统筹协调。

四、区县（自治县）政府和开发区管委会

各区县（自治县）政府和开发区管委会既是重大、特别重大级突发公共事件先期应急处置的主体，又是一般、较大级突发公共事件应急处置的责任主体，必须依法建立相关预测预警系统、应急处置队伍、日常监督管理机制、应急处置体制、灾后评估和恢复重建体系。具体职责由相关综合应急预案确定。

五、应急保障部门

负责应急处置保障工作的市政府各部门和单位，在突发公共事件发生时要迅速调集保障资源，确保应急处置的需要。具体职责由相关保障预案确定。

参考资料

1. 重庆市突发公共事件总体应急预案，见 http：//www. tengzhou. gov. cn/yjgl/yjya/200809/t20080927_439525. htm。

广东省应急管理机构设置

一、领导机构

广东省突发事件应急委员会

主　任：朱小丹（省委副书记、省长）

副主任：朱明国（省委副书记、省委政法委书记）

梁伟发（省政府党组副书记、省公安厅厅长）

刘　昆（副省长）

二、办事机构

（一）广东省人民政府应急管理办公室内设机构

专家组秘书处、综合管理处、应急指挥协调

处（加挂省政府总值班室牌子）、平台技术处。

（二）广东省人民政府应急管理办公室职责

1. 承担广东省政府总值班室工作，及时掌握和报告国内外、省内外相关重大情况和动态，办理向国务院上报、省政府报送的紧急重要事项。

2. 办理省政府、省突发公共事件应急委员会有关应急工作的决定事项，督促落实省政府领导有关批示、指示，承办省政府应急管理的专题会议、活动和文电等工作。

3. 协调、组织有关方面研究提出省应急管理的政策、法规和规划建议。

4. 协助省政府领导处置特别重大和重大突发公共事件，协调指导特别重大和重大突发公共事件相关工作。

5. 负责指导各地级以上市政府、省政府各部门应急体系、应急信息平台建设，协调和督促检查相关应急管理工作。

6. 承办省政府、省突发公共事件应急委员会交办的其他事项。

三、工作机构

1. 省安全生产委员会及其办公室；2. 省民用核设施核事故预防和应急管理委员会及其办公室；3. 省防震抗震救灾工作领导小组及其办公室；4. 省委维稳办；5. 省粮食应急指挥部及其办公室；6. 省委教育工委、省教育厅突发公共事件应急处置工作领导小组；7. 省民族宗教委应急工作领导小组；8. 省公安厅自然灾害应急领导小组及其办公室；9. 省公安厅安全生产领导小组及其办公室；10. 省公安厅突发公共卫生事件应急领导小组及其办公室；11. 省公安厅社会安全事件应急领导小组及其办公室；12. 省公安厅民用核设施核事故预防和应急救援领导小组及其办公室；13. 省公安厅防震抗震救灾工作领导小组及其办公室；14. 省减灾委员会及其办公室；15. 省民政厅救灾应急指挥部及其办公室；16. 省司法厅处置监狱劳教所突发事件应急总指挥部及其办公室；17. 省财政厅防汛救灾应急工作领导小组及其办公室；18. 省人事厅处理公共突发事件工作领导小组；19. 省劳动保障厅维护稳定工作领导小组及其办公室；20. 省地质灾害防治工作领导小组；21. 省城市地铁事故灾难应急联席会议及办公室；22. 省交通厅应急工作领导小组；23. 省应对公共突发事件无线电业务保障应急小组；24. 省防汛防旱防风指挥部及办公室；25. 省防治高致病性禽流感指挥部及办公室；26. 省防治重大动物疫病指挥部及办公室；27. 省农业厅农产品质量安全事件应急工作组；28. 省外经贸厅应急管理工作领导小组及办公室；29. 省文化厅公共文化场所和文化活动突发事件应急指挥部及办公室；30. 省卫生厅应急指挥中心领导小组及办公室；31. 省人口计生委机关公共突发事件应急预案指挥领导小组；32. 省国有企业改制关闭破产信访问题专项治理工作领导小组及办公室；33. 省地方税务局应急管理领导小组及办公室；34. 省突发环境事件应急联席会议；35. 省广播电视系统安全播出领导小组及办公室；36. 省价格异动事件应急工作领导小组及办公室；37. 省工商局市场防控高致病性禽流感应急指挥部及办公室；38. 省森林防火指挥部及办公室；39. 省海洋渔业局防台领导小组及办公室；40. 省质监局食品安全突发事件应急领导小组及办公室；41. 省质监局特种设备事故应急救援协调指挥领导小组及办公室；42. 省食品安全委员会及重大食品安全事故应急指挥部办公室；43. 省食品药品监管局应急工作领导小组及办公室；44. 省旅游局旅游应急救援协调委员会及其办公室；45. 省在境外人员和机构安全保护工作联席会议；46. 省领馆安全保卫应急小组；47. 省港澳办专项应急管理工作小组；48. 省侨办重大涉侨突发事件应急领导小组及其办公室；49. 省监狱局应急指挥领导小组及其办公室；50. 省劳教局专项应急管理指挥部及其办公室；51. 省打私办突发事件应急指挥部及其办公室；52. 省台办突发事件应急处理协调小组；53. 省考试保密应急处置领导小组；54. 中国南方航空集团公司应急管理领导小组及其办公室；55. 广东电网公司安全生产事故应急处理领导小组及其办公室；56. 省通信保障应急领导小组及其办公室；57. 广铁集团公司突发公共事件应急处置工作管理委员会及其办公室；58. 民航中南管理局突发公共事件应急管理委员会及其办公室；59. 广东银监局突发事件应急处置领导小组及其办公室；60. 省电网大面积停电事件应急领导小组及其办公室；61. 南方电监局处置突发性事件应急领导小组及其办公室；62. 海关总署广东分署综合治理领导小组；63. 广东出入境检验检疫局专项应急管理工作领导小组及其办公室；64. 省气象局应急工作领导小组及其办公室；65. 广东储备物资管理局应急管理领导小组及其办公室；66. 广东海事局水上交通应急反应领导小组及其办公室；67. 广东海事局防热带气旋工作领导小组及其办公室；68. 广东海事局防洪应急反应领导小组及其办公室；69. 广东海事局船舶污染事故应急反应领导小组及其办公室；70. 珠江水利委员会应对突发性水污染事件工作领导小组及其办公室；71. 省军区应急工作领导小组及其办公室；72. 省武警总队处置突发事件应急领导小组；73. 省红十字会应急工作领导小组；74. 省红十字会应急救援领导小组；75. 省红十字会应急救援队。

四、专家组

广东省突发公共事件应急管理专家组成立于2007年8月10日。2010年8月份，我省启动省突发事件应急管理专家组专家换届工作，对聘任期满的应急管理专家组专家进行了调整。调整后第二届专家组专家47名，涉及5大类45个领域，包括自然灾害类10名、事故灾难类10名、公共卫生事件类10名、社会安全事件类8名、综合管理类9名。广州医学院广州呼吸疾病研究所所长、中国工程院院士钟南山继续担任专家组组长；原副省长钟启权、游宁丰同志继续担任专家组顾问。

专家组成员由省政府颁发聘书，聘期3年。专家组主要工作职责：为全省应急管理工作出谋献策，提供决策建议、咨询指导和技术支持。

五、地方机构

1. 广州市突发事件应急委员会；2. 深圳市突发事件应急委员会；3. 珠海市突发事件应急委员会；4. 汕头市突发事件应急委员会；5. 佛山市突发事件应急委员会；6. 韶关市突发事件应急委员会；7 河源市突发事件应急委员会；8. 梅州市突发事件应急委员会；9. 惠州市突发事件应急委员会；10. 汕尾市突发事件应急委员会；11. 东莞市突发事件应急委员会；12. 中山市突发事件应急委员会；13. 江门市突发事件应急委员会；14. 阳江市突发事件应急委员会；15. 湛江市突发事件应急委员会；16. 茂名市突发事件应急委员会；17. 肇庆市突发事件应急委员会；18. 潮州市突发事件应急委员会；19. 揭阳市突发事件应急委员会；20. 云浮市突发事件应急委员会；21. 清远市突发事件应急委员会。

参考资料

1. 广东省突发事件委员会，见 http：//www.gdemo.gov.cn/zwxx/jgjs/200712/t20071202_36200.htm。

2. 广东省人民政府应急管理办公室，见 http：//www.gdemo.gov.cn/zwxx/jgjs/200712/t20071202_36203.htm。

3. 广东省应急管理机构，见 http：//www.gdemo.gov.cn/zwxx/jgjs/syjglgzjg/index_2.htm。

4. 地级以上市领导机构，见 http：//www.gdemo.gov.cn/zwxx/jgjs/diyssldjg/index.htm。

贵州省应急机构设置

一、领导机构

贵州省突发公共事件应急委员会（以下简称省应急委）是全省应对突发公共事件的领导机构，主任由省长担任，副主任由省军区司令员、分管副省长、省武警总队总队长、省人民政府秘书长担任，成员由相关单位主要负责人担任。负责领导指挥和组织协调全省特别重大突发公共事件综合预防管理和应急处置工作。按照职责，由省人民政府有关职能部门牵头分别组成专门指挥机构，负责重大突发公共事件的管理和处置工作。按照属地管理、分级响应的原则，县级以上突发公共事件应急委员会及其专门指挥机构，负责本行政区域内的突发公共事件处置工作。

二、办事机构

贵州省人民政府办公厅设置省政府应急管理办公室（省政府总值班室），主任由省人民政府秘书长兼任，并配备一名专职副主任。承担省人民政府应急管理的日常工作和省人民政府总值班工作，履行值守应急、信息汇总和综合协调职能，发挥运转枢纽作用。

（一）省人民政府应急管理办公室（省人民政府总值班室）的主要职责：

1. 承担省人民政府值班工作，及时掌握和报告省内相关重大情况和动态，办理向省人民政府报送的紧急重要事项，保证省人民政府与国务院，各省、自治区、直辖市人民政府，各自治州、市人民政府，各地区行署，省人民政府各部门联络畅通，指导全省政府系统值班工作。

2. 办理省人民政府有关决定事项，督促落实省人民政府领导有关批示、指示，承办省人民政府应急管理的专题会议、活动和文电等工作。

3. 负责协调和督促检查各自治州、市人民政府，各地区行署，省人民政府各部门应急管理工作，协调、组织有关方面研究提出全省应急管理的措施、办法和规划建议。

4. 负责组织编制贵州省突发公共事件总体应急预案和审核专项应急预案，协调指导应急预案体系和应急体制、机制、法制建设，指导各自治州、市人民政府，各地区行署，省人民政府有关部门应急体系、应急信息平台建设等工作。

5. 负责向国务院办公厅、国务院应急管理办公室报告我省突发公共事件的信息；向省委办公厅等有关部门通报重要信息。

6. 协助省人民政府领导处置特别重大和重大突发公共事件，协调指导特别重大和重大突发公共事件的预防预警、应急演练、应急处置、调查评估、信息发布、应急保障和救助救援等工作。

7. 组织开展信息调研和宣传培训工作，协调应急管理方面的交流与合作。

8. 承办省人民政府领导和上级有关部门交办的其他事项。

（二）省人民政府应急管理办公室（省人民政府总值班室）办理的主要业务包括办理各地区、各部门报送省人民政府涉及下列业务的文电和有关会务、督查工作等：

1. 涉及防汛抗旱、减灾救济、抗震救灾，以及重大地质灾害、重大森林火灾及病虫害、重大生态灾害事件的处置及相关防范业务，重要天气形势和灾害性天气的预警预报等业务。

2. 涉及安全生产、交通安全、环境安全、消防安全及人员密集场所事故处置和预防等业务。

3. 涉及重大突发疫情、病情处置，重大动物疫情处置，重大食品药品安全事故处置及相关防范等业务。

4. 涉及社会治安、反恐怖、群体性事件等重大突发公共事件应急处置和防范业务，涉及重大突发事件的处置等业务。

三、专家组

省应急委聘请有关专家组成省突发公共事件专家咨询委员会，为省应急委提供决策咨询和工作建议；必要时，参与现场应急处置工作。

参考资料

1. 贵州省突发公共事件总体应急预案，见http：//code. fabao365. com/law_69640_1. html。

2. 贵州省人民政府办公厅信息公开专栏，见http：//www. gzgov. gov. cn/xxgk/yjgl/jgsz/59467. shtml。

3. 贵州省人民政府办公厅关于设置省人民政府应急管理办公室（省人民政府总值班室）的通知，见 http：//www. 34law. com/lawfg/law/1797/2653/law_893824250917. shtml。

吉林省应急管理机构设置

一、领导机构

吉林省政府是全省突发公共事件应急管理工作的最高行政领导机构。在省长的领导下，通过省政府常务会议和省政府相关突发公共事件应急指挥机构（以下简称相关应急指挥机构）负责相关类别突发公共事件的应急管理工作；必要时，派出省政府工作组指导有关工作。

二、办事机构

吉林省政府应急管理办公室是突发公共事件应急管理的办事机构，设在省政府办公厅，履行值守应急、信息汇总和综合协调职责，发挥运转枢纽作用。

三、工作机构

吉林省政府有关部门依据有关法律、行政法规和各自的职责，负责相关类别突发公共事件的应急管理工作。具体负责相关类别的突发公共事件专项和部门应急预案的起草与实施，贯彻落实省政府有关决定事项。

四、地方机构

市（州）人民政府是本行政区域突发公共事件应急管理工作的行政领导机构，负责本行政区域各类突发公共事件的应对工作。

五、专家组

吉林省政府和各应急管理机构建立各类专业人才库，可以根据实际需要聘请有关专家组成专家组，为应急管理提供决策建议，必要时参加突发公共事件的应急处置工作。

参考资料

1. 吉林省突发公共事件总体应急预案，见http：//www. gov. cn/yjgl/2006-01/18/content_162169. htm。

江西省应急管理机构设置

一、领导机构

江西省人民政府突发公共事件应急委员会（以下简称省应急委员会），作为全省突发公共事件应急管理工作的领导机构，领导全省突发公共事件应急管理工作。

江西省应急委员会下设若干应急指挥部（以下简称省应急指挥部），作为负责全省相应类型特别重大、重大突发公共事件应急工作的指挥机构。

特别重大、重大突发公共事件发生后，负责应急指挥工作的省应急指挥部可以根据需要，在事发地设立现场指挥部。

二、办事机构

江西省应急委员会下设办公室（简称省应急管理办公室，设在省政府办公厅），作为其办事机构。在省政府办公厅设立江西省突发公共事件应急联动中心（简称省应急联动中心），履行值守应急、信息汇总和综合协调职责，发挥运转枢纽作用。

三、工作机构

江西省政府有关部门依据有关法律、法规、规章和各自的职责，负责相关类别突发公共事件的应急管理工作。具体负责相关类别的突发公共事件专项和部门应急预案的起草与实施，贯彻落实省应急委员会有关决定事项。

四、设区市、县级机构

设区市、县级人民政府相应成立应急委员会，作为本行政区域突发公共事件应急管理工作的领导机构，负责本行政区域各类突发公共事件的应对工作。

五、专家组

江西省应急委员会和各应急管理机构建立各类专业人才库，可以根据实际需要聘请有关专家组成专家组，为应急管理提供决策建议，必要时参加突发公共事件的应急处置工作。

参考资料

1. 江西省应急管理机构设置，见 http：//www. jiangxi. gov. cn/zfgz/yjgl/jgsz/。

2. 江西省突发公共事件总体应急预案，见 http：//www. jiangxi. gov. cn/zfgz/yjgl/yjya/200601/t20060113_24718. htm。

内蒙古自治区应急管理机构设置

一、领导机构

内蒙古自治区人民政府为自治区行政区域内各种应急管理工作的行政管理机构，在自治区主席的领导下，通过自治区人民政府常务会议研究、决定、部署重大和特大突发公共事件应急管理工作。自治区副主席按照业务分工和在自治区相关突发公共事件应急指挥机构（以下简称相关应急指挥机构）中兼任的职务，负责相关类别突发公共事件的应急管理工作。

内蒙古自治区人民政府秘书长协助自治区主席负责整体协调工作。

内蒙古自治区人民政府副秘书长协助自治区人民政府领导处理有关工作。

二、工作机构

内蒙古自治区人民政府办公厅牵头，自治区人民防空办公室参加，组成自治区应急管理办公室。履行值守应急、信息汇总和综合协调职责，发挥运转枢纽作用。

内蒙古自治区有关部门要成立相应的应急管理办公室（以下简称应急办）。依据有关法律、行政法规和各自职责，具体负责相关类别的突发公共事件专项和部门应急预案的起草与实施，贯彻落实自治区人民政府有关决定事项；承担相关应急指挥机构办公室的工作；及时向自治区人民政府报告重要情况和建议，指导和协助盟行政公署、市人民政府做好突发公共事件的预防、应急准备、应急处置和恢复重建等工作。

各应急办主任由所在部门、单位的一把手兼任。

1. 在自治区农牧业厅设立草原火灾、农牧业自然灾害和重大动植物疫情、重大生物灾害应急办。

2. 在自治区林业厅设立森林草原火灾和林业生物灾害应急办。

3. 在自治区水利厅设立城乡旱涝灾害应急办。

4. 在自治区国土资源厅设立山体崩塌、滑坡、泥石流等地质灾害应急办。

5. 在自治区环境保护局设立环境和生态安全应急办。

6. 在自治区安全生产监督管理局设立工矿企业、公共场所及机关企事业单位重大安全事故应急办。

7. 在自治区建设厅设立建设工程、供水、供热、供气等城市基础设施安全应急办。

8. 在内蒙古通信管理局设立通信安全应急办。

9. 在自治区广播电影电视局设立广播电视安全应急办。

10. 在自治区信息化工作领导小组办公室设立信息网络安全应急办。

11. 在自治区交通厅设立公路和水路运输安全应急办。

12. 在呼和浩特铁路局设立铁路运输安全应急办。

13. 在内蒙古民航安全监督管理办公室设立航空运输安全应急办。

14. 在自治区人民政府金融工作办公室设立金融安全应急办。

15. 在自治区粮食局设立粮食供应安全应急办。

16. 在自治区卫生厅设立重大传染病疫情、群体性不明原因疾病、重大食物中毒和职业中毒，以及其他严重影响公众健康的突发公共卫生事件应急办。

17. 在自治区公安厅设立重大刑事案件、恐怖袭击事件、涉外突发事件、规模较大的群体性事件、爆炸物品、危险化学品和城市火灾等突发社会安全事件应急办。

18. 在内蒙古地震局设立地震灾害应急办。

三、盟市、旗县（市、区）工作机构

各盟行政公署、市人民政府、各旗县（市、区）人民政府是本行政区域突发公共事件应急管理工作的行政领导机构，负责本行政区域各类突发公共事件的应对工作，其办事机构、工作机构及其职责可参照本预案，结合本地实际情况予以确定。

四、安全信息监测和专家咨询体系及职责

各应急办内设安全信息监测中心和专家咨询组，平时作为应急办的日常工作机构，负责本行业各种安全信息的搜集、汇总、分析、预测、预警、接警等工作。突发事件发生后，负责拟定应急救援技术方案并接受技术咨询。

在内蒙古气象局设立自治区气象灾害信息监测中心和专家咨询组。负责气象灾害的预警和咨询。

五、应急救援队伍体系及职责

军民结合，自救和互救结合，是组建自治区应急救援队伍体系的基本原则。

驻区部队和各种警察部队是应急救援的骨干和突击力量，按照有关规定参加应急处置工作。事发单位和地区的民众自救、互救组织是开展各种防灾减灾应急救援的基础力量。

针对各种紧急事件的性质特点，为便于紧急事件发生后迅速而有组织地开展自救和互救，以各行业大中型企事业单位技术骨干和青壮年职工、青壮年农牧民为主，组建多种行业急救队，力求一专多能，承担本地区、本单位突发公共事件的自救和毗邻地区、单位的援救任务。

危险化学品、爆炸品、核与辐射事故等特殊领域的应急救援任务，按照国家规定，由消防警察等拥有特殊防护设备的人员承担。

六、联系方式

自治区应急办公室	（0471）4826031 4824240
呼和浩特市人民政府	（0471）4608654
包头市人民政府	（0472）5148212
呼伦贝尔市人民政府	（0470）8217525
兴安盟行政公署	（0482）3985638
通辽市人民政府	（0475）8212221
赤峰市人民政府	（0476）8334134
锡林郭勒盟行政公署	（0479）8271811
乌兰察布市人民政府	（0474）8320174
鄂尔多斯市人民政府	（0477）8589921
巴彦淖尔市人民政府	（0478）8655588
乌海市人民政府	（0473）2999712
阿拉善盟行政公署	（0483）8350699
满洲里市人民政府	（0470）6266271
二连浩特市人民政府	（0479）7521474

参考资料

1. 内蒙古自治区突发事件总体应急预案，见 http：//www. nmg. gov. cn/main/nmg/zfxxgk/yjgl/ztyjya/2009－11－18/2_39446/default. shtml。

2. 内蒙古自治区应急机构，见 http：//www. nmg. gov. cn/main/nmg/zfxxgk/yjgl/jgsz/2008－11－13/2_39299/default. shtml。

陕西省应急机构设置

一、领导机构

在陕西省委领导下，省人民政府是全省突发公共事件应急管理工作的行政领导机构。成立省应急委员会，对外以省政府名义行使职能，在省长的领导下，通过省人民政府常务会议研究、决定和部署特别重大、重大突发公共事件应急管理工作，省人民政府副省长按照业务分工和在陕西省相关突发公共事件应急指挥机构（简称相关应急指挥机构）中兼任的职务，负责相关类别突发公共事件的应急管理工作；必要时，派出省人民政府工作组指导有关工作。

二、办事机构

陕西省人民政府办公厅设省应急管理办公室，为省应急委员会的办事机构，履行值守应急、信息汇总和综合协调职责，发挥运转枢纽作用。

三、工作机构

陕西省人民政府有关部门依据有关法律、行政法规和各自的职责，负责相关类别突发公共事件的应急管理工作。具体负责相关类别的突发公共事件专项和部门应急预案的起草与实施，贯彻落实省人民政府有关决定事项。

四、地方机构

地方各级人民政府是本行政区域突发公共事件应急管理工作的行政领导机构，负责本行政区域各类突发公共事件的应对工作。

五、专家组

陕西省人民政府和各应急管理机构建立各类专业人才库，可以根据实际需要聘请有关专家组成专家组，必要时聘请国务院或国务院有关部门专家，为应急管理提供决策建议，或参加突发公共事件的应急处置工作。

参考资料

1. 陕西省应急机构设置，见 http：//www. shaanxi. gov. cn/IssuedContentAction. do?dispatch = vContentSelfByContid&scope = jgsz&contentid = 45018。

四川省应急管理机构设置

一、领导机构

四川省政府是全省突发公共事件应急管理工作的行政领导机构。在省长的领导下，研究决定、部署和推动全省特别重大、重大突发公共事件应急管理工作。

二、办事机构

四川省政府办公厅是突发公共事件应急管理的办事机构，设省政府应急管理办公室，履行应急值守、信息汇总、综合协调和督促检查职能。履行应急值守、信息汇总和综合协调职责，发挥运转枢纽作用；负责接收和办理向省政府报送的紧急重要事项。

四川省人民政府应急管理办公室为省政府办公厅内设行政机构，下设综合处、应急管理一处、应急管理二处3个职能处，核定行政编制19名（所需人员和编制由原省政府救灾办、原省政府应急管理办公室和省政府办公厅划转），其中主任1名（按副厅级领导职务配备），副主任2名（正处级），处级领导职数6名（3正3副）。

其主要职责是：履行应急值守、信息汇总和综合协调职责，发挥运转枢纽作用；负责接收和办理向省政府报送的紧急重要事项；承办省政府应急管理的专题会议，督促落实省政府有关决定事项和省政府领导批示、指示精神；指导全省突发公共事件应急体系、应急信息平台建设；组织编制、修订《四川省人民政府突发公共事件总体应急预案》；检查指导市（州）、省级有关部门应急预案的编制、修订和实施，组织审核专项应急预案；督促、检查各级政府及部门应急机构和队伍建设；负责全省各类重大、特别重大突发公共事件预警信息披露、新闻发布以及与市（州）政府、省级部门的联系沟通；协调重大突发公共事件的预防预警、应急演练、应急处置、调查评估、应急保障和宣传培训工作；负责与专家咨询机构的协调联系并提供相应服务；负责国际应急管理的合作交流；负责与驻川解放军、武警部队在应急管理工作方面的联系；负责贯彻执行抗灾救灾的方针、政策；处理抗灾救灾事宜，指导全省抗灾救灾工作；对省上安排的抗灾救灾资金、物资提出分配意见，并监督检查执行使用情况。

三、工作机构

四川省政府有关部门为突发公共事件应急处置的工作部门。根据突发公共事件的类型以及部门职责确定一个应急主管部门和若干参与部门，其构成在相应应急指挥机构或省专项预案中明确。

四、市、县机构

市、县级政府是本行政区域突发公共事件应急管理工作的行政领导机构，负责本行政区域各类突发公共事件的应对工作，做好本行政区域各类较大、一般突发公共事件应急处置的组织领导工作。

五、专家组

四川省政府和各类应急指挥机构及有关部门可根据实际需要聘请有关专家组成专家组，为应急管理提供决策咨询和工作建议，必要时参与现场应急处置工作。

参考资料

1. 四川省突发公共事件总体应急预案，见 http：//www.gov.cn/yjgl/2006－03/22/content_233837.htm。

2. 四川省人民政府应急管理办公室机构设置和职能职责，见 http：//www.sc.gov.cn/zwgk/yjgl/jgszyjgl/200712/t20071203_230945.shtml。

安徽省应急机构设置

一、领导机构

安徽省政府是全省突发公共事件应急管理工作的最高行政领导机构。在省长领导下，由省政府常务会议和省相关突发公共事件应急指挥机构，负责相关类别突发公共事件的应急管理工作；必要时，派出省政府工作组指导有关工作。

二、办事机构

安徽省政府办公厅是全省突发公共事件应急管理的办事机构，设省政府应急管理办公室，履行值守应急、信息汇总和综合协调职责，发挥运转枢纽作用。

三、工作机构

安徽省政府有关部门依据各自的职责，负责相关类别突发公共事件应急处置工作。

四、市、县机构

各市、县级人民政府是本行政区域突发公共事件应急管理工作的行政领导机构，负责本行政区域各类突发公共事件的应对工作。

五、专家组

安徽省政府及各专项应急机构建立各类专业人才库，根据实际需要聘请有关专家组成专家组，为应急管理工作提供决策建议，必要时参加突发公共事件应急处置工作。

参考资料

1. 安徽省人民政府突发公共事件总体应急预案，见 http：//www.ahzwgk.gov.cn/XxgkWeb/showGKcontent.aspx?xxnr_id＝4223。

甘肃省应急机构设置

一、领导机构

甘肃省突发公共事件应急委员会（以下简称应急委员会），省长任主任，副省长和省军区、省武警总队主要负责人任副主任，省长助理、省政府秘书长、副秘书长以及省发展和改革委员会、省经济委员会、省教育厅、省公安厅、省民政厅、省财政厅、省国土资源厅、省建设厅、省交通厅、省水利厅、省农牧厅、省林业厅、省卫生厅、省质量技术监督局、省环保局、省广播电影电视局、省外事办公室、省食品药品监督管理局、省安全生产监督管理局、省通信管理局、省地震局、省气象局、甘肃储备物资管理局、甘肃煤矿安全监察局、兰州海关、甘肃出入境检验检疫局、兰州铁路局、人行兰州中心支行、甘肃机场集团有限公司的主要负责人为成员。

应急委员会是全省突发公共事件应急工作的最高领导、议事和协调机构，其主要职责是：1. 研究部署全省突发公共事件应急工作，指导各地、各部门制定和组织实施各级、各类突发公共事件应急预案；2. 制定和修订《甘肃省人民政府突发公共事件总体应急预案》；3. 在我省行政区域内有重大和特大突发公共事件发生时，领导、组织和协调应急工作，决定启动和组织实施本预案；4. 根据需要商兰州军区、省军区和省武警总队组成救灾抢险队伍，参与应急工作；5. 向国务院报告突发公共事件和应急工作有关情况。

二、办事机构

应急委员会下设办公室。办公室设在省政府办公厅，省政府秘书长任办公室主任，各副秘书长任副主任。

应急委员会办公室主要职责：1. 汇总、核查突发公共事件和应急工作有关情况，提出建议意见，及时报告应急委员会，为应急委员会决策提供依据；2. 在应急委员会决定启动本预案后，通知并协调组织各有关部门和市（州）政府具体实施；3. 督促检查各地、各部门应急预案的制定和具体实施工作；4. 组织开展应急工作的信息报送和新闻报道工作；5. 承办应急委员会日常工作。

三、工作机构

甘肃省政府分别设立各专项突发公共事件应急指挥部，确定应急工作牵头部门和单位以及参加部门和单位，具体负责指挥各类单一重大和特大突发公共事件应急工作。主管副省长任总指挥，主管副秘书长、牵头部门主要负责人任副总指挥，各有关部门为成员单位。各专项应急指挥部办公室分别设在相应牵头部门和单位，指挥场所在牵头部门和单位开设，如果条件不具备，则由专项应急指挥部决定，在省人防指挥所或其他适当地方开设，充分利用现有指挥系统硬件设施，指挥突发公共事件应急工作。

1. 设立省抗震救灾应急指挥部，指挥重大和特大地震灾害应急工作。省地震局牵头制定和组织实施应急预案，省发展和改革委员会、省教育厅、省科技厅、省公安厅、省民政厅、省财政厅、省建设厅、省交通厅、省水利厅、省卫生厅、省广播电影电视局、省粮食局、省通信管理局、省安全生产监督管理局、省气象局、甘肃储备物资管理局等有关部门和单位参加。

2. 设立省地质灾害应急指挥部，指挥重大和特大山体崩塌、滑坡、泥石流等地质灾害应急工作。省国土资源厅牵头制定和组织实施应急预案，省公安厅、省民政厅、省财政厅、省建设厅、省交通厅、省水利厅、省卫生厅、省旅游局、省地震局、省气象局等有关部门和单位参加。

3. 设立省水旱灾害应急指挥部（与现有省抗旱防汛指挥部合署），指挥重大和特大旱灾、暴雨洪水灾害和大中型及重点小型水库、五座重点防洪城市、三大流域干流及重要支流超标准洪水、特大局地暴雨洪水和大范围人饮缺水应急工作。省水利厅牵头制定和组织实施应急预案，省军区、省发展和改革委员会、省经济委员会、省公安厅、省民政厅、省财政厅、省国土资源厅、省建设厅、省交通厅、省农牧厅、省商务厅、省卫生厅、省广播电影电视局、省扶贫开发办公室、省供销社、省地震局、省气象局、省通信管理局、省电力公司、兰州铁路局、大唐甘肃发电有限公司等有关部门和单位参加。

4. 设立省农业灾害应急指挥部，指挥全省因重大和特大病虫害、冻害等引发的农业灾害应急工作。省农牧厅牵头制定和组织实施应急预案，省民政厅、省财政厅、省交通厅、省水利厅、省林业厅、省气象局等有关部门和单位参加。

5. 设立省气象灾害应急指挥部，指挥暴雨、冰雹、暴雪、沙尘暴、寒潮、霜冻等气象灾害应急工作。省气象局牵头制定和组织实施应急预案，省民政厅、省财政厅、省建设厅、省交通厅、省水利厅、省农牧厅、省卫生厅、省环保局、省通信管理局等有关部门和单位参加。

6. 设立省森林火灾应急指挥部，指挥重大和特大森林火灾应急工作。省林业厅牵头制定和组织实施应急预案，省发展和改革委员会、省经济委员会、省公安厅、省民政厅、省财政厅、省交通厅、省水利厅、省农牧厅、省卫生厅、省农业办公室、省通信管理局、省气象局、兰州铁路局、甘肃机场集团有限公司等有关部门和单位参加。

7. 设立省草原火灾应急指挥部，指挥重大和特大草原火灾应急工作。省农牧厅牵头制定和组织实施应急预案，省公安厅、省民政厅、省财政厅、省交通厅、省水利厅、省林业厅、省卫生厅、省通信管理局、省气象局等有关部门和单位参加。

8. 设立省火灾事故应急指挥部，指挥重大和特大火灾事故应急工作。省公安厅牵头制定和组织实施应急预案，省民政厅、省建设厅、省交通厅、省水利厅、省卫生厅、省旅游局、省安全生产监督管理局、省气象局、兰州铁路局、甘肃机场集团有限公司等有关部门和单位参加。

9. 设立省公路交通事故应急指挥部，指挥重大和特大公路交通事故应急工作。省公安厅牵头制定和组织实施应急预案，省民政厅、省建设厅、省交通厅、省水利厅、省农牧厅、省卫生厅、省旅游局、省安全生产监督管理局、省气象局、甘肃机场集团有限公司等有关部门和单位参加。

10. 设立省铁路交通事故应急指挥部，指挥重大和特大铁路交通事故应急工作。兰州铁路局牵头制定和组织实施应急预案，省公安厅、省民政厅、省建设厅、省交通厅、省水利厅、省卫生厅、省旅游局、省安全生产监督管理局、省气象局、甘肃机场集团有限公司等有关部门和单位参加。

11. 设立省民航航空事故应急指挥部，指挥重大和特大民航航空事故应急工作。甘肃机场集团有限公司牵头制定和组织实施应急预案，省公安厅、省民政厅、省卫生厅、省旅游局、省安全生产监督管理局、省气象局、民航甘肃安全监督管理办公室、东方航空公司甘肃分公司、民航兰州空管中心、中国航空油料总公司甘肃分公司等有关部门和单位参加。

12. 设立省安全生产事故应急指挥部，指挥重大和特大矿山（不含煤矿）及工业、商贸企业安全生产事故、危险化学品事故以及烟花爆竹生产事故应急工作。省安全生产监督管理局牵头制定和组织实施应急预案，省经济委员会、省公安厅、省财政厅、省国土资源厅、省交通厅、省农牧厅、省商务厅、省卫生厅、省政府国有资产监督管理委员会、省质量技术监督局、省环保局、省气象局等有关部门和单位参加。

13. 设立省煤矿安全生产事故应急指挥部，指挥重大和特大煤矿安全生产事故应急工作。甘肃煤矿安全监察局牵头制定和组织实施应急预案，省经济委员会、省公安厅、省卫生厅等有关部门和单位参加。

14. 设立省建设安全事故应急指挥部，指挥重大和特大建筑、市政基础设施、城市公用行业等安全事故应急工作。省建设厅牵头制定和组织实施应急预案，省公安厅、省财政厅、省交通厅、省卫生厅、省质量技术监督局、省安全生产监督管理局等有关部门和单位参加。

15. 设立省爆炸事故应急指挥部，指挥重大和特大爆炸事故应急工作。省公安厅牵头制定和组织实施应急预案，省财政厅、省建设厅、省交通厅、省卫生厅、省环保局、省国防科学技术工业办公室、省安全生产监督管理局等有关部门和单位参加。

16. 设立省核事故与辐射事故应急指挥部，指挥重大和特大核事故与辐射事故应急工作。省环保局牵头制定和组织实施应急预案，省公安厅、省财政厅、省国土资源厅、省建设厅、省交通厅、省卫生厅、省国防科学技术工业办公室、省气象局等有关部门和单位参加。

17. 设立省环境污染事故应急指挥部，指挥重大和特大环境污染事故应急工作。省环保局牵头制定和组织实施应急预案，省公安厅、省财政厅、省建设厅、省交通厅、省水利厅、省农牧厅、省林业厅、省卫生厅、省气象局等有关部门和单位参加。

18. 设立省特种设备事故应急指挥部，指挥重大和特大锅炉、压力容器、压力管道和特种设备事故应急工作。省质量技术监督局牵头制定和组织实施应急预案，省公安厅、省财政厅、省建设厅、省交通厅、省卫生厅、兰州铁路局等有关部门和单位参加。

19. 设立省生态破坏事故应急指挥部，指挥重大和特大生态破坏事故应急工作。省农牧厅会同省林业厅牵头制定和组织实施应急预案，省公安厅、省建设厅、省财政厅、省水利厅、省工商局、省环保局、省气象局等有关部门和单位参加。

20. 设立省林业有害生物灾害应急指挥部，指挥林业重大和特大有害生物灾害应急工作。省林业厅负责制定和组织实施应急预案，省公安厅、省财政厅、省交通厅、省农牧厅、省卫生厅、省工商局、省邮政局、省气象局、兰州铁路局、甘肃机场集团有限公司等有关部门和单位参加。

21. 设立省草原有害生物灾害应急指挥部，指挥草原重大和特大有害生物灾害应急工作。省农牧厅负责制定和组织实施应急预案，省公安厅、省财政厅、省交通厅、省林业厅、省卫生厅、省工商局、省邮政局、省气象局、兰州铁路局、甘肃机场集团有限公司等有关部门和单位参加。

22. 设立省公共场所安全事故应急指挥部，指挥公共场所（机关、企事业单位不对社会开放的场所除外）发生的各类重大和特大安全事故应急工作。省公安厅牵头制定和组织实施应急预案，省军区、省民政厅、省建设厅、省交通厅、省卫生厅、省安全生产监督管理局、省信访局等有关部门和单位参加。

23. 设立省通信网络安全事故应急指挥部，指挥重大和特大通信、信息、广播电视网络等安全事故应急工作。省通信管理局牵头制定和组织实施应急预案，省发展和改革委员会、省经济委员会、省教育厅、省公安厅、省建设厅、省交通厅、省农牧厅、省广播电影电视局等有关部门和各电信运营企业参加。

24. 设立省突发公共卫生事件应急指挥部，指挥重大和特大传染病疫情、群体性不明原因疾病、职业中毒，以及相关严重影响公众健康等事件的应急工作。省卫生厅牵头制定和组织实施应急预案，省经济委员会、省教育厅、省公安厅、省财政厅、省建设厅、省交通厅、省农牧厅、省商务厅、省工商局、省食品药品监督管理局、省旅游局、兰州铁路局、甘肃出入境检验检疫局、甘肃机场集团有限公司等有关部门和单位参加。

25. 设立省重大动物疫情应急指挥部，指挥重大和特大动物疫情应急工作。省农牧厅牵头制定和组织实施应急预案，省经济委员会、省公安厅、省财政厅、省建设厅、省交通厅、省卫生厅、省商务厅、省工商局、省旅游局、兰州铁路局、甘肃出入境检验检疫局、甘肃机场集团有限公司等有关部门和单位参加。

26. 设立省重大刑事案件和恐怖袭击事件应急指挥部，指挥重大和特大刑事案件及较大规模恐怖袭击事件的应急工作。省公安厅牵头制定和组织实施应急预案，省教育厅、省安全厅、省财政厅、省建设厅、省交通厅、兰州海关、兰州铁路局、甘肃机场集团有限公司等有关部门和单位参加。

27. 设立省重大涉外事件应急指挥部，指挥重大和特大涉外事件的应急工作。省外事办公室牵头制定和组织实施应急预案，省高级人民法院、省人民检察院、省公安厅、省安全厅、省商务厅、省司法厅、省旅游局、兰州海关、兰州铁路局、甘肃机场集团有限公司等有关部门和单位参加。

28. 设立省重大粮食安全事件应急指挥部，指挥重大和特大粮食安全事件的应急工作。省发展和改革委员会牵头制定和组织实施应急预案，省财政厅、省民政厅、省交通厅、省农牧厅、省工商局、省物价局、省食品药品监督管理局、省粮食局、农发行甘肃省分行、兰州铁路局等有关部门和单位参加。

29. 设立省重大食品安全事件应急指挥部，指挥食品（食物）在生产、加工、包装、仓储、运输、经营、消费等环节中发生的重大安全事件的应急工作。省食品药品监督管理局牵头制定和组织实施应急预案，省教育厅、省公安厅、省民政厅、省交通厅、省农牧厅、省商务厅、省卫生厅、省工商局、省质量技术监督局、省粮食局、省出入境检疫检验局等有关部门和单位参加。

30. 设立省重大考试安全事件应急指挥部，指挥各类重大和特大国家教育考试安全事件的应急工作。省教育厅牵头制定和组织实施应急预案，省委宣传部、省公安厅、省监察厅、省国家保密局、省通信管理局等有关部门和单位参加。

31. 设立省突发金融事件应急指挥部，指挥重大和特大突发金融事件的应急工作。人行兰州中心支行牵头制定和组织实施应急预案，省财政厅、中国银监会甘肃监管局、中国证监会甘肃监管局、中国保监会甘肃监管局等有关部门和单位参加。

四、专家组

突发公共事件应急专家组，由各专项突发公共事件应急工作牵头部门和单位以及参加部门和单位的高级专业技术人员、高级管理人员组成，主要职责是为应急委员会研究部署应急工作提供决策咨询、工作建议和参与应急指挥。

五、地方机构

各市（州）政府、各县（市、区）政府要依照省政府突发公共事件应急预案和工作机制制定应急预案和建立相应工作机制。

参考资料

1. 甘肃省应急机构设置，见 http：//www.gansu.gov.cn/col/col115/index.html。

2. 甘肃省人民政府突发公共事件总体应急预案，见 http：//www.gov.cn/yjgl/2006－03/22/content_233735.htm。

河北省应急机构设置

一、领导机构

河北省政府是本省突发公共事件应急管理工作的最高行政领导机构，在省政府主要负责人的领导下，通过省政府常务会议研究、决定和部署特别重大、重大突发公共事件应急管理工作。省政府有关主管负责人按照业务分工和在相关突发公共事件应急指挥机构中兼任的职务，负责相关类别突发公共事件的应急管理工作。必要时，省政府派出工作组指导有关工作。

河北省政府秘书长和有关副秘书长协助省政府主要负责人或主管负责人处理有关工作。

二、办事机构

河北省政府办公厅设省政府应急管理办公室。其主要职责是：履行值守应急职责，及时掌握和报告省内外相关重大情况和动态，办理向省政府报送的紧急重要事项和国务院总值班室交办事项；办理省政府有关决定事项，督促落实省政府领导有关批示、指示，承办省政府应急管理的专题会议、活动和文电等工作；负责协调和督促检查设区的市人民政府、省政府各部门的应急管理工作，协调、组织有关方面研究提出省政府应急管理的政策、法规和规划建议；负责组织编制省政府突发公共事件总体应急预案，组织审核专项预案，协调指导应急预案体系和应急体制、机制、法制建设，指导设区的市人民政府、省政府有关部门的应急体系、应急信息平台建设等工作；协助省政府处置特别重大突发公共事件，协调指导特别重大和重大突发公共事件的预防预警、应急演练、应急处置、调查评估、信息发布、应急保障等工作；组织开展应急管理方面的信息调研和宣传培训工作；承办省政府领导交办的其他事项。

三、应急指挥机构

河北省政府按照突发公共事件的种类和专项应急预案的规定，设立省本级的突发公共事件专业应急指挥机构，具体指挥突发公共事件的应急工作。

四、工作机构

河北省政府各类突发公共事件应急工作的主管部门，按照规定的职责，负责相关类别突发公共事件的应急管理工作。具体负责相关类别突发公共事件专项应急预案和部门应急预案的起草与实施；贯彻落实国务院和省政府有关决定事项。

五、设区市和县（市、区）应急领导机构

设区的市、县（市、区）人民政府是本行政区域突发公共事件应急管理的行政领导机构，负责本行政区域各类突发公共事件的应急管理工作。

六、专家组

河北省政府和省突发公共事件主管部门建立应急工作的各类专业人才库，并可根据需要聘请有关专家组成专家组。专业人才库和专家组的成员由有关部门和单位熟悉突发公共事件的预防、预警、应急处置、应急保障、恢复重建及相关法律知识的高级专业技术人员和管理人员组成。其主要职责是：研究分析本省突发公共事件的现状和发展趋势，为应急管理提供咨询意见和决策建议，并在必要时参加突发公共事件的应急处置工作。

参考资料

1. 河北省人民政府突发公共事件总体应急预案，见 http://info.hebei.gov.cn/hbszfxxgk/329975/330015/331705/3860774/index.html。

湖北省应急机构设置

一、领导机构

湖北省政府是负责全省突发公共事件应急管理工作的行政领导机关，设湖北省突发公共事件应急委员会（以下简称省应急委）。

经湖北省政府同意设立的省级各类突发公共事件专项应急指挥部（含省安全生产委员会等），是省应急委处置专项突发公共事件的专门应急指挥机构或综合组织、协调机构。

属国家有关部门垂直管辖的应急事项，省政府设相应的突发公共事件应急领导小组，负责有关突发公共事件的应急协调工作，领导小组下设指挥部，负责相关应急处置的专业指挥。

二、办事机构

湖北省应急委下设应急管理办公室（以下简称省政府应急办），设在省政府办公厅。省政府应急办履行值守应急、信息汇总和综合协调职责，发挥应急信息运转枢纽作用；指导、协调突发公共事件的预防预警、应急演练、应急处置、调查评估、信息发布、应急保障和宣传培训等工作。

三、工作机构

湖北省政府有关部门依据有关法律、法规、规章和其他规范性文件，负责相关突发公共事件的应急管理工作。具体负责相关类别的突发公共事件专项和部门应急预案的起草与实施，贯彻落实省委、省政府和上级主管部门有关决定事项；指导和协助市（州）政府及其有关主管部门做好突发公共事件的预防、应急准备、应急处置和恢复重建等工作。

四、市县机构

湖北省以下各级政府是各自行政区域突发公共事件应急管理工作的行政领导机构，负责各行政区域突发公共事件的应对工作。

五、专家组

湖北省政府应急办和各地、各相关部门负责建立应急专业人才库，根据实际需要聘请有关专家组成专家组。专家组的主要职责是为应急管理、指挥提供决策咨询和建议，必要时参与突发公共事件的现场应急处置工作。

参考资料

1. 湖北省人民政府突发公共事件总体应急

预案，见 http：//www. gov. cn/yjgl/2006 - 05/31/content_296612. htm。

江苏省应急机构设置

一、领导机构

江苏省政府是在江苏省委领导下，负责本省范围内突发公共事件应急管理工作的最高行政领导机构。江苏省政府成立省突发公共事件应急处置指挥中心（以下简称省应急指挥中心），作为本省突发公共事件应急处置工作的领导指挥机构，统一领导全省突发公共事件应急处置工作。处置特别重大突发公共事件，省应急指挥中心总指挥一般由省长担任，分管副省长担任副总指挥，进行全权处置，或通过省政府常务会议研究、决定和部署特别重大突发公共事件的应急管理工作；处置重大突发公共事件，省应急指挥中心总指挥一般由分管副省长担任，进行全权处置。省政府秘书长、副秘书长协助省政府领导处理有关工作。省应急指挥中心的成员由相关部门的负责同志组成。

江苏省目前已有的专项应急处置机构，作为省应急指挥体系的组成部分，机构名称不变、职能不变、办公地点不变，组成人员相应调整充实，继续承担相关专项突发公共事件的应急处置工作。今后根据需要，再逐步建立其他突发公共事件专项应急处置指挥机构。

二、办事机构

江苏省政府办公厅是省应急委的办事机构，设省应急管理办公室，承担省应急委的日常工作，办公室的主要职责是：履行值守应急、信息汇总和综合协调职责，发挥运转枢纽作用；负责与国务院应急管理办公室的工作联系，办理报送省政府、省应急委涉及突发事件应对工作的文电和督查调研工作；协助做好特别重大、重大突发事件应急处置工作；指导全省应急管理体系和应急平台建设；组织评估、修订《江苏省突发事件总体应急预案》，组织审核省级专项应急预案；建立与省内驻军、武警的应急联动机制；承办省应急委领导交办的其他事项。

三、工作机构

江苏省政府有关部门依据有关法律、行政法规和各自的职责，负责相关类别突发公共事件的应急管理工作。具体负责相关类别的突发公共事件专项预案和部门应急预案的起草与实施，贯彻落实省政府有关决定事项；承担相关应急指挥机构办公室的工作；及时向省政府报告重要情况和建议，指导和协助市级人民政府做好突发公共事件的预防、应急准备、应急处置和恢复重建等工作。

四、专家组

江苏省应急指挥中心聘请有关专家，组成省突发公共事件应急处置专家库，其成员主要是综合减灾和宏观管理领域的专家，以及各种灾种管理专家组负责人，为应急管理提供决策建议，必要时参加突发公共事件的应急处置工作。

五、地方机构

地方各级人民政府是在各级党委领导下，本行政区域突发公共事件应急管理工作的行政领导机构。各市、县（市、区）建立突发公共事件应急处置指挥体系，成立相应的突发公共事件应急指挥中心，制定和完善本行政区域内突发公共事件应急预案，负责本行政区域内突发公共事件的处置工作。

参考资料

1. 江苏省人民政府突发公共事件总体应急预案，见 http：//www. gov. cn/yjgl/2006 - 03/22/content_233536. htm。

2. 江苏省应急管理机构设置，见 http：//www. jiangsu. gov. cn/tmzf/zfgb/2010/5/szfbgtwj/201003/t20100329_437450. html。

浙江省应急机构设置

一、领导机构

浙江省政府是全省突发公共事件应急管理工作行政领导机构，在省长领导下，研究决定、部署和推动特别重大、重大突发公共事件应急管理工作。副省长按照业务分工和在省相关应对突发公共事件各类非常设的领导小组、委员会等机构兼任的职务，负责相应类别突发公共事件的应急管理工作。省政府秘书长、副秘书长和省政府办公厅主任、副主任协助省长、副省长处理有关工作。

浙江省办公厅设省政府应急管理办公室，履行值守应急、信息汇总和综合协调职能，发挥运转枢纽作用，负责接受和办理向省政府报送的紧急事项；承办省政府应急管理的专题会议，督促落实有关决定事项；负责信息综合和指导全省突发公共事件的应急预案体系、应急信息平台建设；协调特别重大和重大突发公共事件的预防预警、应急处置、事件调查、事后评估和信息发布等工作。

二、指挥机构

浙江省应对突发公共事件的各类非常设的领导小组、委员会等机构为省相关突发公共事件应急处置的指挥机构（以下简称相关应急指挥机构），在省委、省政府领导下负责相应突发公共事件应急管理。总指挥一般由该机构的负责人担任，有关成员及其办公室人员为指挥机构成员和工作人员。

目前相关应急指挥机构尚未涵盖的突发公共事件发生时，由省政府主要领导或省政府常务会议根据事件性质和工作需要，指定应急指挥机构负责人和相应指挥机构组成，或派出工作组指导有关应急处置工作。

三、工作机构

浙江省政府有关部门为突发公共事件应急处置的工作机构。根据突发公共事件的类型，以及各部门法定职责，分为应急管理部门和应急保障部门。应急管理部门是指负责某类突发公共事件预防、处置工作的部门，应急保障部门是指为应急处置工作提供通信、公共设施、交通运输、基本生活、医疗卫生、物资能源、治安维护、技术、人员防护和资金等保障的有关部门。

应急主管部门是对某类突发公共事件的预防、处置工作负有主要责任、承担主要任务的工作部门。其主要职责是，承担相关应急指挥机构办公室的工作；负责相关类别的突发公共事件专项应急预案和部门应急预案的制订、修订和实施，贯彻落实省政府的决定事项；做好对本领域突发公共事件的信息监测、预测和预防工作，及时向省政府报告重要情况和建议；建立相关专业应急队伍，组织相关应急预案演练、人员培训和相关应急知识普及工作；指导和协助市、县（市）人民政府做好突发公共事件的预防、应急准备、应急处置和恢复重建工作。

应急协管部门是按照部门职责和工作需要协助应急主管部门对某类突发公共事件进行预防、处置的工作部门。其主要职责是，制定符合省总体应急预案和相关专项预案要求的部门预案，协助和配合应急主管部门做好本领域突发公共事件应对处置工作，做好应急主管部门要求完成的其他工作。

应急保障牵头部门的主要职责是，牵头制定所负责领域与省总体应急预案配套的应急保障行动方案；建立应急保障所需的相关资源的动态数据库，建立应急状态下的征集调用工作机制，做好应急处置所必需的物资、技术、装备准备；建立与履行应急保障职责相应的应急救援专业队伍，组织相关应急保障行动方案的演练；协调有关应急保障协助部门，指导市、县（市）相应职能部门的工作。

应急保障协助部门的主要职责是，制订符合省总体应急预案和应急保障行动方案要求的部门预案；服从应急保障牵头部门的任务分配，按照应急保障牵头部门提出的要求，利用各方面资源履行应急保障职责；为应急保障牵头部门提供突发公共事件和资源的有关信息。

四、市、县（市）应急组织机构

各市、县（市）人民政府是本行政区域突发公共事件应急管理工作的行政领导机构，市级人民政府要做好本行政区域各类突发公共事件处置的领导工作。大中城市要充分发挥在应急救援工作中的骨干作用，并协助周边地区开展应急救援工作。

五、专家组

浙江省政府和各类应急指挥机构及有关部门聘请有关专家组成相应专家组，为应急管理提供决策建议，必要时参加突发公共事件应急处置工作。

浙江省应急组织机构及其负责人、工作人员和有关专家联络手册另行编制并动态更新。

参考资料

1. 浙江省人民政府突发公共事件总体应急预案，见 http：//www. gov. cn/yjgl/2006 －03/22/content_233591. htm。

新疆维吾尔自治区应急机构设置

一、领导机构

新疆维吾尔自治区人民政府是自治区突发公共事件应急管理工作的最高行政领导机构。在自治区主席的领导下，由自治区人民政府常务会议和自治区相关突发公共事件应急指挥机构（简称相关应急指挥机构），负责突发公共事件的应急管理工作；必要时，派出自治区工作组指导有关工作。

二、办事机构

新疆维吾尔自治区人民政府办公厅设自治区应急管理办公室，履行值守应急、信息汇总和综合协调职责，发挥运转枢纽作用。

三、工作机构

新疆维吾尔自治区有关部门依据有关法律、行政法规和各自的职责，负责相关类别突发公共事件的应急管理工作。具体负责相关类别的突发公共事件专项和部门应急预案的起草与实施，贯彻落实自治区人民政府有关决定事项。

四、地方机构

新疆维吾尔自治区地方各级人民政府是本行政区域突发公共事件应急管理工作的行政领导机

构，负责本行政区域各类突发公共事件的应对工作。

五、专家组

新疆维吾尔自治区和各应急管理机构建立各类专业人才库，可以根据实际需要聘请有关专家组成专家组，为应急管理提供决策建议，必要时参加突发公共事件的应急处置工作。

生产建设兵团负责处置本系统内部的突发公共事件，同时协助和支持相关地方做好突发公共事件的处置工作。

参考资料

1. 新疆维吾尔自治区人民政府突发公共事件总体应急预案，见 http：//www. xjhc. gov. cn/zwgk/ShowArticle. asp?ArticleID = 61868。

山东省应急机构设置

一、领导机构

山东省突发事件应急领导小组是负责全省范围内突发事件应急管理工作的最高领导机构。组长由省长担任，常务副组长由省委副书记和常务副省长担任，副组长由省委秘书长、政法委书记和副省长担任，成员由相关部门负责人组成。

二、办事机构

山东省政府应急管理办公室（省政府总值班室），是省突发事件应急领导小组的办事机构，承担省政府及省政府办公厅的日常值班工作，指导全省应急体系和应急平台建设，协调特别重大、重大突发事件的预防预警、应急演练、应急处置等工作。

三、工作机构

山东省政府有关部门依据《突发事件应对法》、行政法规和各自的职责，负责相关类别突发事件的应急管理工作。具体负责相关类别的突发事件专项和部门应急预案的起草与实施，贯彻落实省政府有关决定事项；承担相关应急指挥机构办公室的工作；及时向省政府报告重要情况和建议，指导和协助各市人民政府及其相关部门做好突发事件的预防、应急准备、应急处置和恢复重建等工作。

四、地方机构

地方各级人民政府是本行政区域突发事件应急管理工作的行政领导机构。各市、县（市、区）建立突发事件应急处置指挥体系，明确承担预防和处置突发事件任务的应急管理指挥机构、办事机构（工作机构）及其职责。

五、专家组

山东省政府应急管理办公室根据实际需要聘请有关专家组成专家组，建立省突发事件应急处置专家库，为应急管理提供决策建议，必要时参加突发事件的应急处置工作。

参考资料

1. 山东省人民政府突发公共事件总体应急预案，见 http：//www. dezhou. gov. cn/n1403/n6824/n6975/c6017188/content. html。

西藏自治区应急管理机构

一、领导机构

西藏自治区人民政府是我区突发公共事件应急管理工作的最高行政领导机构。在自治区主席的领导下，通过政府常务会议研究、决定和部署特别重大、重大和跨地（市）较大突发公共事件应急管理工作，政府副主席按照工作分工，负责相关类别突发公共事件的应急管理工作。

二、办事机构

自治区政府办公厅是突发公共事件应急管理的办事机构，下设自治区突发公共事件应急管理办公室（以下简称应急管理办公室），负责日常应急管理工作，办公室主任由政府秘书长兼任。

应急管理办公室职责：履行值守应急和突发公共事件的信息收集、汇总；负责向自治区政府领导和国务院报送重要紧急事项；承办应急管理的专题会议，督促落实上级决定事项和领导批示、指示精神；组织修订、完善本预案，审核专项应急预案，指导全区应急体系建设；协调组织特别重大、重大和跨地（市）较大突发公共事件的预测、预警、预报、预防、应急演练、应急处理、调查评估、信息发布、应急保障和宣传培训等工作；总结全区突发公共事件应对工作。

三、工作机构

西藏自治区有关部门及各地（市）依据有关法律、行政法规和本预案，履行工作职责。

西藏自治区有关部门职责：负责相关类别突发公共事件专项应急预案和部门应急预案的起草与实施；落实自治区人民政府的有关决定事项；做好突发公共事件的预测、预警、预报和预防工作；及时向自治区人民政府报告重要情况、提出建议；指导协助各地（市）做好突发公共事件的预防、应急准备、应急处置和恢复重建等工作。

四、地方机构

制定实施各地（市）的突发公共事件总体应急预案和专项应急预案；做好突发公共事件的预测、预警、预报和预防工作；及时向自治区人民政府报告重要情况、提出建议；在国务院、自治区人民政府的领导下，做好本区域内特别重大、重大和跨地（市）较大突发公共事件的应急处理工作；负责组织、协调、指挥本区域内较大突发公共事件的应急处理工作；指导县（市、区）作好一般突发公共事件的应急处理工作。

五、专家组

各级政府、地区行政公署和自治区有关部门要建立完善专业人才和专家信息库，充分发挥各类专业人才和专家在预防和处置突发公共事件中的重要作用，为应急管理提供决策建议，必要时组成专家组，参加应急处置工作。

参考资料

1. 西藏自治区人民政府突发公共事件总体应急预案，见 http：//www. foodmate. net/law/xizang/163889. html。

福建省突发公共事件应急委员会职责

一、领导机构

根据《福建省人民政府关于印发福建省人民政府突发公共事件总体应急预案的通知》（闽政〔2004〕20 号），省人民政府设立省突发公共事件应急委员会（议事、协调机构），作为省政府处理突发公共事件应对工作的领导机构。该委员会由省政府主要负责人或者负责常务工作的负责人、相关部门负责人、驻闽解放军和武警部队有关负责人组成，承担和履行政府的突发公共事件预防、应急准备、应急处置和事后恢复与重建职责，以及法律、法规或规章规定的其他职责；统一领导和协调应急处置工作，决定突发公共事件应对工作中的重大事项；组织制定省人民政府突发公共事件总体应急预案。

二、办事机构

（一）福建省应急办主要职责

1. 应急与值守，及时掌握和报告省内相关重大情况和动态，办理向省政府、国务院报送紧急重要事项，保证省政府与国务院、各省（市、区）人民政府、省直各部门、各市、县（区）联络畅通，指导全省政府系统值班工作。

2. 办理省应急委决定的有关应急工作方面的事项；督促落实党中央、国务院领导和省委、省政府领导对突发事件的批示、指示；承办省政府应急管理的专题会议、活动和文电等工作。

3. 负责协调和督促检查各设区市人民政府、省直各部门应急管理工作；协调、组织有关方面研究提出省应急管理的政策法规和规划建议。

4. 负责组织编制、修订《福建省突发公共事件总体应急预案》和审核省专项应急预案；协调指导应急预案体系和应急体制、机制、法制建设；指导各设区市人民政府、省直有关部门应急体系、应急信息平台建设等工作。

5. 协助省政府领导处置特别重大突发公共事件；协调指导特别重大和重大突发公共事件的预防预警、应急演练、应急处置、调查评估、信息发布、应急保障和国际救援等工作。

6. 组织开展信息调研和宣传培训工作；协调应急管理方面的省内交流与合作。

7. 承办省政府领导交办的其他事项。

（二）福建省应急办主要业务

1. 涉及防汛抗旱、减灾救灾、抗震救灾，以及重大地质灾害、重大森林火灾及病虫害、重大生态灾害事件的处置及相关防范业务，重要天气形势和灾害性天气的预警预报业务。

2. 涉及安全生产、交通安全、环境安全、消防安全及人员密集场所事故处置和预防等业务。

3. 涉及重大突发疫情、病情处置、重大动物疫情处置，重大食品药品安全事故处置及相关防范等业务。

4. 涉及社会治安、反恐怖、群体性事件等重大突发公共事件应急处置和防范业务，涉外重大突发事件的处置等业务。

5. 涉及省总体应急预案和专项应急预案的制订与修订，以及设区市总体应急预案、省直部门应急预案的报备等业务。

上述具体业务工作，由本厅各业务处（室）按各自职责负责办理。

6. 涉及国务院应急办下发的文电，由各业务处（室）根据领导批示进行办理。

7. 涉及省应急管理的会务、督查等工作，由各业务处（室）根据领导批示和职责进行办理。

8. 涉及从值班系统上报国务院应急办的文件或材料，由各有关处（室）按领导批示办理完毕后送总值班室，由总值班室负责上报。

三、工作机构

1. 核电厂核事故应急委员会；2. 福建省人民政府抗震救灾指挥部；3. 省政府煤电油运和抢险抗灾应急指挥中心；4. 省突发公共卫生事件应急指挥部；5. 省政府防汛抗旱指挥部；6. 省政府涉外突发事件应急领导小组；7. 省森林防火指挥部；8. 福建省危险化学品特大事故应急救援领导小组；9. 省国家教育考试安全类突发事件应急处置工作领导小组；10. 省能源及运输紧急调度指挥小组；11. 福建省人民政府粮食安全应急指挥部。

四、专家组

为加强应对和处置各类突发公共事件的技术

研究和应急管理理论研究，为应急管理工作提供决策咨询和技术支撑，大力推进公共安全学科建设，加快应急管理人才培养，根据《福建省突发公共事件总体应急预案》的要求，经省政府批准，成立应急管理专家组。根据《省应急管理专家组工作规则》相关规定，第一届省应急管理专家组成员任期已满。为科学应对和处置各类突发事件，有效解决应急管理中面临的突出问题，充分发挥专家在本领域的决策咨询和技术支持作用，全面提升政府应急管理工作能力和水平，经省政府批准，成立第二届省应急管理专家组。第二届专家组成员 37 名，任期五年。（闽政办〔2012〕120 号）

专家组的工作内容是，为全省应急管理工作提供决策建议、专业咨询、理论指导和技术支持。主要包括：

1. 根据有关工作安排和课题研究计划，开展或参与调查研究。

2. 受委托，对特别重大或重大突发公共事件进行分析、研判，必要时参加应急处置工作，提供决策建议。

3. 为应急管理各类数据库建设提供指导。

4. 参与应急管理教育培训工作及相关学术交流与合作。

5. 办理省政府领导或省应急办委托的其他工作。

参考资料

1. 福建省突发公共事件应急委员会职责，见 http：//www. fujian. gov. cn/ztzl/yjgl/yjjg/syjw/201010/t20101021_309815. htm。

2. 福建省人民政府办公厅关于省应急办主要职责与业务的通知，见 http：//218. 85. 73. 164：8081/gazette/detail _ gazette. jsp? searchword = doctitle% 3D% D3% A6% BC% B1&channelid = 75140&primarykeyvalue = ARTICLEID% 3D12000& primaryrecord = 1。

3. 福建省应急专项指挥机构，见 http：//www. fujian. gov. cn/ztzl/yjgl/yjjg/zjzhjg/。

4. 福建省人民政府办公厅关于成立应急管理专家组的通知，见 http：//www. 34law. com/lawfg/law/1797/2160/law_173424093816. shtml。

5. 福建省人民政府办公厅关于成立第二届省应急管理专家组的通知，见 http：//218. 85. 73. 164：8081/gazette/detail _ gazette. jsp? channelid = 75140&primarykeyvalue = ARTICLEID% 3D0500E029C. 00001AE4. 4873&primaryrecord = 1。

黑龙江省应急机构设置

一、领导机构

为加强对黑龙江省突发事件应对工作的组织领导，省政府决定成立黑龙江省人民政府突发事件应急委员会，主要职责是统一领导全省突发事件的应急救援工作。

二、办事机构

为进一步加强全省应急管理工作，黑龙江省政府办公厅设置省政府应急管理办公室（省政府总值班室），承担省政府应急管理的日常工作和省政府总值班工作，履行值守应急、信息汇总、综合协调职能和发挥运转枢纽作用。其工作职责是：

1. 贯彻执行省政府突发公共事件应急委员会的决定，负责全省突发公共事件应急救援的指导协调、监督检查、信息汇总工作，对突发公共事件所涉及的全省性重大工作事项提出建议。

2. 负责全省重大应急救援问题的调查研究；负责承办会议、起草地方性应急法规和规章草案、重要文件；依据《黑龙江省人民政府突发公共事件总体应急预案》制定全省应急救援系统建设的措施和规划。

3. 负责《黑龙江省人民政府突发公共事件总体应急预案》的修订工作；指导和检查省直有关部门做好各类专项应急预案及各市、地政府（行署）做好突发公共事件总体应急预案的修订和评估工作。

4. 负责全省应急管理工作人员的培训和专业应急救援队伍、志愿者队伍等社会可动员力量的培训指导工作；督促落实和检查指导中、省直单位和各市、地政府（行署）组织实施的预案演练工作。

5. 负责突发公共事件紧急预警发布和相关新闻报道的审核，以及省外新闻媒体的协调、接待等相关事宜；负责全省紧急救援、避险、避灾、自救、互救等应急常识与相关法律法规的宣传教育工作。

6. 负责指导和检查全省应急救援物资基地建设及物资储备工作；督办和协调应急救援中所需资金、储备、物资的调拨、运输工作。

7. 负责协调有关部门建立应急信息系统和指挥平台，以及建立全省基础地理信息公共平台，收集国内外和省内的应急信息，并对重要信息提出处置建议报省政府突发公共事件应急委员会。

8. 负责与省政府突发公共事件应急委员会专家组成员的联络；组织、协调、指导省内相关行业和科研单位及大、中专院校的应急科学研究工作。

9. 负责与国家有关部门的业务联系和国际交流工作；负责与毗邻省（自治区）在信息沟通、应急支援等方面的联络和协调工作。

10. 承办省政府突发公共事件应急委员会交办的其他工作。

三、工作机构

将黑龙江省政府安全生产委员会、防汛抗旱指挥部、森林防火指挥部、省人防办等工作机构，纳入到省政府应急委员会的统一领导范畴之内。根据突发公共事件的不同类型，结合现行应急工作体制，依据相关法律、行政法规和职责，在省政府应急委员会下设18个专项指挥部，作为专项应急工作的指挥机构，负责牵头组织支持部门共同做好相关类别突发公共事件的应急管理工作。

四、地方机构

各市政府（行署）、县（市、区）政府是本行政区域突发公共事件应急管理工作的行政领导机构。按照省级模式建立突发公共事件应急体系和机制，做好各类突发公共事件的组织领导工作，明确各应急部门职责分工，加强机构建设和区域应急基础建设，提高区域综合应急能力。

五、生产经营单位机构

生产经营单位负责建立本企业应急组织机构，制定应急计划，检查应急设施，储备必需的应急物资，组织本单位应急演练，以及突发公共事件发生时的预警、报警工作。业务上接受省政府应急委员会或所在市（行署）、县（市、区）政府应急委员会的领导。

六、专家组

各级政府应急委员会建立各类专业人才库，可以根据实际需要聘请专家、学者组成专家组，为制定中长期公共安全规划、信息系统建设与强化危机管理提供决策性意见和建议；参与突发公共事件的灾害评估、灾情分析和应急科学研究等工作；必要时，参加突发公共事件的应急处置工作。

参考资料

1. 黑龙江省人民政府关于成立黑龙江省人民政府突发事件应急委员会的通知，见 http://www.hlj.gov.cn/gkml/system/2009/06/19/000220365.shtml。

2. 黑龙江省应急机构设置，见 http://www.hlj.gov.cn/yjgl/jgsz/。

3. 黑龙江省发布突发公共事件总体应急预案，见 http://www.gov.cn/gzdt/2008-08/22/content_1077160.htm。

辽宁省应急管理机构设置

一、领导机构

辽宁省政府是全省突发公共事件应急管理工作的最高行政领导机构。在省长的领导下，通过省政府常务会议研究、决定和部署特别重大突发公共事件应急管理工作；必要时，派出省政府专门工作组指导有关工作。

二、办事机构

辽宁省政府应急管理办公室是全省突发公共事件应急管理的办事机构，设在省政府办公厅，履行应急值守、信息汇总、综合协调和督促检查职责。

三、工作机构

辽宁省政府有关部门依据有关法律、行政法规和各自的职责，负责相关类别突发公共事件的应急管理工作。负责相关类别的突发公共事件专项和部门应急预案的起草与实施，贯彻落实省政府有关决定事项，承担相关应急指挥机构办公室的工作，及时向省政府报告重要情况和建议，指导和协助市级人民政府做好突发公共事件的预防、应急准备、应急处置和恢复重建等工作。

四、市、县（市、区）机构

市级人民政府是本行政区域内突发公共事件应急管理工作的行政领导机构，负责本行政区域内各类突发公共事件的应对工作。各县（市、区）也要成立相应的应急管理机构。

五、专家组

辽宁省政府和各应急管理机构要建立各类专业人才库，可以根据实际需要聘请有关专家组成专家组，为应急管理提供决策建议，必要时参加突发公共事件的应急处置工作。

参考资料

1. 辽宁省人民政府发布突发公共事件总体应急预案，见 http://www.gov.cn/gzdt/2007-08/27/content_728168.htm。

山西省应急机构设置

一、领导机构

山西省人民政府是全省突发公共事件应急管理工作的行政领导机构。在省长领导下，通过省人民政府常务会议研究、决定和部署全省突发公共事件应急管理工作，对突发公共事件的处置工作实行统一领导、统一指挥、统一协调。

二、办事机构

山西省人民政府办公厅是全省突发公共事件

应急管理工作的办事机构，常设省人民政府应急管理办公室（简称省应急办），负责省人民政府值守应急、信息汇总和综合协调职责，发挥运转枢纽作用。

三、工作机构

山西省人民政府有关部门依据法律、法规规定和应急处置工作需要，经省人民政府同意设立的省突发公共事件各相关应急指挥部、领导小组、委员会是省人民政府处置相关类别突发公共事件的具体工作机构，对相关突发公共事件应急处置工作实行统一指挥协调。

四、地方机构

市、县（市、区）人民政府是本行政区域突发公共事件应急管理工作的行政领导机构，负责本行政区域各类突发公共事件的应对工作。

五、专家组

山西省人民政府和各应急管理机构建立各类专业人才库，可根据实际需要聘请有关专家组成专家组，为应急管理提供决策建议，必要时参加突发公共事件的应急处置工作。

参考资料

1. 山西应急管理，见 http：//www. shanxigov. cn/n16/n8319541/n8319612/n8322023/。

海南省应急机构设置

一、领导机构

海南省人民政府设立省突发公共事件应急委员会，由省长、副省长、省军区司令员、武警海南总队总队长、省人民政府秘书长组成，主任由省长担任，副主任由常务副省长担任，是省政府应对突发公共事件的议事、决策、协调机构。

主要职责是：1. 定期召开会议，听取政府有关部门和下级人民政府有关突发公共事件预防、应急准备、应急处置和事后恢复与重建工作的汇报，分析有关突发公共事件的重要信息、发展趋势；2. 审议、决定突发公共事件应对工作中的重大事项，统一领导和协调全省各类突发公共事件应急处置机构；3. 决定启动预警和省专项突发公共事件应急预案；4. 组织力量处置相当严重、特别严重的突发公共事件；5. 检查、督促各级各有关部门贯彻执行国家有关维护社会稳定、保障人身及社会财产安全的法律和政策，及时协调应急工作中出现的重大问题。

二、办事机构

海南省突发公共事件应急委员会办公室为应急事件信息处理中心，负责应急信息收集、上传、协同和传播，对应急信息进行综合、调查、分析、评估与判定。利用政府政务网，建立应急信息共享网络，配置无线、有线通信和卫星通信网络等相应的技术装备，统一接受信息，传达命令，保证指挥的权威性。

主要职责是：1. 督促落实省突发公共事件应急委员会作出的决定和指示；2. 拟订或者组织和实施拟订政府应对突发公共事件的工作规划和应急预案；3. 督促检查政府有关部门和下一级人民政府应急预案的制订、修订和执行情况，并给予指导；4. 督促检查政府有关部门、下级人民政府和有关专业机构的突发公共事件监测、预警工作情况，并给予指导；5. 汇总有关突发公共事件的各种重要信息，进行综合分析，并提出建议；6. 承担本级政府突发公共事件统一信息系统、应急指挥系统的日常管理工作；7. 监督检查、协调指导政府有关部门和下级人民政府的突发公共事件预防、应急准备、应急处置和事后恢复与重建工作；8. 组织制订安全常识、应急知识的宣传培训计划和应急救援队伍的业务培训、演练计划，报省政府批准后督促落实；9. 根据应急预案的规定，明确指挥部人员和相关部门在处置突发公共事件工作中的职责；10. 省突发公共事件应急委员会交办的其他工作。

三、工作机构

海南省突发公共事件应急委员会设立省突发公共事件应急联动指挥中心（与省突发公共事件应急委员会办公室合署办公），是省人民政府处置突发公共事件的指挥机构。其主要职责是：突发公共事件发生时，按照突发公共事件应急委员会的指令，对全省应急处置工作进行组织整合、资源整合、行动整合、技术整合，统一指挥全省Ⅰ、Ⅱ级突发公共事件的应急处置工作。

海南省突发公共事件应急联动指挥中心，根据不同突发公共事件的性质和社会危害程度，由省长或者分管副省长担任总指挥长。发生相当严重（Ⅱ级）突发公共事件时，一般由分管副省长担任总指挥长；发生特别严重（Ⅰ级）突发公共事件时，由省长担任总指挥长。

海南省突发公共事件应急联动指挥中心成员由省长或者分管副省长、省军区司令员或者副司令员、武警海南总队总队长或者副总队长、省人民政府秘书长和分管副秘书长、省公安厅厅长以及主管部门负责人等组成。当发生耦合事件，同时启动两个以上专项预案时，应当对省突发公共事件应急联动指挥中心成员进行整合。

四、地方机构

各市、县人民政府设立突发公共事件应急委

员会及相关机构，在省突发公共事件应急委员会和地方政府的领导下，具体负责本行政区域内突发公共事件的应急处置工作。

五、专家委员会

海南省突发公共事件应急委员会设专家委员会，专家委员会由社会管理、综合减灾、社会安全、公共卫生等相关领域的技术和管理专家组成，其主要职责是：（一）为突发公共事件处置提出决策咨询和工作建议；（二）对突发公共事件处置进行技术指导；（三）参与专项突发公共事件应急指挥的相关工作；（四）参与分析本省突发公共事件的现状及趋势；（五）参与拟定、修订突发公共事件应急预案工作；（六）为公众提供突发公共事件有关防护措施的技术咨询。

参考资料

1. 海南应急网，见 http：//yjb. hainan. gov. cn/。

2. 海南省应急组织机构与职责，见 http：//yjb. hainan. gov. cn/xxgk/yjjg/200710/t20071013_593569. html。

广西壮族自治区应急机构设置

一、领导机构

广西壮族自治区人民政府是本自治区行政区域突发公共事件应急管理工作的最高行政领导机构。在自治区主席的领导下，通过自治区人民政府常务会议研究、决定和部署特别重大、重大突发公共事件应急管理工作，自治区副主席按照业务分工和在自治区相关突发公共事件应急指挥机构（简称相关应急指挥机构）中兼任的职务，负责相关类别突发公共事件的应急管理工作；必要时，派出自治区人民政府工作组指导有关应急处置工作。

二、办事机构

自治区人民政府办公厅设应急管理办公室，履行值守应急、信息汇总和综合协调职责，发挥运转枢纽作用。

三、工作机构

自治区有关部门依据有关法律、法规、规章和各自的职责，负责相关类别突发公共事件的应急管理工作。具体负责相关类别的突发公共事件专项应急预案和部门应急预案的起草、修订与实施，贯彻落实自治区人民政府有关决定事项。

四、地方机构

市、县（市、区）、乡（镇）人民政府是本行政区域突发公共事件应急管理工作的行政领导机构，负责本行政区域各类突发公共事件的应对工作。

五、专家组

自治区人民政府和各应急管理机构建立各类专业人才库，可以根据实际需要聘请有关专家组成专家组，为应急管理提供决策建议，必要时参加突发公共事件的应急处置工作。

参考资料

1. 广西壮族自治区突发公共事件总体应急预案（简本），见 http：//www. gov. cn/yjgl/2006-06/13/content_308799. htm。

河南省应急机构设置

一、领导机构

河南省人民政府设立突发公共事件应急委员会（以下简称省应急委），省人民政府常务副省长任主任，郑州市人民政府市长任副主任，负责统一指挥、协调省会重大、特别重大突发公共事件应急处置工作。中央驻郑有关单位、省直有关部门和市直有关单位为省会应急委成员，郑州市人民政府办公室承担省会应急委日常工作。省应急委成员单位主要有省军区、省委宣传部、省发展改革委、教育厅、科技厅、国防科工委、民委（宗教局）、公安厅、国家安全厅、民政厅、财政厅、国土资源厅、建设厅、交通厅、水利厅、农业厅、林业厅、卫生厅、外侨办、信访局、环保局、食品药品监管局、安全生产监管局（河南煤矿安全监察局）、煤炭工业局、畜牧局、人防办、郑州铁路局、河南黄河河务局、省通信管理局、地震局、气象局、河南银监局、武警河南总队、省公安消防总队、郑州新郑国际机场管理有限公司、省电力公司等。

河南省应急委职责：1. 贯彻执行国家有关应急工作的法律、法规和政策。2. 决定启动和终止省人民政府突发公共事件总体应急预案。3. 领导、指挥、协调全省重大、特别重大突发公共事件应急处置工作。4. 领导省各专项应急指挥部、领导小组、委员会（以下简称各专项应急指挥机构）开展应急工作。5. 承担国务院和国家应急领导机构安排的其他应急工作。

二、指挥机构

依据法律、法规规定和应急处置工作需要，经省人民政府同意设立的省突发公共事件各专项应急指挥机构是省人民政府、省应急委处置突发公共事件的专门应急指挥机构，根据职责分工，对全省各项重大、特别重大突发公共事件应急处置工作实行统一指挥、协调。主要有：省防汛抗旱指挥部、省安全生产委员会、省防震抗震指挥部、省护林防火指挥部、省防火安全委员会、省食品药品安全委员会、省重大动物疫情控制委员会等。

河南省专项应急指挥机构日常工作由省人民政府相关职能部门承担。

三、日常工作机构

河南省应急委下设办公室（简称省应急办），设在省人民政府办公厅，省人民政府秘书长兼任办公室主任，负责省应急委日常工作，具体事务由省人民政府办公厅各有关处室承担。

各省辖市、县（市、区）人民政府明确本级人民政府处置突发公共事件的领导和工作机构，负责本辖区突发公共事件监测、预警、应急处置、善后和灾后重建、应急保障等工作。

省人民政府各职能部门作为全省重大、特别重大突发公共事件的监测、报警、接警、预警、应急处置、善后和灾后重建、应急保障的主管部门、协作部门和参与单位，根据各自职责分工分别承担相应任务。自然灾害由省民政厅、国土资源厅、水利厅、林业厅、地震局、河南黄河河务局等部门牵头处置；事故灾难由省安全生产监管局、环保局、交通厅、公安厅、建设厅、国防科工委、郑州铁路局等部门牵头处置；突发公共卫生事件由省卫生厅、食品药品监管局、畜牧局等部门负责牵头处置；社会安全事件由省公安厅、国家安全厅、外侨办、信访局、河南银监局等部门负责牵头处置。其他各有关部门按照省人民政府、省应急委的要求予以积极配合、支持。

四、专家组

河南省应急委设立专家组，由各领域的技术和管理专家组成。主要职责是：

1. 对全省重大、特别重大突发公共事件处置提出建议。2. 参与拟定、修订突发公共事件应急预案工作。3. 对全省重大、特别重大突发公共事件应急处置进行技术指导。4. 为公众提供突发公共事件有关防护措施的技术咨询。5. 承担省应急委交办的其他工作。

参考资料

1. 河南省突发公共事件总体应急预案，见 http：//www. foodmate. net/law/henan/163894. html。

湖南省应急机构设置

一、领导机构

（一）省突发公共事件应急委员会

1. 省人民政府设立省突发公共事件应急委员会（以下简称省应急委），为省人民政府处理突发公共事件应急工作的综合性议事、协调机构。主要职责是：研究决定全省各类突发公共事件应急工作的重大问题；部署和总结年度突发公共事件应急工作；发生特别重大突发公共事件时，决定启动省特别重大突发公共事件应急指挥部，统一领导和组织指挥特别重大突发公共事件的应急处置工作；指导监督省专项应急委和市州应急委的工作；法律、法规、规章规定的其他职责。

2. 省应急委，由省长任主任，常务副省长和分管专项突发公共事件应急工作（以下简称专项应急工作）的副省长和省军区首长、武警总队领导、省人民政府秘书长任副主任，有关副秘书长、专项应急工作牵头部门及主要参与部门、消防总队主要负责人为成员。

（二）省专项突发公共事件应急委员会

1. 按照突发公共事件应急工作的专业特点和实际需要，省可以设立若干专项突发公共事件应急委员会（以下统称省专项应急委），为省人民政府处理突发公共事件专项应急工作的议事、协调机构。主要职责是：研究决定全省相关专项应急工作的有关重大问题；部署和总结年度相关专项应急工作；发生重大突发公共事件时，决定启动省重大突发公共事件应急指挥部，统一领导和组织指挥重大突发公共事件的应急处置工作；指导监督市州专项应急委的工作；省应急委交办的事项和法律、法规、规章规定的其他职责。

2. 省专项应急委，由分管副省长（或省委副书记）任主任，相关副秘书长、专项应急工作牵头部门和主要参与部门主要负责人为副主任或者成员，省军区、武警总队、消防总队、湖南保监局有关负责人为有关专项应急委的副主任或者成员。

3. 省专项应急委的设置由省应急委研究确定。决定不设立专项应急委及其办事机构的，有关专项应急预案的管理和日常应急预防工作由该专项应急工作牵头部门承担，重大事项由分管副省长协调，并分别负责履行本预案中有关专项应急委办公室及专项应急委的职责。

二、办事机构

（一）省应急委办事机构

湖南省政府办公厅为省应急委的办公室，承担省应急委的日常工作，其主要职责是：1. 督促落实省应急委作出的决定和指示；2. 拟订或者组织拟订省人民政府应对突发公共事件的工作规划和应急预案，报省人民政府批准后组织实施；3. 督促检查省人民政府有关部门和下一级人民政府应急预案的制订、修订和执行情况，并给予指导；4. 督促检查省人民政府有关部门、下级人民政府和有关专业技术机构的突发公共事件监测、预警工作情况，并给予指导；5. 汇总有关突发公共事件的各种重要信息，进行综合分析，并提出建议；6. 承担省人民政府突发公共事件统一信息系统、应急指挥系统的日常管理工作；7. 监督检查、协调指导省人民政府有关部门和下级人民政府的突发公共事件预防、应急准备、应急处置和事后恢复与重建工作；8. 组织制订安全常识、应急知识的宣传培训计划和应急救援队伍的业务培训、演练计划，报省人民政府批准后督促落实；9. 省应急委交办的其他工作。

（二）省专项应急委办事机构

省专项应急委下设办公室，设在省专项应急工作牵头部门，由牵头部门的有关负责人任办公室主任，承担省专项应急委的日常工作。办公室的具体职责，由各专项应急预案规定。

三、工作机构

（一）省应急指挥机构与职责

1. 在发生特别重大突发公共事件时，省应急委成立特别重大突发公共事件应急指挥部，由省长任总指挥，有关副省长和省军区、武警总队等负责人任副总指挥，统一指挥特别重大突发公共事件的处置工作。

2. 在发生重大突发公共事件时，省专项应急委成立重大突发公共事件应急指挥部，没有设立省专项应急委的，在重大突发公共事件进入严重预警级别，决定启动专项应急预案时，由省人民政府成立重大突发公共事件应急指挥部。重大突发公共事件应急指挥部，由分管该专项应急工作的副省长（或省委副书记）任总指挥，有关副秘书长和省专项应急工作的牵头部门、省军区、武警总队等负责人任副总指挥，统一指挥重大突发公共事件的处置工作。

3. 特别重大、重大突发公共事件应急指挥部可以设立若干工作小组，并可视情况在事件现场设立现场指挥部，具体指挥现场处置工作。现场指挥部可以根据实际情况设立若干专门小组。

（二）省专项应急工作牵头部门和参与部门

在省应急委、专项应急委的领导下，实行应急工作分工负责制。省专项应急工作牵头部门是专项应急工作的主要责任单位，参与部门应当密切配合，积极主动履行相关职责，为应急工作提供支持与保障。专项应急工作的具体牵头部门和参与部门，由省专项应急预案规定。

四、地方机构

市州、县市区人民政府根据有关规定和应急工作需要，建立健全相应的应急组织机构，并履行相关职责。

乡镇人民政府、街道办事处应当协助上级人民政府做好突发公共事件应急工作，组织、协调各方面力量，实行群防群控、群防群治。

五、应急专家委员会

湖南省应急领导机构、应急指挥机构聘请有关专家组成省应急工作专家委员会。其职责是：平时为省应急委、专项应急委提供决策咨询和工作建议；在应对突发公共事件时，为省应急指挥部及现场指挥部提供指挥咨询服务。专家委员会成员名单分别由省应急委、专项应急委办公室另行确定。

参考资料

1. 湖南省人民政府突发公共事件总体应急预案，见 http：//www. gov. cn/yjgl/2006 －03/22/content_233890. htm。

云南省应急机构设置

一、领导机构

云南省人民政府突发公共事件应急委员会（以下简称省应急委），作为我省常设的协调指挥机构，统一领导全省突发公共事件的应急处置工作。

省应急委主任由省长担任，副主任由副省长、省长助理和秘书长担任，委员由有关部门、驻滇解放军、武警部队负责同志担任。

主要职责是：贯彻执行国家有关应急工作的法律、法规和政策，研究制定全省预防和处置突发公共事件的重大措施和指导意见，统一领导各地、各部门的突发公共事件处理工作，督促检查各项工作措施的落实情况，宣布启动和停止实施突发公共事件总体应急预案，承担国家应急领导机构安排的其他应急工作。

二、指挥机构

云南省应急委领导省级各专项指挥部、领导小组和委员会开展应急指挥工作。经省人民政府批准设立的省防火安全委员会、省安全生产委员会、省防汛抗旱指挥部、省抗震救灾指挥部、省护林防火指挥部、省处置突发公共卫生事件领导小组等作为省应急委处置有关突发公共事件的专门应急指挥机构，对专项应急处置工作进行指挥和协调。其他突发公共事件的应急指挥和协调，由省应急委和相关部门负责。

各专门应急指挥机构的主要职责是：贯彻执行国家应急领导机构和省应急委的决定，负责全省专项突发公共事件的监测预警工作，负责启动和停止实施专项应急预案，负责组织指挥专项突发公共事件的应急处置工作，向省应急委报告专项突发公共事件的处置情况，承担处置专项突发公共事件的日常工作，承担省应急委交办的其他工作。

三、工作机构

云南省应急委办公室（以下简称省应急办）设在省政府办公厅，负责办理省应急委的日常事务，具体工作由总值班室承担。省应急办主任由省人民政府秘书长兼任，副主任由分管副秘书长兼任。

省应急办的主要职责是：组织编制、修订突发公共事件总体预案，指导有关部门编制、修订突发公共事件专项预案，协调全省重、特大突发公共事件的应急处置工作，建立完善突发公共事件信息报送和预测预警系统，发布预警信息和重要新闻，建立全省统一的信息技术平台，指导、协调各地、各部门开展应急处置工作，承担国家应急领导机构和省应急委交办的其他工作。

四、专家咨询机构

云南省应急委聘请有关专家组成专家组，主要职责是为省应急委提供决策咨询和工作建议，必要时参与省应急办或现场指挥部的相关工作。

五、地方机构

县以上人民政府要成立应急工作机构，包括领导机构、指挥机构和日常工作机构，负责本行政区域范围内突发公共事件的预防和处置工作。

各有关部门在本级人民政府及其应急工作机构的统一领导下，按照各自的职责，迅速反应，密切配合，及时、准确传递信息，快速有效地处理突发公共事件。

各级人民政府应当加强对突发公共事件预防和处置工作的领导，将其纳入国民经济和社会发展计划，制定应急预案，储备保障物资，建立健全调动社会人力、物力和财力应对突发公共事件的有效机制，定期进行检查和演练，在预案制定、信息报送、预警预防、应急处置等方面与上下级政府和有关部门做好衔接。

参考资料

1. 云南省突发公共事件总体应急预案，见http：//www.foodmate.net/law/yunnan/163890.html。

青海省应急机构设置

一、领导机构

青海省政府是突发公共事件应急管理工作的行政领导机构。

在省长的领导下，通过省政府常务会议研究、决定和部署特别重大、重大突发公共事件的应急管理工作。必要时，派出省政府工作组指导有关工作。

省政府设立突发公共事件应急管理委员会，按照突发公共事件类别，下设自然灾害、事故灾难、公共卫生和社会安全四个突发公共事件应急管理指挥部。

二、办事机构

青海省政府办公厅是全省突发公共事件应急管理的办事机构，设省政府应急管理办公室（省政府总值班室），履行值守应急、信息汇总和综合协调职责，发挥运转枢纽作用。

三、工作机构

青海省政府各有关部门是各类突发公共事件归口管理的工作机构。依据有关法律、行政法规和各自的职责，负责相关类别突发公共事件的应急管理工作，并加强横向协作联动。

四、州（市、地）县（区）应急机构

州（市、地）县（区）级人民政府是本级行政区域突发公共事件应急管理工作的行政领导机构，负责本级行政区域各类突发公共事件的应对工作。

五、专家组

省、州（市、地）、县级人民政府应急管理的办事机构和工作机构，要建立各类人才库，根据应急实际需要聘请有关专家组成专家组，为应急管理提供决策建议，必要时参加应急处置工作。

参考资料

1. 青海省人民政府突发公共事件总体应急预案，见 http：//www.gov.cn/yjgl/2006－03/22/content_233525.htm。

宁夏回族自治区应急机构设置

一、领导机构

宁夏回族自治区人民政府是全区突发公共事件应急管理工作的行政领导机构。成立自治区突发公共事件应急管理委员会，统一领导和研究部署全区特别重大、重大突发公共事件应急处置工作。

二、办事机构

在自治区人民政府办公厅设自治区突发公共事件应急管理委员会办公室（简称自治区应急办），履行值守应急、信息汇总和综合协调职责，发挥运转枢纽作用。

三、工作机构

自治区人民政府有关部门依据有关法律、行政法规、政府规章和各自的职责，负责相关类别突发公共事件的应急管理工作。具体负责相关类别的突发公共事件专项和部门应急预案起草与实

施，贯彻落实自治区人民政府有关决定事项。

四、地方机构

各市、县（区）人民政府是本行政区域突发公共事件应急管理工作的行政领导机构，负责本行政区域内各类突发公共事件的应对工作。

五、专家组

自治区政府和各应急管理机构要根据实际需要，聘请有关专家组成专家组，为应急管理提供决策建议，必要时参加突发公共事件的应急处置工作。

参考资料

1. 宁夏回族自治区突发公共事件总体应急预案，见 http：//www. jdzj. com/hot/article/2009 - 11 - 20/23491 - 1. htm。

第三编　重大活动

第一章　专题会议及学术活动

第三届高速公路安全保畅与应急管理工作交流会

一、召开时间与地点

时间：2014年5月22—24日；地点：中国·安徽。

二、会议背景

为扎实推进“平安交通”创建活动，总结先进地区高速公路应急管理经验，帮助高速公路运营单位进一步提升安全保畅与紧急救援的组织能力，完善高速公路应急资源管理，探讨高速公路及桥隧安全运营与应急管理等热点、难点问题，在成功举办前两届研讨会的基础上，中国公路学会高速公路运营管理分会决定继续举办第三届高速公路安全保畅与应急管理工作交流会。

三、会议议题

此次交流会的议题有：1. 高速公路应急管理体系机制建设；2. 高速公路应急管理与紧急救援；3. 高速公路桥隧安全风险管理与应急处置。

四、会议情况

中国公路学会高速公路运营管理分会常务副理事长吴新华，安徽省高速公路控股集团有限公司副总经理陈大峰，安徽省高速公路控股集团有限公司安全生产管理部副部长任茂义等领导出席了本次会议。来自各级交通厅（局）、高速公路管理局（处）、公路管理局（处）、地方学会、各省（市）应急办、高速公路交通警察部门、高速公路交通路政执法总队（支队、大队）、高速公路运营管理单位（公司）、机场高速、公路物资供应公司、交通设计院（所）、公路科研院校、公路专业化养护管理公司、清排障公司、救援企业、环卫机械厂家、除冰雪（雾霾）机械厂家及公路清障救援机械设备材料生产供应商的有关代表参加了此次会议。中国公路学会高速公路运营管理分会秘书长陈德红出席并主持会议。

会议就扎实推进“平安交通”创建活动，总结先进地区高速公路应急管理经验，帮助高速公路运营管理单位进一步提升安全保畅与紧急救援的组织能力，完善高速公路应急资源管理，探讨高速公路及桥隧安全运营与应急管理等热点、难点问题；重点围绕高速公路应急管理体系机制建设、高速公路应急管理与紧急救援、高速公路桥隧安全风险管理与应急处置三个主题展开交流。

吴新华在致辞中说道：“我国高速公路已成为社会经济发展和人民群众出行的重要快捷通道。”他强调：“高速公路安全保畅是高速公路经营管理单位的第一要务。切实保障高速公路安全畅通和人民生命财产安全，加强应急体系建设，建设‘平安交通’，提高应急管理和服务能力，是高速公路运营管理工作的重要组成部分。”吴新华指出，此次会议，目的是搭建一个良好的沟通交流平台，交流行业管理经验、推广先进技术、增进友谊了解。他希望通过此次学习探讨，能对新形势下高速公路应急管理新的方法、途径有进一步的认识，能够为高速公路紧急救援与清排障工作起到积极推动作用。陈大峰也代表安徽高速集团，从文化灿烂、区位优越、资源丰富三个方面向与会代表介绍了安徽高速集团的基本情况，并对中国公路学会的关怀和信任表示感谢。

本次研讨会邀请交通运输部高速公路安全保畅与应急管理领域的领导、专家进行了专题讲座，来自安徽、湖北、江苏、重庆等省市的代表介绍了各自省市在工作上的先进做法和经验成果，本次会议为总结我国高速公路应急管理的经验和教训，全面提升我国高速公路交通的安全管理和应急救助抢险能力以及高速公路桥梁隧道安全运营与应急管理提供了有价值的参考。

参考资料

1. 关于举办“第三届高速公路安全保畅与应急管理工作交流会”的通知，见 http：//www.china－highway.com/htmls/yingji2014.htm。

2. 高速公路安全保畅交流会将在合肥举行，见 http：//zgsc.china.com.cn/lc/jtly/2014－05－21/124710.html。

3. 第三届高速公路安全保畅与应急管理工作交流会在合肥召开，见 http：//www.chinahighway.com/news/2014/836089.php。

2014 第二届中国指挥控制大会

一、召开时间与地点

时间：2014 年 8 月 4—6 日；地点：中国·北京。

二、会议背景

为把握现代信息技术的发展趋势和应用需求，适应公共安全信息化建设和应用发展的客观要求，进一步提升国家在指挥与控制科学技术成果推广应用的能力和水平，创新驱动大数据时代的公共安全与应急救援的管控技术进步，全面贯彻落实党的十八届三中全会精神，中国指挥与控制学会于 2014 年 8 月在北京国家会议中心召开了第二届中国指挥控制大会。

三、会议议题

本届大会的主题是："指挥控制、公共安全、应急救援、军民融合"。会议围绕"发展中的指挥控制、网络时代的公共安全以及大数据时代的应急救援"三个议题展开讨论。

四、会议日程

2014 年 8 月 4 日与会人员报道；2014 年 8 月 5 日 8：45—9：20 宣布会议开始及嘉宾致辞、领导讲话，9：20—12：00 报告演讲，12：00—14：00 自助午餐、参观展览、自由交流，14：00—17：30 报告演讲，17：30—17：50 优秀论文颁奖，18：00—20：00 招待晚宴、自由交流；2014 年 8 月 6 日 09：00—12：00 报告演讲，12：00—14：00 自助午餐、参观展览、自由交流，14：00—17：30 报告演讲，17：30—18：00 嘉宾致闭幕词。

五、会议情况

在此次主题报告会上，国内指挥控制领域顶级院士专家作了主题演讲，从宏观战略层面交流探讨信息时代国家公共安全体系建设的形势、问题与对策，具有极高的权威性，反映了近年来我国指挥控制领域在军事、经济和社会等方面的最新研究成果。

大会在 8 月 5 日围绕"发展中的指挥控制、网络时代的公共安全、大数据时代的应急救援"开设六个专题分论坛：C4ISR 理论与技术高峰论坛、信息系统建模与仿真论坛、赛博网络与信息安全论坛、火力与指挥控制论坛、公共安全与智慧城市论坛和大数据高峰论坛。各专业领域近 70 位专家、学者将对 C4ISR、应急救援、建模仿真、网络安全、公共安全等专题技术创新方案与途径进行深入研究。

会议期间，同方股份、威视讯达、中电 15 所、利亚德、爱思创、宁波 GQY、国基科技、赛四达、理工雷科、中船 716 所等 60 多家单位参加了科技成果展，多角度展示了包括指挥控制系统、音视频和显控设备、信息化装备系统、指挥自动化系统、北斗导航、卫星通信、建模与仿真技术、雷达、无人机和直升机产品、应急指挥设备、指挥调度系统、数据库系统及服务器等产品在内的新一代指挥控制技术在国防、经济和社会管理中实际应用，促进了指挥控制技术与产业的对接，推动了军民技术产业的有机融合。

中国指挥与控制大会是目前国内指挥控制领域唯一集高端学术交流、先进成果展示、政产学研用协同创新为一体的全国性、综合性活动。大会恪守"凝聚人才、促进交流、探索前沿、跨界融合"的宗旨，紧扣网络信息条件下创新驱动发展的时代主题，突出"高端、前沿、开放、融合"的特色，在指挥控制领域产生了积极反响，受到社会各界的广泛关注，体现出大会在引领国内指挥控制科技创新、推动国防和信息产业发展中的品牌影响力，已成为网络信息时代推动创新驱动发展战略、促进"两化"融合、军民融合、政产学研用跨界融合的一支重要力量。

参考资料

1. 2014 第二届中国指挥控制大会在京举行，见 http：//www. meeting. edu. cn/meeting/MeetingNews! detail. action?id = 52875。

2. 2014 第二届中国指挥控制大会在北京举行，见 http：//www. chinanews. com/mil/2014/08 - 04/6456670. shtml。

3. 2014 第二届中国指挥控制大会，见 http：//www. 31huiyi. com/event/137062/。

2014 年京台青年科学家论坛

一、召开时间与地点

时间：2014 年 8 月 18—22 日；地点：中国·北京。

二、会议背景

为进一步扩大和加强京台两地防灾减灾学术界的交流与合作，提高京台大城市综合减灾应急管理水平，北京市科协与北京市台办于 2014 年 8 月 18—22 日在北京举办"京台大城市综合减灾应急管理论坛暨首都圈巨灾应对高峰论坛"。本次论坛围绕京台防灾减灾应急管理等热点问题进行深入探讨，搭建交流平台，着力推动京台两地科技工作者的深度对接和互助，实现双赢。

三、会议议题

此次论坛设立京台节能减排与区域性雾霾论

坛、京台大城市综合减灾应急管理论坛暨首都圈巨灾应对高峰论坛和京台大城市水资源管理论坛三个分论坛，围绕京台大城市暨首都圈风险分析与对策建议、京台大城市人口增长、资源承载力及安全文化、京台大城市可持续发展生态环境保障策略等七个议题展开。

四、会议日程

2014 年 8 月 18 日与会人员注册报道；2014 年 8 月 19—20 日与会人员报告演讲。

五、会议情况

在 2014 年 8 月 18 日的大会开幕式上，北京市气象局长、研究员姚学祥作了题为《适应北京城市化的气象灾害管理》的主旨报告，报告介绍了北京易发生的主要气象灾害、气象灾害的防御管理及市局全面推进气象现代化，气象服务保障城市安全运行能力稳步提升的气象灾害防御体系，在未来气象防灾减灾工作中，要进一步推动政府主导的气象防灾减灾长效机制建设，建立气象灾害防御指挥机构，建立完善气象灾害防御法律体系。报告受到与会近 200 名嘉宾的热烈欢迎。

2014 年 8 月 19—20 日举办的京台大城市综合减灾应急管理论坛暨首都圈巨灾应对高峰论坛分论坛，由京台两地专家主持，京台防灾领域 12 位专家，围绕京台大城市综合减灾应急管理主题，分别从大城市综合减灾问题研究、巨灾威胁与灾害管理策略、北京城市热岛变化监测及对城市规划的影响、北京地区雾霾天气的成因与分析、北京城市洪涝工作实践与政策建议、城市化对强降水的影响分析、城市典型风险综合监测系统研究等社会热点问题，从各自领域做了精彩发言。北京市气象局副局长曲晓波，以及来自市科协、消防、水务、规划、民防、卫生等相关领域的专家学者、科技人员 100 余人参加了论坛，大会论文集收录两地论文 15 篇。

本届论坛的亮点就是将“城市综合减灾应急管理”列入论坛议程。鉴于两岸近来突发事件频发，京台两地专家齐聚一堂集思广益，碰撞智慧火花。台湾农民团体干部联合训练协会秘书长王志文表示：“今年最特别的是减灾的部分和环境保护的部分，现在海峡两岸都共同面对（这样的）问题，包括高雄气爆、澎湖空难和云南地震等。我想，海峡两岸同胞彼此解决问题的方法有很多可以学习的地方，特别今年台湾这些领域的专家都来了，透过这样一个平台，通过交流经验未来可以共同面对这些问题。”

北京市科学技术协会副会长田文认为，京台青年科学家论坛无论是在减灾应急管理方面，还是两岸科技合作方面都为双方创造了一个取长补短、互通有无的契机。“从减灾方面，台湾是一个宝岛，四面是海，它的减灾有很多很好的经验，从科技上有很好的技术，所以说北京和台湾两地的专家通过学术的交流，未来在减灾的技术合作上面一定会有很深层次的发展。京台论坛保持了十一年，这十一年当中里，科学家合作的领域越来越宽了。我总的感受，第一就是我们的友谊加深了，第二我们合作增加了，第三我们本身都瞄着发展的眼光来看待这个论坛取得的一些成果。”

本次活动旨在进一步推进京台两地学协会、高校、研究机构、企业的交流合作，推进两地乡镇对接和基层农民组织、农业企业的交流合作，尝试组织京台交流与都市型现代农业示范基站的互动内容，并促成京台两地企业签署合作协议。

参考资料

1. 京台大城市综合减灾应急管理论坛，见 http：//58. 205. 208. 126/meeting/meetingAction - 49743！detail. action。

2. 2014 年京台青年科学家论坛在京举办，见 http：//www. cast. org. cn/n35081/n35563/n38710/15860393. html。

3. 2014 年京台青年科学家论坛聚焦大城市发展难题，见 http：//www. taiwan. cn/local/dfkx/201408/t20140818_7003468. html。

4. 2014 京台青年科学家论坛在京落幕，见 http：//www. chinadaily. com. cn/hqcj/xfly/2014 - 08 - 28/content_12278350. html。

2014 中国环境科学学会学术年会

一、召开时间与地点

时间：2014 年 8 月 21—23 日；地点：中国·成都。

二、会议背景

为充分发挥环境科技对产业转型升级、优化发展空间格局、加快新型城镇化建设、改善环境质量、维护生态环境安全的支撑作用，推进环境科技和管理创新，促进环保产业发展，着力搭建我国环保科技产业学术交流、决策咨询平台，中国环境科学学会于 2014 年 8 月 22 日在四川省成都市举办此次学术年会。

三、会议议题

此次会议的主题为：环境科技创新·产业升级·新型城镇化。此外还包含水环境管理与水污染治理、空气质量管理与大气污染综合防治、环境监测与预警专题等 17 个专题。

四、会议日程

2014年8月21日与会人员报道；2014年8月22—23日与会人员进行专题报告与讲座。

五、会议情况

2014年8月22日上午，大会在成都市金牛宾馆举行开幕式和特邀主旨报告。环境保护部吴晓青副部长，四川省人民政府陈文华副省长，四川大学校长、中国工程院院士谢和平出席了开幕式并致辞。

中国环境科学学会王玉庆理事长在开幕式致辞中代表中国环境科学学会向与会的各位嘉宾、各位代表以及专家学者表示热烈的欢迎。他说，习近平总书记指出，科技是国家强盛之基，创新是民族进步之魂；李克强总理指出，科学技术是解决环境的利器，要把科技创新放在突出的位置。当前严峻的生态形势，群众改变环境的强烈愿望，党和政府对环境投入的加大，为广大环境科技工作者提供了广阔的舞台，同时也对环境保护提出了更高的要求，为我国科技工作者指明了努力的方向。王玉庆理事长表示，希望通过本次大会，我国环境科技工作者能加强老中青相结合力度，既要不断推出前沿的学术成果，也要为青年工作者展示活跃思想提供平台，希望大家能够在年会上充分自由地交流，互相启迪，把年会办成极具影响力的盛会。

四川大学校长谢和平院士在开幕式致辞。他首先代表四川大学向出席大会的各位领导和嘉宾表示欢迎，并对年会的召开表示祝贺。谢校长说，全球经济的快速发展和城镇化加快使得全球面临大气污染、废物处理等环境难题挑战，党的十八大提出建设“美丽中国”，三中全会要求以生态文明的理念引领社会经济发展。当前，加强生态环境保护，建设美丽中国，这是我们每个社会成员的责任。谢校长在简要介绍了四川大学在环境科学研究领域方面的基本情况后表示，2014中国环境科学学会学术年会由四川大学参与主办，这体现了中国环境科学学会对川大的肯定、信任和支持，这是中国环境科学领域交流的一次盛会，相信本次大会的成功举办，必将进一步增强我国的创新能力，促进相关成果的应用实践，必将有利于推进生态文明建设，促进我国环境事业的发展。

开幕式结束后，随即进入大会主旨报告阶段。中国科协副主席、中国科学院秦大河院士，中国工程院侯立安院士，中国科学院安徽光机所所长、中国工程院刘文清院士，环境保护部政策法规司李庆瑞司长，环境保护部科技标准司巡视员兼副司长刘志全等就气候变化、环境科技与生态文明建设、产业升级转型、环境保护与新型城镇化建设中的重大环境问题作了大会主旨报告。

参考资料

1. 中国环境科学学会2014年学术年会召开，见 http：//news. xinhuanet. com/environment/2014-08/28/c_126929747. htm。

2. 关于中国环境科学学会2014年学术年会征文与参会报名的通知，见 http：//show. h2o-china. com/1166. shtml。

3. 2014中国环境科学学会学术年会在成都召开，见 http：//news. scu. edu. cn/news2012/cdzx/webinfo/2014/08/1402363153295200. htm。

第二届CCPS中国过程安全会议

一、召开时间与地点

时间：2014年8月28—29日；地点：中国·青岛。

二、会议背景

CCPS中国过程安全国际会议旨在为国内外过程安全领域的专业人士、政府人员、高校及研究所研究人员提供一个学术交流和最佳工业实践共享的平台，提高过程安全在中国的整体水平。

三、会议议题

本次会议的主题是：危险化学品管道安全管理与技术。此外，还包含管道泄漏检测与安全预警、事故应急处置、危险化学品管道事故环境应急及修复等10个议题。

四、会议情况

开幕式由中国石油大学（华东）安全环保与节能技术中心主任赵东风教授主持，中国石油大学（华东）副校长李兆敏作为组委会主席出席会议并发表讲话。中国化学品安全协会秘书长路念明和美国化学工程师协会化工过程安全中心主任Scott Berger作为组委会副主席分别致辞。中心主任赵东风教授、美国德州农工大学教授Sam Mannan、AcuTech公司的总裁兼首席执行官David Moore、中海油（青岛）重质油加工工程技术研究中心有限公司的总经理甘为民、台湾云林大学教授洪肇嘉等作为委员分别作大会主题报告。

中心成员沈孝风作主题为“石油化工企业厂际管道典型安全隐患及安全措施”的分会场报告。沈孝风从油气管道常见失效模式及事故案例展开，突出反映了油气管道失效导致的重大事故及常见的油气管道失效模式，形象地向各位专家反映了解决石油化工企业厂际管道安全隐患的重要意义。

过程安全是国际上先进的安全管理成果，长输管道的过程安全技术是过程安全非常重要的一个环节。长输管道的过程安全技术虽然已取得许多进展，但由于长输管道距离长、沿途情况复杂，还需要凝聚世界各国进行长输管道研究的专家学者和企业安全管理专家共同努力。正如中国石油大学李兆敏副校长在致辞中所说的那样，管道安全管理的能力，已成为衡量管道安全管理水平的重要指标，是检查政府保护公共安全能力的重要指标。

2014 年 8 月 29 日下午，随着最后一场论文宣讲的结束，第二届 CCPS 中国过程安全议圆满落幕。

参考资料

1. 第二届 CCPS 中国过程安全国际会议征稿通知，见 http://news.upc.edu.cn/Item/31229.aspx。

2. 石大联合主办第二届 CCPS 中国过程安全会议，见 http://news.upc.edu.cn/sdyw/2014/09/02/13235432515.shtml。

3. 第二届 CCPS 中国过程安全会议在青岛成功举办，见 http://www.qdoasis.com/news_con.aspx? id=515。

首届中国应急广播大会

一、召开时间与地点

时间：2014 年 9 月 16 日；地点：中国·北京。

二、会议背景

应急广播是在面临突发公共事件时，通过广播向公众传递紧急信息的一种手段。作为应急管理的重要手段，应急广播日益得到世界各国的广泛关注。在调研了国内应急报道情况并借鉴国外经验的基础上，我国启动国家应急广播体系建设工作。国家应急广播体系主要由“三制一案一网”构成，即国家应急广播体制、国家应急广播机制、国家应急广播法制、国家应急广播预案和国家应急信息网。

三、会议议题

本次大会旨在通过沟通政府、行业组织及社会团体，提升应急广播在应急处置中的作用；借鉴各国各界同行先进经验，借助新技术新媒体带来的新机会，思考并引领中国应急广播发展；宣传应急广播对防灾减灾的重要意义，呼吁全社会关注应急广播事业。大会为期一天，主题涵盖：应急广播与应急管理、应急广播案例分享、应急广播与新媒体、面向未来的应急广播等内容。

四、会议情况

国家新闻出版广电总局副局长田进在致辞中介绍了国家应急广播体系建设取得的可喜成绩，充分肯定在历次突发公共事件的应急处置中，广播在及时传达政令、发布信息、引导舆论、稳定人心、协助救灾等方面发挥了不可替代的独特作用。他指出，去年芦山地震和今年鲁甸地震后，中央人民广播电台联合地方电台创造性地在震中开办了面向灾区听众的应急电台，受到地方政府和灾区群众的欢迎，助力抗震救灾和恢复重建取得良好效果，得到了中央领导同志的高度评价，这两次具有突破性和挑战性的尝试，书写了人民广播事业的崭新篇章。目前，四川、广西等省区广电局已开展了应急广播的相关研究和建设工作，全国 14 家广播电台已经开办了应急广播频率。抓紧推进国家应急广播体系的建设完善，已成为提高我国国家治理水平、加强政府提供基本公共服务保障能力的必要途径，对于提升我国对重大突发公共事件的应急处置能力和水平、减少人民群众生命财产损失、维护社会稳定，具有十分重大的意义。田进同时透露，目前，广电总局正抓紧组织相关部门和单位，积极从工程、技术、标准、法制、机制等方面推进国家应急广播体系建设。田进表示，国家应急广播体系建设在我国还是新生事物、尚处于初始启动阶段。如何从无到有建设符合我国国情和实际需要的国家应急广播体系，是极具创新性和开拓性的工作，未来的工作任务将更加繁重，责任也更加重大。

中央人民广播电台台长王求表示，开展国家应急广播体系建设工作必须以合作为切入点，没有强大的应急信息源支持、没有广泛的应急信息传输渠道、没有百姓易得的应急信息接收终端，应急广播只能是水中花、镜中月。王求说，作为国家应急广播体系建设、运行、维护的主要成员单位，中央人民广播电台与地方广播电台开展了卓有成效的合作。2013 年的芦山应急电台和今年的鲁甸应急电台是中央台与地方电台合作的两次成功尝试，凸显了灾难发生时应急广播的巨大作用。王求希望，广播界能加强与新媒体行业和收音机、发射机等相关企业的沟通合作，通过资源共享和优势互补，共同构建应急广播跨领域合作的新格局。同时，他也希望政府各部门重视应急广播，在应急信息互通等方面加强协作和指导。

国家新闻出版广电总局科技司司长王效杰为“国家应急广播体系规划与建设”指明路径；工业和信息化部无线电管理局副局长程建军就“科

学规划频率资源，支持无线电应急广播体系建设”相关问题进行阐述；中国人民解放军总参谋部应急办副主任吴喜铧以《坚持走军民融合之路，加快推进国家应急广播体系建设》为题作了发言；中国移动通信集团公司总裁李跃结合行业特点与应急实际，阐述了统筹协调，构建国家层面应急保障机制的重要意义；百度公司技术委员会理事长陈尚义介绍了百度应急信息服务的相关实践；中国广播电视网络有限公司董事长赵景春提出，要发挥广播电视网络优势，支持应急广播体系建设；孟加拉电台对外联络部主任纳斯鲁拉·艾尔凡（Nasrullah Md. Irfan）介绍了孟加拉电台在洪水和飓风等突发灾害的应急处置中积累的经验；中央人民广播电台副总编辑姜海清阐述了建设国家应急广播体系的实践与思考；中国气象局公共气象服务中心主任孙健、国家海洋环境预报中心主任王辉结合各领域最新研究成果，对国家应急广播发展建言献策；四川省人民政府应急办主任严卫东，云南广播电视台台长覃信刚分别站在行业与地域的角度，与大家分享了在突发事件应急管理、应急传播一线实践中积累的宝贵经验；北京市房山区十渡镇平峪村党支部书记晋有文用亲身经历与与会代表分享了平峪村农村广播的应急作用；腾讯副总裁江阳以《互联网新时代，应急广播新融合》为题，深入探讨互联网技术与应急广播的融合发展之路；华为公司企业业务广电行业总工程师李建昆作了关于应急信息传播技术现状及发展的主题演讲；阿里巴巴集团副总裁、数据委员会会长车品觉对国家应急广播决策流程的大数据应用提出建议；中国传媒大学教授、博导邓炘炘深入分析探讨了中国应急广播发展的路径。

演讲结束后，中央人民广播电台与国家海洋环境预报中心举行了合作协议签约仪式。中央人民广播电台副台长王晓晖、国家海洋环境预报中心主任王辉签署了协议，就共同建立国家应急广播体系海洋灾害预警和应急信息获取机制，通过国家应急广播体系发布海洋灾害预警信息、进行防灾宣传教育等内容达成了合作共识。

参考资料

1. 首届中国应急广播大会召开，见 http：//www.chinanews. com/yl/2014/09－17/6601326. shtml。

2. 首届中国应急广播大会召开，见 http：//www. rescuecn. com/List95/80088。

3. 2014 中国应急广播大会，见 http：//news. cnr. cn/special/cebc/zb/。

应急管理国际研讨会暨首届中国应急管理学会理论研讨会

一、召开时间与地点

时间：2014 年 9 月 27—28 日；地点：中国·北京。

二、会议背景

这次研讨会由国家行政学院和公安部、民政部、国家卫计委、国资委、国家安监总局共同主办，由国务院应急管理办公室指导协调。研讨会以公共安全治理、政府与社会的合作为主题，深入研讨防灾减灾、食品药品安全、安全生产、应急科技与产业、应急管理教育培训等问题，共同谋划如何应对人类面临的各种风险挑战。

三、会议议题

本次研讨会的主题是“公共安全治理：政府与社会的合作”。

四、会议日程

2014 年 9 月 27 日下午，研讨会围绕增进国际反恐的共识与合作、防灾减灾管理体制、食品药品安全应急管理、安全生产管理体制、隐患治理及安全防控体系、应急产业与应急科技支撑体系、应急管理教学与科研等议题进行了分组研讨；2014 年 9 月 28 日上午，进行“应急管理实践和理论”的大会交流。

五、会议情况

国家行政学院副院长、中国应急管理学会会长洪毅，法国公民保护和危机管理总局国际关系总协调人、中欧应急管理合作项目执行主任菲利普·拿丁，民政部副部长姜力，国家安全监管总局总工程师王树鹤，国家食品药品监督管理总局药品安全总监孙咸泽，国务院国有资产监督管理委员会秘书长阎晓峰分别在大会上作了主题演讲。国家行政学院副院长杨克勤，国务院应急办主任陈建安，欧盟驻华代表团发展合作参赞葛澜森，联合国人道主义援助协调办公室亚洲区办公室合作部主任克莉丝汀·娜尚出席大会。

何家成在致辞中指出，中国政府历来高度重视应急管理工作，探索建立了一套适合中国国情的应急管理体系；在突发事件应对工作中，做到了指挥有序、处置有效、保障有力。健全公共安全体系、加强应急管理工作，是落实党的十八届三中全会提出的全面深化改革的总目标，推进国家治理体系和治理能力现代化的重要内容。何家成表示，应急管理教育培训，是增强公务员风险防范意识的重要手段，是提升政府应急管理水平的重要途径，也是提高全社会突发事件应对能力的重要方法。作为培训高中级公务员的新型学府，中国国家行政学院把应急管理列为教学、科研、咨询和对外合作的重要内容，经过短短几年努力，各方面都取得了比较显著的成绩，在国内外产生了较大的影响。成立中国应急管理学会，是继成立应急管理培训中心、中欧应急管理学院之后的又一件大事。他还代表主办方表示，世界各国特别是发达国家，在应急管理的实践创新、理论研究、教育培训等方面，积累了丰富的经验。中国在推进应急管理的工作中，吸收和借鉴了各国的有益经验，并积极参与了应急管理国际交流合作。中国国家行政学院愿意发挥自身优势，期待与各国朋友、各界人士加强应急管理领域的合作，为推动应急管理理论研究贡献力量。

伊夫·杜尚在致辞中表示，当前全世界危机频发，有很多脆弱性因素存在，要成功应对这些新兴的危机和挑战，中欧应当更好地进行合作，以推动社会的可持续发展。通过中欧应急管理合作项目，双方不断分享了知识，这是一个双赢的过程。中国在应对一些大规模的危机方面，积累了丰富的经验和技术，这些都是值得学习的。伊夫·杜尚表示非常愿意继续给中国提供支持和帮助，希望双方相互交流经验和学习，进一步推进合作。

菲利普·拿丁认为，中国和欧盟要彼此借鉴应急管理中的经验，通过聚焦能力建设、机制建设和政策规划建立一个长期有效的合作渠道来展开国际交流合作，下一步期望双方就灾害预警机制项目深入合作。同时欧盟希望与中国伙伴共同举办培训课程和活动，通过学术研讨会来建立工作室。

姜力表示，中国是世界上遭受自然灾害最严重的国家之一，中国政府高度重视自然灾害引发的问题，在灾后恢复重建和综合防灾减灾等环节发挥了主导作用。通过完善法律法规和政策体系，健全指挥管理体制，加强物资储备保障能力，提升灾情预警能力等一系列工作已经初步建立了社会应急动员机制。但依然存在政府和社会沟通不畅、机制不健全的问题，下一步要继续坚持政府主导、分级管理、社会互助、灾民自救的救灾工作原则，进一步完善社会力量参与救灾的工作机制，努力搭建社会力量参与救灾的服务平台。

参考资料

1. 2014年应急管理国际研讨会暨首届中国应急管理学会理论研讨会开幕，见 http：//www.cssn.cn/dzyx/dzyx_jlyhz/201409/t20140928_1345627.shtml。

2. 专家热议应急管理：加强合作和健全机制是关键，见 http：//politics.people.com.cn/n/2014/0928/c1027－25753074.html。

3. 2014年应急管理国际研讨会暨首届中国应急管理学会理论研讨会在京召开，见 http：//news.xinhuanet.com/politics/2014－09/28/c_127044685.htm。

2014中国消防协会科学技术年会

一、召开时间与地点

时间：2014年10月20—21日；地点：中国·北京。

二、会议背景

中国消防协会主办的2014中国消防协会科学技术年会是全国消防科技工作者开展学术交流、展示消防科技成果的重要平台，是中国消防协会落实“服务创新、服务政府与社会、服务消防人”宗旨的消防科技盛会。

三、会议议题

2014中国消防协会科学技术年会聚焦消防现实工作中的热点科技问题，下设五个分会场：青年消防学者论坛、灭火救援员职业技能鉴定专题研讨会、消防企业信用等级建设培训会、消防管理与防火技术研究、灭火救援技术研究。

四、会议日程

2014年10月20日与会人员注册报道；2014年10月21与会人员专题报告。

五、会议情况

在2014年10月21日上午举行的开幕式上，中国科协学会学术部宋军副部长首先讲话。他指出，多年来，中国消防协会在中国科协和公安部的领导下，坚持为广大消防科技工作者服务，致力于行业科技发展，为保护国家经济社会发展、促进和谐社会建设作出了显著成绩。协会积极搭建国内外学术交流平台，把握消防科学前沿、拓展研究视野，启迪科学思维、创新科学方法，为消防科技工作者成长提高创造更多机会。协会的各项工作都取得了很大进展，成为中国科协所属的200家全国学会中的优秀社团。特别是职业技能鉴定工作，走在了全国学会的前列，值得学习和推广。借此机会，他代表中国科协学会学术部对中国消防协会取得的优异成绩，表示衷心的祝贺！同时，对中国消防协会长期以来对中国科协各项工作的支持表示衷心的感谢！

公安部消防局副局长、总工程师杜兰萍代表公安部消防局致辞，并以《当前我国关于消防形势与任务》为题作了特邀报告。杜兰萍副局长在报告中首先通报了今年以来全国火灾情况，介绍了国务院首次对各省政府消防工作的考核和火灾隐患排查整治、推进社会消防治理创新、改进灭火救援等工作情况及取得的成就。就现阶段消防工作主要任务，杜兰萍副局长指出，一是始终把维护消防形势稳定作为第一责任、第一任务，全力确保火灾形势平稳；二是认真贯彻落实习近平总书记关于安全生产工作重要指示精神，进一步健全完善消防安全责任体系；三是按照依法治国和全面深化改革的要求，大力推进社会消防治理体系创新；四是大力加强消防科技创新。杜兰萍副局长还就消防协会工作提出了意见，勉励协会抓住党的十八大以来党中央、国务院作出一系列有利于协会发展决策部署的重大机遇，适应新形势下社会消防治理需要，以国家法律法规为准绳，突出公益性和非营利性属性，进一步提升服务消防科技创新、服务消防行业、服务消防科技工作者的能力和水平，进一步加强自身正规化建设，努力建成国际知名、国内一流的科技社团组织，为消防事业创新发展作出新贡献。

中国消防协会孙伦会长在致辞中，对中国科协、公安部消防局领导以及与会代表表示热烈的欢迎。对年会获得科技论文奖、科技创新奖、科普作品大赛奖和“火凤凰杯”优秀消防科普工作者表示衷心祝贺。孙伦会长回顾了一年来中国消防协会开展的主要工作，他代表中国消防协会对多年来帮助指导协会工作的各级领导以及支持协会工作的所有专家和同志们表示衷心的感谢!

会上，中国消防协会常务副会长王铁民宣布了2014中国消防协会科学技术年会优秀论文奖和优秀组织奖；中国消防协会副会长李向华宣布了第五届中国消防协会科学技术创新奖；公安部消防局宣传处处长周久经宣布了首届消防科普作品大赛奖和第九届“火凤凰杯”全国优秀消防科普工作者奖。随后，与会领导为获奖者分别颁发了证书和奖杯。

此次年会，共收到科技论文803篇，其中有203篇分别获得一、二、三等奖，6个单位获得优秀组织奖。在第五届中国消防协会科学技术创新奖评定工作中，有15项科技成果分别获得一、二、三等奖。在首届消防科普作品大赛奖中，共有20个图书和影视类作品分别获得一、二、三等奖。第九届“火凤凰杯”全国优秀消防科普工作者奖共评出50名。

会上，中国工程院院士、清华大学公共安全研究院院长、中国消防协会副会长范维澄教授作了《公共安全科技进展》的特邀报告；中国消防协会森林防火专业委员会主任朴东赫作了《森林消防装备业的现状及发展趋势分析》的特邀报告。

参考资料

1. 2014消防协会科技年会召开，见 http：//legal. people. com. cn/n/2014/1022/c188502－25881577. html。

2. 关于召开“2014中国消防协会科学技术年会”的通知，见 http：//www. cfpa. cn/manage/html/201409/631. html。

3. 关于申办2014中国消防协会科技年会分会场的通知，见 http：//www. cfpa. cn/manage/html/201405/615. html。

4. 2014中国消防协会科学技术年会在京召开，见 http：//www. cfpa. cn/manage/html/201410/646. html。

第31届中国气象学会年会

一、召开时间与地点

时间：2014年11月2—5日；地点：中国·北京。

二、会议背景

第31届中国气象学会年会秉承参与、共享、合作、创新的宗旨，积极组织学术交流活动，为气象工作者提供一个能够充分进行学术信息的交流的平台，以期达到促进大气科学的发展、交叉与融合，促进信息交流与沟通，促进气象科技合作、促进人才成长的目的。

三、会议议题

本届年会以创新气象科技、面向“未来地球”为主题，围绕气象雷达探测技术研究与应用，灾害天气监测、分析与预报，短期气候预测理论、方法与技术，极端气候事件和灾害风险管理，干旱灾害风险评估与防控等15个议题展开。

四、会议日程

2014年11月2日与会人员注册报道；2014年11月3—5日与会人员专题报告。

五、会议情况

中国气象学会第二十七届理事会理事长、中国科学院院士秦大河在大会报告开幕式致辞中表示，中国气象学会年会对推进气象科技进步和气象现代化建设起到了积极作用。当前，中国正处在全球化发展阶段，世界各国对防御极端天气气候事件、应对气候变化等问题倍加关注，这就要求我国气象工作者不断创新，面向未来，深化改革，加强气象现代化建设，为保障我国的国家安全、环境安全和生态安全作出新的贡献。针对做好北京举办APEC会议及申办冬奥会等重大活动的气象保障服务工作，他指出，这是全体气象工作者的义务和责任，需要全体气象科技人员共同努力，大力推进科技创新，提高科技水平。

中国气象局副局长许小峰说，多年来，中国气象学会年会秉承“参与、共享、合作、创新”的宗旨，已成为气象科技工作者学习、交流、进步的重要学术舞台；年会也成为展示气象科技创新和气象业务技术发展最新成果的重要平台，在推进气象现代化建设过程中发挥了关键作用。他强调，中国气象局始终关注并努力落实国家关于科技创新工作的相关政策方针，目前，正全面推进气象现代化、深化气象改革，先后出台一系列促进气象科技创新体系建设的政策性文件，保障气象科技创新，努力提升我国气象科技核心竞争力。他希望气象科技工作者在各自研究和工作的领域，进一步开拓创新，做好科研工作，积极促进气象科技成果转化，为提高我国气象科技创新能力、促进气象现代化建设、提高气象服务水平发挥更大作用。

会上揭晓了第四届邹竞蒙气象科技人才奖获得者。六位获奖者分别是空军装备研究院气象所高级工程师白洁、中国气象科学研究院研究员刘黎平、中国气象局数值预报中心研究员沈学顺、南京信息工程大学教授陈海山、西藏自治区气象台正研级高级工程师假拉以及浙江大学教授李小凡。此外，大会宣读了获得第31届中国气象学会年会优秀论文和优秀墙报名单。

参考资料

1. 第31届中国气象学会年会在北京顺利召开，见 http：//www. cms1924. org/WebPage/WebPageDetail_75_108_1867. aspx。

2. 第31届中国气象学会年会，见 http：//www. meeting. edu. cn/meeting/meetingAction－48913! detail. action。

3. 创新气象科技面向未来地球——第31届中国气象学会年会在京召开，见 http：//www. cma. gov. cn/2011xwzx/2011xqxxw/2011xqxyw/201411/t20141103_265903. html。

2014 全国大中型水电站风险管理年会暨企业安全管理与应急处置研修班

一、召开时间与地点

时间：2014年11月19—21日；地点：中国·北京。

二、会议背景

近年来我国各类自然灾害、安全事故频发，水电单位的财产及现场人员安全受到严重威胁。在中国水力发电工程学会于2014年7月份在四川组织召开的水电企业安全与应急管理研修班上，企业安全与应急处置议题受到各水电单位的高度关注。为进一步了解国家电力安全与应急管理的形势与任务，掌握水电行业最新应急技术的应用情况，分享行业内安全与应急处置方面取得的先进经验，中国水力发电工程学会在国家行政学院举办2014全国大中型水电站风险管理年会暨企业安全与应急处置论坛。论坛邀请有关行业领导、电力企业相关领导、应急技术专家等，通过主题发言、专题讲授、案例教学、情景演练、论坛交流等形式组织学习与交流。

三、会议情况

2014年11月19日，全国大中型水电站风险管理年会暨企业安全管理与应急处置研修班在北京国家行政学院举办，来自全国20多家水电投资开发和建设单位的63名有关安全管理工作的主管领导和项目主要负责人参加了研修。中国水力发电工程学会理事长张基尧、国家行政学院副院长杨克勤分别致辞，学会常务副秘书长吴义航主持会议。本次研修班由中国水力发电工程学会和学会风险管理专业委员会主办，国家行政学院培训中心承办。

张基尧理事长指出，近年来水电工程建设中各类自然灾害、安全事故频发，有关水电企业和现场人员的生命财产安全受到了严重威胁，如何解决水电工程，尤其是大中型水电工程建设及运营过程中的风险问题，利用当今先进的科学技术，加强地质灾害及其他灾害的应急处置形成高效完善的应急管理体系，进一步提升企业安全管理水平，已成为各级政府、水电企业高度关注的重大课题。举办这次研修班，目的是使大家深刻认识我们所面临的环境变化和工程挑战，在学习有关企业和优秀工程安全与应急处置方法及先进经验的基础上，把企业的安全与应急处置能力提高到一个新的水平。

为期4天的年会和研修班，通过主题报告、专题讲授、经验分享、案例教学、情景演练、论坛交流等形式，使学员进一步认清了国家电力安全与应急管理的形势与任务，了解了水电行业最新应急技术的应用情况，分享了行业安全与应急处置方面取得的先进经验，提高了水电企业安全管理与应急处置的能力。

学会常务副理事长兼代秘书长李菊根在研修班结业仪式上的讲话中指出，水电工程是一个社会综合性工程，各企业要加强公共服务意识。企业安全管理与应急处置既是技术问题也是管理问题，管理的重点在于管控。水电工程生产建设运行管控过程中，人身安全要放在首位，技术措施方案更要科学严谨，做到以人为本，确保水电工程建设运行全过程的人员安全、大坝安全、运行安全、库区边坡安全。

参考资料

1. 2014 全国大中型水电站风险管理年会暨企业安全与应急处置论坛，见 http：//58. 205. 208. 126/meeting/meetingAction－52454！Detail. action。

2. 2014 全国大中型水电站风险管理年会暨企业安全管理与应急处置研修班在京召开，见 http：//www. hydropower. org. cn/showNewsDetail. asp?nsId＝14942。

3. 2014 全国大中型水电站风险管理年会暨企业安全与应急处置论坛，见 http：//www. banden-ghui. com/meeting/1286. html。

第二章　演习演练

甘肃省突发公共事件应急演练

一、演练名称

突发公共事件应急演练。

二、主办单位

甘肃省卫生计生委、甘肃省紧急医疗救援中心。

三、时间、地点与目的

2014 年 1 月 29 日，甘肃省卫生计生委、甘肃省紧急医疗救援中心在甘肃省国际会展中心门口举行了突发公共事件应急演练，本次演练旨在做好春节期间应对各种突发事件应急医疗救援的准备工作，提高应对突发事件的应急处理能力，保障市民安全度过春节。

四、演练内容

随着演练指挥长一声令下，颈椎损伤固定搬运、腹部开放性损伤处理、右上肢止血包扎、下肢骨折固定搬运、心肺复苏术五个专业演练小组分别进入 1—5 号救援车，进入演练准备程序。五个专业救援小组各司其职，有条不紊地对伤员进行救援程序，伤员在得到准确、及时、有效的急救后，被及时转移。

参考资料

1. 甘肃省举行春节突发公共事件应急演练，见 http：//news. sina. com. cn/o/p/2014－01－29/085029374637. shtml。

2. 甘肃省进行节前突发公共事件应急演练，见 http：//news. ifeng. com/gundong/detail_2014_01/29/33474096_0. shtml。

贵州省水城军分区森林防火应急演练

一、演练名称

水城军分区森林防火应急演练。

二、主办单位

贵州省水城军分区。

三、时间、地点与目的

2014 年 2 月 17 日水城军分区会同贵州省应急办模拟凉都森林公园发生火灾，并展开森林消防应急演练。本次演练旨在检验野战部队的紧急调动能力。

四、演练内容

2014 年 2 月 17 日凌晨，水城军分区作战值班室接到市应急办“凉都森林公园发生火灾”通知后，作战值班室立即报值班首长，值班首长下达预先号令，通知分区党委及各办负责人召开任务部署会。杨光芒、尹华亮首长组织召开任务部署会，安排森林防火任务部署和战前动员。8 时 30 分，水城军分区官兵从军分区大院向凉都森林公园摩托化开进。同时，水城县武装部、钟山区武装部也向凉都森林公园开进。到达凉都森林公园后，水城军分区、水城县武装部、钟山区武装部迅速设立应急指挥组、后勤保障组等机构，开展指挥作业。演练现场，在水城军分区指挥部的统一指挥下，各指挥所成立军事科、后勤科、政工科等机构，参与森林扑火的各支队伍密切配合，协同作战，圆满地完成了各项演练任务。

五、效果与问题

本次森林火灾围绕“练指挥、练协同”的主题，通过对应急情况处置、紧急出动、摩托化开进、徒步行进、指挥所开设及运行、战备点验、野战炊事、机动回撤等八个方面的演练，共出动兵力 142 人、车辆装备 17 台、指挥通信装备器材和个人携行物资 184 件（套），摩托化行军 18km、人员全装徒步行军 10km，既检验了广大官兵应对突发性森林火灾的组织指挥能力，又提升了官兵的实战能力，锻炼了队伍，达到了预期目的。

参考资料

1. 水城军分区举行森林防火应急演练，见http：//lps. gog. com. cn/system/2014/02/20/013211548. shtml。

西藏雄鹰2014演练

一、演练名称

雄鹰2014演练。

二、主办单位

西藏航空有限公司、拉萨贡嘎机场。

三、时间、地点与目的

2014年2月18日，西藏航空有限公司在拉萨贡嘎机场举行了代号为“雄鹰2014演练”的高原反劫机演练。

四、演练内容

此次活动中，西藏航空有限公司、拉萨贡嘎机场、西藏公安消防和急救中心等单位数百人参加演练。演练全程90分钟，分为登机、劫机、启动应急预案、制服歹徒等环节。

五、效果与问题

此次演练情节设计合理，程序环环相扣，展示了拉萨贡嘎机场、西藏航空有限公司以及各驻场单位、地方支援力量在应对重大非法干扰事件时的紧急处置能力。同时也检验了各保障单位应急情况下的组织、协调、联动能力，锻炼了队伍、磨合了工作机制、提高了整体技战术水平，对西藏民航反恐工作具有重要意义。

参考资料

1. 西藏组织在海拔3600米场进行反劫机演练，见http：//www. huashengjp. com/article－135516－1. html。

桂林供电大面积停电突发事件应急演练

一、演练名称

桂林供电大面积停电突发事件应急演练。

二、主办单位

南方电网广西分公司桂林供电局。

三、时间、地点与目的

2014年2月21日，桂林供电局开展了模拟Ⅰ级大面积停电突发事件客户应急服务演练。本次演练旨在加强对电力供应过程中发生大面积停电突发事件应急处理的规范管理，以及在实际突发停电事件中供电企业对客户应急服务的快速响应、高效处理，切实维护广大客户利益和供电企业形象，不断提高服务风险防范和处置能力。

四、演练内容

本次演练模拟桂林出现严重冰冻灾害，导致110kV雉山变电站110kV侯瓦三雉山线、110kV侯雉线故障跳闸，110kV中心变电站110kV侯红中线、110kV北中线故障跳闸，造成桂林市区大面积停电。

本次演练按照应急服务预警启动、响应、处置、解除四个阶段进行。95598接到调度停电故障信息第一时间通知指挥部，指挥部经过研判下令启动Ⅰ级大面积停电突发事件客户应急服务响应。短短20分钟，各相关部门均完成了应急服务启动响应。

在应急服务处置期间，95598在协助指挥部传达指令的同时，充分发挥问题解决中心枢纽职能，协调处理各部门收集的客户应急服务问题，及时向调度中心传递客户反馈的重要信息；客户经理通过电话及短信的形式与重要客户、重点关注客户进行一对一的沟通；抄表员及时整理出停电区域范围内的居民小区信息，针对有物业的小区一一进行电话通知，针对无物业的小区，在小区张贴停电通告，并及时通知抢修班组利用LED屏将停电信息通知居民客户；抢修班组迅速投入应急状态，模拟停电期间对突发故障、客户应急服务需求（协助处理如电梯困人等应急事件）的处置，以及对停电区域无物业小区的巡视；办公室负责与政府、媒体的沟通，统一对外发布停电信息，并做好舆情监控。在一个半小时的紧张气氛中，联络员及时向部门负责人汇报应急服务工作开展情况，部门负责人向指挥部进行汇报，各层级的沟通汇报顺畅有序。

演练过程中，四名稽查人员对演练进行了全面的评估，重点对演练过程中95598、客户经理、抄表员以及故障抢修应急服务进行了评估。

五、效果与问题

应急演练结束后，指挥部立即召开了总结反馈会，各部门就应急演练过程中取得的成效及存在的不足进行了交流和讨论，指挥长詹硕表示：此次演练旨在便于各部门熟悉并明确各自应急服务职责，磨合并顺畅应急服务过程中信息传递及沟通汇报机制，确保客户服务请求在应急状态下得到及时响应，帮助客户解决用电问题，快速满足客户需求。同时，演练积累了各部门应对突发事件的实战经验，企业的应急服务风险防范能力、应急管理能力、服务水平和人员技能均得到了较大的提升，要将演练成果作为规范应急服务和日常工作的标准并固化实施。

参考资料

1. 桂林供电开展大面积停电突发事件应急演练，见http：//yjb. shaanxi. gov. cn/html/39/201402/25/90545_0. html。

山西中医学院2014年地震应急疏散演练

一、演练名称

山西中医学院2014年地震应急疏散演练。

二、主办单位

山西中医学院。

三、时间、地点与目的

2014年2月23日，山西中医学院保卫处、学生处、总务处及新校区各部门、各二级学院联合组织开展了2014年地震应急疏散演练。

四、演练内容

新校区全体师生在1号、2号学生公寓，硕博楼，医学大楼，护理大楼等地点进行应急避险演练和紧急疏散演练。演练过程中，全体人员遵循“先底层后高层，就近出口，有序疏散”的原则，在楼层和区域负责人统一指挥下，按照既定路线有序撤离。

五、效果与问题

此次演练增强了广大师生防震减灾意识，有助于其掌握应急避震的正确方法，以确保震时高效、有序的疏散逃生和自救。演练达到了预期效果，圆满完成了任务。

参考资料

1. 山西中医学院开展2014年地震应急疏散演练，见http：//www. gx211. com/news/2014225/n6702177594. html。

2. 我校开展2014年地震应急疏散演练，见http：//news. sxtcm. com/web/view/？id＝2455。

3. 山西中医学院开展2014年地震应急疏散演练，见http：//www. hbrc. com/rczx/shownews－6189983－35. html。

西藏自治区公安现役部队维稳应急拉动演练

一、演练名称

西藏自治区公安现役部队维稳应急拉动演练。

二、主办单位

西藏自治区公安厅。

三、时间、地点与目的

2014年3月9日上午，西藏自治区区公安机关、公安现役部队举行维稳应急拉动演练活动。本次演练旨在震慑违法犯罪分子，检验西藏自治区公安现役部队维稳处突的综合能力。

四、演练内容

在演练中，武警西藏总队进行了处突反恐维稳演练，武警西藏总队驻拉萨部队官兵分批展示了国旗护卫、分列式行进、处突反恐维稳等多项训练科目，充分展示了良好的精神风貌和扎实的军事素质，展现了武警西藏总队一流的建设水平、一流的军事素质、一流的战斗作风、一流的精神风貌。

五、效果与问题

为全面贯彻中央和区党委、政府的部署要求，深入落实中央领导的一系列重要批示指示精神，举行维稳应急拉动演练，是对公安机关和公安现役部队维稳指挥处突实战能力的一次综合检验。

参考资料

1. 武警西藏总队举行处突反恐维稳军事演习，见 http：//news. cntv. cn/20110527/104091. shtml。

呼和浩特机场航空器紧急迫降桌面演练

一、演练名称

呼和浩特机场航空器紧急迫降桌面演练。

二、主办单位

呼和浩特机场公司。

三、时间、地点与目的

2014年3月11日上午9时，呼和浩特机场公司在航站楼B1041会议室组织了一次应急救援桌面演练。本次应急救援总指挥由呼和浩特机场公司副总经理郭涌担任，安全质量部、运行指挥中心、消防、医疗、公安组成评估组对本次演练进行评估。运行指挥中心、消监支队、医疗急救中心、公安分局四家单位参加演练。

四、演练内容

本次桌面演练模拟航班（新舟60）在26号跑道进近过程中前起落架故障须迫降本场，请求地面作出应急救援保障。应急救援指挥中心立即启动《航空器空中遇险应急救援预案》，同时通知消防、医疗、公安按规定路线快速赶赴A1集结点集结，其他救援单位赶赴C集结点集结，并立即报告当日机场值班领导，请求地方协助救援。桌面演练现场，各参演单位按照应急预案各司其职，并沉着应对评估组当场提出的复杂问题，救援行动有条不紊、及时准确，达到了演练的预期效果。

演练结束后，演练评估组提出综合评价，认为本次桌面演练思路正确而且符合实际需要，具有实用性，演练突出了重点，参演单位对应急救援预案的基础知识、流程清晰，对分预案的把握基本到位。另外，对暴露出的问题进行剖析，各单位要加强专业术语的学习并熟悉机坪行车路线，实现快速出动、准确到达。

五、效果与问题

通过桌面演练，提高了各部门对应急救援预案中通信联络、场道线路以及集结地的熟悉和熟练程度，确保机场发生紧急事件后，各部门能及时有效地作出快速反应，并按照速度最快、路线最短的原则，及时准确到达现场，为救援赢得时间，最大限度减少人员伤亡和财产损失。

参考资料

1. 呼和浩特机场举行航空器紧急迫降桌面演练，见 http：//yjb. shaanxi. gov. cn/html/39/201403/12/92838_0. html。

西安市反恐应急专业队伍拉动演练

一、演练名称

西安市反恐应急专业队伍拉动演练。

二、主办单位

西安市反恐办。

三、时间、地点与目的

2014 年 3 月 13 日，西安市反恐办在西安公交六公司组织了实战性和检验性相结合的反恐应急专业队伍拉动演练。本次实战拉动演练涉及西安市卫生局、水务局、环保局、西安供电局、武警西安支队、西安秦华天然气公司及市公安局等 20 多个部门，参演人员 300 余名，出动车辆 50 余台，旨在检验西安各方力量在面对突如其来的暴力恐怖袭击时的应急指挥和快速反应能力。

四、演练内容

本次拉动演练不打招呼、不预先通知，要求各参演部门在收到指令半小时内到达现场。记者在现场看到，指令发出 3 分钟后，公安未央分局大明宫派出所 16 名民警已经装备武器驾车到达现场，4 分钟后，公安网格化巡逻队民警到位，5 分钟后消防车呼啸而至，8 分钟后 120 急救车到达现场，公安未央、经开、莲湖、碑林、新城五个分局的反恐应急分队各 30 名民警携带武器装备均在 15 分钟内集结到位，全副武装的武警、特警 20 分钟内赶到。西安天然气总公司维护抢险队、市卫生局疾病预防控制队、西安供电局应急抢险队、市水务局应急抢险队及市环保局环境监测站随后到达。

五、效果与问题

西安市反恐办对各单位人员、装备、车辆和集结时间等进行检查登记，并作出评估。大明宫派出所、网格化巡逻队、各公安分局反恐应急队及武警支队、特警支队、医疗救护队等因为反应迅速、装备齐全受到通报表扬，而市疾病预防控制队、市环保局环境监测站、市水务局、西安供电局应急抢险队超出了规定集结时间被点名，要求他们总结经验教训，提高实战水平。

参考资料

1. 西安不预先通知开展反恐应急演练 4 支队伍反应慢被点名，见 http：//sn. people. com. cn/GB/n/2014/0314/c226647－20775476. html。

2014 湘潭市防汛应急抢险演练

一、演练名称

2014 湘潭市防汛应急抢险演练。

二、主办单位

湖南省湘潭市政府。

三、时间、地点与目的

2014 年 4 月 15 日，湘潭市防汛应急抢险演练在湘乡市月山镇云田水库举行。

四、演练内容

演练模拟：从 4 月 14 日晚 8 时至 4 月 15 日早 8 时，湘潭市普降大雨，局部地区降暴雨，全市平均降雨量为 57mm，重点区域为湘乡月山镇及周边地区，降雨量达到 120mm。根据气象预报，未来 3 小时内可能还有 100mm 至 150mm 的特大暴雨。云田水库水位已接近正常水位 94. 7m，并出现了险情。现场情况十分紧急，湘乡市防汛指挥部根据《防汛预案》启动了四级防汛应急响应，组织水库下游人员转移，并请求湘潭市防指支援。湘潭市防指接到请求支援报告，立即派出防汛应急抢险队赴源头水库抢险。各演练分队立即行动，成立巡查组和抢险组。根据前期降雨情况和气象预报，现场总指挥立即命令巡查组到大坝进行巡查。

巡查中发现水库大坝中部出现渗漏险情，抢险一组得知情况后迅速采用堵水布闭渗的措施进行抢护，只用了数分钟，渗漏险情就得到了有效控制。

随后，水库坝脚出现管涌险情和滑坡险情，指挥部立即组织抢险二组、三组分别采取反滤围井和打桩阻滑的方法进行抢护。就在各大险情逐渐得到控制时，由于雨量的增大，水位仍在上涨，很有可能出现漫坝的可能。现场指挥部当即命令抢险一组在坝顶布设堵水墙，抢险四组安装移动虹吸管排水，抢险五组安装移动泵站排水，通过一系列抢护措施，水库水位降低。经过几小时的奋战，水库水位降低至正常水位以下，险情得到有效控制，演练圆满结束。

五、效果与问题

此次演练充分展现了参演队伍良好的精神风貌和过硬的素质本领，进一步提高了洪涝灾害的决策指挥能力和应急反应能力，加强了防汛抢险队伍的组织、培训、演练，提高了应对突发洪涝灾害的能力。

参考资料

1. 湘潭市2014年防汛应急抢险演练在湘乡举行，见 http：//news.eastday.com/eastday/13news/auto/news/china/u7ai1239447_K4.html。

2. 湘潭开展2014年防汛应急抢险演练成功消除“隐患”，见 http：//www.szjyu.com/html/4387202920.html。

四川2014年防震救灾演练

一、演练名称

四川2014年防震救灾演练。

二、主办单位

四川省抗震救灾指挥部。

三、时间、地点与目的

2014年4月19日，四川省级防震救灾综合演练在该省凉山州冕宁县举行，本次演练旨在进一步推进四川防震救灾能力建设，健全应急联动机制，磨炼应急队伍，增强全社会防震救灾意识，检验各级政府的指挥协调能力、应急救援队伍的快速反应能力。

四、演练内容

此次演练的模拟情景为2014年4月19日7时30分，四川省凉山州冕宁县城厢镇发生7.0级“地震”，震源深度10km。“震区”大量房屋倒塌，道路、桥梁损毁，水、电、气、通信等中断，数百群众被砸伤、掩埋，安宁河上游形成“堰塞湖”，大桥水库出现险情。

随后，四川省抗震救灾指挥部宣布启动地震应急预案，实施Ⅰ级响应，并紧急调集救援力量赶赴“灾区”，协助州、县开展抗震救灾工作。“地震”发生后，凉山州西昌市防空警报骤然响起，该州各级政府部门迅速在西昌市区集结，并成立“模拟‘4·19’冕宁7.0级地震抗震救灾指挥部”，通过现场人员视频联系震中，发回相关信息，了解震中受灾情况。

此次主演练场设在凉山州冕宁县城厢镇、大桥镇，演练内容采取空中、地面结合方式进行集结拉动。

在冕宁县南河桥演练场，“地震”导致该桥坍塌，救灾人员通过肩扛沙石袋填补缺口，同时调集大型机械作业搭建临时应急便道。而在城厢镇上方的一处演练场，强烈“地震”致使山体松动、土石滑坡，在冕宁县城上方的小盐井（地名）处，形成一个巨大的“堰塞湖”。当日14时30分，随着一声巨响，“堰塞湖”被成功爆破，解除了冕宁县的威胁。当日16时30分整个演练结束。此次演练集结了地震灾害紧急救援队、卫计委医疗救护队、武警救援队、民政救灾物资运输队等专业救援力量以及当地师生、群众、民兵等参与。

五、效果与问题

此次演练集中展示了各级防灾减灾体系建设的成果，展示了各级应对地震灾害的指挥协调和社会动员能力，展示了各级应急救援队伍的快速反应和救援能力。

参考资料

1. 四川省举行2014年全省防震救灾综合演练，见 http：//www.sc.gov.cn/10462/10464/10465/10574/2014/4/23/10299694.shtml。

2. 四川举行2014年防震救灾演练5000余人参与，见 http：//www.chinanews.com/gn/2014/04－19/6083155.shtml。

四川省内江市学生食物中毒应急演练

一、演练名称

四川省内江市学生食物中毒应急演练。

二、主办单位

四川省内江市疾控中心。

三、时间、地点与目的

2014年4月23日，四川省内江市在某中学模拟了学生大面积食物中毒的突发情况，进行了应对演练。本次演练旨在提高基层部门对突发食品安全事故的应急反应能力，确保一旦发生突发食品安全事故，能够处置得科学、合理、快速、准确，最大限度地减轻突发食品安全事故造成的危害，维护人民群众的生命安全和社会稳定。

四、演练内容

根据情节设计，当天下午，某中学各班级先后有几名学生不同程度地出现了头晕、腹痛、呕吐等症状，经校医检查初步诊断疑似食物中毒，校医及时向120急救中心请求救援，并向校长报告。

校长向市中区教育局报告，市中区食安办接到教育局汇报后，立即协调市中区食安委相关成员单位，同时将情况上报于市中区人民政府。

当中毒人数上升至33人时，市中区政府立即启动了Ⅳ级食品安全事故应急预案。

五、效果与问题

本次演练应急响应迅速，应急物质、调查表格、采样工具等准备齐全，各调查组按要求进行调查工作，充分展示了在应对突发食品安全事件时的快速反应和现场调查、处置能力，为内江市食品安全应急处置工作积累了宝贵经验。

参考资料

1. 内江举行学生食物中毒应急演练，见http：//www.wccdaily.com.cn/shtml/hxdsb/20140423/204044.shtml。

民航广西空管分局气象台应急演练

一、演练名称

民航广西空管局气象台应急演练。

二、主办单位

中国民航广西空管局。

三、时间、地点与目的

2014年4月25日，民航广西空管分局开展联合应急演练，演练模拟通信线路中断导致自动气象观测系统、自动气象站实时气象数据无法提供的突发情况下，分局各运行部门的协同应急处置。本次演练旨在进一步提高民航广西空管分局运行部门应对空管设施、设备突发事件的整体处置能力，完善空管应急预案。

四、演练内容

2014年4月25日上午10时30分演练开始，在分局联合应急演练领导小组的指挥下，为了保证应急演练模拟现场情况的真实性，一切均按运行实际进行演练操作。

按照演练预案，气象台向分局领导、演练领导小组和其他参演部门通报了自动气象观测系统、自动气象站实时气象数据中断的情况后，演练随即进入信息流转、启用应急设备、排查故障等环节。分局各运行部门协调配合，管制运行部塔台管制组及时实施本场运行最低天气标准使用能见度标准，根据气象部门提供的数据，提供管制服务，应急处置得当，飞行服务室及时发布航行通告。技保部根据故障现象对光缆线路进行快速排查；气象台立即通过应急设备读取气象数据，也通过在自动气象观测系统北下滑台读取数据，确保数据的实时和连续，准确预报未来天气变化，为用户及时提供气象情报服务；在分局联合应急演练领导小组的部署安排和分局各运行部门的共同努力下，确保了空管保障工作的连续有序和安全，12时演练结束。

五、效果与问题

演练结束后分局及时分析总结，整个演练过程进展顺利，分局各部门按照应急处置预案要求有序进行，达到了预期的演练效果，加强了各运行部门在特情下的应急联动能力，检验了应急处置预案的操作性，同时也指出演练过程中的不足和运行手册里需要完善的工作流程、预案等。

参考资料

1. 民航广西空管分局开展联合应急演练，见http：//www.caacnews.com.cn/newsshow.aspx?idnews=249541。

2014安徽省油气管线突发事件应急救援演练

一、演练名称

2014安徽省油气管线突发事件应急救援演练。

二、主办单位

安徽省政府。

三、时间、地点与目的

2014年4月28日，由安徽省政府主办，安庆市政府、安庆石化公司和省有关部门承办的安庆油气管线突发事件联合应急救援演练在安庆市高新区大观工业园区举行。此次演练的主要目的是深入贯彻落实习近平总书记关于安全生产的一系列重要指示精神，深刻吸取青岛“11·22”输油管线泄漏燃爆特大事故教训，切实提高我省应对重大安全生产事故应急处置和救援保障能力。

四、演练内容

演练模拟：安庆市区某段长输油气架空管线突然遭受车辆撞击，造成汽油管道破裂，泄漏的汽油挥发后遇不明火源引发爆炸起火，爆炸冲击波造成管架上的苯、柴油管道局部破损，引起危险物料泄漏扩散，造成3人死亡、2人受伤、2人中毒，转移周边群众5000多人，构成重大涉险事故。安庆石化、安庆市、安徽省相继启动安全生产事故灾难应急预案，组织开展信息报送、预案启动、先期处置、泄漏封堵、封控疏散、医疗救护、洗消减灾、舆论导向等应急抢险救援行动。演练行动由安庆市政府、安庆军分区、安庆石化等33家单位、657人、400多台（套）车辆和装备共同参与，并首次启用了卫星、微波、集成通信、移动指挥车、遥控无人侦察直升机、数字多媒体等高科技装备，采集和展示演练各环节信息。

五、效果与问题

此次演练具有较强的针对性、实战性、科学性和示范性，检验了省、市各级政府、部门和相关企业应急预案的可操作性，锻炼了专业救援队伍，检验了政企、军地之间的协调联动机制，进一步提高了整体应对重大事故灾难的反应能力、指挥能力和实战能力。

参考资料

1. 安徽省举行大型油气管线突发事件联合应

急救援演练，见 http：//www. chinasafety. gov. cn/newpage/Contents/Channel_20262/2014/0529/235501/content_235501. htm。

2. 安徽省举行油气管线突发事件应急救援演练，见 http：//ah. anhuinews. com/system/2014/05/01/006414475. shtml。

3. 安庆市举行油气管线突发事件联合应急救援演练，见 http：//www. aqzyzx. com/system/2014/04/29/010111769. shtml。

西安市新城区“三防”应急疏散演练

一、演练名称

西安市新城区“三防”应急疏散演练。

二、主办单位

西安市新城区西一路街道办事处。

三、时间、地点与目的

2014 年 4 月 28 日下午，新城区西一路街办联合地区交大附属二院、中心医院及西华门消防中队在西安市八十九中举办西一路地区（防空、防火、防震）综合应急疏散演练。

四、演练内容

当刺耳的防空警报响起，烟雾弹随之在校园弥漫开来，市八十九中及汇知中学的 2000 余名师生在模拟地震、火灾等突发灾害的情境下，头顶书包沿着墙角，按照紧急出口处老师的指引，迅速有序地聚集到操场空旷区域，消防救灾分队和医护分队随后赶到操场，进行组织疏散撤离，帮助救治“受伤”人员等应急处置，整个演练过程严格按照相关防震减灾操作要求。西华门消防中队助理队长张天燕现场向大家介绍了一批消防、救护设施设备，并让消防战士手把手教会老师和同学使用灭火器，使大家科学地掌握消防及防震减灾知识要领。

演练活动结束后，西一路街道姜勇主任做了讲话，八十九中学校长对地震应急演练进行了讲评，他表示，“三防”疏散逃生演练非常有意义，通过演练，同学们可以增强安全意识、掌握安全知识。

五、效果与问题

通过这次综合演练活动，进一步增强了地区单位、学校及广大居民群众应对突发灾害的自我保护、互助自救、团结协作的应急疏散能力，从而最大限度地减少地区人民群众生命财产损失，为服务地区经济社会的稳定发展、保障人民生命财产安全作出重要的贡献。

参考资料

1. 新城区西一路街办联合多部门举办“三防”应急疏散演练，见 http：//news. wmxa. cn/n/201404/99864. html。

“茸盾 2014”反恐应急处置演练

一、演练名称

“茸盾 2014”反恐应急处置演练。

二、主办单位

上海市松江区政府。

三、时间、地点与目的

2014 年 4 月 29 日的演练旨在进一步提高松江区应对恐怖袭击的应急反应和实战能力，确保亚信峰会期间松江城市安全和社会稳定。

四、演练内容

演练模拟：三湘财富广场发生持刀伤人突发性事件，造成人员伤亡。松江区应急联动中心调集有关力量开展先期应急处置，共调集武警、公安特警、消防、区民防、急救、交通等 11 家单位 200 余人，对武力突击、协查追捕、伤员救治、人员疏散等环节进行了实战模拟演练。

五、效果与问题

此次演练有效检验了松江区反恐应急处置能力，取得了预期效果。

参考资料

1. 松江区成功举行“茸盾 2014”反恐应急处置演练，见 http：//www. shjcw. gov. cn/node2/songjiang/node2894/u1ai569981. html。

2. 松江“茸盾 2014”反恐应急处置演练成功举行，见 http：//www. shjcw. gov. cn/node2/zzb/shzfzz2013/qxkb/u1ai570078. html。

3. 松江区举行“茸盾 2014”反恐应急处置演练，见 http：//shzw. eastday. com/shzw/G/20140505/u1ai128622. html。

商州区 2014 年防空防灾综合应急疏散救援演练

一、演练名称

2014 年防空防灾综合应急疏散救援演练。

二、主办单位

陕西省商洛市商州区人民政府。

三、时间、地点与目的

2014 年 4 月 30 日，商州区政府在区化工厂举行防空防灾综合应急疏散救援演练，以提高群众的防空防灾意识、应急避险及自救互救能力。公安、消防、医疗救护等多部门共 300 余人及 40 余辆车辆参与演练，主要进行了人员疏散、消防灭火、医疗救护、应急救援和应急抢险抢修等方面的组织与实施。

四、演练内容

本次演练假想敌人空袭沪陕高速杨峪河段和商州区某化工厂，随着防空预先警报的响起，周边群众和厂区工人按照预定方案紧张有序疏散撤离。同时假想因为数枚炸弹落入厂区，爆炸引发大火，导致部分工人被困厂房，化工厂氟化硅车间的液氨装置突发泄漏，大量液氨泻出造成连续爆炸起火，多人受伤被困。商州区防空防灾应急指挥中心接警后迅速启动防空防灾应急预案，展开应急救援行动。抢险救援组由40余名消防官兵组成，迅速展开人员搜救和消防灭火工作，短时间内成功救援出两名被困人员，并控制现场火情。随后环境监测组和气象监测组的工作人员也快速展开大气、土壤和环境气温监测，并根据污染情况提出群众转移建议。医疗救护组同时就地对事故现场及伤员进行了救治，并将危重伤员转送医院抢救。电力应急人员第一时间切断了化工厂电源，展开应急供电。防化防疫、物资发放等工作有条不紊地进行。当解除防空警报鸣响，整个疏散演练活动圆满结束。

五、效果与问题

此次演练本着贴近实战、近似实战的原则，重点演练了指挥协同、警报响应、应急疏散、治安警戒、交通运输、消防灭火、医疗救护、防化防疫、物资保障等课题。整个演练活动组织有力，指挥流畅，配合密切，安全有序。本次演练活动既是一次提升该区防灾防空能力的宝贵实践，更是一次科学应对灾难的宣传培训活动，对推动该区突发事件应急管理工作有效开展具有重要意义。

参考资料

1. 商州区举行防灾综合应急救援演练，见http：//sz. shangluo. cnwest. com/2014/0508/46362. shtml。

2. 商洛市商州区成功举办2014年防空防灾综合应急疏散救援演练活动，见http：//yjb. shaanxi. gov. cn/html/38/201405/05/100220_0. html。

锡林浩特机场离港系统中断应急演练

一、演练名称

锡林浩特机场离港系统中断应急演练。

二、主办单位

锡林浩特机场公司。

三、时间、地点与目的

2014年5月5日，锡林浩特机场地面服务部举行了离港系统中断应急演练。地面服务部、航空安保部、航务保障部、中国民航信息网络股份有限公司锡林浩特分部（以下简称中航信锡林浩特分部）的相关单位领导及人员参加本次演练。演练方式为不通知客运工作人员的情况下，以GS7414航班为演练航班，进行人为离港中断（模拟中断）开始实际手工操作。本次演练邀请机场公司业务分管领导、机场安全质量部经理及安质部助理全程检查、监督、指导。

四、演练内容

本次演练的内容为在不通知客运工作人员的情况下办理值机手续10分钟后离港系统突然中断时的应急处置，演练利用了真实航班的值机过程表现出来。上午9时30分，演练正式开始，值机人员为旅客办理登机手续。9时40分，离港系统突然出现故障。9时42分，各级领导和相关单位接到通知。9时43分，由值班经理授权启动预案。9时45分，值机人员开始检查离港机房设备，并与中航信锡林浩特分部工作人员取得联系采取多种连接方式，在确定短时间无法恢复的情况下，采取手工值机并广播通知旅客。此时，配载立即向中航信锡林浩特分部索取已办理旅客名单、行李件数及重量，值机员根据配载员的预配结果准备手工登机牌、手工舱单，旅客办理手续记录表，做手工值机前的准备工作。同时，配载与航空公司相关部门联系获取航班的基本数据以及相关记录表格。准备工作结束后，9时55分开始为旅客办理乘机手续，值机员为旅客发放手工登机牌，并使用手工行李条为旅客办理托运行李。10时10分办理完值机手续，并与配载交接。10时20分旅客开始登机。10时25分离港系统恢复。10时30分配载员绘制完手工平衡图复核后与机组交接。5日下午航班间歇，地面服务部组织全体员工对本次演练进行了系统的演练总结。

五、效果与问题

此次离港系统中断应急演练可以说是有备无患，在不久之前地服组织业务骨干对应急操作流程进行了一次重新梳理，并在员工中开展了扎实有效地培训。同时得益于大量的准备工作，现场操作忙而不乱。到航信取旅客名单与配载、安检等相关部门沟通、各种手工耗材的准备等工作人员分工明确，所有工作同步推进。

本次演练一改往常形式，更加注重内容，以实际操作代替演练，以“战”代练，追求真实性，主要目的是通过实际操作提高应急处置能力和水平，提高防范意识。针对实际操作中暴露的问题，重新修订、完善、充实和优化预案，切实做到应急预案简单、明了、可操作性和实用性强。

通过实际操作，发现了很多衍生问题，如证件信息不符、客票状态有误、旅客刚刚购票导致航信名单没有该旅客信息等特殊情况。对于衍生问题的解决方法，一是纳入整体预案中，二是将衍生问题作为专题研究制定相应的解决方案并制订相应预案。

参考资料

1. 锡林浩特机场举行离港信息系统中断应急演练，见 http：//yjb. shaanxi. gov. cn/html/39/201405/07/100842_0. html。

2014 上海公安亚信安保应急处突实战演练

一、演练名称

2014 上海公安亚信安保应急处突实战演练。

二、主办单位

上海市公安局。

三、时间、地点与目的

2014 年 5 月 10 日，上海公安亚信安保应急处突实战演练在上海人民武装学院训练基地举行。该演练旨在有效应对处置各种突发事件，确保亚信峰会安全顺利举办。

四、演练内容

5 月 10 日上午 9 时，随着指挥员一声令下，实战演练开始。地面，全副武装的特警队员战术前进、果断射击，迅速制伏“歹徒”；空中，警用直升机稳稳悬停，特警队员从天而降，进入建筑物内展开突击。300 余名公安特警队员和 3 架警务直升机进行了实战射击、综合格斗等 10 个科目的实战演练。

五、效果与问题

参演人员以昂扬的斗志、精湛的技能、顽强的作风，充分展示了上海公安机关应急处突力量的坚强战斗力和良好精神风貌，演练取得圆满成功。通过此次演练，全国公安机关特别是上海公安机关要切实增强忧患意识，牢固树立底线思维，进一步强化实战训练，坚持从严从难，突出实战实用，加强战法演练，不断提升各种复杂环境下的实战本领；进一步加强武装巡逻，最大限度地把警力摆上街面，动中备勤、动态巡控，确保一旦发生重大突发案事件，能够快速反应、高效处置；进一步组织发动群众，坚持专群结合、依靠群众，使暴力恐怖分子成为“过街老鼠、人人喊打”，坚决把暴力恐怖活动摧毁在预谋阶段，坚决把暴力恐怖分子的嚣张气焰打下去，以优异成绩向党和人民交出一份合格的答卷。

参考资料

1. 郭声琨观摩上海公安亚信峰会应急处突演练，见 http：//news. sina. com. cn/c/2014 - 05 - 11/105830110413. shtml。

2. 以精益求精的精神和严谨细致的工作确保亚信峰会安全顺利举办，见 http：//www. cpd. com. cn/n10216060/n10216144/c22975491/content. html。

3. 郭声琨观摩上海公安亚信安保应急处突实战演练，见http：//politics. people. com. cn/n/2014/0511/c1001 - 25001565. html。

北京 2014 公路隧道火灾事故应急演练

一、演练名称

北京 2014 公路隧道火灾事故应急演练。

二、主办单位

北京市交通委路政局。

三、时间、地点与目的

2014 年 5 月 12 日，北京市公路隧道火灾事故应急演练在京藏高速辅路青龙桥隧道举行。

四、演练内容

演练模拟了在北京特长公路隧道内发生交通事故，车辆引发隧道起火的场景。

上午 10 时，演练正式开始。青龙桥隧道监控大厅里监控 G6 辅路青龙桥隧道进京方向的屏幕突然出现一辆大型客车与前方货车发生追尾。与此同时，青龙桥监控大厅电话响起，电话里传来焦急的喊声：“青龙桥隧道进京方向一辆大型客车与前方货车发生追尾，有人受伤，司机困在车里，车在漏油。”

接到电话后，监控大厅启动青龙桥隧道交通事故应急预案，在监控大厅的指挥下，巡视组和抢险组队员开车立刻赶往现场，交通大队、路政大队和隧道管理站的巡视组在青龙桥隧道进京方向进行交通管制，防止不知情的车辆和行人闯入，发生次生事故。

在隧道里，车行横洞、人行横洞徐徐打开，风机启动，进京方向的可变情报板瞬间改变内容，“隧道事故，禁止通行”显示在情报板上。隧道里广播响起：“隧道进京方向发生交通事故……事故点有起火迹象，我们已通知救援人员赶赴现场，在事故点后方 200m 处有人行横洞，请现场滞留人员迅速撤离现场。”

10 时 8 分，巡视组和抢险组赶到事故现场，队员一边安抚伤者情绪，一边将滞留现场的群众和车辆通过车行横洞和人行横洞疏散到安全处。10 时 17 分，消防队员赶到现场，破除受损车门，将被困驾驶员营救出来。随后赶来的急救中心医生将重伤员送往医院。10 时 29 分，现场点燃铁桶里的柴油，模拟漏油事故车辆忽然“起火”。消防队员立刻用干粉灭火器将“大火”扑灭。

10 时 40 分，青龙桥隧道监控大厅向指挥部汇报："指挥部，隧道内被困人员、滞留车辆、事故车辆，已经全部撤离完毕，机电设备、土建设施经检查无安全隐患。现场清理完毕后，会分别通知巡视组收起道路封闭设施；监控室改变情报板、交通指示灯、车道指示器等设备为正常状态，已具备通车条件。"总指挥指示："巡视组立即开放交通。"应急演练圆满结束。

五、效果与问题

此次演练对于增强长大公路隧道安全运营管理意识、提高隧道突发事件应急处置能力具有重要意义。

参考资料

1. 北京举行公路隧道火灾事故应急演练，见 http：//www. anquan. com. cn/html/news/china/2014/0513/70573. html。

2. 北京：举行隧道火灾事故应急演练，见 http：//news. hexun. com/2014 －05 －20/164948381. html。

3. 北京举行公路隧道火灾事故应急演练，见 http：//finance. ifeng. com/a/20140512/12316637_0. shtml。

陕西省宝鸡市凤县 2014 年地震应急演练

一、演练名称

凤县 2014 年地震应急演练。

二、主办单位

陕西省宝鸡市凤县人民政府。

三、时间、地点与目的

2014 年 5 月 12 日，凤县县城部分机关单位、企业、社区、村庄、医院约 3600 人，同时展开了地震应急演练。本次演练旨在提高地震避险和应急救援能力，强化公众防震减灾意识。

四、演练内容

模拟演练了地震实际发生时 15 个类型的单位（区域）的应急方案。共分类进行了县抗震救灾指挥部应急指挥、各相关单位地震避险、疏散撤离、专业救援队集结、应急医疗启动、避难场所启用、应急通信启用等七个科目，县防震减灾领导小组全体领导、组成部门和所有在家县级领导参加了演练，市地震局主要领导也亲临指导。一个半小时的紧张演练，检验了凤县地震应急准备工作情况，考验了县抗震救灾指挥部的灾时指挥能力，宣传普及了地震应急知识，锻炼了应急救援队伍。

五、效果与问题

整个演练过程安全有序，未发生意外情况。凤县相关部门将通过此次演练，深入地进行总结，对暴露出的不足和薄弱环节，制定相应的整改提高措施，以进一步夯实地震应急准备工作，促进整体防震减灾水平再上新台阶。

参考资料

1. 凤县 2014 年地震应急演练圆满结束，见 http：//www. sxfx. gov. cn/infor. php? 244 －34513。

咸阳市地震应急演练

一、演练名称

咸阳市地震应急演练。

二、主办单位

陕西省咸阳市人民政府。

三、时间、地点与目的

2014 年 5 月 12 日，咸阳市政府举行地震应急演练活动，咸阳市政府办、市应急办、市地震局、市卫生局、市公安消防支队、咸阳供电局等多家单位共同参与。本次演练旨在增强广大市民安全意识和自防自救能力。

四、演练内容

2014 年 5 月 12 日，上午 10 时，市政府大院，警报声突响！听见警报声，干部们纷纷快步跑出大楼，不到 5 分钟，千余人全部撤离到大院。"地震"导致整个机关大楼断电，通信受到影响，各单位紧急清查实到人数。接到通知，市应急办第一时间发出指令，各单位快速响应，迅速组织救援队伍携带救援装备向指定区域集结。

上午 10 时 10 分，有着丰富救援经验的消防官兵快步有序进入大楼开始搜救，发现伤员被"压埋"或是"藏于角落"，采取徒手救援或背或滑升索道等方式，将四名不同程度的伤者 5 分钟内快速救出，转移到安全区域。120 医疗救治队员早已等候，在快速简单包扎、心肺复苏等应急抢救后，立即将伤者用担架转移至救护车，送到最近医院进行治疗。电力抢救人员也赶到现场，发动应急发电车，5 分钟后，机关大院恢复用电，一切恢复正常。

此次活动以地震突然发生为背景，从实战出发，演与练相结合，以练为主，演练内容涉及组织人员紧急撤离与专业搜救、医疗救治与应急救援保障、紧急处置等。活动现场，消防支队还对机关干部进行消防知识宣传和消防器材使用的讲解，市应急办和市地震局分别发放《公众应急指南》、《地震应急自救》等宣传资料。

五、效果与问题

作为 2014 年度全市应急预案演练工作的其中一项，"防震减灾宣传周"活动之一，此次活动也得到现场机关干部们的肯定："像这样完整而又真实的'灾难'体验，还是少见，此次演练，可以使大家及时掌握应急避震、避灾、避险的正确方法。"

参考资料

1. 咸阳市政府机关地震应急演练在市政府大院举行，见 http：//sx. sina. com. cn/xianyang/focus/2014 – 05 – 13/085315986. html。

成都大规模反恐维稳实战合成演练

一、演练名称

成都大规模反恐维稳实战合成演练。

二、主办单位

武警四川省总队、成都市公安局。

三、时间、地点与目的

2014 年 5 月 18 日，成都警方在全市范围内组织了一次大规模反恐维稳实战合成演练，本次演练旨在贯彻落实中央、省委、市委关于加强反恐维稳工作的决策部署，进一步完善我市反恐防暴工作体系，检验应对突发性事件的处置能力。

四、演练内容

本次反恐维稳演练重点围绕实战演练、重点防范演练和集结演练三部分内容展开。成都 21 个区（市）县公安局和省、市反恐突击队伍出动 3000 名警力。上午 10 时至 12 时，各区（市）县公安局结合当地实际，围绕不同科目，分别组织开展不同规模、不同层次的各类贴近实战演练。

15 时至 16 时，成都市重点防范演练在火车北站、春熙路、天府广场、火车东客站、双流机场等重点部位同时进行。其中，火车北站地区模拟突发嫌疑人砍伤旅客事件，快反突击队员、武警、民警、协警、群防力量等 150 名警力迅速集结赶往现场处置。春熙路地区模拟发生几名暴徒持刀乱砍过往群众事件，接警后，快反突击队员、武警、协警等 150 名警力迅速赶往现场，将暴徒制服。天府广场地区模拟 2 名嫌疑人驾驶汽车冲进广场，企图冲撞行人，制造事端，正在广场执勤的民警、武警和协警迅速将嫌疑人控制。火车东客站地铁口站厅层先后组织模拟 1 名嫌疑人持械冲撞地铁安检口、临时爆炸物先期处置演练。双流国际机场地区组织开展成都公安特警支队 120 名警力模拟增援机场公安处置突发演练。17 时，参加演练的成都市公安局交警支队，锦江、青羊、金牛、成华、武侯、高新分局和市局刑侦支队、武警四川省总队一支队以及成都市反恐应急突击队共计 910 名公安民警、武警、消防官兵和卫生、环保、自来水、燃气、供电等部门应急备勤人员全部拉动至火车东客站广场集结。

五、效果与问题

本次演练应急响应迅速，应急物资充足，达到了预期目的，展现了成都公安队伍顽强的作风、过硬的素质。

参考资料

1. 成都出动 3000 警力举行大规模反恐维稳实战合成演练，见 http：//www. chinanews. com/gn/2014/05 – 18/6183054. shtml。

"先锋 2014" 中国电信西北区应急通信演练

一、演练名称

"先锋 2014" 中国电信西北区应急通信演练。

二、主办单位

中国电信西安机动通信局、中国电信新疆机动通信局。

三、时间、地点与目的

2014 年 5 月 22 日，"先锋 2014" 中国电信西北区应急通信演练在陕西铜川举行。

四、演练内容

本次演练采用实战性演练和展示性演练相结合的形式，设置了陕西和新疆两个演练现场，包括平时服务、急时应急和转换复原三个场景，涉及省级 NOC，本地网的有线、无线、装维、营业、西北区各省份应急通信局（队）等专业，展现网络监控、信息报送、指挥调度、通信抢通、重点大客户保障等全过程联动，检验中国电信大应急体制机制和组织指挥能力以及应急通信服务全过程与应急保障能力，展示西北区应急通信发展成果和企业实力。来自陕西、新疆、甘肃、宁夏、青海、山西、内蒙古 7 省区电信分公司的 105 名队员组成应急通信团队，调用 35 辆应急通信车参加了演练。

第一个场景"平时服务"阶段，展现了应急通信队伍为大客户进行卫星直播、应急供电，为大型活动现场提供天翼网络，配合电信公司为企业展台临时安装电话、传真，提供互联网和 WiFi 无线上网服务的场景。

第二个场景"急时应急"阶段，模拟某地区突发 6.0 级地震场景，形成信息孤岛，应急平台告警触发，在上级的指挥调度下，西北区应急通信队伍由"平时工作"状态立即转入"急时应急"状态，出动卫星车、C 网车、软交换车、电源车、静中通、动中通、短波车等设备奔赴灾区，全力以赴执行抗震救灾通信保障任务。在灾害现场成功建立应急指挥系统，打通了与外界的联系，并将灾情信息、图片视频传送出去。

第三个场景“转换复原”阶段，在通信逐步抢通恢复过程中实施光缆抢修和灾区网络优化。

五、效果与问题

演练队伍精神饱满、响应迅速，展现了中国电信应急通信队伍“服务一流、训练有素、响应迅速、支撑有力、能打硬仗”的特点，达到了演练的预期目的和效果，为实现集团公司提出的大应急指导规划作出了有益的探索和尝试。本次演练也检验了中国电信西北区大应急综合保障能力和在特殊情况下的联动反应速度，展示了西北区充分利用应急通信资源保障客户通信畅通的支撑水平，充分体现了西北电信分公司战办、机动通信局的组织管理水平和通力协作的精神。

参考资料

1. 中国电信举行“先锋2014”西北区应急通信演练，见 http：//www.c114.net/news/117/a838595.html。

克拉玛依机场应急救援综合演练

一、演练名称

克拉玛依机场应急救援综合演练。

二、主办单位

新疆维吾尔自治区克拉玛依机场。

三、时间、地点与目的

2014年5月26日，克拉玛依机场按照《民用运输机场突发事件应急救援管理规则》的规定，组织开展了应急救援综合演练。本次演练旨在检验克拉玛依机场应急救援预案的科学性和合理性，以及各救援单位在通信联络、应急反应、现场处置等方面协同作战能力，以提升克拉玛依机场应急事件综合处置能力。

四、演练内容

本次演练模拟持刀歹徒非法冲击候机楼，围绕这一突发事件组织开展应急救援演练。接到报告后，克拉玛依机场应急指挥中心立即启动应急救援预案，公安、消防、医疗救护及机场各部门各司其职，迅速展开现场救援。整场演练中，机场信息通报流畅，应急指挥协调有力，现场处置得当，各部门配合密切，顺利完成了救援任务，展示出了良好的应急救援能力。

五、效果与问题

此次演练进一步加强了克拉玛依机场应急救援综合保障能力，提高了机场与地方政府救援部门的协同配合水平，增强了对突发事件的快速反应、应急处理和协调作战能力，切实保障了广大旅客的生命和财产安全。

参考资料

1. 克拉玛依机场开展2014年度应急救援综演练，见 http：//www.chunyun.cn/jichang/20140528/158773.html。

哈密市肠道传染病应急演练

一、演练名称

哈密市肠道传染病应急演练。

二、主办单位

哈密市卫生系统。

三、时间、地点与目的

2014年5月27日下午5时，在哈密市陶家宫镇卫生院举行了肠道传染病应急模拟演练。本次演练旨在科学规范有序地开展肠道传染病的防治工作，落实“早发现、早报告、早隔离、早治疗”的防治原则，保障广大人民群众身体健康和生命安全，提高专业队伍的业务技能，建立健全霍乱等急性肠道传染病的应急处理机制，提高快速反应和应急处理能力，控制霍乱等肠道传染病的传播和流行。

四、演练内容

2014年5月27日下午5时，一腹泻患者来到陶家宫镇卫生院腹泻门诊，接诊医生经询问病史，高度怀疑为霍乱患者，立即上报市疾控中心并请疾控中心协助诊断，同时上报市卫生局。市卫生局接报告后，立即派遣市人民医院、市卫生监督所、市疾控中心应急小分队前往陶家宫镇卫生院进行处置。

本次演练模拟实战持续1个小时，在不事先告知演练时间、地点的情况下，参与单位和人员均通信畅通、反应迅速，在规定时间内赶到现场，并有效、有序地开展工作，演练取得了良好的预期效果，同时进一步提高了卫生应急队伍应对重大突发公共卫生事件的实战水平。本次演练包括应急响应、装备检查、现场流调、卫生学调查、现场演练等五大环节。

五、效果与问题

演练结束后，有关领导进行了点评，充分肯定了本次演练的必要性、重要性和实战性，尤其是在事先不告知的前提下，多单位能积极迅速反应、部门之间各司其职，配合默契，达到了预期的演练目标。

参考资料

1. 哈密市卫生系统开展肠道传染病应急演练，见 http：//www.xjhm.gov.cn/info/1155/32759.htm。

吉林省“应急尖兵—2014”应急通信综合演练

一、演练名称

吉林省“应急尖兵—2014”应急通信综合演练。

二、主办单位

吉林省通信管理局。

三、时间、地点与目的

2014年5月28日，吉林省“应急尖兵—2014”应急通信综合演练在吉林省四平市举行。

四、演练内容

此次演练模拟2014年5月四平局部地区发生地质灾害，造成桥梁损毁，大面积电力中断，基站、光缆等通信基础设施遭到严重破坏，造成通信阻断，严重影响市政府救灾指挥部通信指挥工作。为保障救灾指挥部通信畅通，由市通信保障应急领导小组请示吉林省通信保障应急领导小组后，启动地区应急预案，组织调度本地区应急通信人员和装备，组成应急通信保障分队和应急通信抢修分队赶赴现场；同时，请求吉林省通信保障应急领导小组予以支援；吉林省通信保障领导小组调度省级应急通信队伍抵达现场增援。演练共出动应急通信车辆15辆、保障车辆20辆，应急指挥抢修人员150人，通过现场指挥部搭建、卫星通信、电力保障、光缆抢修、无线通信基站开通5个科目的演练，圆满完成了市政府救灾指挥部的通信保障任务，第一时间恢复了灾区通信，确保了当地党、政、军重要部门和现场指挥部的通信畅通。

五、效果与问题

演练成功、顺利地完成了既定科目，达到了预期目标，充分展示了我省应急通信保障能力和水平。

参考资料

1. 吉林省“应急尖兵—2014”应急通信综合演练在我市举行，见 http：//www. siping. gov. cn/2014/0529/30091. html。

哈尔滨机场应急反恐演练

一、演练名称

哈尔滨机场应急反恐演练。

二、主办单位

黑龙江机场集团。

三、时间、地点与目的

2014年6月4日上午，民航黑龙江机场公安局、安全检查站、消防护卫部、机场警卫中队等单位针对当前严峻复杂的反恐形势，组织开展了以“排除爆炸物、紧急集结”为内容的反恐演练，本次演练旨在提高机场应急处置能力，确保旅客乘机安全。

四、演练内容

演练模拟在人员密集的候机大厅发现一件装有疑似爆炸物的不明行李，公安局及相关部门迅速展开处置工作。9时30分，哈尔滨机场航站楼派出所接到保洁员报警：在国内值机1－10号柜台前发现一不明行李，派出所民警迅速赶到现场排查，确认为疑似爆炸物。哈尔滨机场迅速启动反恐处置预案。机场公安局、机场武警中队紧急出动，迅速赶到现场实施了警戒，并对现场工作人员和旅客进行了疏散。随后，排爆专家身穿防爆服进入现场对爆炸物进行转移，并将爆炸物品放入防爆罐，迅速转移到空旷地带进行销毁处理。上午10时，演练顺利结束。排爆演练结束后，哈尔滨机场又在5号登机口和国际航站楼组织开展了紧急集结演练。

五、效果与问题

演练过程中，参演单位协同作战、行动迅速、配合默契，整个演练指挥流程顺畅，达到了预期的效果。通过此次演练，锻炼了队伍，检验了参演单位的信息传递、应急反应、现场处置、协同配合总体水平，提高了应急处置能力。副总经理李长勇在演练讲评时指出，目前，反恐处突工作形势严峻、情况复杂、任务艰巨，反恐工作责任重大、使命光荣，他要求机场各应急处突单位要在上级的坚强领导下，在防范打击恐怖活动中再立新功，为确保哈尔滨机场持续安全再创佳绩。

参考资料

1. 哈尔滨机场组织开展反恐演练提高处置能力，见 http：//news. carnoc. com/list/283/283587. html。

民航新疆空管局反恐怖防侵袭应急演练

一、演练名称

民航新疆空管局反恐怖防侵袭应急演练。

二、主办单位

新疆空管局。

三、时间、地点与目的

2014年6月4日，新疆空管局联合乌鲁木齐机场辖区公安局、武警等驻场单位开展了民航新疆空管局反恐怖防侵袭应急演练。此次反恐怖防侵袭应急演练主要以新疆空管局接到持械“暴恐分子”要袭击航管楼的消息为背景，新疆空管局按反恐应急预案开展特情处置。

四、演练内容

北京时间12时，新疆空管局的联防队成员、保安人员身着警用作训服，穿戴防护装备在航管楼门迅速集结。保安队长向运管中心运行监控室报告情况，并组织人员升起阻车柱关闭自动推拉门，在航管楼进、出口放置阻车钉。运行监控室接到报告后立即上报局领导，并通知机场公安局和武警说明事态具体情况请求立刻进行救援。在保安队长的指挥下，保安人员一队手持防护盾牌，一队手持防暴抓捕器械，在航管楼停车场集合进行武装防御，同时运管中心吹响了警报哨，航管楼各运行单位机关人员立即在一楼大厅集合，手持防暴器械，形成第二道防线进行防护。2名"暴徒"翻越航管楼围界进入停车场，保安人员迅速进行合围，持盾牌阻挡"暴徒"入侵并将其制服。就在第二波恐怖分子准备继续翻入围界时，数名持枪武警战士和公安干警及时赶到，制服了准备袭击航管楼的持械"暴徒"。最后，公安、武警将"暴徒"逮捕后，保安继续对航管楼进行警戒并清理现场，至此演练圆满结束。

参考资料

1. 新疆空管局反恐怖防侵袭演练，"暴徒"被制服，见 http：//news. carnoc. com/list/283/283785. html。

西宁曹家堡机场国防应急救援演练

一、演练名称

西宁曹家堡机场国防应急救援演练。

二、主办单位

中国人民解放军兰州军区、西宁曹家堡机场公司。

三、时间、地点与目的

2014年6月5日，青藏高原最大民用机场——西宁曹家堡机场举行国防应急救援演练。演练模拟一架航空器受到战时轰炸起火，部分旅客及机组成员伤亡，跑道及助航灯光遭受轰炸受损。

四、演练内容

此次演练模拟二〇××年，Y国在边境地区挑起争端。青海省国动委按照国家国动委命令成立战时保交支前指挥部，民航局国动办、青海省交战办、民航青海各专业保障分队在西宁机场成立联合指挥部，启动战时交通战备预案。Y国对西宁机场实施空袭，机场跑道被炸，航空器起火，联合指挥部立即组织力量实施救援、抢修。消防人员采用破拆的方式将机舱门打开，将困在舱内的"伤者"救出，消防车喷洒出泡沫灭火，被救出的"伤者"迅速被送往附近的急救站。在医疗指挥部，现场用四个颜色的彩旗分成了不同的区域，红色旗区代表危重伤，必须紧急救治；黄色旗区代表重伤，可稍缓救治；绿色区旗代表轻伤，进行医疗处理，密切观察伤情变化；黑色旗区代表死亡。机场防爆勘察分队人员乘坐载有防爆设施的车辆，沿排弹工程师确认的安全路线进行勘察，搜索未爆炸弹。随后场道抢修分队立即对受损跑道进行道面勘察、道面修补、道面清扫等工作。灯光抢修分队随后对"空袭"中遭到破坏的助航灯光设施进行现场勘察、抢修。整个演练历时1小时。

五、效果与问题

此次演练是西宁机场10年来举行的最大规模的国防应急救援演练。西宁机场共开展了消防灭火、医疗急救、场道维修、助航灯光维修4个演练科目，共有125人参加了演练，来自甘肃、陕西、宁夏民航机构以及军方人士观摩了此次演练。

参考资料

1. 西宁曹家堡机场举行10年来最大规模国防应急救援演练，见http：//www. chinanews. com/sh/2014/06－05/6249523. shtml。

"昆仑烽火－2014"通信保障应急演练

一、演练名称

"昆仑烽火－2014"通信保障应急演练。

二、主办单位

青海省通信管理局。

三、时间、地点与目的

2014年6月6日，按照"平时服务、急时应急、战时应战"的指导方针，为检验全省通信保障应急预案效果，提高突发事件通信保障应对能力，做好2014年全省重大经济活动通信保障工作，青海省通信管理局组织省专用通信局和省各基础电信运营公司开展了青海省"昆仑烽火－2014"通信保障应急演练活动。

四、演练内容

演练模拟某地发生7.0级强烈地震，导致该地区通信中断，影响应急抢险指挥调度及公众通信需求这一情景展开。接到灾情报告后，省通信管理局根据预案规定，紧急召开省应急通信保障领导小组及办公室会议，研究确定启动响应级别，各电信运营公司立即执行，迅速集结，赶赴灾害现场，开展通信保障工作。本次演练通过青海省应急通信指挥平台和灾害现场应急通信指挥车，以视频会议、IP电话、单兵系统为指挥调度手段，完成与国家、各通信企业的信息交互和指挥调度，演练灾害发生后向部省相关部门报送信息、领导小组成员单位的会商研判、指挥调度等内容。

五、效果与问题

通过这次演练，参演单位和人员进一步熟悉了预案流程，提高了青海通信行业的应急通信管理水平，增强了与政府相关部门合作协同开展应急保障工作的意识，完善了应急救援体系。

参考资料

1. 青海举行“昆仑烽火—2014”通信保障应急演练，见http：//finance. ifeng. com/a/20140610/12512977_0. shtml。

2014 年度北京市轨道交通建设工程防汛应急演练

一、演练名称

2014 年度北京市轨道交通建设工程防汛应急演练。

二、主办单位

北京市轨道交通建设管理有限公司。

三、时间、地点与目的

2014 年 6 月 10 日，由北京市轨道交通建设管理有限公司组织、中铁十八局集团承办的北京市轨道交通建设工程 2014 年度防汛应急演练活动在北京地铁昌平线二期 08 标项目部顺利举行。北京市住建委、市重大办、市防汛办等领导出席了演练活动，中铁十八局集团副总经理范成国出席了活动并致辞。

四、演练内容

下午 2 时，北京市轨道公司领导宣布应急演练活动正式开始。接到基坑因雨水倒灌导致坍塌的险情警报后，项目部立即启动了防汛应急预案，并迅速将险情向上级有关部门报告；现场值班人员马上通知基坑作业人员停止生产作业，通过基坑西侧通道撤离到安全地带；项目部社会面控制组、现场协调组、后勤保障组、医疗救护组迅速赶赴抢险现场，组织开展联动抢险、交通秩序维护、伤员转运、救援物资调配等工作；经过各方近两个小时的努力，险情得到了有效控制，各项抢险救援工作稳步推进；险情稳定后，项目部防汛应急小组立即将此次应急抢险情况汇总上报给业主单位。

五、效果与问题

整个演练过程，科目设置合理、指挥调度有序、流程衔接紧凑，达到了检验预案、磨合机制、锻炼队伍的目的。

参考资料

1. 2014 年度北京市轨道交通建设工程防汛应急演练活动顺利举行，见 http：//www. chnrail-way. com/html/20140622/386098. shtml。

2. 北京市轨道交通建设工程 2014 年度防汛应急演练活动顺利举行，见 http：//www. bjjs. gov. cn/tabid/662/InfoID/89874/frtid/1192/Default. aspx。

乌鲁木齐多警种防暴演练

一、演练名称

乌鲁木齐多警种防暴演练。

二、主办单位

乌鲁木齐市公安局。

三、时间、地点与目的

2014 年 6 月 10 日 16 时许，乌鲁木齐市公安局联合交通、医疗等部门举行了大规模应急处突实战演练。本次演练旨在提高突发状态下公安机关应急指挥机制运转和所属单位应急处置的能力，发挥各警种、各部门高效协同、整体作战、控制局势的能力，确保乌鲁木齐市社会政治和治安大局稳定。

四、演练内容

演练主要设定的场景是乌鲁木齐市某地区发生了交通肇事案件，因为围观群众的增多，逐渐演变成群体性事件，既而引发了局部的骚乱，引发了打砸抢烧突发性事件。在这种情况下，乌鲁木齐市公安局立即启动了一级防控响应预案，调集了街面的特警巡逻力量和武警巡逻力量赶到现场进行前期准备；在局面得到初步控制的情况下，又调集了武警、飞虎突击队以及特警总队进行全面的封控和处置，并在最大限度地减少人民群众伤亡和财产损失的前提下采取了围捕行动。

2014 年 6 月 10 日 16 时 15 分，乌鲁木齐市一地区的市场门口，一辆疾驰的公交车和一辆非法营运的三轮车发生碰撞，由于车速过快，导致死伤。肇事公交车被数辆非法运营三轮摩托车围住，且肇事公交车司机和摩托车司机发生厮打。乌鲁木齐市天山区交警大队及乌鲁木齐市天山区公安分局下达出警指令。16 时 20 分，乌市天山区交警大队事故处理组民警赶赴现场展开事故调查工作，辖区派出所民警也已赶赴现场，对车祸现场秩序进行维护，120 急救人员也赶来救治伤员。就在交警对肇事人员进行讯问时，现场旁边一巷道突然涌出几十号人，挥舞着手中的木棒，大喊“执法不公”，上来围住了正在处理事故的交警。有人则爬上肇事车辆的车顶大声叫嚣，还有几人趁机围住交警的执法车辆。社区民警上前进行调解时，也遭到了围攻。16 时 24 分，“事态情况”被反馈至乌鲁木齐市公安局 110 指挥中心，指挥中心迅速通过对讲机指派就近的巡逻特警赶赴现场先期处置。16 时 25 分，越来越多围观的人参与进来，很多人开始对肇事车辆进行打砸。这时 10 余名身着单警装备的巡逻特警迅速从南北两个方向抵达事故发生地。紧接着，身着迷彩服的武警官兵也抵达现场。就在派出所民警准备将打架双方带回派出所时，其中两名非法运营摩托车司机情绪激动，不服从民警的管理，并煽动周围上百名群众阻挠民警执法。16 时 32 分，“骚乱”开始升级，“不法分子”开始对肇事车辆进行打砸，并试图将车辆掀翻。此时，从市场内又冲出 40 余人，手持木棒和石块上前帮助试图砸车的人群，终于他们将肇事车辆掀翻，并试图扩大打砸范围，民警们立即组成一堵厚厚的人墙，阻止“暴乱队伍”继续外扩和前行。16 时 33 分，两辆警车分别抵达位于南北两个方向的交通路段对外围进行交通管制，放置禁行警示牌，为处突救援车辆预留通道。16 时 36 分，随着参与人员的不断增多，“事态”逐渐扩大。此时，乌鲁木齐市公安局特警支队防暴突击队已赶赴现场，架起盾牌抵御暴乱分子，带头滋事的 10 余名“不法分子”被警方强行带离现场。而另一些“不法分子”则试图冲破特警人员组成的一道人墙，有些“不法分子”甚至开始攻击和打砸事故发生地周围的“百姓商场”和一家“平价超市”。16 时 39 分，政策宣传车驶进事发路段，“你们的行为已经严重影响社会秩序，限你们在 5 分钟立即散开……”防暴队循序渐进整体推进，武警官兵形成两股尖刀队形强行将聚集的人群分成两组，并打出催泪瓦斯驱散聚集的“不法分子”。“不法分子”纷纷抱头鼠窜，撤回到市场内，防暴队乘胜追击抓获一批“不法分子”。16 时 41 分，指挥部得知顽固抵抗的“不法分子”劫持了市场内一名人质，随后派出飞虎队协助解救人质，经过布控，眼看绑匪要伤及无辜，飞虎队员果断开枪“击毙”试图杀害人质的“不法分子”，成功解救人质。16 时 50 分，聚众闹事的“不法分子”纷纷落网，随后，“事态”平息。

五、效果与问题

这是为全面检验乌鲁木齐各级公安机关应对、处置突发事件的水平，进一步明确各警种在应急处突工作中的职责和方法，提高各级公安机关快速反应、应急应对、现场处置等各方面能力开展的一次应急处突现场演练。本着第一时间、第一现场处置突发社会安全事件的原则，检验和提高突发状态下乌鲁木齐市公安机关应急指挥机制运转和所属单位应急处置的能力，有效发挥各级公安机关、各警种、各部门高效协同、整体作战、控制局势的能力，为确保乌鲁木齐市社会政治和治安大局稳定打基础。

参考资料

1. 乌鲁木齐多警种近千人举行防暴处突演练，见 http：//mil. news. sina. com. cn/p/2010－06－11/0903596652. html。

国家电网 2014 年大面积停电事件处置暨迎峰度夏联合反事故演习

一、演练名称

国家电网 2014 年大面积停电事件处置暨迎峰度夏联合反事故演习。

二、主办单位

国家电网公司陕西分公司。

三、时间、地点与目的

2014 年 6 月 10 日，国家电网（陕西电网）2014 年大面积停电事件处置暨迎峰度夏联合反事故演习在国网陕西省电力公司应急指挥中心举行。此次观摩演习分国调演习、省调演习和演习总结点评三部分，旨在提高应对电网事故快速反应能力，全面备战夏季用电高峰，落实各项安全责任，保障电网安全运行。演习由陕西省电力公司调度中心组织各相关部门和各级电网调度运行人员参与。

四、演练内容

2014 年 6 月 10 日上午 10 时，国调演习开始，各单位集中观摩国调演习，10 时 30 分，国调演习结束，陕西电网 2014 年大面积停电事件处置暨迎峰度夏联合反事故演习开始。省调联合各地调及运营维护单位开始进行演习。视频演习以该公司应急指挥中心和各级分会场视频、调度线路图以及网络文字直播的形式开展，真正做到了各级联动、全方位参与。此次演习运用了电网调度员培训系统，对各种故障进行了逼真的演练。在演习过程中模拟事故现象，开关、刀闸变位、保护自动装置动作情况、低频减载动作情况、电网潮流变化以及调度员对设备的下令操作等，全面再现事故时全网的动态过程。参加演习的各方人员均能沉着应对，调度人员思路清晰，措施得当，能够使用清晰明确的语言进行沟通，而变电站值班人员对设备巡视时准确到位、严谨规范，体现出了参与人员良好的业务水平和综合素质。

五、效果与问题

此次演习，故障设置复杂，停电面积大，涉及单位众多，全面检查了当发生大面积停电事件时，电力企业的及时应对和有效处置能力，促进了电力企业应急和政府、社会应急的联动，检查了电力应急预案的正确性、可操作性和应急体系的执行力，检验各级调度、检修和政府各部门在应急处理中的协调配合能力，实现了电力应急和社会应急的联动。

参考资料

1. 国家电网（陕西电网）成功举行 2014 年大面积停电事件处置暨迎峰度夏联合反事故演习（组图），见 http：//yjb. shaanxi. gov. cn/html/38/201406/10/106154_0. html。

四川省凉山自治州联合反恐实战演练

一、演练名称

四川省凉山自治州联合反恐实战演练。

二、主办单位

武警四川省总队、成都市公安局。

三、时间、地点与目的

2014 年 6 月 11 日，四川凉山彝族自治州公安局联合西昌铁路公安处、西昌市公安局和铁路、医疗等相关单位在西昌火车站举行了联合反恐实战演练。

四、演练内容

2014 年 6 月 11 日上午 10 点，两名“暴徒”在火车站进站口接受执勤民警盘查时突然使用砍刀和斧头向民警发动袭击，民警随即使用单警装备进行反制，驻站特警快速反应，果断出击当场击毙两名“暴徒”。与此同时，另外两名“暴徒”在火车站行李房持刀劫持了两名旅客，还有两名“暴徒”在车站广场持刀对候车的旅客群众进行追砍，铁路民警迅速通过联合对讲系统请求支援，并分组将四名“暴徒”围堵控制在一定区域。接报后，凉山州公安局、西昌市公安局特巡警大队和谈判专家 5 分钟赶到现场，在谈判专家劝说无效的情况下，特警队员果断进行突击，在烟雾弹的掩护下，特警队员仅用 10 秒钟就将四名“暴徒”分别击毙，成功解救两名“人质”，整个演练的过程不到 10 分钟。

在整个演练过程中，铁路职工、保安队员和车站周边商户作为治安联防力量持木棍第一时间将车站进出通道、店门封闭，车站执勤民警迅速对车站广场、候车室、售票厅的旅客进行疏散，铁路部门也迅速调整旅客售票和候车场所。路地公安机关各警种分别携带处突装备及时赶到，共同开展现场警戒、现场救护、现场勘验、调查访问、秩序维护等工作，同时将周边旅客疏散到安全区域，对现场秩序进行了恢复。

五、效果与问题

此次演练立足实战、彰显警方处突防控能力，为切实加强火车站地区管控，快速处置突发暴力事件，维护公共安全和社会秩序，路地公安机关建立了火车站地区反恐联合预案，西昌市公安局联合西昌铁路公安处在火车站地区进行联合武装巡逻和暴恐突发案件联合处置，维护人民群众生命财产安全。

参考资料

1. 凉山警方举行联合反恐实战演练多警种快速反应成功处置“暴恐”危机，见 http：//www. policephoto. com. cn/index/wdetail？ id = 1467392。

2014 年汛期船舶险情救助应急演练

一、演练名称

2014 年汛期船舶险情救助应急演练。

二、主办单位

重庆市海事局。

三、时间、地点与目的

2014 年 6 月 13 日，重庆海事局组织的 2014 年汛期船舶险情救助应急演练在长江重庆段举行。

四、演练内容

此次演练设置了失控船舶救助、落水人员救助及趸船险情救助三个科目。主要是汛期 × 天水位陡涨，× 载重船舶上行至重庆港东水门水域，因吊滩导致船舶失控、舱面作业人员落水；与此同时，长江北岸“航治 8 囤”也因水势上涨过快，断缆走锚，危及本船人员及下游船舶安全。朝天门海事处电子监控室接报案后，迅速向重庆海事局指挥中心报告，同时启动搜救应急工作预案，协调有关单位，组织救助力量赶赴现场实施紧急救助。参加演习的有 8 家单位、12 艘船舶，演习历时 30 余分钟，达到了预期目的，效果明显。

五、效果与问题

本次演习没有固定脚本，按实际工作进行战术演练，比较贴近实际；此次演练科目不多，但汲纳了大量单位参加，思维有创新。

参考资料

1. 我局参加重庆海事局 2014 年汛期船舶险情救助应急演练，见 http：//www. cqweb. cn/aspx/default/newshow. aspx？ classid = 313&id = 2371。

呼和浩特市 2014 年城市燃气管网泄漏事故应急救援演练

一、演练名称

2014 年城市燃气管网泄漏事故应急救援演练。

二、主办单位

呼和浩特市安监局。

三、时间、地点与目的

2014年6月16日上午，呼和浩特市2014年城市燃气管网泄漏事故应急救援演练在呼和浩特市回民区水泉文苑小区举行。

四、演练内容

此次演练模拟事故假设由于“南北市政工程公司”在对水泉文苑小区东侧地下管网改造施工时，不慎将中压燃气管线挖裂，造成了大量天然气泄漏，少量燃气流入电缆沟后燃烧。演练中，“南北市政工程公司”施工人员发现燃气泄漏后迅速报告119、120，119立即通过联动平台告知公安110和呼市中燃96707。

中燃公司接到报警后立刻向抢险值班人员发出指令，要求迅速赶往现场进行处置。在现场勘查后发现中燃公司和回民区政府的救援力量已经无法有效控制事故，立即报告市政府请求救援。市政府在接到事态情况报告后立即启动了市政府应急救援Ⅲ级响应，成立事故处置抢险指挥部。

经过30分钟的紧张救援，现场圆满完成了应急报告、应急响应、应急配合、应急处置、应急终止等五个演练科目，着重把握了预案衔接、现场指挥、信息发布三个关键环节，重点演练了应急响应、协调联动、封控疏散、医疗救护、灭火抢险、舆论引导和事故抢修等七项内容。

五、效果与问题

这次演练主要是针对近期城市管网改造施工中可能造成的燃气管网泄漏事故，为了提升和强化市政府处置燃气泄漏的应急救援能力，确保广大市民生命、财产安全，同时也为了更有效地宣传和普及安全使用天然气的常识。

参考资料

1. 呼市举行城市燃气管网泄漏事故应急救援演练，见http：//www.hhhtnews.com/2014/0616/1638047.shtml。

新疆2014年安全生产事故灾难应急预案“双盲”演练

一、演练名称

2014年安全生产事故灾难应急预案“双盲”演练。

二、主办单位

乌鲁木齐市公安局。

三、时间、地点与目的

2014年6月16日，2014年安全生产事故灾难应急预案“双盲”演练暨“应急演练周”启动仪式在乌鲁木齐市米东区中泰化工园新疆华泰重化工有限责任公司举办。

四、演练内容

应急演练在乌鲁木齐市米东区中泰化工园新疆华泰重化工有限责任公司举行，事先未通知各参加演练单位时间、地点及事故类型，从而更真实地检验各单位的应急反应和处置能力。

2014年6月16日上午10时许，模拟新疆华泰重化工有限责任公司氯碱厂氯乙烯罐区出口管道发生泄漏、爆炸重大安全生产事故，造成10人死亡、11人受伤。事故发生后，自治区人民政府立即启动《自治区安全生产事故灾难应急预案》，自治区安全生产事故灾难应急救援指挥部办公室立即按照指挥部的要求向各部门下达了指令。公安、消防、医疗、质监、环保、气象、通信、电力等部门，以及驻地危化品生产企业救援力量共计13支队伍、100余人、30多台车辆，及时赶赴现场参与救援，成功处置了事故，有效防止了事态进一步发展。

五、效果与问题

这次演练在事先未通知演练时间、地点及事故类型的情况下，各参演单位密切配合、协同作战，整个演练活动组织严密、安排合理、衔接顺畅，真实性、针对性、效果性都非常强，达到了“检验预案、磨合机制、锻炼队伍、完善准备”的预期目的，有效提升了各参演队伍的应急准备、响应、装备保障等方面的能力，为全区全面提升救援效果起到了良好的示范和引导作用。

参考资料

1. 新疆举行安全生产事故灾难应急演练，见http：//yjb.shaanxi.gov.cn/html/39/201406/17/107239_0.html。

西安市地震应急预案桌面演练

一、演练名称

西安市地震应急预案桌面演练。

二、主办单位

陕西省西安市人民政府。

三、时间、地点与目的

2014年6月17日上午9时30分，西安市地震应急预案桌面演练在市应急指挥中心举行。此次演练由市政府主办，市地震局承办，市委宣传部、市应急办等13个市抗震救灾指挥部成员单位参加，张宁副市长莅临演练现场，指挥“抗震救灾工作”。各区县地震局负责同志观摩了演练。

四、演练内容

演练模拟西安市户县发生5.9级地震，地震造成约20人死亡、上百人受伤，城市的生命线系统遭受损坏，导致经济损失和较大的社会影响。市抗震救灾指挥部迅速启动市地震应急Ⅲ级响应，各成员单位在指挥部的领导下，依据本部门职责和地震灾害程度，迅速开展救灾行动，有效应对地震灾害。

为使演练内容接近真实，演练以快速监测、震情报送、启动预案、应急指挥、有效应对为主线，设置了通信中断、危化品泄漏、新闻发布、灾民安置、道路抢通等情景科目。同时，震情报送采取实时视频连线；各成员单位应急处置行动采取同声导入应急抢险救灾视频、图像，增加了现场实战感。

五、效果与问题

本次桌面演练具有很强的针对性和实用性，一是演练目标明确、情景设计符合实际，应急响应组织机构健全、科目设置全面合理；二是演练过程信息传递准确、解说清晰同步、响应准确迅速、指挥果断有序；三是突出明确职责、磨合机制、熟悉程序、协作配合的工作重点，体现了统一领导、综合协调、分级负责的应急处置原则。总之，本次桌面演练符合《突发事件应急演练指南》的要求，达到了预期的效果。

参考资料

1. 西安市举办地震应急预案桌面演练，见http：//yjb. shaanxi. gov. cn/html/38/201406/23/108016_0. html。

大化公路管理局2014年安全生产应急演练活动

一、演练名称

大化公路管理局2014年安全生产应急演练活动。

二、主办单位

广西壮族自治区大化公路管理局。

三、时间、地点与目的

2014年6月18日，大化公路管理局在大化至巴马工程建设办的统一协调部署下，组织路政执法大队、安全与国有资产管理科及各养护站的员工在大化县古龙村村委（即大化至巴马工程建设办第三标段项目部）进行大化公路管理局2014年安全生产应急演练活动。本次活动旨在有效防范和遏制生产安全事故的发生。

四、演练内容

此次演练活动模拟了在工程作业中工程操作员因电源未及时关闭造成触电并落入江河中溺水的事故。演练中，安全员及时疏散工程人员，第一时间向120急救中心求救，并对伤者进行紧急救助处理。接报后，岩滩镇卫生院医疗救护组迅速赶到事发地，救助受伤人员，圆满完成全程10分钟演练任务。此次演练旨在进一步提高公路桥梁行业安全生产应急管理水平和应急救援能力。

五、效果与问题

此次应急演练立足实战，切实提高养护工在平时养护作业中的安全意识和安全素质。特别是岩滩镇卫生院在应急演练前分别对触电事故、溺水事故、夏日防暑等应急救助进行动作讲解、示范，交警对交通安全情况的讲解传播了安全生产正能量，为今后的道路养护及安全生产工作提供了良好的指导。

参考资料

1. 广西大化公路局：联合多部门开展2014年安全生产应急演练活动，见http：//www. china-highway. com/news/2014/845922. php。

2014江苏省危险化学品仓库氯气泄漏事故应急演练

一、演练名称

2014江苏省危险化学品仓库氯气泄漏事故应急演练。

二、主办单位

江苏省安委办、南京市安委会、江苏惠隆资产管理有限公司。

三、时间、地点与目的

2014年6月18日，由江苏省安委办、南京市安委会、江苏惠隆资产管理有限公司主办，南京市六合区人民政府、江苏省化建贸易有限公司承办的危险化学品仓库氯气泄漏事故应急演练在南京六合举行。省安监局、省国资委、省经信委、南京市及所属区安监局、南京市六合区及有关部门、有关企业负责人观摩或参加演练。

四、演练内容

演练模拟一违章混装三氯化磷和过氧化物车辆在库房门口倒车时失控，引发液氯泄漏。该公司迅速组织自救并及时上报，六合区政府接报后立即启动应急预案，经过40多分钟努力，事故被成功处置，演练活动取得圆满成功。

五、效果与问题

此次演练目的明确、情景真实，组织得力、协调有序、针对性强，通过演练检验了预案、锻炼了队伍、磨合了机制，使参演和观摩人员很受启发和教育。

参考资料

1. 江苏省安委办举办危险化学品仓库氯气泄

漏事故应急演练，见 http：//www.chinasafety.gov.cn/newpage/Contents/Channel_4224/2014/0620/236442/content_236442.htm。

2. 江苏省安委办举办危险化学品仓库氯气泄漏事故应急演练，见 http：//www.zgmklt.com/news/201406/20/43420.html。

3. 江苏省安委办举办危险化学品仓库氯气泄漏事故应急演练，见 http：//www.kaixian.tv/gd/2014/0620/6396393.html。

2014 濮阳市城镇燃气综合应急演练

一、演练名称

2014 濮阳市城镇燃气综合应急演练。

二、主办单位

河南省濮阳市政府安全委员会，华润燃气集团河南大区、山西大区。

三、时间、地点与目的

2014 年 6 月 18 日，由濮阳市政府安委会、华润燃气集团河南大区和山西大区主办，濮阳华润燃气有限公司承办，濮阳市安全生产监督管理局、濮阳市公安消防支队、交警支队、110 指挥中心、公用事业局、卫生局、气象局参演的“濮阳市 2014 年城镇燃气综合应急演练活动”在市开发区胡村乡裴王合村举行。该演练目的在于做好第十三个“安全生产月”工作，提高城镇燃气抢险应急响应时速和应对能力，检验公司调度、输配抢险能力，保障全市燃气用户的生命财产安全。

四、演练内容

演练模拟：上午 9 时，调度中心接到路人报警电话，东风小区附近有明显的天然气味，华润燃气有限公司调度员第一时间安排人员赶到现场进行处置，根据现场事态发展逐级启动应急预案，公司立即成立应急处置指挥部，组成综合协调组、技术组、抢险实施组、物资供应组、后勤保障组赶赴现场，开展应急救援处置工作。此次应急抢险演练，参加人员 80 余人，动用各类抢险辅助车辆 11 部，多个部门共同参与。按照应急响应、应急启动、现场控制、应急处置、抢险结束的程序进行，演练取得了圆满成功。

五、效果与问题

此次演练做到了反应迅速，处置得当，演练展示了各类先进抢险设备，检验了应急预案的可行性，强化了员工的安全意识，锻炼了应急队伍对突发事件的处置能力，进一步熟悉了应急抢险流程，对应急指挥、协调和处置能力起到了有力的促进作用，对今后高效、有序开展应急抢险工作奠定了坚实基础，为濮阳市燃气管道安全运行打下了实战基础，有效提升了与市政府各部门应急救援机构的协同作战能力。

参考资料

1. 濮阳市开展 2014 年城镇燃气综合应急演练，见 http：//hn.ifeng.com/hnzhuanti/puyang/fg-py/detail_2014_06/19/2458462_0.shtml。

2. 濮阳开展 2014 年城镇燃气综合应急演练，见 http：//henan.163.com/14/0619/11/9V3LST5602270INA.html。

米脂县 2014 年“反恐处突”应急演练

一、演练名称

米脂县 2014 年“反恐处突”应急演练。

二、主办单位

中共米脂县委员会。

三、时间、地点与目的

2014 年 6 月 18 日，米脂县开展了 2014 年“反恐处突”应急演练。本次演练旨在为应对当前严峻的反恐维稳工作形势，建立一支快速反应、高效处置的反恐处突应急队伍。

四、演练内容

各参演单位在县城集结后，通过高音广播的形式在城区内进行了展示宣传。上午 9 时，县委书记杨志先下达演练开始命令，公安局政委马晓东指挥演习开始。县公安局指挥中心接群众报警称：多名群众在不法分子煽动下，在县政府门前非法聚集、闹事，试图冲击政府机关，并与县政府警务人员发生暴力冲突。县反恐处突应急领导小组立即启动反恐处突应急预案。处突分队到达后，群众情绪进一步激化，与处突分队发生肢体冲突，处突分队在请示县委县政府后，分别以处突“一字”防御队形、“八字”攻击队形对不法群众进行驱离，并对领头闹事分子实施抓捕，从而顺利解决此次群体性事件。

随后还进行了火车站暴力砍杀事件和 610 管道恐怖爆炸事件的模拟演练。演练过程中，各参演单位和人员分工协作。特别是在民警使用各类器械对犯罪进行制服、对罪犯逃跑车辆的围堵以及武警战士对犯罪人员进行抓捕等环节，各参演单位表现积极，紧密配合，一丝不苟，充分展现了全县公安队伍的良好精神风貌，达到了锻炼队伍、强化作风、凝聚警心、提高合成作战能力的目的。整个演练过程用时 30 多分钟。

五、效果与问题

此次演练共出动指挥车、警车、消防车 20 余辆。演练主要从群体性案件处理、恐怖暴力砍杀事件和 610 天然气管道恐怖爆炸事件三大演练项目着手，进一步推动我县反恐怖基础工作、防控工作和应急工作，提高快速反应、有效处置的能力。

参考资料

1. 米脂县开展2014年“反恐处突”应急演练，见 http://yjb.shaanxi.gov.cn/html/38/201406/24/107946_0.html。

2014 安徽轨道交通应急综合演练

一、演练名称

2014 安徽轨道交通应急综合演练。

二、主办单位

安徽省住房和城乡建设厅。

三、时间、地点与目的

2014年6月19日，安徽省住房和城乡建设厅在合肥轨道交通1号线望湖城站施工现场举行2014安徽轨道交通应急综合演练。

四、演练内容

演练模拟：在合肥轨道交通1号线望湖城站施工现场出现“险情”，起因是起重机违章作业造成钢支撑坠落，引发深基坑变形、地下管线破裂，基坑有失稳的危险。演练从险情报告开始，经过现场有序指挥、启动应急预案、施工单位现场初期处置、人员紧急撤离、救护车赶到现场救援、施工现场架设应急钢支撑、吊走基坑周边放置的钢筋等重物、附近关闭水阀修复地下供水管线、专家组最后进行潜在风险评估等一系列紧张有序的紧急处理程序后，“险情”排除，“应急”恢复。

五、效果与问题

此次演练安排紧凑、组织有序，场景逼真、内容丰富，充分检验了轨道交通建设应急预案的实用性和可操作性，达到了磨合机制、锻炼队伍、宣传教育的目的，是安徽省建筑安全生产应急管理水平的集中体现。

参考资料

1. 安徽省轨道交通建设工程应急演练在肥举行，见 http://ah.anhuinews.com/qmt/system/2013/06/19/005785169.shtml。

2. 安徽省轨道交通建设工程应急演练在肥举行，见 http://www.ahwang.cn/zbah/20130619/1289058.shtml。

2014 年青海电网电力短缺应急演练

一、演练名称

2014年青海电网电力短缺应急演练。

二、主办单位

国家电网青海电力组织调控中心。

三、时间、地点与目的

2014年6月19日，针对今年青海电网严峻的缺电形势，国网青海电力组织调控中心开展2014年青海电网电力短缺应急演练，本次演练旨在确保迎峰度夏期间青海电网安全稳定运行和电力可靠供应。

四、演练内容

近年来，青海电网负荷持续快速增长，2013年青海电网已由原来的季节性缺电转变为全年性缺电。2014年青海电网缺电形势更加严峻，受龙羊峡水库出库流量同比减少及用电量增长影响，我省外购电量同比出现较大增幅，省内购电结构呈现“水电下降、新能源上升”的特点，预计全年缺电总量达121亿kW·h，需要通过跨省电力交易来满足省内用电需求。本次演练成立由国网青海电力主管领导任组长的应急演练领导小组。应急演练领导小组下设调度计划组、调度控制组、信息发布组、技术保障组、监察评估组。演练以电话方式临时传达、视频会议指挥为主。演练中，各参演单位精心组织，参演人员密切配合，按照电力短缺应急演练预案，准确及时地处理演习设置的各种故障，保障了重要客户用电和大电网安全运行。

五、效果与问题

演练紧密贴近实际，对全面检验各单位和相关人员应急演练的组织协调能力、启动响应速度、实际操作技能、技术支持系统的业务支撑能力，提高各方协调处置能力，将电力短缺损失降到最低积累了宝贵经验。通过应急演练，检验了电力短缺应急预案的可操作性和应急机制的合理性、有效性，确保了演练取得实效。

参考资料

1. 青海电力公司开展2014年电力短缺应急演练，见 http://www.chinapower.com.cn/newsarticle/1213/new1213295.asp。

2014 年钱塘江联合水上应急演习

一、演练名称

2014年钱塘江联合水上应急演习。

二、主办单位

杭州市地方海事局等。

三、时间、地点与目的

2014年6月20日，杭州市地方海事局联合钱塘江管理局、市水上治安分局等几家涉水单位共同举办大型水上应急演习，意在进行水上救生、船舶消防和防污染等项目的应急演练。

四、演练内容

6月20日下午，在钱塘江三江口（钱塘江、富春江、浦阳江交汇处）下游，一艘载运20名乘客的客渡船在之江所码头水域与采砂船发生碰撞，2名乘客失足掉入水中，由于不熟水性，乘客拼命在水中挣扎……采砂船机舱起火，烟雾弥漫，还出现燃油泄漏，事态呈扩大趋势，有可能引起钱塘江水质污染，威胁九溪、南星水厂的取水安全。

杭州地方海事局水上指挥中心根据船载GPS定位，通知事发地钱江辖区水上指挥中心处置险情，同时协调事发地上下游海事机构两端进行临时封航。8分钟后，两名落水人员被搜救快艇救起，送往在岸边待命的120急救。其余18名乘客也被转移至岸上，成功脱险。对于从油舱溢出油污，海事部门在第一时间向环保部门、下游九溪、南星两个水厂通报事故情况。2艘海巡船自下而上利用潮汐特点将围油栏进行U形布放后逐渐缩小范围，把江上污油都控制在围油栏内。在对漏油点进行成功堵漏之后，施放吸油毡，全面回收溢油。

五、效果与问题

此次应急演练在各部门紧密协调配合下，安全转移所有遇险人员，有效扑灭船舶机舱火灾，成功救助了落水船员，整个过程只用了40分钟左右。杭州地方海事局目前共有自备应急用艇57艘、应急车辆43辆、围油栏2750米、吸油毡3500公斤；应急队伍11支，应急人员350余人。在演习水域附近的袁浦所就设有一个应急储备仓库。同时，也进一步加强了防污染宣传和加大执法力度，督促报港、锚泊船舶做好垃圾上岸集中收集、集中处置，坚持以教育为主，教育与处罚相结合的原则，引导广大船员自觉提高生态环保的意识。

参考资料

1. 钱塘江上首次举行多部门联合水上应急演习，见 http：//ori. hangzhou. com. cn/ornews/content/2014－06/20/content_5331456_2. html。

2. 钱塘江首次举行多部门联合水上应急演练，见 http：//www. hangzhou. gov. cn/main/zwdt/bmdt/cj/T489363. shtml。

3. 钱塘江上首次举行多部门联合水上应急演习，见 http：//www. qnsb. com/fzepaper/site1/qnsb/html/2014－06/21/content_499886. html。

新疆民航2014年反恐怖应急综合演练

一、演练名称

新疆民航2014年反恐怖应急综合演练。

二、主办单位

民航新疆管理局。

三、时间、地点与目的

2014年6月20日，由民航新疆管理局主办、天津航空承办的新疆民航2014年反恐怖应急综合演练在新疆乌鲁木齐地窝堡机场举办。演练旨在提高机组人员处置突发恐怖事件的能力，政府机构、公安机关、机场、航空公司等各单位之间的协同处置能力，检验应急处置预案的全面性、实用性。

四、演练内容

演练模拟：2名歹徒登上天津航空GS2014乌鲁木齐至和田航班，准备制造机毁人亡的重大恐怖事件。机组成员按照反劫机预案应对处置，成功将歹徒制服，保证了航空器和旅客的生命财产安全。

五、效果与问题

此次演练过程逼真，达到了演练的预期目的和总体要求，充分展示了各单位反恐协同处置和应急救援的实力。同时，使全体机组成员进一步熟悉和掌握反劫机预案、信息通报和处置程序，一旦遇有突发事件，能够充分应对，做到程序清楚、机智灵活、稳妥处置，确保航空器和旅客生命财产安全。

参考资料

1. 天津航空成功承办2014年反恐怖应急综合演练，见 http：//news. carnoc. com/list/285/285461. html。

2. 天津航空成功承办新疆民航2014年反恐怖应急综合演练，见 http：//news. cnair. com/c/201406/56153. html。

河北航空2014年反劫机应急处置演练

一、演练名称

河北航空2014年反劫机应急处置演练。

二、主办单位

河北航空公司。

三、时间、地点与目的

2014年6月21日，河北航空公司开展了一场反劫机应急处置演练。

四、演练内容

演练模拟：6月21日15时，河北航空公司某机组在执行上海至石家庄NS3220航班任务时，飞机起飞1小时后，在乘务员刘某为旅客送餐食至29排时，位于29排C座的一名男子突然起身立于乘务员刘某背后，并用手中的利器对准刘某的颈部将其劫持，并对周围乘客及乘务员说：

"让飞机马上飞往韩国首尔，否则就杀了这个人质。"该机组立即启动反劫机预案，并迅速将信息传递给公司及地面相关单位。

河北航空公司运行控制中心 AOC 在收到信息后，第一时间启动相应应急预案，公司应急救援指挥中心各级领导、AOC 各席位同时分头作业，立即通知公司各应急处置小组到应急指挥中心紧急集结，同时协调机场、空管和各保障单位，快速提供有力的地面支援……随后河北航空公司安保事件调查组、机组安置组、航空器处置组、新闻公关组、联络接待组等各应急小组在规定的时间内迅速就位。

在空中，该航班的机组人员临危不乱，前、后舱密切配合，一面冷静地与歹徒周旋，一面机智巧妙地向地面汇报实时动态，在不断与歹徒周旋的过程中，机组人员在确认歹徒无同伙、无爆炸物、人机安全的前提下，安全员果断一招制敌，飞机平稳落地后将歹徒移交给石家庄机场地面公安。

在地面，河北航空公司 AOC 应急指挥中心内，各应急小组人员精神高度集中，整个现场气氛紧张、严肃，各席位认真、熟练、准确地解决和应对各种突发情况。在将歹徒移交给机场公安，机组巡舱无任何其他特殊情况正常撤离后，总指挥宣布解除公司应急处置状态，演练结束。

五、效果与问题

此次演练过程逼真，指挥有条不紊，充分展现了河北航空反恐应急处置能力和危机意识，达到了演练的预期效果。进一步完善了公司应急体系建设，提高了机组人员处置突发事件的应急能力，增强了员工空防安全意识，提升了河北航空公司航班的安全保障能力及安全运营品质。

参考资料

1. 河北航空成功举办 2014 年反劫机应急处置演练，见 http：//news. 163. com/air/14/0623/17/9VEL8FQT00014PHJ. html。

2. 河北航空成功举办 2014 年反劫机应急处置演练，见 http：//news. carnoc. com/list/285/285619. html。

宁夏空管分局技术保障部 2014 年上半年度应急演练

一、演练名称

宁夏空管分局技术保障部 2014 年上半年度应急演练。

二、主办单位

宁夏空管分局。

三、时间、地点与目的

2014 年 6 月 23 日，宁夏空管分局技术保障部在做好充足的准备工作以及相关部署之后，进行了部门各科室的应急演练工作。本次演练旨在进一步检验值班人员面对突发情况的应急处理能力。

四、演练内容

2014 年 6 月 23 日上午 10 时，通信室值班人员发现 Schmid 语音交换系统主机全面告警，监控系统中，主机及各个席位由正常跳转至非正常状态，扬声器发出警报声。值班人员立即根据故障现象对设备进行检查，并电话上报使用部门说明情况，启用应急预案，同时上报相关领导，经过 15 分钟的紧急处理之后设备恢复正常，测试其可以正常投入使用之后通知相关部门设备恢复。故障排除。

10 时 30 分，自动化所有席位上航空器标牌不能与航班号相关，网络室值班人员立刻检查所有席位，根据故障现象，用排除的办法锁定问题出现在兰州自动化系统，遂将情况报告值班领导，并通知相关用户。之后积极配合兰州维护人员查找故障点，终于在 20 分钟后将自动化 FDP 故障排除，所有席位恢复正常。

11 时，雷达导航室本场值班人员发现信标台供电中断，立刻向供电室电话询问。供电室在接到雷达导航室通知以后检查配电柜工作情况，发现信标台供电主备电源均跳闸，对主备电源各进行一次合闸之后仍跳闸，便判断故障为电缆短路故障。在通知了技保部值班领导、雷达导航室分管领导以及供电室分管领导之后，立即启动应急预案，联系车辆，雷达导航室与供电室值班人员一起赶赴信标台现场排故，发现故障原因是机场施工挖断了电缆，经过两科室成员的通力配合，12 时 45 分，供电线路恢复正常。雷达导航室确定故障排除。

结束之后，各室根据演练中出现的具体情况进行了简单的总结，对处理过程中出现的问题提出了不同的意见并加以讨论。

五、效果与问题

整个应急演练过程中，值班人员根据应急保障预案，处理紧急状况时沉着冷静，分工明确，在检查故障原因的同时，准确及时地通报相关领导及使用部门。此次应急演练的顺利完成，不仅是对值班人员应急处理能力的一个肯定，而且在实际应用方面验证了各室应急保障预案的有用性以及可靠性。

参考资料

1. 宁夏空管分局技术保障部圆满完成 2014

年上半年度应急演练工作，见 http：//news. cacs. net. cn/html/20140624/152642. shtml。

宝鸡市非煤矿山坍塌事故应急救援演练

一、演练名称

非煤矿山坍塌事故应急救援演练。

二、主办单位

陕西省宝鸡市安监局。

三、时间、地点与目的

2014 年 6 月 26 日上午，由宝鸡市安监局联合千阳县人民政府，在千阳海螺水泥有限责任公司举行了一场近似实战的非煤矿山坍塌事故应急救援演练。本次演练旨在进一步加强全市安全生产应急管理工作，增强应对和处置安全生产突发事件能力，提高应急救援整体水平。

四、演练内容

演练以地震引发矿山坍塌为背景，设置了险情速报、启动预案、企业自救、扩大应急、医疗救护、人员疏散、交通管制、人员抢救等科目，基本涵盖了非煤矿山事故应急救援的全过程。演练中，现场指挥部沉着指挥，果断下达命令，公安、安监、卫生、文化广电、地震、电力等 16 个部门紧急联动，密切协同，共同完成了一场与时间赛跑、与生命接力的救援过程。整个演练衔接紧密，形象逼真，近似实战。通过演练，进一步检验了应急救援预案，提高了各级应急组织指挥能力、快速反应能力、部门协调能力和有效的救援能力。

五、效果与问题

这次演练是对县级应急指挥系统以及相关部门应急处置能力的一次实战检验，是检验预案、完善预案、锻炼队伍、增强各级各部门忧患意识和责任意识的现场实战教育课，要进一步坚决克服麻痹松懈和侥幸心理，敬畏生命、敬畏规律、敬畏法律，时刻牢记肩负的重大责任，始终树立红线意识，进一步完善各类应急预案，加强应急演练，全面提升应对各种生产安全事故的处置能力，为宝鸡经济社会又好又快发展营造良好的安全生产环境。

参考资料

1. 宝鸡市举行非煤矿山坍塌事故应急救援演练，见 http：//yjb. shaanxi. gov. cn/html/38/201407/01/108999_0. html。

葫芦岛市 2014 年危险化学品事故应急救援演练

一、演练名称

葫芦岛市 2014 年危险化学品事故应急救援演练。

二、主办单位

葫芦岛市政府。

三、时间、地点与目的

2014 年 6 月 26 日上午 9 时 40 分，葫芦岛市 2014 年危险化学品事故应急救援演练在辽宁北方锦化聚氨酯有限公司举行。本次演练旨在切实提高政府和企业处置危险化学品生产安全事故的应急反应和指挥协调能力。

四、演练内容

此次演练假定北方锦化公司 TDI 生产装置光气吸收塔 T510 的冷凝器 E511 的入口法兰发生泄漏，造成危险化学品外泄，是一次 TDI 生产装置危险化学品泄漏导致火灾、爆炸和人员中毒事故的综合性实战演练。

9 时 40 分，TDI 生产装置光气吸收塔 T510 的冷凝器 E511 的入口法兰发生泄漏，造成危险化学品外泄，盘面操作工立即通过广播通知现场巡检迅速佩戴护具到现场查看和处置，并第一时间向分厂、科技生产部及公司主管领导报告，第一时间采取应急措施进行处置。

现场巡检工穿戴隔离式空气呼吸器并携带工具到 TDI400 单元进行检查，并通过广播向控制室报告检查结果及处置状况。处置过程中，因法兰螺栓腐蚀，发生断裂，导致大量甲苯泄漏，甲苯大量泄漏并起火，一人受伤。由于事态扩大短时间无法控制，公司科技生产部命令立即启动全厂撤离警报，并启动公司应急预案，公司主管领导于洪伟立即请求市消防应急力量增援。在市消防应急力量赶赴现场之前，现场总指挥于洪伟命令 TDI 分厂义务消防队员穿戴空气呼吸器赶赴现场启动消防水炮冷却周边设备，巡检工给 T510 接氮气进行吹扫置换。

市消防支队指挥中心接到报警电话后，立即启动《葫芦岛市危险化学品事故应急预案》，第一时间调集连山中队、龙港中队、高新中队、北港中队、海星中队力量进行增援，支队全勤指挥部人员也立即奔赴现场。同时向市政府、市公安局、省消防总队报告，并通知安监局、卫生局、气象局、环保局、防控支队等相关单位到达事故现场。到达现场后，北方锦化公司现场总指挥第一时间向消防局领导报告现场情况，并移交指挥权，成立了由副市长杨维担任总指挥、市安监局副局长崔利民为副总指挥、市消防局局长辛广平担任前沿总指挥的事故处置指挥部，并设灭火救援组、医疗救护组、警戒保卫组和后勤保障组。9 时 44 分，应急救援小组第一时间营救出一名受伤人员。此时，忽然一声巨响，三楼生产装置和残渣浓缩器RV470附近相继起火，同时出现地面流淌火灾，险情再次扩大。此时连山中队、高新中队、海星中队等参战中队相继到达现场，由9辆消防车组成的参战消防力量各自按照指令占领有利地形实施灭火和冷却，各中队32m高喷车、18m高喷车、重工业泡沫消防车、超高层供水车布置多个水炮阵地进攻灭火，形成了夹击冷却灭火的趋势，现场火情基本得到控制。在消防支队统一组织灭火的同时，高新中队两名人员身着防化服，携带有毒气体探测仪、风向仪进行检测，为灾害事故现场处置提供科学依据。此时，大火虽被扑灭，工艺甲苯仍在泄漏，前沿总指挥立即对灭火力量进行调整，命令抢险救援攻坚组在北方锦化公司有关技术人员的配合下，实施堵漏。在成功封堵后，前沿总指挥命令继续对残余泄漏液体进行稀释，侦检小组协同监测站继续实施检测。9时50分，在现场指挥部的正确指导全体参演单位和人员的共同努力下，大火被成功扑灭，泄漏点成功堵漏，并完成洗消工作，整个演练在观摩领导和参演群众的热烈掌声中圆满结束。

五、效果与问题

此次危险化学品事故应急救援演练紧紧围绕“强化红线意识、促进安全发展”主题，进一步增强应对化工生产突发事故的综合指挥能力、快速反应能力、应急处理能力和协调作战能力，是对葫芦岛市应急救援的一次实战检验，也是葫芦岛市安全生产水平逐步提升的集中体现。此次演练组织安排严密，有很强的针对性和实战性，更加注重地方和企业应急预案的衔接和应对，充分展示了地方政府、企业、相关部门协同应对突发事件的能力和水平，达到了预期的效果和目的。

参考资料

1. 葫芦岛市2014年危险化学品应急救援演练在辽宁北方锦化聚氨酯有限公司举行，见http：//zw. hldptpark. gov. cn/ a/ fengxixinwen/ 20141124/ 1487. html。

昆明市烟草专卖局综合应急预案演练

一、演练名称

昆明市烟草专卖局综合应急预案演练。

二、主办单位

云南昆明市烟草专卖局（公司）。

三、时间、地点与目的

2014年6月26日上午10时，云南昆明市烟草专卖局（公司）在机关办公大楼内开展综合应急预案演练。

四、演练内容

此次应急预案演练设定办公大楼7层计算机机房因电气设备运转不正常发生短路起火，火花引起纸张等物品燃烧，火势迅速蔓延，并产生大量烟雾向周围扩散。7楼兼职安全员发现火情后，迅速组织初期扑救及人员疏散，由于火情难以控制，便迅速拨打消防控制室及119电话报警，并逐级上报火情。市局（公司）分管安全的副局长接到报告后，迅速启动应急疏散应急预案，现场成立应急指挥部，指挥监控室值班人员通知相关人员开启报警广播，告知办公区所有人员紧急疏散，切断电源。各楼层部门负责人及兼职安全员迅速组织引导员工用湿毛巾捂住口鼻，以最快的速度从安全出口有序疏散。公司医务人员接到指令后立即赶到指定地点待命。公司保安人员接到指令后，迅速引导人员疏散、设置警戒线，并现场指挥交通及人员搜救等。办公楼内的161名员工全部安全疏散到指定地点，用时仅4分15秒。

五、效果与问题

此次演练严格按照事件发生、先期处置、火情报告、报警调度、紧急疏散、清点人数、报告灭火情况、演练结束、现场恢复等程序进行。演练贴近实战、部署周密，各部门相互协调配合到位。

参考资料

1. 云南昆明市局开展2014年综合应急预案演练，见http：//www. tobaccochina. com/business/ update/ management/ 20147/ 2014630102255_628729. shtml。

河北省2014年防汛应急通信保障演练

一、演练名称

河北省2014年防汛应急通信保障演练。

二、主办单位

河北省通信管理局。

三、时间、地点与目的

2014年6月27日，河北省通信管理局组织省内各基础电信运营企业在石家庄市黄壁庄水库进行了防汛应急通信保障演练。本次演练目的是为了做好2014年防汛应急通信保障工作，确保全省安全度过汛期。

四、演练内容

演练模拟：石家庄市普降暴雨，黄壁庄水库水位超出警戒水位。发生险情后，按照省政府防汛指挥部要求，立即组织省内各电信运营企业迅速派出应急通信队伍，为抢险救灾现场指挥等工作提供通信保障。

演练开始后，各公司保障人员及车辆、物资迅速完成发动、集结，并以最快速度、最短时间到达指定地点。在短时间内架设并开通发动应急电源车，开通卫星通信、短波通信，开展光缆接续抢修，开通“全球眼”向指挥部实时传送视频图像，确保了黄壁庄水库几十公里范围内通信畅通。

五、效果与问题

此次演练从实战角度出发，检验了在紧急情况下，河北省应急保障队伍的快速响应及应急处置能力，检验了县乡一级信息报送的能力，检验了河北省通信行业利用不同技术装备，取长补短、协同作业的能力。河北省应急通信队伍要以本次演练为契机，总结经验、弥补不足、不断提升应急通信保障能力，为在紧急情况下保障人民群众财产安全、维护社会稳定和国家安全发挥重要作用。

参考资料

1. 河北省完成 2014 年防汛应急通信保障演练，见http：//www. chinairn. com/news/20140702/175648398. shtml。

2. 河北：完成防汛应急通信演练，见 http：//www. chinadaily. com. cn/hqcj/xfly/2014 － 07 － 08/content_11968762. html。

2014 年杭州危险化学品事故应急救援演练

一、演练名称

2014 年杭州危险化学品事故应急救援演练。

二、主办单位

浙江省杭州市安监局、市应急办等。

三、时间、地点与目的

2014 年 6 月 29 日，杭州市安监局组织相关单位，举行了 2014 年杭州危险化学品事故应急救援演练。

四、演练内容

6 月 29 日早上演练模拟康桥油库一根正在管输作业的管线爆裂，大量汽油喷出引发火灾，并造成企业人员受伤。企业自救未成功后，分别向 119、110、120 等报警，区、市两级政府启动事故应急预案，相关人员第一时间赶赴事故现场，设立现场指挥部，进行事故应急救援演练。消防出动附近中队和大队参与灭火，救援演练。

接到演练指令，18 个应急救援指挥部成员单位联系人陆续到达现场指挥部，并按各自职责开展应急救援工作。杭州消防 6 个中队出动，临近的康桥中队接到 119 指挥中心指令后，数分钟内就赶到演练现场，14 辆消防车在同时接到指挥中心指令后，立即整装出发，并迅速到达现场指定位置。消防现场指挥员沉着冷静、调度有序，消防车辆按战斗程序，开始战斗，整个灭火过程紧张、迅速、有序、战斗力强。同时环保监测人员身着防化服，进行了现场和周边的环境监测。气象局出动了气象监测车，10 分钟内就出具了现场气象条件报告。半个小时后，演练取得了圆满成功、达到了预期目的。

五、效果与问题

此次应急演练贯彻“以练为用”原则，采取了有别于常规的演练方式。政府部门采取“双盲”演练，消防部门采取“实战拉练”的方式。事前不通知参演单位演练时间、地点和演练内容，各部门相关人员在早上 8 时开始演练时，临时接受演练指令，立即赶赴演练现场。作为事故抢险救援主力的消防部队未采取以往集结待命的演练方式，而是直接从基地出发，进行实战拉练。演练取得了圆满成功，达到了预期效果。

参考资料

1. 杭州市举行危化品事故应急救援演练，见 http：//hz. city8. com/news/1553835. html。

2. 我市举行危险化学品事故应急救援演练，见 http：//www. hangzhou. gov. cn/main/tszf/yjgl/yjyl/T490388. shtml。

3. 杭州举办 2014 年市级输油管道泄漏应急救援演练，见http：//mpnews. zjol. com. cn/system/2014/07/02/020116445. shtml。

2014 荆门市危化品运输应急演练

一、演练名称

2014 荆门市危化品运输应急演练。

二、主办单位

湖北省荆门市道路运输直属运营所。

三、时间、地点与目的

2014 年 6 月 29 日，2014 荆门市危险化学品运输应急救援演练在荆门市通旺达物流有限公司院内进行。荆门市安监、掇刀交警大队、掇刀消防大队、荆门市 120 急救中心、荆门市电视台及城区 19 家危化品运输单位参与了本次演练。

四、演练内容

演练模拟：6 月 29 日上午 9 时，掇刀区深圳大道与阳关大道交汇处发生一起车祸，导致槽罐车甲醇泄漏，造成现场职工轻度中毒，并有火灾爆炸危险，情况紧急。“事故”发生后，槽罐车驾驶员立即报告公司，并拨打 110、120 报警，启动《危化品泄漏事故应急救援预案》。随车押运员立即关闭全车电源，进行火源隔离，将受伤人员救出带到安全区域。交通、环保、卫生、交警、质检、消防等专业力量迅速行动，协同配合，采取侦查询情、警戒救生、稀释抑爆、关阀堵漏、洗消处理等措施，积极抢救被困人员，最大限度地减少损失和危害。9时55分，通过各部门配合行动科学施救，事故得到了处置，此次演练圆满结束。

五、效果与问题

此次演练有效检验了指挥员应急处置指挥能力，多部门协调配合处置危险化学品火灾事故的操作性和实效性，为切实提高全市危化品运输应急救援水平打下了坚实基础。

参考资料

1. 荆门市举行2014年危化品运输应急演练，见http：//www.hbfire.com/ctxf/news/xc/2014/0630/29246.html。

2. 荆门市急救中心参加全市2014年危化品运输应急演练，见http：//www.sdemss.com/html/2014/cn/2263.html。

云南省“铁拳”反恐演练

一、演练名称

云南省“铁拳”反恐演练。

二、主办单位

中共云南省委、云南省公安厅、武警云南总队。

三、时间、地点与目的

2014年6月29日上午，云南省举行了代号为“铁拳”的反恐演练。本次演练旨在深入贯彻落实习近平总书记等中央领导同志关于反恐怖斗争的系列重要批示、指示精神和省委省政府加强反恐怖工作的决策部署，检验和提高我省反恐怖专业力量应急处置能力，有力震慑暴力恐怖犯罪活动。

四、演练内容

此次演练针对刀斧砍杀、驾车冲撞、爆炸、劫持和生化等暴力恐怖袭击预设情景，从实战角度出发进行了合成演练，新组建的公安边防机动队伍也拉动到了演练现场。

五、效果与问题

进一步加大对一切暴力恐怖行为线索的主动进攻力度，始终保持严打高压态势，坚决把暴力恐怖活动摧毁在行动之前；进一步加大对社会面和重点目标的防范工作力度，保持重点部位武装巡逻防控等级常态化，加强治安复杂场所、重点人员的滚动摸排管控，坚决不给暴恐势力可乘之机；进一步加大对反恐怖应急处突专业力量和社会力量的整合应用力度，加强街面机动单元建设，健全指挥机制，开展实战训练，时刻保持最佳的临战状态，确保一旦发生突发事件第一时间反应、第一时间果断处置，坚决给予暴恐分子有力打击。全省各族人民和全社会各方面的力量要团结一心、众志成城，布下让暴恐分子成为“过街老鼠”的天罗地网，攥成粉碎暴力恐怖图谋的“铁拳”，铸造维护国泰民安的铜墙铁壁，决不让暴恐分子分裂国家、制造仇恨、残害人民的图谋得逞，全力维护我省社会大局稳定，为实现“三个发展”、为共享发展成果提供坚强保障。

参考资料

1. 云南省举行“铁拳”反恐演练，见http：//www.ga.yn.gov.cn/jwxw/xinwenfabu/201406/t20140630_277668.html。

国网山东电力公司2014年防汛应急实战演练

一、演练名称

国网山东电力公司2014年防汛应急实战演练。

二、主办单位

山东电网电力公司。

三、时间、地点与目的

2014年7月2日，由聊城供电公司承办的国网山东电力2014年防汛应急实战演练在聊城市黄河大堤举行。演练旨在贯彻公司2014年电网迎峰度夏和防汛工作要求，提升公司防汛应急实战能力。

四、演练内容

演练模拟：聊城南部地区遭遇特大暴雨，短时最大风力达9级，汛情造成阳谷、东阿、莘县三县电网电力设施严重损坏。工业用户停电，居民用户停电，防汛水闸、自来水厂、医院等重要用户停电。

“灾害”发生后，公司应急机制迅速反应。因提前发布的恶劣天气预警而全员备战的聊城公司应急抢修人员第一时间赶往现场进行应急抢修。同时，聊城公司将受灾情况向公司进行汇报。公司应急值班室接聊城公司灾情汇报后，立即请示应急领导小组，开启应急指挥中心。相关领导和部门负责人迅速赶至应急指挥中心。张方正带领专业部室负责人和相关人员从济南出发，赶赴抢修现场。

在公司应急指挥中心的统一调配下，应聊城公司求援派出的应急发电车和应急通信车从济南、泰安、德州三地赶赴受灾现场。公司建立区域协作方式的应急机制，即省公司间、省内协作区间、市公司间、县公司间四级应急协作机制，打造省内2小时应急协作功能区。

在聊城公司做好现场抢修的同时，抢修人员和设备及时到位，现场应急抢修工作有序展开。现场的杆塔组立、应急照明、信息发布和后勤保障工作开展井然有序。尽管形势紧迫，但是现场安全监督工作仍然一丝不苟。在现场应急抢修展开的同时，应急发电车也赶赴防汛水闸、自来水厂、医院等重要用户开始应急供电。16时，历时8小时的山东电网2014年防汛应急实战演练圆满结束。

五、效果与问题

此次演练是山东电力公司历年来范围最广、规模最大、参加专业队伍最多的一次电力防汛抢险演习。通过演练进一步检验了山东电力公司自去年“7·26”雷暴雨、“8·7”飑线风等极端自然灾害发生以来一年的治理工作成效，全方位检验了公司防汛应急处置能力，提高了国家电网应急防汛实战能力。

参考资料

1. 国网山东电力公司举行2014年防汛应急实战演练，见http：//news.xinhuanet.com/energy/2014－07/14/c_126750868.htm。

2. 国网山东电力2014年防汛应急实战演练在聊城举行，见http：//liaocheng.iqilu.com/lcyaowen/2014/0703/2049513.shtml。

重庆市渝北区2014年危险化学品应急救援演练

一、演练名称

2014年危险化学品应急救援演练。

二、主办单位

重庆江北化肥有限公司。

三、时间、地点与目的

2014年7月9日，渝北在重庆江北化肥有限公司举行了2014年危险化学品应急救援演练。

四、演练内容

演练假想江北化肥有限公司下合成氨管线发生泄漏，现场有2名员工中毒晕倒。公司负责人立即启动应急救援预案，组织公司应急救援小组进行自救，同时向区安全监管部门汇报并请求支援。区政府根据事故情况，迅速启动应急救援预案，区安监、消防、公安、卫生、环保、气象、交警、悦来街道、区危险化学品救援队等单位人员陆续赶到现场进行增援。经过近30分钟的紧张战斗，险情终于被彻底排除。通过环保部门的检测，确定现场空气达到正常指标后，现场总指挥宣布演练结束。

五、效果与问题

一是前期准备充分，二是现场处置果断，三是协同配合紧密。检验了渝北区应急救援队伍的能力水平，检验了危化品事故应急预案的科学性、有效性和与企业预案的衔接性，检验了政企联动、部门联动、资源整合的安全生产应急管理体制机制，达到了预期的目的和效果。

参考资料

1. 渝北：举行2014年危险化学品应急救援演练，见http：//www.pacq.gov.cn/sjjs/2014/0714/21989.html。

2014南京市青奥会空气环境质量推演和突发环境事件应急演练

一、演练名称

2014南京市青奥会空气环境质量推演和突发环境事件应急演练。

二、主办单位

江苏省南京市环保局。

三、时间、地点与目的

2014年7月10日上午，南京举行青奥会空气环境质量联防联控桌面推演和突发环境事件应急演练，考验各地区与部门之间的协同配合能力。

四、演练内容

空气环境质量联防联控桌面推演中，南京市环保局虚拟出一个背景，假设7月9日、10日南京空气质量AQI指数接近二级标准警戒值，且未来两天气象条件不利于污染物扩散。专家紧急会商后建议启动空气环境质量保障应急响应，南京市副市长陆冰接环保局报告后宣布同意启动。

南京市各区、园区与相关部门立即按照《2014年青奥会南京空气环境质量保障加强及应急方案》采取行动，通过对部分工地停工、主次干道冲洗、查处黑烟车辆等方式改善空气质量。同一时间，南京青奥会环境保障与应急指挥中心通报南京周边城市，建议当地启动应急响应。

通知到位后，由南京市环保局与南京市督查办组成督查组，兵分两路对各区应急响应措施落实情况进行督查，确保各地区、部门按照应急方案落实措施。11日上午，南京空气质量指数“恢复”正常，专家磋商后一致认为应急响应可以终止，经陆冰同意，指挥中心通知各区县、部门终止应急响应，并通报周边城市。

青奥会突发环境事件应急演练开始后，南京市环保局将背景设定为，金陵石化厂内一个柴油罐罐顶被雷击穿并引发火灾，且泄漏柴油有流入长江危险。

金陵石化迅速开展自救，并及时向12369报警。南京市环保局接报后立即向市政府报告，并启动应急预案，同时组织环境监察、环境监测小组及栖霞区环保局应急人员携带各类专业设备赶赴现场。陆冰率相关部门人员到达现场成立应急指挥部，统一组织应急救援工作。各部门、单位按照方案有条不紊地组织救援，事故很快得到有效控制。陆冰在听取专家组意见后，下达应急状态解除指令。

五、效果与问题

这次演练重在演练突发状况下各部门的协同能力，通过演练，进一步提高了企业与政府的快速反应、组织指挥、协调配合及高效处置能力。

参考资料

1. 南京举行青奥会空气环境质量推演和突发环境事件应急演练，见 http：//news. jschina. com. cn/system/2014/07/10/021371826. shtml。

2. 南京桌面推演青奥突发环境事件，见 http：//news. eastday. com/eastday/13news/auto/news/csj/u7ai1979700_K4. html。

3. 我市举办青奥会空气环境质量联防联控桌面推演与突发环境事件应急演练，见 http：//wmdw. jswmw. com/home/content/？2620－2167089. html。

2014年杭州地铁2号线东南段开通前的突发事件综合应急演练

一、演练名称

2014年杭州地铁2号线东南段开通前的突发事件综合应急演练。

二、主办单位

浙江省杭州市城市轨道交通应急指挥部办公室。

三、时间、地点与目的

2014年7月17日下午，杭州市城市轨道交通应急指挥部办公室组织相关部门（单位），举行了杭州地铁2号线东南段开通前的突发事件综合应急演练。

四、演练内容

演练于下午3时开始，在还未正式启用的钱江路站站台上，车站内有300名左右乘客。这时，地铁客服接到一个男人的匿名电话，说了一句“钱江路站有炸弹”就挂掉了。客服中心工作人员接到电话，立刻向地铁控制中心报告，运营分公司启动地铁反恐预案和公交接驳预案，地铁集团通过官方微博等渠道向公众发布钱江路站因为特殊原因要停止使用的消息。在车站工作人员的指挥下，乘客被紧急疏散到C出口，乘上接驳的公交车到钱江世纪城站，列车则在朝阳站至钱江世纪城站间小交路运行。人员清空的钱江路站内，地铁公安找到疑似爆炸物并开展了排爆处置。下午3时43分，现场处置基本结束，钱江路站达到恢复运营条件，公交接驳方案也停止实施。地铁集团也第一时间向公众发布了这条消息。

五、效果与问题

本次演练通过爆炸物处置、乘客疏散、公交接驳等科目演练，检验了杭州地铁运营分公司2号线相关应急预案的科学性和可操作性，完善了运营分公司应急救援队伍以及救援物资的准备工作，规范了各层级应急处置的组织响应，增强了市政府相关部门（单位）与运营单位之间的联动能力。

参考资料

1. 模拟炸弹带入站内地铁2号线东南段举行演练，见 http：//hzdaily. hangzhou. com. cn/mrsb/html/2014－07/18/content_1766844. htm。

2. 我市举行地铁2号线东南段开通前的应急演练，见http：//www. hangzhou. gov. cn/main/tszf/yjgl/yjyl/T492704. shtml。

3. 地铁2号线东南段开展突发事件应急演练，见 http：//www. xsnet. cn/news/shms/2014_7/2121265. shtml。

2014南京市水产品质量安全应急演练

一、演练名称

2014南京市水产品质量安全应急演练。

二、主办单位

江苏省海洋与渔业局、南京市农业委员会等。

三、时间、地点与目的

为检验江苏省应对水产品质量安全突发事件的运行机制，锻炼应急处置队伍，提高应急处置工作效率，最大限度减少水产品质量安全突发事件的危害，切实保障公众健康、生命安全和产业健康发展。7月18日，江苏省海洋与渔业局联合南京市农业委员会在南京市举行了2014年江苏省暨南京市水产品质量安全应急演练活动。省海洋与渔业局沈毅副局长出席演练活动并发表重要讲话。

四、演练内容

此次演练模拟南京市出现Ⅲ级水产品质量安全突发事件，启动应急响应，具体操作演练了事件报告、事件评估、级别核定、应急响应、紧急处置、响应升级或降级、响应终止和后期处置等事件处置的各个环节，取得了圆满成功，达到了预期目的。

五、效果与问题

江苏省有关单位及南京市、江宁区、溧水区的相关人员参加了演练，省其他各市渔业主管部门分管负责人、水产品质量安全主管处室负责人40余人观摩了演练。通过演练，进一步提高了各地水产品质量安全突发事件的快速反应、组织指挥、协调配合及高效处置能力，为全省水产品质量安全水平提升和南京青奥会的顺利召开提供了有力保障。

参考资料

1. 保障青奥会江苏省暨南京市举办水产品质量安全应急演练活动，见 http：//www.bjny.gov.cn/nyj/231595/618526/619059/5499915/index.html。

2. 2014年江苏省暨南京市水产品质量安全应急演练活动在南京市举办，见 http：//www.shuichan.cc/news_view－198375.html。

3. 江苏省联合举办水产品质量安全应急演练活动，见 http：//blue.china.com.cn/2014－07/23/content_33034109.htm。

滁州市2014年洪涝灾害救灾防病卫生应急演练

一、演练名称

滁州市2014年洪涝灾害救灾防病卫生应急演练。

二、主办单位

安徽省滁州市定远县人民政府、滁州市卫生局。

三、时间、地点与目的

2014年7月18日上午，由安徽省滁州市定远县人民政府、滁州市卫生局主办，滁州市疾病预防控制中心、定远县卫生局、定远县市场监督管理局承办的滁州市暨定远县2014年洪涝灾害救灾防病卫生应急演练在定远县人民广场举行。滁州市政府、各县（市、区）卫生局、疾控中心、卫生监督所等单位有关负责人现场观摩演练活动。

四、演练内容

该救灾防病卫生应急演练采用示范性演练进行。演练模拟：7月中旬以来，江淮地区连续普降大到暴雨，内涝严重，炉桥、连江、二龙等多个乡镇受灾，各参演单位按照应急演练领导小组的统一部署，练习救灾防病卫生应急处置的全过程，共分救灾防病工作紧急动员、紧急集合、医疗点救治健康教育、外环境消杀、饮用水消毒、事件处置、疫情分析、评估和总结8个场景。整场演练活动组织周密、安排合理、衔接流畅、操作规范、处置得当。

五、效果与问题

此次演练展现了滁州市卫生应急队伍在应对自然灾害和突发公共卫生事件的沉稳精神风貌和娴熟技能水平，达到了锻炼卫生应急队伍的预期效果，取得圆满成功。

参考资料

1. 滁州市暨定远县2014年洪涝灾害救灾防病卫生应急演练在我县成功举办，见 http：//www.dingyuannews.com/detail.aspx？ArticleID＝7765。

2. 滁州市2014年洪涝灾害救灾防病卫生应急演练在定远县举办，见 http：//www.ah.xinhuanet.com/2014－07/22/c_1111743267.htm。

2014年省市县联动地震应急救援综合演练

一、演练名称

2014年省市县联动地震应急救援综合演练。

二、主办单位

黑龙江省地震局。

三、时间、地点与目的

2014年7月28日，黑龙江省通河县举行2014年省市县联动地震应急救援综合演练。本次演练旨在进一步加强和提高我省地震应急指挥和救援能力，最大限度减轻地震灾害损失。

四、演练内容

演练分为地震、环境、气象监测，无人机获取灾情，震区群众和师生避震疏散和自救互救，震区灾情评估与危房鉴定，地震表层废墟搜索与营救，解救人员的卫生救护和灾区防疫，灾民安置、发放救灾物资，城市基础设施和生命线工程抢修，次生灾害抢险与防御，交通管制和维护社会治安，应急救援队对掩埋人员施救等11个科目。同时，方正县和依兰县开展室内桌面演练，省地震局直属10个地震台站以此次演练为背景，结合本单位实际，组织台站干部职工开展有针对性的应急演练。

演练首次采用了一些新技术装备和新科研成果，小型移动应急平台和无人飞行器为领导指挥决策提供中远程现场图像采集和传输服务；微波传输结合3G基站方式为演练现场提供天翼语音和3G技术服务；地理信息综合数据系统，集无人机航摄、卫星通信和快速制图出图多功能一体的地理信息应急监测车为处突决策提供辅助性服务，形成了空中、地面、数据库支持等多角度、多部门、多技术密切配合的立体式保障集群，为演练服务。

五、效果与问题

这次演练是黑龙江省组织的一次大规模地震

应急救援实战演练，充分体现了省、市、县协同配合、合力救灾，全面检验了“统一领导、军地联动，分级负责、地方为主，资源共享、快速反应”的应急管理机制，集中展示了黑龙江省多年来应对地震应急反应、指挥和救援工作的成果。

参考资料

1. 黑龙江省举行2014年省市县联动地震应急救援综合演练，见 http://www.hea.gov.cn/manage/html/8a85878814de00b10115024bf3e40c89/_content/14_07/28/1406529410728.html。

2014重庆区域协调联动应急演练

一、演练名称

2014重庆区域协调联动应急演练。

二、主办单位

国家电网重庆分公司。

三、时间、地点与目的

2014年8月13日，江北分公司配合市公司应急指挥部开展以无脚本盲演为主形式的区域协调联动应急演练。

四、演练内容

本次应急演练设置以重庆部分地区遭受强雷暴雨天气为背景，模拟重庆电网受极端天气影响，导致主城及周边地区47万户居民生产、生活用电受到影响。应急总指挥部发布了电网大面积停电事件三级预警，在突发大面积停电事件发生后，各参演单位迅速投入到应急处置响应工作中。

在演练分会场，根据应急办指挥部指令，江北公司按实际工作流程，通过桌面推演的方式，进行口头汇报。在模拟故障现场，抢险救援实际出动装备、物资和队伍，所有程序按预案流程实施。演练经历了3个220kV，7个110kV变电站全停、线路倒杆102基、断线、交通事故、人员受伤、居民上街等各类突发的意外状况。江北公司沉着应对，按照应急预案迅速开展应急抢修、物资调配、信息报送、舆论监控等工作。

五、效果与问题

此次演练检验了公司应对突发大面积停电事件的应急处置和协调联动能力，达到了演练预期目的。江北公司将以此次演练为契机，认真总结经验，巩固演练成果，不断提升应对突发事件的能力。

参考资料

1. 江北供电：2014年区域应急协调联动演练，见 http://www.cq.xinhuanet.com/2014-08/15/c_1112089561.htm。

阿坝州2014年重大动物疫情应急演练

一、演练名称

阿坝州2014年重大动物疫情应急演练。

二、主办单位

四川省阿坝州畜牧兽医（农牧）局。

三、时间、地点与目的

2014年8月14—17日，阿坝州2014年重大动物疫情应急演练在茂县举行。本次演练旨在科学规范我州重大动物疫情应急处置工作，切实提升应急预备队伍的应急处置能力。

四、演练内容

此次演练分疫情报告诊断与先期处置、应急响应与应急处置、应急响应终止与善后处置三大演练科目进行。演练假想茂县某羊场突发口蹄疫疫情，模拟重大动物疫情防控指挥部和7个应急处置组（疫情诊断专家组、疫区封锁组、扑杀组、无害化处理组、消毒灭源组、紧急免疫组、疫情审验评估组），展现疫情报告、采样送检、先期处置、疫情诊断、预案启动、疫区封锁、动物扑杀、消毒灭源、无害化处理、紧急免疫、疫情监测、封锁解除、扑杀补偿、恢复生产等应急处置工作的全过程。

五、效果与问题

整个演练准备充分、环节紧凑、指挥有力、处置规范，实战检验了州、县两级突发重大动物疫情应急预案的科学性和可操作性，有效提高了各级应急预备队伍的应急处置能力。演练活动的开展，对全面落实“加强领导、密切配合、依靠科学、依法防治、群防群控、果断处置”的防控方针，有效确保畜牧业健康稳定发展将发挥重要作用。

参考资料

1. 四川阿坝州成功举办重大动物疫情应急演练，见 http://www.moa.gov.cn/fwllm/qgxxlb/qg/201408/t20140825_4022125.htm。

2014年宁波天然气管道泄漏事故应急救援演练

一、演练名称

2014年宁波天然气管道泄漏事故应急救援演练。

二、主办单位

宁波市人民政府等。

三、时间、地点与目的

为进一步提高全市消防部队对天然气管道泄漏突发事件的组织指挥能力和应急处置水平、检验全市各相关部门联动处置的应急救援和协同作战能力、切实提高天然气管道泄漏应急救援实战效率，8月15日，由宁波市人民政府、省发改委、省安监局、浙能集团主办、北仑区人民政府协办、浙能天然气公司承办的2014年宁波市天然气管道泄漏事故应急演练在北仑区春晓镇举行。宁波市政府应急办、市安监局、市公安局、市消防支队、市急救中心、市环保局和市电业局、市自来水公司等部门共30余辆救援车辆、100余人参加了此次演练。

四、演练内容

演练模拟宁波至杭州天然气输气管道北仑春晓段遭施工工地大型挖掘机破坏，发生天然气管道大量泄漏。泄漏的天然气对周边企业和居民，尤其对附近的春晓天然气处理厂构成严重威胁，并对全省天然气供应产生重大影响。事故发生后，随着气体扩散程度的不断扩大，浙能天然气公司、浙能集团、北仑区人民政府和宁波市人民政府相继启动应急响应，按照事故救援预案迅速调集公安、安监、消防、医疗、交通、环保、电力、通信等应急救援队伍赶赴事故现场，组织开展应急救援。市消防支队接到报警后，迅速启动《宁波市危险化学品泄漏事故应急处置预案》，立即调派辖区4个公安消防中队和镇海专职消防队共10辆消防车、50余人赶赴灾害事故现场，支队全勤指挥部随行响应赶赴现场。各中队消防力量到场后，根据现场情况立即开展堵截、稀释、撤退、进攻、疏散、救人等系列处置程序。在市政府的统一指挥下，各参演单位各司其职，紧密配合，协同作战，经过30多分钟的紧急救援，人员得到及时救助，现场情况得到有效控制，事故隐患被消除，多部门联合演练圆满结束。

五、效果与问题

此次演练中，支队全体参演官兵服从命令、听从指挥、行动迅速、作风顽强，充分展现了甬城消防铁军的风采，得到了现场领导的一致肯定。通过此次演练，进一步检验了支队石油化工片区中队的灭火救援工作准备情况、快速反应能力、协同配合能力及基层指挥员的指挥能力，同时也检验了各部门重大险情协调联动机制和应急救援能力，收到了良好的效果，为支队处置类似灾害事故积累了一定的经验。

参考资料

1. 浙江宁波举行天然气管道泄漏事故应急救援演练，见 http：//119. china. com. cn/zbjs/txt/2014 - 08/18/content_7156474. htm。

2. 宁波举行天然气管道泄漏事故应急演练，见 http：//news. zj. com/detail/2014/08/16/1537044. html。

3. 2014年宁波市天然气管道泄漏事故应急演练在北仑举行，见 http：//cms. nbbltv. com/show - 18 - 14654 - 1. html。

遵义市红花岗区天然气泄漏突发事故应急演练

一、演练名称

天然气泄漏突发事故应急演练。

二、主办单位

贵州省遵义市人民政府。

三、时间、地点与目的

2014年8月15日，遵义市红花岗区消防部门参加了天然气泄漏突发事故应急演练。本次演练旨在加强辖区安全，结合工作实际，推进重大火灾隐患专项整治活动。

四、演练内容

2014年8月15日9时许，演练正式开始，嵩山路中段突然发生天然气泄漏事故，且发现明火，构成安全隐患。南岭路中队接到报警后，立即出动了2辆消防车到场处置，官兵到场后立即对天然气进行稀释。由于泄漏严重，中队官兵立即与燃气公司人员对接，由燃气公司人员将该路段的燃气关闭，同时交警队人员对该路段进行封锁。在确保一切工作准备就绪后，官兵立即对火灾发起了总攻，并成功将“大火”扑灭。之后，官兵在现场待命，由燃气公司工作人员对管道进行细致勘查。在确认无火灾隐患后，官兵才收整器材撤离。经过一个多小时的演练，此次应急演练工作圆满完成。

五、效果与问题

此次演练组织周密，反应迅速，事故前期处置得当，应急预案启动及时，现场指挥得力，应急队伍配合严密，救援工作开展有序，取得了预期效果。

参考资料

1. 红花岗区开展天然气泄漏突发事故应急演练，见 http：//www. zyxgcw. com/view - 25285. html。

四川电网2014年度主、备调切换演练

一、演练名称

四川电网2014年度主、备调切换演练。

二、主办单位

国家电网四川分公司。

三、时间、地点与目的

2014年8月15日，为期两周的四川电网2014年度主、备调切换演练在四川电网备调中心

开始。本次演练旨在检验国网四川省电力公司调度控制系统应急管理和备调建设成果，持续提高应急指挥能力。

四、演练内容

演练模拟成都周边发生7.0级地震，四川电网主调大厅已不具备正常值班条件，经请示必须尽快转移调度指挥权。调控中心负责人启动调度指挥权转移程序，立即组织各专业技术人员在2.5小时内赶赴南充备调中心。主、备调当值调度员交接完毕，主调当值调度员转移至DTS会商室，继续远程指导备调值班调度员开展调度运行业务。同时，备调值班调度员立即开展电网监视、调整等调度业务，保证四川电网安全稳定运行。

五、效果与问题

此次演练不设导演组、不编制脚本、不留缓冲时间，以“贴近实战、注重协同、深度检验”的原则开展，是国网四川电力首次在备调中心全面开展各专业日前及实时业务的综合演练，是对四川电网调控系统应急管理和备调建设的一次检验。

参考资料

1. 四川电力公司开展调度切换演练提高应急能力，见http：//www. chinapower. com. cn/newsarticle/1217/new1217514. asp。

陕西省机关消防应急演练

一、演练名称

陕西省机关消防应急演练。

二、主办单位

陕西省人民政府办公厅。

三、时间、地点与目的

2014年8月20日上午，陕西省政府办公厅结合办公厅开展的“一落实、两提升”活动，在新城大院举行机关消防应急演练。

四、演练内容

这次演练是省政府办公厅加强防火安全的系列活动之一，是继去年制定下发厅机关消防应急预案，不断完善各相关制度，前不久举办消防安全大讲堂之后，全面检验各机制措施、宣传教育情况的真兵实战训练，是省级机关加强消防安全工作的具体示范。演练包括火情报警、火灾安全逃生疏散、消防器材使用和现场灭火等科目。

五、效果与问题

整个演练组织严密，安全有序，达到了预期目的。省直机关部分厅、局办公室主任和保卫专干观摩了演练。

参考资料

1. 省政府办公厅举行消防应急演练，见http：//yjb. shaanxi. gov. cn/html/38/201408/22/116084_0. html。

2014年天津市地震应急综合演练

一、演练名称

2014年天津市地震应急综合演练。

二、主办单位

天津市政府。

三、时间、地点与目的

2014年8月20日，天津市举行2014年天津市地震应急综合演练，28个部门和单位、14支专业应急救援队伍共1000余人参加了此次演练。国务院应急办、中国地震局以及北京市、河北省、新疆维吾尔自治区、西藏自治区地震局领导到现场观看指导演练。

四、演练内容

演练以天津某地发生6级地震灾害应急处置为背景，模拟了地震发生后，震情处置、震情会商、信息报送、队伍集结、物资调配、危化品抢险、灾后气象监测等科目的演练。该演练共分为五步：

第一步：疏散居民。

上午9时47分，随着一处房屋轰然倒塌，地震警报拉响，强烈地震造成震中地区某小区多栋老旧房屋倒塌，部分居民受伤并被压埋。很快，社区志愿者在当地街道及居委会的组织下到场，组织脱困居民向社区临时应急避难场所疏散，同时采用呼喊、敲击等方式对压埋群众进行搜寻。

第二步：搜救侦测。

地震发生后，天津市地震灾害紧急救援队携带专业设备赶赴灾区进行人员搜索和营救，当地公安民警对灾区外围进行治安监控，地震灾害紧急救援队对现场进行封控及侦测。同时，应急工作队第一时间抵达灾区，搭建现场指挥部。

第三步：精准定位。

“救命啊!”废墟中不时传出呼救声。救援人员首先使用人工搜索方式对整个倒塌建筑物区域进行生命搜索，通过观察和呼喊，判断废墟中是否有被埋人员。随后，采用警犬搜索及仪器搜索两种方式进行详细搜索。在声波、红外热成像等仪器的探测下，救援人员很快对压埋在废墟下的人员进行了精准定位。“汪汪!”警犬爬上一处坍塌的楼板后，停下脚步大叫起来。“这下面应该有情况!”救援队员在坍塌楼板的缝隙中发现了下方被压埋的一名群众。经搜索，救援人员确定该救援区域有4处救援点5名群众被困。

第四步：清障救援。

根据各救援点不同的情况，救援人员有针对性地分别使用液压剪切钳、冲击器、顶撑器材、凿岩机、三脚架等设备，对楼板、钢筋、混凝土等阻碍救援或压埋群众的障碍物进行清理，通过紧张救援，成功将受困者救出。

第五步：后勤保障。

医疗：此时，120急救中心和由市人民医院、武警后勤学院附属医院共同组成的现场移动医院已在现场待命。移动医院配有X线车、检验药剂车、手术车等，具备二级甲等医院所有功能。

卫生：为防止大灾之后出现传染病，卫生防疫队及时到达灾区进行消毒杀菌。

气象：气象局为现场应急救援开展有针对性的气象保障服务。

通信：为确保通信畅通及灾区救援工作的顺利开展，市通信抢修队携带应急通信设备赶到，启动应急基站通信车。

燃气：在地震灾区，天然气管道发生闪爆，燃气泄漏着火，爆炸随时可能发生。燃气抢险队员通过激光检测仪排查，利用磁引流快速封堵组合卡具，终将受损的燃气管道完全修复。

五、效果与问题

此次演练展示了近年来天津市防震减灾工作取得的进展，并进一步检验了预案，提高了新修订的《天津市地震应急预案》的针对性、实用性和可操作性。

参考资料

1. 天津举行“2014年天津市地震应急综合演练”，见http：//news. enorth. com. cn/system/2014/08/21/012096520. shtml。

2. 天津地震应急综合演练：当“强震”发生后，见http：//www. tianjinwe. com/tianjin/sh/fzjw/201408/t20140821_686217_1. html。

3. 模拟6级地震灾害天津举行地震应急综合演练活动，见http：//www. tianjinwe. com/tianjin/ms/qjtj/201408/t20140820_685998. html。

“绿色卫士·2014行动”广西辐射事故应急演习

一、演练名称

“绿色卫士·2014行动”广西辐射事故应急演习。

二、主办单位

广西壮族自治区环境保护厅、公安厅、卫生厅。

三、时间、地点与目的

2014年8月22日上午，广西壮族自治区环境保护厅会同公安厅、卫生厅在南宁市五象大道体育中心成功举行以“脏弹”爆炸引发辐射事故为背景的“绿色卫士·2014行动”广西辐射事故应急演习。本次演练旨在检验广西壮族自治区核与辐射应急监测调度平台和快速应急监测系统的各项功能，检验环保、公安、卫生等有关部门对突发辐射事故应急响应的协同作战能力，全面提升广西辐射事故应急响应水平，有效应对和处置突发辐射事故，确保第11届中国—东盟博览会和中国—东盟商务与投资峰会、第16届南宁国际民歌节、第45届世界体操锦标赛在南宁顺利举办。

四、演练内容

此次演习模拟在南宁市广西体育中心D区广场发生一起爆炸事件，公安干警在处置过程中发现放射性异常，确定为一起“脏弹”爆炸，并引发辐射应急事故。自治区反恐领导小组指示环境保护厅进行处置，启动自治区重大辐射事故应急响应行动。通过现场监测，土壤和环境空气未受放射性污染，排除了放射性物质弥散式污染的可能，但确认有钴-60放射性核素存在。经过现场巡测、搜寻，在爆炸现场周边发现了6枚钴-60放射源。监测处置组将放射源安全收贮后，现场环境空气吸收剂量率恢复到了正常水平，爆炸现场未受到放射性弥散污染。经卫生部门调查、检测，无人员受到放射性物质沾染，也无人受到超剂量照射。

五、效果与问题

“绿色卫士·2014行动”广西辐射事故应急演习场地情景强、演习逼真、规模大、出动部门多且协作效果好、标准高，启用快速应急先进设备保障演习通信畅通，比较全面检验了广西核与辐射事故应急组织体系和相关的预案组织体系，也验证了设施设备的可靠性和应急人员执行响应任务的执行力，考核了应急状态下舆情应对和信息公开的时效性，体现了跨部门联动处置“脏弹”恐怖袭击应急响应的系统性，符合当前边境地区和敏感地区的重点和要害。本次演习响应及时、配合默契、处置得当，是一次务实高效、意义重大的辐射反恐演习。

参考资料

1. 广西成功举行“绿色卫士·2014行动”广西辐射事故应急演习，见http：//www. zhb. gov. cn/zhxx/gzdt/201408/t20140828_288396. htm。

宁夏回族自治区危险化学品泄漏爆炸事故应急演练

一、演练名称

宁夏回族自治区危险化学品泄漏爆炸事故应急演练。

二、主办单位

宁夏回族自治区安监局。

三、时间、地点与目的

2014年8月22日，由自治区安监局、宁东管委会和神华宁煤集团联合举办的自治区危险化学品泄漏爆炸事故应急演练在宁东能源基地展开。本次演练旨在进一步完善宁夏重大安全生产事故应急响应机制，增强防范和应对安全生产风险和事故灾难的能力，检验政府和企业应急预案的可行性、应急队伍的快速反应和实战能力，这也是自治区近年来组织的第一次自治区级的政企联合应急演练。

四、演练内容

演练采取情景构想、逐级响应的形式。构想宁东能源化工基地某化工厂液氨罐区发生泄漏事故，在处置过程中，泄露点发生闪爆并引发管线、罐体爆炸，企业员工和救援人员出现重大伤亡，造成周边局部环境污染。事故发生后，事发企业、宁东管委会、自治区安监局和自治区人民政府按照灾情发展过程，依次启动应急响应，分为班组、车间、厂级、宁东管委会、自治区人民政府五个阶段实施应急救援与处置。在应急救援现场指挥部的统一协调指挥下，安监、公安、消防、救护、环保、通信等部门及专家组按照各自职责，团结协作，全力展开救援。经过50分钟的奋战，火灾被扑灭，灾情得到有效控制。

五、效果与问题

此次演练经过各方的精心组织，密切配合，达到了预期效果。各相关单位部门今后要进一步强化应急救援指挥能力，建立健全政府部门间、企业间的协调沟通机制、信息报送机制、社会动员机制和应急联动机制，构建危化品管控长效机制；要强化应急能力，充实应急队伍，做到机构健全、预案完善、队伍精干，为经济发展和社会稳定保驾护航；要强化保障能力，自治区各级政府要督促企业保证医疗安全投入，购置应急救援必需的器材、物资，提高企业事故应急保障能力。

参考资料

1. 宁夏举办危险化学品泄漏爆炸事故应急演练，见 http：//yjb. shaanxi. gov. cn/html/39/201409/09/117273_0. html。

兰州市轨道交通车站基坑涌水应急演练

一、演练名称

兰州市轨道交通车站基坑涌水应急演练。

二、主办单位

兰州市轨道交通公司。

三、时间、地点与目的

2014年9月2日下午3时50分，兰州市轨道交通1号线一期工程2工区奥体中心站举行车站基坑涌水应急演练。本次演练旨在加强兰州轨道交通建设工程施工现场安全管理，强化一线施工人员安全意识，提高突发事故应急救援能力和应急指挥部的指挥、沟通、协调能力。

四、演练内容

2014年9月2日下午3时50分，演练正式开始，奥体中心站基坑施工过程中，现场值班人员突然发现围护桩桩间出现漏水现象，且情况越来越严重。项目应急指挥部领导接到险情报告后，立即安排人员报警，并紧急赶赴事故现场组织基坑内所有施工人员撤到安全地带。中铁十四局项目部第一时间启动基坑涌水应急预案，各救援应急小组火速赶到现场，对危险区域进行封锁，防止无关人员进入现场造成伤害。应急指挥部抢险救灾组、后勤保障组、医疗救护组、技术保障组、监测组、警戒保卫组按照既定方案，各司其职，迅速展开抢险救援。在抢险过程中，基坑上方一块浮石突然滑落将一名抢险人员砸伤，现场救援人员和120救援中心急救车赶赴事故现场，对伤员进行初步救治后紧急送往医院。最终在抢险人员的努力下，奥体中心站基坑涌水险情得到了有效控制。

五、问题与效果

整个演练过程中，由于救援及时，各救援单位组织得当，配合默契，使险情较快地得到控制，伤员得到救治，最大限度减少了人员伤亡和财产损失。

参考资料

1. 1号线奥体中心站开展基坑涌水应急演练，见 http：//news. lanzhou. cn/system/2014/09/02/010674511. shtml。

2014年广西壮族自治区病原微生物实验室生物安全事件联合处置应急演练

一、演练名称

2014年广西壮族自治区病原微生物实验室生物安全事件联合处置应急演练。

二、主办单位

广西壮族自治区卫生计生委、南宁市卫生计生委。

三、时间、地点与目的

2014 年 9 月 4 日下午，2014 年广西壮族自治区病原微生物实验室生物安全事件联合处置应急演练在自治区疾病预防控制中心举行。本次演练旨在进一步提高全区病原微生物实验室生物安全事件应急处置能力，做好病原微生物实验室生物安全防护工作，主动防范可能出现的各类生物安全事件。为第 11 届中国—东盟博览会和第 45 届世界体操锦标赛顺利举办提供必要的保障。

四、演练内容

本次演练模拟了自治区疾病预防控制中心急性传染病防治所实验室工作人员在室内转运装有 H5N1 禽流感病毒的保藏管过程中，不慎造成高致病性微生物泄漏并可能导致实验室人员感染事件。自治区卫生计生委按照《广西壮族自治区病原微生物实验室生物安全事件应急处置预案》立即启动应急响应，与南宁市卫生计生委组成联合指挥部，组织自治区、南宁市疾控和 120 救护力量对事件进行了实战化处置演练。这次演练充分展示和检验了我区病原微生物实验室生物安全应急组织指挥、装备配置和应急技术等能力，确保自治区在发生病原微生物实验室生物安全事件时，各级卫生应急力量能够迅速联动并及时、高效、科学、有序地开展应急处置。

五、效果与问题

通过本次演练，加强了病原微生物实验室生物安全事故应急处置能力，规范了应急工作流程。

参考资料

1. 自治区卫生计生委、南宁市卫生计生委举行 2014 年实验室生物安全事件联合处置应急演练，见 http：//www.gxws.gov.cn/wskx/2014/0912/5186.html。

广西“烽火—2014”应急通信保障演练

一、演练名称

“烽火 –2014”应急通信保障演练。

二、主办单位

广西壮族自治区通信管理局。

三、时间、地点与目的

2014 年 9 月 10 日，广西通信行业开展了代号为“烽火 –2014”的应急通信保障演练。这是广西连续第 4 年开展无事先通知应急通信演练。本次演练量化考核了各电信企业应急通信保障流程的完善程度、应急指挥及人员设备的到位程度和实效性。

四、演练内容

本次演练模拟广西防城港市核电厂因台风出现突发事件，启动核应急事故场外响应，与此同时，启动钦州港区通信全阻的抢险救灾保通信工作。

各区公司接到传真电报之后，按照预设的流程将集结指令下达相关市分公司，同时应急指挥人员赶往集结地参与现场指挥。南宁、北海、防城港、钦州四市分公司在册应急工作人员迅速集合，携带所需装备奔赴指定集结地。自治区通信管理局工作人员在现场记录各公司应急队伍到达时间，按备案名册清点到位人员，检查电源、汽油、水和食品等应急物资是否按照《广西装备应急通信保障队伍装备基本标准》备足，传输、线路等抢修工具是否齐全。然后启动抢修流程，电源组、传输组、线路组相互配合、分头开展抢修、应急通信电路建立等工作。参加本次演练的人员达 80 多人，出动应急通信车辆 27 台，携带油机 12 台、卫星电话 33 部，光纤熔接机、光功率计等线路抢修设备 3 套。

五、效果与问题

类似实战的演练最能检验应急通信保障工作真实的状况，经过几年的无事先通知演练，各级企业真抓实干的意识进一步增强。虽然本次演练还暴露出个别企业内部响应时间过长、少数装备配件携带不全等问题，但总体而言今年的演练情况良好，体现在各级企业的应急意识增强、人员基本到位、队伍集结到达迅速、装备设施总体完好、人员操作规范熟练、后勤保障措施基本到位。

参考资料

1. 广西开展“烽火—2014”应急通信演练，见 http：//www.gxca.gov.cn/23/2014_10_30/23_1735_1414660761613.html。

云南昭通大关道路交通事故应急救援实战演练

一、演练名称

道路交通事故应急救援实战演练。

二、主办单位

云南省昭通大关消防大队。

三、时间、地点与目的

2014 年 9 月 15 日，云南昭通大关消防大队联合交警、医疗、路政局、运输公司等部门在大关县南门路段联合开展道路交通事故应急救援实战演练。本次演练旨在增强各职能部门处置重特大交通事故联动应急反应能力。

四、演练内容

2014年9月15日上午9时30分，演练正式开始。大关县南门路段一辆客车与轿车相撞，发生2人被困的道路交通事故。事故发生后，事故当事人和现场目击者立即拨打122、119和120报警，交警大队接警后迅速出警，开展交通管制、安全警戒、事故救援、现场勘察等工作。

大关消防接到报警后，迅速出动1车5人赶赴抢险救援现场。达到现场后经现场侦察发现被困人员腿部被卡住动弹不得。

指挥员立即组织现场施救，首先利用金属切割机对车门强行拆除，而后利用液压剪扩器、撬棍等破拆工具将驾驶室内空间进一步扩大，以便将被困人员救出。经过消防官兵10多分钟的奋战，靠近司机部位的车门被破拆下来，操作扩张器立即对变形的驾驶室扩开，此时另一名救援人员从副驾驶进入，适机将被困司机的双腿抽拔出来，并将受伤司机救出抬到担架上，移交给在一旁等候的120急救人员送往医院急救，此次演练取得圆满成功。

五、效果与问题

通过此次联合作战演练，不仅有效提高了各部门处置道路交通事故快速反应能力及作战水平，同时还提高了消防官兵在多队联合作战技术、战术水平及临场处置方面和组织协调能力。

参考资料

1. 云南大关消防开展道路交通事故应急演练，见 http://news.163.com/14/0916/21/A69V9EE900014SEH.html。

四川省宜宾市2014防灾救灾暨反恐防暴综合演练

一、演练名称

2014防灾救灾暨反恐防暴综合演练。

二、主办单位

四川省宜宾市公安局。

三、时间、地点与目的

2014年9月18日上午，四川宜宾市举行2014防灾救灾暨反恐防暴综合演练。

四、演练内容

2014年9月18日上午9时许，在宜宾临港开发区某企业在建厂房工地，一场“地震救援”拉开演练序幕。演练假想当地遭遇5.9级地震，两个受灾点分别出现房屋倒塌人员被困、群众等待疏散等险情。接到救援指令后，多次参与省内外地震救援的宜宾市矿山救护队、宜宾医疗救援队等救援队伍火速赶至现场。

在房屋垮塌现场，救援人员借助生命探测仪等装备搜寻到被困人员后，通过破拆工作成功营救。随后，两名伤者被现场医务人员紧急救护后送往医院。数分钟后，驻宜某部队派出的直升机将一名重伤伤员运离。与此同时，武警官兵分乘5艘救援艇，将另一受灾点被困河岸的群众成功转移到安全地带。

近年来，我国发生多起暴恐事件，给人民群众生命安全带来极大威胁。今年5月12日，宜宾南门桥上发生一起公交车爆燃事件，导致众多群众受伤。在演练现场，车站砍人、公交爆燃事件再次上演：几名暴恐分子突然持刀冲进公交车站，疯狂砍杀群众，并登车纵火释放毒气。

接到警情后，宜宾市紧急启动反恐防暴应急预案。驻宜武警部队、宜宾市公安局特警支队、宜宾市消防支队、宜宾市急救中心在接到处突指令后，先后赶到暴恐现场。作战部队到场后，兵分多路迅速将两名正在实施暴恐犯罪的嫌疑人制服。此时，另两名暴恐分子趁乱劫持人质驾车逃离现场。

宜宾市消防支队派出的3辆消防车到达现场，消防官兵一路维护公交爆燃现场秩序，一路以两支水枪联合压制火势、一支水枪喷洒水雾清扫毒烟。

两分钟左右，公交车上大火被扑灭。与此同时，暴恐分子藏匿的一幢大楼被军警团团包围，谈判专家抵达现场开始斡旋。军警在谈判争取到的时间里，已将大楼内部情况侦查清楚，多支突击分队到达指定战位，两名狙击手已实施瞄准。

在谈判无果且态势可能恶化的情况下，现场临时指挥部负责人根据侦察情报下达“强行突击，确保人质安全”的命令，现场军警果断出击，将暴恐分子一名当场击毙、一名生擒，人质被安全营救。

五、效果与问题

本次演练进一步检验了宜宾防灾救灾应急救援和反恐防暴能力，同时也积累了实战经验。

参考资料

1. 四川宜宾举行应急反恐综合演练部分高精尖装备亮相，见 http://leaders.people.com.cn/n/2014/0919/c58278-25691425-2.html。

2014宜兴公路部门防汛抗台应急演练

一、演练名称

2014宜兴公路部门防汛抗台应急演练。

二、主办单位

江苏省宜兴市公路管理处。

三、时间、地点与目的

为提高宜兴公路部门防汛防台应急抢险操作技能和实战能力，打造一支素质过硬、能打硬仗的应急抢险队伍，2014年9月21日晚，宜兴市公路管理处组织下属路政大队、养护、路网办等部门开展防汛抗台应急演练。

四、演练内容

傍晚5时，随着演练指令的下达，应急演练正式开始。此次演练模拟灾情因受强台风、强降雨影响，在屺亭北互通路段，沿线行道树出现倾斜、倒伏现象，严重影响过往车辆、行人的安全。面对险情，公路部门及时启动应急预案：路政大队、养护部门接路网办通知，第一时间赶赴现场，路政执法人员在险情路段设置安全警示标志、围护，对过往车辆、行人进行交通疏导，与此同时，养护部门出动抢险车辆，动用吊车、电锯、绳索等抢险设备，对“连根拔起倒伏”的树木实施紧急处理，对倾斜的树木进行扶正并竖桩加固。经过紧张有序的抢险，不到半小时险情得以消除，恢复了该路段原有的通行能力。

五、效果与问题

此次参演人数共计100余人，出动抢险车辆、执法车辆20台，电锯、交通警示锥、支撑等参演装备50余件。此次演练组织严谨、合作协调，参演单位反应迅速，抢险程序环环紧扣、应急措施有力到位，达到了预定的演练目的。

参考资料

1. 江苏：宜兴公路部门开展防汛抗台应急演练，见 http：//www.chinahighway.com/news/2014/873668.php。

2. 江苏：宜兴公路部门开展防汛抗台应急演练，见 http：//zixun.zhongsou.com/faster/24/c34b1d8b60deac3fac341af14eaf6593.html。

3. 江苏：宜兴公路部门开展防汛抗台应急演练，见 http：//www.taohuren.com/news/2014－09－23/article－33414.html。

黑龙江省电力公司2014年电网大面积停电事件应急处置联合演练

一、演练名称

2014年电网大面积停电事件应急处置联合演练。

二、主办单位

黑龙江省电力公司。

三、时间、地点与目的

2014年9月28日13时30分，黑龙江省电力公司应急指挥中心开展了2014年电网大面积停电事件应急处置联合演练。

四、演练内容

演练共分为事故发生、信息报告、先期处置、应急联动处置、应急结束、汇报上级六个阶段。

本次演练模拟220kV东太甲线48号、东太乙线48号塔（同塔双回）大号侧导线下方由于大风刮起锡箔纸，致使东太甲线A相导线、东太乙线C相导线对杆塔放电，导线严重烧伤，哈东变220kV东太甲乙线故障跳闸，重合、强送均不成功，造成哈尔滨供电公司太平220kV变电站系统停电，导致14回66kV线路、5座66kV系统变电站、3座用户变电站及70条10kV线路停电。停电区域占南岗区、道外区中心城区面积的70%，造成多家政府机关、地铁、大型医院、商场、地下商业街等共约计8万户客户停电，损失负荷共计16万kW，达到启动哈尔滨供电公司《电网大面积停电事件处置应急预案》中“一般电网大面积停电事件”的条件，省公司《电网大面积停电事件处置应急预案》相应启动。

五、效果与问题

本次演练重点体现与社会、重要用户及政府相关部门联动，及时有效地处置电网大面积停电事件，全力保证迅速恢复供电。在此过程中对社会及时发布舆情，力争得到社会对停电事件的理解，将停电事件所造成的损失和影响降到最低。演练得到了省电力公司相关部门领导和省政府应急办、国家能源局东北监管局黑龙江业务办领导的充分肯定和好评。

参考资料

1. 黑龙江电力公司举办2014年电网大面积停电事件应急处置联合演练，见 http：//www.chinapower.com.cn/newsarticle/1221/new1221019.asp。

2014年青海省重大动物疫情应急演练

一、演练名称

2014年青海省重大动物疫情应急演练。

二、主办单位

青海省重大动物疫病和植物病虫害防治指挥部、青海省农牧厅。

三、时间、地点与目的

2014年9月29日，2014年青海省重大动物疫情应急演练在大通县文化广场举行。本次演练模拟大通县向化乡下滩村刘某某饲养的两只羊发生小反刍兽疫疫情，按照相关法规的要求，开展了重大动物疫情应急演练。

四、演练内容

这次演练按疫情发现及先期处置、应急响应与应急处置、应急响应终止与善后处置三个阶段进行。各演练小组根据《大通县重大动物疫情应急预案》的要求，演练了疫情发现、疫情报告、专家诊断、病料采集和送检、按程序上报疫情、疫区封锁、动物扑杀、消毒灭源、无害化处理、紧急免疫、疫情监测和封锁解除等过程。

五、效果与问题

通过演练，进一步提升了动物防疫人员扑灭突发重大动物疫情应急处置能力和水平，确保及时、有力、有序、有效地控制和扑灭疫情，促进畜牧业健康发展、人民身体健康和公共卫生安全。

参考资料

1. 2014年青海重大动物疫情应急演练在大通县举行，见 http：//qh. people. com. cn/n/2014/0930/c360844－22494936. html。

垫江县2014年液氨泄漏事故综合应急演练

一、演练名称

垫江县2014年液氨泄漏事故综合应急演练。

二、主办单位

重庆市垫江县政府。

三、时间、地点与目的

2014年10月14日，由重庆市垫江县县政府主办的垫江县2014年液氨泄漏事故综合应急演练在重庆富源化工有限公司举行。

四、演练内容

此次演练模拟重庆富源化工公司液氨球罐底部因管道腐蚀发生泄漏，造成1名巡检工作人员中毒，公司立即进行先期处置。由于泄漏严重，事态已超出公司控制范围，遂向县政府应急办、县安监局和县环保局上报。县政府接到报告后，随即启动《垫江县危险化学品安全事故应急预案》响应程序，指挥部人员根据预案设定的应急响应程序，讨论方案和对策，各工作组根据指挥部命令采取行动，完成应急处置工作。最后，事故得以成功处置，危险因素得到控制后，应急状态解除，演练结束。演练活动历时40分钟，各参演单位及人员服从大局、积极配合、团结协作，整个过程井然有序，完成了演练任务，达到了演练目的。

五、效果与问题

这次演练准备充分、组织有序、实战性强、配合密切，达到了预期效果。

参考资料

1. 我县开展2014年液氨泄漏事故综合应急演练，见 http：//dj. cq. gov. cn/zfxx/djgt/2014－10/103218. html。

巴南区2014年渔业船舶水上安全突发事件应急救援演练

一、演练名称

巴南区2014年渔业船舶水上安全突发事件应急救援演练。

二、主办单位

重庆市巴南区政府。

三、时间、地点与目的

2014年10月15日，由巴南区政府组织开展的巴南区2014年渔业船舶水上安全突发事件应急救援演练，在巴南区五布河木洞大桥江段水域举行。

四、演练内容

2014年10月15日上午10时，巴南区政府副区长范勤宣布：重庆市巴南区2014年渔业船舶水上突发事件应急救援演练开始。江面上两艘渔船在五布河木洞大桥水域从事捕捞作业时发生碰撞，船上两人不慎同时落水。一场渔业船舶水上突发事件应急救援行动开始了。从事发报警到就近组织渔民展开施救，从逐级报告到相关部门集结事发地，从成立应急指挥部到设置事故救援组、医疗救护组、事故调查组、秩序维护组、宣传报道组，各个环节紧凑严密，有条不紊，责任明确，各部门迅速出动。区渔政站中国渔政艇和海事救援艇以及4艘正在作业的渔船驶往现场参加应急救援。海事部门出动海巡艇实施临时水上交通管制。通过1个小时的紧急救援，2名落水者得到妥善救治，事故现场处理完毕，恢复事发水域正常航行秩序。至此2014年我区渔业船舶水上安全突发事件应急救援演练顺利完成。

五、效果与问题

各参演船舶和人员反应敏捷、行动快速、组织指挥好、部门配合好、应急处置妥当，收到了演练的预期效果，达到了演练的预期目的。

参考资料

1. 重庆市巴南区举行2014年渔业船舶水上安全突发事件应急救援演练，见 http：//www. shuichan. cc/news_view－220693. html。

2014年四川省突发重大动物疫情应急演练

一、演练名称

2014年四川省突发重大动物疫情应急演练。

二、主办单位

四川省农业厅。

三、时间、地点与目的

2014年10月17日，2014年四川省突发重大动物疫情应急演练在广元市昭化区举行。

四、演练内容

此次演练，假定四川省川北公路动物防疫监督检查站发生输入性小反刍兽疫疫情，分疫情诊断报告、疫情处置、处置评估和解除封锁三个科目，涉及疫情报告、诊断、封锁、扑灭、无害化处理、消毒灭源、紧急免疫、处置评估、解除封锁和后勤安全保障等各环节工作。参演的10个方队按照《四川省〈突发重大动物疫情应急条例〉实施办法》和《小反刍兽疫防治技术规范》的有关规定，对突发的小反刍兽疫疫情开展了有力、有序、有效的应急处置和扑灭演练。通过演练，进一步规范了重大动物疫情报告、诊断、先期处置、应急响应及处置程序，明确了相关技术要点，切实提高了应急处置能力，对全省深入贯彻落实中长期动物疫病防治规划、加快建设现代畜牧经济强省、保障畜产品质量安全和公共卫生安全具有重要的现实意义。

五、效果与问题

整个演练组织严密、过程紧凑、内容丰富、形式生动，各部门配合密切、报告程序规范、应急处置快速有效，真实地反映了疫情发生、发展、应急处置及扑灭的全过程，具有较强的针对性和适用性。

参考资料

1. 四川省成功举办2014年突发重大动物疫情应急演练，见http：//www. scagri. gov. cn/ywdt/stdt/201410/t20141020_322013. html。

青海省大面积停电应急联合处置功能演练

一、演练名称

青海省大面积停电应急联合处置功能演练。

二、主办单位

国家能源局西北监管局、青海省政府应急管理办公室。

三、时间、地点与目的

2014年10月22日9时10分，青海省大面积停电应急联合处置功能演练在西宁市供电公司拉开帷幕。

四、演练内容

根据演练预案，上午9时许，恶劣天气引发电网故障，青海全省遭遇大面积停电事故，省会西宁市城西、城北、海湖新区多处停电，机场、火车站和一些医院停电，交通陷入混乱，居民受困电梯，多家大企业停电导致停产，并可能造成次生安全事故。

面对突如其来的事故，青海省、西宁市两级应急指挥中心协调电力、公安、消防、卫生、供水、通信等部门应急联动，国家电网青海省电力公司派出电源车和抢修队伍，公安交通部门疏导交通，媒体记者发布新闻信息，整个演练过程有序进行。

五、效果与问题

大面积停电应急联合功能演练，特别考验一个国家、城市的应急管理能力，这对未来如何去发现和解决应急管理问题、健全应急管理体系、完善应急预案有巨大的推动作用。

参考资料

1. 青海举行中国最大规模省市两级停电联动演练，见http：//news. 21cn. com/caiji/roll1/a/2014/1022/18/28423839. shtml。

2014年杭州市暨拱墅区反恐防暴群体性事件应急联动处置演练

一、演练名称

2014年杭州市暨拱墅区反恐防暴群体性事件应急联动处置演练。

二、主办单位

浙江省杭州市委政法委、市委维稳办、市应急办、市公安局、市反恐办。

三、时间、地点与目的

2014年10月24日，在拱墅区半山电厂联合举行。演练由拱墅区委、区人民政府承办。

四、演练内容

上午9时，演练正式开始。这次的演练以杭州市某重大民生工程遭恐怖分子袭击，并引起群体性聚集事件为背景，具体情景是——两个携带炸弹的男子刺伤门卫室厂警后，冲进危险品仓库，引爆炸弹，并劫持人质。属地派出所和PTU（治安防控机动队）第一时间赶到现场，消防和救护人员也迅速赶到。消防、环保、安监三部门在仓库爆炸现场展开联合处置，检测污染情况并开始稀释有害气体，街道工作人员则负责及时疏散下风向受影响群众。特警解救人质，并抓获两男子。两男子交代，车上还装有一枚炸弹。警方出动搜爆犬找到炸弹，并由排爆专家拆除。随后，附近部分居民因听信网络谣言，引发群体性事件。街道在公安配合下稳妥处置。

五、效果与问题

演练整个过程设置了反恐防暴、群体性聚集、网络舆情应对、110 应急联动等诸多元素。通过市区应急联动部门的有效处置，成功打击恐怖活动、消除袭击影响、化解群体性事件，确保了重大民生工程的安全，有效维护了社会稳定。演练设计注重新形势下反恐防暴和群体性事件的新特点，贴近实战、突出实用。

参考资料

1. 杭州市暨拱墅区反恐防暴群体性事件应急演练成功举行，见 http：//jrgs. gongshunews. com/html/2014 - 10/31/content_1_1. htm。

2. 反恐防暴群体性事件应急联动处置演练昨天举行，见 http：//hznews. hangzhou. com. cn/chengshi/content/2014 - 10/25/content_5498932. htm。

3. 2014 年杭州市暨拱墅区反恐防暴群体性事件应急联动处置演练，见 http：//www. gongshu. gov. cn/gsdt/tpxw/201410/t20141027_631071. html。

吉林省牡丹江流域突发环境事件应急演练

一、演练名称

吉林省牡丹江流域突发环境事件应急演练。

二、主办单位

吉林省环保厅。

三、时间、地点与目的

2014 年 10 月 30 日，由吉林省环保厅组织，敦化市环保局承办的吉林省牡丹江流域突发环境事件应急演练在敦化市成功举办。本次演练旨在检验和评估基层环境应急部门快速反应和处置能力，进一步提高全省环境应急管理综合水平。

四、演练内容

演练采取模拟推演和实地拉动相结合的方式进行，历时 40 分钟，调动相关车辆 12 台，人员 50 余人。演练模拟某企业固体废弃物管理不善导致含水性染料废水外泄，导致牡丹江干流受影响。敦化市环保局接警后，及时启动应急响应程序，对两个可能污染源：城市污水处理厂排放口和工业园区排放口进行排查，同时立即确认饮用水源是否安全和污染带迁移情况。同时调动环境监察和监测人员，组成 4 支小队开展排查，同时运用无人机对江面跟踪确定江面水质变化情况，为制定防控措施、有效控制事件影响提供支持。演练完整模拟了接警、研判、信息报告、排查、处置和应急终止等重要环节。进一步检验了敦化市突发环境事件应急预案的实用性和可操作性，规范了突发环境事件的应急响应和处置程序，为其他市县提供了环境应急处置范例。

五、效果与问题

本次演练，事件设定从基层实际出发，演练安排在敦化市，主要就是考虑到，牡丹江是跨界敏感河流，牡丹江大山断面既是国控断面，也是国家的重点考核断面，水环境十分敏感。演练综合考虑到了跨界河流和饮用水源地的环境敏感问题，明确了环保部门处理突发环境事件时的内部响应程序和职责，锻炼了基层环保队伍应急反应能力。全省各市（州），涉跨国、跨省河流的县（市）和相关企业环境应急、监察负责人等 200 余人到现场观摩学习，为今后处置突发环境事件积累了宝贵经验。

参考资料

1. 吉林省环境保护厅成功举办 2014 年跨流域突发水环境事件应急演练，见 http：//www. cepnews. cn/jilin/news_353814. html。

宁夏南部区域 2014 年电网应急救援协调联动联合实战演练

一、演练名称

2014 年电网应急救援协调联动联合实战演练。

二、主办单位

国家电网宁夏分公司吴忠公司。

三、时间、地点与目的

2014 年 10 月 30 日，由吴忠公司主办，中卫公司、固原公司、检修公司及吴忠公司共同参加的宁夏南部区域 2014 年电网应急救援协调联动联合实战演练正式举行。本次演练旨在进一步提高宁夏南部三地市供电公司及宁夏检修公司协同处置自然灾害、事故灾难等突发事件能力，确保常态和应急状态下的信息畅通、资源共享，力争在最短时间内恢复电力供应和社会正常秩序，有效降低突发事件造成的损失和影响。

四、演练内容

此次演练场景设置为吴忠公司 110kV 利北线与 110kV 灵北线线路因自然灾害，8 基杆塔发生倒杆断线，造成大范围停电，吴忠供电公司立即启动相关预案进行紧急抢修，但抢修工作量较大，短时无法恢复线路供电，吴忠公司应急办启动宁夏南部应急救援联动机制，向中卫公司、固原公司及检修公司请求支援。各参演单位迅速响应，赶赴救援。

为保障此次演练活动取得成功，达到南部三地市供电公司及检修公司应急救援联动实战演练目的和效果，吴忠公司多次协调各参演单位制定了本次演练《总体方案》和《实施方案》，成立实施领导小组，演练工作小组、调控组、宣传报道小组、后勤报道组。本次演练遵循安全第一、组织严密、措施有效的原则，采取统一领导、分级负责、贴近实际的方式，从实战出发，共完成八个演练科目，分为事故发生阶段、前期处置、应急响应及应急处置以及总结评估五个阶段进行。

五、效果与问题

通过此次联动联合实战演练充分检验了宁夏南部应急救援协作区域联动机制，锻炼了宁夏南部各地市公司及检修公司应急管理和应急联动能力，提高了南部地区各地市公司应对突发事件能力，为突发事件的处置积累了经验。进一步检验突发事件应急预案的实战性和可操作性，为打造2.5小时城市应急圈做好了准备，为地方提供更加坚强的电力保障体系做了充分准备。

参考资料

1. 宁夏南部区域2014年电网应急救援协调联动联合实战演练取得圆满成功，见 http://news.xinhuanet.com/energy/2014-11/20/c_127219522.htm。

国家应急广播演练

一、演练名称

国家应急广播演练。

二、主办单位

中央人民广播电台、国家新闻出版广电总局无线电台管理局、四川省新闻出版广电局、四川广播电视台。

三、时间、地点与目的

2014年10月31日，首次国家应急广播演练在四川省德阳市广汉市进行。据悉，首次国家应急广播演练是探索建设国家应急广播体系的一次重要实践。

四、演练内容

此次演练内容主要包括国家应急广播电台紧急搭建演练，国家应急广播体系预警信息实时发布和接收演练，国家应急广播体系和群众避险、救援力量联动演练等。

演练的实施以一场虚拟地震为背景。假设2014年10月31四川省德阳市广汉市发生了强烈地震，全市水、电、气、通信中断，广播电视设施（包括有线电视网络、市广播电视发射台）完全被毁，所有广播电视信号中断。演练全程按照灾后广播电视紧急自救，应急广播电台搭建、播出和覆盖，应急报道，演练总结和评估四个阶段依次展开。

首先，在广汉市区主要的应急避难场所，当地广电部门开展自救，村村响大喇叭部分得以恢复。某村现场模拟了地震发生后，在村广播室启动应急电源，对村民广播灾情的情形。

随后，四川省、德阳市新闻出版广电局紧急启动广播电视应急预案，实施一级响应（标准），紧急调集省、市广播电视台救援力量赶赴广汉市协助当地广电部门开展应急播出工作，并报告国家新闻出版广电总局，提出在灾区开办国家应急广播电台的建议。

中央人民广播电台根据国家应急响应级别，联合国家广电总局无线电台管理局、四川广播电视台、德阳广播电视台、广汉广播电视台开办“国家应急广播广汉抗震救灾应急电台”。四川省广电部门协调省内广电单位调动广播节目制作播出发射设备及相关人员从成都、德阳两个方向驰援灾区，同时协调确定应急电台播出调频频率及周边传输覆盖资源。国家广电总局无线电台管理局的国家应急广播车队也就近集结，赶赴灾区。演练现场，广汉市广播电视台架设了通信联络车、直播车、调频广播发射及电源供应车。设备搭建完成后，工作人员开始恢复市区广播播出。

同时，国家应急广播电台北京直播间开播，节目通过无线局开通的专用卫星链路，覆盖广汉地区，在城区模拟应急避难场所避难的群众，通过广汉台直播车转播及现场扩音收听到了国家应急广播电台的节目。在农村地区，使用农村“村村通”卫星广播电视接收装置的用户，可接收到国家应急广播电台的节目。

五、效果与问题

演练结束后，参与演练的单位对此次演练进行了评估和总结。各单位从技术、机制、内容等方面展开讨论，就完善省、市、县应急广播电台启动预案，国家应急广播电台启动预案，人员和物资调配原则、节目设置原则、建立技术系统配置标准等问题提出建议。

参考资料

1. 模拟地震紧急救援首次国家应急广播演练在四川举行，见 http://news.dahe.cn/2014/10-31/103690608_1.html。

2014新乡市突发环境事件应急演练

一、演练名称

2014新乡市突发环境事件应急演练。

二、主办单位

河南省新乡市环保局。

三、时间、地点与目的

11月1日，新乡市2014年突发环境事件应急演练在河南永胜能源公司举行。河南省环保厅、新乡市政府、新乡市环保局、辉县市环保局、河南永胜能源化工集团有限公司以及来自新乡各县市区环保局工作人员、全市较大以上环境风险源企业的代表观摩了演练。该演练旨在全面提升环境监察队伍应对突发环境事件的现场处置能力，提升环境监测系统应对突发环境事件的应急监测能力，切实维护人民群众身体健康和环境安全。

四、演练内容

演练科目为混合芳烃泄漏的应急处置。为确保该演练取得实效，新乡市环保局制定了详细的环境应急演练方案，并成立了环境应急指挥部及抢险组、医疗救护组、事故调查组、监测组、后勤保障等6个小组。

上午9时30分，永胜化工集团厂区响起报警声，演练正式开始。演练模拟：混合芳香烃罐区进行检修时，因违规操作造成连接管道破损，导致混合芳香烃气体大量泄漏，5名工人中毒晕倒。经巡检人员报告，市环保局立即启动应急预案，判定为较大环境污染事件。同时，医疗急救、消防、公安、环境监察、气象等部门在接警后立即赶往现场，第一时间抢救人员、协调作业。在消防部门将泄漏气体喷淋稀释后，环境监测部门经过采样、分析，及时提出应急处置建议。整个演练过程，人员反应及时、行动迅速、措施恰当、报告准确，通过各部门的全力配合，最大限度地控制和消除了突发生产安全事故的危害，将污染程度降到了最低。

在该活动中，环保部门重点演练了环境事故现场勘查，现场环境监测及信息的判断、报送。河南永胜公司员工重点演练了事故现场人员疏散和防护、救援队伍集结和先期处置、救援装备调拨和使用等。

五、效果与问题

此次演练中，各参演队伍团结协作、密切配合，达到了演练预期效果，为应对突发的环境污染事件积累了实战经验，确保了全市企业安全和环境安全。

参考资料

1. 新乡市举行2014年突发环境事件应急演练，见 http：//www. hnnyw. com/news. asp？bid =19&id =14586。

2. 我市开展突发环境事件应急演练活动，见 http：//news. gmw. cn/newspaper/2014 –11/03/content_101793194. htm。

3. 新乡市开展突发环境事件应急演练，见 http：//news. 163. com/14/1106/02/AAB8OVRP00014Q4P. html。

2014合肥市突发环境事件应急演练

一、演练名称

2014合肥市突发环境事件应急演练。

二、主办单位

安徽省环境保护厅、合肥市政府。

三、时间、地点与目的

2014年11月4日，安徽省环境保护厅、合肥市政府在中盐安徽红四方股份有限公司联合举行2014年突发环境事件应急演练。

四、演练内容

演练模拟：中盐安徽红四方股份有限公司氯碱厂安全生产事故引发液氯泄漏，大量氯气外溢，现场两人“中毒”晕倒。9时33分，接到报告后，中盐安徽红四方股份有限公司立即启动公司液氯泄漏应急预案，开展救援抢险，并在现场拉起了警戒线。4名身穿防护服的企业搜救人员，带上担架进入现场，并在将“中毒”人员抬上担架，送往上风口进行前期现场救治，并等待120救护人员的到来。2名搜救人员再次返回现场，搜寻现场没有人员“中毒”后，迅速撤离罐区。同时，2名企业抢险人员身穿重型防化服进入现场，对泄漏点进行抢修并倒罐处理。

层层上报后，合肥市政府分管副市长周善武决定立即启动《合肥市突发环境事件应急预案》，市政府应急办通知市安监局、市卫生局、市公安局、市消防支队等各成员单位及市环境应急管理中心、市环境监察支队、市环境监测中心站紧急出动，立即奔赴事故现场，并成立指挥部现场指挥。现场指挥部陆续将现场情况报告市应急指挥部，并在事故态势得到初步控制后，向社会及时公布事件情况。当地政府立即对事故发生点周边1500m范围内企业及居民进行紧急疏散，并做好警戒隔离。肥东县政府、循环园管委会得到通知后立即要求事故点上风向500m、下风向1500m范围内6家企业组织员工迅速撤离，同时组织2个村民组及低洼处人员共计2300多人紧急疏散。

9时53分，在接到企业报告10分钟后，消防部门的5辆消防车已赶到事故现场……记者看到，消防官兵用开花水枪对泄漏的氯气进行喷淋、稀释，液氯储罐已被消防车喷出的水柱完全覆盖，同时开启路边的消防栓，保障供水，对泄漏点进行封堵。另一组消防人员为进出事故现场人员进行洗消保障。

突然，现场人员报告，由于雨水排口阀门故障，雨水阀难以关死，导致含氯消防废水通过雨水管网流出厂区进入湾秦河，应急处置人员立即将此情况报告给指挥部，同时要求企业人员紧急对阀门进行抢修。

紧接着，环境监测人员也已赶到事故现场。

现场设置4个大气监测点位和4个水监测点，专家咨询组报告指挥部，指挥部立即根据专家建议，抓紧倒罐和堵漏，继续开展大气监测；对上游来水实施堵截，封堵排向湾秦河的雨水管网出口，在湾秦河下游距离店埠河2km处交汇处筑坝拦截；对湾秦河拦截的污水喷撒氢氧化钠进行中和；对雨水管网内的污水用抽水泵就近抽到污水管网，进入园区污水处理厂进行处理。

接到现场指挥部要求支援的指令后，丰乐农化有限公司、东方美捷有限公司社会应急救援队立即整装出发，向事发地集结。同时指挥部立即调集环境监察2队、3队分别赶赴湾秦河与店忠路交汇处、湾秦河上游指导筑坝拦截。

又过了两个小时，相关人员陆续报告，堵漏已成功，氯气泄漏完全消除；2名“中毒”人员已送往医院救治，无生命危险；疏散人口2300多人，现疏散人员已陆续返回，交通警戒疏导工作正常；筑坝工作已完成，雨水排口总阀已关闭，事故废水排入企业事故应急池；根据现场监测结果，目前各监测点氯气浓度数据未超标，拦截坝内水质各项指标均达标。

五、效果与问题

此次演练进一步增强了有关部门和全体参演人员“事前预防、应急准备、应急响应、事后管理”的环境应急全过程管理，全面提升突发环境事件应对和处置能力，最大限度保障人民群众生命财产安全。

参考资料

1. 合肥大规模突发环境应急演练上午举行共有150多人参与，见http：//news. hefei. cc/2014/1104/024653640. shtml。

2. 合肥市举办突发环境事件应急演练，见http：//ah. people. com. cn/n/2014/1105/c358339－22820250. html。

2014重庆大型游乐设施应急救援演练

一、演练名称

2014重庆大型游乐设施应急救援演练。

二、主办单位

重庆市质监局。

三、时间、地点与目的

2014年11月14日下午，重庆市质监局在奥体体育公园组织应急救援演练活动，本次演练旨在做好大型游乐设施安全监察工作，全面提升游乐场所应急处置能力，有效预防和消除游乐设施安全事故的危害。

四、演练内容

本次应急演练模拟“狂呼”运行中出现故障、游客被停留在半空中的情景展开。游乐园接到报告后立即启动应急救援预案，应急救援准备、事故情况报告、对游客的安全指导等工作同时进行。市质监局、九龙坡区应急办、公园管理处接到报告后立即做出救援指示并马上派人赶赴现场，救援工作迅速开展。保卫人员对围观人员进行疏散，拉起警戒线，确保救援道路通畅；操作人员关闭操作柜内总电源，分别在游乐设施进、出口处悬挂“故障维修、暂停开放”牌；安全指导员向被困游客做心理辅导工作；救援人员悬挂“正在救援、严禁操作”牌，公安、消防及现场工作人员通力配合，将被困游客救援下来并送往安全地点；医护人员对游客进行身体检查。人员救援工作完成后，事故现场封闭，质监局专家组、应急办等对事故调查工作作出指示，整个应急救援演练过程持续近一小时结束。

五、效果与问题

整个应急救援演练分工明确、反应迅速、配合默契、处置得当，为日后应对突发事件积累了经验。

参考资料

1. 2014重庆大型游乐设施应急救援演练在九龙坡区奥体体育公园顺利举行，见http：//cq. 12371. gov. cn/Web13/gzdt/GzdtDetail. aspx？class＝1&orgid＝9nYc5rfnKLg%3d&newsid＝2678725。

2014湖南省食品安全事故应急演练

一、演练名称

2014湖南省食品安全事故应急演练。

二、主办单位

湖南省食品药品监督管理局、张家界市人民政府。

三、时间、地点与目的

2014年11月17日，由湖南省食品药品监督管理局和张家界市人民政府主办的2014年湖南省食品安全事故应急演练在张家界市一中体育馆举行。此次演练目的在于提升应急指挥协调和处理能力，维护群众食品安全。

四、演练内容

演练模拟：两名“游客”突然感到恶心、头晕，“涉事”酒店老板立即拨打市中医院急救电话并及时上报区食品药品监管局，区旅游局领导也第一时间赶到现场安抚其他“游客”。“现在情况比较严重，我们请求市政府启动应急预案，将响应提升为Ⅲ级。”很快，根据上报程序，市食药监局获悉情况后，相关领导立即赶赴医院，根据实际情况和张家界市食品安全事故应急响应预案建议市政府启动了突发食品安全事故三级响应。

随后，永定区疾控中心流调人员和市、区食品药品监管部门监管人员分赴医院和酒店厨房现场采样和检查。

“今天我市发生一起游客疑似食物中毒事件，引起社会的高度关注。现在，张家界市人民政府召开新闻发布会，就有关情况进行通报。”按照应急处置流程，在事件调查清楚后第一时间就召开新闻发布会，通报相关情况，及时解除群众的疑惑和对张家界旅游的负面影响。

“我们一定会妥善解决这起食品安全事故，请你们安心接受治疗。”副市长也到医院看望疑似“中毒游客”。最后，张家界市人民政府召开总结分析会，确定终止应急响应，一起突发食品安全事故得到妥善解决。

该演练共进行了150分钟，食药监、公安、质监、工商、城管、旅游、农业、教育、卫生等9支队伍参与。

五、效果与问题

此次演练内容丰富，设计科学，市、区各部门配合紧密，有很强的针对性和借鉴性，取得了良好的效果。

参考资料

1. 2014年湖南省食品安全事故应急演练在张家界举行，见 http：//news. 163. com/14/1117/17/AB96IHR100014SEH. html。

2. 2014年湖南省食品安全事故应急演练在张家界举行，见 http：//news. sina. com. cn/o/2014－11－17/174031158386. shtml。

黑龙江空管分局2014年联合应急演练

一、演练名称

黑龙江空管分局2014年联合应急演练。

二、主办单位

黑龙江空管分局。

三、时间、地点与目的

2014年11月20日，黑龙江空管分局在精心准备和周密部署下组织开展了2014年联合应急演练。此次演练旨在检验突发设备故障或突发事件情境下相关单位的应急处置、协调沟通、信息通报和整体联动能力，用实战为现有应急预案和工作程序的进一步完善与合理改进提供依据，从而为空管分局下一步安全保障工作的顺利开展奠定坚实的基础。

四、演练内容

为确保演练实效突出，演练领导小组多次召开会议，结合分局当前空管保障工作形势、工作中存在的难点和问题，经过反复研究、精心策划，确定了四项演练科目：一是分局空管运行保障应急预警响应机制联合演练；二是主用自动化系统故障后启动备份自动化系统应急处置联合演练；三是区域管制室01扇区主用席位故障转01扇区备用席位联合演练；四是01扇区备用席位主频133. 2MHz通话中断应急处置联合演练。演练实施当天，为确保准确、实时监控演练过程，领导小组在每个重要工作现场都设置了记录与录像人员。

演练于2014年20日上午8时47分正式启动，在累计4个多小时的演练中，科目设置复杂、紧急事件连环发生、多部门联合的演练形式，极大考验了各岗位人员对于连续突发事件的冷静预判、有序处置与协调联动能力。8时47分，区域管制室01扇区管制员发现自动化系统主用SDD故障，值班人员协同配合，沉着应对，从容有序，顺利转移至01扇备用席位继续空中指挥工作。9时19分，01扇备用席位主用频率133. 2MHz通话突然中断，部分备用设备无法正常工作，管制员冷静分析情势，经过多次测试，准确选用仍正常运行的备用设备继续指挥；设备维护人员采取有效措施，逐一、有序地进行故障排查，在与管制员密切的配合下，较好地完成了故障修复与信息通报工作。11时55分，气象台预报室预计本场将出现持续7小时的主导能见度小于600m的中雪，并启动橙色预警响应。分局运行工作小组接到通知后立即召开协调会，各部门严格按照《分局空管运行保障应急预警响应机制》陆续开展各自工作，在周密部署下，成功启动橙色预警。16时36分，塔台管制室所有主用自动化系统SDD均故障黑屏，与此同时设备维护值班员发现自动化监视终端塔台所有席位SDD告警。相关部门迅速联动处置、排查故障，在所有管制室与设备维护单位协调、沟通后，统一指挥迅速顺利切换至备用自动化系统工作。18时10分，在分局各部门共同努力和通力配合下，圆满完成了此次联合演练工作。

演练结束后，演练领导小组立即收集演练各岗位的处置记录单，结合相关特情处置预案，对照实时记录的电话录音和处置场景影像资料，深入查找演练中暴露的问题和存在的薄弱环节。21日上午，分局组织召开了讲评会，总结经验，查找不足，对存在的问题进行了深入的分析，研究制定了改进措施，并对下一步工作提出了具体要求。

五、效果与问题

空管分局通过此次演练检验了各岗位工作人员的应急处置、信息通报和整体联动能力，展现了较强的业务技能和协同处置水平。分局各单位将对演练的问题进行积极整改，并在此基础上举一反三，进一步强化各级人员和岗位的应急处置能力和联动能力，为冬季安全运行保障和春运工作奠定基础。

参考资料

1. 黑龙江空管分局成功组织2014年度联合应急演练，见http：//www. atmb. net. cn/news. aspx?id＝33728。

沈阳机场“响应2014”场外应急救援综合演练

一、演练名称

“响应2014”场外应急救援综合演练。

二、主办单位

沈阳机场。

三、时间、地点与目的

2014年11月28日，沈阳机场在场区8公里范围内小元科地区举行了“响应2014”场外应急救援综合演练，旨在全方位检验机场应急救援体系，锻炼机场应急救援队伍。

四、演练内容

此次模拟演练设定航班为1234航班，机型B737－800，载有机组人员7名，旅客120名，行李、货邮270件，无危险品。

演练现场，机场飞行区管理部在模拟失事航空器的客车旁边设置点火点，并点燃火焰。机场党群工作部接到信息后立即启动机场突发新闻危机应对方案，在最短时间内形成首份新闻通稿，并对外发布信息。

机场公安到位后立即组织现场封控，指挥疏导救援车辆。随后消防救援车辆、应急救援指挥车到位，并树旗、设立现场指挥部，总指挥、现场指挥官车前就位。

本次演练科目为航空器场外失事驰救，共出动总指挥车1台、应急救援指挥车1台、消防主战车6台、市内消防车2台、破拆车1台、活动道面50m、顶升气囊1组、救护车5台、急救器材运输车1台、担架20副、叉车1台、物资货车1台。参演单位包括沈阳桃仙机场股份公司、辽宁机场集团客运换乘分公司、沈阳空港物流有限公司、辽宁省公安厅机场公安局、沈阳市消防局、沈阳市急救中心等，共248人参与演练。

消防指挥官安排1辆主战车沿公路用水炮对模拟航空器实施灭火，安排5辆主战车开进场地架设水枪阵地，继续实施灭火。随后，总指挥下达救援指令。消防人员对模拟器舱门实施破拆，并配合担架队一同转运伤员至旁边的伤检区，由那里的医生和护士进行急救和转运。医疗指挥官协调指挥地方2辆急救车转运伤员。同时，机场地面服务分公司安排服务人员赶赴医疗伤检区安抚旅客。待伤员全部撤离到伤检区，并且现场进行消杀、布控后，地面服务分公司立即联系航空公司代办开展统计、清点工作。

五、效果与问题

此次演练为锻炼机场应急救援队伍、提高机场应急救援能力提供了非常宝贵的实战经验。

参考资料

1. 沈阳机场举行“响应2014”场外应急救援演练，见http：//news. carnoc. com/list/300/300377. html。

西安地铁运营突发事件应急演练

一、演练名称

西安地铁运营突发事件应急演练。

二、主办单位

中共西安市市委、西安市应急办。

三、时间、地点与目的

2014年12月22日0时，西安市2014地铁运营突发事件应急演练在地铁二号线北苑站举行。

四、演练内容

此次演练模拟了高峰时段运营列车遭遇不明爆炸物袭击，车厢内局部起火后，开展客流疏散、伤员救治、消防灭火、反恐搜爆、抢险抢修等项目的应急处置。通过模拟地铁二号线正常运营的地铁列车在行至北苑站站台停车时，遭遇不明爆炸物袭击，车厢内发生爆炸引发车厢内局部起火，造成数名乘客受伤。事故发生后，地铁公司随即启动应急预案，并展开进行先期救援工作。同时上报市政府及社会相关救援部门（110、119、120）联合进行突发事件的应急处置工作。演练共设西安市应急指挥中心、地铁公司、地铁运营OCC控制中心、北苑车站4个应急演练场地。

五、效果与问题

作为2014年度全市应急预案演练工作的其中一项，“防震减灾宣传周”活动之一，此次活动得到了现场机关干部的肯定：“像这样完整而又真实的‘灾难’体验，还是少见，此次演练，可以使大家及时掌握应急避震、避灾、避险的正确方法。”

参考资料

1. 西安举行地铁运营突发事件应急演练，见 http：//news. xiancn. com/content/2014 - 12/23/content_2958458. htm。

国航西藏航空器模拟应急演练

一、演练名称

航空器模拟应急演练。

二、主办单位

中国航空西藏分公司。

三、时间、地点与目的

2014 年 12 月 29 日，国航西藏分公司进行了一次“航班上发现疑似爆炸物”的航空器模拟应急演练。本次演练旨在贯彻“安全第一、预防为主、综合治理”方针，提高突发应急事件处置能力。

四、演练内容

此次应急演练以 CA4111 航班机组在空中发现无人认领的疑似爆炸物，要求返航拉萨处置为背景。西藏分公司各部门按照应急预案和演练计划，在应急总指挥的统一组织下，协调合作、积极配合，圆满完成了处置任务。演练结束后，分公司领导组织各部门对演练效果进行了讲评，总结经验和不足，对处置过程中可能出现的其他情况进行了提醒，并对应急预案下一步的修改工作提出了要求。

五、效果与问题

通过这次演练，西藏分公司进一步统一了危机处置思想，提高了应急处置能力，为分公司更加高效地应对和处置突发事件打下了基础。

参考资料

1. 国航西藏分公司开展航空器模拟应急演练，见 http：//news. carnoc. com/list/303/303186. html。

第四编　突发事件

第一章　案例分析

河北邯郸“1·2”中毒窒息事故

一、事件简介

2014年1月2日9时50分，河北省邯郸市邯钢集团钢茂工程技术有限公司员工在清洗焦化厂酸气管道时发生中毒窒息事故，造成2人死亡、1人受伤，直接经济损失210万元。

二、事件原因

直接原因

管道清洗作业人员错误拆卸运行中的酸气管道法兰，致使硫化氢气体外泄，造成作业人员硫化氢中毒窒息死亡。

间接原因

1. 邯郸市邯钢集团钢茂工程技术有限公司对承包的邯钢集团邯宝钢铁有限公司焦化厂清洗工程项目疏于管理，检修制度不落实，未制定相应的安全管理制度和安全操作规程，对作业人员的安全教育和现场管理不到位，未给作业人员配发足够的防护用品。

2. 邯郸市邯钢集团钢茂工程技术有限公司清洗作业员工安全意识差，在未得到明确指令、未佩戴个人防护用品的情况下擅自进行清洗作业，事故发生后未采取任何安全措施盲目施救。

3. 邯钢集团邯宝钢铁有限公司安全管理不到位，安全制度不落实，未设立独立的安全机构，对隐患排查治理工作不彻底。

三、事件处理

事故发生后，河北省邯郸市人民政府成立了由市安全监管局牵头，市公安局和市总工会相关人员组成的邯郸市邯钢集团钢茂工程技术有限公司“1·2”中毒窒息事故调查组，开展了事故调查工作。事故调查组聘请邯郸市人民政府安全生产专家组危险化学品专家参加了事故调查。

四、责任追究

事故组调查认定，本次事故是一起因维检人员违反安全生产规定，错误拆卸正在运行的酸气管道而造成的一般生产安全责任事故。对此次事故发生负有直接责任的李某，被邯郸市邯钢集团钢茂工程技术有限公司予以辞退。对此次事故发生负有主要责任的7人，按公司规定被给予相应的经济处罚。对此次事故发生负有领导责任的胡某，被公司给予记过处分，并被邯郸市安全监管局处以1.8万元的罚款。邯郸市邯钢集团钢茂工程技术有限公司被邯郸市安全监管局处以19.9万元的罚款。

五、补救措施

针对此次事故暴露出的问题，当地政府提出以下要求：

1. 严格落实企业主体责任。事故相关单位要深刻汲取事故教训，举一反三，严格落实企业安全生产的主体责任，加大对职工的安全教育和培训，强化对作业现场的安全管理，加强对维检工作的组织领导，做好作业现场的组织管理、统筹协调和安全监管工作，做到防患于未然。

2. 周密组织企业安全生产。事故相关单位在组织安全生产作业，特别是对有毒设备、管道和容器作业时，作业人员必须佩戴相应的劳动防护用品，必要时，可对有毒设备增加取样口，用于作业前的取样检测，确保作业安全。

3. 深入排查治理事故隐患。事故相关单位要建立长期的隐患排查治理和监控机制，组织各职能部门的专业人员和操作人员定期进行隐患排查，使隐患排查治理工作制度化、常态化，做到隐患整改的人员、措施、责任、资金、时限和预案“六到位”，确保事故隐患彻底排查，有效整改。

4. 切实加强外协员工的管理。发包单位在承包单位作业时，要建立健全作业审批手续，杜绝以口头或电话联系代替书面审批手续，要对外协作业员工做好安全交底和危险告知，进行安全确认。在施工或作业时，要对外协作业人员的安全措施落实情况进行全程监督检查。

参考资料

1. 河北省安全生产监督管理局：邯郸市邯钢集团钢茂工程技术有限公司“1·2”中毒窒息事故调查报告，见 http://www.hebsafety.gov.cn/index.do?id=29177&templet=content&cid=1571。

2. 安全管理网：邯郸市邯钢集团钢茂工程技术有限公司“1·2”中毒窒息事故调查报告，见

http：//www.safehoo.com/Case/Case/Poison/201409/363544.shtml。

3. 河北工人报：我省今年以来六起有限空间作业中毒窒息死亡事故，见 http：//www.hbgrb.net/epaper/html/2014－09/13/content_120531.htm。

河北栾城“1·3”坍塌事故

一、事件简介

2014年1月3日19时30分，由河北省栾城县德诚建设有限公司承建的栾城县新建大型高温水锅炉供热站项目，在锅炉房主体工程浇筑混凝土过程中，发生高大模板支撑体系坍塌事故，造成3人死亡，直接经济损失约200万元。

二、事件原因

直接原因

锅炉房储煤仓主体结构高大模板支撑系统搭设及混凝土施工浇筑顺序违反建筑施工规范、标准要求，采取四层主体⑥—⑧轴、B—C轴之间的梁、板、柱整体支撑、不对称浇筑，致使模板支撑体系整体失稳、坍塌，现场四层作业人员随大部坍塌的主体结构及料具一同坠落。

间接原因

1. 德诚建设公司供热站项目部未按规定组织专家对专项方案进行论证，未严格按照规范要求进行施工作，未制定专项施工方案。

2. 德诚建设公司安全管理制度不健全，对职工安全教育培训不到位。

3. 安泰监理公司现场监理人员不具备上岗资格，对供热站项目监理工作管理不到位。

4. 安泰监理公司供热站项目安全管理存在漏洞，对施工现场存在的事故隐患未进行及时有效的制止和按规定上报。

5. 德诚建设公司和安泰监理公司均未严格落实安全生产大检查要求。

6. 供热公司对相关方责任主体协调管理不到位。

7. 栾城县住房和城乡建设局，对该工程的安全监督管理不到位。

8. 栾城县政府对建筑施工安全生产工作重视程度不够，未认真落实属地监管职责，对重点惠民建设工程安全管理工作部署检查不到位。

三、事件处理

事故发生后，河北省安全监管局、石家庄市委市政府、栾城县委县政府高度重视，要求全力救援，做好善后工作，依法依规调查处理，切实查清事故原因，严肃追究事故责任单位及相关人员责任，制定有针对性的整改措施，切实用事故教训推动安全生产工作。

四、责任追究

德诚建设公司供热站项目木工班班长王某某等7人，被公司依照规定给予开除处理。德诚建设公司副总经理赵某某等人，被公司依照规定给予撤职处理，扣除2014年安全风险抵押金0.8万元，报石家庄市安全监管局备案。相关法定代表人被处以相应的经济处罚。相关责任人被给予严重的党纪处分，并作出深刻检查。德诚建设公司，被石家庄市安全监管局处以35万元的罚款，并被暂扣《安全生产许可证》。

五、补救措施

针对此次事故暴露出的问题，当地政府提出以下要求：

1. 德诚建设公司要严格落实企业主体责任，建立完善安全生产管理机构体系。

2. 德诚建设公司要加强对施工现场作业人员的安全教育和培训。

3. 德诚建设公司要进一步修订完善安全生产三项制度。

4. 安泰监理公司供热站项目部要组织全体监理人员全面开展隐患排查治理工作。

5. 安泰监理公司供热站项目部要做到对施工单位分部分项工程进行严格的审批、验收和监督检查，对发现的事故隐患要及时有效地制止和按规定上报。

6. 安泰监理公司的监理人员在供热站项目部要认真履行监理职责，确保其履职到位，及时发现并纠正危险性较大的分部分项工程在施工过程中的各类事故隐患。

7. 栾城县住房和城乡建设局及供热公司要深刻剖析发生本次事故的原因，认真查找供热站项目在招投标管理及施工过程管控中存在的问题。

8. 栾城县政府及有关部门要认真吸取事故教训。

参考资料

1. 河北省安全生产监督管理局：河北德诚建设有限公司栾城县新建大型高温水锅炉供热站锅炉房主体工程“1·3”坍塌事故调查报告，见 http：//www.hebsafety.gov.cn/index.do? id=27765&templet=content&cid=796。

2. 新民网：河北栾城一供热站发生脚手架坍塌事故，见 http：//news.xinmin.cn/domestic/2014/01/04/23150643.html。

3. 新华网：河北栾城一供热站发生脚手架坍塌事故，见 http：//www.he.xinhuanet.com/news/2014－01/04/c_118830369.htm。

安徽亳州“1·9”中毒事故

一、事件简介

2014年1月9日9时，安徽省亳州市谯城区魏岗镇安徽康达化工有限责任公司出租场地内，员工在检修管道过程中发生中毒事故，造成4人死亡、2人轻伤。

二、事件原因

直接原因

作业人员违规进入泵操作井对其中的甲硫醇钠管道进行检修，吸入含硫有毒气体（硫化氢、甲硫醇等）中毒，后因现场组织施救不当导致事故扩大。

间接原因

1. 王某某和张某某无视国家法律法规，在未经任何行政审批、未建立安全生产管理体系、未制定安全生产管理制度、无安全管理人员、未对从业人员进行安全培训、未设置必要的安全设施、生产系统不具备基本的安全生产条件的情况下，非法组织建设、生产。

2. 康达公司违反国家法律法规，在明知王某某和张某某没有资质、不具备安全生产条件的情况下，为非法建设、生产提供帮助，为其提供生产场地，帮助其应付政府部门检查、掩盖非法活动，客观上促成了非法建设、生产。

3. 相关职能部门监管不到位。

三、事件处理

事故发生后，安徽省政府成立了由省安全监管局、省监察厅、省经信委、省公安厅、省总工会、亳州市政府有关人员组成的事故调查组开展事故调查。并邀请省人民检察院派员参加，同时聘请了3名专家参与事故调查工作。

四、责任追究

相关直接责任人，被司法机关依法追究刑事责任，并被撤销相应的资格证书。谯城区魏岗镇安监所负责人陈某某等9人，被给予记过处分，并调离安全监管岗位。康达公司及相关企业，被撤销安全生产许可证及备案。谯城区人民政府被责成向亳州市政府作出深刻书面检查，并抄送亳州市监察局和市安全监管局。

五、补救措施

针对此次事故暴露出的问题，相关主管部门提出以下要求：

1. 深入开展安全生产领域的“打非治违”。亳州市人民政府要深刻吸取“1·9”事故教训，深入开展安全生产领域“打非治违”行动。要制定危险化学品“打非治违”的专项工作方案，细化明确政府部门“打非治违”工作职责，强化基层政府“打非”责任，严厉打击危险化学品非法生产、建设行为，扎实有效开展隐患排查治理，切实防范危险化学品生产安全生产事故。

2. 进一步加大安全监管力度。亳州市人民政府要强化对危险化学品安全生产工作的组织领导。安全监管部门、负有危险化学品安全生产监管职责的有关部门和工业管理部门要按职责分工，监督指导企业建立和不断完善安全生产长效机制。要监督指导企业主要负责人切实落实安全生产职责、建立和不断完善并严格履行全员安全生产责任制、建立和不断完善并严格执行各项安全生产规章制度、建立安全生产投入保障机制、强化隐患排查治理、加强安全教育与培训、加强重大危险源监控和应急工作，推动企业切实履行安全生产主体责任。

3. 强化企业安全生产主体责任的落实。从事危险危险化学品生产、经营的企业（单位）应依法设立，并依法取得安全生产许可，相关建设项目须严格履行安全设施“三同时”手续。严禁非法出租场地，相关危险作业应严格按照《化学品生产单位作业安全规范》（AQ3021～3028－2008）的规定要求实施。

4. 严格危险化学品安全生产许可制度。各级安全监管部门要严把危险化学品安全生产许可证申请、延期和变更审查关，对不符合有关安全标准、安全保障能力差、危及安全生产等落后的危险化学品企业予以强制淘汰。严格执行《危险化学品建设项目安全监督管理办法》，对新建、改建、扩建危险化学品生产、储存装置和设施项目，进行建设项目安全条件审查、安全设施设计的审查、试生产方案备案和竣工验收。

5. 进一步提升危险化学品监管工作水平。要进一步加强危险化学品安全监管队伍建设，配强危险化学品安全监管人员，强化监管人员的责任心，强化监督管理人员的业务培训，不断提升危险化学品监管工作水平。

6. 亳州市人民政府要及时组织对剩余、残余化工物料进行无害化处置，并确保处置安全；要拆除厂区内各生产化工物料的管线连接，拆除或封存生产设施设备。

参考资料

1. 安全监管总局网站：安徽省亳州市“1·9”较大中毒事故调查报告，见 http://www.chinasafety.gov.cn/newpage/Contents/Channel_5498/2014/0509/238178/content_238178.htm。

2. 安徽网：亳州康达化工有限责任公司发生

农药中毒事故 4 人死亡，见 http：//www. ah-wang. cn/anhui/20140111/1342823. shtml。

3. 搜狐新闻：安徽亳州化工企业发生中毒事故 4 人死亡，见http：//news. sohu. com/20140110/n393299802. shtml。

河北霸州“1·10”火灾事故

一、事件简介

2014 年 1 月 10 日 15 时 30 分，河北省霸州市胜芳镇西格玛酒店家具厂发生火灾事故，造成 5 人死亡，直接经济损失 660 万元。

二、事件原因

直接原因

小太阳电暖器长时间烘烤东侧密闭铁桶，致使铁桶内蒸汽压力过大，桶盖崩开，桶内有机稀释剂蒸汽瞬间大量喷出，遇小太阳电暖器发生爆燃，继而引发火灾。

间接原因

1. 西格玛酒店家具厂安全生产主体责任不落实。

2. 厂房违法出租，安全设施不完备。

3. 地方政府有关职能部门履职不到位。

4. 地方政府安全生产监管职责落实不到位。

三、事件处理

事故发生后，河北省霸州市委市政府及时启动应急预案，公安、消防、安监等部门及时赶赴现场开展救援工作。廊坊市副市长带领安监、公安等部门的同志迅速到达事故现场，与霸州市委市政府主要负责同志共同指挥救援。

四、责任追究

西格玛酒店家具厂的相关负责人被移送司法机关追究刑事责任，并被廊坊市安全监管局处以相应的罚款。霸州市相关单位负责人，均被给予行政警告处分。西格玛酒店家具厂，被廊坊市安全监管局处以 49 万元的罚款，并由霸州市人民政府依法予以取缔。霸州市人民政府被责成就此次事故向廊坊市人民政府作出深刻书面检查。

五、补救措施

针对此次事故暴露出的问题，当地政府提出以下要求：

1. 加大安全生产领域“打非治违”工作力度。认真贯彻国务院办公厅《关于集中开展安全生产领域“打非治违”专项行动的通知》（国办发明电〔2012〕10 号）文件精神，各级人民政府要组织各有关部门联合执法，始终保持“打非治违”的高压态势，切实做到“四个一律”，即对非法生产经营建设和经停产整顿仍未达到要求的，一律关闭取缔；对非法生产经营建设的有关单位和责任人，一律按规定上限予以处罚；对存在非法生产经营建设的单位，一律责令停产整顿，并严格落实监管措施；对触犯法律的有关单位和人员，一律依法严格追究法律责任。在政府的统一领导和组织下，采取更加严格的监管手段，及时发现、严厉打击各类非法违法生产经营建设行为，坚决整顿治理、关闭取缔非法违法和不符合安全生产条件的生产经营建设单位，切实解决影响和制约安全生产的突出问题，加快形成严格规范的安全生产法治秩序。

2. 要切实强化企业安全生产主体责任的落实。各类生产经营单位要从根本上强化安全意识，真正落实企业安全生产法定代表人负责制和安全生产主体责任，建立健全并严格执行各项规章制度和安全操作规程，坚决克服重生产、重扩张、重速度、重效益、轻质量、轻安全的思想，切实摆正安全与生产、安全与效益、安全与发展的位置，坚持不以牺牲人的生命为代价去换取企业的产量增长和经济效益。要依法保证安全生产投入，杜绝偷工减料、降低标准等现象，治理和纠正违章指挥、违章作业、违反劳动纪律的现象；认真持久彻底地排查和治理安全隐患，加强对重大危险源的监控和危险品的管理；加强应急管理尤其要加强应急预案建设和应急演练，提高应对处置事故灾难的能力。各类企事业单位要建立健全消防安全管理制度和消防安全组织，明确消防安全第一责任人和相关管理人员职责；保持消防设施完好有效，保持消防通道和安全出口畅通；编制、完善灭火和应急疏散预案并加强演练；加强消防安全培训教育，提高员工扑救初起火灾和引导人员疏散的能力；建立火灾隐患排查治理长效机制，及时排查和治理火灾隐患；主动接受政府有关部门的安全监督管理，切实做好火灾预防工作。

3. 要切实强化政府及其相关部门的安全监管责任。各级人民政府及其有关部门要严格落实安全生产行政首长负责制和其他领导“一岗双责”制以及行业主管部门直接监管责任、安全监管部门综合监管责任、地方政府属地监管责任。各级行业主管部门要坚持管行业必须管安全、管业务必须管安全、管生产经营建设必须管安全的原则，认真履行行业安全监管职责，切实加强行业安全监管，加大行政执法力度，严厉打击非法生产经营建设行为，彻底治理纠正和解决违规违章问题，依法取缔关闭非法的不具备安全生产条件的各类小厂小矿和小作业经营点。特别要对劳动密集型企业的危险因素进行认真分析，有针对性地加强对劳动密集型企业的消防安全监管。

参考资料

1. 河北省安全生产监督管理局：霸州市胜芳镇西格玛酒店家具厂“1·10”生产经营性火灾事故调查报告，见 http：//www. hebsafety. gov. cn/index. do? id = 29145&templet = content&cid = 796。

2. 河北新闻网：霸州一家具厂火灾致5人死亡，见 http：//hbrb. hebnews. cn/html/2014 - 01/14/content_10073. htm。

3. 中国新闻网：河北霸州一家具作坊火灾致5人死 业主已被警方控制，见 http：//www. chinanews. com/sh/2014/01 - 12/5725932. shtml。

云南迪庆“1·11”重大火灾事故

一、事件简介

2014年1月11日1时10分，云南省迪庆州香格里拉县独克宗古城仓房社区池廊硕8号“如意客栈”经营者唐某，在卧室内使用五面卤素取暖器不当，引燃可燃物引发火灾，造成烧损房屋面积59980.66m²，烧损（含拆除）房屋直接损失8983.93万元（不含室内物品和装饰费用），无人员伤亡。

二、事件原因

直接原因

经现场勘验、现场实验、物证鉴定，结合对相关人员的询（讯）问笔录，排除雷击、自燃、吸烟、放火等引发火灾因素，认定火灾事故直接原因为：2014年1月11日1时10分许，唐某在卧室内使用五面卤素取暖器不当，入睡前未关闭电源，五面卤素取暖器引燃可燃物引发火灾。

间接原因

1. 消防专业队伍实施火灾扑救过程中，无法控制火势蔓延的主要原因是：独克宗古城2012年6月新建成的“独克宗古城消防系统改造工程”消防栓未正常出水，自备消防车用水不能满足救火需要，导致火势蔓延。

2. “独克宗古城消防系统改造工程”设计方案中，未严格按国家工程建设消防技术标准设计消火栓具体防冻措施，留下消火栓不能适用高原地区低温冰冻的先天缺陷。

3. “独克宗古城消防系统改造工程”施工中，未严格按照设计要求埋深敷设管线，部分消火栓管顶覆土深度未达到要求，降低了防冻标准，不能有效防止低温冰冻。

4. “独克宗古城消防系统改造工程”在监理过程中，虽发现施工中存在未严格按照设计要求埋深敷设管线的问题，但仅向施工单位发出监理工程师通知单，未严格把关，进行跟踪督促整改。

5. 建设方为解决消火栓冰冻问题，自行采用支墩和保温材料进行了补充改造，但因直管穿越冻土层未进行保温处理，支墩改造中又堵塞了消火栓的泄水孔，不仅未起到防冻作用，反而埋下了消火栓低温冻结的隐患，在冬季低温冰冻气象条件作用下，导致不能正常供水（火灾当日最低气温 -9℃）。

6. 相关部门对“独克宗古城消防系统改造工程”建设督促指导不到位。

7. 独克宗古城内通道狭小，纵深距离长，大型消防车辆无法进入或通行，古城内建筑物多为木质，耐火等级低，大量酒吧、客栈、餐厅使用柴油、液化气等易燃易爆物品。

三、事件处理

事故发生后，云南省安全生产监管局、省公安厅、省监察厅、省住建厅、省总工会及迪庆州人民政府等单位及时成立了“1·11”火灾事故调查组，并邀请省检察院派员参加。

四、责任追究

上海市徐汇区人唐某，涉嫌失火罪，被移送司法机关。相关单位负责人被给予行政撤职处分、同时建议给予党内严重警告处分。迪州市各级政府分别向上级政府作出深刻检查。昆明市五华区勘测设计院、迪庆鑫亚达工程安装有限责任公司和昆明中厚建设监理有限公司根据有关法律法规，向建设行政主管部门上缴规定上限的经济处罚，处罚情况抄报省安全监管局。

五、补救措施

针对此次事故暴露出的问题，当地政府提出以下要求：

1. 明确职责，加强古城监督管理。

2. 强化消防基础设施建设，提升古城火灾防控能力。

3. 迪庆州、香格里拉县人民政府负责，由“独克宗古城消防系统改造工程”项目主管部门牵头组织、相关部门和单位参加，对该建设项目进行专题研究，针对该项目重大缺陷和其他存在问题研究解决办法，及时组织消除隐患，推进项目尽早按照标准规范补充完善，经合法验收后投入使用。

4. 强化火灾隐患整治力度。

5. 公安消防部门要指导、督促基层消防队伍（部门）建立健全内部管理制度，进一步规范建设工程消防设计备案工作。

6. 加强消防宣传教育培训，提高公众消防安全意识。

参考资料

1. 安全监管总局：迪庆州香格里拉县独克宗古城“1·11”重大火灾事故调查报告，见 http：//www. chinasafety. gov. cn/newpage/Contents/Channel_5498/2014/0624/236638/content_236638. htm。

2. 人民网：云南独克宗古城“1·11”重大火灾事故调查报告公布，见 http：//jx. people. com. cn/n/2014/0625/c190316－21503458. html。

3. 人民网：香格里拉县古城“1·11”火灾事故调查报告，见 http：//news. xinhuanet. com/talking/2014－06/26/c_1111329444. htm。

河北邢台“1·11”高处坠落事故

一、事件简介

2014年1月11日14时，河北省邢台市宁晋县贾家口镇麟达建设工地发生一起高处坠落事故，造成2人死亡、5人受伤，直接经济损失89万元。

二、事件原因

直接原因

无证人员冯某某、王某某使用非法制造的施工升降机械，在运载8名未系安全带的作业人员过程中，因滑轮突然断裂致使平台从高处坠落。

间接原因

1. 施工单位使用不符合安全要求的施工设备。

2. 安全管理存在严重缺失。

3. 教育培训不到位。

4. 现场管理人员未尽到安全管理职责。

5. 项目承包不符合法律规定。

6. 该建设项目手续不全。

7. 县政府职能部门履职不到位。

8. 乡镇政府安全生产监管职责落实不力。

三、事件处理

事故发生后，河北省宁晋县委县政府高度重视，要求依法依规调查，严肃处理事故单位及相关责任人员，深刻剖析事故原因，制定有针对性的整改措施，切实用事故教训推动安全生产工作。

四、责任追究

施工队相关直接负责人分别被移交司法机关依法追究刑事责任。县住房和城乡建设局相关负责人被给予通报批评处罚、给予党内警告处分。相关企业被给予相应的经济处罚。相关施工队依法被处以解散施工队伍行政处罚。宁晋县相关行政党委、镇政府被给予通报批评处分。

五、补救措施

针对此次事故暴露出的问题，当地政府提出以下要求：

1. 明达线缆集团及时依法终止施工合同，重新组织招投标，确定新的有合法资质的施工企业进行项目施工。聘请有资质的管理人员进驻项目进行现场管理，落实安全责任，确保施工安全。

2. 各乡镇、各部门结合本地、本行业实际，指导督促本辖区、本行业企业立即制定和完善安全生产工作规范。各乡镇、各部门按照安全生产承诺制干部分包责任制要求，立即制定严厉的问责措施，确保集中整治各项工作落实到位。

3. 按照市委市政府和全县安全生产集中整治活动动员部署大会要求，立即在全县范围内开展安全生产集中整治活动。

4. 有关职能部门要向本部门全体人员通报事故情况，汲取事故教训，认真履行安全监管职责。土管、规划、质监、建设等部门要进一步加强对施工项目的安全管理；按照规定履行相关审批程序，督促企业加强作业现场安全工作，特别是特种作业人员持证上岗、施工设备是否符合国家标准情况的监督检查。

参考资料

1. 河北省安全生产监督管理局：宁晋县明达线缆集团麟达铝合金建设工地“1·11”高处坠落事故调查报告，见 http：//www. hebsafety. gov. cn/index. do? id＝29311&templet＝content&cid＝1571。

2. 燕赵都市网：上半年河北查处各类工矿商贸生产安全事故40起，见 http：//yanzhao. yzdsb. com. cn/system/2014/07/24/013835570. shtml。

3. 安全管理网：宁晋县明达线缆集团麟达铝合金建设工地“1·11”高处坠落事故调查报告，见 http：//www. safehoo. com/Case/Case/Drop/201408/362978. shtml。

浙江台州“1·14”重大火灾事故

一、事件简介

2014年1月14日14时40分，浙江省台州市温岭市城北街道杨家渭村台州大东鞋业有限公司发生火灾，火灾过火面积约1080m^2，事故共造成16人死亡、5人受伤。

二、事件原因

直接原因

位于鞋厂东侧钢棚北半间的电气线路出现故障，引燃周围鞋盒等可燃物引发火灾。

间接原因

1. 大东鞋厂主体厂房未经消防审批，厂房内消火栓形同虚设，各层楼梯未经封闭，疏散楼梯门未采用平开门，存在严重消防安全隐患。

2. 大东鞋厂内部安全管理混乱，安全生产主体责任不落实，消防安全无人具体负责，并因计件工资及员工流动性大等原因，企业内部组织管理松散，安全生产责任制、安全生产规章制度均得不到有效执行和落实。

3. 温岭市城北街道杨家渭村委会以包代管、放纵违章，未尽到安全管理基本职责。

4. 温岭市城北街道以及辖区派出所消防安全“网格化”管理工作制度在实际工作中没有很好落实，日常消防和安全生产监督检查不到位。

5. 温岭市相关部门消防安全监管工作不落实、不到位。

6. 温岭市委市政府对消防安全重视不够，履职不到位。

三、事件处理

事故发生后，国务院领导和浙江省委省政府主要领导高度关注，先后作出重要批示，要求全力做好伤员救治和死者家属抚慰工作，尽快查明事故原因，严肃追究相关人员的责任，全面排查安全隐患，坚决防范重特大事故的发生。台州市和温岭市接到事故报警后，迅速启动应急预案，调集人员和装备，全力开展抢险救援。

四、责任追究

相关企业的负责人被依法追究刑事责任，并承担相应的民事赔偿责任。相关政府单位负责人，被给予行政记过处分。大东鞋厂被依法予以取缔。台州市人民政府，被责成向浙江省人民政府作出深刻检查，并抄报省监察厅、省安监局。

五、补救措施

为防范类似事故再次发生，相关上级单位建议温岭市党委、政府抓紧做好以下工作：

1. 搞好安全生产“大教育”，增强全社会防范事故意识。

2. 开展安全隐患“大整治”，进一步改善安全生产环境。

3. 抓好安全责任“大落实”，确保安全监管措施到位。

4. 努力构筑安全“大监管”网络，实施安全隐患综合治理。

5. 落实安全事故“大防控”措施，建立安全管理长效机制。

参考资料

1. 安全监管总局网站：台州大东鞋业有限公司“1·14”重大火灾事故调查报告，见 http：//www. chinasafety. gov. cn/newpage/Contents/Channel_5498/2014/0512/238182/content_238182. htm。

2. 浙江省安全生产监督管理局：台州大东鞋业有限公司“1·14”重大火灾事故调查报告，见 http：//www. zjsafety. gov. cn/cn/ajkx/113187. shtml。

3. 人民网：台州大东鞋业有限公司“1·14”重大火灾事故调查报告，见 http：//society. people. com. cn/n/2014/0401/c1008－24795113. html。

河北三河“1·18”爆炸事故

一、事件简介

2014年1月18日11时50分，河北省廊坊市三河市燕郊高新区乡家柴火饭店发生一起液化气泄漏引起的爆炸事故，造成1人死亡、34人受伤，直接经济损失约350万元。

二、事件原因

直接原因

当事人梁某某在更换液化气瓶时误操作，在未关闭液化气钢瓶阀门的情况下，拧开连接软管更换气瓶，致使液化气钢瓶内的液化气从阀门与软管接口处大量泄漏，遇明火引发爆炸。

间接原因

1. 企业安全管理不到位。乡家柴火饭店主体责任不落实，安全意识淡薄，燃气使用不当。

2. 监管部门监管不严。

三、事件处理

事故发生后，河北省委省政府领导高度重视，作出重要批示，要求全力以赴，做好救治伤员的工作，要举一反三，燃气管道的排查工作要细而又细，要实行严格的排查责任制。三河市人民政府成立了由市政府副市长任组长，副市长、公安局局长任副组长，市安监局、市监察局、市公安局、市城乡建设局、市质监局、市总工会、迎宾北路街道办、市消防大队等部门有关人员参加的燕郊高新区乡家柴火饭店“1·18”爆炸事故调查组。并邀请市人民检察院有关人员参加，对事故进行调查处理。

四、责任追究

经调查认定，燕郊高新区乡家柴火饭店“1·18”爆炸事故是一起生产安全责任事故。乡家柴火饭店职工梁某某等相关涉事人员被移交司法机关依法追究刑事责任。相关单位负责人给予行政记过处分。乡家柴火饭店依法被处以10万元的罚款，并被吊销工商营业执照。

五、补救措施

针对此次事故暴露出的问题，当地政府提出以下要求：

1. 落实生产经营单位安全生产主体责任。各类生产经营单位要切实加强对生产经营环节特别是危险环节等方面的安全管理工作，建立健全安全生产责任制及规章制度和岗位操作规程，加强对从业人员的岗位培训、安全教育和遵守劳动纪律培训，严格按照操作规程要求作业，增强从业人员反违章意识，在作业中做到“三不伤害”，即不伤害自己、不伤害他人、不被他人伤害，要把“安全为了生产，生产必须安全”贯彻到生产工序的始终，强化生产经营单位安全生产主体责任的落实。

2. 加强生产经营单位现场安全管理。生产经营单位进行危险作业时，应当安排专门人员进行现场安全管理，确保操作规程的遵守和安全措施的落实。生产经营单位应当教育员工在生产作业现场作业时，坚持不安全不生产，杜绝违章指挥、违章作业、违反劳动纪律的现象发生，全面提高现场作业人员的安全生产作业技能。

3. 落实有关部门行业监管责任和属地监管责任。三河市各主管部门及各镇区村街，特别是燕郊高新区管委会，要立即开展燃气液化气专项检查与治理，认真贯彻执行有关安全生产的法律法规，加大对辖区内生产经营单位的安全监管力度，及时排查各类安全生产隐患和存在的各种安全问题，强化安全措施，及时消除各类隐患，解决存在的问题，堵塞安全漏洞，有效防范生产安全事故发生。

参考资料

1. 河北省安全生产监督管理局：三河市燕郊高新区乡家柴火饭店“1·18”爆炸事故调查报告，见 http://www.hebsafety.gov.cn/index.do?id=29371&templet=content&cid=1571。

2. 燕赵都市网：燕郊“乡间柴火”饭店液化气爆炸1死33伤，见 http://yanzhao.yzdsb.com.cn/system/2014/01/18/013545996.shtml。

3. 凤凰网：燕郊一饭店发生爆炸，见 http://news.ifeng.com/gundong/detail_2014_01/20/33172363_0.shtml。

吉林通化“1·18”瓦斯爆炸事故

一、事件简介

2014年1月18日14时18分，吉林省通化县二密镇通化化工股份有限公司甲醇合成系统甲醇工段水洗岗位供水泵房发生爆炸，造成3人死亡、5人受伤，直接经济损失255万元。

二、事件原因

直接原因

当班岗位操作工鲁某操作不当。替班操作工姜某某接班后没有对现场进行巡视，未能及时发现安全隐患。

间接原因

1. 通化化工股份有限公司安全意识淡薄，安全管理不到位。

2. 二密镇政府属地监管责任落得不实。

3. 相关部门对企业主体责任落实监督不够。

三、事件处置

事故发生后，吉林省领导和相关专家先后到达事故现场指挥抢险救援。通化县领导和县相关部门负责人到达事故现场，及时启动通化县生产安全事故应急救援预案，县消防大队和公安干警参与救援工作。事发企业紧急启动一级应急预案，全厂各车间紧急停工，及时疏散人员，将受伤职工送至通化县人民医院进行抢救。

四、责任追究

直接涉事人员被通化化工股份有限公司给予开除处分。企业相关直接负责人，被通化化工股份有限公司给予降级处理，吊销安全生产资格证书，并被处以相应的经济处罚。通化县相关单位负责人被依法给予行政警告处分。通化县人民政府被责成向通化市人民政府作出深刻检查。通化化工股份有限公司依法被处以30万元的罚款，并被撤销安全生产标准化等级。

五、补救措施

针对这起事故暴露出的突出问题，为深刻吸取事故教训，进一步强化化工行业安全生产工作，有效防范类似事故重复发生，相关部门提出如下措施建议：

1. 牢固树立和落实科学发展观，坚守安全生产红线。

2. 切实落实安全生产主体责任，进一步强化企业内部的安全管控。

3. 大力推动化工行业科技进步，提高企业本质安全水平。

4. 切实落实政府及有关部门的安全监管责任，全面加强对化工行业的安全监管。

5. 公司要严格按规定的程序和标准组织、落实事故防范和整改措施。

参考资料

1. 通化市安全生产管理监督局：通化县通化化工股份有限公司“1·18”爆炸事故调查报告，见 http://www.thssafety.gov.cn/nr/Article/8339.html。

2. 国家安全监督管理局：吉林省通化市通化公司发生爆炸事故，见 http://www.chinasafety.gov.cn/newpage/Contents/Channel_21102/2014/0208/229919/content_229919.htm

3. 吉林省安全生产监督管理局：通化化工股份有限公司发生一起爆炸事故，见 http://www.jlsafety.gov.cn/sgxx/21066.htm。

河北唐山“1·19”机械伤害事故

一、事件简介

2014年1月19日10时，河北省唐山市海港瑞嘉装卸有限公司在唐山中远集装箱物流有限公司集装箱场站进行镀锌管装箱作业时，发生一起机械伤害事故，造成1人死亡，直接经济损失60万元。

二、事件原因

直接原因

工人唐某吊挂第四个挂钩过程中，违反安全操作规程，在吊具下降时，探身尝试进行挂钩操作，不慎滑倒，导致头部被挤在了下降的吊具和待吊挂镀锌管之间。

间接原因

1. 唐山海港瑞嘉装卸有限公司安全管理不到位。

2. 唐山海港瑞嘉装卸有限公司安全教育培训不到位。

3. 唐山中远集装箱物流有限公司对外协单位管理不到位。

三、事件处置

事故发生后，唐山市安监局、开发区党工委和管委会高度重视，要求依法依规调查，严肃处理事故单位及相关责任人员，深刻剖析事故原因，制定有针对性的整改措施，切实用事故教训推动安全生产工作。

四、责任追究

经调查，这是一起因违章作业，安全生产管理、教育培训不到位而引发的生产安全责任事故。企业的相关涉事人员，被给予记过处分。企业的相关负责人，被责令写出深刻的书面检查，并报海港经济开发区安全生产监督管理局备案。唐山海港瑞嘉装卸有限公司未依法履行安全生产主体责任，被唐山海港经济开发区安全生产监督管理局给予15万元的经济处罚。

五、补救措施

针对这起事故暴露出的突出问题，为深刻吸取事故教训，进一步强化安全生产工作，有效防范类似事故重复发生，相关部门提出如下措施建议：

1. 唐山海港瑞嘉装卸有限公司要举一反三，认真吸取事故教训，要认真履行企业安全生产主体责任，严格落实各项安全管理制度；要加强对作业现场的安全管理，开展一次全面的安全生产大检查，全面排查和及时消除各类事故隐患，杜绝各类事故的发生；要指派专人进行安全监护，并确保监护可靠、有效，覆盖作业的全过程。

2. 唐山海港瑞嘉装卸有限公司要切实搞好职工的安全教育培训工作，特别是要加强重要岗位操作人员的教育培训，确保作业人员具有对本岗位各类安全隐患和风险的判断识别能力，从本质上提升作业人员的安全意识。

3. 唐山中远集装箱物流有限公司要加强对外协单位安全生产工作的监督管理，特别要加强对作业现场的安全监督和管理工作，杜绝违章作业现象；要督促外协单位建立健全安全管理机构，落实安全管理制度，加大安全生产投入，确保外协单位安全管理责任制落到实处。

参考资料

1. 河北省安全生产监督管理局：唐山海港瑞嘉装卸有限公司“1·19”机械伤害事故调查报告，见http://www.hebsafety.gov.cn/index.do?id=26840&templet=content&cid=1571。

2. 安全文化网：唐山海港瑞嘉装卸有限公司“1·19”机械伤害事故调查报告，见http://www.anquan.com.cn/index.php?a=show&c=index&catid=39&id=97931&m=content。

3. 安全管理网：唐山海港瑞嘉装卸有限公司“1·19”机械伤害事故调查报告，见 http://www.safehoo.com/Case/Case/Machine/201409/363558.shtml。

湖北宜昌“1·19”较大车辆伤害事故

一、事件简介

2014年1月19日10时49分，湖北省宜昌市东圣化工集团有限公司殷家沟矿区鱼林溪矿段详查工程东斜井发生一起较大车辆伤害事故，造成4人死亡、3人受伤，直接经济损失370万元。

二、事件原因

直接原因

三轮车提升人员违规用未连接的两个矿车架提升三轮车，绞车滚筒上的钢丝绳跑偏堆绳后突然滑落，引起提升钢丝绳弹跳，将捆扎三轮车前轮的铁丝挣断，后矿车架及三轮车与前矿车架分离后迅速坠往井底，井底挡车门失效，三轮车坠入井底后将未进入信号峒室躲避的车场人员撞击致死（伤）。

间接原因

1. 违法违规探矿。

2. 违法违规施工。

3. 安全监管不到位。

4. 行业监管履职不到位，安全隐患未能及时发现和消除。

三、事件处理

事故发生后，宜昌市委市政府领导高度重视，要求全力抢救伤员，做好善后处置工作。市政府及时启动了市生产安全事故应急救援预案，宜昌副市长带领相关部门负责人赶赴现场，指导事故应急救援工作。远安县委县政府接到事故报告后，县委书记迅速带领相关部门负责人赶赴现场，开展应急救援和善后处置工作。

四、责任追究

经过调查认定，该事故是一起生产安全责任事故。相关涉事人员9人，被移送司法机关追究刑事责任。相关单位负责人10人，被给予行政记过处分。远安县两位副县长，有关部门对其进行了诫勉谈话。相关企业被给予相应的经济处罚。远安县人民政府被责成向宜昌市人民政府写出深刻检查。

五、补救措施

为杜绝此类事故再次发生，宜昌市安全生产监督管理局提出以下要求：

1. 坚持科学发展、安全发展。远安县委县政府要坚决贯彻落实习近平总书记关于安全生产的重要讲话精神和指示、批示，牢固树立科学发展、安全发展理念，对重点企业要一视同仁，不能偏心袒护，不能放松安全监管标准和尺度。要增强红线意识，坚持以人为本，坚持党政同责、一岗双责、齐抓共管，把党和国家关于安全生产的方针政策和法律法规规定真正落实到基层，落实到企业。

2. 规范探矿工程管理。远安县必须严格落实国家对探矿工程的行业管理和安全管理规定，严厉打击不按设计方案施工、超越批准范围探矿、以探代采、边探边采等违法违规探矿行为，树立安全生产法制权威，树立政府及监管部门执法威信。

3. 扎实开展专项安全检查。远安县要针对此次事故暴露出的问题举一反三，对全县所有探矿工程、建设项目开展一次拉网式的隐患大排查、大整治活动，与矿山节后复工检查相结合，与矿山“打非治违”工作相结合，与矿山行政许可工作相结合，对不具备安全生产条件的，坚决不批准复工，不批准行政许可，坚决从严查处、依法打击。坚持铁腕、铁面、铁规，确保矿山安全生产形势稳定。

4. 强化安全教育培训。湖北东圣化工集团有限公司要认真吸取事故教训，全面落实企业安全生产主体责任，认真开展安全大教育、大培训活动，加强全员安全教育培训、新工人上岗前培训和“三类人员”安全资格证培训，进一步增强从业人员安全意识和操作技能，提高队伍整体素质。

参考资料

1. 宜昌市安全生产监督管理局：湖北东圣化工集团有限公司殷家沟矿区鱼林溪矿段详查工程“1·19”较大车辆伤害事故调查报告，见 http：//ajj. yichang. gov. cn/art/2014/7/23/art _ 33937 _ 547699. html。

2. 本质安全网：湖北东圣化工集团“1·19”较大车辆伤害事故调查报告，见 http：//www. 51benan. com/a/201408/221392. html。

3. 秦楚网：湖北省宜昌市“1·19”较大车辆伤害事故［督办结果］，见 http：//www. 10yan. com/2014/0805/163457. shtml。

重庆江津“1·19”道路交通事故

一、事件简介

2014年1月19日11时7分，重庆市江津区南北大道接津马路路口一辆小型普通客车与一辆重型自卸货车发生相撞，造成3人死亡、2车受损，直接经济损失200余万元。

二、事件原因

直接原因

当事人郑某某驾驶机动车辆与其他车辆会车时没有减速靠右行驶，车辆速度超过限定速度行驶；当事人贾某驾驶机动车辆载物不符合核定的载质量，存在超载行为，且与相向来车会车时未确保安全。

间接原因

1. 重庆汇顺物流有限公司企业安全生产主体责任落实不到位。

2. 南北大道建设业主未严格执行安全生产法规，未落实安全生产“三同时”制度。

3. 属地管理责任未落实，道路安全隐患未及时消除。

4. 行业监管履职不到位，安全隐患未能及时发现和消除。

三、事件处理

事故发生后，重庆汇顺物流有限公司及时向相关部门报告了该起事故，重庆市安监局、市交警总队、江津区政府及其相关部门赶赴事故现场开展事故救援工作。

四、责任追究

江津区滨江新城相关单位负责人被给予行政

警告处分，并被诫勉谈话。重庆汇顺物流有限公司被处以相应的经济处罚。企业相关负责人曾某被给予罚款处罚。

五、补救措施

为深刻吸取本次道路交通事故的教训，预防和避免类似事故再次发生，针对本次事故的特点，当地政府提出以下要求：

1. 江津区滨江新城管委会要加强《安全生产法》的贯彻落实，严格按照法律法规要求开展工程项目建设，同时还要加强对安全隐患的排查和整治力度，确保项目建设安全。

2. 江津区公安交巡警支队要加大对车辆路面违法行为的查处力度，并制定切实有效的管理措施，从源头上控制事故。

3. 綦江区运管部门要加大对重庆汇顺物流有限公司的管理，督促其落实安全生产主体责任。

4. 重庆汇顺物流有限公司要认真总结本次事故的经验教训，强化企业内部安全管理，严格落实安全生产工作各项规章制度，认真履行企业安全生产主体责任。

5. 重庆汇顺物流有限公司要对公司的车辆驾驶员和安全管理人员进行一次交通法律法规和安全知识的培训及考试，对考试不合格的驾驶员和安全管理人员一律不予聘用。

6. 重庆汇顺物流有限公司要根据本单位的生产经营特点，对安全生产状况进行经常性检查，进一步加强路检路查工作，严肃查处超载超限等违法驾驶的行为，有效消除事故隐患。

参考资料

1. 重庆市江津区安监局：江津区“1·19”较大道路交通事故调查报告，见 http://www.cqsafety.gov.cn//html/2014-04-16/ff8080814844451c014974749f880162.html。

2. 重庆市安全生产信息网：市安监局回访江津区“1·19”道路交通事故，见 http://www.cqaqsc.com/anquandongtai/zhongqing/2014-11-04/3831.html。

3. 重庆市安全生产监督管理局：江津区“1·19”较大道路交通事故调查报告，见http://www.cqsafety.gov.cn/html/2014-11-03/ff8080814844451c014974749f880162.html。

河北深州“1·20”物体打击事故

一、事件简介

2014年1月20日16时40分，河北省深州市欧美佳焙烤机械有限公司，发生一起物体打击事故，造成1人死亡，直接经济损失83万元。

二、事件原因

直接原因

天车电机固定螺栓松动。

间接原因

1. 李某未取得特种作业操作资格证，擅自进行吊装作业，违反操作规程，作业过程中未佩戴安全帽，电机坠落后砸中其头部，导致其死亡。

2. 欧美佳公司生产现场安全管理不到位，无现场安全管理人员指挥天车吊装作业，车间负责人未阻止不具备特种作业资质人员在没有佩戴安全帽的情况下擅自进行吊装作业。

3. 欧美佳公司各项安全管理制度不落实，形同虚设。

4. 欧美佳公司安全教育培训不到位，导致工人安全意识淡薄，纪律观念不强，违章操作。

5. 欧美佳公司未严格落实安全生产大检查方案要求，公司对安全大检查重视程度不够，日常安全监管不到位。

6. 欧美佳公司安全投入不到位，没有给员工配备安全帽，以至于员工在吊装作业时没有安全有效的防护措施。

三、事件处理

事故发生后，深州市委市政府高度重视，主要领导及时作出重要指示，要求依法依规调查事故原因，严肃处理事故单位及相关责任人，妥善处理善后事宜。深州市政府办公室、市质监局、市安监局等有关部门接到报告后及时赶赴事故现场紧急处置。市政府批准成立了由市安监局牵头，市公安局、市总工会、市监察局、市质监局等有关部门和单位组成的深州市欧美佳焙烤机械有限公司“1·20”物体打击事故调查组，并邀请市检察院派员参加，对事故有关情况进行了全面调查。

四、责任追究

经调查，这是一起因现场安全生产管理缺位、违章操作而引发的生产安全责任事故。企业相关涉事人员，依法被移交司法机关追究刑事责任。企业相关负责人被按照公司内部的奖惩制度处理，并报深州市安监局备案。事发企业被处以相应的经济处罚和行政处罚。

五、补救措施

针对本次事故的特点，当地政府提出以下要求：

1. 欧美佳公司要深刻吸取事故教训，要进一步健全安全生产责任制，落实主体责任，加强对生产现场的安全管理，加强对员工的安全教育培训，提高员工安全意识，完善隐患排查治理制度。

2. 特种设备主管部门要针对此次事故开展一次专项治理行动，对深州市所有起重设备进行事故隐患大排查，并将专项治理情况报安委会办公室，确保我市不再发生类似事故。

3. 新区管理委员会要加强对辖区所属企业的安全管理，督促企业落实主体责任，建立健全企业三项制度及隐患排查制度，要在辖区内经常性开展安全隐患大排查活动，消除事故隐患，减少各类生产安全事故发生。

4. 全市各领域企业要深刻吸取事故教训，要全面落实企业主体责任，保证企业各项规章制度的有力执行。

5. 各行政主管部门要举一反三，更加深入地开展安全大检查活动，进一步加强各领域的安全生产监督管理。要认真查找安全生产工作中的薄弱环节和突出问题，强化监督检查，做到令行禁止，确保各行业的生产安全。

参考资料

1. 河北省安全生产监督管理局：深州市欧美佳焙烤机械有限公司“1·20”物体打击事故调查报告，见 http：//www. hebsafety. gov. cn/index. do? id = 29188&templet = content&cid = 1571。

2. 安全管理网：深州市欧美佳焙烤机械有限公司“1·20”物体打击事故调查报告，见 http：// www. safehoo. com/Case/Case/Hit/201409/363551. shtml。

3. 衡水市安全生产监督管理局：深州市欧美佳焙烤机械有限公司“1·20”物体打击事故调查报告，见 http：//www. hebhssafety. gov. cn/sgdc01/sgdc/2014/10/13/content_310448. shtml。

重庆市“1·25”道路交通事故

一、事件简介

2014 年 1 月 25 日 14 时 35 分，重庆市江津区吴滩镇宁康路口发生一起较大道路交通事故，造成 3 人死亡、1 人受伤，房屋、公路边电线杆及车辆受损，直接经济损失 200 元。

二、事件原因

直接原因

当事人颜某某驾驶渝 C21057 重型专业作业车，经过长下坡的事发路段，操作不当，未确保安全。

间接原因

1. 重庆凯旋电梯有限公司安全生产主体责任落实不到位。

2. 行业监管措施落实不到位，安全隐患未能及时消除。

3. 道路属地管理责任未落实，隐患没有及时整改消除。

4. 行业监管履职不到位，安全隐患未能及时发现和消除。

三、事件处理

事故发生后，重庆市江津区吴滩镇人民政府及时启动了应急救援预案，江津区公安局、安监局、质监局、电力局等相关部门及时赶到现场开展救援和抢险，市安监局、市交巡警总队等相关部门相继赶赴现场督促指导救援工作。

四、责任追究

经调查，认定本次事故是一起较大道路交通生产安全责任事故。本次事故的直接责任人，被移交司法机关依法追究相应的法律责任。事发企业和企业相关责任人被给予经济处罚。当地政府相关责任人被诫勉谈话。

五、补救措施

为深刻吸取本次道路交通事故的教训，预防和避免类似事故再次发生，针对本次事故的特点，重庆市安全生产监督管理局提出以下措施及建议：

1. 重庆凯旋电梯有限公司应认真总结本次事故的经验教训，进一步加强企业主体责任的落实，强化企业内部管理，严格落实安全生产工作各项规章制度。应加强源头管理，进一步建立和完善企业内部安全管理制度，加强对车辆行驶过程中的管理，发现违法行为和事故苗头，应立即采取措施予以纠正和消除。

2. 重庆凯旋电梯有限公司安全生产管理人员应当根据本单位的生产经营特点，对安全生产状况进行经常性检查；对检查中发现的安全问题，应当立即处理；不能处理的，应当及时报告本单位有关负责人，检查及处理情况应当记录在案。

3. 重庆凯旋电梯有限公司要加大对员工安全教育培训和隐患排查整治力度，按有关规定定期检验检测有关特种设备，保证设备处于正常、有效状态，杜绝安全隐患。

4. 永川区质监局应对企业的整改情况进行跟踪检查，正确履行督促检查安全生产违法行为工作职责。

5. 江津区吴滩镇人民政府要及时采取措施对存在的道路安全隐患进行整治，从源头上防止安全事故的发生。

6. 江津区公安局交巡警支队要加大对辖区内交通事故预防、路检路查、交通隐患排查工作力度，有效预防安全事故的发生。

参考资料

1. 重庆市安全生产监督管理局：重庆凯旋电

梯有限公司“1·25”较大道路交通事故调查报告，见 http：//www.cqsafety.gov.cn//html/2014－04－19/ff8080814844451c014974728e25015d.html。

2. 龙华网：市安监局回访江津区“1·25”较大道路交通事故，见 http：//aj.cqnews.net/html/2014－10/30/content_32425272.htm。

3. 重庆市安全生产信息网：重庆凯旋电梯有限公司“1·25”较大道路交通事故调查报告，见 http：//www.cqaqsc.com/shiguanli/2014－11－12/4143.html。

广东普宁“1·28”爆炸事故

一、事件简介

2014年1月28日14时40分，位于广东省普宁市南溪镇后寨村的揭阳市忠泰气体厂有限公司气体充装作业人员张某在工业氧充装汇流排处靠南侧充装作业时发生爆炸，造成1人死亡。

二、事件原因

直接原因

1. 事故单位技术员林某某未能严格执行国家相关气瓶检验检测、充装管理的规定。

2. 事故单位作业人员张某某在作业过程中违反操作规程，充装前没有对发生事故的气瓶进行检查复查，造成该氧气瓶爆喷事故。

间接原因

1. 事故单位对特种设备作业人员的教育培训力度不足，特种设备作业人员职业技能不高，未能严格执行安全技术规范的要求对气瓶进行检验检测、充装管理的规定，违反操作规程。

2. 后寨村村委会对辖区内安全生产工作不够重视，安全生产宣传力度不够，平时检查不够深入细致，属地管理尚未到位。

3. 南溪镇委镇政府在安全生产管理工作中，存在薄弱环节，宣传教育力度不够、平时检查不够深入细致。

4. 普宁市质量技术监督局在特种设备安全监督管理、宣传教育方面存在薄弱环节，检查、督促不够深入细致，未能及时发现事故单位没有严格执行气瓶检验检测的现象。

三、事件处理

事故发生后，普宁市党政领导高度重视，普宁市人民政府成立了由市委常委任组长，市政府办公室副主任、市安监局局长任副组长，市安监局、监察局、公安局、质监局、总工会分管领导和南溪镇政府主要领导为成员的事故调查组。同时，邀请市人民检察院派员参加事故调查工作。

四、责任追究

经调查，该起事故是一起生产安全责任事故。该事故直接责任人，被依法逮捕并追究相应法律责任。相关单位负责人被给予党内警告处分。对该事故的发生负有一定责任的相关人员被市纪检监察机关进行诫勉谈话。

五、补救措施

针对该起事故暴露出的问题，为深刻吸取事故教训，进一步规范危险化学品行业安全生产工作，有效防范和遏制类似事故发生。普宁市安全生产监督管理局提出如下措施建议：

1. 要坚守安全生产红线。揭阳市忠泰气体厂有限公司、全市危险化学品单位、南溪镇委镇政府及各村（居）要深刻吸取教训，痛定思痛、举一反三，下大气力强化安全生产工作。要牢固树立安全第一、生命至上的理念，始终坚持把人民生命安全放在首位，正确处理好安全生产与效益的关系，牢牢守住发展绝不能以牺牲生命为代价这条不能逾越的“红线”；要充分认识做好安全生产工作的极端重要性，高度警醒起来，以对党和人民高度负责的精神，全面加强危险化学品行业领域尤其是气体充装行业的安全生产工作，采取更加有力、更加有效的措施。

2. 要严格落实安全生产主体责任。揭阳市忠泰气体厂有限公司及全市危险化学品单位要坚决克服重生产轻管理、重效益轻安全的思想，依法履行安全生产主体责任，全面加强企业内部（员工）的安全管理。要建立健全企业内部安全生产责任制，把责任落实到班组、岗位及每个员工；要坚持高标准、严要求，强化对日常生产经营过程的安全管理与监督，确保国家的安全生产法律法规、标准规程和工作部署要求真正落到实处；要大力推进企业安全生产标准化建设，制定并完善岗位、班组以及企业达标实施细则，实现岗位达标、班组达标和企业达标，规范企业安全生产行为，杜绝“三违”现象，夯实安全生产基础。

3. 要强化各地及各行业主管部门安全监管责任。各地、各行业主管部门要严格按照“属地管理、行业管理”的原则，坚定不移落实“党政同责、一岗双责、齐抓共管”责任体系。要严格按照“管行业必须管安全、管业务必须管安全、管生产经营建设必须管安全”的原则，切实履行对危险化学品安全生产的监督管理责任，严把准入关，准入后要强化监管。各行业主管部门要加强部门协调联动、严格现场行政执法、强化日常监督检查、防止出现监管漏洞，实现对危险化学品生产、储存、流通、使用全过程的动态监管，严防违法违规超量生产、经营、使用等问题的发生。

4. 要加大安全生产大检查、大整治力度。各地、各行业主管部门及危险化学品单位要针对本地区、本行业、本单位存在的突出问题和该起事故教训，严格按照市委市政府关于深入开展安全生产大检查、大整治的部署，按照“全覆盖、零容忍、严执法、重实效”的要求，深入开展安全生产大检查、大整治，要采取“四不两直”的检查方式，真正做到真查细查、真整实改，严禁搞形式主义、表面文章、粗枝大叶；安全检查督查工作要做到制度化、规范化、常态化。要始终保持“打非治违”高压态势，按照“四个一律”的要求，严厉打击非法违法生产经营建设行为。充分发挥群众力量，鼓励群众举报安全生产各类非法违法行为。

5. 要狠抓安全生产宣传教育培训。各地、各行业主管部门及危险化学品单位要从落实科学发展观的高度上，真正把安全生产工作放在最突出的位置。强化对员工的安全生产教育培训，尤其要对新进员工、转岗员工、使用新设备新工艺员工、危险工序关键岗位员工和安全管理人员，开展有针对性的安全法制教育与培训，不断提高员工的法制意识、安全意识和安全操作技能。各地、各有关部门要采取多种形式，进一步提高安全防范技能和应急救援能力，坚决防范和遏制重特大事故的发生。为我市经济社会更好更快发展创造良好的安全生产环境。

参考资料

1. 中国普宁政府网：普宁市南溪镇“1·28”一般物体打击事故调查报告，见 http://www.puning.gov.cn/html/zhengwugongkai/gonggaogongshi/2014/0408/5711.html。

2. 新闻论坛：普宁市南溪镇“1·28”一般物体打击事故调查报告，见 http://bbs.news.qq.com/t-1841080-1.htm。

3. 人民网：普宁市南溪镇“1·28”一般物体打击事故调查报告，见 http://bbs1.people.com.cn/post/1/1/1/138657287.html。

江西余江“2·1”道路交通事故

一、事件简介

2014 年 2 月 1 日 15 时 20 分，江西省鹰潭市余江县潢溪镇桂林村黄家桥组村民潘某驾驶一辆无牌二轮摩托车由潢溪镇金墩村前往潢溪镇桂林村，行驶至潢溪镇金墩村田家路口时，与前方一辆相向行驶的由潢溪镇金墩村邹某骑行的人力三轮车发生碰撞，造成邹某受伤，其经抢救无效于 2 月 2 日死亡。此次事故共造成 1 人死亡、1 人受伤。

二、事件原因

驾驶人潘某没有依法取得机动车驾驶证，其机动车未经公安机关交通管理部门登记就自行上路，事故发生后，抱着侥幸心理逃离现场，弃伤者于不顾。

三、补救措施

为杜绝此类事故再次发生，当地交警部门要求驾驶人驾驶机动车在没有交通信号的道路上行驶时，车辆在本车道内应当确保安全、畅通行驶，在遇有交叉路口时要提前采取减速行驶，以便遇有紧急情况时能控制车辆，采取有效避险措施。另外，当地交警部门建议对乡、镇、村驾驶人开展定期、不定期安全教育培训，提高驾驶人的安全行车意识。

参考资料

1. 百度文库：余江县“2014·2·1”道路交通事故，见 http://wenku.baidu.com/link?url=L5abX7WrPZr4Do3NUDW2zupfu9r06Iqei_8F2miAOMuU8UhuNXbQNEySiCnqy6y7n9jL58IZGtVoTzIISheNHWNQVR9HpAC4DmLAEXP2pbu。

2. 腾讯网：余江县“2014·2·1”道路交通事故案例分析，见 http://mp.weixin.qq.com/s?__biz=MjM5NjQ4NTE5MQ==&mid=202121001&idx=4&sn=b475b82d31426dbbf686d674cd26589d&3rd=MzA3MDU4NTYzMw==&scene=6#rd。

3. 豆丁网：2014 交通事故案例，见 http://www.docin.com/p-964202664.html。

云南曲靖“2·7”砷化氢中毒事故

一、事件简介

2014 年 2 月 7 日 4 时，云南省曲靖市罗平锌电股份有限公司锌厂综合车间发生砷化氢中毒事故。此次事故共造成 8 人中毒，其中 3 人在救治中相继死亡，直接经济损失 326.20 万元。

二、事件原因

直接原因

罗平锌电股份有限公司锌厂综合车间浆化槽岗位工作人员违章操作，误将废液（含 H_2SO_4）转入未清理净化渣的浆化槽，发生剧烈化学反应，释放出大量砷化氢气体。

间接原因

1. 违规违章组织生产建设。
2. 现场管理不到位。
3. 安全投入不足。
4. 教育培训不到位。

5. 应急处置、事故报告不及时。

6. 地方政府属地管理力度不够，属地安全监管部门、环保部门、工信部门督促企业落实主体责任有差距。

三、事件处理

接事故报告后，云南省安全监管局、曲靖市人民政府、罗平县人民政府等有关领导迅速组织相关单位及时赶赴现场，组织开展抢险救援、现场处置和善后处理工作。

四、责任追究

云南罗平锌电股份有限公司相关负责人，被给予相应的行政处分。云南罗平锌电股份有限公司，被曲靖市安全生产监督管理局给予罚款23万元。云南罗平锌电股份有限公司、罗平县安全监管局、罗平县工信局、罗平县环保局、罗平县九龙街道被责成向罗平县人民政府作出深刻书面检查，罗平县人民政府被责成向曲靖市人民政府作出深刻书面检查。

五、补救措施

针对此次事故暴露出的问题，相关部门提出以下要求：

1. 云南罗平锌电股份有限公司锌厂要彻底认真地开展安全隐患排查和整治工作，对各车间生产设施设备严格进行监督检查；要认真组织全厂员工进行安全教育和遵守生产工艺纪律、安全操作规程培训；要加大安全生产投入，完善监测、监控设备，配足配齐检验、监测和应急处置相关设备，同时，加强职业危害防范和应急演练，杜绝同类事故再次发生。

2. 云南罗平锌电股份有限公司要认真履行企业安全生产主体责任，认真落实安全生产相关法律法规，严格执行中央、省、市一系列安全生产指示精神和领导重要批示要求；进一步明确各分公司、分厂、车间、班组安全职责，建立完善并严格执行各项规章制度和操作规程。

3. 各危险化学品生产企业及冶金企业要吸取罗平锌电股份有限公“2·7”事故教训，认真开展安全隐患大排查、大整治，加大监督检查力度，严格落实各项安全管理制度，严格各类作业操作规程，坚决杜绝“三违”行为。

4. 罗平县人民政府要进一步增强红线意识，严格落实“党政同责、一岗双责、齐抓共管”和“一票否决”及属地监管职责。

参考资料

1. 曲靖市安监局：云南罗平锌电股份有限公司“2·7”较大砷化氢中毒事故调查报告，见http：//xxgk. yn. gov. cn/Z_M_014/Info_Detail. aspx?DocumentKeyID =4FCC26158F6E4B5B9421238E05D6F920。

2. 网易财经：云南罗平锌电股份有限公司关于砷化氢中毒较大安全事故调查处理结果的公告，见http：//finance. ifeng. com/a/20140711/12696765_0.shtml。

3. 大公网：罗平锌电中毒事故3人死亡 离其上次安全事故仅103天，见http：//finance.takungpao. com/gscy/q/2014/0215/2279765. html。

江西贵溪“2·7”道路交通事故

一、事件简介

2014年2月7日12时，江西省贵溪市文坊镇境内发生一起客车侧翻坠入河中的交通事故，造成3人死亡、24人受伤，直接经济损失202万元。

二、事件原因

直接原因

肇事驾驶员姚某某，违法篡改驾照信息，未按照驾驶证载明的准驾车型驾驶赣L12607号29座大型客车、无道路运输（旅客运输）从业资格证从事道路旅客运输，安全意识淡薄，遇突发情况采取措施不当，是造成事故的直接原因。

间接原因

1. 贵溪长运有限公司安全生产主体责任不落实，安全生产责任制不落实，安全管理混乱，安全教育培训不到位，对拟聘用的驾驶人员资格证照审查不严，执行驾驶员聘用及管理制度不力，安全检查及隐患排查治理不到位，场站安全管理混乱，“三不进站，六不出站”制度执行不力。

2. 贵溪市道路运输管理所安全监管不力，未严格按照法律法规政策规定，督促客运企业及客运场站全面落实安全生产主体责任；道路交通运输执法不力，未发现无道路运输（旅客运输）从业资格证的驾驶员姚某某长期驾驶客运车辆违法行为。

3. 贵溪市交通运输局对贵溪市路运输管理所落实监管职责督促不力。

4. 贵溪市交警大队国道中队、金屯中队巡逻检查不到位，未能及时发现和查处姚某某无证驾驶违法行为。

三、事件处理

事故发生后，江西省、贵溪市领导高度重视，江西省省长和副省长分别作出重要批示，对搜救及伤员救治等工作提出了明确要求。受江西省安委会领导的委派，省安监局监管三处正处级监察员和调研员赶赴事发现场了解事故情况、督促指导事故善后及调查处理工作。贵溪市相关领导及时赶赴事故现场，指导和部署救援救治、善后处理和事故调查工作。

四、责任追究

肇事驾驶员姚某某被司法机关依法追究刑事责任。贵溪市相关单位负责人，被给予相应的行政处分。贵溪长运有限公司，被依法处以23万元的罚款。贵溪市道路运输管理所、贵溪市交警大队国道中队和金屯中队，分别被上级主管部门通报批评，并被责令向上级主管部门作出深刻书面检查。

五、补救措施

为深刻吸取事故教训，举一反三，进一步强化道路交通安全管理，防止类似事故再次发生，鹰潭市政府提出如下建议：

1. 贵溪长运有限公司要全面落实客运企业安全生产主体责任。

2. 贵溪市交通运管、公安交警等部门和单位要迅速开展道路运输企业专项排查治理。

3. 贵溪市政府要深入贯彻落实科学发展观，进一步强化道路交通安全工作。

参考资料

1. 鹰潭市人民政府网站：贵溪市“2014·2·7”较大道路交通事故调查报告，见 http：//www. yingtan. gov. cn/xxgk/jdjc/aqsc/201409/t20140919_306043. htm。

2. 网易新闻：江西贵溪客车侧翻3人死亡22人受伤住院，见 http：//news. 163. com/14/0207/18/9KGHF2NA00014JB6. html。

3. 新浪网：江西贵溪载20余人客车落水已致2死，见 http：//news. sina. com. cn/c/2014－02－07/154929409151. shtml。

浙江磐安“2·13”民房坍塌事故

一、事件简介

2014年2月13日17时30分，浙江省磐安县万苍乡雅庄村一村民在乡政府旁的老旧会堂办喜事时，突然发生屋顶坍塌事故，造成10人死亡。

二、事件原因

村民房屋长期未得到修缮，磐安县相关政府部门未定期对乡村住房进行安全性评估鉴定。

三、事件处理

事故发生后，金华市主要领导、磐安县主要领导及时赶赴现场指挥救援。当地乡民和周边单位积极配合现场救援。

四、责任追究

坍塌建筑属于集体财产。当地村委会疏于维修管理，造成事故，被依法追责。

五、补救措施

针对此次事故暴露出的问题，磐安县一是下发了整治集体危房的通知，将集体危房整治工作列为乡镇和部门的年度工作考核内容，并实行“一票否决制”。二是暂停县内所有公共建筑内的集体活动，并成立由建设、公安、消防、规划、农办、农业、文化、安监等部门组成的专业鉴定小组，对辖区内的集体危房进行鉴定，视情况进行拆除或修整。

参考资料

1. 北京应急网：浙江磐安婚礼现场会堂坍塌7人死，见 http：//www. bjyj. gov. cn/tfsj/wsqtf/t1147391. html。

2. 新华网：磐安会堂坍塌事故已致10人死媒体追问谁该负责，见 http：//news. xinhuanet. com/local/2014－02/16/c_119351991. htm。

3. 百度百科：浙江磐安婚礼现场坍塌事故，见 http：//baike. baidu. com/link？url＝S8JthEM9－Ekh11I7MPFklALgBl_PlJR_Q4KM7q52wNoSJh3YMH16ptFno1－8ahsJXXiGb0lcMVZcsHFVgmVKhq。

河北唐山“2·14”机械伤害事故

一、事件简介

2014年2月14日1时50分，河北省唐山市曹妃甸工业区侨丰钢渣服务有限公司一名皮带清洁工在首钢京唐钢铁联合有限公司炼钢部钢渣区清理渣料时，不慎被卷入大斜角皮带，经送医院抢救无效死亡。此次事故共造成1人死亡，直接经济损失60万元。

二、事件原因

直接原因

当班工人李某某靠近正运转的2号大倾角皮带清料时，不慎被皮带卷入，导致死亡。

间接原因

1. 唐山市曹妃甸工业区侨丰钢渣服务有限公司主体责任不落实。

2. 唐山市曹妃甸工业区侨丰钢渣服务有限公司培训教育不到位。

3. 唐山市曹妃甸工业区侨丰钢渣服务有限公司安全设施不完善。

4. 首钢京唐钢铁联合有限责任公司安全监管不到位。

三、事件处理

事故发生后，唐山市安监局、曹妃甸区委区政府高度重视，及时成立了由工业区安监局、工业区监察局、工业区工会、工业区社会事业部等有关单位人员参加的唐山市曹妃甸工业区侨丰钢渣服务有限公司“2·14”机械伤害事故调查组，对事故展开全面调查。

四、责任追究

首钢京唐钢铁联合有限责任公司炼钢部钢渣区主任张某某，被责令向首钢京唐钢铁联合有限责任公司写出深刻的书面检查，并报曹妃甸工业区安全生产监督管理局备案。唐山市曹妃甸工业区侨丰钢渣服务有限公司副总经理（实际负责人）张某某，被曹妃甸工业区安全生产监督管理局处以2.8万元的经济处罚。唐山市曹妃甸工业区侨丰钢渣服务有限公司的其他相关责任人被公司按照内部规定给予处理。唐山市曹妃甸工业区侨丰钢渣服务有限公司，被唐山市曹妃甸工业区安全生产监督管理局处以12万元的经济处罚。

五、补救措施

针对此次事故暴露出的问题，相关部门提出如下要求：

1. 唐山市曹妃甸工业区侨丰钢渣服务有限公司要举一反三，认真汲取事故教训，弥补管理中存在的漏洞，根据作业实际制定详细作业规程，强化落实检查，坚决杜绝类似事故的发生。

2. 唐山市曹妃甸工业区侨丰钢渣服务有限公司要加强基础安全生产培训教育工作，尤其是加强转岗人员的教育培训，确保从业人员具有对本岗位各类安全隐患和风险的判断识别能力，从本质上提升作业人员的安全意识。

3. 唐山市曹妃甸工业区侨丰钢渣服务有限公司要高度重视安全生产工作，认真学习《生产安全事故报告和调查处理条例》、《国务院关于进一步加强企业安全生产工作的通知》等法律法规和文件，切实做好生产安全事故信息报告工作，不得迟报、漏报、谎报和瞒报事故。

4. 首钢京唐钢铁联合有限责任公司要认真落实安全监管责任，加强对外委协力单位的安全监管，特别要加强对外围协力单位安全教育培训和作业现场的安全监管，防止类似事故发生。

参考资料

1. 河北省安全生产监督管理局：唐山市曹妃甸工业区侨丰钢渣服务有限公司“2·14”机械伤害事故调查报告，见 http：//www.hebsafety.gov.cn/index.do？id＝26842&templet＝content&cid＝1571。

2. 安全管理网：唐山市曹妃甸工业区侨丰钢渣服务有限公司“2·14”机械伤害事故调查报告，见 http：//www.safehoo.com/Case/Case/Machine/201409/363555.shtml。

3. 安全文化网：唐山市曹妃甸工业区侨丰钢渣服务有限公司“2·14”机械伤害事故调查报告，见 http：//www.anquan.com.cn/index.php？m＝content&c＝index&a＝show&catid＝39&id＝95374。

江西鹰潭“2·17”道路交通事故

一、事件简介

2014年2月17日15时10分，江西省鹰潭市新一中后门路段与夏埠大桥延伸段交叉路口处发生一起重大交通事故。一辆车牌号为赣AS6511号油罐车与车牌号为赣L8L818号小车相撞，造成3人死亡、23人受伤。

二、事件原因

此次事故的原因为：一是油罐车驾驶员侯某驾车通过没有交通信号灯的路口时，既没有减速慢行，也未让行人和优先通行的车辆先行。二是小车驾驶员徐某雨天驾车未保持安全车速。

三、责任追究

1. 油罐车驾驶员侯某的行为违反了《道路交通安全法》第四十四条的规定，被依法追究责任。

2. 小车驾驶员徐某的行为违反了《道路交通安全法》第四十二条的规定，被依法追究责任。

四、补救措施

本次事故中事故双方当事人雨天驾车，通过没有交通信号灯控制的交叉路口，未让有优先通行权的车辆先行，并通过交叉路口未保持安全车速，造成事故。针对此次事故，当地交警部门提醒广大驾驶员，雨天驾车要注意车速，通过没有交通信号灯控制的交叉路口，应保持安全车速，减速慢行。

参考资料

1. 百度文库：2014交通事故案例，见 http：//wenku.baidu.com/link？url＝pI09Na81Bx2g8cjWr_pn6WizSlPlG00uwgNrskVsmiDfJ_tdOwv6N8BSfdT3hFAvwwZyHqntSCnBlvgsXfJY5tEnV7VkyKKdf_dktht_JbK。

2. 豆丁网：2014交通事故案例，见 http：//www.docin.com/p－964202664.html。

3. 鹰潭在线：2014年2月份鹰潭市道路交通事故典型案例，见 http：//www.ytnews.cn/2014/03/14/100210849.html。

重庆“2·17”顶板事故

一、事件简介

2014年2月17日13时50分，重庆市北碚区麻柳煤业有限公司井下＋452m水平东翼K_2煤层大巷内开口点以北25m处发生一起顶板事故，造成2人死亡，直接经济损失180万元。

二、事件原因

直接原因

麻柳煤业有限公司职工在+452m水平东翼K_2运输巷进行巷道维修时，未对原有支护进行加固处理，违章拆除背护材料，造成堆积在巷道顶部的煤矸突然垮落，导致正在巷道下方作业的2名工人被掩埋窒息死亡。

间接原因

1. 煤矿安全管理不到位。一是节后安全管理人员不齐，在生产副矿长、机电副矿长和安全员春节放假未到岗上班的情况下，仍然组织复工；二是现场安全管理不到位，事故地点无安全管理人员现场监管，当班下井带班矿级领导提前出井。

2. 煤矿技术管理不到位。+452m水平东翼K_2运输巷维修措施编制不完善：对防范采空区巷道上方煤矸垮漏未制定针对性安全技术措施；巷道维修措施未组织会审，仅矿长和技术负责人签审；该巷道维修措施未进行专门贯彻学习。

3. 对工人安全教育培训不力。一是安排采煤工从事巷道维修工作，未对职工进行转岗培训；二是未组织工人专门学习巷道维修措施；三是煤矿放松了对职工的安全教育，工人安全意识淡薄，操作技能差，违章作业导致事故发生。

三、事件处理

事故发生后，北碚区政府、重庆市煤监局渝中监察分局、北碚区安监局和煤管局等相关部门的领导及时赶赴现场指导抢险救灾工作。

四、责任追究

煤矿公司相关责任人被重庆市安全监管局处以相应的罚款。重庆市北碚区麻柳煤业有限公司，被重庆市安监局处以19万元的经济处罚。

五、补救措施

针对此次事故暴露出的问题，麻柳煤业有限公司被要求作出如下整改：

1. 强化企业安全生产主体责任，建立健全煤矿安全规章制度，进一步落实各级管理人员安全生产责任制。

2. 严格执行渝中分局印发的“巷道维修十五不准”的强制性措施，认真研究制定和采取防范采空区巷道上方煤矸垮漏的安全技术措施。

3. 加强现场安全管理，抓好重点部位、重点环节的安全监管工作。强化领导带班下井制度，确保现场跟班管理到位。对重点部位，关键环节要强化检查巡视，全面掌握当班井下的安全生产情况。

4. 加强对职工的安全教育培训，特别是新工人、转岗职工的培训，提高职工的安全意识和业务技能，做好自主安保和互助保安工作，严禁违章作业。

5. 配齐管理人员，机构不健全或管理人员不齐严禁组织生产作业。

参考资料

1. 重庆煤矿安全监察局渝中监察分局：重庆市北碚区麻柳煤业有限公司“2·17”顶板事故调查报告的公告，见 http：//www. cqmj. gov. cn/cqyz/291332098453667840/20140519/21862. html。

2. 重庆煤矿安全监察局：2014－2－17北碚区麻柳煤业有限公司发生一起顶板事故，见 http：// www. cqmj. gov. cn/mjgov/73747543409819648/20140217/20784. html。

3. 重庆煤矿安全技术培训中心：2014－2－17北碚区麻柳煤业有限公司发生一起顶板事故，见 http：//www. cqmkaqpx. com/Nshow. asp？ rid=410。

河北承德“2·19”机械伤害事故

一、事件简介

2014年2月19日23时23分，河北省承德县建龙矿业有限责任公司三选厂筛分车间发生一起机械伤害事故，造成1人死亡，直接经济损失92万元。

二、事件原因

直接原因

承德县建龙矿业有限责任公司三选厂破碎筛分车间工人卢某违反安全操作规程，在没有停车的情况下，进入距作业平台高度仅0.56m的输送皮带下面清理漏料，被皮带卷起夹到皮带与圆振筛下料口之间。

间接原因

1. 承德县建龙矿业有限责任公司安全管理工作存在漏洞，隐患排查治理责任制度未得到及时有效落实。

2. 承德县建龙矿业有限责任公司三选厂破碎筛分车间2号1.8m皮带尾轮防护装置损坏后未及时修复安装，隐患未及时整改。

3. 承德县建龙矿业有限责任公司安全教育培训工作不到位，员工安全意识淡薄，对工作现场存在的安全隐患认识不足，安全意识差。

三、事件处理

事故发生后，承德县人民政府成立了由县安监局、公安局、监察局、总工会等部门组成的承德县建龙矿业有限责任公司“2·19”事故调查组，并邀请承德县人民检察院派人参加，对该起事故进行调查。

四、责任追究

承德县建龙矿业有限责任公司三选厂的相关负责人被移送司法机关追究刑事责任。承德县建龙矿业有限责任公司总经理玄某某，被承德县安全生产监督管理局处以 4.2 万元的罚款。承德县建龙矿业有限公司其余相应责任人，被承德县建龙矿业有限责任公司按照企业内部规定给予罚款处罚，并报承德县安全生产监督管理局备案。承德县建龙矿业有限责任公司，被承德县安全生产监督管理局处以 19.5 万元的罚款。

五、补救措施

针对此次事故暴露出的问题，当地政府提出以下要求：

1. 承德县建龙矿业有限责任公司要继续加强职工的安全生产教育培训工作，切实提高职工的安全意识和危险因素辨识能力，增强职工的自我保护意识，坚决杜绝“三违”现象。

2. 承德县建龙矿业有限责任公司要深刻吸取事故教训，严格落实隐患排查治理责任制度，对发现的安全隐患，要明确专人负责盯办，切实把隐患排查治理工作落到实处。

3. 承德县建龙矿业有限责任公司要立即在公司内部全面开展隐患排查和治理活动，规范作业现场。要逐工艺、逐部位、逐设施排查事故隐患，对排查出的事故要立即采取有效措施予以消除，切实防范事故的再次发生，确保各岗位的安全生产。

4. 承德县建龙矿业有限责任公司要根据本企业的实际情况进一步修改完善各工种的岗位操作规程，使之具有较强的可操作性，并监督本企业职工有效地贯彻落实，同时加强技术装备投入。

5. 承德县建龙矿业有限责任公司要加强班前会工作，要充分利用班前会逐岗位宣讲安全操作规程，强调易发生事故的部位及注意事项，确保安全生产。

参考资料

1. 河北省安全生产监督管理局：承德县建龙矿业有限责任公司“2·19”机械伤害事故调查报告，见 http://www.hebsafety.gov.cn/index.do?id=27192&templet=content&cid=1571。

2. 中国经济网：承德县建龙矿业发生机械伤害事故造成 1 死亡，见 http://he.ce.cn/gd/201402/24/t20140224_1365783.shtml。

3. 安全文化网：承德县建龙矿业有限责任公司“2·19”机械伤害事故调查报告，见 http://www.anquan.com.cn/index.php?a=show&c=index&catid=39&id=95363&m=content。

安徽马鞍山“2·20”道路交通事故

一、事件介绍

2014 年 2 月 20 日 23 时，S24 常合高速安徽省马鞍山市境内 15km+400m 处发生一起较大道路交通事故，造成 9 人死亡、2 人受伤，直接经济损失 900 万元。

二、事件原因

直接原因

驾驶员倪某某驾驶机动车辆超速行驶、注意力不集中，遇驾驶人李某在高速公路违法倒车，发生追尾。

间接原因

1. 宿迁市广发物流有限公司安全生产责任制不落实，安全管理制度不健全。

2. 潜山县交通运输管理部门对道路运输管理工作监督检查不到位，组织开展道路运输“打非治违”工作不力，对事故小型客车从事非法营运行为查处不力。

3. 有关公安交通管理部门部署开展春运道路交通安全管理和监督检查工作不到位；未能严格落实公安部交管局《关于坚决防范农村面包车重大交通事故的紧急通知》（公交管〔2014〕23 号）规定。

三、事件处理

事故发生后，安徽省委省政府领导高度重视，安徽省委书记、省长等领导分别作出重要批示，要求全力救治受伤人员，妥善处理善后事宜，认真调查事故原因，依法依规严肃追究责任；并要求将道路交通安全列为全省春季安全大检查重点，抓紧研究制定交通安全专项治理方案，尽快组织实施。

四、责任追究

宿迁市广发物流有限公司的相关负责人被移送司法机关追究刑事责任。宿迁市潜山县的相关单位责任人，均被给予相应的行政处分。宿迁市广发物流有限公司，被处以 40 万元罚款。马鞍山市公安局交警支队高速二大队，被责成向马鞍山市公安局交警支队作出深刻的书面检查，认真吸取事故教训。潜山县公安局、潜山县交通运输局，被责成向潜山县人民政府作出深刻的书面检查，认真吸取事故教训。

五、补救措施

为进一步细化工作措施，切实落实道路运输企业安全生产主体责任和相关部门的监管责任，有效防范类似事故再次发生，当地政府提出以下要求：

1. 深化道路交通“打非治违”工作。

2. 切实加大农村面包车管理力度。

3. 切实加强农村客运市场的安全管理。

4. 持续开展客货运车辆挂靠企业专项整治。

参考资料

1. 安徽省安全管理监督局：常合高速马鞍山市“2014·2·20”较大道路交通事故调查报告，见 http://www.anhuisafety.gov.cn/views/zwgk/nr/73421.htm。

2. 政府网：关于常合高速马鞍山市“2014·2·20”较大道路交通事故处理结果的通报，见 http://safety.mas.gov.cn/main/model/newinfo/newinfo.do?infoId=11388。

3. 新华网：常合高速发生较大交通事故致9死2伤，见 http://news.xinhuanet.com/2014-02/21/c_119436674.htm。

4. 百度百科：2·20常合高速交通事故，见 http://baike.baidu.com/link?url=cF0zN5Lux6F1LH8OTjTSLvvbXX7Ig4-MmqB-0QEfp2R-yqPHBaVDoCys_oTxPaddxFi9WJ1tOrhHAdAFB2Xn0a。

河北衡水“2·21”锅炉爆裂事故

一、事件简介

2014年2月21日1时5分，河北省衡水市景县境内的河北景化化工有限公司1号锅炉发生一起排污包焊管爆裂事故，造成2人死亡，直接经济损失207万元。

二、事件原因

直接原因

水汽工段设备主管张某某、技术员殷某某违反该公司《锅炉岗位安全操作规程》，在1号锅炉没有停炉、降温、泄压的情况下，指挥并参与排污管漏点的堵漏维修。

间接原因

1. 企业主体责任不落实，安全生产管理不到位。

2. 安全教育及培训不到位。

3. 管理人员未履职尽责，对违章行为未加制止。

三、事件处理

事故发生后，衡水市政府副市长、市安监局局长，景县县委书记、县长、副县长和县安监局、县质监局及龙华镇政府主要负责同志及时赶到现场，指导事故的处置事宜。

四、责任追究

河北景化化工有限公司的相关责任人被移送司法机关追究刑事责任。河北景化化工有限公司总经理，被景县安全生产监督管理局处以44211元的罚款；同时被河北景化化工有限公司董事会解聘总经理职务，并将处理结果报景县安全生产监督管理局备案。河北景化化工有限公司副总经理、安环部部长，被河北景化化工有限公司给予其撤职处理，并将处理结果报景县安全生产监督管理局备案。河北景化化工有限公司，被景县安全生产监督管理局处以19万元罚款。景县安监局、龙华镇政府被责令就该起事故向景县人民政府作出深刻检查。

五、补救措施

针对此次事故暴露出的问题，当地政府提出以下要求：

1. 河北景化化工有限公司要深刻汲取本起事故教训，严格落实企业安全生产主体责任，加强安全管理，完善并严格执行安全生产“三项制度”，认真深入持之以恒地搞好隐患排查治理工作，有效堵塞管理漏洞。

2. 河北景化化工有限公司要进一步加强对职工尤其是转岗员工的安全教育和培训，切实提高员工的法律意识和安全意识，未经安全教育培训合格，坚决不得上岗作业。

3. 河北景化化工有限公司要加强对检修工作的组织领导，检修方案要科学、安全、可靠，要严格遵守安全操作规程，安全管理人员要履职尽责，加大对检维修作业现场的巡查力度，及时发现并消除事故隐患。

4. 各乡镇、部门要牢固树立“红线”意识，认真履行安全生产监管职责，按照“全覆盖、零容忍、严执法、重实效”的总体要求，加强组织领导，落实工作责任，扑下身子，沉下心来，深入企业，亲临现场，继续深入开展安全大检查工作。督促企业加强作业现场安全管理，要把隐患排查治理作为践行群众路线教育实践活动的重要内容抓实、抓好，真正做到认识再提高、责任再强化、措施再细化，杜绝各类安全生产事故的发生。

参考资料

1. 河北省安全生产监督管理局：河北景化化工有限公司“2·21”1号锅炉排污包焊管爆裂事故调查报告，见 http://www.hebsafety.gov.cn/index.do?id=29189&templet=content&cid=1571。

2. 衡水市安全生产监督管理局：河北景化化工有限公司“2·21”1号锅炉排污包焊管爆裂事

故调查报告，见 http：//www. hebhssafety. gov. cn/sgdc01/sgdc/2014/10/13/content_310450. shtml。

3. 安全管理：河北景化化工有限公司“2·21”1号锅炉排污包焊管爆裂事故调查报告，见 http：//www. safehoo. com/Case/Case/Boiler/201408/362981. shtml。

4. 中国施工网：河北景化化工有限公司“2·21”1号锅炉排污包焊管爆裂事故调查报告，见 http：//tech. sg8. cc/gcal/2014/0904/82939. html。

广西百色“2·21”顶板事故

一、事件简介

2014年2月21日9时20分，广西壮族自治区百色市右江矿务局有限公司那音一矿205副面发生一起顶板事故，造成1人死亡，直接经济损失约80万元。

二、事件原因

直接原因

工人赵某某扶梁等待升柱，采面顶板垮冒，压垮支架，导致被压身亡。

间接原因

1. 采面机头段支护强度不足。
2. 现场管理不到位，员工违章作业。
3. 顶板管理工作重视不够。

三、事件处理

事故发生后，采煤中队指导员向地面报告。那音一矿及时启动事故应急预案，右江矿山救援中队迅速投入抢险，广西煤矿安监局、自治区安监局、百色市安监局、田阳县安监局等有关部门及时派员赶往现场指导救援。

四、责任追究

经调查认定，本次事故是由于那音一矿对顶板管理工作重视不够、现场管理不到位、员工违章作业、采面机头段支护强度不足造成的责任事故。那音一矿矿长，被右江矿务局有限公司处以行政警告处分，并由广西煤矿安全监察局给予其27400元的罚款。那音一矿副矿长梁某某，被广西煤矿安全监察局处以5000元的罚款。那音一矿其他相关责任人，被右江矿务局有限公司按照内部管理规定给予相应的处罚。那音一矿被广西煤矿安全监察局处以150万元的罚款。

五、补救措施

针对此次事故暴露出的问题，那音一矿被要求作出如下整改：

1. 加强支护质量管理。工作面必须按规定及时支护，支架必须架设牢固，每班必须安排专人对工作面及两巷单体液压支柱初撑力和工作阻力进行抽查检测，凡初撑力达不到规定的，要及时给支柱注液，直至符合要求。

2. 加强安全教育和现场管理。要加强对作业人员顶板管理知识的教育培训，增强员工防范顶板事故的意识和能力，杜绝违章作业行为。现场管理人员必须深入现场组织作业和管控，督促员工严格按照作业规程、安全措施施工；带班矿领导必须加强对重点部位、关键环节的检查巡视，全面掌握当班井下的安全生产状况，及时发现和组织消除事故隐患和险情，及时制止违章作业行为。

3. 重视和加强顶板管理工作。各煤矿企业主要负责人要认真组织员工学习《关于进一步加强煤矿顶板管理工作的通知》以及煤矿顶板管理方面的规章、规程，建立健全顶板管理制度，明确顶板管理责任人，落实顶板管理措施，有效预防、控制顶板事故。

参考资料

1. 广西煤矿安全监察局：右江矿务局有限公司那音一矿“2·21”顶板事故调查报告，见 http：//www. gxmj. gov. cn/sgdccl/2014/1009/238. html。

吉林“2·24”煤与二氧化碳突出事故

一、事件简介

2014年2月24日，吉林省宇光能源股份有限公司九台营城矿业分公司发生一起煤与二氧化碳突出事故，突出煤量190.4t，涌出二氧化碳3593.6m^3，造成4人死亡、1人受伤，直接经济损失286.7142万元。

二、事件原因

直接原因

事故区域地质构造发育复杂，且各断层相互连通，地质构造运动中形成的火山气体（主要成分为二氧化碳）沿构造运移，并根据构造的开放或封闭而逸散或储存。在事故地点附近存在断层等构造，并存在致密岩层，由于地质运动而将游离态二氧化碳封存在事故区域，形成高压二氧化碳气源。工作面爆破作业时引起上部煤体垮塌后导致工作面前上方构造带内封闭的高压游离态二氧化碳气体异常涌出，将垮塌破碎煤体瞬间抛出，从而形成煤与二氧化碳倾出事故。

间接原因

1. 现场安全防护设施管理使用不到位。
2. 矿井对防突安全培训教育不到位。
3. 未能探明该区域二氧化碳赋存状态。

三、事件处理

事故发生后，吉林省委省政府高度重视，吉

林省委书记和副省长分别作出重要批示，对做好事故调查处理和加强安全生产工作等提出了明确要求。吉林煤矿安全监察局副局长、吉林省安全生产监督管理局副局长、长春市人民政府副市长等领导相继赶赴事故现场，指导事故抢险救援、善后处理和事故调查等工作。

四、责任追究

九台营城矿业分公司的相关责任人，被长春市安监局处以相应行政处罚。九台营城矿业分公司，被长春市安监局处以28万元的经济处罚。

五、补救措施

针对此次事故暴露出的问题，九台营城矿业分公司被要求作出如下整改：

1. 要加强煤矿现场安全管理。进一步完善矿井安全防护设施的管理、使用和维护制度，明确落实管理责任，严格监督执行，真正发挥矿井安全防护设施的安全保障作用；要加强矿井通风系统管理，确保矿井通风系统合理、稳定可靠；要加强矿井安全监控系统的日常使用和维护工作，确保系统运行灵敏可靠。

2. 要加强矿井应急救援工作。按规定编制年度矿井应急救援预案、矿井灾害预防和处理计划，并认真贯彻学习和落实，认真组织煤矿的应急演练工作，提高应急反应和处置能力。

3. 要加强对职工的安全教育和培训工作。增强职工安全意识，提高职工自我保护和相互保护能力；提高职工对防治煤与二氧化碳突出方面的能力；提高职工自救、互救和科学施救的能力。

4. 要加强矿井二氧化碳隐蔽致灾因素的探查。营城煤田地质构造复杂、二氧化碳赋存状态不清，在今后的生产过程中应组织专业人员与大专院校、科研单位共同对煤与二氧化碳突出机理及防治技术进行专项研究，依照《防治煤与瓦斯突出规定》的要求，按突出矿井进行管理。

参考资料

1. 吉林煤矿安全检查局：吉林宇光能源股份有限公司“2·24”煤与二氧化碳突出事故调查报告，见 http://www.jlmj.gov.cn/html/shigudiaochachuli/2014/0603/11681.html。

2. 长春市安全生产监督管理局：九台市营城矿业分公司发生一起瓦斯事故，见 http://www.ccsafety.gov.cn/list_info.asp?cid=14&id=1444。

3. 中国煤炭网：吉林煤监局公开处理九台营城矿煤与二氧化碳突出事故，见 http://www.ccoalmine.com/html/2200.shtml。

河北保定“2·25”坍塌事故

一、事件简介

2014年2月25日14时30分，河北省保定市永兴建筑安装工程有限责任公司在河北保定槐茂有限公司锅炉房改造施工时，发生一起坍塌事故，造成1人死亡，直接经济损失60.38万元。

二、事件原因

直接原因

工人王某某冒险进行拆除作业，违反拆除安全技术规范，作业过程中未采取必要的支护措施，造成墙体坍塌，跌落后被散落的脚手架钢管划破颈部死亡。

间接原因

1. 永兴建筑公司未认真落实相关法律规定的各项安全生产职责，未按有关规定制定安全施工作业方案，未严格落实企业安全生产主体责任。

2. 永兴建筑公司安全教育培训不到位。公司未按规定对施工人员进行安全教育和培训，员工缺乏必要的安全知识，安全意识淡薄，存在违规作业现象，自我安全保护意识不强。

3. 永兴建筑公司安全管理不到位。未严格要求施工人员落实相关操作规程，且对现场作业疏于管理，缺少有效的监督，造成施工过程安全管理失控，未能及时发现并制止违章行为。

三、事件处理

事故发生后，保定市新市区政府成立了由区安全监管局、区监察局、区公安分局、区总工会、区住建局等有关部门人员参加的保定市永兴建筑安装工程有限责任公司“2·25”坍塌事故调查组，同时邀请区人民检察院派员参加，对事故展开全面调查。

四、责任追究

永兴建筑公司项目负责人张某，被永兴建筑公司依照内部规定进行处理，处理结果报新市区安全监管局备案。永兴建筑公司法人代表、董事长张某某，被新市区安全监管局处以2013年年收入30%的罚款，共计3780元。保定市永兴建筑安装工程有限责任公司，被新市区安全监管局处以10万元的罚款。

五、补救措施

针对此次事故暴露出的问题，当地政府提出以下要求：

1. 永兴建筑公司要深刻汲取事故教训，严格落实企业安全生产主体责任，进一步完善安全生产“三项制度”，并加以落实。

2. 永兴建筑公司要加强对职工的安全教育和

培训，增强职工安全意识，未经安全教育培训合格的，不得上岗作业。要进一步强化对作业现场的安全管理，确保施工作业安全，杜绝“三违”现象。

3. 永兴建筑公司要全面开展公司各部门及在建工程施工现场的隐患排查治理工作，对查出的隐患，要立即整改，一时难以整改的，要明确专人负责，确保整改到位。坚决杜绝类似违章、冒险作业的发生，努力防范类似事故。

参考资料

1. 河北省安全生产监督管理局：保定市永兴建筑安装工程有限责任公司“2·25”坍塌事故调查报告，见 http：//www.hebsafety.gov.cn/index.do？id＝27191&templet＝content&cid＝1571。

2. 安全管理网：保定市永兴建筑安装工程有限责任公司“2·25”坍塌事故调查报告，见 http：//www.safehoo.com/Case/Case/Collapse/201409/363557.shtml。

3. 报告诉新闻：保定市永兴建筑安装工程有限责任公司“2·25”坍塌事故调查报告，见 http：//shijiazhuang.baogaosu.com/yongyu/225/849093/。

河北唐山“2·26”机械伤害事故

一、事件简介

2014年2月26日4时，河北省唐山市冀东水泥股份有限公司唐山分公司矿山车间2号破碎机岗位工在清理原料皮带下的积料时，发生一起机械伤害事故，造成1人死亡，直接经济损失60万元。

二、事件原因

直接原因

工人张某某违反安全操作规程，在原料皮带机运转情况下清理皮带下的积料，不慎被皮带卷入，导致死亡。

间接原因

1. 唐山冀东水泥股份有限公司唐山分公司安全管理不到位，安全检查走过场，隐患排查不力，对已发现的2号破碎机原料皮带机尾地面积水情况未及时采取有效措施。

2. 唐山冀东水泥股份有限公司唐山分公司劳动组织不合理，对班组擅自调班、超强度连续上班的现象没有及时发现和制止；破碎机岗位仅安排两人当班，造成设备运转期间单人巡检、清理积料，无监护。

3. 唐山冀东水泥股份有限公司唐山分公司安全教育不到位，导致从业人员安全意识淡薄，对违章作业的危险性认识不足。

三、事件处理

事故发生后，唐山市委市政府高度重视，及时依法依规调查，严肃处理事故单位及相关责任人员，深刻剖析事故原因，并制定了有针对性的整改措施，切实用事故教训推动安全生产工作。

四、责任追究

唐山冀东水泥股份有限公司唐山分公司总经理王某某，被责令向唐山冀东水泥股份有限公司写出深刻的书面检查，并报唐山市安全生产监督管理局备案。唐山冀东水泥股份有限公司唐山分公司的其他相关责任人，均被给予相应的行政处分。唐山冀东水泥股份有限公司唐山分公司，被唐山市安全生产监督管理局处以15万元的罚款。

五、补救措施

针对此次事故暴露出的问题，当地政府提出以下要求：

1. 唐山冀东水泥股份有限公司唐山分公司要深刻汲取事故教训，认真开展安全隐患大排查，全面排查和及时消除各类事故隐患，对不符合安全要求的要立即整改，达不到整改要求的，坚决不允许施工和生产。

2. 唐山冀东水泥股份有限公司唐山分公司要加强安全管理，强化安全生产责任制的落实，尤其要加强作业现场的安全管理，为职工提供有安全保障的作业环境。同时要合理组织劳动分工，完善重点岗位作业人员互保制度。

3. 唐山冀东水泥股份有限公司唐山分公司要切实加强对职工的“三级教育”，特别要强化重点岗位人员的教育培训，严格执行安全操作规程，杜绝违章作业行为。

4. 唐山冀东水泥股份有限公司要按有关规定，建立健全本企业的安全生产管理体系，要规范设置主要负责人和主管负责人的职责权限，主要负责人与主管负责人不能由一人兼任。

参考资料

1. 河北省安全生产监督管理局：唐山冀东水泥股份有限公司唐山分公司“2·26”机械伤害事故调查报告，见 http：//www.hebsafety.gov.cn/index.do？id＝29513&templet＝content&cid＝1571。

2. 安全管理网：唐山冀东水泥股份有限公司唐山分公司“2·26”机械伤害事故调查报告，见 http：//www.safehoo.com/Case/Case/Machine/201409/363496.shtml。

3. 唐山市安全生产监督管理局：唐山冀东水泥股份有限公司唐山分公司“2·26”机械伤害事故调查报告，见http：//www.tssw.gov.cn/ckxx.asp？id＝8379。

山西晋城"3·1"重大道路交通事故

一、事件简介

2014年3月1日14时45分，山西省晋城市泽州县境内晋济高速公路山西晋城段岩后隧道内，两辆运输甲醇的铰接列车追尾相撞，前车甲醇泄漏起火燃烧，隧道内滞留的另外两辆危险化学品运输车和31辆煤炭运输车等车辆被引燃引爆。此次事故共造成40人死亡、12人受伤，42辆车被烧毁，直接经济损失8197万元。

二、事件原因

直接原因

晋E23504/晋E2932挂铰接列车在隧道内追尾豫HC2923/豫H085J挂铰接列车，造成前车甲醇泄漏，后车发生电气短路，引燃周围可燃物，进而引燃泄漏的甲醇。

间接原因

1. 山西省晋城市福安达物流有限公司安全生产主体责任不落实。企业法定代表人不能有效履行安全生产第一责任人责任；企业应急预案编制和应急演练不符合规定要求；企业没有按照设计充装介质、《车辆生产企业及产品公告（第115批）》批准及《机动车辆整车出厂合格证》记载的介质要求进行充装；从业人员安全培训教育制度不落实，驾驶员和押运员习惯性违章操作，罐体底部卸料管根部球阀长期处于开启状态。另外，肇事车辆的行车记录仪于2014年1月3日发生故障后，肇事车辆仍然继续从事运营活动，违反了《国务院关于加强道路交通安全工作的意见》（国发〔2012〕30号）的有关规定。

2. 河南省焦作市孟州市汽车运输有限责任公司危险货物运输安全生产的主体责任落实不到位。企业未能吸取2012年包茂高速陕西延安"8·26"特别重大道路交通事故教训，仍然存在"以包代管"问题；没有按照设计充装介质、《车辆生产企业及产品公告（第215批）》批准及《机动车辆整车出厂合格证》记载的介质要求进行充装；驾驶员和押运员习惯性违章操作，罐体底部卸料管根部球阀长期处于开启状态。

3. 晋济高速公路煤焦管理站违规设置指挥岗加重了车辆拥堵。（1）晋济高速公路煤焦管理站违反设计要求在泽州收费站前设置指挥岗，加重了车辆拥堵。拥堵发生后，未主动协调配合收费站等单位对车辆进行疏导。（2）晋城市公路煤炭有限公司作为晋济高速公路煤焦管理站的上级主管单位，对管理站的监督检查和工作指导不力，未纠正指挥岗长期违规设在泽州收费站前的问题。

4. 湖北东特车辆制造有限公司、河北昌骅专用汽车有限公司生产销售不合格产品。湖北东特车辆制造有限公司生产销售的"晋E2932挂"半挂车的罐体未安装紧急切断阀，不符合《道路运输液体危险货物罐式车辆第1部分：金属常压罐体技术要求》（GB18564.1－2006）标准的规定，属于不合格产品。河北昌骅专用汽车有限公司生产销售的"豫H085J挂"半挂车的罐体和"豫U8315挂"半挂车的罐体未安装紧急切断阀，不符合GB18564.1－2006标准的规定，属于不合格产品。车辆未经过检验机构检验销售出厂，不符合《危险化学品安全管理条例》的规定。

5. 山西省晋城市、泽州县政府及其交通运输管理部门对危险货物道路运输安全监管不力。（1）泽州县道路运输管理所组织开展危险货物道路运输管理和监督检查工作不力，对山西省晋城市福安达物流有限公司存在的行车记录仪终端长时间无法运行、从业人员安全教育培训走形式等问题监管不力、执法不严，督促企业整改安全隐患不到位。晋城市道路运输管理局对危险货物运输安全监管责任、挂牌责任不落实；重审批、轻监管，对山西省晋城市福安达物流有限公司的监督检查不细致，开展安全生产大检查和专项检查工作不深入；对泽州县道路运输管理所履行监管职责督促指导不力。（2）泽州县交通运输管理局对道路运输管理所组织开展危险货物道路运输安全监管工作监督检查不力，对道路运输管理所未认真履行监管职责的问题失察。晋城市交通运输管理局开展危险货物道路运输安全监管工作不到位，在2013年山西省组织开展的道路运输安全生产大检查等工作中，未认真组织落实对危险货物运输安全的大检查，指导督促泽州县交通运输管理局履行危险货物运输安全监管职责不到位。（3）泽州县政府对泽州县交通运输管理局开展交通运输行业安全监管工作指导不力，未能有效指导泽州县交通运输管理局认真履行监管职责，未发现和纠正企业违规经营行为。泽州县委未认真贯彻落实"党政同责、一岗双责、齐抓共管"的要求，指导监督县政府和相关职能部门履行安全生产监管责任不到位。（4）晋城市政府贯彻落实国家道路运输安全相关法律法规不到位，对市交通运输管理部门和泽州县政府履行道路运输安全监管职责的情况督促检查不到位。

6. 河南省焦作市交通运输管理部门和孟州市政府及其交通运输管理部门对危险货物道路运输安全监管不到位。（1）孟州市公路运输管理所未认真吸取2012年包茂高速陕西延安"8·26"特别重大道路交通事故教训，未能纠正孟州市汽车运输有限责任公司危险货物车辆挂靠经营的问题，对该公司开展从业人员安全教育、隐患排查及应急演练等工作检查指导不到位，督促整改不力。焦作市道路运输管理局对孟州市公路运输管理所业务指导不到位；对危险货物运输企业申请材料办理把关不严，督促检查不到位。（2）孟州市交通运输局未认真吸取2012年包茂高速陕西延安“8·26”特别重大道路交通事故教训，未能纠正孟州市汽车运输有限责任公司危险货物车辆挂靠经营的问题，对孟州市公路运输管理所开展道路运输企业安全生产监督检查工作督促指导不到位；对局属孟州市汽车运输有限责任公司在安全生产管理中存在的问题督促整改不力。焦作市交通运输局对焦作市道路运输管理局在危险货物业务审批、监督检查等工作中存在的问题监督指导不到位；对孟州市交通运输局业务指导不力。（3）孟州市政府对孟州市交通运输局开展交通运输行业安全监管工作指导不力，未能有效指导孟州市交通运输局纠正企业违规经营行为。

7. 山西省高速公路管理部门对高速公路管理和拥堵信息处置不到位。（1）晋城高速公路有限责任公司作为晋济高速公路的运营管理单位，对晋济高速公路煤焦管理站在泽州收费站前方违规设立指挥岗的请求采取默许态度，未予制止；企业应急预案的针对性和可操作性不强，启动标准不明确，培训和演练不到位；信息监控中心发现道路拥堵后，未按应急响应要求及时通知高速交警、煤焦管理站，也未对拥堵情况进行跟踪和处理；泽州收费站未主动向煤焦管理站提出疏导措施建议。（2）山西省高速公路管理局作为山西省高速公路的行业监管部门和晋城高速公路有限责任公司的上级主管部门，履行高速公路安全运营监管职责不到位，对晋城高速公路有限责任公司交通安全运营工作指导督促不力；应急预案的针对性和可操作性不强；所属信息监控中心在接到拥堵信息后未按规定及时报告领导并作好记录，也未作进一步跟踪处理，安全管理制度不规范、落实不到位。

8. 山西省公安高速交警部门履行道路交通安全监管责任不到位。（1）山西省公安高速交警三支队八大队未能预判晋济高速公路解除封闭措施后车辆集中驶入高速公路情况，拥堵情况出现后，对事故路段交通巡查、疏导不力，未积极主动协调泽州收费站、煤焦管理站等相关单位采取有效措施疏导车辆。（2）山西省公安高速交警三支队指导督促八大队开展路面交通巡查、疏导工作不到位，对八大队业务培训教育不到位。

9. 山西省锅炉压力容器监督检验研究院、河南省正拓罐车检测服务有限公司违规出具检验报告。

三、事件处理

事故发生后，党中央、国务院高度重视，党中央、国务院领导同志作出重要批示，要求尽快核清伤亡人数，查明事故原因，认定事故责任，依法依规严肃处理，并要深刻吸取事故教训，抓紧部署开展各类易燃易爆品运输安全专项整治，查找安全隐患和管理漏洞，坚决杜绝重特大事故发生。同时，国务院派出了国务院安委会工作组赶赴现场进行督促指导。

四、责任追究

经调查认定，晋济高速公路山西晋城段岩后隧道“3·1”特别重大道路交通危化品燃爆事故是一起生产安全责任事故。司法机关对涉事的33名人员进行逮捕，给予33人不同的党纪、政纪处分，对相关责任企业及其主要负责人进行行政处罚及问责。

五、补救措施

针对事故暴露出来的问题，为了深刻吸取事故教训，举一反三，有效防范和减少危险化学品道路运输事故的发生，事故调查小组提出以下建议：

1. 要始终坚守保护人民群众生命安全的红线。牢固树立科学发展、安全发展理念，始终坚守“发展决不能以牺牲人的生命为代价”这条红线，建立健全“党政同责、一岗双责、齐抓共管”的安全生产责任体系，切实采取有效措施，全面加强安全生产工作。要高度重视道路交通尤其是危险化学品道路运输和公路隧道安全工作，进一步明确和落实道路运输企业安全生产主体责任、行业主管部门直接监管责任、安全监管部门综合监管责任和地方政府属地管理责任，充分发挥地方各级道路交通安全工作联席会议、危险化学品安全生产监管联席会议等协调机制的作用，针对事故暴露出的各类突出问题，逐一研究和落实防范措施，切实加强安全生产特别是危险货物道路运输和隧道交通安全工作。

2. 要大力推动危险货物道路运输企业落实安全生产主体责任。严格执行国家有关法律法规和规章标准，建立健全安全生产责任制、安全管理规章制度并认真贯彻落实，坚决杜绝“包而不管、挂而不管、以包代管、以挂代管”的情况发生；要督促运输企业加强驾驶员、押运员培训、教育和管理工作，建立完善的安全培训、考核制度和录用、淘汰机制，着力提升从业人员的法制意识、安全意识和安全技能，严禁不具备相应资质、安全培训不合格和安全记录不良的人员驾驶危险货物机动车辆。

3. 要切实加大危险货物道路运输安全监管力度。交通运输部门要加强对危险货物道路运输企业的日常安全监管，对安全管理责任不落实、“包而不管”、“以包代管”和存在重大安全隐患以及有挂靠问题且“挂而不管、以挂代管”的危险货物运输企业，要依法限期整改，情节严重的要责令停业整顿。对整改验收不合格的，要依法依规取消其相应资质。同时，要严格驾驶员从业资格管理，及时掌握驾驶员的违章、事故记录及诚信考核、继续教育等情况，对于记分周期内扣满12分的驾驶员，要吊销其从业资格证件，三年内不予重新核发。工业和信息化部门要研究道路运输危险货物车辆警示标志标识的设置，完善相关标准，提高防护等级，督促相关汽车生产厂商在危险货物运输车辆罐体上喷涂符合国家强制性标准要求的警示标志标识。在质量技术监督部门尚未开展危险化学品罐体检验检测专项资质许可以前，由具备危险化学品压力罐车监督检验和定期检验资质的检验检测单位负责危险货物运输车辆罐体的出厂检验和定期检验；质监部门要督促检验检测单位按照相关法规标准对危险货物运输车辆罐体进行严格的检验检测，依据检验检测结果逐台出具检验证书。公安交管部门要加强危险货物运输车辆的道路交通安全管理和驾驶员管理，严格管控危险货物道路运输路线。安全监管部门要加强综合监管，推动有关部门搞好直接监管，促进各项工作落实。地方各级人民政府要督促有关部门认真履行职责，采取“不发通知、不打招呼、不听汇报、不用陪同和接待，直奔基层、直插现场”的方式，对危险货物运输安全开展暗查暗访，深查企业安全管理状况及隐患排查整改情况。对监管工作不到位的地区和部门要进行问责；对于安全隐患严重、发生重特大事故的危险货物道路运输企业要列入“黑名单”并向社会曝光。

4. 要全面排查整治在用危险货物运输车辆加装紧急切断装置。在企业自查的基础上，要组织有关部门对辖区内此类车辆安装情况进行全面摸底排查，集中进行整改。

5. 要进一步加强公路隧道安全管理。交通运输部门要完善隧道硬件设施，增设和完善灯光照明、防撞护栏、紧急避险车道和限速、禁止超车交通警示标识和逃生指示标识等隧道安全基础设施，严控车辆进入隧道时的速度；要根据隧道实际情况加装监控视频、声光报警、应急广播、应急按钮等装置，确保紧急状态下隧道内人员能够第一时间获知危险信息，及时避险逃生；要全面排查、评估公路隧道沿线各类检查站、收费站、煤管站等选址对隧道内车辆快速通行的影响，对易造成隧道交通拥堵、导致事故发生的，要立即停用或取消。公安交管部门要完善隧道安全通行措施，提高管控水平，严格管控公路隧道路面通行秩序；要加大对各类道路交通违法违章行为的处罚力度，严查严纠危险货物运输车辆在公路隧道内违法变道、超速超员、疲劳驾驶、驾驶证与准驾车型不符等各类严重交通违法行为。各相关部门要将公路隧道拥堵作为重大险情来应对处置，快速、有效处置隧道车辆拥堵，妥善管理和处置已处在隧道内的危险货物运输车辆，保证人员、车辆安全。地方各级人民政府要督促指导有关部门依法认真履行安全监管责任。

6. 要进一步加强公路隧道和危险货物运输应急管理。要针对本地区路网布局、产业特点和可能发生的各类事故，抓紧完善危险货物道路运输事故应急预案和各类公路隧道事故应急处置方案；要下大力气整合危险货物运输企业GPS监控平台、高速公路交通运行监控系统、公安交警交通安全管理系统等信息系统资源，统一和规范地方政府危险货物事故接处警平台，强化应急响应和处置工作，建立责任明晰、运转高效的应急联动机制。当地政府及其有关部门、单位和涉事人员在事故发生第一时间要及时、安全、有力、有序、有效进行应急处置，并抓紧核清伤亡人数，准确上报和发布事故信息；要针对危险货物运输事故尤其是隧道事故特点，依托相关企业和单位，建立专兼职应急救援队伍，配备专门装备和物资，加强技战术训练，定期进行应急演练；要把事故应急意识和自救互救技能教育培训作为全民素质教育的重要内容，纳入地方各级人民政府及其有关部门的宣传教育和培训工作计划，通过媒体宣传等多种形式，深入持久地开展宣传教育和培训工作，不断提高全民事故防范意识和逃生避险、自救互救技能。

7. 要加强安全保障技术研究和健全完善安全标准规范工作。国家标准化管理部门要进一步修改完善《汽车和挂车后下部防护要求》（GB11567.2－2001）、《道路运输液体危险货物罐式车辆第1部分：金属常压罐体技术要求》（GB18564.1－2006）等有关罐式危险货物运输车辆的技术标准和规范，对罐式危险货物运输车的后下部防护提出专门要求，提高危险货物运输车辆后下部防护装置的强度和性能；针对不同种类罐式危险货物运输车辆主卸料口的合理位置提出通用要求，明确罐式危险货物运输车辆主卸料口及三道安全阀的位置和设置，优化车辆罐体阀门等装置的连接方式，明确罐体出厂检验和定期检验的项目和要求，提升罐式危险货物运输车辆的被动安全性。特别是要以此次隧道事故暴露出的问题为导向，组织有关力量开展隧道安全保障技术研究，修改完善公路隧道相关设计建设标准规范，切实提高公路隧道安全设防等级和本质安全水平。

参考资料

1. 新浪河南：晋济高速晋城段隧道“3·1”事故调查报告，见 http：//henan. sina. com. cn/jiyuan/focus/2014－06－11/0802996. html。

2. 山西省经济和信息化委员会：晋济高速公路山西晋城段岩后隧道“3. 1”特别重大道路交通危化品燃爆事故调查报告，见 http：//www. shanxieic. gov. cn/NewsDefault. aspx？pid＝28_254_383_27893. xtj。

3. 中国道路交通安全网：山西晋城发生死亡31人重大道路交通事故，见 http：//www. rtsac. org/Html/2014_03_05/2_1924_2014_03_05_27207. html。

四川攀枝花市“3·1”生产安全事故

一、事件简介

2014年3月1日15时50分，四川省攀枝花钒钛产业园区内攀枝花市天亿化工有限公司发生2号黄磷电炉炉料外泄燃爆事故，死亡3人，直接经济损失约600万元。

二、事件原因

直接原因

天亿公司2号炉炉底碳砖失效，熔池下沉，炉底烧穿，熔融磷铁磷渣泄漏遇湿爆炸，部分检修人员避险不及，造成本次事故发生。同时，熔融炉料和热辐射引燃该“工具间”右侧隔壁上方的2号炉变压器，加重了现场火势和浓烟。

间接原因

1. 炉底烧穿前磷炉的异常情况未被发现和重视。依照常识，炉底烧穿前会出现炉底温度升高、炉底钢板发红现象，但当班负责2号炉巡视和炉温监测的郝某某却称未发现异常。根据班组工作日志记录，2014年2月下旬以来，2号炉电极消耗过大，磷铁出得极少，负责公司生产管理和磷炉配料工作的车间主任林某某对此异常情况没有认真分析原因，未采取预防、控制事故的有效措施。

2. 磷炉管理混乱，无磷炉检维修制度。2号炉自2006年建成投产以来未进行过炉衬检维修工作，炉底碳砖腐蚀、漂浮不能被及时发现和修复，磷炉长时间带病运行。不按规定提取安全生产费用，磷炉安全隐患不能及时消除。天亿公司不按财政部、国家安全监管总局《企业安全生产费用提取和使用管理办法》（财企〔2012〕16号）提取和使用安全生产费用，磷炉炉底测温热电偶、预沉槽水箱等装置、设施坏了未能及时修复。吨磷工资计提办法的实施缺少安全约束。天亿公司对磷炉车间实行吨磷工资计提办法的同时安全考核未跟上，客观上助长了班组、车间关注黄磷产量而无暇顾及安全现象的发生，对企业安全生产构成威胁。企业安全管理体制不顺，安全管理效力、权威不足。天亿公司的安全管理工作由行政副总经理分管，生产管理、技术管理、设备管理工作由车间主任直接向总经理报告和负责，安全与生产、安全与技术、安全与设备脱节，当安全与其他工作发生矛盾和冲突时，安全往往让位于其他，导致该公司规章制度执行不严格、职工培训不到位、隐患排查治理不彻底等问题不能有效解决。

3. 安全措施欠缺，安全生产执行力不强。在由副总经理李某某主持，当时的车间主任成某某、精制包装班班长肖某某等参加的2013年11月11日公司生产例会上，磷炉车间副主任陈某提出2号炉炉底温度过高、预沉槽下面有大量积水等问题，会议仅要求增加红外电子测温仪加强炉温监测，未提出尽快修复热电偶、制定监测操作规程、强化测温过程管理等措施，导致炉温监测方式不可靠、测温过程和记录存在一定随意性等缺陷。对2号炉预沉槽下有大量积水的问题，会议提出“请相关管理人员引起重视，尽快解决此问题”，但时至本次炉底烧穿，2号炉预沉槽下仍有大量积水并导致炉底泄漏出的熔融磷铁磷渣的剧烈爆炸。

4. 员工安全意识淡薄。本次事故中发生人员死亡的场所为精制工段工具间，其设计功能为车间维修用备品、备件和工具堆放处，但部分检维修人员仍然较长时间滞留其中；市安监局“12350”24小时人工值班电话、园区管委会和安监园区分局在天亿公司大门口分别设置有《安全生产领导联系牌》及《安全生产举报牌》，安监园区分局专门发布关于报告安全生产重要事项的通知，并通过每月安全生产例会、检查、培训及安全月活动等形式反复宣传，但相关单位和部门均未接到有关天亿公司磷炉或其周边隐患的报告、举报或反映。

三、事件处理

事故发生后，四川省、市有关领导高度重视，先后指示：全力搜救失踪人员，严防次生灾害发生，做好善后处理工作，尽快查明事故原因，深刻吸取事故教训。四川省安监局局长及时过问，并指派专员赶赴攀枝花指导现场处置和事故调查工作。2014 年 3 月 2 日 10 时，攀枝花市委书记察看事故现场，强调要举一反三，深入开展隐患排查治理工作，坚决守住安全生产这条底线。

四、责任追究

根据《生产安全事故报告和调查处理条例》（国务院令第 493 号）和《四川省生产安全事故报告和调查处理规定》（省政府令第 225 号）等有关法律法规规定，结合事故调查组的调查，本次事故的 4 名直接责任人被移送司法机关；5 名相关管理人员被给予行政处罚；天亿公司被处以罚款 50 万元。同时，事故反映出目前园区安全监管未能深入到企业技术管理、设备管理层面的问题，事故调查组责成安监园区分局具体从事危险化学品安全监管的同志进行严肃批评教育，责成市安监局园区分局负责人和钒钛产业园区安全生产委员会办公室负责人进行提醒谈话；责成钒钛产业园区管委会、市安监局向市人民政府作出书面检查。

五、补救措施

为更好地吸取此次事故的教训，严格确保安全生产，有关部门提出如下举措：

1. 针对本次事故反映出的问题，攀枝花安全生产监督管理局要求各化工企业要认真做好以下整改工作：第一，立即开展化工炉窑专项整治，重点排查治理化工炉窑炉况监控、炉周水患和辅助用房使用管理方面存在的缺陷与不足。第二，开展在役化工装置安全诊断，查找设计缺陷，实施安全联锁装置和自动化控制系统升级改造，提高设备运行可靠性。第三，加快企业安全信息化平台建设，提高安全监测监控水平。钒钛园区已经建成投产的化工企业要在 2014 年底前建成企业安全监测监控平台，正在建设和即将建设的企业要将安全监测监控平台纳入安全设施“三同时”管理，进行同步规划、设计、施工、验收并投入运行。企业平台要与园区综合平台对接，确保企业平台与园区平台之间的信息能够及时、准确、可靠传输。第四，全面推进安全生产标准化工作，提升安全标准化实效。化工企业要对照相关专业标准，按照持续改进的要求，强化班组建设和现场管理，加强作业过程监督，完善自保、互保、联保机制，增强识险避险和自救互救能力，夯实企业安全生产基础。第五，切实抓好危险化学品“两重一大”安全监管工作。规范“两重一大”档案建设，强化“两重一大”动态监管，开展“两重一大”预案演练，提升“两重一大”监管实效，防患于未然，控灾于初始，最大限度地避免危险化学品较大以上生产安全事故的发生。

2. 针对钒钛产业园区安全生产实际，结合上级要求，有关部门、园区管委会认真抓好以下工作：一是制定和落实安全生产攻坚计划，危险化学品事故起数和死亡人数下降 50% 以上，有效遏制较大以上事故，切实扭转园区安全生产被动局面。二是开展园区总体安全评价，制定园区《化工安全发展规划》和《安全生产总体应急预案》，调整园区产业结构，合理规划企业布局，加强应急设施建设，开展应急预案演练，控制园区安全风险。三是开展园区企业安全诊断。组织安全生产专家组，对园区涉氯、涉磷、涉酸企业和冶金企业、液氨企业进行专家诊断，从设计、工艺、装置、现场、人员、防护、操作、应急、管理等方面进行系统排查，列出隐患清单，逐一督促整改。四是大力开展安全生产培训。园区要分期分批对企业负责人、车间主任、班组长和生产、技术、设备管理人员进行安全生产专门培训，强化安全生产责任意识，提升安全生产履责能力。要督促企业扎实有效开展新员工三级安全教育、老员工年度安全教育和外来人员、危险岗位人员经常性安全教育，普及安全生产知识，提高安全操作技能，养成安全行为习惯。五是研究解决园区安全监管体制机制问题，提升安全监管能力和水平，建立责权相当、事权统一、务实高效的园区安全监管体系，实现园区安全生产一体化管理。

3. 攀枝花市各县区、各有关部门和企业认真吸取本次事故教训，进一步加强和改进安全生产管理：一是必须牢固树立科学发展、安全发展理念，增强“红线”意识，强化“底线”思维，坚决把不具备安全生产基本能力和基础条件的生产经营单位清理出相关行业领域，加强动态监管，掌控安全风险，严防各类事故发生。二是厘清企业主体责任，监督企业完整、准确履职，持续改善企业安全生产条件，不断提升企业安全管理水平，促进企业安全生产良性循环。三是加强宣传教育和政策引导，调动员工安全生产积极性，鼓励、支持员工举报安全生产违法违规行为和各类事故隐患，充分发挥员工在隐患发现、报告及整改措施落实等环节不可替代的第一责任人和直接监督者作用，把党的群众路线贯彻到安全生产的实际工作当中，把安全生产工作置于人民群众的监督之下。四是培育、发展和规范安全顾问、安全培训、安全咨询、安全评估、安全监测、安全监理、安全托管等专业服务市场，营造公平竞争环境，提高服务质量档次，为企业尽责、员工维权、政府履职提供实用、便捷、优质、高效的专业服务。五是领导带头，专家参与，媒体跟进，按照“四不两直”要求开展暗查暗访，及时发现事故隐患，依法依规严肃处理，突出问题媒体曝光，典型案件公之于众，形成良好的安全生产社会氛围，促进全市安全生产形势持续稳定好转。

参考资料

1. 攀枝花市安全生产监督管理局：《攀枝花市天亿化工有限公司“3·1”较大生产安全事故调查报告》公告，见 http：//www. pzhajj. gov. cn/index. aspx？ menuid = 3&type = articleinfo&lanmuid = 48&infoid = 2559&language = cn。

2. 攀枝花新闻网：攀枝花钒钛产业园区天亿化工生产安全事故明火已经扑灭，见 http：//www. pzhnews. org/html/20140301/81274. html。

3. 四川省安全生产监督管理局：关于攀枝花市天亿化工有限责任公司发生一起较大事故的报告，见 http：//www. scsafety. gov. cn/Detail_10467335 - c101 - 40e6 - 95ab - dfe600a07fb0。

4. 中国日报网：攀枝花钒钛产业园生产安全事故进展：失踪 3 人遇难，见http：//www. scsafety. gov. cn/Detail_10467335 - c101 - 40e6 - 95ab - dfe600a07fb0。

四川南充“3·6”重大道路交通事故

一、事件简介

2014 年 3 月 6 日 9 时 12 分，四川省南充市仪陇县杨桥镇金鼓村五一桥路段，南运集团仪陇分公司驾驶人鲜某驾驶川 R41518 中型普通客车从仪陇县三河镇向杨桥镇方向行驶。9 时 40 分，该车行至杨桥镇金鼓村五一桥路段时，车辆驶向路面左侧，撞断五一桥左侧石栏杆坠入柏杨湖中，造成车上乘客 11 人死亡，川 R41518 号客车受损，直接经济损失 480 万元。

二、事件原因

直接原因

鲜某驾驶川 R41518 号客车上路行驶，在五一桥前下坡路段空挡滑行，行驶至五一桥时，车辆转向横拉杆体右侧与调整螺杆分离脱落，加之该车因前制动储气筒的压缩空气经密封不严的制动总阀排气口泄漏，丧失前左右制动效能，左后制动效能因制动摩擦片缺损而降低，左后主胎及右后副胎胎冠花纹严重磨损，左后副胎胎冠被铁钉刺穿造成胎压严重不足，造成该车在潮湿的五一桥路面不能有效制动和改变向左行驶的趋势；鲜某临危处置不当，未使用驻车制动装置，致使车辆冲出桥面栏杆，坠入 15m 水深的柏杨湖中。

间接原因

1. 南运集团公司仪陇分公司未有效履行企业安全生产主体责任。对客运车辆的技术管理不到位，对农村客运车辆在非法修车点进行维修缺乏监管；未按照相关规定认真进行车辆的安全例检，事故车辆转向、制动等存在的安全隐患未及时发现和整治；对驾驶人安全责任意识、临危处置能力等培训教育不到位；对农村客运车辆和驾驶员未严格实行公司化管理，未按照“五统一”要求对驾驶人统一发放工资，统一考核。

2. 四川南充汽车运输（集团）有限公司对仪陇分公司的车辆技术管理、安全隐患排查、驾驶人培训教育和驾驶员“五统一”管理、定期考核等规章制度执行情况督促检查不力。

3. 仪陇县交通运输部门开展道路旅客运输安全管理和监督检查工作不到位。（1）仪陇县道路运输管理局履行全县道路旅客运输行业安全管理监督检查职责不到位。未有效督促南运集团仪陇分公司严格落实安全生产主体责任，督促企业做好农村客运车辆安全技术例检工作不到位；在对该公司的监督检查工作中，未严格按照《四川省道路运输安全管理督查工作规范》（川运函〔2008〕310 号）的相关要求，将公司落实驾驶员考核、“五统一”管理制度作为督查内容，对公司未落实驾驶员考核、“五统一”管理制度的问题失察；组织开展查处非法从事机动车维修业务工作不到位，对罗某未经许可擅自从事机动车维修业务失察。（2）仪陇县交通运输局指导监督仪陇县道路运输管理局履行道路运输行业安全监管职责工作不到位。

4. 仪陇县公安交通管理部门开展农村道路交通安全管理和监督检查工作不到位。（1）马鞍片区农村道路交通安全联合执法中队组织开展辖区内道路交通安全宣传教育工作不到位，未按相关要求建立事故车辆和驾驶人档案，2014 年 2 月中队未通知事故车辆驾驶人参加道路交通安全宣传教育活动。（2）县公安局交警大队指导马鞍片区农村道路交通安全联合执法中队开展农村道路交通安全管理工作不到位。

5. 马鞍镇人民政府组织开展辖区“打非治违”工作不到位，未排查出罗某非法经营的机动车维修点。

6. 仪陇县人民政府对农村道路交通安全工作重视程度不够，未有效督促相关职能部门和乡级人民政府认真履行安全生产监管职责。

三、事件处理

事故发生后，南充市、仪陇县及时启动事故应急救援预案，市、县党政主要领导率相关部门负责人及时赶赴现场指挥抢险救援工作。

四、责任追究

经调查认定，南充市仪陇县“3·6”重大道路交通事故是一起生产安全责任事故。

鲜某被检察机关批准逮捕。罗某因涉嫌重大责任事故罪，被移送司法机关依法处理。8名集团管理人员被给予行政处罚，11名集团领导被给予党纪、政纪处分人员。根据《四川省生产安全事故报告和调查处理规定》（省政府令第225号）第三十五条之规定，对南运集团仪陇分公司处60万元罚款。责成仪陇县交通运输局、公安局、马鞍镇人民政府分别向仪陇县人民政府写出书面检查。

五、补救措施

针对此次事故暴露出来的问题，为进一步完善工作措施，切实落实企业安全生产主体责任和相关部门监管责任，有效防范类似事故再次发生，调查小组对当地提出以下工作建议：

1. 南充市、仪陇县两级人民政府及其有关部门要进一步高度重视道路交通安全工作，认真贯彻落实《国务院关于加强道路交通安全工作的意见》（国发〔2012〕30号）、《四川省人民政府关于进一步加强道路交通安全工作的实施意见》（川府发〔2013〕8号）等文件精神，确保道路运输企业安全生产主体责任、部门监管责任、属地管理责任、道路交通安全工作目标考核和责任追究制度落到实处。

2. 南充市各级县（市、区）人民政府要对通客运的乡村道路交通安全工作负总责，乡（镇）政府主责主抓。要建立健全乡镇道路交通安全管理办公室，设立公共服务岗位，聘请3至5名专职农村道路交通安全管理员，提供必要的工作条件，强化农村道路交通安全管理。要按照省政府印发的2014年道路交通安全综合整治攻坚行动要求，切实抓好货车超限超载整治、公路波形护栏安装等六项重点整治工作。要进一步加大道路交通领域“打非治违”工作力度，依法查处、取缔非法违法机动车维修点。

3. 南充市道路交通运输部门要加强对客运企业的监督检查，督促客运企业对融资车辆实行公司化管理，落实“五统一”等管理制度，切实提高客运企业履行安全生产主体责任的意识和能力；要加大隐患排查整治力度，临水临崖等危险路段要安装波形护栏，完善标志标线等安保设施。

4. 四川南充汽车运输（集团）有限公司要进一步落实安全生产主体责任。要强化车辆技术管理、安全例检、二级维护和驾驶员培训教育及考核等工作，特别是农村客运车辆，要采取切实可行的办法让车辆安全例检工作落到实处、强制性要求农村客运车辆定期到汽车站或有资质的维修企业例检，对发现的问题到指定的有资质的维修企业修理，坚决杜绝客运车辆在非法修车点进行维修作业，切实加强车辆日常隐患排查整治工作，确保车辆技术状况良好。加强客运车辆驾驶员的培训教育，特别是应急处置能力和专业技能的培训，切实将安全规章制度、操作规程和技术要求等落实到基层，落实到岗位，落实到操作层面。

参考资料

1. 四川省安全生产监督管理局：南充市仪陇县“3·6”重大道路交通事故调查报告，见 http://www.scsafety.gov.cn/Detail_48bf7ce4-7b16-47b5-ae42-56ac08bfc41b。

2. 新浪四川：南充仪陇客车坠湖案 涉事司机为节油用空挡，见 http://sc.sina.com.cn/news/m/2014-07-08/0704227856.html。

3. 四川在线：南充仪陇一农村客运车坠入湖中 致6人死亡1人失踪，见 http://sichuan.scol.com.cn/fffy/content/2014-03/06/content_7028804.htm?node=894。

河北唐山“3·7”重大爆炸事故

一、事件简介

2014年3月7日11时25分，位于河北省唐山市古冶区赵各庄北的唐山开滦（集团）化工有限公司乳化炸药生产车间发生重大爆炸事故，造成13人死亡，直接经济损失1526.53万元。

二、事件原因

直接原因

装药机叶片泵内存有死角，结构设计不合理，容错能力低、风险大，存在固有缺陷。装药机转子与转子下端面和泵底上端面之间的物料摩擦、转子上下端面与泵体端面之间金属摩擦产生的热积累，导致物料中的析晶含油硝铵发生热分解，最终导致爆炸。

间接原因

1. 晓进公司研发和生产装药机执行国家标准和行业标准不到位。未按照《机械工业产品设计和开发基本程序》（JB/T5055-2001）规定，进行设计计算，并编写计算书；未对技术设计进行评审并记录；未验证工艺规程、工序能力及工装，未编写样机试制总结报告以及开展工序质量控制点活动等。

2. 晓进公司生产的叶片泵装药机用于乳化炸药生产存在安全隐患。晓进装药机叶片泵存在固有死角区域，而这些死角区域积累的不可置换的物料始终处于摩擦、挤压状态，容易产生热积累。配合间隙小、内外定子曲面设计不合理、泵底环形槽设计不合理、外定子设计不合理等因素的存在，不断产生和加剧叶片与内外定子之间、叶片上下切面与泵体端面之间、转子上下端面与泵体端面之间的金属摩擦。该叶片泵应用于乳化炸药生产存在的固有缺陷，所带来的爆炸风险无法通过日常维护保养完全消除，用于乳化炸药生产存在安全隐患。

3. 南京理工科技化工有限公司对晓进公司研发的大直径叶片泵装药机出具的安全评价报告重要条款严重漏评。晓进装药机进入市场前，由南京理工科技化工有限公司进行了安全评价。该评价所依据的技术规范和标准不充分，未将《生产设备安全卫生设计总则》（GB5083－1999）等标准作为主要评价依据，评价报告《设备安全性检查表》未对泵体内相对运动的零件可能产生的机械摩擦、撞击等作出评价，也未提出相应的防范措施和建议。未按照《机械工业产品设计和开发基本程序》（JB/T5055－2001），对晓进装药机的设计计算、技术设计与开发评审、材料选择、工艺工装评审、型式试验等项目作出评价。

4. 开滦化工公司安全管理不到位。职工教育培训不到位，隐患排查不彻底。《设备使用维修保养制度》《设备检修安全管理制度》内容不全，规定不严格，不能有效地规范设备保养和检修，对乳化炸药装药机大中修仅规定了检修周期，未规定检修内容，对关键零部件未规定定期强制更换的要求。

5. 唐山市工信局对开滦化工公司安全生产大检查不到位。未发现该公司存在的职工教育培训不到位，隐患排查不彻底，《设备使用维修保养制度》及《设备检修安全管理制度》内容不全、规定不严格等问题。

三、事件处理

事故发生后，11 时 40 分，开滦化工公司向 119、120 及有关部门报告并组织自救。古冶消防大队、120 急救中心赶到事故现场后，破拆救出 1 名伤员（后医治无效死亡）。13 时，开滦救护大队出动 2 个中队参与救援，使用生命探测仪对现场进行 3 次生命探测，未发现生命迹象。

四、责任追究

经调查认定，唐山开滦（集团）化工有限公司“3·7”重大爆炸事故是一起因设备固有缺陷导致的生产安全责任事故。晓进公司及其有关人员涉嫌违法问题，由公安司法机关依法进行调查。对装药机设计研发、生产制造、安全评价、进入市场过程中涉及的有关单位及人员是否构成犯罪，由司法机关依法独立开展调查处理。3 名公司领导人员被给予党政纪处分，2 名人员被给予组织处理。开滦化工公司被处 80 万元罚款。同时，唐山督查组成员被责成写出深刻检查。

五、补救措施

针对这起事故暴露出的问题，为深刻汲取事故教训，进一步加强民爆行业安全生产工作，有效防范类似事故再次发生，调查小组提出如下措施建议：

1. 由工信部门对叶片泵在乳化炸药生产过程中的安全性能重新进行鉴定和试验。在未出鉴定结论前，停止使用该类型装药机。

2. 由工信部门建议国家将乳化炸药装药机纳入特种设备管理。

3. 进一步改进乳化炸药装药机泵送系统，降低泵腔内机械摩擦、撞击、挤压和集药死角带来的风险。

4. 设备生产厂家应对使用单位做好安全技术交底，对民爆专用生产设备的风险进行有效辨识，并提出明确的风险管控措施，同时对使用维护及维修保养作出详细说明。

5. 修订和完善民爆行业管理法规和规程，健全各类民爆生产专用设备设施、产品质量安全管理制度规程。

6. 落实乳化炸药装药机安全监测连锁装置的有效性，实现运行技术参数实时自动上传生产线监控系统。

7. 工信部门要加强乳化炸药装药机等专用设备的设计、制造、使用等环节的安全监管，严格市场准入，督促晓进公司认真执行国家标准和行业标准，并不断完善相关技术规范，采取有效措施消除固有隐患。

8. 工信部门要大力推动民爆行业科技进步，加快现有工业炸药生产装备的升级换代，建立风险识别、评估、管控制度，加强危险因素辨识及风险分析，严格落实风险对策及措施，提高本质安全水平。

9. 工信部门要严格落实安全监管责任，按照“管行业必须管安全、管业务必须管安全、管生产经营建设必须管安全”的原则，不断完善民爆行业安全生产监管体系。要深入持久地开展“打非治违”工作，进一步完善机制、落实责任，着力解决突出矛盾和问题。

参考资料

1. 河北省安全生产监督管理局：唐山开滦（集团）化工有限公司“3·7”重大爆炸事故调查报告，见 http：//www. hebsafety. gov. cn/index. do? id = 33278&templet = content。

2. 长城新闻网：河北省政府办公厅发紧急通知：做好安全生产工作，见 http：//news. hebei. com. cn/system/2014/03/09/013254673. shtml。

3. 德州市重点信息公开专栏：关于深刻吸取唐山开滦（集团）化工有限公司“3·7”爆炸事故 做好当前危险化学品化工医药企业安全生产监管工作的紧急通知，见 http：//www. dezhou. gov. cn/n1403/n6844/n8778592/n8784092/c13183889/content. html。

安徽淮北“3·12”煤矿瓦斯爆炸事故

一、事件简介

2014 年 3 月 12 日 15 时 25 分，皖北煤电集团位于安徽省淮北市境内的任楼煤矿Ⅱ7322 机巷封闭墙内发生瓦斯爆炸，爆炸冲倒封闭墙，造成在附近的Ⅱ8222 外段机巷掘进作业的 3 名工人死亡、1 人受伤。

二、事件原因

事故发生原因是采空区封闭墙内漏风煤层自燃，引爆封闭墙内积聚的瓦斯，从而发生瓦斯爆炸，冲倒封闭墙。

三、事件处理

事故发生后，安徽省领导高度重视并作出重要批示。皖北煤电、淮北市、安徽煤监局等赶往现场指挥抢险。任楼煤矿及时启动报告抢险应急预案，全力组织抢险。

四、补救措施

事故发生后，该公司表示，将认真吸取此次事故教训，落实事故防范和整改措施，加强安全管理，确保安全生产。

参考资料

1. 中国日报网：安徽省淮北境内任楼煤矿发生瓦斯爆炸致 3 死 1 伤，见 http：//www. chinadaily. com. cn/hqgj/jryw/2014 - 03 - 13/content_11393307. html。

2. 中国网：皖北煤电集团任楼煤矿发生瓦斯爆炸 致 3 名工人死亡，见 http：//zgsc. china. com. cn/shehui/2014 - 03 - 13/84761. html。

3. 中国新闻网：皖北煤电一煤矿爆炸致 3 工人死亡 事故原因已查明，见 http：//www. chinanews. com/sh/2014/03 - 14/5951065. shtml。

4. 新华网络电视：安徽省淮北境内任楼煤矿发生瓦斯爆炸致 3 死 1 伤，见 http：//news. cncnews. cn/2014 - 03 - 13/124078214. html。

山东青州“3·14”中毒事故

一、事件简介

2014 年 3 月 14 日 1 点 10 分，山东省青州市金牛恒基钙业有限公司年产 20 万 t 节能环保石灰窑生产线发生一氧化碳中毒事故，造成 3 人死亡、2 人受伤，直接经济损失 300 余万元。

二、事件原因

直接原因

年产 20 万 t 节能环保石灰窑 4 号窑炉在运行过程中，未燃烧充分的煤炭与石灰结块共同下落到石灰窑底部，产生一氧化碳气体集聚，除渣作业人员未对作业现场进行有毒有害气体检测，未正确佩戴劳动防护用品进入 4 号窑炉内出灰口处清理炉渣，导致一氧化碳中毒。

间接原因

1. 违章指挥、应急救援不当。该公司未制定有限空间作业方案，未按规定对进入有限空间除渣作业办理作业票证，未安排人员实施监控，未对有限空间有毒气体进行检测，落实有限空间作业安全规程不到位，违章指挥人员进入有限空间作业。事故发生后，生产现场管理人员盲目组织救援，施救人员不明现场情况，未正确佩戴劳动防护用品盲目施救，导致事故伤亡扩大。

2. 技术管理存在缺陷。生产技术负责人对向窑内送风、减风的鼓风机风机频率控制凭经验，没有经过科学论证。对未燃烧充分的煤炭与石灰结块时，容易产生一氧化碳气体危害性认识不足。

3. 安全管理混乱。该公司安全生产主体责任落实不到位，安全生产管理制度和安全操作规程未有效落实，执行不力；未按照标准为职工配发劳动防护用品；未对职工有针对性地进行安全教育培训；职工安全意识淡薄，对有限空间作业危险性认识不到位；职工应急救援常识缺失，不能有效实施自救与互救。

4. 属地安全监管不到位。王府街道办事处组织安全生产检查不细致，没有及时督促企业全面落实安全生产主体责任，隐患排查治理不到位；没有认真督促辖区内生产经营单位有针对性地开展安全生产大检查活动，及时消除事故隐患。

三、事件处理

事故发生后，山东省人民政府、潍坊市人民政府领导高度重视，作出批示，对事故救援和调查处理提出具体要求。省、市安全生产监督管理局派专人赶赴事故现场，指导事故调查和善后等工作。

四、责任追究

3名责任人员因在事故中死亡被免予追责，3名公司管理人员被移交司法机关处理，4名人员被给予政纪处分。青州市金牛恒基钙业有限公司被处以23万元的罚款。王府街道办事处被责成向青州市人民政府作出深刻检查，王府街道党工委主要负责人被进行诫勉谈话。

五、补救措施

针对这起事故暴露出的突出问题，为深刻吸取事故教训，进一步强化安全生产工作，有效防范类似事故重复发生，调查小组提出如下措施建议：

青州市金牛恒基钙业有限公司要以此次事故为教训，全面停产整顿，认真开展自查自纠活动。针对事故暴露出的原因，加强从业人员安全生产教育培训，了解有限空间作业的危险因素，提高安全意识，自觉遵守各项安全规章制度和操作规程；要完善应急救援预案，精心组织应急预案演练，提高自我防范和救护能力；要按标准配发劳动防护用品，并监督从业人员正确佩戴和使用；要针对HCZHJ型智能石灰烧结系统出灰口处是密封空间的特点，充分考虑生产过程中的容易产生的不安全因素，研究确定鼓风机送风、减风风机频率等生产工艺参数和操作规程，并认真进行科学论证，减少事故隐患。青州市人民政府要对辖区内所有的石灰窑组织专项检查，制定有效的防范措施，防止类似事故再次发生；要针对辖区内石灰窑生产经营单位较为集中的特点，明确生产经营单位行业安全生产监管主体，严格落实安全生产监管责任，进一步明确和细化监管职责，落实监管责任，防止出现监管空档；要组织行业专家指导企业认真论证生产工艺参数和操作规程，保证生产设备运行过程中的安全性和可靠性。

参考资料

1. 潍坊市安全生产监督管理局：青州市金牛恒基钙业有限公司“3·14”中毒较大事故调查报告，见 http：//ajj.weifang.gov.cn/NewsDetails.aspx? id=1662&class=%E5%90%84%E5%9C%B0%E4%BF%A1%E6%81%AF。

2. 青州新闻网：青州市金牛恒基钙业有限公司发生一氧化碳中毒事故，见 http：//www.qznews360.com/13627497/20140314/497519.html。

3. 山东省轻工集体企业联社：切实提高生产安全事故应急处置能力，见 http：//www.sdql.cn/information_22989.html。

陕西安康“3·15”煤矿顶板事故

一、事件简介

2014年3月15日11时，陕西省安康市镇坪县张家坪煤矿井下发生一起顶板事故，造成3人死亡，直接经济损失646万元。

二、事件原因

直接原因

工人在维修冒落区支护时，违章作业，导致木棚垮落，造成事故发生。

间接原因

1. 张家坪煤矿违反县经贸局春节收假矿井复工复产相关规定，擅自复工并安排违法技改的岩屋沟矿井的工人进入张家坪煤矿合法生产系统井下维修巷道。

2. 张家坪煤矿主要负责人违反煤矿安全规程规定，在维修巷道前，未编制安全技术措施。

3. 张家坪煤矿违反建设项目管理有关规定，技改项目安全设施设计未经批准，擅自在技改区域组织施工和生产。

4. 张家坪煤矿未严格执行矿级领导带班下井制度。事故当班未安排张家坪生产系统矿级领导下井带班。

5. 张家坪煤矿对职工安全培训不到位，职工安全自保互保意识差。

6. 上竹镇人民政府防范辖区内煤矿生产安全事故工作不到位，安全检查不认真、不细致，对张家坪煤矿擅自复工和岩屋沟矿井违规施工行为失察。

7. 镇坪县煤矿安全监管部门防范辖区内煤矿生产安全事故工作不到位，对煤矿复工复产要求不严格，安全检查不认真、不细致，对张家坪煤矿擅自复工和岩屋沟矿井违规施工行为失察。

8. 镇坪县人民政府督促上竹镇政府和有关职能部门依法履行煤矿安全生产监管职责不够。

三、事件处理

接到事故报告后，陕西煤矿安全监察局、安康市人民政府高度重视，主要领导对事故救援和善后工作提出了明确要求，分管领导亲赴现场指导事故救援、遇难人员善后和事故调查工作。陕西煤矿安全监察局咸阳监察分局及时赶赴事故现场，依法组织相关部门组成事故调查组，展开事故调查工作。

四、责任追究

经调查认定，该起事故是一起责任事故。4名对本次事故负直接责任的人员，由于在事故中死亡，不再追究责任。张家坪煤矿实际控制人唐某等3人，由于违反县经贸局春节收假矿井复工复产要求，在未提出申请并征得同意的情况下，擅自复工并安排岩屋沟矿井工人进入张家坪煤矿井下维修巷道，躲避监管；违反建设项目管理有关规定，技改项目安全设施设计未经批准，擅自在技改区域组织施工和生产，对事故发生负主要责任。事故发生后，谎报事故，导致遇险人员抢救不及时；组织相关人员串供，干扰事故调查。涉嫌犯罪，移送司法机关追究其刑事责任。6名镇坪县相关领导，被给予行政处分。责成镇坪县人民政府向安康市人民政府写出深刻书面检查。责成安康市工信局向安康市人民政府写出深刻书面检查。对发生较大责任事故的张家坪煤矿予以关闭，并由有关部门依法吊销其有关证照。对事故发生负有责任且有谎报行为的张家坪煤矿由咸阳监察分局处以50万元罚款。对事故发生后，有不积极抢救遇险人员，组织串通有关人员瞒报、迟报事故、作伪证、毁灭证据等行为的张家坪煤矿由咸阳监察分局处以200万元罚款。

五、补救措施

鉴于此次事故的发生，调查组根据调查情况，提出如下改进措施：

1. 安康市各煤矿企业要认真吸取张家坪煤矿事故教训，举一反三，切实承担起安全生产主体责任，严格执行复产复工程序。复工复产前，要向县经贸局提出申请，征得同意后，制定有针对性的整改方案，提出切实可行的安全技术措施，组织职工学习培训并贯彻实施。整改结束后，经县经贸局验收合格，县政府分管领导签字同意，方可恢复生产。各煤矿要立即在全矿开展一次“反三违”宣传教育活动，坚决杜绝违章指挥、违章作业、违反劳动纪律。认真执行矿级领导带班下井制度。矿级领导要坚持与工人同上同下，及时发现和消除事故隐患，坚决和及时制止工人违章行为。坚持班前会制度和加强全员培训，向作业人员如实告知作业场所和工作岗位存在的危险因素、防范措施以及事故应急措施，增强职工安全意识和自保互保意识。加强矿井技术基础工作。建立健全矿井安全技术措施审批制度，完善矿井各工种操作规程、各采掘工作面作业规程和其他作业的安全技术措施，并组织每个作业人员学习。坚决做到没有编制作业规程或安全技术措施不作业、作业规程或安全措施不组织学习不作业、作业人员不清楚安全措施不作业、安全措施不落实不作业。

2. 安康市、县、乡（镇）人民政府及其有关部门要始终坚守安全红线，切实履行煤矿安全监管职责。抓紧组织相关部门及专家，结合安康市石煤矿特点，通过试验推广，规范本区域石煤矿的采煤方法、支护方式和机电运输等管理，切实推进矿井安全质量标准化建设，不断提升矿井的安全基础。按照《陕西省政府关于进一步加强安全生产三基工作的意见》（陕政发〔2013〕10号），完善机构，充实人员，保障经费，落实责任，强化监管。配备煤矿安全督导员和一定数量的具有煤矿专业知识的执法人员，深入一线，靠前指导，主动作为，把煤炭行业“打非治违”专项行动和“双七条”举措落到实处。强力推进《国务院办公厅关于进一步加强煤矿安全生产工作的意见》（国办发〔2013〕99号）的贯彻落实工作，提出符合石煤开采特点的安康石煤产业安全发展规划。要通过规范探办矿秩序、提高准入门槛、关闭退出、机械化改造等行之有效的办法对石煤开采企业进行整合，引导有资金、有煤矿安全管理能力的团队参与办矿。整合辖区技术力量，积极培育发展或建立县域性煤矿技术服务机构，不断提高技术管理水平。不断加强煤矿应急救援能力建设，积极探索建设符合安康石煤开采企业分布特点的应急救援队伍，尽快形成快速有效的应急处置机制，确保应急救援到位。

参考资料

1. 陕西煤矿安全监察局：陕西煤矿安全监察局2014年第7号公告（陕西煤矿安全监察局关于发布安康市镇坪县张家坪煤矿（石煤矿）“3·15”较大顶板事故调查报告的公告），见http：//www. smaj. gov. cn/info/1181/22607. htm。

2. 中国日报网：陕西安康市镇坪县一煤矿发生事故 造成三人死亡，见 http：//www. chinadaily. com. cn/hqgj/jryw/2014－03－20/content_11440099. html。

3. 易安网：陕西安康镇坪县一煤矿发生塌方事故 造成三人死亡，见 http：//www. esafety. cn/news/93619. html。

湖南怀化“3·20”道路交通事故

一、事件简介

2014年3月20日9时，湖南省怀化市麻阳苗族自治县大桥江乡杨柳坡村村民李某驾驶一辆车牌为湘N79115的双排座小货车（车上载28人），由大桥江乡盘田村驶向大桥江乡集镇方向，途经该村洞坑路段（村道）时，因路面湿滑、刹车失灵、驾驶员临危措施不当，致车辆翻至路边2m高的坎下，导致7人死亡、21人受伤，直接经济损失约185.2万元。

二、事件原因

直接原因

李某右手残疾，未取得机动车驾驶证，违法载客，下长坡时未使用低速挡，车速过快，制动效果差，临危措施不当。

间接原因

1. 麻阳苗族自治县大桥江乡杨柳坡村委会安全管理责任不落实，对李某长期驾驶机动车辆违法载客和村民乘坐非客运车辆出行行为没有采取有效措施予以劝阻，也没有将该安全隐患向当地人民政府和有关部门报告。

2. 麻阳苗族自治县大桥江乡盘田村委会安全管理责任不落实，对李某违法载客和村民乘坐非客运车辆出行行为没有采取有效措施予以劝阻，也没有将该安全隐患向当地人民政府和有关部门报告。

3. 麻阳苗族自治县大桥江乡党委和乡人民政府对农村道路交通安全管理监督检查不到位，隐患排查和交通安全社会化管理不深入，道路交通安全“包保制”的监督检查制度不落实，“包保制”落实不到位，发现隐患未向县人民政府和有关职能部门报告，对非客运车辆非法载客未采取有效措施予以取缔，致使安全隐患长期没有得到消除。

4. 麻阳苗族自治县交警大队日常执法、监管不严，对无证驾驶和非客运车辆非法载人行为执法不严、打击不力，特别是对农村道路疏于监管，存在死角和漏洞，对李某右手残疾、长期持假驾驶证驾车没能发现查处。

5. 麻阳苗族自治县公安局对落实农村派出所参与道路交通安全管理工作不到位。

6. 麻阳苗族自治县公路运输管理所对道路上的运输违章和违法经营行为查处力度不够。

7. 麻阳苗族自治县交通运输局在“打非治违”中隐患排查不彻底，对农村客运监管和打击非法营运行为监督不力。

8. 麻阳苗族自治县人民政府未高度重视农村道路安全，有关农村道路安全的制度、规定和措施落实不力。农村交通管理安全管理责任制未落实，没有真正形成县乡村三级联动的农村道路交通安全责任制。农村客运特别是乡村客运普遍存在未按开通的班线进行营运，无法满足村民出行需求。县政府对乡镇道路交通安全管理站的建设没有落到实处，农村道路交通安全管理工作在乡镇缺失具体承办者。

三、事件处理

事故发生后，湖南省公安厅副厅长、省安监局有关领导、怀化市长等有关负责人先后赶到事故现场，指导事故应急救援工作，协调做好善后事宜。麻阳苗族自治县人民政府及相关部门积极做好遇难人员家属及受伤人员救治工作，善后处理工作平稳有序。麻阳苗族自治县委县政府和大桥江乡党委乡政府接到事故报告后，及时启动了三级交通安全事故应急救援预案，大桥江乡党委书记、乡长及时赶到事故现场，组织救援工作。麻阳苗族自治县委书记、县长、县委办主任、人武部长、政法委书记、分管道路安全和安全生产工作的两位副县长先后带领公安、安监、消防、交警等相关部门的负责人，赶赴事故现场，组织170余人的救援队伍，开展救援和善后处理工作。

四、责任追究

经调查认定，麻阳苗族自治县“3·20”较大道路交通事故是一起非法载客责任事故。由于李某在事故中死亡，免于追究责任。7名人员被司法机关立案并追究刑事责任，14名相关人员被给予党纪、政纪处分，2名运输管理负责人被诫勉谈话，麻阳县人民政府被责成向怀化市人民政府作出深刻检查。

五、补救措施

麻阳苗族自治县“3·20”较大道路交通事故给人民生命财产带来了重大损失，后果十分严重，教训十分深刻。为了进一步细化工作措施，切实落实相关部门的监管责任，有效防范类似事故再次发生，调查小组提出以下整改措施建议：

1. 麻阳苗族自治县大桥江乡镇人民政府要切实履行道路交通安全监管职责，加大日常监管工作力度。要严格执行《怀化市发展农村客运加强农村道路交通安全管理办法》规定，认真履行相关职责。要加强对机动车驾驶员的管理，加强信息交流，及时掌握驾驶员身体状况和车辆的工作动态，及时发现问题、及时上报，实现群防群控。

2. 麻阳苗族自治县公安局要尽快落实好对农村派出所交管人员的岗前培训，加大培训力度；增强依法查处车辆非法载客行为力度。麻阳苗族自治县交通警察大队要加大依法打击机动车辆非法载客行为力度，增强巡逻管控幅度，加强民警执法培训。

3. 麻阳苗族自治县公路运输管理所要认真开展“打非治违”和农村道路交通安全专项整治行动，确保不留死角、不走过场，作出工作实效。根据“打非治违”和农村道路交通安全专项整治的实际情况，全面对照整治方案，对前期工作全面“回头看”，彻底整治车辆违法行为，保农村道路交通长治久安。

4. 麻阳苗族自治县人民政府要高度重视道路交通安全工作，强化措施落实。建立健全农村道路交通安全管理工作的监督机制，落实人员、经费，加快建立农村道路交通安全服务站，建立县包乡，乡包村，村级包车、包路和包驾驶员的农村道路交通安全责任制。加大对农村公路建设投入，危险路段安全隐患的排查工作，按照先急后缓的原则，对危险路段设立安全防护措施。组织有关部门要加强协作，“打非治违”要动真碰硬，严厉打击农用车非法载客等违法行为。调整交警农村中队的管辖范围，加大交警依法执法的监督力度，严厉打击农用车非法载客等行为，严肃查处无证、假证驾驶行为，把安全监管工作真正落实到位。疏堵结合，全面落实怀化市发展农村客运，加强农村道路交通安全管理，对符合开通乡村客运班线的，要迅速开通农村客运，真正解决农民出行问题。加大道路安全宣传工作力度，增强农民及驾驶员的安全意识。依法开展生产安全责任事故的责任追究，凡有人员死亡的一般性生产安全责任事故，均要成立事故调查组开展调查并追责。

参考资料

1. 湖南省安全生产监督管理局：麻阳县“3·20”较大道路交通事故调查报告，见http://www.hunansafety.gov.cn/2014/chactongb_1022/15483.html。

2. 怀化市人民政府：关于麻阳县大桥江乡“3·20”交通事故的通报，见 http://www.huaihua.gov.cn/zwgk/fzfxxgkml/zdlyxxgk/scaqsg/wjtz/210428.htm。

3. 怀化市人民政府：3月20日麻阳县发生一起翻车事故已致7人死亡、21人受伤，见http://www.huaihua.gov.cn/zwgk/fzfxxgkml/zdlyxxgk/scaqsg/sgdcbg/79317.htm。

云南玉溪“3·23”煤气泄漏事故

一、事件简介

2014年3月23日9时，云南省玉溪市玉昆钢铁集团发生煤气泄漏事故，导致2名工人死亡，17名救人者也因煤气中毒入院治疗。

二、事件原因

事故发生的原因是2名工人操作阀门不当。

三、事件处理

事故发生后，玉昆钢铁集团及时启动应急救援预案，集团安全环保部和煤气防治办工作人员于9点32分赶往现场实施抢救。同时拨打了120急救电话，将中毒者及时送往玉溪市人民医院抢救。

四、补救措施

住院者接受治疗的费用，全部由玉溪钢铁集团支付。

参考资料

1. 昆明信息港：玉昆钢铁车间煤气泄漏死伤19人，见 http://xw.kunming.cn/yn-news/content/2014-03/25/content_3525480.htm。

2. 中国新闻网：云南玉昆钢铁集团煤气中毒者已有6人出院，见http://www.chinanews.com/sh/2014/03-25/5992883.shtml。

3. 中国新闻网：玉溪玉昆钢铁集团煤气泄漏事件中毒患者病情稳定，见http://www.chinanews.com/sh/2014/03-25/5989539.shtml?qq-pf-to=pcqq.group。

4. 人民网：玉昆钢铁公司车间煤气泄漏 2人死亡10余人中毒，见 http://yn.people.com.cn/GB/various/n/2014/0324/c228582-20843161.html。

广东揭阳“3·26”重大火灾事故

一、事件简介

2014年3月26日13时20分，广东省揭阳市普宁市军埠镇莲坛村沙堆自然村水浮沟下第二街泉发楼郑某某等人经营的内衣作坊发生重大火灾事故，造成12人死亡、5人受伤，过火面积208m²，直接经济损失390.93万元。

二、事件原因

直接原因

经勘验现场，对物证进行检验鉴定以及开展相关调查实验，在排除人为纵火、生活用火不慎、吸烟、遗留火种、物品自燃、电气故障等因素后，综合现场痕迹特征、证人证言、录像资料、物证鉴定和调查实验结果，认定事故直接原因是郑某某用其父亲抽烟留下的打火机玩火，引燃一楼楼梯口南侧堆放的海绵内衣罩杯半成品堆垛所致。

间接原因

1. 该内衣作坊存在严重的消防安全隐患。一是无视消防法律法规要求，擅自改变起火建筑用途和性质，将住宅楼改为加工作坊并违规住人，增加了建筑火灾危险性。二是起火建筑安全条件差，未采取有效防火分隔和消防安全技防措施，内部仅有一条疏散楼梯，一楼楼梯口发生火灾后，海绵燃烧产生的高温有毒烟气通过楼梯迅速向上蔓延，封堵了主要逃生通道；建筑灭火设施配备不足，无法及时扑救初期火灾。三是起火建筑疏散通道上堆放大量海绵等易燃物品，燃烧速度快、烟气温度高且毒性大，导致大量人员中毒窒息死亡。四是经营者消防安全意识淡薄，安全管理混乱，未对员工进行安全培训教育，员工缺乏逃生自救知识和能力。

2. 工商部门查处无照经营行为不力。工商行政管理部门作为查处无照经营行为的主管部门，负责辖区内查处无照经营行为。经查，军埠工商所在履行日常监督检查工作中，未能及时发现并查处该内衣作坊无照经营行为。2013 年以来，军埠工商所参加了市、镇组织的各项安全生产大检查活动中，也未能按要求全面巡查、发现并查处该内衣作坊无照经营的行为，存在监管不到位、落实工作不深入细致等问题。

3. 供电部门履行用电检查职责不到位。2013 年以来，军埠供电所作为军埠镇安全委员会成员单位，多次参加了军埠镇统一开展组织的安全生产检查督查、生产储存经营场所违规住人专项整治、文胸加工场所安全隐患排查专项整治、火灾隐患排查整治等行动，但履行用电检查职责不到位，对辖区内存在的违章用电行为监管不到位，未能发现并纠正叶某某擅自转供工业用电的问题，致使该内衣作坊得以非法生产，间接引发了事故。

4. 劳动部门履行劳动用工检查职责不到位，对该内衣作坊非法用工失察。该内衣作坊未与员工签订任何劳动合同，属非法用工，应由当地劳动部门实施劳动保障监察，并及时通报工商部门予以查处取缔。在 2013 年以来的日常劳动监察和专项整治行动中，普宁市人力资源和社会保障局稽查监察中队履行劳动用工检查职责不到位，未能发现并纠正该内衣作坊存在非法用工问题，造成 12 名非法用工死亡（其中 2 名为童工）的严重后果，工作存在漏洞。

5. 公安消防部门和派出所督促、指导村委会履行消防安全职责不力。军埠派出所对莲坛村委会履行消防安全职责的情况了解掌握不够，工作不扎实，对莲坛村委会落实消防安全职责督促、指导不力。普宁市公安消防大队作为具体承担市消防安全委员会办公室工作的主管部门，在贯彻落实上级文件和组织协调各部门开展消防安全隐患整治等方面工作不到位；在指导军埠派出所开展日常消防监督检查工作方面不深入细致，未能及时发现军埠派出所督促、指导莲坛村委会落实消防安全职责不到位等方面存在的问题。

6. 安全生产监管部门督促协调不力。普宁市安全生产监督管理局在开展安全生产隐患全面排查整治方面工作不够扎实，督促协调各乡镇街道和有关行业主管部门落实安全生产监管职责不力。

7. 莲坛村委会及沙堆自然村贯彻执行上级政府和有关部门关于消防安全隐患整治的工作部署不力。莲坛村委会和沙堆自然村消防安全责任意识不强，履行安全生产和消防安全职责不到位，未能按要求开展消防安全和安全生产的宣传教育工作，未能全面落实村居消防安全隐患排查的责任，没有及时发现和整治辖区内存在的该内衣作坊等“三合一”场所重大火灾隐患。

8. 军埠镇政府落实消防安全责任制和监督管理不到位。（1）对辖区内存在未办理规划、建设等审批手续及用途更改的建筑长期缺乏监管，没有按照普宁市政府的要求及时责令停止建设、限期改正。开展对辖区消防安全隐患的排查整治和消防安全宣传教育工作落实不到位，对“三小”场所、“三合一”场所没有及时、彻底清理整顿。对镇有关部门和村居履行消防工作职责的情况监督检查指导不力，个别干部滥用职权，失职渎职，致使对该内衣作坊消防安全监管长期存在漏洞。（2）2013 年以来，揭阳市和普宁市各级政府及安全生产委员会多次发文部署安全生产和消防安全工作，要求对“三小”场所、“三合一”场所开展消防隐患大排查大整治。军埠镇安全办具体负责组织、协调、推动全镇安全生产、消防安全各项检查和专项行动工作，未能认真贯彻执行上级文件精神，没有认真督查、指导各村（居）委做好安全生产工作，未能及时发现和查处该内衣作坊，镇里部分工作人员在开展工作过程中还涉嫌滥用职权。

9. 普宁市政府落实消防安全责任制不到位。贯彻落实省、市关于安全生产和消防安全工作专项行动和法律法规不力；对军埠镇及公安、消防、工商、供电等相关部门整治火灾事故隐患和落实安全生产工作方面检查不深入、监管不力、执法不严等问题失察；未能督促有关部门抓好对社会和群众的消防安全知识宣传教育工作。

三、事件处理

事故发生后，广东省委省政府高度重视，省委书记作出重要批示，要求揭阳市妥善做好善后工作，全省加强火灾的防范工作。省长作出批示，要求揭阳妥善处置善后工作，全力抢救伤员，彻查事故原因。省相关领导分别对有关工作提出具体要求。按照省委省政府领导的批示要求，省政府副秘书长率省公安厅、省安全监管局有关负责同志赶赴事故现场指导善后处置工作，看望慰问伤员，召开紧急会议研究贯彻落实省领导批示精神的具体措施。国家安全监管总局、公安部相关负责同志和专家赶到事故现场指导火灾事故调查处理工作，协助火灾原因调查。

四、责任追究

经调查认定，揭阳市“3·26”重大火灾事故是一起责任事故。4名直接责任人被公安机关依法逮捕，3名镇政府领导被给予立案调查，12人被给予党纪、政纪处分，5人被给予作诫勉谈话处理。该内衣作坊及其有关责任人员依法被给予行政处罚。责成普宁市公安消防大队向揭阳市公安消防支队作出深刻检查，责成揭阳市公安消防支队向省公安消防总队作出深刻检查。责成普宁市政府向揭阳市政府作出深刻检查，责成揭阳市政府向省政府作出深刻检查。

五、补救措施

事故发生后，广东省各级党委、政府及其有关部门在全力以赴做好善后工作的同时，迅速开展了消防安全排查整治工作。

1. 迅速行动，部署专项整治。广东省政府召开第二季度防范重特大生产安全事故工作会议，针对事故暴露出来的突出问题，要求各地、各单位深刻吸取事故教训，举一反三，从建立健全消防安全监管体系、强化火灾隐患排查整治、加强消防安全宣传等方面切实加强消防安全工作。省安委会在事故发生后迅速发出通报，全面部署开展消防安全隐患大排查，严肃追究整改不力的单位和个人。省消防安全委员会立即对普宁市家庭小作坊的清理整治工作挂牌督办，并从全省各地抽调人员督促指导工作。揭阳市召开全市火灾隐患整治动员会，决定从4月开始至12月用9个月的时间，按照“属地管理”和“谁主管谁负责”的原则，用铁的手腕开展清理清查和整治工作。普宁市先后召开现场办公会议等6次紧急会议，印发一系列有关文件，对全面开展消防安全整治行动再部署、再推进、再落实。

2. 强势推进，取得初步成效。广东省公安厅对“三合一”企业（场所）、“住改仓”、家庭小作坊和利用民房从事生产储存经营的场所以及劳动密集型企业进行全面清理清查和整顿。揭阳市、普宁市各级党委、政府及其公安、消防、安全监管等部门加强对安全生产和消防安全工作的检查监督，加大执法力度，对违反安全生产、消防法律法规的生产经营单位坚决予以取缔。期间，普宁市共清查各类生产经营场所3445家，其中有牌照的2256家，无牌照的1189家；存在安全隐患2566家，落实现场整改1057家，限期整改940家，查封取缔569家。

3. 积极探索，健全长效机制。广东省公安厅针对家庭作坊消防安全问题，制定了《广东省家庭作坊消防安全专项治理工作的指导意见（草案）》，计划通过合理规划产业布局、调整产业结构、加快转型升级，建立集中产业园区，引导家庭作坊入园经营，全面提升消防安全水平；对不能实现工业园区化的，督促落实技防改造措施，实现消防安全条件符合要求，有效遏制家庭作坊较大人员伤亡事故的发生。揭阳市、普宁市提出切实规范各生产经营单位管理，坚持疏堵结合，在全力整治的基础上，充分考虑工业发展，在军埠镇等民营企业较集中的镇街建设通用厂房，将不符合消防要求的工场作坊企业搬迁入园，规范以小作坊为主的“三小”生产经营单位登记为个体户或转换为法人企业，同时进一步加强园区内消防队伍建设、完善消防设施配套，集聚发展、规范管理，消除安全隐患。

参考资料

1. 国务院安委会办公室：揭阳市“3·26”重大火灾事故调查报告，见 http：//www.chinasafety.gov.cn/newpage/Contents/Channel_5498/2014/0818/239218/content_239218.htm。

2. 闽南网：广东普宁火灾已致11人死亡 事故原因系小作坊起火，见 http：//www.mnw.cn/news/china/737910.html。

3. 南粤清风网：揭阳市“3·26”重大火灾事故责任人员责任追究情况，见 http：//www.gdjct.gd.gov.cn/yasd/25077.jhtml。

河南千秋煤矿“3·27”冲击地压事故

一、事件简介

2014年3月27日11时18分，河南义煤集团公司千秋煤矿21032回风上山掘进头发生冲击地压事故，经矿震定位里氏震级为1.9级。冲击地压发生后，巷道变形严重，各种数据传输线被切断，经人工测量瓦斯浓度为9%；经人员定位系统和现场核实，现场作业人员共18人，冲击发生后，12人安全撤出，6人被困。事故最终造成6人死亡。

二、事件原因

由于冲击地压的作用，导致巷道瞬间发生大量的变形，进一步引发事故。

三、事件处理

事故发生后，河南能源化工集团公司和义煤公司启动两级事故应急救援预案，及时抢救遇险人员。河南煤矿安全监察局副局长、河南能源集团董事长和总经理及时赶到现场，组织抢救救援工作。

四、责任追究

按照《河南省人民政府关于加强煤矿安全生产工作的补充意见》（豫政〔2011〕40号）及有关规定要求，河南省对义煤公司千秋煤矿“3·27”冲击地压事故实施了先行问责。

1. 责令千秋煤矿自事故发生之日起立即停产整顿，经省政府验收合格后方可恢复生产。

2. 按照干部管理权限，责令免去义煤公司千秋煤矿矿长别某某，常务副矿长、总工程师魏某某职务；免去河南大有能源股份有限公司董事长、总经理杜某某，总工程师李某某职务。

3. 责成河南能源化工集团董事长、总经理和总工程师邢某某分别向省政府写出书面检查；义煤公司董事长马某某、总经理贾某某和总工程师杨某某向省政府安委会办公室写出书面检查。

4. 对先行问责的相关人员和负有责任的有关人员应当给予党政纪处分的，根据事故调查结果，由纪检监察机关、任免机关给予相应党政纪处分；构成犯罪的，依法追究刑事责任。

5. 根据事故调查结果，由有关部门依法依规对千秋煤矿和主要负责人进行经济处罚。

五、补救措施

义煤公司千秋煤矿“3·27”冲击地压事故发生后，河南能源化工集团深刻反思，召开会议，对本单位安全生产工作进行了再安排、再部署、再落实。集团决定，从2014年3月27日起对集团公司所属受煤与瓦斯突出、水害和冲击地压威胁的74对矿井、373个采掘工作面立即实施停产整顿，全面开展隐患排查和整改工作，坚决做到不安全不生产。

参考资料

1. 河南省安全生产监督管理局：河南省对义煤公司千秋煤矿“3·27”冲击地压事故实施先行问责，见 http://www.hnsaqscw.gov.cn/sitegroup/root/html/40288177343d8543013455e88bb617b6/20140424170996415.html。

2. 腾讯新闻：河南千秋煤矿冲击地压事故6人遇难 救援结束，见 http://news.qq.com/a/20140328/012391.htm。

3. 中国日报网：快讯：义煤公司千秋矿发生冲击地压事故，见 http://www.chinadaily.com.cn/hqgj/jryw/2014-03-27/content_11485263.html。

4. 中国煤矿网：3月27日上午11时18分，河南义煤集团公司千秋煤矿21032回风上山掘进头发生冲击地压事故，5人窒息死亡，见 http://www.zgmklt.com/news/201403/29/38303.html。

江西上高“3·29”石方坍塌事故

一、事件简介

2014年3月29日17时10分，位于江西省上高县锦江镇的上高县锦程矿业有限责任公司在排险作业中发生石方坍塌事故，造成现场作业的7人全部死亡。

二、事件原因

直接原因

事发企业违规将台阶并段，导致形成“一面墙”开采，且因连续大雨以后矿山顶部岩石产生裂缝，在雨水及泥浆的润滑作用下，导致岩石坍塌，造成事故的发生。

间接原因

1. 上高县锦程矿业有限责任公司安全生产主体责任严重不落实。该公司内部安全管理缺位，安全生产管理制度形同虚设，安全生产责任不落实，对发包给上高亿安爆破工程有限公司的爆破工程一包了之，以包代管，对刘某为首的爆破包工队伍未予监管，对爆破排险作业未进行现场协调和统一管理。公司在采矿作业中违章指挥，违规先期开采矿体右部的第二层平台，导致矿体右部第一、第二平台合段，人为形成高陡边坡，加上未严格制定专门的整改方案，致使矿山安全隐患长期得不到有效治理。该公司对雨季安全生产形势认识不足，麻木侥幸，未采取有效措施防范滑坡和坍塌。平时对作业人员安全管理不到位，培训教育制度不落实，致使作业现场安全管理混乱。

2. 上高县亿安爆破工程公司重经营轻安全。上高县亿安爆破工程有限公司承包了上高锦程矿业有限责任公司的爆破工程业务，但在实际运营过程中，聘用上高县锦程矿业有限责任公司职工刘某、邬某某等为爆破员兼安全员，代表公司实施爆破作业，没有履行企业安全管理的义务，对刘某等人从事的爆破作业长期未实施安全管理。

3. 企业排险人员在既未制定排险方案又未采取安保措施的情况下冒险蛮干。

4. 政府属地管理落实不到位。上高县锦江镇政府对辖区内企业虽然开展了安全检查，但对隐患整改过程中的监督不到位。

5. 部门监管不落实。上高县安全生产监督管理局对该矿山虽然下发了整改指令书，由于春节和全国“两会”期间矿山处于停产状态，直到3月15日才委托乡镇安监站进行督查，但对恢复整改过程中的监督不到位。上高县公安局治安大队虽然对亿安爆破公司的火工产品的储存和出入库情况落实了检查制度，但对该公司未落实《上高县公安局推行爆破服务“一体化”实施方案》的情况监管不力，对爆破现场管理和火工产品清退工作监督不到位。

三、事件处理

事故发生后，江西省长、省委副书记、常务副省长等省领导分别就事故抢险工作作出重要指示。国家安监总局派员到现场指导。江西省安监局局长通过卫星移动通信设备对事故救援进行远程指导，并派出总工程师亲临现场指导救援，省安监局一处处长全程指导抢险工作。宜春市委书记、市长亲临现场指导救援。为确保科学施救、快速准确搜救失踪的6名工人，上高县委县政府迅速及时应急救援预案，成立上高县锦程矿业有限公司安全事故处理现场指挥部，指挥部下设现场救援组、医疗救助组、善后处理组、后勤保障组、宣传报道组、安全保卫组，并设立了由专家、老矿长、熟悉业务的爆破员组成的专家技术组。指挥部调动上高消防大队，调动市矿山救护大队全力援助，并调集了各类机械、车辆、救援专用工具、劳保用品、通信照明等设备和器材，搜寻失踪人员，29日下午6时50分搜救出2人，确定死亡；30日上午11时15分搜救出3人，确定死亡；4月2日上午10时45分搜救出最后1人，确定死亡。救援工作历时4天全部结束。

四、责任追究

刘某为上高县锦程矿业有限责任公司爆破工程包工头，对事故发生负有直接责任。鉴于其已在事故中死亡，不予追究其责任。上高县锦程矿业有限责任公司法人代表、主要负责人何某作为公司安全生产第一责任人，未履行法律法规赋予主要负责人的安全管理职责，疏于督查检查本单位安全生产工作，督促隐患整改不到位，对长期存在的爆破作业以包代管情况未予以纠正，疏于安全生产管理，安全生产主体责任严重落实不到位，违反了《安全生产法》第十七条第（四）项之规定，对该起事故负有主要的管理责任。根据《安全生产法》第八十一条第二款以及《生产安全事故报告和调查处理条例》第四十条之规定，依法撤销其《主要负责人安全资格证书》，鉴于其行为已涉嫌犯罪，依法追究其刑事责任。7名镇相关管理人员被给予党纪政纪处分。上高县锦程矿业有限责任公司被依法暂扣《安全生产许可证》，并处罚人民币36万元。上高县亿安爆破工程有限公司被给予停产整顿6个月。

同时责成上高县委县人民政府向宜春市委市人民政府作出深刻书面检查；责成上高县锦江镇党委镇政府向上高县委县人民政府作出深刻书面检查；责成上高县公安局、上高县安监局向上高县人民政府作出深刻书面检查；责成上高县安监局局长和上高县公安局副局长向上高县人民政府作出深刻书面检查；由上高县监察局对上高县公安局治安大队教导员刘某某进行诫勉谈话；由宜春市监察局对上高县常委、副县长胡某某进行诫勉谈话；根据干部管理权限，由上高县监察局对相关责任人员进行处理；由宜春市国土资源局对上高县锦程矿业有限责任公司非法越界开采行为进行处理。

五、补救措施

这起事故的发生，充分暴露出非煤露天矿山本质安全基础薄弱和安全管理存在重大缺陷等问题。为深刻汲取事故教训，举一反三，避免类似事故的发生，调查小组提出采取如下防范措施：

1. 严格落实非煤矿山企业主体责任。进一步加强主要负责人和安全生产管理人员的安全技术技能培训考核工作，增强其安全防范意识。进一步规范安全生产管理机构构建及专业技术人员配备，依法依规建立健全主要负责人、分管负责人、安全生产管理人员、职能部门、岗位安全生产责任制。

2. 全面开展非煤矿山安全专项整治。全市各非煤矿山企业要扎实开展安全设施“三同时”、“一面墙”违规开采、高陡边坡和实施掏底崩落采矿工艺等方面的安全专项整治，对限期停产整改后仍不具备安全生产条件的矿山依法予以关闭。要严格贯彻执行《非煤矿山外包工程安全管理暂行办法》（国家安监总局第62号令），进一步加强对系统、单位外包工程、外包工程作业人员的管理。

3. 认真落实汛期安全生产措施。全市各非煤矿山企业，要切实开展汛期专项督查，不断完善应急预案与应急管理，建立完善应急抢险与救援体系，强化应急处置，严格值班值守及报告制度，严防汛期引起的山体滑坡等灾害发生产，严禁违章冒险作业，及时处置各类突发事件。对非法违法、违规行为，一律依法按上限查处。

4. 切实加强非煤矿山安全监管。进一步加强非煤矿山安全监管人员培训教育，切实增强底线思维和红线意识，全面提高安全监管人员的执法能力，强化监管执法效能。各级安全监管、公安、国土等部门要各司其职，各负自责，加强统一协调，加大联合执法，全面落实非煤矿山监管职责。地方政府特别是乡镇政府要强化属地管理责任，加强监管机构建设，强化安全监督检查，严肃处理非煤矿山非法违法行为。

参考资料

1. 宜春市安监局：上高县锦程矿业有限责任公司“3·29”较大坍塌事故调查报告，见http：//www.ycsafety.gov.cn/xxgk/gzdt/gggs/201411/t20141121_421230.html。

2. 深圳新闻：江西上高县一矿业公司发生塌方1人遇难6人被困，见http：//www.szsq.net/news459701.html。

3. 新华网：江西上高县一矿业公司发生塌方1人遇难6人被困，见http：//news.xinhuanet.com/legal/2014-03/30/c_126332194.htm。

广东肇庆山体滑坡事故

一、事件简介

2014年3月30日15时，香港风水师郑某（50余岁），以及同行一名港人喃呒师傅，在广东肇庆高要市南岸长乐墓园冒雨为客户看墓地风水时，突然发生山泥倾泻，两人与另外5名内地人同时被山泥掩埋。经事故抢救之后，最终造成6人死亡（其中5人当场死亡，1人经医院抢救无效死亡），1人受伤。

二、事件原因

事故发生原因为长时间降雨引起园区山体松动引发山体滑坡。

三、事件处理

事故发生后，肇庆市副市长紧急赶赴现场指挥救援，并到医院看望慰问受伤群众，要求全力以赴抢救伤者，并部署相关善后工作，做好家属安抚工作。当地及时启动应急预案。肇庆市领导和高要市长随即组织公安、消防、武警、交警、卫生等部门及当地干部群众200多人赶赴现场救援。

四、补救措施

肇庆市副市长、高要市委书记要求做好现场抢救工作，各镇（街道）、职能部门要举一反三，做好地质灾害防治，确保群众生命财产安全。

参考资料

1. 肇庆阳光网：肇庆高要南岸街道长乐墓园山体滑坡6人死亡，见http：//www.sun0758.com/zq/focus/72522.html。

2. 中国新闻网：广东高要发生山体滑坡致6人死亡，见http：//www.chinanews.com/sh/2014/03-30/6009265.shtml。

3. 无锡市应急管理：肇庆高要市发生一起山体塌方事故造成6人死亡1人受伤，见http：//yjb.wuxi.gov.cn/zxzx/tfsj/gn/6728668.shtml。

4. 广东省人民政府应急管理办公室：肇庆高要市发生一起山体塌方事故造成6人死亡1人受伤，见http：//www.gdemo.gov.cn/yjdt/gdyjdt/201403/t20140331_195803.htm。

云南昭通“3·31”瓦斯爆炸事故

一、事件简介

2014年3月31日10时，云南省昭通市威信县蒲草坝煤矿在违规建设煤仓过程中因电焊作业引发瓦斯爆炸，导致5人死亡、3人受伤，直接经济损失818万元。

二、事件原因

经侦查查明，威信县煤炭工业局林凤片区煤管所所长陈某和蒲草坝煤矿驻矿安监员张某在任职期间，明知所监管的威信县蒲草坝煤矿在批准复工前和复工期间严重违反煤矿安全生产相关规定，有超入井人数下井、超作业点作业和超越复工范围违规建设煤仓等违章作业行为，却没有按相关工作要求认真履行职责，采取有效措施予以制止。

三、事件处理

事故发生后，昭通市、县反渎部门及时赶赴现场了解情况，固定证据，介入事故调查，并迅速对事故背后的国家机关工作人员渎职犯罪立案侦查。

四、责任追究

犯罪嫌疑人陈某和张某被依法移送审查起诉。

参考资料

1. 凤凰咨询网：云南威信“3·31”瓦斯爆炸事故渎职人员被起诉，见http：//news.ifeng.com/a/20140722/41261885_0.shtml。

2. 万家咨询：云南威信一煤矿发生瓦斯爆炸致4死4伤，见http：//365jia.cn/news/2014-03-31/4DCF2F0F926E83DD.html。

3. 新华网：云南威信一煤矿发生瓦斯爆炸事故，见http：//news.xinhuanet.com/local/2014-03/31/c_1110032362.htm。

内蒙古鄂尔多斯“4·1”生产安全事故

一、事件简介

2014年4月1日18时，内蒙古第一电力建设工程有限责任公司承建的内蒙古蒙泰不连沟煤业有限责任公司大路煤化工基地的煤矸石热电厂建设项目锅炉安装施工工地，在进行吊装并调整锅炉中段水冷壁过程中，悬挂的水冷壁失控坠落，造成4名现场施工工人死亡、2人受伤，直接经济损失人民币700余万元。

二、事件原因

直接原因

在施工过程中，现场作业人员违反作业指导书要求，使用手拉葫芦既用于承重又用于调整；手拉葫芦用为承重，违反了国家电力行业标准《电力建设安全工作规程》（DL5009.1－2002）第13.3.2.2条规定，造成悬挂锅炉后墙中部水冷壁的3台手拉葫芦中的1台断裂，造成其余2台因超负荷而相继断裂引发中段水冷壁坠落。

间接原因

1. 内蒙古第一电力建设工程有限责任公司大路煤矸石热电厂项目部作业现场安全管理混乱，现场施工存在冒险性、盲目性、随意性。（1）对悬挂的水冷壁未设置保险绳，违反《电力建设安全工作规程》（DL5009.1－2002）第13.3.6条标准。（2）施工现场作业人员上下交叉作业，未按《电力建设安全工作规程》（DL5009.1－2002）第8.2.1条标准和《内蒙古第一电力建设工程有限责任公司B标段工程作业指导书》（MDYJ－GL－007）要求，进行封闭作业或采取隔离措施错开作业面。（3）高空作业人员安全防护措施不当，只佩戴安全带，未佩戴速差自控器，违反《电力建设安全工作规程》（DL5009.1－2002）第8.1.10条、8.1.11条标准要求。（4）事故发生前内蒙古第一电力建设工程有限责任公司大路煤矸石热电厂项目部相关技术人员、安监部门有关人员对施工现场的安全施工、技术的监督指导不力，未对工人的违章作业行为进行有效制止。

2. 内蒙古第一电力建设工程有限责任公司对大路煤矸石热电厂项目部的隐患排查治理和安全管理工作督促指导不力，对项目安全施工管理不到位；安全生产大检查存在死角、盲区，特别是在开展的安全生产检查中，隐患排查工作不深入、不细致。

3. 四川省江电建设监理有限责任公司作为工程监理单位，审核同意了《施工作业指导书》，现场监理人员未对施工现场作业人员违反作业指导书作业的违章行为监督整改，未对工人吊装物下交叉作业存在的安全隐患及时纠正处理。

4. 中国华电工程（集团）有限公司大路煤矸石项目部对事故现场安全监督管理不力，其分包单位曾经多次出现在吊装的重物下有交叉作业及手拉葫芦下长时间悬挂重物且未设置安全绳索的违章行为，虽然对发现的问题要求过整改，但并没监督跟踪整改落实，违章行为依然存在。

5. 中国华电工程（集团）有限公司作为工程总承包单位的安全管理工作及安全制度落实不到位，对大路煤矸石项目部门的监督不力，安全检查不彻底，隐患排查整改落实不力。

6. 内蒙古蒙泰不连沟煤业有限责任公司作为项目建设单位，安全管理意识淡薄，对总包单位及分包单位的安全管理工作不力等问题失察失管；在没有获取发展改革部门的核准批复的前提下组织开工建设。

7. 准格尔旗大路煤化工基地管委会建设局未严格按照鄂尔多斯市机构编制委员会《关于中共鄂尔多斯市大路煤化工基地工作委员会鄂尔多斯大路煤化工基地管理委员会主要职责内设机构和人员编制方案的批复》（鄂机编字〔2013〕129号）要求严格履行大路煤化工基地建设工程的审查、质量监督、竣工验收及施工安全生产管理工作。

8. 准格尔旗大路煤化工基地管委会对该建设项目在没有取得发展改革部门核准的前提下，同意开工建设，对项目的建设监管不力。

9. 准格尔旗人民政府属地监督职责落实不到位。

三、事件处理

内蒙古第一电力建设工程有限责任公司大路煤矸石热电厂项目部副经理马某接到施工现场人员电话后得知事故发生，便通知工程部部长曲某、项目部经理张某，并赶往事发现场。工程部长曲某赶到事发现场，并组织救援，随后张某及时调集施工现场其他作业面30多名工人，吊车2台、辅助车辆2台进行救援。准格尔旗大路煤化工基地管委会等相关部门负责人也赶赴事发现场指挥并参与救援。

四、责任追究

经调查认定，鄂尔多斯市内蒙古蒙泰不连沟煤业有限责任公司煤矸石热电厂“4·1”物体打击事故属于较大生产安全责任事故。内蒙古第一电力建设工程有限责任公司大路煤矸石热电厂被处以规定上限的罚款。施工指挥工人马某在该起事故中负有直接指挥责任，鉴于其已死亡，免于追究责任。对白某、李某等3人给予开除，对任某等3人予以撤职。煤矸石热电厂项目部工程部部长曲某被交司法机关追究处理，煤矸石热电厂项目部书记马某被移交司法机关追究处理，项目部经理张某被移交司法机关追究处理。煤矸石热电厂安监部部长被给予记过处分。内蒙古第一电力建设工程有限责任公司副总经理刘某、王某被给予警告处分，总经理杨某被处以2013年年收入40%的罚款。四川省江电建设监理有限责任公司项目监理部被处以规定内罚款，相关人员被给予行政处分。中国华电工程（集团）有限公司被处以规定内罚款，对项目部安全专工蒋某、项目部安监部经理叶某、项目部副经理杨某给予记过处分，对项目经理张某给予警告处分。中国华电工程（集团）有限公司法人代表孙某被处以2013年年收入的40%的罚款。内蒙古蒙泰不连沟煤业有限责任公司被处以规定内罚款。内蒙古蒙泰不连沟煤业有限责任公司总经理王某被处以2013年年收入的40%的罚款。准格尔旗大路煤化工基地管委会建设局局长张某被行政记过处分；给予副局长奇某行政记过处分。准格尔旗大路煤化工基地管委会分管领导尹某被给予行政警告处分。准格尔旗大路煤化工基地管委会在该起事故中负有管理责任。由鄂尔多斯市委市人民政府分别对大路煤化工基地党工委书记赵某某及管委会主任李某进行通报批评。准格尔旗人民政府属地监督职责落实不到位，在该起事故中负有属地监督责任。准格尔旗人民政府联系大路煤化工基地管委的副旗长鲁某向准格尔旗人民政府作出书面检查；由鄂尔多斯市委市人民政府分别对准格尔旗旗委书记祁某、旗长麻某进行诫勉谈话。

五、补救措施

针对这次事故，相关监察部门提出以下要求：

1. 要求内蒙古蒙泰不连沟煤业有限责任公司热电厂建设项目全面停工整改，开展施工厂区安全大检查，对发现的隐患要立即整改，针对此次事故中暴露的问题要对所有的施工人员进行警示教育，严格执行作业现场安全操作规程；将事发作业面完全封闭，待有关技术专家制定清理及复工方案后，方可进行现场处置。

2. 要求内蒙古蒙泰不连沟煤业有限责任公司热电厂建设项目尽快完善核准批复手续，在没有获得有关单位的核准批复文件前，停止施工。

3. 内蒙古第一电力建设工程有限责任公司蒙泰煤矸石热电厂项目部要开展内部自查工作，对存在交叉作业，起吊重物下的作业现场要严格禁止，在无法避免交叉作业的情况下要确保设置有效的安全防护设施；要加强对工人的安全教育培训，尤其是要求工人熟练掌握各自作业面的施工技术方案和操作规程，并能严格执行；加强现场安全管理员的巡查力度，要不留死角，不留隐患地进行认真排查。

4. 企业要严格遵守国家法律法规，严肃认真对待事故，严格执行事故报告规范程序，严格履行事故上报、救援职责。各级、各有关部门要强化责任意识，及时掌握企业安全生产动态，督促企业按照国务院493号令的要求逐级上报事故情况，进一步加大对瞒报、谎报事故行为的查处、打击和惩治力度，从严追究相关单位和人员的责任。

5. 准格尔旗人民政府和大路煤化工基地管委会要深刻吸取事故的沉痛教训，牢固树立科学发展、安全发展理念，牢牢坚守“发展决不能以牺牲人的生命为代价”这条红线。要把安全生产纳入经济社会发展总体规划，建立健全“党政同责、一岗双责、齐抓共管”的安全生产责任体系，坚持“管行业必须管安全、管业务必须管安全、管生产经营必须管安全”的原则，把安全责任落实到领导、部门和岗位，谁踩红线谁就要承担后果和责任。发展经济要始终坚持安全生产的高标准、严要求，开发区招商引资、上项目不能降低安全标准，不能违反相关审批程序搞特事特办，不能违规“一路绿灯”。政府规划、企业生产与安全发生矛盾时，必须服从安全需要；所有工程设计必须满足安全规定和条件。地方政府要严格落实属地管理责任，依法依规，严管严抓。

参考资料

1. 鄂尔多斯安全生产监督管理局：鄂尔多斯市内蒙古蒙泰不连沟煤业有限责任公司煤矸石热电厂“4·1”物体打击较大生产安全事故调查报告，见 http：//www.ordosaj.gov.cn/zcfg/201411/t20141120_1264779.html。

2. 伊金霍洛之窗：阿勒腾席热镇人民政府关于开展全镇在建项目安全大检查的通知，见 http：//www.yjhl.gov.cn/yqxxgk_zyk/xz/altxr/201405/t20140520_1128899.html。

天津北辰“4·4”火灾事故

一、事件简介

2014年4月4日18时10分，天津市北辰区宜兴埠镇新开河北东马道三千工业园内天津市正大同创印刷有限公司真空镀膜车间在生产过程中发生一起火灾事故，造成近1000m^{2}厂房被烧毁，并致5人死亡、2人受伤。

二、事件原因

直接原因

据公安消防部门认定，塑料配油槽积聚的静电产生电火花引燃可燃油蒸汽是造成这起火灾事故的直接原因。

间接原因

1. 正大同创公司没有建立健全、更没有落实安全生产责任制、安全管理制度、安全操作规程，工作人员混合物料无章可循；未对员工进行安全知识培训，从业人员缺乏消防安全常识和扑救初期火灾的能力，致使从业人员无法及时、有效逃生；未为从业人员提供防静电服，使用容易产生静电积聚的塑料容器作为配油槽，且未采取防静电和导除措施；使用不符合消防安全规定的厂房，物料混合位置设置不合理，阻碍消防逃生通道，致使伤亡人数扩大。

2. 三千集团片面追求经济效益，违法建设厂房，并将违法建设的厂房出租给不具备安全生产条件的正大同创公司，租而不管；不按照消防部门审批的二级戊类厂房招商，招商引进的半数以上企业厂房火灾危险性为丙类，致使该工业园防火等级上升；未按照国家消防法律法规配置消防安全设施、消防安全环形通道，消防安全管理缺失。

3. 北辰区宜兴埠镇人民政府开展打击“双违”（违法占地、违法建设）工作不力，日常巡查、检查不到位，对辖区三千工业园内2011年违法建设行为失察，在2013年开展综合治理“双违”专项活动调查摸底中未尽职尽责，对存在近2年的违法建设厂房未及时发现并拆除，致使存在消防安全隐患的违法建设厂房长期使用；消防安全检查不到位，对三千工业园违法招商火灾危险性戊类以上企业、消防安全设施和消防安全环形通道未设置等火灾隐患未能及时发现并消除；未对正大同创公司进行过安全检查，对企业内部管理混乱、相关人员没有经过安全生产教育培训等问题未能及时督促整改。

4. 北辰区城市管理综合执法局宜兴埠执法队未严格按照《天津市城市管理相对集中行政处罚权规定》（津政令第111号）要求，认真履行对未经规划部门许可的违法建设行为监督检查及实施处罚的职责，日常监督检查不到位，对三千工业园内2011年违法建设行为失察；对辖区内违法建设巡查不到位，对长期存在的违法建设厂房未能及时发现和责令拆除，致使正大同创公司长期使用违法建设厂房从事生产经营活动。

5. 公安北辰分局宜兴埠派出所对正大同创公司消防安全监督、检查工作组织不力，对正大同创公司存在的消防安全隐患排查不彻底，对检查发现的问题督促整改不到位，未及时向宜兴埠镇人民政府和北辰区公安消防支队报告有关问题，致使正大同创公司消防安全隐患长期存在。

6. 北辰区公安消防支队对辖区消防安全工作监督管理不到位，对宜兴埠派出所日常消防监督检查工作指导不力、业务培训不到位。对正大同创公司存在的重大消防安全隐患排查不到位，没有认真履行消防安全监管责任；未对正大同创公司管片民警进行过消防专项业务培训。

7. 北辰区人民政府未能有效督促基层人民政府和公安消防部门认真落实消防安全和安全生产职责，对区政府有关部门和宜兴埠镇人民政府依法履行消防安全和安全生产职责的落实情况监督检查不到位。

事故扩大主要原因

正大同创公司使用的违法建设厂房只有一个出口，起火点位于出口10m处逃生路线上，人员无法及时、有效逃生。

三、事件处理

事故发生后，现场人员先使用灭火器进行灭火，灭火未果后拨打火警电话，18时19分，市119指挥中心接到报警，先后调派12个消防中队、30部消防车、200余名消防官兵赶往事故现场救援。

四、责任追究

经调查认定，正大同创公司“4·4”较大火灾事故是一起生产经营性火灾责任事故。6名相关责任人涉嫌重大责任事故罪，被公安及司法机关处理。8名相关政府管理人员被给予纪律处分。北辰区公安消防支队防火监督处处长张某某，对其进行诫勉谈话；北辰区副区长陈某，责成其作出深刻书面检查；责成北辰区城市管理综合执法局、北辰区公安消防支队、宜兴埠镇人民政府分别作出深刻书面检查。天津市安全生产监督管理局对三千集团处以30万元的行政处罚，对三千集团法定代表人兼总经理周某某处以2013年度年收入40%的罚款，共计2.4万元。

五、补救措施

为吸取此次事故教训，相关部门给出如下事故防范措施：

1. 切实整改违法行为，严格落实安全生产主体责任。三千集团作为三千工业园产权单位和实际经营单位要认真对照规划部门的审批图纸，全面清理三千工业园内的违法建筑；按照消防部门消防验收意见清理超出消防审批等级的生产经营单位，切实按照消防审批的二级戊类厂房进行招商出租；加强对园区内承租单位安全生产工作的统一协调管理，依法履行安全生产主体责任。

2. 严厉打击违法建设行为，有效遏制事故发生及扩大。北辰区人民政府要深刻吸取此次事故教训，督促属地政府、规划部门、国土部门和城市综合执法等管理部门认真履行工作职责，在全区范围内集中开展打击违法建设行为的专项行动，不但要严厉打击新建建筑物的违法建设行为，对辖区内已建成的违法建筑物也应严厉打击，特别是生产经营单位和个人用于生产、经营的违法建筑物，有效遏制事故的发生及扩大。

3. 加强消防安全管理，全面排除消防安全隐患。属地消防支队和公安派出所应明确按照职责分工，全面做好属地生产经营单位的消防安全执法检查工作，切实督促生产经营单位整改落实到位；消防部门应加强对公安派出所的业务培训和工作指导，进一步强化消防安全管理；公安部门应深刻吸取此次事故教训，在全市范围内认真开展有针对性的消防安全检查，全面排查消防安全隐患。

4. 深入开展隐患排查治理，加强安全检查。各区县、各部门要认真落实习近平总书记关于“一厂出事故、万厂受教育，一地有隐患、全国受警示”的重要指示精神，要拿别人的事故当自己的事故看，深刻吸取事故教训，举一反三，在辖区内，在系统内认真开展隐患排查治理，加强消防安全检查和安全生产检查，督促生产经营单位和有关部门认真履行工作职责，切实做好各方主体责任的落实。

参考资料

1. 天津市安全生产监督管理局：天津市正大同创印刷有限公司“4·4”较大火灾事故调查报告，见 http：//www.tjsafety.gov.cn/tj/shigukuaixun/7085.html。

2. 北方网：北辰区正大同创印刷有限公司发生一起火灾事故，见 http：//news.enorth.com.cn/system/2014/04/05/011798598.shtml。

3. 人民网：天津市北辰区正大同创印刷有限公司发生一起火灾事故，见 http：//www.022net.com/2014/4－5/483674152584362.html。

山西吉县山体崩滑事件

一、事件简介

2014 年 4 月 6 日 2 时 20 分，陕西省临汾市吉县吉昌镇西关村柏浪沟发生山体崩滑，土方量约 2000m^3，摧毁掩埋现浇二层楼房 2 户 8 间，8 人被埋。事故共造成 7 人死亡、1 人受伤。

二、事件原因

事故是由于山体突然崩滑造成的。

三、事件处理

事故发生后，临汾市、吉县及时启动应急预案，市县领导及时赶赴现场，组织消防、国土、公安、武警、卫生、安监、省 213 地质队等专业抢险人员 300 余人，调用各种大型机械设备投入抢险。事故未发生次生灾害，社会秩序平稳。

四、补救措施

泰康人寿对临汾市吉县吉昌镇山体滑坡遇难者家属进行理赔，理赔款 11 万元。

参考资料

1. 新浪山西：临汾吉县发生山体崩滑 8 人被埋已救出 6 人 其中 1 人生还，见 http：//shanxi.sina.com.cn/news/m/2014－04－06/091354943.html。

2. 临汾在线：临汾吉县山体滑坡遇难者家属获理赔 11 万元，见 http：//www.0357lf.com/news/local/2782776.html。

3. 中搜论坛：山西吉县发生山体崩滑事件 8 人被埋 7 人遇难，见 http：//bbs.zhongsou.com/3/20140406/13270384.html。

云南曲靖“4·7”煤矿透水事故

一、事件简介

2014 年 4 月 7 日 4 时 50 分，云南省曲靖市麒麟区东山镇下海子煤矿发生透水事故，当班入井工作人员 26 人中，4 人安全升井，22 人被困井下。

二、事件原因

经调查，事故原因是放炮引发老空区透水。

三、事件处理

事故发生后，国家安全监管总局局长等领导及时部署，并提出明确要求：一是认真贯彻落实国务院领导同志重要批示精神，立即派国家煤矿安监局副局长率工作组赶赴事故现场，指导协助地方政府及有关部门做好抢险救援等工作。二是云南煤矿安监局、云南省安全监管局要积极协助当地政府及有关部门，全力以赴抢救被困人员，严格按照煤矿安全规程科学施救，严防发生次生事故。三是进一步核清被困人数及事故有关情况，查清事故原因，依法依规严肃处理。四是认真吸取事故教训，举一反三，深入开展煤矿安全隐患排查治理，彻查隐患、及时整改，有效遏制类似事故发生。同时，通过信息平台，向全国煤矿矿长发警示信息，切实做到“一矿出事故、万矿受教育”。云南省委书记等领导做出重要批示并赶赴事故现场，指导救援工作，并在事故现场主持召开现场会议部署救援方案，对抢险救援工作提出 7 点要求：一要全力以赴抢救被困人员；二要加强救援工作的组织协调；三要切实做好被困人员家属的安抚工作；四要尽快开展事故调查工作；五要加强社会舆论引导，做好新闻报道工作；六要全力维护社会稳定；七要吸取教训，加强隐患排查。国家煤矿安全监察局副局长出席会议并提出要求：要坚定被困人员依然活着的信念，全力施救。当前，排水是抢险救援工作的第一要务，要科学制定抢险救援方案，全力组织救援，集中省内救援力量，协调兄弟省份救援力量增援，全力提升排水能力。要全面采集数据，综合分析水源情况，为科学施救提供可靠依据。在救援过程中，要确保救援安全，避免发生次生灾害，并做好伤员救治准备工作，做好善后处置工作，做好矿区社会稳定工作。云南省各矿区所在地要举一反三，汲取教训，由政府牵头对各矿区进一步加大隐蔽致灾因素排查工作，确保各矿区安全生产。

云南省、曲靖市、麒麟区三级党委、政府及时启动应急预案，曲靖市成立了事故救援领导小组，组织有关部门，全力开展救援。曲靖市委书记等领导率领煤炭、煤监、安监、卫生、公安等有关部门人员赶赴事故现场，组织开展救援工作。曲靖市、区两级党委政府共组织公安、救灾大队、消防支队、电力保障、医务人员等共500余人开展煤矿透水事故救援工作。

四、责任追究

中共曲靖市委决定，对曲靖市下海子煤矿“4·7”透水事故具有监管责任的2名市管干部进行停职，责成中共麒麟区委对6名区管干部进行免职、3名区管干部进行停职，并接受调查。下海子煤矿董事长（股东）张某某、法人（股东）黎某某、销售经理（股东）沈某某、矿长陈某某、生产副矿长张某、安全副矿长杨某某、技术总工陈某某等7人，因涉嫌重大责任事故罪被依法刑事拘留。

参考资料

1. 人民网：云南曲靖下海子煤矿透水事故：多名干部被停职免职 接受调查，见 http://yn.people.com.cn/news/yunnan/n/2014/0419/c228496-21032380.html。

2. 中国新闻网：云南曲靖发生透水事故 李万疆率工作组赶赴现场，见 http://www.chinanews.com/gn/2014/04-07/6035478.shtml。

3. 云南煤矿安全监察局：2014年4月7日4时50分，云南省曲靖市麒麟区下海子煤矿发生透水事故造成22人被困，见 http://www.ynmj.gov.cn/Pages_30_1379.aspx。

4. 百度百科：“4·7”云南曲靖煤矿事故，见 http://baike.baidu.com/link?url=ABB7YntyRk7bf2r0AhOJ5ia-80OPbUIRi9pkRY_gKf-o6gExBM9sVH22BkWG96N1pxTsMCj_6WGwLJ4AEBQc_。

广东肇庆“4·8”高处坠落事故

一、事件简介

2014年4月8日9时39分，广东省肇庆市鼎湖区永安镇中国水利水电第十四工程局有限公司贵广铁路工程十二标段肇庆制梁场，一台门式起重机发生倾覆，造成5人高处坠落，其中3人死亡、2人受伤，直接经济损失约270万元。

二、事件原因

直接原因

现场作业人员不具备门式起重机拆卸作业资格，且安全意识淡薄、思想麻痹，未严格按照拆卸方案、技术交底进行施工，在起重机支腿没有安装好缆风绳、起重机主梁没有用汽车吊吊住的情况下，擅自并违反规程用气割拆除起重机刚性支腿副支腿托梁与主梁法兰盘的连接螺栓，改变了起重机原稳定性结构，在设备本身自重、人员作业振动等外力作用下，起重机整机失稳、向北倾覆。

间接原因

一是中国水利水电第十四工程局有限公司企业安全生产主体责任不落实、下属部门和单位的安全生产层级管理不到位；二是中铁二院（成都）咨询监理有限责任公司在监理过程中，没有及时检查并发现制梁场门式起重机拆卸人员无相应资格上岗作业的情况，没有严格落实安全监理责任。

三、事件处理

事故发生后，肇庆市政府委托市安监局牵头组成事故调查组开展调查工作。事故调查组聘请了广东省特种设备检测研究院的3名专家，对事故现场进行了勘测和技术鉴定，并进行调查询问、查阅资料和综合分析等。

四、责任追究

经调查认定，此次事故为较大生产安全责任事故，作业人员违规操作等造成起重机整机失稳引起事故。3名对事故发生负有责任、涉嫌犯罪的人员被移送司法机关，中国水利水电第十四工程局有限公司和中铁二院（成都）咨询监理有限责任公司及其主要负责人被给予行政处罚，事故发生单位对5名责任人员给予相应处理。

参考资料

1. 肇庆市安全生产监督管理局：鼎湖区“4·8”较大高处坠落事故已结案，见 http://www.zqsafety.gov.cn/ejlm/news.jsp?itemID=773&newsID=14577。

2. 广东省安全生产监督管理局：肇庆市鼎湖区永安镇中国水利水电第十四工程局有限公司制梁场设备倾倒造成3死2伤事故，见 http://www.gdsafety.gov.cn/sydllm/swsg/201404/t20140409_43555.htm。

3. 新浪地产网：违规操作 鼎湖区“4·8”高处坠落事故原因查明，见 http：//news.dichan.sina.com.cn/2014/10/13/1236234.html。

4. 南方网：鼎湖区“4·8”较大高处坠落事故原因查明，见 http：//zq.southcn.com/z/2014-10/13/content_110021208.htm。

内蒙古乌海市“4·8”爆炸事故

一、事件简介

2014年4月8日10时45分，内蒙古自治区乌海市泰和焦化集团有限公司在脱硫罐检修焊接时，作业现场发生燃爆事故，检修人员及监护人员共5人，3人被气流冲击到脱硫液循环泵泵房屋顶，1人被冲击到泵房北侧地面，1人被冲击到泵房南侧坠地，导致3人当场死亡、1人重伤、1人轻伤。

二、事件原因

直接原因

此次管道变更改造是在生产系统处于运行状态下，违反《化学品生产单位动火作业安全规程》（AQ3022-2008）第5.1.3款和公司《动火安全管理制度》第4.1.3款的规定，未与生产系统隔绝，未进行吹扫、置换，动火点未隔离，未进行气体分析确认，违章用电焊明火作业，致使电焊火花通过未封死的人孔，引爆被脱硫液夹带并进入循环槽内的煤气，是造成此次事故发生的直接原因。

间接原因

1. 作业票证许可过程执行不严，作业票证管理不到位。（1）此次脱硫工艺变更，涉及动火作业。对易燃易爆、有毒有害气体的风险辨识不到位，违反《化学品生产单位动火作业安全规程》（AQ3022-2008）第4.1款“在生产运行状态下的易燃易爆生产装置、输送管道、储罐、容器等部位上及其他特殊危险场所进行的动火作业”之规定，将017号动火作业由特殊动火降为二级动火，降低动火等级；办证人提前一天办理017号动火安全作业许可证，并代替动火人、动火监护人签字，虚填有害气体化验分析结果，未制定落实安全措施方案；车间、焦化厂、安环部负责人在未确认和核实安全措施方案的情况下盲目签字审批。（2）企业虽然按照《化学品生产单位危险作业安全规范》（AQ3021-3028）标准制定了《八大作业票制度》，但未认真组织对办证人、管理人员进行系统培训考核，造成办票过程中随意填写、代替签字，层层把关流于形式。（3）安全作业许可证的管理失控，在调度室随意放置，无专人管理，对签字人员不进行核实，不到现场核实安全措施，安全员、有关领导就签字。（4）现场作业过程中动火监护人毕某某中途有事脱岗，安全员、工段长、车间主任等生产安全管理人员未到现场监护并检查落实安全措施。（5）填写作业票主要是为了应付安监部门检查，许可票证等级无人把关，危害识别不全面、不认真，动火安全作业许可证填写审批签字不严格，审批环节管理失控。

2. 变更管理制度执行不到位。此次工艺及管道变更改造未严格执行该公司《变更管理制度》，实施变更前未对变更过程产生的风险进行分析和控制；未履行变更审批程序。

3. 企业安全生产主体责任落实不到位。（1）安全生产责任未真正落实到基层和岗位，虽然建立了安全生产责任制，但安全生产责任、职责未逐级落实到焦化厂、车间、工段、班长、岗位作业人员。工艺、技术、设备、检维修安全管理责任落实不严不到位，致使自上而下对在脱硫液循环槽上动火产生的风险和危害不清楚。（2）2014年1月16日和2月28日，公司先后进行了领导分工调整及中层干部调整任命后，调度室与安环部合并，日常安全管理、许可作业安全管理、技改和变更管理、检维修作业管理、特种作业人员管理松懈，留下事故隐患；企业基层安全生产组织机构职能不完善，焦化厂未指定安全管理具体负责人，并且与焦化厂调度部门合并，导致生产调度和安全管理人员不能正确行使各自职责，职责不清、互相推诿。

4. 工艺设备技术管理缺失，技术培训考核不到位。（1）公司未设技术负责人，化产车间未配工艺和设备技术员。技术资料管理缺失，脱硫循环槽上封头与槽体采用点焊、多次工艺设备改造变更都未上图；脱硫工艺、设备、管道等四次改造变更，均未经专业技术人员设计或专业技术人员论证；脱硫工段随意改变工艺设备和管道，将脱硫工艺由碱法改为氨法，再改为碱法，又改为氨法，变更后不能满足工艺要求，重新改造变更管道，酿成事故。（2）由于受市场因素影响，管理人员和作业人员流动频繁，对新录用的岗位工、机修工、电工，只是履行了三级安全教育，未开展针对性的风险控制、操作技能、工艺规程、检维修规程的培训考核，也未对新调岗和新上岗的工段、车间、分厂领导进行安全生产培训考核。员工安全意识淡薄，不具备相应的能力。

5. 隐患排查不彻底，未做到全覆盖。未严格按照《危险化学品企业事故隐患排查治理实施导则》定期进行全覆盖的隐患排查，焦化厂、车间、工段、班组、岗位的隐患排查都未排查出脱硫液夹带煤气造成循环槽内易燃易爆混合气体富集的危害；未化验过气体组分；电焊线与槽体搭接；循环液槽顶封头与槽体点焊等隐患，也未排查许可作业证管理缺陷和电工无证上岗等隐患。

6. 企业风险管理不到位。焦化厂、车间、工段、班组、岗位风险辨识缺失，对脱硫循环槽内富集氢气、一氧化碳等易燃易爆气体没有分析评估到，对脱硫液夹带煤气造成循环槽内易燃易爆混合气体富集的危害也未辨识到，也未制定管理、工程、技术、应急等措施。安全生产管理机构与生产管理合并交叉，不能正确行使安全生产管理职责。

7. 主要负责人未全面履行安全生产职责。对公司存在的未建立健全安全生产责任制；焦化厂安全管理机构与调度合并后日常管理松懈；风险管理不到位；隐患排查未做到全覆盖；工艺设备技术管理缺失，技术培训考核不到位；变更管理制度执行不到位；作业票证许可过程执行不严、管理不到位等问题未及时发现和督促整改。

8. 属地政府及监管部门虽认真履行监管责任，但是对企业存在的作业票证虚填、代签行为未及时发现，并采取有效措施。海南区安监局虽认真按照《安全生产监管监察职责和行政执法责任追究的暂行规定》（国家安全生产监督管理总局24号令）履行监管责任，但是对于企业虚填、代签作业票应付安监部门检查的行为，缺乏有效的约束、制约机制，在安全监管配套实施细则建立方面相对滞后；海南区政府未及时督促海南区安监局建立、完善相关机制，对安监工作的监督管理力度不够。

三、事件处理

事故发生后，当班操作工梁某及时拨打120急救电话，集团董事长兼总经理郭某等公司领导听到爆炸声响后及时到达现场，启动了公司事故应急预案，对现场进行了断电、关闭蒸汽和循环泵，并组织人员进行抢救，同时向有关部门报告事故情况。11时5分救护车赶到，将5人送往海南区人民医院。正在园区检查安全生产工作的海南区政府有关领导和工作人员及时赶赴现场，指导抢险，上报区政府、市政府，市区两级公安局、安监局。乌海市长接到报告后于11时50分赶赴现场指导抢险救治，善后处理，事故调查工作，指示立即成立了由市安监局、市检察院、市监察局、市总工会、市公安局等有关部门组成的事故调查组，对事故发生原因展开调查。

四、责任追究

2名事故直接责任人鉴于已在事故中死亡，故不予追究。脱硫工段长吕某被移交司法机关追究刑事责任。化产车间主任被移交司法机关追究刑事责任。脱硫工段当班班长、动火监护人毕某被处以4000元罚款。焦化厂安全员焦某被处以8000元罚款。检修工段长魏某被处以4000元罚款。化产车间副主任被处以8000元罚款。焦化厂调度主任兼安全员罗某被给予上年年收入（共计48513元）80%的行政处罚，罚款38810元，吊销其安全管理人员资格证书。公司安环部部长王某被处以8000元罚款。焦化厂厂长杨某被吊销其安全管理人员资格证书，并处以8000元罚款。集团副总经理张某被给予上年年收入（共计107060元）40%的行政处罚，罚款42824元，吊销其安全管理人员资格证书，5年内不得从事安全生产管理工作，并责令公司撤销其集团副总经理职务。企业法人、总经理郭某被处于上年年收入（163090元）40%的行政处罚，罚款65236元。对乌海市泰和煤焦化集团有限公司行政处罚23万元，暂扣安全生产许可证的处罚，并责令停产整改。乌海市海南区安监局局长刘某由海南区人民政府给予其行政警告处分。乌海经济开发区海南园管委会副主任赵某被责成作出书面检查。

按照属地管理的原则，海南区人民政府应履行对该企业的监管职责，由于监管责任履行不到位，导致本起事故的发生。海南区政府被责成向市人民政府作出深刻检查，认真总结和吸取经验教训，进一步加强和改进安全生产工作。

五、补救措施

为吸取此次事故教训，相关部门提出以下要求：

1. 乌海市泰和煤焦化集团有限公司焦化厂要在停产的6个月内，落实整改措施，严格按照市区两级安监部门的要求履行验收手续后方准投入生产。

（1）要严格许可票证管理。把票证管理上升到企业一级管理范畴，安环部要强化许可票证的办理、审批、验收环节及票证管理。要对焦化厂的所有车间、工段、班组、岗位重新组织全覆盖的风险评估，重新确定风险等级。按照《化学品生产单位危险作业安全规范》（AQ3021－3028）要求，严格公司《八大作业票证》制度的执行，对办票人员、管理人员、审批人员、检维修人员、监护人员组织开展培训考核，督促其认真熟练掌握如何办票证、如何划分作业证等级、如何制定落实安全措施和安全方案、如何审查审批不同等级的许可票证。坚决杜绝冒名顶替、虚填分析结果，以及审批人不到现场确认就签字审批等现象。在生产运行状态下的易燃易爆生产装置、输送管道、储罐、容器等部位上及其他特殊危险场所进行的动火作业，都要按特殊动火审批程序严格审批。把脱硫工段按照甲级防爆场所进行管理，动火作业按照一级动火审批程序严格审批。

（2）建立完善科学规范、不留死角的安全生产责任制体系，进一步细化安全生产责任，严管重罚，确保安全生产责任逐级落实到每一名员工、每一个岗位。完善并严格许可票证、风险管控、检维修、工艺设备技术、安全技术培训考核等制度。企业主要负责人要全面履行安全生产职责，建立完善安全生产管理机构，及时消除基层的安全管理机构与生产调度合并的隐患，采取坚决有效的措施提高制度和操作规程的执行力。全面履行安全生产主体责任，切实做到基础管理到位、安全生产投入到位、安全技术培训到位、应急救援到位，采取坚决有效措施，及时消除各类隐患。

（3）严格执行《国家安全监管总局关于加强化工过程安全管理的指导意见》（安监总管三〔2013〕88号），在工艺、设备、仪表、电气、公用工程、备件、材料、化学品、生产组织方式和人员等方面发生的所有变化，都要纳入变更管理。要严格变更管理审批管理，所有的变更都要由主要负责人或技术负责人审批，设计和安全措施方案作为必须的前置审批条件，工艺设备及管道等改造方案必须经相关技术人员评审，评审通过后方可组织实施。

（4）要牢固树立“安全培训不到位是重大安全隐患”的理念。强化对工艺、检维修、应急处置、风险辨识及管控方面的安全知识培训考核，建立全员、全过程、全方位的“三全”安全培训考核制度；强化特种作业管理，严格特种作业人员持证上岗制度；认真落实主要负责人强制安全培训考核制度，确保管理人员安全生产能力满足生产要求持证上岗；聘请煤焦化专家，对化产车间进行操作技术培训考核，切实提高员工的安全生产技术和风险辨识、应急处置能力。

（5）进一步加大对“三违”现象的查处力度。从制度上、规程上、作业上进一步规范整治“三违”现象，要将各班组、各工段、各车间、各分厂常见的或易发生的“三违”现象造册，教育警示张贴到岗位，强化日常的培训考核，让每一位员工熟记于心，牢记于脑，切实筑牢安全生产防线。

（6）要进一步强化企业技术管理。必须配备能够胜任的技术负责人，对生产过程中的安全生产负技术责任；车间要配备工艺和设备技术人员，严格对工艺、设备变更、技术改造的技术管控，要严格履行技术人员设计、技术负责人组织审查、编制安全措施方案制度；强化技术资料管理，及时更新技术资料和图纸，要对所有的工艺设备对照原设计检查核实，补充完善技术资料。新技术、新工艺、新材料要及时上报安监部门，经批准后方可实施。

（7）全面推行岗位风险辨识，确保风险可控可防。采取公司包分厂、分厂包车间、车间包班组、班组包岗位的办法，发动全体员工参与深入开展岗位风险辨识，对辨识出的岗位风险要采取管事顶用的管理、工程技术、应急处置三大措施，确保岗位风险时时刻刻在可控范围内。

（8）严格按照《危险化学品企业事故隐患排查治理实施导则》要求，按照“谁主管，谁负责”、“管事务、管业务，必须管安全”的原则，建立健全企业隐患排查治理制度和保证制度有效执行的管理体系，切实做到及时发现、及时消除各类安全生产隐患；进一步强化岗位巡检制度的建立和落实，要进一步明确班组、工段、车间的安全生产责任，细化检查范围和巡查频次，把改造和变更管理、许可作业纳入巡查内容。

（9）要认真开展安全生产标准化再达标活动。要成立由管理、技术、设备、电仪、检维修、安全等部门参加的机构，对照标准，坚持每项100%达标的“高标准”，反复查找缺陷、补充完善、持续改进的“严要求”，确保管理体系、风险预防控、本质安全体系达标。

（10）要加强化工过程、化工装置、“两重点一重大”、用于储存输送或周转及反应的塔釜槽罐的管理。凡是化工过程、化工装置、“两重点一重大”、用于储存输送或周转易燃易爆、有毒有害介质的及反应的塔釜槽罐都要安装具有远传、报警功能的自动化控制系统、紧急停车、切断系统，并接入DCS系统；有条件的必须采用蒸汽或氮气等气体封堵，实在不具备条件的必须采用放散、尾气集中回收装置，属于易燃易爆、有毒有害介质的必须纳入一级动火区管理；用于储存输送易燃易爆、有毒有害介质的塔釜槽罐和管道（钢铁制）必须经乌海特检所检测合格后方准投入使用。

2. 海南区人民政府要认真履行属地管理的责任，深刻汲取“4·8”事故教训，认真督促企业落实事故调查组提出的以上10项事故防范措施。组织开展事故警示教育活动，编制事故案例，组织人员深入岗位开展一对一的警示教育，切实达到“一厂出事故，万厂受教育”的目的。要加大对所属企业的安全监督检查力度，加大“打非治违”的监督检查频次和覆盖面，立即在全区范围内组织开展一次以整治许可作业和变更管理的安全生产专项行动。采取针对性措施，督促辖区内的企业全面做到“四个到位”（安全投入、安全培训、基础管理、应急救援到位），切实履行主体责任。建立健全“党政同责、一岗双责”的安全责任体系，督促各级干部切实承担起“管行业必须管安全，管业务必须管安全”的安全生产责任来。

参考资料

1. 中国乌海：乌海市泰和煤焦化集团有限公司“4·8”脱硫液循环槽爆炸较大生产安全事故调查报告，见 http：//www. wuhai. gov. cn/zwgk/zxzx/qyjj/aqsc/ae7906ef_6997_4b5c_8f7a_4b29a267782c. html。

2. 新华网：内蒙古乌海一焦化厂发生燃爆事故致3人死亡，见 http：//news. xinhuanet. com/local/2014-04/08/c_1110146611. htm。

3. 国家安全生产监督管理总局：内蒙古乌海泰和煤焦化公司发生爆炸事故，见 http：//www. chinasafety. gov. cn/newpage/Contents/Channel_21102/2014/0414/232876/content_232876. htm。

4. 中青在线：内蒙古乌海一焦化厂发生燃爆事故致3人死亡，见 http：//news. cyol. com/content/2014-04/08/content_9906328. htm。

海南文昌“4·10”道路交通事故

一、事件简介

2014年4月10日10时30分，海南省文昌市县道头水线（头苑至水北）施工路段宝芳乡高临村路口处，发生一起载有春游学生的大型普通客车侧翻事故，造成8人死亡、3人重伤、29人轻微伤，直接经济损失634.4万元。

二、事件原因

直接原因

肇事司机赵某交通安全意识淡薄，驾驶机件不符合技术标准的大型普通客车在施工道路行驶，遇雨天路滑，通过弯道时未降至安全的行驶速度，是造成本次交通事故的直接原因。

间接原因

1. 企业安全生产主体责任不落实，安全体系不健全。（1）海航休闲车队安全生产主体责任不落实，超越许可范围营运。未按《安全生产法》第四条规定，建立健全安全生产责任制，完善安全生产条件。经查，该公司规章制度不健全，未建立GPS系统使用管理制度，对驾驶人驾车超速行为无处罚管理措施，对所属营运车辆的安全技术状况把关不严，车辆的日常安全检查流于形式，对事发车辆琼A20161制动系统不合格未及时发现和解决。（2）澄迈县老城镇欣才小学主要负责人和管理团队安全意识淡薄，规章制度不完善，安全管理责任不落实。组织春游活动前，未按《教育部关于进一步加强学校春游活动等安全工作的紧急通知》（教发〔2004〕9号）和海南省教育厅有关规定，向澄迈县教育行政主管部门报批。未做好本次春游活动的相关安全保障工作，包括与承租公司签订运输协议或合同、核实承租运输企业的经营资质范围、制定安全应急预案等。（3）福建省交建集团工程有限公司违反《建设工程质量管理条例》第二十五、二十六条规定，对挂靠其公司名下，承担具体施工任务的施工队挂而不管，项目经理、技术负责人、施工管理负责人自项目开工以来，从未到过现场，项目疏于管理，现场安全设施、警示标志缺失。

2. 相关行业主管部门履职不力，监管不到位。（1）海口市交通运输和港航管理局作为海航休闲车队的行政许可部门，对海航休闲车队监管不力，对其超范围营运失察。对两家下属单位海口市道路交通运输管理处、海口市交通港航综合执法支队的权责划分不明确。海口市道路交通运输管理处作为海口市出租行业和客运班车的监管主体，对海航休闲车队监管不到位，对其违规经营未采取有效措施，也未将情况及时告知海口市交通港航综合执法支队进行查处和制止。（2）澄迈县教科局作为本地区的教育主管部门，落实安全生产行业监管责任不到位，尤其是对民办学校日常安全监管不力。未与欣才小学签订2014年安全生产责任书，对未参加安全工作部署会议的学校没有及时采取补救措施，对本辖区内学校组织的外出集体活动监管不到位。（3）文昌市交通运输局作为头水线道路施工业主单位，在项目开工前，未按照《道路交通安全法》第三十二条规定，向文昌市公安局交警大队发函要求实施管控。对施工路段安全、质量监管不到位，负有监管责任。（4）文昌市公安局交警大队，未按照《道路交通安全法》第三十二条规定，未对事故路段道路施工进行交通安全监督检查和道路交通秩序管控。

3. 旅游从业人员违规经营。海南省旅总国际旅行社有限公司的业务经理王某某，违反《海南省旅游条例》的规定，个人承接欣才小学春游租车业务，未核实海航休闲车队运营范围。

三、事件处理

事故发生后，海南省委书记、省长分别作出批示，要求迅速组织力量，全力以赴抢救受伤师生，做好死亡学生的善后和家属安抚工作。海南省副省长及时赶赴文昌市，组成救援指挥部指导抢救工作。省政府副秘书长及省委宣传部、卫生、公安、教育、安监等部门主要负责人赶赴文昌市协助开展救援工作。省卫生厅启动《海南省突发公共事件医疗救援应急预案》，组织301海南分院、西京医院、省人民医院、海口市人民医院、海南医学院附属医院和省农垦医院等6家医疗机构的17名医疗专家、9辆救护车赶赴文昌参与医疗救护工作。省教育厅抽调5名心理咨询专家组成工作组对欣才小学师生进行心理疏导。文昌市委市政府启动应急预案，组织公安、交通、卫生、安监等部门人员以及300多名消防官兵和干部群众、200名医护人员赶赴现场抢救，及时将32名伤者送到文昌市人民医院进行救治。澄迈县委县政府积极做好事故善后工作，包括对受害者家属进行安抚，安排人员进驻老城镇对欣才小学实行托管等。

四、责任追究

经调查认定，文昌市“4·10”较大道路交通事故是一起生产安全责任事故。此次事故中，移送司法机关人员2人，给予党纪政纪处分9人，罚金处分4人。

海航休闲车队由海南省安监局对其处以40万元罚款，由行业主管部门暂扣其经营许可证，指导监督健全规章制度，全面排查安全隐患，如整改不到位，依法吊销其经营许可。澄迈县老城镇欣才小学由澄迈县教科局指导监督其对安全隐患进行全面彻底的整改。如在3个月内整改不到位，责令停止招生，吊销学校办学许可。福建省交建集团工程有限公司两年内被禁止参加海南政府投资和使用国有资金项目的招投标活动。澄迈县教科局被责成向澄迈县政府和省教育厅作出深刻书面检讨并落实整改措施。海口市交通运输和港航管理局被责成向海口市政府和省交通运输厅作出深刻书面检讨并落实整改措施。

五、补救措施

为吸取此次事故教训，相关部门提出以下要求：

1. 认真落实企业安全生产主体责任。海航休闲车队和欣才小学要认真贯彻执行安全生产法律法规，建立安全生产责任制，健全安全管理机构，完善安全管理制度，保障安全生产投入，加强安全教育培训，全面排查治理事故隐患。

2. 各级地方政府要进一步加强对交通安全的监管。各级政府必须把道路交通安全提上重要议事日程，加大投入，加强道路安全设施的建设。建立健全联动协调、齐抓共管的机制，切实解决本地区道路交通安全管理工作中存在的突出问题，有效遏制重特大道路交通事故。

3. 交通运输主管部门要认真落实安全生产监管职责。各级交通运输主管部门要深刻吸取事故教训，切实履行行业安全监管职责，加大企业动态监管力度，严格执法检查，严把运输市场准入关，加强企业安全考核，提高道路交通安全管理水平。

4. 教育主管部门要认真落实安全生产监管职责。各级教育行政主管部门要监督学校落实安全管理责任，指导学校制定和落实安全防范措施。在设置地方课程时，应当将安全知识教育纳入重要教学内容。督促学校制订事故应急预案并定期组织开展演练。

5. 旅游行业主管部门要认真落实安全生产监管职责。加强旅游市场的监管。旅游行业主管部门要严格按照《旅游法》和《海南旅游条例》的要求，进一步规范海南省旅游行业市场秩序，加大力度，严厉打击旅游行业从业人员无证上岗、私自揽客等违规行为。要建立旅游从业人员黑名单制度并定期向社会公布，接受社会监督。

参考资料

1. 海南省人民政府：文昌市“4·10”较大道路交通事故调查报告，见 http：//www.hainan.gov.cn/hn/zwgk/gsgg/201406/t20140605_1284241.html。

2. 中国安防展览网：4月10日海南文昌市澄迈县老城镇欣才学校小学春游大巴侧翻，见 http：//www.afzhan.com/Company_news/Detail/63892.html。

3. 新浪海南：学生春游文昌翻车事故：3名伤情严重学生生命体征稳定，见 http：//hainan.sina.com.cn/news/hnyw/2014-04-11/143642000.html。

四川成都“4·10”中毒和窒息事故

一、事件简介

2014年4月10日20时58分，由四川梓宁建设有限公司负责施工的四川省成都市新都区兴城大道斑竹园段排污管道修复工程，发生一起中毒和窒息事故，造成3人当场死亡，1人经新都区人民医院抢救无效死亡，直接经济损失约340万元。

二、事件原因

直接原因

作业人员在未采取有效安全防护措施的情况

下，冒险进入未经检测的窨井实施污水管道堵头拆除作业，致使排污管道内污水、淤泥和有毒有害气体涌出，造成井下作业人员和盲目下井施救人员先后中毒、窒息死亡。

间接原因

1. 项目实际负责人温某安全意识淡薄，违章指挥。不按有限空间作业工程技术标准和作业流程组织施工，未为作业人员配备安全防护设施设备，指挥工人冒险作业，事故发生后盲目施救导致事故扩大。

2. 四川梓宁建设有限公司安全生产主体责任不落实。一是安全生产法制观念淡薄，任用无资质人员担任项目实际负责人；二是在施工中不重视安全生产工作，不按有限空间作业有关安全作业流程和规定组织施工，未为作业人员配备安全防护设施设备；三是现场安全管理不到位，项目经理长期不到岗，未对作业现场实施有效监管。

3. 新都建设监理公司安全监理不到位。一是对施工单位项目经理长期不到岗的问题失察；二是未对危险作业现场实施有效监管，未督促施工单位及时整改安全隐患。

4. 新都兴水公司安全生产主体责任不落实。一是公司各项安全管理规章制度不健全，安全管理措施落实不到位；二是未按规定及时办理合同报备手续，未督促监理单位对危险作业现场实施有效监管。

5. 新都区水务局行业安全监管缺失。一是对施工现场监督检查不力；二是未及时制止业主、施工单位在工程备案手续不全、施工许可证未办理的情况下进行施工作业。

三、事件处理

2014 年 4 月 10 日 20 时 50 分，119、120 接警后赶到现场实施救援。温某等 4 人被消防官兵从井下救出后，经 120 随车医生确诊，温某等 3 人已经死亡，黄某某昏迷，送新都区人民医院救治。事故发生后，新都区委区政府及时启动应急预案，区政府相关领导率有关部门负责人赶赴现场进行应急处置。接新都区事故报告后，成都市安监、公安、水务、卫生等部门相关负责人相继赶赴现场指导救援及善后处置工作。

四、责任追究

温某等 3 人因在事故中死亡，免于责任追究。吴某等 10 人被给予政纪处分和行政处罚。四川梓宁建设有限公司被处以罚款 29 万元，并由成都市建委按有关规定对其进行相应处理，报成都市安监局备案。新都建设监理公司被处以罚款 17 万元。新都兴水公司被处以罚款 15 万元，并被责成向新都区委区政府作出深刻书面检查。

五、补救措施

为认真吸取事故惨痛教训，举一反三，切实加强安全生产监管，防止类似事故再次发生，四川省政府提出以下要求：

1. 四川梓宁建设有限公司要严格落实企业主体责任，建立健全安全生产各项规章制度，增强安全生产法制观念，强化企业内部管理，明确各级各类人员安全生产职责；要认真贯彻落实安全生产法律法规和建筑施工工程备案、报件、审核的规定，杜绝出借资质、违法挂靠、非法分包转包和无证作业的行为；要切实加强施工现场管理，认真组织安全教育和技术交底，及时排查整治安全隐患，杜绝违章冒险作业和野蛮施工行为；要制订切实可行的施工作业方案，从严落实有限空间作业安全技术标准和安全强制性措施，加强事故应急救援演练，不断提高应急处置能力。

2. 新都建设监理公司要认真履行监理职责，切实把牢工程建设报件备案、施工手续、施工方案等重要关口，严格施工现场监管，督促施工单位及时制订切实可行的施工作业方案、完善安全防护措施、加强安全教育培训力度，督促、整改安全隐患，确保安全生产。

3. 新都兴水公司要严格遵守安全生产法律法规，及时完善项目工程相关报建、备案手续，杜绝违法违纪施工行为。加强对施工、监理单位履职尽责的监督检查，从严落实对辖区内公共排水设施进行建设、管理、维护责任。

4. 新都区水务局要深刻汲取此次事故教训，认真履行行业监管职责，进一步强化安全责任意识，完善安全管理规章制度，强化安全生产管理，防止安全生产事故发生。

参考资料

1. 成都市安全生产监督管理局：新都区兴城大道排污管道修复工程“2014 · 4 · 10”中毒和窒息较大事故调查报告，见http：//www.cdsafety.gov.cn/index.php? c = index&a = show&catid = 88&id = 3664。

2. 新浪四川：成都新都区发生一起中毒事故致 3 死 1 中毒，见 http：//sc.sina.com.cn/news/b/2014 – 04 – 12/0801195442.html。

3. 新浪新闻中心：成都 3 名工人下水道清淤中毒身亡，见http：//news.sina.com.cn/c/2014 – 04 – 11/221529915044.shtml。

4. 中国新闻网：成都新都区发生一起中毒事故致 3 死 1 中毒，见 http：//www.chinanews.com/df/2014/04 – 11/6056232.shtml。

江苏南通“4·16”爆炸事故

一、事件简介

2014年4月16日10时，位于江苏省南通市如皋市东陈镇的如皋市双马化工有限公司造粒车间发生粉尘爆炸，接着引发大火，导致造粒车间整体倒塌。事故共造成9人死亡、8人受伤，直接经济损失约1594万元。

二、事件原因

直接原因

在1号造粒塔正常生产状态下，没有采取停车清空物料的措施，维修人员直接在塔体底部锥体上进行焊接作业，致使造粒系统内的硬脂酸粉尘发生爆炸，继而引发连续爆炸，造成整个车间燃烧，导致厂房倒塌。

间接原因

一是企业法定代表人履行安全生产职责不到位是造成这起事故的主要原因之一。双马公司安全生产主体责任不落实，安全生产责任制未能有效执行，企业法定代表人未能认真到岗履职，未组织过安全生产检查，未认真督促企业管理人员履行安全生产管理职责，对存在的重大事故隐患未及时发现并制止。二是危险作业安全管理缺失是造成这起事故的主要原因之一。双马公司在造粒包装车间随意动火，维修人员在没有停车、没有办理《动火作业票》的情况下，违章直接在设备本体上进行焊接作业；当班电工没有办理《临时用电作业票》，违章接电焊机临时电源。员工安全教育培训不到位，事故隐患排查治理不彻底。三是变更管理制度不落实也是造成这起事故的主要原因之一。双马公司安全生产责任制和安全生产管理制度执行不到位，虽然制定了变更管理制度，但在实施对造粒塔加装气锤这一技术改造项目时，变更管理制度不落实，没有经公司批准，没有经过技术论证和风险评估，没有制定检修作业实施方案，没有进行检修作业安全交底。四是技术力量不足、人员素质偏低是造成这起事故的重要原因。企业管理人员严重缺乏。企业生产过程涉及高温高压，涉及加氢等危险工艺，使用甲醇、氢气等重点监管危险化学品，但是没有配备设备、电气、工艺等方面的专门技术管理人员，整个公司的设备管理、电气管理、工艺管理等都由生产部部长蒋某某一人承担，而蒋某某仅为高中学历。事故中死亡的维修作业人员都没有焊工作业证，不具备焊工作业的能力。五是设计、施工、安装的违规也是造成这起事故的原因之一。双马公司安全投入严重不足，发生事故的造粒车间未执行基本建设程序，厂房为企业自行设计、安装；车间主要设备也是企业自行设计、制造、安装，未经正规设计、正规施工和安装，为事故的发生和扩大埋下了隐患。六是对硬脂酸粉尘的燃爆特性认知不足也是造成这起事故的重要原因。目前，国内可供查询的可燃性有机粉尘的特性数据较少，同类企业大多未能认识到硬脂酸粉尘的燃爆风险。双马公司没有认识到硬脂酸车间存在着爆燃危险，对硬脂酸粉尘作业场所进行风险辨识、评估不到位，也没有落实相应的防火防爆措施。七是乡镇的属地监管责任与相关监管部门的监管责任落实不力。东陈镇党委、政府在安全生产与地方经济发展同步部署、同步落实方面存在不足，履行安全生产领导职责不力，一岗双职不到位。如皋市安监局、东陈镇安监所以及如皋市建设、住建等部门，对化工企业安全生产监管、查处非法违法建设行为等方面，履职不力，未按照规定进行查处。

三、事件处理

事故发生后，南通市、如皋市两级党委、政府及时组织公安、消防、卫生、环保、安监等部门人员紧急赶赴现场，全力开展扑火和救援工作。事故发生后，当地环保部门进行事后监测表明，事故未造成周边空气和水体污染。

四、责任追究

根据事故调查“四不放过”的原则，事故调查组提出了对有关责任单位和责任人的处理建议。20名责任人和1个责任单位受到处理，其中3名责任人涉嫌刑事犯罪，被移交司法机关依法处理，2名责任人受到双马公司有关规定处理，4名责任人受到安监部门撤销其安全生产资格证书，1名责任人和1个责任单位受到安监部门罚款的行政处罚，安监部门取消双马公司安全生产三级标准化达标企业称号和暂扣其《危险化学品安全生产许可证》。11名行政人员受到党纪、政纪处分，2名行政人员受到诫勉谈话。

五、补救措施

国家安全监管总局对江苏省南通市如皋市双马化工有限公司“4·16”粉尘爆炸事故情况发出通报，为深刻吸取教训，严防各类粉尘爆炸事故发生，确保安全生产，提出如下要求：

1. 落实企业安全生产主体责任，加强粉尘场所的安全管理。有关企业要充分认识粉尘爆炸危害性，切实落实企业安全生产主体责任，加强粉尘场所的安全管理。一是要严格执行国家相关法律法规，建立健全粉尘安全管理的规章制度。二是要对粉尘场所进行风险辨识和评估，定期检测，严防设备和场所粉尘达到爆炸极限，从根本上预防粉尘爆炸事故发生。三是要完善通风除尘等设施，及时消除场所的粉尘积聚，在粉尘场所配备检测仪表，及时检测场所粉尘浓度，严防粉尘超标。除尘系统的泄爆、隔爆装置必须保持完好和正常运行。四是要对从业人员进行安全生产知识教育和防火防爆技术培训，保证从业人员具备必要的粉尘防爆知识，熟悉、掌握相关的安全操作技能，确保安全生产。

2. 进一步强化动火等直接作业环节的安全管理。一是各地区要认真贯彻落实国家安全监管总局《化工（危险化学品）企业保障生产安全十条规定》（国家安全监管总局令第64号），切实加强直接作业环节的安全监管。二是有关企业要按照国家有关安全标准完善直接作业环节的规章制度，认真开展动火等直接作业前的风险分析和评估，存在粉尘的场所动火前要采取清理、喷水除尘等措施，严防动火引发粉尘爆炸。要严格直接作业的审批制度，落实各项防范措施，严防事故发生。三是有关企业要加强对动火等直接作业环节作业过程的管理，配备具有相应能力的人员现场监护，完善应急设备设施，确保及时妥善处置突发状况。

3. 持续深入开展隐患排查治理。一是有关企业要针对粉尘可能造成的风险，进行一次全面系统的排查整治。要对企业所有存在的可燃物质粉尘进行检测分析，掌握其爆炸极限和引爆能量值，制定有针对性的措施，消除粉尘安全隐患。二是危险化学品企业要认真按照《危险化学品企业事故隐患排查治理实施导则》要求，全面开展隐患排查整治工作，使隐患排查治理工作制度化、常态化。三是各级安全监管部门要组织专家指导企业全面查找安全生产隐患，制定整改方案和措施，提高企业安全管理水平。

4. 深刻吸取事故教训，进一步强化安全监管工作。各地区、各部门要深刻吸取事故教训，举一反三，结合本地区实际情况，进一步强化安全监管工作。一是要进一步加大有关安全监管法律法规、标准的宣贯、培训力度，强化监督检查，确保落实到位。二是采取措施，全面强化化工过程安全管理，认真开展安全生产标准化建设，进一步推动企业落实主体责任。三是进一步加大对辖区内有关企业监管力度，严格查处违法违规行为，严肃追究事故有关责任人员的责任。

参考资料

1. 国家安全生产监督管理总局：国家安全监管总局关于江苏省南通市如皋市双马化工有限公司“4·16”粉尘爆炸事故情况的通报，见http：//www. chinasafety. gov. cn/newpage/Contents/Channel_5330/2014/0507/234238/content_234238. htm。

2. 中国南通：南通市如皋双马化工有限公司“4·16”爆炸事故调查批复结案，见 http：//www. nantong. gov. cn/art/2014/7/9/art_39525_1687628. html。

3. 凤凰江苏：如皋双马化工爆炸事故20名责任人被处理，见 http：//js. ifeng. com/news/detail_2014_07/28/2661803_0. shtml。

4. 南通市安全生产监督管理局：层转《关于江苏省南通市如皋市双马化工有限公司“4·16”粉尘爆炸事件事故情况的通报》的通知，见 http：//ajj. nantong. gov. cn/art/2014/5/13/art_25601_1659011. html。

贵州贵阳“4·20”爆炸事故

一、事件简介

2014年4月20日17时10分，贵州省贵阳市综合保税区在修建海关查验仓库时，发生一起民爆物品爆炸事故，造成4人死亡、1人受伤，直接经济损失约400万元。

二、事件原因

贵阳市乌当区新兴爆破工程有限责任公司为该工程孔桩爆破实施单位，安全管理机构不健全，规章制度落实不严，安全教育培训不到位，现场管理缺失，工作人员擅自违规焚烧销毁炸药，因被焚烧炸药内部散热不充分，热量积累，升温过快，导致炸药爆炸。

三、责任追究

经调查，贵阳综合保税区“4·20”事故是一起民爆物品爆炸责任事故，事故级别为较大事故。责成其向贵阳市安委会写出深刻书面检查，在贵阳市公安系统通报批评。贵阳综合保税区管委会、白云区住房城乡建设局对施工现场安全监管不到位，责成其向贵阳市安委会写出深刻书面检查。对涉嫌违法犯罪的3名乌当区新兴爆破工程有限责任公司责任人员移送司法机关依法追究刑事责任，对乌当区新兴爆破工程有限责任公司2名负有领导责任的人员及施工单位、监理单位的3名现场管理人员，分别给予行政处罚。

参考资料

1. 中国贵阳：贵阳综合保税区“4·20”较大事故调查处理情况，见 http：//www. gygov. gov. cn/art/2014/6/10/art_10743_642605. html。

2. 安全管理网：贵州省贵阳市白云区综合保税区炸药爆炸，见 http：//www. safehoo. com/Case/notice/201404/349516. shtml。

山东威海“4·22”礼花厂爆炸事故

一、事件简介

2014年4月22日8时51分，山东省威海市文登区东方礼花厂中转库发生爆炸事故，造成7人死亡、1人重伤，直接经济损失约800万元。

二、事件原因

经调查，事故发生的主要原因是企业严重违规，擅自改变工房用途，转包生产线，在同一工房内超人员、超药量进行封口、晾晒、包装多种作业。

三、事件处理

事故发生后，威海市委主要领导及时作出批示，要求迅速组织专家全力开展救治，消除现场事故隐患，确保安全，并尽快查明事故原因。威海市政府主要负责人和分管负责人迅速赶现场指挥处置。

四、责任追究

郑某、李某等操作不当，对事故发生负有直接责任，鉴于在事故中死亡，不再追究责任。宋某等6人涉嫌构成犯罪，被移交司法机关依法追究责任。9人被给予党纪、政纪处分。责成威海市安监部门对东方礼花公司处以规定上限的罚款，发证机关依法吊销其安全生产许可证，文登区工商部门依法吊销其工商营业执照，文登区人民政府对其依法予以关闭。责成文登区大水泊镇党委镇政府、文登区安监局向文登区委区政府作出深刻检查；文登区委区政府向威海市委市政府作出深刻检查。

五、补救措施

为深刻吸取事故教训，进一步加强烟花爆竹安全生产工作，山东省安全生产监督管理局特紧急通知如下：

1. 立即在全省组织开展烟花爆竹安全生产大检查。各级安监部门要按照“全覆盖、零容忍、严执法、重实效”的要求，立即组织力量，对辖区内的烟花爆竹企业进行专项检查，彻底整治消除各类安全隐患。对生产企业，要重点检查成品库、原材料库、中转库和危险有药工房是否存在超人员、超药量问题；有无擅自改变工房、库房用途以及违章指挥、违规操作、违反劳动纪律等违章违规行为；生产区及总库区内的工房、库房设置及布局是否与生产的产品类别、生产规模相适应；防爆、防火、防雷、防静电设施和危险工房安全防护屏障是否符合国家标准要求；是否存在转包分包等违法违规行为；从业人员是否取得相应的从业资格证书，是否持证上岗；是否严格落实领导值班和职工进出厂登记制度等。对批发企业，要重点检查储存仓库的安全设施是否符合标准要求；储存的产品是否按照规定分类、分级、分库存放，有无超量存放和超范围经营行为；是否严格执行并使用产品流向登记管理信息系统；有无购销非法生产的烟花爆竹或者含有违禁药物的烟花爆竹产品问题；防爆、防火、防雷、防静电设施是否完备有效，从业人员是否持证上岗等。

2. 严厉惩处各类违法违规生产经营行为。今后，凡是发现违法违规转包、分包、转让的，一律暂扣许可证，责令限期整改，依法从重给予经济处罚；情节严重、逾期不改或再次发现有同类违法违规行为的，依法吊销安全生产许可证或经营许可证。对违规在同一工房内进行两个或多个涉药危险工序作业、存在“三超一改”和“三违”问题的，依法责令限期整改，并依法从重给予经济处罚，逾期不改或再次发现有同类违法违规行为的，依法吊销安全生产许可证。对违法违规生产经营活动的企业及相关人员，要依法从严从重从快进行查处。构成犯罪的，要按照《最高人民法院最高人民检察院公安部国家安全监管总局关于依法加强对涉嫌犯罪的非法生产经营烟花爆竹行为刑事责任追究的通知》（安监总管三〔2012〕116号）要求，追究其刑事责任。

3. 严格落实企业安全生产主体责任。各烟花爆竹企业的厂长（经理）要牢固树立安全生产红线意识，切实增强法制观念，认真履行安全生产第一责任人责任，要以安全生产标准化管理为重点，切实抓好生产经营各环节安全管理，严防各类事故的发生。一要严格按照国家、省相关安全生产法律、法规、规章、标准规范和省政府第260号令的规定，逐条逐项查摆本单位存在的问题，对查出的问题要立即整改，坚决消除隐患。二要切实加强对从业人员的安全教育培训，监督从业人员严格按照生产工艺、岗位操作规程、工库房用途及核定人员、药量等规定，从事生产经营活动。三要认真落实负责人带班巡查制度，加强生产经营过程的监督检查，对发现的违规违章作业行为，要立即纠正，严肃处理；情节严重的，要直接辞退。

4. 认真推进机械化改造工作。各生产企业要深刻吸取“4·22”事故教训，切实把提高安全生产保障能力作为本单位当前的工作重点，严格按照《关于推进烟花爆竹机械化生产工作的通知》（鲁安监发〔2013〕117号）部署要求，扎实推进机械化改造工作，要认真落实建设项目“三同时”制度的相关规定，统筹做好改造项目设计、审查，设备选型、安装调试和验收，严禁采用未经安全认证的机械设备，严禁边施工、边生产，严禁未经批准私建乱建，真正通过机械化改造提高安全生产保障能力。

5. 认真做好新形势下烟花爆竹安全生产工作。今后，全省不再新批烟花爆竹生产企业，严格控制改造项目，对生产规模小、管理水平低的企业，有关地区要采取积极措施，引导企业退出烟花爆竹生产。对所有的生产企业，所在地都要派驻驻厂安全督导员，靠上监管，严防各类严重违规违章行为引发群死群伤事故。

参考资料

1. 济南市安全生产监督管理局：济安监发〔2014〕45号济南市安全生产监督管理局关于转发山东省安监局《关于深刻吸取文登市东方礼花有限公司"4·22"爆炸事故教训进一步加强烟花爆竹安全生产工作的紧急通知》的通知，见 http://www.jnsafety.gov.cn/article/show/15964.aspx。

2. 凤凰资讯：威海市文登区一礼花厂爆炸 造成6死2重伤，见 http://news.ifeng.com/gundong/detail_2014_04/22/35957620_0.shtml。

3. 国家安全生产监督管理总局：山东威海文登市东方礼花有限公司发生爆炸事故，见 http://www.chinasafety.gov.cn/newpage/Contents/Channel_21156/2014/0504/234149/content_234149.htm。

4. 南方网：山东威海一礼花厂发生爆炸事故已致6死2重伤，见 http://news.southcn.com/z/2014－04/22/content_98136068.htm。

辽宁辽阳"4·24"中毒窒息事故

一、事件简介

2014年4月24日11时，辽宁省辽阳市灯塔北方化工有限公司在加氢车间厌氧罐出口池安装排泥泵过程中发生一起中毒窒息事故，事故造成3人死亡，直接经济损失329万元。

二、事件原因

直接原因

灯塔北方化工有限公司加氢车间在安装排泥泵前，未制定危险作业方案，未办理进入受限空间作业审批手续，未对出口池内进行空气清扫，作业人员也未佩戴防护用具，当郝某某冒险向池底移动想提拉软管时，因吸入高浓度硫化氢等气体，突然昏迷跌落到池底污水中，刘某某、顾某某在不清楚状况的情况下，盲目冒险施救，也因吸入高浓度硫化氢等气体，发生昏迷跌落到池底污水中（水深约0.4m），最终3人均因硫化氢等气体中毒加上缺氧窒息导致死亡。

间接原因

1. 灯塔北方化工有限公司对职工的安全教育和培训不到位，致使职工的安全意识不强，自我保护能力差，作业过程中不采取任何安全措施，冒险作业、盲目施救。

2. 灯塔北方化工有限公司安全管理工作不到位。违章指挥，违反操作规程。安装排泥泵作业时，未履行危险作业审批程序，未报公司安全部门审批，没有制定和采取相应的安全防护措施。

3. 灯塔市古城街道对企业安全生产监督管理流于形式，落实岗位责任制不到位。安全生产检查计划缺乏针对性，安全生产检查不认真。

4. 灯塔市古城街道未按照辽宁省安全生产监督管理局和省编办联合印发的《关于加强县乡两级安全生产监管队伍建设的意见》（辽安监办〔2013〕259号）文件要求配备安全监管人员，致使现有安全监管人员精力分散，难以胜任基层安全监管工作。

5. 灯塔市人民政府在应急救援培训方面还有待进一步加强。

三、事件处理

事故发生后，灯塔北方化工公司及时采取措施将3人救出，并送往灯塔市急救中心抢救，最终经抢救无效3人相继死亡。

四、责任追究

经调查认定，灯塔北方化工有限公司"4·24"中毒窒息事故是一起较大生产安全责任事故。3名有关责任者鉴于其已在事故中死亡，不再追究责任。灯塔北方化工有限公司加氢车间工艺员汤某，被处罚款9000元，并与公司解除劳动合同。灯塔北方化工有限公司加氢车间主任于某，被解除劳动合同，并处罚款9000元。灯塔北方化工有限公司生产副经理于某，被解除劳动合同，并处罚款9000元。灯塔北方化工有限公司董事长助理戴某，被处上年年收入40%的罚款。灯塔市古城街道安监站站长被给予行政记过处分。灯塔市古城街道人大办主任被给予行政警告处分。灯塔市古城街道办事处主任被给予通报批评。灯塔北方化工有限公司被处罚款29万元，依据规定撤销该企业危险化学品企业安全生产标准化等级。灯塔市人民政府、灯塔市安监局被责成分别向辽阳市人民政府、辽阳市安全生产煤管局作出书面检查。

五、补救措施

为吸取此次事故教训，相关部门提出以下要求：

1. 灯塔北方化工有限公司要加强对职工的安

全教育和安全培训，增强职工的安全知识，提高职工的自我防护能力，坚决避免冒险作业情况再次发生；结合安全生产工作实际，要有针对性地组织应急救援演练，通过演练提高公司职工的安全意识，使职工掌握正确的应急救援方法，杜绝盲目施救情况再次发生。

2. 灯塔北方化工有限公司要加强安全生产工作，落实企业主体责任。要进一步落实岗位责任制、规章制度和安全操作规程。要严格危险作业审批程序，在对作业风险辨识不清时，要严格按照风险等级较高的作业方式进行管理并采取相应的安全防护措施。

3. 灯塔市古城街道要全面落实对企业的安全监管责任，要根据各行业企业的特点，有针对性地制定检查计划，明确检查内容；并要严格按照检查计划认真、细致地做好辖区内企业生产安全隐患的检查工作，确保检查工作不流于形式。同时要进一步做好对企业安全管理人员的培训组织工作，提高企业的安全生产管理水平。

4. 灯塔市古城街道要进一步加强街道安全监管队伍建设，要严格按照辽宁省安全生产监督管理局和省编办联合印发的《关于加强县乡两级安全生产监管队伍建设的意见》（辽安监办〔2013〕259号）文件要求配备专职安全监管人员，要进一步明确街道分管安全生产工作的领导，有效地履行基层安全监管工作职责。

5. 灯塔市人民政府要深刻吸取灯塔北方化工有限公司“4·24”中毒窒息较大事故的教训，进一步明确和落实各行业、领域生产经营单位的安全生产主体责任、行业主管部门直接监管责任、安全监管部门综合监管责任和地方政府属地管理责任。针对这起事故暴露出的突出问题，进一步加大企业安全隐患排查治理工作力度，尤其是要加强应急救援的培训和演练工作，避免类似事故再次发生。

参考资料

1. 辽阳市人民政府：灯塔北方化工有限公司“4·24”较大中毒窒息事故调查报告，见 http://www.liaoyang.gov.cn/mhdxal/181909.jhtml。

2. 国家安全生产监督管理总局：辽宁省辽阳市灯塔北方化工有限公司发生中毒窒息事故，见 http://www.chinasafety.gov.cn/newpage/Contents/Channel_21102/2014/0506/234176/content_234176.htm。

山西临汾“4·26”焦炉煤气爆炸燃烧事故

一、事件简介

2014年4月26日12时30分，山西省临汾市安泽县山西永鑫煤焦化有限责任公司焦化一厂进行焦炉回炉煤气管道设备检修时，发生煤气爆炸燃烧事故，造成4名维修人员死亡，其余维修人员、操作人员和焦炉外部人员等31人受伤。事故造成焦炉操作室墙体摧毁和操作设备损坏，间台南侧墙体倒塌，焦炉机侧走廊大部分窗户损坏。

二、事件原因

该起事故是由于企业在检修过程中没有严格执行危险作业安全规范、没有认真落实安全管理责任导致的生产安全责任事故。一是检修方案不合理。这次检修作业涉及场所范围大、时间紧、参与人员多，涉及设备检修、盲板抽堵、进入受限空间等危险作业，且在焦炉生产过程中进行检修。但是检修方案没有开展安全风险辨识，没有细化部门和人员责任，没有全面细致落实各项安全措施，没有办理作业票证。二是盲板制作和安装不规范。维修人员自制的盲板尺寸偏小，法兰盘螺栓不全也没有全部紧固。三是没有对密闭场所氧含量和煤气含量检测分析。由于盲板密封不严，大量煤气泄漏到煤气间台一个密闭的走廊内和与之相通的焦炉换向室、操作室、2个焦炉的机侧走廊内，3个小时后引发泄漏区域内空间爆炸燃烧。事故还暴露出该企业安全生产主体责任落实不到位、隐患排查治理不认真、从业人员安全意识淡薄、违章作业、违章指挥等诸多问题。

三、事件处理

事故发生后，山西省安泽县及时启动安全生产事故应急预案，成立了以县委书记、县长为总指挥的指挥部，下设现场救援、医疗救助、后勤保障、善后处置等工作组。一方面，联系相关医院全力救治伤者；另一方面，组织安监、环保、消防等部门和相关专家赶赴现场进行处置，防止次生灾害事故发生。

四、补救措施

为深刻吸取事故教训，切实加强危险化学品安全生产工作，山西省安全生产监督管理局提出以下工作要求：

1. 认真落实企业安全生产主体责任，切实加强安全生产管理。危险化学品和化工医药企业要深刻吸取事故教训，高度重视安全生产工作，依法组织生产，认真贯彻落实安全生产法律法规和标准规范，健全安全生产责任体系，严格执行安全生产管理制度和操作规程，建立事故隐患排查治理机制，严格落实《化工（危险化学品）企业保障安全生产十条规定》和《国家安监总局关于加强化工过程安全管理的指导意见》，夯实企业安全基础，加强日常安全生产管理，不断提高安全管理水平。

2. 开展危险作业专项检查，严格执行《化学品生产单位八大作业规程》。各级安监部门要立即监督辖区内的危险化学品和化工医药企业开展危险作业专项检查。所有企业必须对照《化学品生产单位八大作业规程》（AQ3021－3028）全面修订完善本企业危险作业许可制度，规范动火、进入受限空间、动土、临时用电、高处作业、断路、吊装、抽堵盲板等危险作业安全条件和审批程序。实施危险作业前，必须办理审批手续，落实危险作业安全管理责任，必须进行风险分析，确认安全条件，确保作业人员了解作业风险和掌握风险控制措施，作业环境符合安全要求，预防和控制风险措施得到落实。危险作业审批人员要在现场检查确认后签发作业许可证。现场监护人员要熟悉作业范围内的工艺、设备和物料状态，具备应急救援和处置能力。作业过程中，管理人员要加强现场监督检查，严禁监护人员擅离现场，杜绝无证操作和冒险蛮干。

3. 严格执行事故报告规定，提高事故应急处置能力。企业发生事故必须及时向当地安监部门报告，不得瞒报、漏报人员伤亡情况。这起事故正是由于企业报告及时，政府及时启动应急预案，各部门响应及时，才避免了更多的人员伤亡。企业应根据实际，制定有针对性的应急预案并组织演练，保证作业和施救人员熟知相关应急预案内容，发生事故能够及时提供应急救援器材，提高应急处置能力，防止盲目施救，确保施救工作快速、有效、科学、安全。

4. 吸取事故教训，加强安全监管。我省已发生多起由于危险作业不规范导致的生产安全事故，应引起各级安监部门的高度重视。要把这次事故暴露出的问题和落实本通报要求，作为当前安全生产大检查活动的重要内容进行全面检查。请各市安监局迅速将本通报传达到县（区）安监部门和辖区内所有危险化学品生产经营企业及化工医药企业。

参考资料

1. 山西省危险化学品安全监管网：山西省安全生产监督管理局关于山西永鑫煤焦化有限责任公司“4·26”焦炉煤气爆炸燃烧事故的通报，见 http：//www. sxwhaj. gov. cn/detail. jsp？ID＝3179。

2. 中国经济网：安泽永鑫煤焦化公司发生爆炸事故　4 人死亡，见 http：//sx. ce. cn/23/201404/30/t20140430_1489515. shtml？bsh_bid＝397901729。

3. 中国煤炭新闻网：4 月 26 日 12 时 30 分左右，山西安泽永鑫煤焦化公司焦化一厂焦炉在检修过程中发生煤气爆炸事故，4 人死亡，见 http：//www. cwestc. com/newshtml/2014－4－28/329397. shtml。

4. 中国宜春：山西安泽一焦化厂发生煤气燃烧事故 致 4 人遇难，见 http：//www. yichun. gov. cn/zwgk/yjgl/tfsj/201404/t20140428_394792. html。

江西万年“4·29”安全生产事故

一、事件简介

2014 年 4 月 29 日 17 时，江西省上饶市万年县万年青矿业有限公司鹅岭石灰石矿发生一起爆破作业生产安全事故，造成 3 人死亡、2 人重伤，直接经济损失约 450 万元。

二、事件原因

事故原因是林某违反《爆破安全规程》有关规定，在不清楚爆破点接线方式，未采取有效的爆破警戒、爆破前撤人等安全措施的前提下，独自起爆造成的。

三、事件处理

事故发生后，江西省万年县成立了 8 个工作组开展协调善后工作，当地矿区救援人员和消防人员等相关力量均在政府调度下参与救援。

四、责任追究

林某等 7 人被司法机关依法追究责任。万年青矿业有限公司经理被给予行政降级处分，按《生产安全事故报告和调查处理条例》规定，处上一年年收入 40% 的罚款，并按照干部人事管理权限，由江西万年青水泥股份有限公司纪委立案处理。万年水泥厂安全环保部副部长被给予行政记大过处分，扣除 2014 年度绩效工资 50%，并按照干部人事管理权限，由江西万年青水泥股份有限公司纪委立案处理。万年水泥厂安全环保部部长被给予行政记过处分，扣除 2014 年度绩效工资 30%，并按照干部人事管理权限，由江西万年青水泥股份有限公司纪委立案处理。万年水泥厂副厂长被给予行政记过处分，扣除 2014 年度绩效工资 20%，并按照干部人事管理权限，由江西万年青水泥股份有限公司纪委立案处理。万年水泥厂厂长、万年青矿业有限公司法人代表被给予通报批评，按《生产安全事故报告和调查处理条例》规定，处上一年年收入 40% 的罚款，并按照干部人事管理权限，由江西万年青水泥股份有限公司纪委立案处理。

万年县公安局大源派出所民警杨某某被给予行政记过处分，治安大队正科级侦查员叶某某被给予行政记过处分，党委委员、副局长、分管治安大队的周某某，被给予行政警告处分。万年县安监局综合股股长饶某某被给予行政记过处分。万年县安办副主任李某某，分管矿山安全生产，被给予行政警告处分。

福建闽西交通工程有限公司由市安监局依法对其处以80万元的处罚。江西万年青矿业有限公司由市安监局依法对其处以23万元的处罚。福建世源物产建材有限公司由市安监局依法对其处以23万元的处罚，罚款上交上饶市财政。

五、补救措施

这起事故的发生，暴露出民爆物品在非煤矿山使用与监管上存在漏洞，证照挂靠、企业内部工程发包转包存在诸多问题。为深刻汲取事故教训，举一反三，避免类似事故的发生，上饶市安全生产委员会提出如下防范措施：

1. 严格落实非煤矿山企业主体责任。进一步加强主要负责人和安全生产管理人员的安全技术技能培训考核工作，增强其安全防范意识。进一步规范安全生产管理机构构建及专业技术人员配备，依法依规建立健全主要负责人、分管负责人、安全生产管理人员、职能部门、岗位安全生产责任制。发包单位应严格按照国家安监总局62令要求，加强对外包工程队管理，切实履行发包方的安全生产主体责任，严格审查施工队的资质和技术能力。承包单位应严格按照国家安监总局62令要求，加强对从业人员的三级安全教育和培训，完善管理制度，做到持证上岗，杜绝“三违”现象发生，切实履行承包方的安全生产主体责任。发包与承包单位双方都应加强对矿山作业现场安全检查和隐患排查治理，落实责任，及时消除安全隐患。

2. 全面开展非煤矿山安全专项整治。全市各非煤矿山企业要从这起事故中汲取教训，扎实开展外来施工队的安全专项整治，对不具备非煤矿山采掘施工安全生产资质的外来施工队伍予以清退；安监部门要督促辖区内从事非煤矿山采掘施工工作，且符合要求的队伍履行备案登记手续。要严格贯彻执行《非煤矿山外包工程安全管理暂行办法》（国家安监总局第62号令），进一步加强对系统、单位外包工程、外包工程作业人员的管理。

3. 切实加强非煤矿山安全监管。进一步加强非煤矿山安全监管人员培训教育，切实增强底线思维和红线意识，全面提高安全监管人员的执法能力，强化监管执法效能。各级安全监管、公安等部门要各司其职、各负自责，加强统一协调，加大联合执法，全面落实非煤矿山监管职责。地方政府特别是乡镇政府要强化属地管理责任，加强监管机构建设，强化安全监督检查，严肃处理非煤矿山非法违法行为。

4. 公安、安监部门应本着安全、便民、实用的原则，加强对现行矿山工程发包、爆破证办理等制度的研究、调整、制订，从制度上消除隐患。

参考资料

1. 上饶市安全生产委员会：关于对江西万年青矿业有限公司鹅岭石灰石矿“4·29”爆破作业安全生产事故结案的批复，见 http://www.srajj.gov.cn/showart.asp?art_id=3053。

2. 广丰县政府信息公开：关于转发上饶市安监局《关于万年青矿业公司鹅岭石灰石矿“4·29”事故的通报》的通知，见 http://zwgk.gfx.gov.cn/bm/content/2014/07/23/70796.htm。

3. 德兴政府信息公开：关于万年青矿业公司鹅岭石灰石矿“4·29”事故的通报，见 http://xxgk.dxs.gov.cn/bm/content/2014/05/09/67050.htm。

4. 上饶热线：江西万年一矿场事故已造成3人死亡，见 http://www.srjx.cn/article/article_2956.html。

广东湛江“4·30”槽车爆炸事故

一、事件简介

2014年4月30日17时11分，广东省湛江市麻章区大通汽车运输有限公司发生一起槽车爆炸较大事故，造成2人当场死亡，1人受伤后经抢救无效死亡，直接经济损失350万元。

二、事件原因

直接原因

1. 粤G46538/粤1226挂槽罐挂车进入维修车间前，司机陈某某没有按规定对槽罐进行清洗，并擅自打开罐体中部、尾部观察孔，导致罐内残留的酒精蒸发产生酒精蒸气与罐内空气混合形成爆炸性气体，并迅速溢出，遇维修工崔某某违规焊接槽罐水箱产生的火花引起爆炸。

2. 维修工崔某某没有电焊作业证，而从事危险货物运输车辆维修电焊作业；崔某某对槽车进行维修时，没有对该槽罐是否清洗进行确认，没有按规定对气体浓度进行检测，而是冒险作业；崔某某在未办理动火作业申请审批手续和没有安全员在现场复检环境安全和监督情况下，违规进行动火作业。

间接原因

1. 安全生产管理工作缺位。麻章大通运输公司从事危险货物运输经营，没有设立安全生产管理机构，没有专职安全管理人员，安全生产岗位责任制不落实；聘用未取得特种作业资格证书的人员上岗作业；未对从业人员进行安全生产宣传教育和培训，导致从业人员不具备必要的安全生产知识，不熟悉有关的安全生产规章制度和安全操作规程，未掌握本单位的安全操作技能；事故隐患排查治理工作不落实。

2. 安全监管不到位。交通运输管理部门对麻章大通运输公司安全生产检查督查不认真、不扎实、不深入，未能及时发现和消除企业安全生产管理存在的问题和安全隐患。

三、事件处理

2014 年 4 月 30 日 17 时 14 分，麻章消防中队派多功能城市主战消防车和抢险救援车及 16 名消防官兵火速赶到现场组织施救工作；17 时 25 分麻章消防大队军政主官赶到事故现场指挥救援工作。事故发生后，湛江市人大常委会副主任、麻章区委书记等主要领导赶到现场组织指挥处置工作，麻章区安全监管局、区公安分局、区交通运输局、区卫生局、区环保局及麻章镇政府等有关部门、单位负责人赶赴现场参加处置工作；湛江市安全监管局、市公安消防支队和市交通运输局等部门主要领导赶到现场，指导事故处理工作。

四、责任追究

崔某等 3 人鉴于在事故中已经死亡，免于责任追究。麻章区交通运输局安全技术股股长被给予记过处分。麻章区交通运输局副局长被给予警告处分。湛江市交通运输局安技科科长由市交通运输局对其进行通报批评，由市安委会对其进行诫勉谈话。湛江市汽车、摩托车维修管理办公室主任由市交通运输局对其进行通报批评，由市安委会对其进行诫勉谈话。对事故发生单位麻章大通运输公司及其主要负责人处以罚款。责成麻章区人民政府向湛江市人民政府作出深刻检查，认真吸取教训，进一步加强和改进安全生产工作。

五、补救措施

为认真吸取“4·30”事故教训，防止类似事故的发生，广东省安监局特提出如下建议：

1. 加强事故警示教育。麻章区政府要充分认识做好安全生产工作的极端重要性，以对党和人民高度负责的态度，全面加强安全生产工作，采取更加坚决、更加有力、更加有效的措施，强化安全生产工作落实，强化监督检查。要通过这一典型责任事故案例，加强企业的警示教育，增强员工安全生产意识和自我保护能力，提高员工“遵章守规，安全生产”的意识，保障员工在生产劳动中的生命安全。认真履行政府安全生产属地管理和行业监管的职责，强化企业安全生产主体责任落实，建立健全安全生产规章制度，坚持依法依规生产，做到“不安全不生产”。

2. 坚持不懈地反“三违”。麻章大通运输公司“4·30”事故的重要原因之一是无证上岗，违规作业，教训十分深刻。政府行业主管部门要加大执法监察力度，督促企业完善安全生产管理制度，真正把安全生产责任制落实到每个岗位。要强化企业动态安全监管，严肃查处违章指挥、违规作业、违反劳动纪律的“三违”行为，有效地防范和杜绝“三违”行为及冒险、盲目作业，使员工真正做到不伤害自己、不伤害他人、不被他人伤害的“三不伤害”。

3. 及时排查治理安全隐患。企业隐患排查治理，重在落实安全生产检查制度。政府相关职能部门要采取措施，强制麻章大通运输公司认真落实班组、车间（车队）、总部的三级安全生产检查制度，建立常规性开展安全隐患排查治理制度，并切实做到安全隐患整改措施、责任、资金、时限和预案“五落实”。政府相关职能部门要加强企业安全生产监管监察工作，对停产整改逾期未完成的不得复产，对隐患整改不力造成事故的，要依法严厉追究企业和企业相关负责人的责任。

4. 强化职工安全培训。政府相关职能部门监督指导麻章大通运输公司必须落实安全培训制度，自觉做好企业主要负责人和安全生产管理人员、特殊工种人员的安全培训工作，有关人员必须经培训和严格考核，按国家有关规定持证上岗，坚决杜绝无证上岗操作的现象；要强化对员工的安全生产教育培训，尤其要对新进员工、转岗员工、使用新设备新工艺员工、危险工序关键岗位员工和质量安全管理人员，开展有针对性的安全法制教育与培训，并加强考核和监督检查，切实提供员工的法制意识、安全意识和安全操作技能。

参考资料

1. 湛江市安全生产监督管理局：关于湛江市麻章区大通汽车运输有限公司“4·30”槽车爆炸较大死亡事故调查处理的通知，见 http：//www.0759ks.com/ShowNews.aspx？id＝4119。

2. 中国湛江：广东省安全生产委员会办公室关于对湛江市“4·30”较大容器爆炸事故调查处理工作挂牌督办的函，见 http：//www.zhanjiang.gov.cn/fileserver/newshtml/4e7b5f2d－11dd－40b3－b932－9ae01a248e2a.htm。

3. 湛江市安全生产监督管理局：广东省安全生产委员会办公室关于对湛江市“4·30”较大容器爆炸事故调查处理工作挂牌督办的函，见 http：//www.0759ks.com/ShowNews.aspx？id＝4077。

四川广元“5·2”爆炸事故

一、事件简介

2014年5月2日15时9分，四川省广元市天森煤化有限公司生产厂区内隔油沉淀池盖板上方，3名工人进行水泵管道焊接安装作业时动火发生爆炸，造成3人死亡、部分设施损坏，直接经济损失约260万元。

二、事件原因

直接原因

1. 广元天森煤化班组长任某违章指挥，违反公司动火作业管理制度，在未办理动火作业许可的情况下，安排工人并参与在隔油沉淀池盖板上方违规动火作业。

2. 广元天森煤化工人任某、陈某、万某违章冒险操作，在未取得动火作业许可和采取必要的安全措施情况下，使用电弧焊焊接管道，产生火花引燃爆炸性混合物。

3. 广元天森煤化改变事故池用途，将部分事故水池改建成3口隔油沉淀池，并将隔油沉淀池上部用水泥预制板进行封闭，导致含油污水中挥发气体不能及时排出，在隔油沉淀池内形成爆炸性危险源。

4. 隔油沉淀池在储存、沉淀分离含油污水过程中，从污水残油中挥发出的酚油、轻油、蒽油、煤焦油、燃料油等可燃蒸气在沉淀池内相对密闭空间大量积聚，形成爆炸性混合物。

间接原因

1. 广元天森煤化未全面落实安全生产主体责任。一是广元天森煤化违反《中华人民共和国环境保护法》《中华人民共和国环境影响评价法》等法律规定，未严格执行环保设施“三同时”管理规定，在未作环境评价论证和报环保部门审查批准的情况下，自行在厂区内建设一座废水处理站处理废水，并对事故水池进行改造。二是广元天森煤化未采取有效的管理技术和手段，加强对隔油沉淀池内含油污水中挥发出的气体的监测监控，对污水残油中挥发出的可燃蒸气形成爆炸性混合物风险性认识不足。三是广元天森煤化对员工的安全生产教育培训工作不到位，未督促工人严格执行本单位的安全管理制度，员工安全意识普遍淡薄，对企业危险源和岗位安全风险认识严重不足。四是广元天森煤化配备的部分安全管理人员对本单位的生产工艺和危险源相关知识掌握不够，不具备与本单位所从事的生产经营活动相应的安全生产知识和管理能力，安全管理能力和水平差。

2. 广元天森煤化动力科副科长何某，未遵守安全生产相关规定，未切实履行值班领导安全管理职责，在发现任某等3人违规作业和违章动火等问题后，未进行制止，也未向公司有关负责人报告。

3. 广元天森煤化副总经理孔某，分管公司生产和技术工作，未认真履行安全生产岗位职责，违反安全生产、环境保护有关规定，在未经主管部门批准同意情况下，制定改造方案，决定事故水池等环保设施的改建。

4. 广元天森煤化副总经理岳某，分管安全生产和环保工作，未认真履行安全生产岗位职责，违反安全生产、环境保护有关规定，认可孔某对事故水池制定改造方案；督促、检查公司安全生产工作不力，对员工教育培训和动火作业管理存在的问题失察。

5. 广元天森煤化总经理石某，企业安全生产第一责任人，未认真履行安全生产岗位职责，未全面执行安全生产的法律、法规和有关规定，配备的安全管理人员不具备与本单位所从事的生产经营活动相应的安全生产知识和管理能力；领导、督促、检查公司安全生产工作不力，对企业安全生产方面存在的突出问题失察，未及时消除生产安全方面的问题和隐患。

三、事件处理

事故发生后，广元市委书记等领导高度重视，要求市县两级尽力做好抢险救援，安抚好遇难家属，着手调查事故原因，及时妥善处理事故。根据广元市委书记的安排，广元市副市长、市安监局局长及时赶赴现场处置事故。广元市政府、市安监局在发生事故后及时向四川省安办、省安监局报告了事故情况。四川省安全监管局副局长高度重视，要求妥善处理善后工作，严查事故原因。旺苍县县长及相关领导带领有关部门及时赶到事故现场，及时组织人员开展抢险救援、善后处理等相关工作。

四、责任追究

广元天森煤化作业班组长任某违章指挥和违章操作，广元天森煤化动力部工人陈某、万某违章操作，以上3人对事故的发生负直接责任。鉴于任某、陈某、万某在事故中死亡，免于责任追究。广元天森煤化动力科副科长何某和广元天森煤化分管生产和技术工作副总经理孔某对事故的发生负主要领导责任，其行为涉嫌触犯《中华人民共和国刑法》第一百三十四条的规定，被移送司法机关追究其刑事责任。根据党纪政纪处分有关规定，对旺苍县环保局局长罗某、旺苍县环境监察执法大队负责人刘某、旺苍县安监局危化股长朱某3人的失职问题，依法给予党纪政纪处分。按照有关规定，对旺苍县环保局副局长、旺苍县安监局总工程师、四川旺苍经济开发区管委会副主任、旺苍县嘉川镇人民政府副镇长、旺苍县经济商务和信息化管理局副局长进行问责处理。责令旺苍县政府向市政府作出书面检查。广元天森煤化分管安全生产工作副总经理处2万元以上10万元以下罚款的行政处罚。广元天森煤化总经理处上一年年收入40%罚款的行政处罚。广元市天森煤化有限公司处20万元以上50万元以下罚款的行政处罚。

五、补救措施

四川广元“5·2”事故损失重大，教训深刻。为防止类似事故再次发生，广元市安监局提出如下建议：

1. 广元天森煤化要认真吸取事故教训，深刻反思认真整改安全生产工作方面存在的以下问题。一是要认真执行安全设施和环境保护“三同时”规定，依法进行项目建设和试生产工作。二是要加强动火管理等制度建设，落实安全生产责任，严格危险场所动火审批和现场监管，建立一套行之有效的安全管理体系，确保各项安全管理制度和措施落实到操作层面。三是要结合本企业危险化学品特性和生产工艺的特点，加强技术人员的选派和培训，借鉴同类企业先进管理办法，使各项危险源得到有效的控制。四是要加强员工的教育培训和企业隐患排查，提高从业人员安全意识和生产技能。要加强安全生产管理机构和技术部门人员配备，选派责任心强、懂技术、懂管理的人员从事安全生产和生产技术工作。五是要建立劳务输入人员管理机制，加强劳务输入人员的管理，要与劳务输出单位明确各自在安全生产管理方面的权利和义务，确保劳务输入人员严格遵守企业各项安全管理制度。

2. 旺苍县有关职能部门要认真履行职责，依法监督管理。环保部门要进一步加强企业环保设施建设和日常监管工作，加强企业环境影响监测监控，严防环境污染事故发生。安监部门要进一步加强危险化学品生产企业的安全监管，督促企业全面落实安全生产主体责任，要加大企业动态隐患的排查力度，督促企业及时整治到位。经信部门要认真执行安全生产“管行业必须管安全”的基本制度，切实履行化工行业管理，将安全生产工作纳入行业管理的重要内容，加强与相关职能部门的沟通配合，确保企业安全生产。旺苍经济开发区和嘉川镇政府要进一步强化属地管理职责，加大对辖区内企业的安全监管，按照规定组织和开展好对企业的安全检查和隐患排查，对企业安全生产严格管理。

3. 旺苍县委县政府政府要高度重视此次事故中暴露出的问题，加强对辖区内安全生产工作的领导，督促职能部门依法履行监管职责。针对化工园区安全监管中存在的技术人员缺乏等突出问题，及时协调解决。要理顺旺苍经济开发区境内企业安全管理体制，进一步明确各部门的安全生产管理责任，严防安全管理推诿扯皮的现象发生。

4. 全市各级各相关部门要认真吸取此次事故教训，充分认识我市安全生产工作的长期性和艰巨性，不能有丝毫麻痹大意。要强化红线意识，针对经济社会发展的新要求，及时面对安全生产管理过程中的新问题和新挑战，创新工作方法。要以落实企业安全生产主体责任为主要抓手，强化安全生产准入、宣传教育、隐患排查治理、过程控制等方面的管理，将安全生产的各项要求和措施落实到操作层面，确保我市安全生产形势继续保持稳定好转的局面。

参考资料

1. 广元市安全生产监督管理局：广元市天森煤化有限公司“5·2”较大爆炸事故调查报告，见 http://www.gysajj.gov.cn/info/28123.htm。

2. 中国化学品安全协会：四川广元天森煤化公司发生爆炸事故，见 http://www.chemical-safety.org.cn/detail.php?oneid=15552。

3. 广元市安全生产监督管理总局：广元市天森煤化有限公司“5·2”较大爆炸事故调查组会议召开，见 http://www.gysajj.gov.cn/info/25698.htm。

4. 国家安全生产监督管理总局：四川广元天森煤化公司发生爆炸事故，见 http://www.chinasafety.gov.cn/newpage/Contents/Channel_21102/2014/0508/234287/content_234287.htm。

安徽池州“5·3”坍塌事故

一、事件简介

2014年5月3日0时13分，安徽省池州市东至县境内望东长江大桥南连接线龙头岭隧道施工工地发生坍塌，造成6人死亡、2人受伤，直接经济损失约800万元。

二、事件原因

直接原因

施工隧道围岩失稳坍塌是造成事故发生的直接原因。

间接原因

1. 施工隧道围岩为中风化到微风化的变质砂

岩，饱和抗压强度低，节理裂隙发育，综合评价为四级围岩，即围岩自稳能力一般，顶板、侧壁在无支护情况下，易失稳产生坍塌。本次事故正是无支护情况下的坍塌。

2. 施工单位在组织施工作业时与设计及施工组织方案有偏差，对施工现场管理责任落实不到位、技术管理不到位、监管不到位。

3. 监理单位在施工作业未严格按照设计施工的情况下，履行职责不认真，未按照规定采取停工整改措施，对工程施工监理不到位。

4. 建设单位对施工、监理单位监督管理不到位。对施工单位的安全管理仅采用定期和不定期巡回检查，没有在项目部设驻点专职安全管理人员，安全管理存在薄弱环节和漏洞。

5. 有关部门安全监督管理不到位。省交通建设工程质量监督局承担交通建设安全生产监督管理职责，对事故项目危险性较大的隧道施工工程监督检查不到位。当地政府及其相关部门对事故项目履行安全生产监督管理职责不到位。

三、事件处理

事故发生后，事发工地项目部负责人分别向施工、建设单位、当地政府及有关部门进行了汇报，并及时启动隧道坍塌事故应急救援预案，组织项目部人员开展施救。5 月 3 日 1 时 20 分，2 名被困者被救出，经现场紧急施救后送医院治疗。池州市委市政府、东至县委县政府接到事故报告后，高度重视。1 时 30 分，池州市、东至县公安、消防、武警、卫生等救援人员赶到事故现场，参与事故救援。6 时 30 分，6 名被困者被相继救出，经确认已死亡。安徽省交通运输厅、省安全监管局、省高速公路控股集团公司、中交集团负责人及时赶往事故现场，协助地方政府做好事故救援和善后工作。

四、责任追究

经调查，这是一起因地质条件复杂、对其灾害程度认识不足、现场管理不到位、安全监管不到位而造成的较大安全责任事故。田某等 11 人被给予政纪处分。黄某等 3 人被给予行政处罚，吊销技术员执业资格。中交一公局厦门公司被给予罚款 35 万元的行政处罚，同时，其被责成向中交一公局作出深刻的书面检查，吸取事故教训。中交一勘院西安方舟公司被给予罚款 25 万元的行政处罚，同时被责成向中交一勘院作出深刻的书面检查，吸取事故教训。安徽省高速集团望东长江大桥项目办被给予罚款 25 万元的行政处罚，同时被责成向安徽省高速公路控股集团有限公司作出深刻的书面检查，吸取事故教训。安徽省交通建设工程质量监督局被责成向省交通运输厅作出深刻书面检查，吸取事故教训。东至县人民政府被责成向池州市人民政府作出检查，吸取事故教训。

五、补救措施

针对此次事故，安徽省安全生产监督管理局给出以下事故防范意见：

1. 施工、监理和建设单位要认真贯彻落实《安全生产法》、《建设工程安全生产管理条例》等法律法规规定，切实落实安全生产主体责任，加强施工现场安全管理，健全规章制度，层层落实安全生产责任，加大隐患排查力度，消除安全管理盲区和死角，切实提高各方安全生产管理水平。要进一步提高施工隧道中复杂地质构造对围岩稳定性的认识，制定切实可行的安全防范措施，确保施工质量和施工人员的安全。

2. 施工单位要严格按照《公路隧道工程施工安全技术规范》的要求，加强对各类人员的安全教育培训力度，切实提高作业人员的安全意识和安全技能，强化监测监控和巡检工作。加强施工现场的组织管理，提高标准化作业水平，合理编制施工组织和安全技术方案，落实技术交底制度，制定并落实安全保障措施，确保安全施工。

3. 监理单位要认真履行监理职责，加强对现场监理人员的监督管理，落实现场监理责任，对隧道施工过程中的重点部位和重点环节要加强巡查、巡检，切实加强现场监控和技术指导，对危险性较大隧道施工工程要实行旁站式监管，并提出切实可行的监管整改措施，使项目各个工序、各项措施严格按照设计和规范、规程、标准的要求进行施工，确保工程施工安全。

4. 建设单位要加强应急救援预案的编制和演练。组织施工、监理单位制定预防隧道坍塌、冒落等应急预案，加大培养隧道施工管理及作业人员风险意识和应急反应能力，强化责任落实，完善应急措施，配备必要的抢险机械、物资，明确组织和人员分工，通过各种培训手段，保证隧道施工安全持续可控。

5. 交通行业主管部门要按照“管行业必须管安全、管业务必须管安全、管生产经营必须管安全”的安全生产责任体制，加强对交通建设领域安全生产的监督管理，深入开展建筑施工预防坍塌事故专项整治“回头看”活动，督促建设、施工、监理单位落实安全生产责任制，及时协调解决其安全生产工作中的问题，确保工程项目施工安全。

6. 当地政府要建立健全“党政同责、一岗双责、齐抓共管”的安全生产工作体制，切实加强对安全生产工作的领导，落实安全生产属地监管职责，明确各级政府在安全生产工作中的责任，及时制定重大交通建设项目安全生产监管制度和办法；督促有关部门、单位依法履行对建设项目安全生产的属地监管责任，同时要建立健全生产安全应急救援体系，定期组织演练，防止事故发生。

参考资料

1. 安徽省安全生产监督管理局：池州市东至县望东长江大桥龙头岭隧道“5·3”较大施工坍塌事故调查报告，见 http：//www. anhuisafety. gov. cn/views/zwgk/nr/79732. htm。

2. 安青网：望东长江公路大桥龙头岭隧道施工塌方 已确认6人死亡，见http：//www. ahyouth. com/news/20140504/1147388. shtml。

3. 中安在线：池州在建隧道塌方 连人带车转眼被埋，见 http：//ah. anhuinews. com/system/2014/05/04/006415663. shtml。

广东高州“5·3”大桥坍塌事故

一、事件简介

2014年5月3日13时20分，广东省高州市深镇镇良坪村委会坑口村一座在建石拱桥发生重大坍塌事故，造成11人死亡、16人受伤，直接经济损失1015.6万元。

二、事件原因

直接原因

由于桥梁施工拱架的地基基础处理、拱架搭设结构形式和立柱连接接头方式不满足规范要求，拱圈砌筑施工不平衡，施工工序不合理，随着拱上荷载的不断增加，使得木结构拱架失稳，造成整个桥梁迅速坍塌。

间接原因

1. 大田村委会违法违规牵头建桥，存在严重安全隐患。大田村委会安全责任意识淡薄，未经任何审批手续擅自牵头修建桥梁；违反专项资金使用管理规定，挪用水毁公路修复补助资金8万元和拟挪用农村公路建设养护补助资金15万元用于非法建桥；与无建桥资质的何某某签订桥梁工程承包合同。

2. 深镇镇党委、政府落实安全生产责任制和监督管理不到位，事故发生后集体造假，影响和干扰事故调查。未能及时发现和制止辖区内非法桥梁建设，间接导致发生重大坍塌事故；事故发生后部分党政班子成员先后三次碰头或开会研究如何补充完善资料和统一口径，镇党委书记陈某某、镇长邓某某、镇党委委员谢某某、张某某及镇安监所负责人唐某某等人还授意、指挥和直接参与伪造《深镇镇人民政府安全生产隐患整改通知书》、《安全生产检查隐患整改记录》（2份）和党政班子会议记录，影响和干扰事故调查；深镇镇经济统计办（安监所）在发现坑口石拱桥施工现场存在严重安全隐患时，既未发出安全隐患整改通知书制止，也未及时向上级部门报告。

3. 交通运输部门履行职责和资金监管不到位。高州市交通运输局违反财经纪律和审批程序，对水毁公路修复补助资金使用管理不严格，造成8万元专项资金被挪用；农村公路路政执法巡查不到位，未能及时发现并制止非法桥梁施工问题。

4. 地方公路管理部门履行职责和资金监管不到位。茂名市地方公路管理总站违反财经纪律和审批程序，违规下拨农村公路建设养护补助资金。高州市地方公路管理站对农村公路建设养护补助资金使用职责不清、管理不严，将15万元专项资金直接拨付到大田村委会账户；对基层农村公路养护站履行职责指导、督促不力，路政巡查不到位，未能及时发现和制止非法桥梁施工问题。

5. 人力资源和社会保障部门履行劳动用工检查职责不到位，对坑口石拱桥工程非法用工问题失察。坑口石拱桥工程所有施工人员均无任何劳动用工手续，属非法用工。高州市人力资源和社会保障局、深镇镇人力资源和社会保障所履行劳动用工检查职责不到位，未能及时发现并纠正坑口石拱桥工程非法用工问题。

6. 安全生产监管部门履职不力。高州市安全生产监督管理局作为辖区安全生产综合监管和协调部门，对镇（街）和有关行业主管部门安全生产隐患排查和执法检查工作指导、督促不力。

7. 高州市政府落实安全生产责任制不到位。协调指导各镇（街）和行业主管部门履行安全生产职责力度不足，对安全生产属地管理和行业主管部门履行安全生产责任不到位等问题失察。

8. 信宜市大成镇水利水电所公章使用、管理混乱。个别工作人员未履行公章使用手续，违规私下使用单位公章。

三、事件处理

事故发生后，广东省政府成立了事故处置工作督导组，监督指导善后处置工作。茂名市及时成立了事故处置领导小组。高州市成立后勤保障、抢险救护、维稳协调、医疗救护4个工作组分别开展相关善后工作，实行一个伤员一套方案，全力救治事故受伤人员。高州当地公安消防、武警、巡警、交警、安监、卫生、交通、住建等部门及当地党委政府300多名人员进行救援。11名遇难者全部经家属确认身份，遇难者理赔和遗体火化等工作于2014年5月15日全部完成。

四、责任追究

深镇镇大田村委会副主任成某代表大田村委会与无修桥资质的何某某签订桥梁工程承包合同，造成重大坍塌事故，负有直接责任。因其已在事故中死亡，不予追究责任。何某等6人因涉嫌重大责任事故罪，被移送司法机关处理。深镇镇司法所（法律服务所）所长伍某违法为坑口石拱桥工程建设承包合同办理“见证”并加盖公章，事后收取何某某“好处费”；在其任职期间，还先后收受其他群众“好处费”，被移送高州市纪委作进一步调查处理。何某等15人被给予党纪、政纪处分，吕某等7人被给予诫勉谈话。深镇镇党委镇政府被责成向高州市委市政府作出深刻检查；高州市政府被责成向茂名市政府作出深刻检查；茂名市政府被责成向广东省政府作出深刻检查。

五、补救措施

广东省茂名市“5·3”重大坍塌事故反映出一些地方和单位特别是有关镇政府、村委会及其工作人员没有牢固树立科学发展安全发展的理念，安全生产红线意识淡薄；相关责任人法制意识淡薄、无知无畏、非法违法进行项目建设；安全生产属地监管和行业监管责任不落实，地方政府及其有关主管部门安全监管缺失；基层安全生产宣传教育缺位。为防范类似事故再次发生，茂名市相关部门提出以下要求：

1. 牢牢坚守安全生产红线。茂名市、高州市要深刻吸取茂名市“5·3”重大坍塌事故的沉痛教训，牢固树立科学发展、安全发展理念，牢牢坚守“发展决不能以牺牲人的生命为代价”这条不能逾越的红线。要充分认识做好安全生产工作的极端重要性和当前安全生产的严峻形势，高度警醒起来，以对党和人民高度负责的精神，全面加强重点行业领域尤其是农村地区建筑施工安全生产工作，将安全生产的重心下移到镇村，深入开展村道、桥梁、水利、农村校舍等农村建设工程专项检查，采取更加坚决、更加有力、更加有效的措施，促进各地、各部门和各类生产经营单位搞好安全生产。要健全完善“党政同责、一岗双责、齐抓共管”和“管行业必须管安全、管业务必须管安全、管生产经营必须管安全”的安全生产责任体系，切实落实安全生产属地监管和行业监管责任，将安全生产责任层层落实到部门、镇街和村居，落实到每个作业现场和岗位，实行安全生产和重特大事故“一票否决”。要加大宣传教育力度，切实提高镇村基层干部安全生产意识；唱响安全发展主旋律，强化安全生产底线思维和红线意识，使每一个地方、每一个单位、每一位管理者和劳动者凡事先想安全、凡事突出安全、凡事确保安全。

2. 严厉打击非法违法建筑施工行为。工程建设主管部门要深入分析非法违法建筑施工行为产生的根源，严厉打击建设工程项目未经主管部门审批、不履行建设工程基本程序、非法从事建筑活动；建设单位任意肢解工程，随意压缩合理工期，干涉施工单位项目管理；施工单位超越资质范围承包、违法分包、转包工程，违规托管、代管、挂靠的，以及施工企业无相关资质证书和安全生产许可证，非法从事建设活动；施工企业“三类人员”（企业主要负责人、项目负责人、专职安全生产管理人员）、特种作业人员无证上岗等非法违法行为，该停产整顿的要坚决停产整顿，该关闭的要坚决关闭，该取缔的要坚决取缔。对可能造成重特大事故、拒不执行监管执法指令的单位和个人，要依法从重处罚，真正打在痛处、治住要害。要坚决查处领导和参与非法违法建筑施工行为的组织者及骨干，确保严厉打击非法违法建筑施工行为取得扎实成效。要加强督促检查和工作指导，及时发现和解决有关地区工作不深入、打击不严厉、治理不彻底的突出问题，健全和完善安全生产长效机制。

3. 强化农村公路安全质量管理。公路主管部门要迅速集中力量开展对在建、在用的农村公路尤其是桥梁安全进行一次全面检查，重点排查基本建设程序，检查项目的立项报批、施工许可、初步设计、施工图设计是否符合有关标准、规范要求，招标投标是否规范；排查水文、气象、地质等勘察设计的深度和基础资料的完整性、真实性，设计是否安全可靠；排查项目管理，检查项目业主管理是否规范，制度是否健全，工程有无转包和违法分包，质量和安全责任制是否落实，监理工作是否到位，试验检测数据是否真实、可靠；排查工程实体质量，尤其是检查结构物强度等，要按规范要求进行现场取样检验；排查工程原材料，检查原材料是否合格，特别是钢材、砂石、水泥的规格和质量是否符合规范要求；排查施工工艺，检查是否严格按施工工艺操作，是否满足工程质量保证和安全生产的要求。要落实项目审批、勘察设计、施工、监理和业主等单位的责任，对查出的问题，要督促有关单位逐项制定具体措施，落实整改责任，认真彻底地加以整改消除。对问题严重的，要责令其停工处理。同时，要加大农村公路建设的投入，扎实开展危险路段整治和危桥改造，切实保障人民群众安全出行。

4. 加强和改进农村安全生产工作。茂名市、高州市要落实地方政府属地监管责任，加大安全生产投入，加强镇级和村居安全监管体系建设，改进镇街干部驻村包片工作，健全完善委托镇街安全生产行政执法、安全检查巡查报告、重大事故隐患举报奖励等制度，夯实基层安全生产基础。要针对农村安全生产工作的特点，突出农村交通、农村建设、农村消防等重点，组织指导村居认真开展交通、用电、用火等日常生活以及建房修路、农业劳动、生产经营等生产活动安全自查自纠，及时消除事故隐患。要举一反三，深化农村地区安全生产大检查，加大村居房屋、农用机械、中小学校舍、烟花爆竹经营储存使用、危化品运输、油气长输管道安全以及“三小”场所、“三合一”、家庭小作坊消防安全等监督检查力度，依法取缔关闭非法违法或不具备安全生产条件的各类小厂小矿和工程项目作业点，切实用事故教训推动安全生产工作。要开展全民安全宣传教育，大力推进安全知识进村居、进工地、进校园，加强对安全生产领域的农村干部、企业主、农民工的教育培训，提高农村地区干部群众的安全意识和防护能力。要整合村居安全、社会治安、医疗救护等救援力量，建立统一领导、协调有序、运转高效的农村安全生产应急处置工作机制，定期组织应急演练，确保事故发生后，做到有力组织指挥、科学安全应对、有序有力有效施救。

5. 提升安全生产法治水平。茂名市、高州市要认真检讨基层尤其是部分镇街、村居安全生产工作中法治意识淡薄、有法不依、执法不严、违法不究等严重问题，采取有效措施大力提升安全生产法治水平。要加强镇级政府领导依法行政的意识和能力，完善重大行政决策合法性审查、集体决定和绩效评价制度，规范审批、用章等行政管理行为。要继续深化简政强镇事权改革，加强机构编制、经费保障、执法程序等安全监管机制建设，努力使机构设置、人员配备与安全生产工作任务相适应。要健全镇级政府与农村群众自治有效衔接和良性互动的机制，指导农民群众共同做好安全生产工作，及时发现并纠正安全生产非法违规行为。要提高发展质量和水平，更加注重改善民生，重视并解决群众反映强烈的交通出行等生产生活困难和安全生产突出问题。要加强对权力运行的制约和监督，加快推进政务村务信息公开，强化基层行政执法履职情况的监督检查，严肃查处违法违纪和失职渎职行为。要结合深入开展群众路线教育实践活动，改进工作作风，确保安全生产各项措施在基层得到有效落实，有效防范和坚决遏制重特大事故的发生。

参考资料

1. 广东省安全生产监督管理局：高州市深镇镇在建石拱桥“5·3”坍塌重大事故调查报告，见 http：//www.gdsafety.gov.cn/xxfw/gwgg/gg/201409/t20140910_44097.htm。

2. 中通网：广东高州深镇镇良坪村委会良坑口村在建桥梁发生崩塌 致5死8重伤，见http：//www.cna.name/news/sh/2014/0504/12950.html。

3. 西部网：高州“5·3”在建石拱桥重大坍塌事故：29 人被追责，见 http：//news.cnwest.com/content/2014－09/12/content_11597029.htm。

广东河源“5·3”道路交通事故

一、事件简介

2014 年 5 月 3 日 16 时 40 分，广东省河源市粤赣（龙河）高速东源县热水路段（126km＋300m 处）发生一起交通事故。一辆重型半挂牵引车下坡刹车失控，依次碰撞前方缓慢通行的 12 辆小轿车，造成 4 人死亡、23 人受伤。

二、事件原因

直接原因

周某驾驶的浙 H05607（浙 H0945 挂）重型半挂牵引车由北往南方向行驶至粤赣（龙河）高速南行 126km＋300m 路段事故发生点时，因操作不当、机动车制动系统技术性能不符合技术标准、未按照操作规范安全驾驶、机动车载物超过行驶证登记核定的载质量（核定载质量 40t，实载 64.077t），与前方因道路拥堵而缓慢通行的 12 辆车及高速公路中间护栏发生连环碰撞，是造成此事故发生的直接原因。

间接原因

浙江省衢州市福中物流有限公司未及时为出让的车辆办理过户手续。车辆的行驶证、道路运输经营许可证、保险户口等相关手续材料都一直在其名下，而公司却没有跟踪加强驾驶人、押运人、车辆技术安全性能状况的管理，是造成事故的间接原因。

三、事件处理

事故发生后，河源市政府、市公安局、市安全监管局有关领导先后赶赴事故现场组织消防、路政及医护人员开展救援。河源市政府及相关行政职能部门按照《国务院安委会关于进一步加强生产安全事故应急处置工作的通知》（安委〔2013〕8 号）要求，及时启动事故的各项应急处置方案，同时，河源市政府各级相关部门努力做好事故善后处理工作，采取积极有效措施，切实维护社会稳定。

四、责任追究

事故肇事者周某，未取得从业人员上岗资格证而驾驶制动系统技术性能不符合技术标准的车辆从事运输作业并超载，导致与前方因道路拥堵而缓慢通行的12辆车及高速公路中间护栏发生连环碰撞，造成事故，其由河源市司法部门追究法律责任，并由驾驶证发证部门（浙江省衢州市公安局交警支队）吊销驾驶证。浙江省衢州市福中物流有限公司，未对肇事驾驶人、车辆实施跟踪管理，负事故间接责任和民事赔偿连带责任，由河源市安全监管局依据《安全生产法》《生产安全事故报告和调查处理条例》等有关法律法规的有关规定给予行政处罚。河源市公安局交警支队高速一大队，在“五一”节假日期间未安排好路面管控和执勤巡逻，打击查处超载、超速等违法违章行为，日常道路交通安全整治工作存在整治不彻底、不严厉的漏洞，在节假日出现车流拥堵状况时，应急措施不够落实，未科学合理安排警力及时疏导、引导车流；交警支队高速一大队被责成向市公安局作书面检讨，当日值班高速一大队长副大队和高速一大队中队长被诫勉谈话。省高速公路河源分公司路政大队河源中队，在“五一”节假日期间未安排好路面管控和执勤巡逻，对该复杂路段多年来存在事故隐患的问题未进行及时有效整改，未严格按高标准符要求养护、管理公路；省高速公路对大队长、中队长进行通报批评。

五、补救措施

针对此次事故中暴露出的问题，事故调查小组提出如下整改措施：

1. 浙江省衢州市福中物流有限公司应吸取事故教训，树立管生产经营必须管安全的意识，强化安全生产主体责任，加强对运输车辆的管理和驾驶人员的岗位培训，防止事故发生。

2. 落实治超责任，尽快投资建设治超检测站。根据广东省交通运输厅《关于粤赣高速公路设置治超检测站的批复》（粤交执〔2009〕685号）和《关于粤赣高速公路设置治超检测站重新选址建设的函》（粤交执〔2012〕410号）意见，建议省高速公路河源分公司尽快落实治超检测站的投资建设，河源市交通运输局综合行政执法局抓好货运源头治超工作，加强粤赣高速公路超限超载源头环节的全程监管，确保车辆源头装载符合要求，避免或减少事故的发生。

3. 河源市公安局交警支队应加强高速一大队队伍建设，配置足够执勤警力、装备和经费，保障民警路面巡逻、监控、执勤的人力、经费的足额投入，切实做好交通安全监管工作。

4. 河源市公安局交警支队高速一大队应继续抓好高速公路事故隐患排查、交通安全整治工作。进一步加强路面巡逻监控，加大交通安全宣传力度，提高执勤效能，严查大型货车超速、超载驾驶行为，防止类似事故发生。

5. 省高速公路河源分公司要对辖区内的高速公路进行全面事故隐患整治排查，切实采取有效措施管理养护高速公路，高标准完善高速公路安全设施和排查治理措施，落实好安全监管责任。

参考资料

1. 河源市安全生产监督管理局：河源市粤赣高速东源县热水路段“5·3”较大道路交通事故的调查报告，见 http：//www.hyajj.com/html/ztzl/269.html。

2. 惠州市安全生产监督管理信息网：河源市发生一起交通事故4人死亡，见 http：//anjian.huizhou.gov.cn/AQDT/SGAL/4028824e460943aa0146a792b74701a8.htm。

3. 四川省诚实安全：广东省河源市发生一起交通事故4人死亡，见http：//www.cs－safety.com/list.asp？id＝2818。

云南丽江“5·8”煤矿瓦斯爆炸事故

一、事件简介

2014年5月8日20时，云南省丽江市宁蒗县宁利乡石笋沟煤矿探矿井发生一起瓦斯爆炸事故，造成3人死亡、1人受伤。

二、事件原因

经调查，此矿井为擅自打开，属于盗采煤炭。由于该矿井为独眼井，下井前又未进行通风，从而引发了爆炸，导致了事故的发生。

三、事件处理

矿主最初想隐瞒矿难私自处理，未及时上报相关部门。相关情况由宁利乡党委政府在2014年5月11日11时30分从其他渠道获取，宁利乡党委政府随即于5月11日上午上报县人民政府。宁蒗县委县政府接到情况报告后，及时启动应急预案，并迅速成立了事件善后处理工作组赶赴现场，开展工作。5月11日22时，云南省、丽江市工作组赶赴宁利乡事件发生现场，会同宁蒗县委县政府、宁利乡党委政府及相关部门在乡政府召开会议，安排部署善后处置和调查核实等工作。

四、责任追究

事发煤矿的法定代表人洪某和守厂负责人邓

某被当地公安机关依法控制，并按照有关法律法规立案调查。

五、补救措施

宁蒗县委县政府于2014年5月13日上午召开全县安全生产工作紧急会议，对该事件进行通报，要求在全县范围内对探矿井再次进行彻底全面清理整顿，坚决打击以采代探、私挖滥采等违法行为，避免类似事件再次发生。

参考资料

1. 凤凰资讯：宁蒗石笋沟煤矿瓦斯爆炸3死1伤，见 http：//news. ifeng. com/a/20140515/40303600_0. shtml。

2. 新华网：云南宁蒗立案调查石笋沟探矿井“5·8”事件，见 http：//news. xinhuanet. com/local/2014－05/13/c_1110670714. htm。

3. 云南网：云南宁蒗县已关停探矿井“5·8”事件续：已依法立案调查，见http：//society. yunnan. cn/html/2014－05/17/content_3214640. htm。

4. 搜狐新闻：云南宁蒗发生煤矿事故致3死1伤 矿主未及时上报，见 http：//news. sohu. com/20140512/n399478872. shtml。

广东惠州“5·10”道路交通事故

一、事件简介

2014年5月10日12时5分，广东省惠州市惠东县白花镇联丰村石仔坳小组圆墩坳山道发生一起对向行驶的川S70273轻型厢式货车和粤BTS116轻型普通货车相碰撞事故，致使川S70273轻型厢式货车侧翻，造成3人死亡、10人受伤，直接经济损失约305万元。

二、事件原因

直接原因

川S70273轻型厢式货车机件不符合技术标准存在安全隐患，装载的货物超过行驶证上核定的装载质量且长度超出车厢，人货混载，附载作业人员时未设置保护作业人员的安全措施，同时驾驶员阳某在行驶中没有充分注意路面情况，未按照操作规范安全驾驶，致使车辆翻入路外洼地。

间接原因

1. 川S70273轻型厢式货车的实际支配方中金公司，没有按照有关法律法规、规章及公司对租赁车辆管理的相关规定对驾驶人和车辆进行管理。

2. 中金公司工程部管理员刘某对组塔工具运输、组装、拆卸、转场时的安全管理不到位，未能及时发现和制止程某某在组织组塔工具运输、转场时车辆人货混载的行为。

3. 中金公司对劳务工人、运输组塔工具人员的安全教育管理不到位。

4. 组立铁塔现场施工安全管理人员在施工期间对组塔工具运输、转场时的安全管理不到位，未能及时发现和制止劳务工人及运输组塔工具人员在运输、转场组塔工具时车辆人货混载的行为。

三、事件处理

事故发生后，惠州市委市政府高度重视，副市长、公安局长等领导分别作出指示，要求全力组织抢救伤者，尽快做好事故现场处置和善后处理工作；做好舆情导控工作，防止负面炒作；同时尽快查明事故原因，加强对乡村道路等路段的交通管控力度，把各项交通安全措施落到实处，严防类似事故发生。

四、责任追究

川S70273轻型厢式货车驾驶员阳某，对事故发生负有主要责任，由司法机关依法追究刑事责任，并由发证机关依法吊销机动车驾驶证。中金公司，落实安全生产责任制不到位，规章制度不健全，对公司租赁使用车辆管理不到位，对外派劳务工人、驾驶员安全教育管理缺失，致使公司运输、转运组塔工具时发生较大车辆伤害事故，对事故发生负有主要责任，根据国务院《生产安全事故报告和调查处理条例》等有关规定，由惠州市安全监管局依法给予该公司行政处罚。中金公司法定代表人、总经理，工程部管理员，中金公司安全员等对事故发生负有主要领导责任，由惠州市安全监管局依法给予行政处罚。输变电公司项目部安全管理人员对事故发生负有责任，由惠州市安全监管局依法给予行政处罚。

五、补救措施

为杜绝此类事故再次发生，当地政府提出以下要求：

1. 出租、劳务分包单位须严格执行法律法规的规定和操作规程，健全安全管理机构，落实企业安全生产主体责任。一是要加强施工现场的安全管理工作，加大隐患排查治理力度，及时发现和消除事故隐患，防止事故发生。二是要严格执行国家的组塔工具运输、组装、拆卸、转场的相关标准，发现隐患的，要立即落实整改。三是要建立健全本单位的安全管理台账和安全管理制度，加强对运输工具车辆的安全管理，加大对从业人员的日常安全教育培训和管理，严禁人货混载的行为发生。

2. 施工总承包单位须加强对工具出租单位、劳务分包单位的安全管理，强化对项目部的管理，切实履行安全管理责任。一是要加强对项目部工作的监督检查和考核，对项目部存在的问题要及时督促其落实整改，落实安全生产管理责任。二是要严格按照电力建设有关法律规定，加强员工的日常安全教育培训工作，提高劳务工人的安全意识。三是要严格安全管理制度的落实，加强组塔工具在运输、组装、拆卸、转场过程中的安全管理工作。

3. 严格执法，坚决打击各类交通违法行为。公安交警部门要严格按照有关法律法规的要求，加大路面巡查监管力度，积极采取措施，整治违章行为，加大对车辆存在安全隐患上路和人货混载行为的打击力度，防止类似事故的发生，切实把预防较大以上道路交通事故工作落到实处。

4. 加强隐患排查，深入开展道路交通安全宣传教育。各县（区）、镇（街道）有关部门要加强对未列入公共交通管理范围的路段的隐患排查工作，做好非道路交通事故预防工作，采取切实有效措施，坚决遏制群死群伤等非道路交通事故的发生。同时，要以“安全生产月”各项活动开展为契机，创新交通安全宣传模式，制定宣传计划，加大宣传力度，建立宣传教育长效机制，积极开展交通安全知识进农村、进社区、进企业、进学校、进家庭活动，向全社会普及交通安全知识，教育群众应自觉遵守各项交通规则，加强对道路交通违法行为的舆论监督和社会监督，鼓励群众积极举报道路交通违法违规行为，形成全社会关心、支持、参与道路交通安全工作的良好氛围。

参考资料

1. 惠州市安全生产监督管理信息网：惠州市“5·10”较大车辆伤害事故调查报告，见http：//anjian. huizhou. gov. cn/ZWXX/AQTB/4028824e460943aa01478a73a31b041c. htm。

2. 中国新闻网：广东惠东境内3天两起重大交通事故致9人亡，见http：//www. chinanews. com/df/2014/05－14/6170837. shtml。

3. 广东省人民政府应急管理办公室：惠州市惠东县发生一起交通事故造成3人死亡4人受伤，见http：//www. gdemo. gov. cn/yjdt/gdyjdt/201405/t20140510_197993. htm。

黑龙江双鸭山“5·11”煤矿顶板事故

一、事件简介

2014年5月11日11时20分，黑龙江省双鸭山矿业集团有限公司安泰煤矿发生一起较大顶板事故，造成3人死亡、1人受伤，直接经济损失167.28万元。

二、事件原因

直接原因

在处理－350m标高水平中央区15号煤层右三面皮带道断层冒落区域工字钢棚时，没有采取可靠措施，顶板破碎岩石冒落导致事故发生。

间接原因

1. 段队重生产，轻安全。段长没有按照技术措施要求安排工序，在没有采取可靠支护帮顶措施的情况下，违章指挥，带领工人冒险作业。

2. 矿井作业现场安全管理不到位。一是放假期间，没有安排人员对断层处支护情况进行观测；二是段队在架棚子过程中，没有落实专人对现场进行安全监护；三是现场安全检查不到位，未安排安瓦员跟班检查。

3. 技术管理监督不到位。一是矿井作业规程及安全措施贯彻不到位；二是现场不合规作业，没有按照补充措施规定打设钢棚。

4. 安全教育流于形式，工人安全意识淡薄，自主安保能力差，对隐蔽致灾因素觉察不到，现场安全作业条件估计不足。

5. 劳动组织不合理，管理人员一人身兼多职，安全生产责任制落实不到位。

6. 矿井对隐蔽致灾因素的排查治理重视不够。对地质构造影响判断不足，对断层处可能诱发灾害的不确定因素没有进行深入分析和研究，凭主观经验管理顶板，未能及时采取合理支护方式。

三、事件处理

安泰煤矿及时启动安全生产事故应急预案，成立了救援领导小组，在了解现场情况后，联系分公司救护队前来救援，分公司领导及救护队先后参与指挥救援工作。在报告事故的同时，现场人员开展自救，附近作业人员也陆续赶到参与抢险。

四、责任追究

安泰煤矿604段段长庞某现场违章指挥，带头冒险作业，对事故的发生负有直接责任。鉴于其已在事故中死亡，不再追究责任。安泰煤矿程某等15人对事故的发生负有主要责任，被给予行政处分。依据《〈生产安全事故报告和调查处理条例〉罚款处罚暂行规定》第十五条第一款规定，对安泰煤矿罚款28万元。对安泰煤矿事故单位和个人的罚款，由黑龙江煤矿安全监察局哈东监察分局执行收缴。

五、补救措施

为杜绝此类事故再次发生，当地政府提出以下要求：

1. 黑龙江龙煤集团双鸭山分公司、双鸭山矿业集团及安泰煤矿要深入贯彻“双七条”规定，进一步强化红线意识，深刻吸取和总结事故教训，举一反三，以本起事故为典型案例，深入开展安全警示教育，摆正好安全与生产、安全与效益的关系，落实好企业主体责任，完善企业安全生产责任制，强化措施，不断提高煤矿安全生产水平，有效遏制事故发生。

2. 加强煤矿现场安全监督管理。尤其要加强区、段队的现场安全监督管理，进一步理顺部门之间工作衔接，明确部门及人员岗位职责，开展安全检查和隐患排查，保证井下施工现场安全监测、监护、跟班检查到位，杜绝“三违”现象的发生。

3. 加强技术管理监督工作。健全技术管理规章制度，明确技术监督管理职责，保证技术措施贯彻到位、执行到位、监督到位。

4. 加强职工的安全教育培训工作。进一步提高职工的安全意识和自主保安意识，消除麻痹大意思想，消除习惯性的不安全行为，坚决做到不安全不生产。

5. 加强劳动组织管理。科学设置岗位，合理配备人员，把安全生产责任层层落实到矿、区、段、班组和每个生产环节、每个工作岗位并切实做到整改措施、责任、资金、时限和预案“五到位”，及时消除重大安全隐患。

6. 认真开展隐蔽致灾因素排查与落实治理工作。加强矿井地质调查工作，深入研究分析特殊地质地段的隐蔽致灾因素，适时制定相应的针对性措施，夯实安全基础，提高矿井施工技术水平，增强矿井抗灾防灾能力。

参考资料

1. 黑龙江煤矿安全监察网：双鸭山矿业集团有限公司安泰煤矿“5·11”较大顶板事故调查报告，见 http：//www. hljmkaj. gov. cn/a/shiguchachu/diaochachuli/2014/0704/8500. html。

2. 中国煤炭新闻网：5 月 11 日 11 时 15 分，黑龙江龙煤集团双鸭山分公司安泰煤矿发生顶板垮落事故，3 人死亡，见 http：//www. cwestc. com/newshtml/2014 – 5 – 14/331136. shtml。

3. 中国安全生产商务网：黑龙江安泰煤矿发生顶板垮落事故致 3 人死亡，见 http：//anquan35. com/Info/accidentdetail – 183768. html。

4. 大洋网：黑龙江安泰煤矿发生顶板垮落事故致3 人死亡，见 http：//news. dayoo. com/china/57400/201405/14/57400_110849926. htm。

广西临桂“5·13”坍塌事故

一、事件简介

2014 年 5 月 13 日 8 时 15 分，广西壮族自治区桂林市临桂县建筑公司承建的临桂县六塘镇政府公租房项目正在浇筑的顶层楼梯面坍塌，造成 5 人死亡、3 人受伤。

二、事件处理

事故发生后，当地政府迅速组织公安、消防、安监、卫生、住建、民政等部门进行救援。

三、责任追究

施工方事故相关责任人被当地警方控制。

四、补救措施

事故发生后，临桂县召开了全县安全生产工作紧急会议，部署在全县范围内开展一次安全生产大动员、大检查，以杜绝此类安全事故再次发生，确保全县安全生产正常进行。

参考资料

1. 云浮在线：广西临桂县六塘镇发生一起安全生产事故造成 5 人死亡，见http：//www. gdyfs. com/news/she/20140513/051314649612014. html。

2. 中国日报网：广西临桂县六塘镇发生一起安全生产事故 造成 5 人死亡，见 http：//www. chinadaily. com. cn/dfpd/gx/2014 – 05/13/content_17504689. htm。

3. 十一新闻网：广西临桂县六塘镇人民政府公租房坍塌事故遇难者身份查明，见 http：//www. 11tang. com/news/fangchan/29184. html。

4. 东方网：广西临桂县六塘镇政府公租房项目发生坍塌致 5 人死亡，见 http：//news. eastday. com/eastday/13news/auto/news/society/u7ai1480246_k4. html。

山西阳泉“5·13”煤与瓦斯突出事故

一、事件简介

2014 年 5 月 13 日 13 时 56 分，山西省阳泉煤业（集团）有限责任公司五矿赵家分区矸石装车线巷与集中胶带大巷之间的措施巷中发生一起较大煤与瓦斯突出事故，承建该建设项目的山西宏厦第一建设有限责任公司矿建第七项目部死亡 4 人，直接经济损失 456 万元。

二、事件原因

直接原因

措施巷施工时揭露的 15 号煤层具有突出危险性，巷道迎头接近一正断层，采取的防突措施钻孔未能进入断层下盘煤层夹石以上的煤体，没有消除工作面的突出危险，煤岩体受到耙岩机导向轮的扰动，应力重新分布，工作面迎头煤岩体应力失衡后引起煤与瓦斯突出。

间接原因

1. 阳煤五矿赵家分区改扩建项目措施巷施工过程中，防突措施制定执行不严。揭煤巷道采取的防突措施中区域钻孔设计不合理、钻孔施工不到位，揭煤段巷道的安全控制范围不足；掘进施工中探测地质构造和分析岩性变化的工作不细致，没有及时发现施工巷道临近的断层和采取相应的局部防突措施。

2. 宏厦一建防突管理工作不到位，施工的措施巷布置在向斜构造轴部和矸石装车线巷道保护岩柱的应力集中区，区域防突预抽钻孔验收和区域效果检验工作不认真，区域验证和局部防突措施效果检验钻孔覆盖面小，措施巷揭煤防突技术措施审批不严。

3. 阳煤五矿赵家分区改扩建项目的设计、建设、施工、监理单位安全责任制不落实，建设项目手续不全，违反建设程序开工建设；阳煤地产集团对宏厦一建的防突管理工作监管不到位；阳煤集团通风、基建、安监等管理部门对赵家分区改矿建项目业务指导不力。

三、事件处理

事故发生后，山西省煤矿安全监察局阳泉分局同阳泉市监察局、公安局、总工会等单位组成事故联合调查组，并邀请阳泉市人民检察院参加，对事故进行了调查。

四、责任追究

事故责任人员共计24人，下至宏厦一建矿建第七项目部负责防突工作的队长、组长，上至阳煤集团总工程师，分别被给予党纪处分、行政处分或经济处罚，其中撤职处分2人。阳煤集团五矿赵家分区改扩建项目审批手续不全，违反规定开工建设，被责令立即停止建设。阳煤集团宏厦一建承建的五矿赵家分区建设项目发生一起较大煤与瓦斯突出事故，死亡4人，依据《生产安全事故报告和调查处理条例》第三十七条之规定，给予其罚款50万元；措施巷区域和局部防突措施不达标，措施巷布置在向斜构造轴部和矸石装车线应力集中范围内，依据《防治煤与瓦斯突出规定》第一百二十一条、第一百一十五条之规定，给予阳煤集团五矿赵家分区罚款200万元。

五、补救措施

为杜绝此类事故再次发生，当地政府提出以下要求：

1. 阳煤集团及所属生产建设单位要强化安全生产红线意识和底线思维，牢固树立“安全第一”、“安全为天”的理念，严格执行煤矿安全生产法律法规、规章制度，落实煤矿安全生产主体责任，全面排查事故隐患，堵塞安全生产管理中存在的漏洞，加强安全生产管理，严防同类事故再次发生。

2. 阳煤集团及其煤矿企业要加快推进煤矿瓦斯治理工作的变革，特别是要转变瓦斯治理观念，变风排为主，为抽放为主，完善先抽后掘、先抽后采的瓦斯治理工作体系。突出矿井的突出煤层和按突出管理的高瓦斯矿井，开拓准备大巷要布置在岩层中。树立科学的瓦斯治理理念，尽量减少应力集中的影响，避免将巷道布置在应力集中区内。石门揭煤在环节设计布置上要扩大防突预抽范围，揭煤防突措施编制审批要严格进行，两个“四位一体”防突措施执行要到位。

3. 煤矿企业要加强地质预测预报工作，对突出煤层要提前进行地质预测。建立构造区域分级预测预报体系，明确危险等级和措施，在突出矿井安装矿压动态观测实时报警系统，准确掌握区域矿压动态情况，准确掌控施工动态和围岩变化情况。施工过程中要及时验证地质资料，根据地质条件变化及时采取相应的防突措施。

4. 进一步加强煤与瓦斯突出矿井管理人员和井下作业人员防突知识专项培训，提高全体职工安全意识和保安能力，建立本质安全型企业。

5. 阳煤集团、地产公司及有关监管部门要认真落实监管责任，依法办矿，依法管矿，依法监管，加强煤矿建设项目工程管理，强化对煤矿企业的监督管理，履职到位。

参考资料

1. 山西煤矿安全监察局阳泉分局：阳泉煤业（集团）有限责任公司五矿赵家分区“5·13”较大煤与瓦斯突出事故通报，见 http://www.yqmjfj.gov.cn/Newsshow.asp?id=384。

2. 山西省安全生产监督管理局：省政府安委员会关于对阳煤集团五矿赵家分区（阳煤宏厦一建承建）“5·13”煤与瓦斯突出事故挂牌督办通知，见http://www.sxaj.gov.cn/dbsxgs/02/02/201406/1774636.html。

3. 中国新闻网：山西阳煤集团发生瓦斯事故致4人遇难，见 http://www.chinanews.com/gn/2014/05-14/6167558.shtml。

4. 永川网：山西阳煤集团发生瓦斯事故致4人遇难，见http://news.ycw.gov.cn/html/2014-05/14/content_30751615.htm。

陕西榆林“5·14”溜灰管坠落事故

一、事件简介

2014年5月14日7时23分，陕西省榆林市榆阳区境内的中煤陕西榆林能源化工有限公司大海则煤矿一号副立井发生溜灰管坠落事故。中煤大海则煤矿井下作业人员37人，事发后，经紧急施救，26人升井（其中2人经抢救无效死亡），11人被困井下。事故最终造成13人死亡、16人受伤，直接经济损失2933万元。

二、事件原因

直接原因

施工方违反作业规程使用溜灰管输送C70混凝土，在输送混凝土过程中发生堵管，在未撤出井下人员的情况下，违章使用大锤、吹风管、扳手等工具处理，造成溜灰管与法兰盘焊缝撕裂，溜灰管相继坠落造成本起事故。

间接原因

1. 违反施工作业规程和施工组织设计。建设方和施工方为赶工期，擅自违章改变施工方法，违章指挥，冒险作业，违规使用溜灰管输送C70混凝土，且未制定安全技术措施。

2. 安全生产责任落实不到位。建设方、总承包方、施工方、监理方均为中煤能源集团有限公司下属企业。项目名义上采用总承包形式，但实际未签订总承包合同，在项目工程管理上以联合管理团队模式进行管理，双方职责交叉、层级交叠、责任不实、组织松散，相互监督制约力不强，各项安全生产制度未严格落实到位。

3. 安全培训工作不到位。项目经理无执业资格证，部分监理人员无证上岗，部分安全管理人员未按期复训；职工安全培训工作流于形式，安全意识淡薄，安全红线意识树立不牢、心存侥幸，职工对作业现场的安全隐患和危险源认识不到位，对违章可能带来的严重后果认识不足。

4. 违规组织施工建设。中煤陕西公司大海则煤矿建设项目未核准，初步设计及安全设施设计未经审查批复，擅自组织井筒开挖和主体工程施工。

5. 政府及相关部门监管不到位。榆林市政府、榆阳区政府对大海则煤矿建设项目缺乏监管，相关部门未采取有效措施对该矿违规建设行为予以制止。

三、事件处理

接到事故报告后，国务院副总理、国务委员等领导分别作出重要批示。陕西省委省政府高度重视，省委书记和省长分别作出批示，要求组织科学施救，尽快营救被困人员，避免发生次生灾害，妥善救治受伤人员。陕西省委常委、常务副省长及时率陕西煤矿安监局、省安监局、省煤管局等部门主要负责同志赶赴事故现场，传达中央领导及省领导重要批示，指导事故抢险救援工作。陕西副省长也对事故抢险救援作出了指示。榆林市委市政府主要负责同志及时赶赴现场，启动应急救援预案，成立抢险救援指挥部，全力组织事故抢险救援及善后处理工作。

四、责任追究

中煤一建四处大海则煤矿一号副立井项目部掘进队队长阚某在溜灰管出现堵塞后，违反施工组织设计，在井下施工人员没有撤离的情况下，违章处理堵管，引起管道断裂，导致事故发生，对本起事故的发生负直接责任。鉴于其在事故中死亡，不予追究。韩某等4人被移送司法机关处理。田某等22人被给予党纪、政纪处分。榆林市发展和改革委员会主任对重大项目开展稽查，履职尽责不到位，对违规建设问题负重要领导责任，被诫勉谈话。陕西省分管副省长对榆林市委市政府负责同志进行约谈。责成中煤能源集团有限公司向国务院国资委作出深刻检查，并抄送国家安全监管总局和监察部；榆林市委市政府向省委省政府作出深刻检查；陕西煤矿安全监察局榆林监察分局向陕西煤矿安全监察局作出深刻检查。中煤第一建设有限公司第四工程处违章组织施工，导致发生重大生产安全事故，被处以100万元罚款。中煤陕西榆林能源化工有限公司大海则煤矿违规建设，导致发生重大生产安全事故被处以100万元罚款。中煤陕西榆林能源化工有限公司大海则煤矿主要负责人姜某被处罚款29万元。

五、补救措施

为杜绝此类事故再次发生，有关部门提出如下要求：

1. 认真汲取教训，强化安全生产红线意识，切实加强安全生产工作。坚决贯彻落实党中央、国务院关于加强安全生产工作的重大决策部署和习近平总书记关于安全生产工作的重要批示精神，自觉遵守安全生产法律法规，牢固树立“发展决不能以牺牲人的生命为代价”的红线意识。同时要严格落实《矿长保护矿工生命安全七条规定》（国家安监总局58号令），切实做到铁七条、刚执行、全覆盖、真落实、见实效，从思想上高度重视安全工作，全面提高企业安全管理水平，确保安全生产。

2. 加强建设项目的安全管理，强化内部制度建设，严格落实企业主体责任。加强对煤矿建设项目的管理，督促内部所属企业认真贯彻国家煤矿建设项目的相关法规，严格执行各级监管监察部门的安全指令，对建设手续不完善的项目，一律不得开工建设，从源头上遏制违法违规建设行为；同时要深刻反思内部管理工作中存在的漏洞和薄弱环节，完善内部管理制度，理顺集团内部建设、设计、施工、监理、监管各方的关系，明确各自的职责，落实责任，防止出现多头管理、职责交叉，责任不实的现象，使企业主体责任落到实处。

3. 强化现场安全管理，加强安全培训教育，提高企业安全管理水平。进一步强化对施工现场的安全管理，不断规范和完善作业规程和施工组织设计，细化标准，特别是对立井井筒使用溜灰管输送混凝土施工工艺要从混凝土标号、溜灰管选型、连接方式、管卡定位等方面进行分析论证，制定切实可行的技术措施，确保安全。同时要加强职工安全培训教育，制定详细培训计划，认真开展培训工作和安全警示教育活动，定期检查特殊工种持证上岗情况，未经培训合格的职工不得上岗，真正杜绝“三违”现象，做到安全生产。

4. 规范和强化应急处置管理，提高事故应急处置能力。认真贯彻执行《生产安全事故报告和调查处理条例》和《生产安全事故信息报告和处置办法》的相关规定，及时上报事故信息，以便组织科学合理的施救；要完善企业应急管理制度，加强应急队伍建设，加大应急投入，配备必要的应急物资、装备和设施，制定和完善应急预案，组织有针对性的应急知识培训，开展应急演练，提高从业人员的应急意识和应急处置能力，最大限度地减少事故造成的损失。

5. 提高履职能力，落实责任，做好煤矿安全监管工作。坚持“谁审批、谁负责”、“谁主管、谁负责”、“谁执法、谁负责”的原则，认真履行职责、集中开展以“六打六治”为重点的“打非治违”专项行动，严厉打击煤矿建设项目违规违法建设行为，未取得合法手续的煤矿建设项目，一律不得开工建设；手续不齐全擅自开工建设的项目，要按照“四个一律”的要求给予严厉打击，杜绝辖区煤矿违规违法建设现象，推进煤炭工业安全健康有序发展。

参考资料

1. 陕西煤矿安全监察局：中煤陕西榆林能源化工有限公司大海则煤矿“5·14”重大溜灰管坠落事故调查报告，见 http：//www. smaj. gov. cn/info/1181/23305. htm。

2. 中防网：中煤大海则煤矿“5·14”溜灰管坠落事故搜救结束 共致 13 人遇难，见 http：//www. safetysino. com/news/xingyedongtai/201405214877. html。

3. 新华网：中煤大海则煤矿“5·14”溜灰管坠落事故共造成 13 人遇难，见 http：//news. xinhuanet. com/local/2014－05/20/c_1110778978. htm。

4. 易安网：中煤大海则煤矿“5·14”溜灰管坠落事故搜救结束 共致 13 人遇难，见 http：//www. esafety. cn/news/95418. html。

云南红河“5·18”坍塌事故

一、事件简介

2014 年 5 月 18 日 13 点 20 分，云南省红河州个旧市云南锡业集团有限责任公司卡房分矿承包矿山采掘施工的个旧市广利金矿业有限责任公司 7－5 坑，发生一起从业人员在对巷道进行架欂支护作业时底板陷落事故，造成 3 人失踪、1 人轻微伤，直接经济损失 300 万元。

二、事件原因

直接原因

事故发生区域围岩稳固性差，地压活动剧烈，岩石节理裂隙发育，松散破碎。7－5 坑为民营企业长期开采并多次转让，爆破扰动导致矿岩松散破碎，反复开采形成较多采空区，采空区上下交错分布，作业人员对周围地质体、采空区分布和形态情况未掌握，作业面与下部空区距离太近，随应力变化巷道底板支撑失衡呈上下垂直状陷落牵动巷道顶板冒落，造成坍塌陷落。

间接原因

1. 广利金公司：生产技术管理工作薄弱，对各坑口采掘工程、采空区无统一管理资料；下辖坑口与坑口之间工程资料不互通，对周围地质体、采空区分布和形态掌握不清；内部管理混乱，层层转包、以包代管，安全管理人员未取得安全资格证，员工安全培训教育不到位，劳动组织不合理，安排未取得安全资格证的人员担任安全生产管理人员；未严格执行个旧市安全监管部门和发包单位云锡卡房分矿的停产指令；迟报生产安全事故。

2. 云锡卡房分矿：未严格落实“五统一、一独立”，以及《2013 年采掘施工企业安全生产管理办法》、《矿山采掘企业承包工程安全生产合同》的规定和要求，对广利金公司实施有效监管，没有督促该公司对猴打秋冲 608 片区多年采矿活动形成的采空区进行甄别并及时形成图件资料，只注重现场局部存在问题的督促，没有对井下如通风、运输、顶底板、空区管理等给予技术上的指导和监督；没有及时督促落实州市安全监管部门对卡房矿区采掘施工企业停产的工作要求；对广利金公司生产技术指导和安全监督检查不到位，存在失管、漏管和管理死角；迟报生产安全事故。

三、事件处理

事故发生后，个旧市安监局长及时向个旧市政府分管领导和红河州安监局主要领导进行报告。红河州、个旧市相关领导接到报告后，及时派出云锡矿山救援队参与救援，并成立了现场救援指挥部。期间，国家安监总局、省安监局、州安监局、个旧市政府、云锡集团公司的相关领导和省级相关专家亲临事故现场指导应急救援和事故的分析工作。

四、责任追究

夏某等3人被移送公安机关追究刑事责任。何某等4人被给予行政处分及问责。云南锡业集团（控股）有限责任公司被责成向红河州人民政府作出深刻书面检查。个旧市委市政府被责成向红河州委州政府作出深刻书面检。个旧市政府被责成按照相关法律法规规定，对广利金公司猴打秋冲608片区7－5坑及7－1坑、7－12坑、7－22坑、7－23坑依法予以取缔。广利金公司被处31.5万元的罚款。云锡卡房分矿被处罚款31.5万元。广利金公司猴打秋冲608片区工区长，被处9000元的罚款。广利金公司安全科副科长被处9000元的罚款。广利金公司陈某等其他7人被分别处以不同金额的罚款。

五、补救措施

为杜绝此类事故再次发生，当地政府提出以下要求：

1. 切实加强对安全生产工作的领导。认真贯彻落实习近平总书记等中央领导关于安全生产工作系列重要讲话精神和省、州党委政府关于安全生产工作的重要部署，落实“党政同责、一岗双责、齐抓共管”和“管行业必须管安全、管业务必须管安全、管生产经营必须管安全”的安全生产责任体系。要制定打击采掘施工单位违法转包行为的具体措施，加大打击力度，坚决杜绝此类行为的发生。要采取有效措施，强化非煤矿山攻坚克难、整顿关闭各项安全生产工作，加强教育培训、安全检查、隐患整改、行政执法等工作，严防各类生产安全事故发生，确保安全生产形势稳定好转。

2. 切实落实企业安全生产主体责任。从根本上强化安全意识，真正全面落实企业安全生产法定代表人负责制和企业安全生产主体责任，建立健全安全生产责任制、安全生产规章制度、操作规程，完善经济承包和安全考核制度。要严格执行主要负责人、安全生产管理人员、特种作业人员持证上岗制度，企业领导带班下井制度，强化现场安全管理和班组安全管理，加大安全隐患的排查和治理的力度。要完善事故应急预案，定期组织开展事故应急实战演练，提高应急处置能力。要严格落实全员“三级”安全教育培训制度，开展经常性安全教育培训，重点抓好井下危险危害因素识别、事故防范和应急处置等方面的知识培训，全面提高从业人员安全意识、预防事故、应急处置、自救互救知识和能力。

3. 进一步深化矿产资源整合工作。认真制定整改措施，举一反三，对类似7－5坑的情况进行认真的调查分析和研究。做到“现状清楚、整体规划、合理布局、正规设计、规范开采”，经履行矿山建设项目安全设施“三同时”审批程序并取得安全生产许可证后，方可恢复生产，从源头上、本质安全上消除事故隐患，杜绝此类事故的再次发生。

4. 切实加强外包工程和采掘施工企业管理。严格按照国家安监总局第62号令规定，认真组织开展非煤矿山外包工程和采掘施工企业专项整治，全面清理整顿辖区内采掘施工企业，制定具体措施，严厉打击违法发包、层层转包、分项发包等行为。发包单位要全面履行安全生产主体责任，对外包工程的安全生产实施管理和监督，对外包工程实施统一规划布局、统一生产管理、统一技术管理、统一安全管理；承包单位要认真落实施工现场安全生产责任，确保安全生产；安全监管部门要全面加强对外包工程的安全生产监督检查，强化对发包单位、承包单位监督管理，防止和减少外包工程生产安全事故。

5. 认真开展金属非金属地下矿山采空区专项整治。全面查清矿权范围内地下矿山采空区和废弃巷道现状，并及时形成图件资料。分片区制定治理方案，按照整改措施、责任、资金、时限、预案“五到位”的要求，实施综合治理，彻底消除矿山采空区安全隐患，健全和完善采空区管理制度，为矿区安全生产提供可靠的安全保障。

参考资料

1. 红河州安全生产监督管理局：个旧市广利金矿业有限责任公司“5·18”较大坍塌事故调查报告，见http：//www.ajj.hh.gov.cn/info/1087/1983.htm。

2. 红河州安全生产监督管理局：个旧市卡房镇广利金公司“5·18”较大坍塌事故，见http：//www.ajj.hh.gov.cn/info/1087/1876.htm。

福建漳州“5·23”旅行团坠江事故

一、事件简介

2014年5月23日12时30分，一辆载有24名来自台湾新竹、桃园等地旅客的闽DZ0901号大型普通旅游车，在福建省漳州市华安县境内省道208线187km+500m处驶出左侧路外翻入九龙江中，造成3名台胞遇难、4人失踪、17人受伤。

二、事件原因

事故发生的原因是旅游车因暴雨打滑失控，整车翻覆坠入九龙江。

三、事件处理

事故发生后，国台办、海协会启动了涉台突发事件应急处理机制。国台办主任对此次不幸事件中遇难的台胞表示哀悼，对其家属及受伤人员表示慰问。国台办主任与福建省台办负责人通话，要求福建省台办在当地政府指挥下配合做好救治受伤台胞工作，协助查明事故原因，妥善处理善后。海协会及时向台湾海基会通报了有关情况。福建省台办组成工作组赶赴现场，事发地政府高度重视，迅速组织力量全力搜救，当地有关领导及有关部门人员前往医院慰问受伤人员。

四、责任追究

事故车辆司机和导游接受警方调查。

五、补救措施

事故发生后，华安县政府、县安委办迅速行动，根据福建省委书记和国家安监总局局长作出的批示，将该起事故紧急通报，并认真组织学习省、市安委办关于“5·23”事故指示精神，深刻吸取事故教训，举一反三，进一步加强辖区道路交通安全工作，提出以下要求：

1. 认真吸取事故教训，进一步强化道路交通安全专项整治。要求各乡（镇）、经济开发区和各有关部门深刻吸取该起事故教训，按照省、市政府第一季度防范重特大生产安全事故会议和近期关于加强汛期安全生产工作部署要求，结合实际，深入查找存在的突出问题和薄弱环节，强化部门监管和属地管理责任，采取针对性措施，切实加强道路交通、水上交通、旅游景区等重点领域的安全生产专项整治，预防同类事故再次发生。

2. 加强源头管理，进一步强化旅游包车安全监管，落实企业主体责任。针对旅游旺季即将来临，游客集中、旅游客运包车需求较多的特点，进一步加强对旅游客运包车的安全检查力度，严格把好准入关、营运车辆技术状况关和驾驶员从业资格关，强化源头管理，提高旅游客运包车运营的安全程度。

3. 细化措施，进一步加大恶劣天气下道路交通路面管控力度，消除隐患。针对梅雨季节和端午节小长假车流量大的特点，县交通、交管、公路等部门要进一步优化警力部署，合理安排勤务，严格路面巡查，科学增设交通安全警告提示标志，严厉查处超速、超员、超载、疲劳驾驶等非法违法行为，切实消除道路交通安全隐患，形成对严重违反交通违法行为的严管严查严惩的工作态势。

参考资料

1. 网易新闻：载24名台胞客车坠入漳州九龙江，见 http：//news.163.com/14/0524/11/9T0N4SJ700014Q4P.html。

2. 新华网：旅游车坠入九龙江19人被救出3人伤势较严重，见 http：//www.fj.xinhuanet.com/news/2014－05/23/c_1110834769.htm。

3. 福建省安全生产监督管理局：华安县吸取事故教训进一步加强道路交通安全工作，见 http：//www.fjsafety.gov.cn/NewsInfoShow.aspx?newsid＝326889&columnID＝43。

4. 新浪福建：载有24名台胞客车坠入九龙江3死4失踪17人受伤，见 http：//mn.sina.com.cn/news/b/2014－05－24/074983387.html。

安徽芜湖烟花企业燃爆事故

一、事件简介

2014年5月24日1时10分，安徽省芜湖市无为县严桥镇瑞松烟花制造有限公司在无人生产的情况下，原料中转库突然起火。企业负责人发现火情后及时带人救火，1时40分左右，中转库发生爆炸，造成3人死亡、3人受伤。

二、事件原因

燃爆事故发生的原因是原料中转库自燃，然后导致殉爆。

三、事件处理

事故发生后，省安全监管局领导带领相关业务处室人员及时赶赴现场指导事故抢险救援工作、处理事故善后事宜。无为县委县政府高度重视，迅速成立事故应急领导小组，下设现场处置、医疗救助等5个组，全力处置各项事宜。

四、责任追究

根据《安徽省人民政府办公厅转发省安全监管局等部门关于烟花爆竹生产企业有序退出意见的通知》（皖政办〔2010〕61号），要求事故企业所在地县级人民政府对事故企业瑞松烟花制造有限公司依法予以关闭。

五、补救措施

为深刻吸取事故教训，举一反三，坚决遏制

类似事故发生，确保安徽省烟花爆竹生产企业整体退出期间安全生产形势稳定，安徽省安全生产监督管理局提出如下要求：

1. 关闭事故企业。

2. 在全省范围内开展隐患排查工作。要把管理上的不到位作为最大的安全隐患，把安全隐患当作事故对待，安全隐患一经发现要立即责令企业停产整改，绝不允许边整改边生产。

3. 加强烟花爆竹生产企业日常安全监管。深入贯彻落实《烟花爆竹企业保障生产安全十条规定》，确保企业基础设施符合安全生产要求、健全企业内部安全管理规章制度、落实从业人员资格管理规定、严格执行相关安全技术标准。要制定日常安全监管定期巡查制度，根据企业生产计划，实行专人包点专盯，增加检查频次，坚决杜绝烟花爆竹生产企业退出期间出现管理混乱、夜间生产、超量生产、无序生产的现象，坚决杜绝“三违”、“三超一改”以及转包分包等非法违法行为。

4. 严格落实夏季高温时段停产规定和复产验收制度。严格执行《烟花爆竹作业安全技术规程》（GB11652），制定并实施夏季高温时段和恶劣天气停产制度和监督检查制度。县级安全监管部门具体负责停产和复产验收工作，市级安全监管部门要进行督导检查。防止烟花爆竹生产企业在停产前抢时间、超人员、超药量、超能力盲目生产储存；防止企业原材料、成品、半成品未妥善处理仓促停产；防止个别企业擅自违规冒险生产。

5. 强化危险药物和成品仓库安全管理。切实加强对烟花爆竹仓库特别是危险药物仓库的安全监管，监督企业严格按照烟花爆竹安全标准和政府规定落实安全管理和产品流向登记制度，落实防火、防雷、防水、防潮、防山洪、防山体坍塌、防雨水倒灌、防盗等各项安全防范措施，严防黑火药、烟火药、引火线丢失，严防因高温、雷雨、台风、洪涝等灾害性天气引发的生产安全事故。

参考资料

1. 安徽省安全生产监督管理局：关于无为县瑞松烟花制造有限公司“5·24”燃烧爆炸事故的通报，见 http：//www.anhuisafety.gov.cn/views/template/gnewinfo8/59472.htm。

2. 央广网：安徽一烟花厂发生爆炸 已造成3人死亡，见http：//news.cnr.cn/native/gd/201405/t20140524_515577763.shtml。

3. 合肥热线：无为严桥镇烟花厂深夜起火 工人施救时发生爆炸致 3 死 3 伤，见 http：//news.hefei.cc/2014/0525/024066268.shtml。

4. 新华网：安徽省无为县一烟花企业发生燃爆事故致 3 人死亡，见 http：//news.xinhuanet.com/local/2014－05/24/c_1110842053.htm。

辽宁铁岭“5·25”触电事故

一、事件简介

2014 年 5 月 25 日 5 时 40 分，开原市义和房地产开发有限公司在辽宁省铁岭市西丰县陶然镇桃源旅游圣地隐然村别墅区外墙保温施工中，发生了一起较大触电死亡事故，造成 3 名现场工人死亡、2 人受伤。

二、事件原因

直接原因

现场工人在高度为 6.08m 裸露的 10kV 农用高压线下整体移动 6m 高的钢管制脚手架，造成了这起触电事故。

间接原因

1. 事故单位违法施工。事故单位是房地产开发企业，没有建筑施工资质，将别墅区外墙保温工程非法发包给没有资质的施工队伍。

2. 事故单位没有组织现场安全生产管理。在工人进驻施工现场施工中，事故单位相关领导及其所属部门未到过作业现场检查指导安全生产工作，而是以包代管，也没有督促承包者到现场进行安全管理，只有 11 名工人自主作业。

3. 特种作业无证操作。现场有一名工人负责登高架设作业，但没有登高架设特种作业操作证。

4. 城建部门履行建设工程监督管理责任不到位。在别墅区外墙保温工程的施工中，开发单位（事故单位）在没有与任何有施工资质的乙方签订施工合同的情况下，由开发单位自己非法组织施工，西丰县城建部门没有及时发现并制止。

三、事件处理

事故发生后，被击倒的 5 人随即被另 6 人用从当地找来的微型面包车送往西丰县人民医院。经医生确认，其中 3 人已死亡，另 2 人留院治疗，无生命危险。

四、责任追究

经调查，西丰县桃源旅游圣地别墅区“5·25”触电较大事故是一起生产安全责任事故。开原市义和房地产开发有限公司法定代表人、总经理康某被移送司法机关处理。林某等 9 人被给予相关行政处分。事故发生单位开原市义和房地产开发有限公司在本起事故中负有责任，被给予 35 万元的罚款。

五、补救措施

为深刻吸取事故教训，举一反三，当地政府提出以下要求：

1. 开原市义和房地产开发有限公司，一是要制定专门的规章制度，落实责任和责任监督，加强守法经营意识，杜绝违法组织施工；二是要加强安全生产主体责任的落实，停止桃园旅游圣地项目别墅区外墙保温工程的非法施工，按照有关规定补充完善相关审批手续，防止各类生产安全事故的再次发生。

2. 有下列情况之一，该项目不允许恢复作业，不允许使用。一是事故地点10kV线路未按规定整改完毕；二是项目备案要件不齐全；三是项目未取得施工许可。

3. 西丰县建设行业主管部门要按照“管行业必须管安全”的要求，进一步加大对全县建筑行业的安全管理，并监督本防范措施第二项的落实。

4. 西丰县人民政府要深刻吸取事故教训，政府主要负责人及相关主管领导要严格履行“一岗双责”要求，把好招商引资项目安全关，督促、监督事故项目落实整改要求，确保不达到安全条件，不恢复作业，不投入使用。同时，要举一反三，按照管理权限，由发改、城建等相关部门牵头，对本县境内招商引资项目进行一次全面清理整顿，确保项目手续齐备，具备安全建设和安全施工条件。切实把“谁主管，谁负责”、“谁许可，谁负责”、“谁发证，谁负责”的原则落到实处。

参考资料

1. 铁岭市安监局：西丰县桃源旅游圣地别墅区“5·25”触电较大事故调查报告，见 http：//www. tlsafety. gov. cn/showall. asp? table = taqfx&fID = 3&n = % B0% B2% C8% AB% C9% FA% B2% FA% D0% C5% CF% A2&nn = % CD% B3% BC% C6% B7% D6% CE% F6% B1% A8% B8% E6。

2. 滕州安全网：滕州安全，见 http：//ajj. tengzhou. gov. cn/aqxx/t20140618_229255. htm。

贵州六盘水“5·25”煤与瓦斯突出事故

一、事件简介

2014年5月25日15时14分，贵州省六盘水市水城县玉舍煤业有限公司玉舍西井发生一起较大煤与瓦斯突出事故，造成8人死亡、1人受伤，直接经济损失1048.8万元。

二、事件原因

直接原因

11182（Ⅱ）机巷底板抽放巷掘进过程中，K18煤层受断层影响被切割至距巷道顶板约3m位置，未采取防突措施消除突出危险，综掘机掘进诱发煤与瓦斯突出，导致事故发生。

间接原因

1. 防突措施落实不到位。一是防误穿煤层措施不完善。对大于0.3m厚的煤层执行考察（测K1值）批掘局部防突措施，没有明确执行区域防突措施；掘进过程中出现突出预兆也无明确的分析处置措施。二是未对第15循环地质钻孔进行认真分析，在地质钻孔已出现明显异常的情况下，下达了允许掘进60m的地质预测预报单，在掘进过程中未采取有效措施进一步探明煤层层位、地质构造，没有采取防突措施。2号、6号钻孔应穿透K18煤层，而施工后未见K18煤层，未分析原因；不该进入K18煤层的3号钻孔已探到K18煤层，煤厚3m、钻孔见煤长度42.5m，误判为掘进巷道上部的标志煤层。三是11182（Ⅱ）机巷底板抽放巷距K18煤层最小法线距离小于5m，不符合《防治煤与瓦斯突出规定》第二十一条规定，且未采取防突措施，造成误揭K18煤层。四是事故当班未施工3个地质探孔。五是出现瓦斯涌出异常且掘进工作面顶板破碎的突出预兆，没有撤人、分析，仍未采取防突措施。

2. 瓦斯管理工作不到位。一是没有认真分析瓦斯变化原因。在第15循环掘进过程中工作面瓦斯浓度由0.2%上升到0.64%，瓦斯涌出量明显增大，且在5月24日瓦斯超限达1.5%导致了闭锁断电，矿上没有认真分析瓦斯变化原因，瓦斯超限也没有按照“四不放过”原则追查处理。二是矿井瓦斯监测监控系统不能正常显示11182（Ⅱ）机巷底板抽放巷掘进工作面瓦斯超限值。

3. 集团公司安全管理工作不到位。一是未认真履行对下属煤矿的安全管理职责。2014年以来，六枝工矿集团对玉舍西井检查31次，只有8次下达检查指令，且对玉舍西井检查出的隐患未跟踪复查。二是未对玉舍西井瓦斯防治、防突工作存在的隐患进行深入排查，5月19日对该矿检查未下指令，未发现11182（Ⅱ）机巷底板抽放巷存在的重大隐患，也未对其他检查出隐患跟踪复查销号。三是制度不健全，未建立钻孔施工、验收管理制度。

4. 地方煤矿安全监管工作不到位。一是玉舍安监站履行安全监管职责不到位，对玉舍西井安全检查次数未达到每周一次。二是水城县煤炭局未认真履行“管行业必须管安全”职责，2014年事故发生前未到玉舍西井进行行业安全检查。三是水城县安监局日常安全监管不到位，对玉舍西井安全检查次数未达到每月一次的要求，对玉舍安监站的工作督促检查力度不够。四是水城县未按照《贵州省人民政府办公厅关于加强煤矿瓦斯治理和综合利用工作的实施意见》（黔府办发〔2008〕83号）文件规定成立煤矿瓦斯治理和综合利用领导小组。

三、事件处理

事故发生后，贵州省省长、常务副省长等领导分别作出重要批示，要求全力科学施救被困人员，做好善后工作，查明事故原因并依法追究责任。贵州省安监局（贵州煤监局）局长、六盘水市委书记等领导带领有关人员赶赴现场，组织指导抢险救援。国家煤矿安全监察局事故调查司副司长也率队赶赴事故现场，对抢险救援、事故调查等工作进行指导。

四、责任追究

党某等2人被移送司法机关处理，李某等15人被给予党纪、政纪处分。玉舍西井，被处罚款149万元。水城县委县政府分别被责成向六盘水市委市政府作出深刻书面检查。

五、补救措施

为了更进一步确保煤矿安全生产，吸取此次教训，贵州省安全生产监督管理局提出如下改进措施：

1. 严格落实煤矿企业安全生产主体责任。一是六枝工矿集团要严格督促指导玉舍西井隐患排查治理工作，玉舍西井在停产整顿期间，要切实开展好“思想大整顿、隐患大排查、基础大夯实”活动，消除各大系统存在的隐患。整改结束，经省安监局组织验收合格、取回《安全生产许可证》后，方能恢复生产。二是要严格落实《防治煤与瓦斯突出规定》，通过钻探等手段严格掌握掘进巷道距突出煤层的法线距离，防止误揭煤事故发生。要确保防突措施有效，在煤体消突的情况下才能采用综掘机掘进；岩巷掘进中，出现瓦斯涌出异常、地质构造等，要认真进行分析，确认无突出危险后方能掘进。三是要配齐地质专业技术人员，加强专业技术人员培训力度，尤其要提高防突、地质等专业人员的综合分析、处置能力。四是集团公司要建立隐患排查治理闭合工作制度，加强对下属煤矿安全监督检查和安全技术管理，突出排查整改通风系统、瓦斯治理、监测监控系统运行等方面存在的隐患，并跟踪督促整改到位。五是加强对作业人员安全培训教育，提高其安全意识和辨识危险的能力，能按章作业。

2. 煤矿安全监管、行业管理部门要认真履行职责。一是要按照自身工作职责，结合辖区实际拟定合理的检查计划，并认真组织落实，确保检查到位。二是要按照“查大系统、除大隐患、防大事故”的要求开展检查，检查工作要细要实，做到检查有实效，防止事故发生。三是要严格执法，对查出的隐患要严格按照国家有关法律法规实施处罚，绝不姑息迁就，并对隐患整改跟踪督促，确保隐患整改到位。

3. 水城县要切实打好煤矿安全生产攻坚战。一是要牢固树立安全生产红线意识和底线思维，采取有效措施夯实全县煤矿安全基础。二是要严格按照《国务院安委会办公室关于印发50个煤矿安全重点县（市、区）遏制重特大事攻坚战工作方案的通知》（安委办函〔2013〕82号）文件要求，结合自身特点，针对性的采取措施。三是要加强攻坚战组织机构，加强监管队伍建设，强化责任意识，提高基层监管人员业务能力。通过政府及部门安全监管主体责任的落实，督促煤矿企业真正落实安全生产主体责任，确保攻坚目标的实现。督促驻矿安监员要认真履行职责，及时发现煤矿瓦斯超限隐患，督促煤矿按事故调查程序分析处理并及时向上级领导报告，工作中要坚持实事求是，敢于担当，不可假记录、假汇报，甚至作伪证。四是要加强对有关部门履职的督促，切实落实好“党政同责、一岗双责”和“管行业必须管安全、谁主管谁负责”的职责。

4. 切实加强煤矿瓦斯治理工作。六盘水市辖区内的煤矿要按照《防治煤与瓦斯突出规定》和省政府《省人民政府办公厅转发省安全监管局贵州煤监局关于进一步加强煤矿瓦斯治理工作意见的通知》（黔府办发电〔2013〕4号），健全完善“通风可靠、抽采达标、监控有效、管理到位”的瓦斯治理工作体系，并严格落实两个“四位一体”综合防突措施，确保瓦斯治理到位，坚决杜绝类似事故的再次发生。

参考资料

1. 贵州省安全生产监督管理局：关于玉舍煤业“5·25”较大煤与瓦斯突出事故调查的公告，见 http://www.gzaj.gov.cn/xxzx/gwgg/gg/75103.shtml。

2. 中国六盘水网：贵州玉舍煤业有限公司发生煤与瓦斯突出事故，见 http://www.lpswz.com/news/2010-01/28/content_95822.htm。

3. 中国煤炭网：5月25日15时51分，贵州省水城县玉舍镇六枝工矿集团玉舍煤业11182机巷底板抽放巷发生一起煤与瓦斯突出事故，9人下落不明，见 http://www.zgmklt.com/news/201405/26/42091.html。

4. 新华网：贵州水城县一煤矿发生煤与瓦斯突

出事故 已致5人遇难4人失踪，见 http：//news.xinhuanet.com/2014－05/25/c_1110848615.htm。

福建晋江“6·1”火灾事故

一、事件简介

2014年6月1日7时，福建省晋江市陈埭镇梧埭村一鞋厂二楼车间发生火灾，造成3人死亡、1人受伤。

二、事件原因

该鞋厂发生火灾的建筑共有四层，其中一层为冲裁车间、二层为针车车间、三层为成型车间、四层为临时放置鞋材车间。火灾系二楼车间在生产过程中着火引发。

三、事件处理

事故发生后，福建省泉州市委书记等领导高度重视，作出重要批示。有关部门负责人也赶赴现场指挥、组织抢险救援工作。泉州市公安消防支队指挥中心及时调派陈埭中队3车14人赶赴火场，同时调派青阳中队3车15人增援，晋江市消防大队全勤指挥部2车8人随即赶赴现场指挥。火势于6月1日8时20分得到控制。

四、补救措施

福建省晋江市已成立由市、镇、村三级和公安、消防、安监等部门组成的工作领导小组，全力做好人员救治和善后处理等相关工作。晋江市政府组织召开了全市安全生产工作现场会，吸取经验教训，举一反三，全面部署安全隐患排查、整治工作，尽力遏制火灾事故的发生。

参考资料

1. 慧聪消防网：晋江市陈埭镇梧埭村鞋厂起火 致3死1伤，见 http：//info.fire.hc360.com/2014/06/030923780130.shtml。

2. 易安网：福建晋江一鞋厂发生火灾 造成3死1伤，见 http：//www.esafety.cn/news/95651.html。

3. 安全管理网：福建晋江一鞋厂大火致三死一伤，见 http：//www.safehoo.com/News/News/China/201406/353487.shtml。

4. 国家安全生产监督管理总局：事故查询，见 http：//media.chinasafety.gov.cn：8090/iSystem/shigumain.jsp。

河北邢台“6·2”煤矿透水事故

一、事件简介

2014年6月2日19时30分，河北省邢台市冀中股份显德汪矿1493掘进工作面发生透水事故，造成1人死亡、8人受伤。

二、事件原因

出事巷道距离地面约300m，长约340m，巷道有堵塞，主要是煤淤层，导致了透水事故的发生。

三、事件处理

事故发生后，该矿及时启动应急预案，全力组织抢救，成立救援组织部，同时向有关部门作了报告，河北省、邢台市安监局、煤监局有关领导在现场指挥救援。启用应急救援水泵和排水管路，全力排水；从1493风巷口向里清理淤泥，形成救生通道；安装局部通风机，保持向工作面正常通风。

四、补救措施

事故发生后，河北省启动安全企业主要负责人安全生产履职尽责警示教育活动，并在全省范围内开展，使负责人的安全意识得到了增强。为保证活动收到实效，河北省安委办组成了57个督察检查组，对各地警示教育活动进行全程督查，对参会人员进行实名验证、核对身份证件，无故缺席和替培替训的，一经发现，将作为企业安全生产不诚信行为，记入所在企业诚信档案，其中对高危行业主要负责人将不予复训和换发安全生产资格证书。此举在全省引起了巨大反响，达到了预期目的。

参考资料

1. 西陆网：河北邢台“6·2”显德汪煤矿透水事故，见 http：//shizheng.xilu.com/20140604/1000150002146604.html。

2. 看看新闻网：河北邢台显德汪煤矿发生透水事故致1人死亡5人被困，见 http：//society.kankanews.com/s/2014－06－03/0014882632.shtml。

3. 中国学网：邢台显德汪矿发生透水事故5名被困矿工，见 http：//www.xue163.com/491/10027/4915486.html。

重庆万盛经开区“6·3”煤矿瓦斯事故

一、事件简介

2014年6月3日17时40分，重庆市万盛经开区南桐矿业公司砚石台煤矿井下4406S2回采工作面发生一起重大瓦斯事故。事故发生时，当班井下作业人员28人，事故发生后5人安全升井、1人受伤、22人被困。后22名被困人员被证实已死亡。

二、事件原因

该起事故的原因是矿井内的瓦斯发生爆燃，瞬间的爆炸导致绝大部分井下工人没有机会逃生。

三、事件处理

事故发生后，重庆市委书记及时作出批示，要求全力、科学搜救被困人员，严防发生次生灾害，并尽快查明事故原因，依法追究责任。与此同时，重庆市市长、副市长率领有关部门负责人赶赴事故现场指挥救援，看望伤员，对事故善后工作进行安排部署。

四、补救措施

重庆市委市政府领导高度重视此次瓦斯爆炸事故，要求事故发生后务必要做好遇难人员家属善后工作，吸取教训，举一反三，严格落实责任，切实采取有效措施，坚决防止重特大事故发生；全面排查煤矿安全隐患，确保安全生产形势稳定，尽最大可能把此类事故发生的概率降到最低。

参考资料

1. 搜狗百科："6·3"重庆砚石台煤矿瓦斯事故，见 http：//baike. sogou. com/v83097387. htm。

2. 凤凰资讯：重庆南桐矿业公司砚石台煤矿发生重大瓦斯事故，见 http：//news. ifeng. com/a/20140604/40575130_0. shtml。

3. 新华网：重庆南桐矿业公司砚石台煤矿"6·3"重大瓦斯事故善后工作全面展开，见 http：//news. xinhuanet. com/local/2014－06/04/c_1110990142. htm。

4. 网易新闻：重庆南桐矿业公司砚石台煤矿重大瓦斯事故造成22人死亡，见 http：//news. 163. com/14/0604/05/9TSFEJ7F00014AEE. html。

贵州六盘水"6·11"煤与瓦斯突出事故

一、事件简介

2014年6月11日0时15分，贵州省六盘水市六枝工矿集团控股的贵州华隆煤业有限公司新华煤矿发生煤与瓦斯突出事故，共导致10人遇难。

二、事件处理

事故发生后，贵州省委省政府和国家安全监管总局、国家煤监局领导高度重视。贵州省委书记等领导作出重要批示，要求查明原因，分清责任，依法问责，坚决防止事故再次发生。贵州省委常委兼常务副省长也对事故的善后处置及相关工作作出批示。贵州省副省长率省直相关部门赶赴现场指挥抢险救援和善后处置，安排部署重点地区煤矿安全生产工作，及时成立事故调查组开展事故调查，从严从快先行问责。国家煤监局副局长率工作组赶赴事故现场，督促指导企业及地方全力开展事故善后处置、事故调查等工作。省、市、六枝特区及六枝工矿集团公司及时作出反应，迅速启动事故抢险救援及善后处置工作。

三、责任追究

经事故调查组认定，新华煤矿煤与瓦斯突出事故是一起责任事故，相关责任人被给予免职处理。

四、补救措施

贵州省相关部门领导强调，"6·11"煤矿事故的发生，再次敲响了安全生产的警钟，各级各部门要按照省委省政府的要求，按照"查大系统、除大隐患、防大事故"的要求，强化监管责任，尤其要加大对辖区内国有煤矿安全生产监管力度，进一步落实安全监管制度，深刻吸取事故教训，采取过硬措施，举一反三，查缺补漏，全面深入开展安全生产大排查、大整治，坚决杜绝类似事故的发生。

参考资料

1. 中国凉都·六盘水：六枝新华煤矿发生煤与瓦斯突出事故，见 http：//www. gzlps. gov. cn/art/2014/6/13/art_18578_581041. html。

2. 新华网：6月13日贵州省六枝工矿集团公司新华煤矿煤与瓦斯突出事故警示通报，见 http：//news. xinhuanet. com/talking/2014－06/21/c_1111250313. htm。

3. 网易新闻：煤矿事故警示通报，见 http：//news. 163. com/14/0612/11/9UHLFOVA00014JB5. html。

4. 和讯网：贵州一煤矿发生煤与瓦斯突出事故10人死亡，见 http：//news. hexun. com/2014－06－12/165623049. html。

云南昆明一旅游专线交通事故

一、事件简介

2014年6月15日7时，云南省昆明市石林县境内九石阿旅游专线发生一起两辆机动车相撞的道路交通事故，造成6人死亡、6人受伤。

二、事件处理

事故发生后，云南省昆明市石林县及时启动重特大道路交通事故应急处置预案，迅速开展事故现场处置工作，云南省交警总队事故对策处及昆明市公安局、交警支队领导相继赶到现场组织指挥救援工作。

三、补救措施

云南省石林县成立"6·15"较大道路交通事故处理工作领导小组，全力组织开展事故善后处理工作。

参考资料

1. 新华网：云南昆明一旅游专线发生交通事

故致6死6伤，见 http：//news. xinhuanet. com/photo/2014 -06/15/c_126621770. html。

2. 东方网：云南石林一旅游专线发生交通事故致6死6伤，见 http：//news. eastday. com/eastday/13news/auto/news/china/u7ai1772367_K4. html。

3. 人民网：昆明一旅游专线发生交通事故致6死6伤，见 http：//society. people. com. cn/n/2014/0615/c1008 -25150523. html。

贵州黔西南州“6·15”厂房坍塌事故

一、事件简介

2014年6月15日22时20分，贵州省黔西南州义龙新区新桥镇一在建厂房突发塌方事故，造成7人死亡。

二、事件原因

发生坍塌的是金源铁合金厂炉心脚手架，当时有9名民工在浇筑楼顶板，2014年6月15日22时20分许，脚手架突然发生坍塌，9名民工瞬间被杂乱的建材埋住。

三、事件处理

事故发生后，贵州省黔西南州公安局党委委员、州公安消防支队支队长指示按照“救人第一”的原则，亲自率领相关领导紧急赶赴现场，支队指挥部当天值班人员驾驶卫星通信指挥车前往。同时，黔西南州还及时调动了5个消防大队、8个消防中队的90余名官兵及照明车、抢险救援车等特种车辆和各种特勤器材装备赶赴现场，连夜战斗。在消防照明灯强光下，消防官兵紧急利用切割机、扩张器等多种抢险救援工具实施救援，对钢管进行切割，对钢筋进行切断，对板材进行破拆。消防官兵克服坍塌后钢筋纵横交错、水泥加快凝固、夜间光线不足和天空飘雨等各种困难全力施救。为侦察被困民工位置，消防官兵还带去了搜救犬和生命探测仪，现场探测生命。通过消防官兵34个小时的艰苦奋战，凿开凝固的水泥，6月17日8时30分成功找到被埋压的第9位民工遗体，完成了此次救援任务。

四、补救措施

贵州省黔西南州相关领导分别作出批示，要求抓紧搜救被困人员，全力救治受伤人员，并要抓紧搜救被困人员，做好家属安抚、舆情应对等相关工作。黔西南州、义龙新区要查明原因，举一反三，加强建筑工程安全隐患排查整治，坚决防止类似事故再次发生。

参考资料

1. 中国新闻网：贵州黔西南发生脚手架倒塌事故9人被埋200余人救援，见 http：//www. chinanews. com/df/2014/06 -16/6282130. shtml。

2. 凤凰财经：贵州黔西南发生脚手架倒塌事故9人被埋200余人救援，见 http：//finance. ifeng. com/a/20140616/12544962_0. shtml。

3. 中国金州·黔西南：黔西南一在建厂房脚手架倒塌9人被埋消防连续施救34小时，见 http：//www. qxn. gov. cn/ViewGovPublic/Article. 119. 2/90156. html。

4. 21CN 新闻：贵州黔西南发生脚手架倒塌事故9人被埋200余人救援，见 http：//news. 21cn. com/caiji/roll1/a/2014/0616/03/27464510. shtml。

新疆吐鲁番“6·16”煤矿安全事故

一、事件简介

2014年6月16日11时，新疆吐鲁番星亮矿业有限公司二矿混合提升斜井发生一起较大运输事故，造成4人死亡、2人受伤。

二、事件原因

直接原因

提升钢丝绳钩头与串车连接插销不合格，无闭锁装置；卸煤漏斗在运行过程中偏向井筒东侧，刮碰到井筒东侧的管道和第一道跑车防护装置缓冲钢丝绳，使串车产生冲击和震动，插销跳销而跑车；作业人员违章乘坐矿车下井，跑车后人员伤亡。

间接原因

1. 安全意识淡漠，对混合提升斜井提升运输系统存在的重大事故隐患没有采取措施予以消除。

2. 安全职责不清，安全管理混乱，违章指挥、违章作业现象严重。

3. 法律意识淡漠，重生产，轻安全。委托管理前，委托方未核实承托方相关资质，将煤矿整体托管给不具备相应资质的承托方生产经营，违反《中华人民共和国安全生产法》第四十一条规定。委托管理后，未重新申办安全生产许可证，擅自组织生产，违反《国务院关于预防煤矿生产安全事故的特别规定》第八条第二款第十三项规定。煤矿为增加提升量，违反初步设计中提煤时每钩串4辆1t矿车规定，将每钩串车增加到6辆车，每辆矿车载重由1t改造到1.2t左右。事故发生时串6辆矿车、2辆材料车，牵引车数超设计规定。煤矿中层以上管理人员工资由基本工资和产量提成构成，造成管理人员重生产、轻安全。

4. 煤矿劳动组织不合理。混合提升斜井井口信号把钩工既负责摘挂钩、打信号工作，还负责翻煤、推矿车和刮板输送机、胶带输送机运行操作等工作，难以履行把钩工岗位职责。调度室、监控室仅配备3名人员，1名调度室主任、1名监控值班员兼调度员、1名库管员兼调度员，不能满足调度和监测监控工作需要，违反《国务院办公厅关于进一步加强煤矿安全生产工作的意见》（国办发〔2013〕99号）规定。

5. 煤矿职工安全教育培训不到位。

6. 吐鲁番市煤炭局安全监管工作不到位。

三、事件处理

事故发生后，国家安全生产监督管理总局领导高度重视，国家安全生产监督管理总局副局长兼国家煤矿安全监察局局长作出了重要批示“严重违章，要严肃追究责任，依法处理”。新疆维吾尔自治区煤矿安全监察局、煤炭工业管理局副局长率队及时赶赴事故现场，传达国家局领导同志重要批示，指导救援工作。

四、补救措施

为防止类似事故再次发生，新疆维吾尔自治区政府提出如下要求：

1. 吐鲁番市人民政府应进一步加强对煤矿安全生产和事故隐患排查治理工作的领导，坚守发展不能以牺牲人的生命为代价这条红线、底线。进一步选配专业技术人员，以充实、加强煤炭管理部门的监管力量，提高煤炭管理部门工作人员的履职能力。保障煤矿安全监管工作经费，确保煤矿安全监管工作顺利开展。采取措施，加快小煤矿机械化改造，改善煤矿安全生产条件，提高煤矿的安全保障能力。鼓励、支持大型煤炭企业和具有煤矿生产专业化运营管理经验的大型企业托管小煤矿，提升煤矿安全管理水平。

2. 煤炭管理部门应当切实加强煤炭行业管理和安全监管工作。要进一步加强对全市煤炭企业依法生产的监督管理，督促煤矿企业建立健全管理机构，充实满足工作需要的各种管理人员，完善各种管理制度和操作规程，全面提高煤矿企业的安全管理水平。要采用“四不两直”等手段监督检查煤矿安全隐患的排查治理工作，对违法违规生产行为要坚决查处，对重大安全隐患要盯住不放，直至彻底整改，使煤矿企业切实做到不安全就不能生产。要加大煤矿事故警示教育力度，要认真总结事故教训，采用多种方式扩大事故警示教育范围、提高事故警示教育效果，真正做到“一矿出事故、万矿受教育”。

3. 煤矿企业牢固树立红线意识，强化法律意识，做到依法办矿，依法管矿。严格落实“双七条”规定，将企业的安全主体责任落到实处。严格执行国家有关法律法规和规章标准，整体托管企业必须具备相应资质，坚决杜绝“包而不管、以包代管”的情况发生。要全面加强煤矿安全教育培训工作，所有新入矿人员都要参加岗前培训，抓好教育培训质量，培训合格后方可上岗作业。要严格落实各级人员岗位责任制，要配备能够满足需要的管理和技术人员，严禁在关键岗位安排不能胜任本职工作的人员，重点岗位不得一人多岗，要设专人负责。要建立健全安全规章制度、安全生产岗位责任制和操作规程，强化现场安全管理，狠反“三违”，将规章制度落到实处，杜绝违章指挥、违章作业。

4. 各类煤矿企业要转变办矿理念，根据国家、自治区煤炭产业政策，积极引进有资金、有技术、会管理的大企业、大集团进行整合、兼并、重组，加快煤矿机械化改造步伐，以适应安全生产发展的需要，坚决杜绝安全生产中的侥幸心理、投机行为。

参考资料

1. 新疆煤矿安全监察局：新疆吐鲁番星亮矿业有限公司二矿“6·16”较大运输事故调查报告，见 http：//www.xjcms.chinasafety.gov.cn/sgdc/sgxx/2014－11－25－34341738.html。

2. 国家安全生产监督管理总局：事故查询，见 http：//media.chinasafety.gov.cn：8090/iSystem/shigumain.jsp。

深圳南山“6·21”道路交通事故

一、事件简介

2014年6月21日0时50分，深圳市南山区龙井路发生一起严重交通事故，一辆小汽车追尾撞上一辆路边停放的重型货车，小汽车内6人当场死亡。

二、事件原因

该事故原因主要有三个：一是小汽车车速过快；二是小汽车驾驶员血液中酒精浓度含量167mg/100ml，涉嫌醉驾、超载；三是大货车涉嫌违停。

三、事件处理

事故发生后，深圳市公安、消防、医疗等部门的工作人员及时赶到现场救援。救援人员利用机动液压剪切钳拆除左后车门，将一名女伤者转移到救护车上，经医生现场确认没有生命迹象。此后半小时内，其余5人被转移出小汽车，但均已死亡。

四、补救措施

深圳市南山区桃园街道办工作人员组成专门

善后处理小组，与死者家属进行联系，提供相应帮助。

参考资料

1. 东方网：深圳南山凌晨醉驾追尾违停货车小车6人全部遇难，见 http：//news. eastday. com/eastday/13news/auto/news/china/u7ai1828393_K4. html。

2. 21CN 新闻：深圳南山区小车碰撞大货车6人死亡，见 http：//news. 21cn. com/hot/gd/a/2014/0621/13/27514263. shtml。

3. 新华网：深圳小车碰撞大货车致6人死亡，见 http：//news. xinhuanet. com/2014－06/21/c_1111251138. htm。

贵州绥阳“6·22”道路交通事故

一、事件简介

2014年6月22日3时，贵州省遵义市绥阳县境内207省道旺草镇萝柏村三组路段发生一起交通事故，一辆轿车迎面撞上一辆大货车，造成5人当场死亡。

二、事件原因

事故轿车占道行驶，且天黑路滑，使大货车避让不及，导致事故发生。

三、事件处理

事故发生后，贵州省绥阳县消防部门及时赶到事故现场，开展救援。6月22日4时36分，消防官兵到场，发现事故轿车车头严重变形，车内5人被困且均处于昏迷状态。经侦察决定利用抢险救援车的牵引绳将轿车拉离大货车，扩大救援空间，然后用液压扩张剪、剪切器等破拆工具强行破拆车门。5时40分将被困人员救出，经医护人员确认5人已无生命体征。

四、补救措施

当地交警部门负责人表示，要继续加强道路安全排查，确保车辆安全行驶，把危险度降到最低。

参考资料

1. 新华网：两车相撞致5人死亡 贵州绥阳消防紧急营救，见 http：//www. gz. xinhuanet. com/2014－06/23/c_1111271804. htm。

2. 中国新闻网：贵州绥阳：小轿车撞上大货车5人遇难，见 http：//www. chinanews. com/sh/2014/06－22/6307367. shtml。

3. 东方网：贵州绥阳：小轿车撞上大货车5人遇难，见 http：//news. eastday. com/eastday/13news/auto/news/society/u7ai1830583_K4. html。

海南海口“6·23”道路交通事故

一、事件简介

2014年6月23日18时30分，海南省海口市G98高速公路（海口至老城方向）595km处发生一起轻型厢式货车侧翻事故，造成4人死亡。

二、事件原因

海口绕城高速路段存在无遮光板、路面标线反光差、隔离护栏等安全设施不完善等诸多问题，加上驾驶员操作不当，导致了事故的发生。

三、事件处理

事故发生后，海口市交警、消防、医疗等部门的工作人员及时赶到现场开展抢救工作。

四、补救措施

当地相关部门负责人表示，将尽快处理道路安全隐患，消除障碍，为驾驶员的安全行驶提供条件。

参考资料

1. 海口网：货车海口绕城高速侧翻4人死亡记者体验：隐患重重，见 http：//www. hkwb. net/news/content/2014－06/25/content_2304046. htm? node＝115。

2. 博才网：海口高速路一货车侧翻 因司机操作不当致4人死亡，见 http：//www. hbrc. com/rczx/shownews－6360744－2. html。

3. 海南日报：货车侧翻4人死亡，见http：//hnrb. hinews. cn/html/2014－06/26/content_9_5. htm。

新疆吉木萨尔“6·24”道路交通事故

一、事件简介

2014年6月24日7时50分，新疆维吾尔自治区昌吉州吉木萨尔县境内一辆面包车在行至省道303线529km＋100m处时，因车辆爆胎发生自翻，造成3人死亡、7人重伤。

二、事件原因

该面包车核定载客11人（非营运车辆），而车内实际载有20人，沿省道303线由东向西行驶至事发处时，因后胎爆裂发生自翻。

三、事件处理

事故发生后，受伤人员被迅速送往吉木萨尔县人民医院救治。当地安监、交通、卫生等部门的领导前往县人民医院，组织人员抢救伤员，牵头开展事故调查、善后处理等工作。

四、补救措施

新疆吉木萨尔县的安监、交通部门领导表示，将继续加强道路安全的监督检查工作，加强道路、车辆安全监督和排查是永远不能松懈的任务。

参考资料

1. 凤凰资讯：新疆一面包车超载9人 爆胎翻车3死7伤，见http：//news. ifeng. com/a/20140626/40903347_0. shtml。

2. 天山网：新疆一面包车超载9人 爆胎翻车三死七伤，见 http：//news. ts. cn/content/2014 - 06/26/content_9932059. htm。

3. 亚心网：新疆一面包车超载9人 爆胎翻车三死七伤，见 http：//news. iyaxin. com/content/2014 - 06/26/content_4613724. htm。

贵州福泉“6·27”道路交通事故

一、事件简介

2014年6月27日14时40分，贵州省福泉市境内205省道金鸡山隧道口发生一起交通事故，造成5人死亡、25人受伤。

二、事件原因

事故客车行驶至205省道金鸡山隧道进口处因超车与一辆货车发生剐擦后，与另一辆货车相撞，引发此次交通事故。

三、事件处理

事故发生后，贵州省福泉市有关领导及公安、消防、卫生、安监等相关部门人员及时赶到现场开展工作并组织施救，随后开展事故调查、伤员救治和善后处置等工作。

四、补救措施

贵州省福泉市有关领导及公安、消防、卫生、安监等相关部门积极开展事故调查、伤员救治和善后处置等工作，安抚死者家属，并进行安全宣传，提高人们的安全意识。

参考资料

1. 中国公路网：贵州：福泉市金鸡山隧道口发生交通事故5人死亡，见 http：//www. chinahighway. com/news/2014/847266. php。

2. 中国日报网：贵州：福泉市金鸡山隧道口发生交通事故5人死亡，见 http：//www. chinadaily. com. cn/hqcj/xfly/2014 - 06 - 28/content_11912783. html。

3. 新华网：贵州福泉市金鸡山隧道口发生交通事故5人死亡，见 http：//www. gz. xinhuanet. com/2014 - 06/28/c_1111361896_2. htm。

江苏南京“6·30”氩气泄漏事故

一、事件简介

2014年6月30日4时50分，江苏省南京钢铁厂发生氩气泄漏事故，导致3人死亡。

二、事件原因

南钢炼钢厂3号转炉车间，一钢包底吹用氩气的金属软管因使用时间过久，发生破裂，导致氩气泄漏。

三、事件处理

事故发生后，3号转炉车间旁边的工作人员紧急关闭阀门，并把3人送往南钢医院抢救。

四、补救措施

南京钢铁厂车间的相关管理人员及时采取了措施，进行了堵漏，防止气体大量泄漏，造成环境污染。

参考资料

1. 凤凰财经：南京钢铁厂发生氩气泄漏事故导致三人死亡，见 http：//finance. ifeng. com/a/20140630/12630379_0. shtml。

2. 搜狐资讯：南京钢铁厂发生氩气泄漏事故导致三人死亡，见 http：//roll. sohu. com/20140630/n401578496. shtml。

3. 21世纪网：南京钢铁再现安全事故 氩气泄露致3人死亡，见 http：//money. 21cbh. com/2014/6 - 30/3NMDEwMTZfMTIxNTg3Ng. html。

海南海口“7·1”爆炸事故

一、事件简介

2014年7月1日11时，位于海南省海口市美兰区灵山镇顺达路的慧谷药业固体制剂车间烘箱发生爆炸事故，导致4人死亡、4人受伤。

二、事件原因

这次事故是由于药厂固体制剂车间烘箱含易燃品酒精的物料突然发生爆炸导致的。

三、事件处理

事故发生后，海南省委省政府主要领导高度重视，海南省省长作出重要批示。批示要求，省、市安监部门立即组织调查，查明事故原因，并对相关责任人进行严肃问责。批示指出，海口市政府要尽最大努力组织救治受伤人员，抚慰好伤亡人员家属。

四、补救措施

海南省委省政府作出重要批示，要求相关部门要举一反三，切实加强易爆易燃物品管理，把安全生产的责任和措施落实到具体人头上，以对人民生命高度负责的精神做好这件事。

参考资料

1. 安全管理网：事故通告，见 http：//www. safehoo. com/Case/notice/201407/356942. shtml。

2. 新华网：海口一制药厂发生爆炸致4人死亡，见 http：//news. xinhuanet. com/photo/2014 -

07/01/c_126697243_2. htm。

3. 搜狐资讯：海口一制药厂发生爆炸致4人死亡 系含酒精物料爆炸引发，见 http：//roll. sohu. com/20140702/n401655885. shtml。

4. 人民网：海口慧谷药业爆炸致4死4伤 蒋定之作重要批示，见 http：//news. 0898. net/n/2014/0701/c231190－21554125. html。

重庆武隆“7·5”道路交通事故

一、事件简介

2014年7月5日19时，一辆重庆美途旅游公司租用的重庆新世界公共交通有限公司旅游客车，在重庆市武隆县城至仙女山公路杨叉岭处发生侧翻，造成6人死亡、36人受伤。

二、事件原因

旅游客车刹车故障导致爆胎，车辆发生侧翻。

三、事件处理

事故发生后，重庆市武隆县及时组织相关部门和人员赶赴现场开展紧急处置，伤员得到及时救助。

四、补救措施

重庆市武隆县交通部门表示，要继续加强客车安全行驶的宣传教育，以史为鉴，吸取经验教训，举一反三，尽力避免此类事故的发生。

参考资料

1. 二七军事网：重庆一旅游大巴侧翻，见 http：//www. 27dy. com/xinwen/2014－07－06/4543. html。

2. 网易新闻：重庆武隆县一客车翻覆致6人死亡36人受伤，见 http：//news. 163. com/14/0706/11/A0FGTM3F00014JB6. html。

3. 搜狐新闻：一客车在重庆武隆爆胎翻车 已致6人死亡36人受伤，见 http：//roll. sohu. com/20140706/n401843289. shtml。

4. 腾讯·大渝网：一辆旅游客车在武隆发生侧翻死亡6人，见 http：//cq. qq. com/a/20140706/004667. htm。

新疆大黄山豫新煤业“7·5”重大瓦斯爆炸事故

一、事件简介

2014年7月5日20时43分，第六师新疆大黄山豫新煤业有限责任公司一号井＋708m水平西翼中大槽煤层综采工作面顶板巷，在锁风启封压缩板闭时发生一起重大瓦斯爆炸事故，造成17人遇难、3人受伤。

二、事件原因

该矿在708工作面密闭火区未熄灭的情况下，盲目决定缩小封闭范围。在违规打开原密闭、施工新密闭过程中，新鲜风流进入封闭区域，氧气和瓦斯浓度达到爆炸界限，遇采空区明火，发生瓦斯爆炸。

三、事件处理

事故发生后，党中央、国务院高度重视，要求立即启动应急预案，迅速做好救援工作。兵团党委主要负责同志及时赶赴事故现场，成立事故抢险救援指挥部，组织抢险救援工作。

四、补救措施

为杜绝此类事故再次发生，新疆相关部门提出以下要求：

1. 严格落实企业安全生产主体责任，严禁违章指挥、违章作业行为。

一是要牢固树立“安全第一，预防为主，综合治理”的安全生产方针，严格按照“党政同责、一岗双责、齐抓共管”的总要求，坚持管行业必须管安全，管业务必须管安全、管生产经营必须管安全的具体要求，落实各级安全生产责任。

二是要建立健全安全管理体制，理顺公司和矿井的关系。建立以董事长和总经理为公司安全生产第一责任人的安全生产管理体系，安全责任落实到部门和人头。建立以矿井长为矿井安全生产第一责任人的安全生产管理体系，严格落实《煤矿矿长保护矿工生命安全七条规定》和煤矿攻坚克难“七大举措”，切实做到铁七条、刚执行、全覆盖、真落实、见实效。

三是要加强企业技术管理工作。技术管理工作要严谨、细致，以科学的态度和方法对矿井进行隐蔽致灾因素普查治理工作，认真排查和治理井下采空区的火灾隐患，按规定采取有效的防灭火措施，并加以彻底治理。给决策层提供科学的依据，并严格遵守国家的相关法律法规和《煤矿安全规程》的要求，严禁提供伪数据。

2. 进一步加强井下采空区的防灭火管理。

一是要摸清搞准矿区火区情况，编制相应的防止自然发火技术措施，采取地面覆盖和井下预防性灌浆或全部充填、注阻化泥浆、注惰性气体等措施对采空区、冒落孔洞等空隙进行处理，要在作业规程中明确灌浆（注惰气）时间、灌浆（注惰气量）和防灭火效果检验手段，发现自然发火征兆时，必须停止作业，采取有效措施进行处理，在自然发火征兆得不到有效控制时，必须远距离封闭发火危险区域。进行封闭施工作业时，所有区域非救护队员必须全部撤出。

二是要加强封闭采空区的管理，特别是要防止已自然发火的采空区漏风，要建立自然发火预测预报制度，明确自然发火预测预报指标气体，明确指标气体浓度、温度的预报临界值；必须建立自然发火早期预测预报监控系统，采取监控系统、人工巡查和定期取样化验“三位一体”的综合监测方法，及时检测和发现气体浓度、温度变化情况。

三是要提前制定防止自然发火及一旦发火及时封闭的专项措施，按规定构筑防火门，确保防火门能随时有效关闭。必须严格执行有关火区启封和注销的规定，启封前要对矿井灭火效果进行有效监测、分析，科学论证启封条件，科学制定启封方案，严禁违法违规擅自启封火区。

3. 进一步加强安全教育与培训，强化劳动施工组织管理，切实保障煤矿企业员工权益。

煤矿企业要加强职工的安全培训工作，严格从事煤炭安全生产管理人员和特种作业人员的学历和资格审查工作，100%持证上岗，全员考试合格后上岗。尤其是要有针对性地开展新工人上岗前的安全培训工作，向作业人员如实告知作业场所和工作岗位存在的危险因素、防范措施以及事故应急措施，增强防范事故的能力；有针对性地开展防治煤与瓦斯突出矿井的安全技术培训；要增强职工的安全意识和维权意识，严禁灾区救护队员和工人平行作业。

4. 进一步建立健全事故应急预案，科学处置井下各类灾害。

加强矿山救护基地和救援队伍建设，熟练事故应急预案，煤矿进行灾害处置时，应认真分析灾区现状以及可能发生的危险，以国家、兵团的法律法规、规定、办法和《煤矿安全规程》为依据，以安全可靠为原则来制定科学的应急处置方案。

参考资料

1. 新疆生产建设兵团：关于新疆大黄山豫新煤业有限责任公司一号井“7·5”重大瓦斯爆炸事故结案的通知，见 http：//www. xjbt. gov. cn/gk/zdgk/wjzc/529742. shtml。

2. 锡林郭勒盟煤炭局：新疆生产建设兵团第六师大黄山豫新煤业煤矿事故警示通报，见 http：//www. xmmtj. com/a/meitananquan/2014/0707/540. html。

3. 安全管理网：事故通告，见 http：//www. safehoo. com/Case/notice/201407/356942. shtml。

云南曲靖“7·7”油槽爆燃事故

一、事件简介

2014年7月7日17时10分，云南省曲靖市麒麟区越州镇众一化工有限公司邻二氯苯储罐发生爆炸事故，1个邻二氯苯储罐和1个回收塔被损坏，造成3人死亡、4人受伤。

二、事件原因

事发时众一化工新厂区仍处在试运行阶段，其中一个油槽内的邻二氯苯发生爆燃，引起了事故。

三、事件处理

事故发生后，云南省曲靖市消防支队119指挥中心先后调集支队灭火救援指挥部，以及麒麟、经开、战保大队，特勤中队共9车86人，及时赶赴现场救援。发生事故的储罐周围还有1个邻二氯苯储罐、2个洗油槽，现场20m范围内有2个硫酸罐、3个碱液罐。应急救援指挥部安排消防官兵利用遥控移动水炮和水枪对事故现场和临近罐体进行冷却。同时指导工厂技术人员采取有效措施，迅速清理现场，严防次生灾害事故的发生。

四、补救措施

云南省曲靖市安监局责令众一化工有限公司进一步加强安全生产管理，全面开展安全检查，认真整治各类事故隐患，吸取事故教训，坚决杜绝类似事故再次发生。

参考资料

1. 中国环境健康安全网：云南曲靖一化工厂油槽爆燃引发事故 致3死4伤，见 http：//www. ehs. cn/article－17729－1. html。

2. 云南日报：曲靖众一合成化工发生爆燃事故，见 http：//yndaily. yunnan. cn/html/2014－07/08/content_855128. htm？ div＝－1。

3. 曲靖新闻：曲靖众一合成化工公司发生爆燃事故 致3人死亡4人受伤，见 http：//www. cn0874. com/article/details/2201。

4. 新华网：云南曲靖一化工厂发生爆燃事故已致3人死亡4人受伤，见http：//news. xinhuanet. com/2014－07/07/c_1111498320. htm。

山东滕州“7·10”较大中毒事故

一、事件简介

2014年7月10日8时，位于山东省枣庄市滕州经济开发区境内的国电银河水务（滕州）有限公司在维修初沉池管廊阀门过程中，发生一起较大中毒事故，造成4人死亡、2人受伤。

二、事件原因

1号初沉池管廊空间相对密闭，底部约有40～50cm厚的污泥，污泥在厌氧条件下分解，产生硫化氢、二氧化碳等大量有毒有害气体，并聚集在管廊底部。工作人员在未进行密闭空间作业前气体采样分析、未采取通风置换，以及未佩戴任何安全防护用品的情况下，违章进入1号初沉池管廊内作业，导致2人急性有毒有害气体中毒。另有4人先后在未采取任何安全防护措施的情况下违章施救，造成事故进一步扩大。

三、事件处理

事故发生后，山东省副省长和山东省安监局局长分别作出重要批示，要求全力救治伤员，抓好善后，查明原因，严肃问责。山东省安监局、省水利厅派员赶赴事故现场，指导协调事故调查处理工作。7月10日下午，依据《中华人民共和国安全生产法》、《生产安全事故报告和调查处理条例》、《山东省安全生产条例》和《山东省生产安全事故报告和调查处理办法》等法律法规和规章规定，山东省枣庄市人民政府组织枣庄市安监局、监察局、公安局、公用事业管理局、总工会和滕州市人民政府有关人员，成立了国电银河水务（滕州）有限公司“7·10”较大中毒事故调查组，并邀请枣庄市人民检察院、滕州市人民检察院派员参加，对该事故进行了调查。

四、补救措施

为吸取事故教训，认真贯彻“安全第一，预防为主，综合治理”的方针，进一步做好今后的安全生产工作，确保安全生产，当地政府特提出如下防范和整改措施：

1. 滕州水务和银河水务要严肃认真吸取本次事故的沉痛教训，坚持事故处理“四不放过”的原则，举一反三，立即开展全面的安全生产大检查，认真排查整治各类安全生产事故隐患，确保安全生产。一是进一步健全完善安全生产责任制，逐级签订安全生产目标责任书，建立健全全员安全生产责任体系，明确各级安全管理人员和岗位操作人员的安全生产职责，全面提升企业安全管理水平。二是进一步加强安全生产法律、法规和规章教育培训，健全完善从业人员三级安全教育培训制度和职工安全教育培训档案，做到安全管理人员持证上岗，不断提高全体从业人员安全生产意识、安全生产知识和安全操作技能。三是进一步加大安全管理工作力度，健全完善安全操作规程，教育和督促从业人员严格执行本单位的安全生产规章制度和安全操作规程。进入有限空间作业前，要按规定办理作业许可并经有关负责人审批，进行危险有害因素辨识，对作业场所进行清洗、通风置换，并安排专人进行安全监护。未经通风和检测，严禁作业人员进入有限空间作业。四是要按规定为作业人员配备符合国家标准或行业标准的通风设备、检测设备、照明设备、通信设备和个人防护用品，并督促教育从业人员正确使用。五是进一步加强应急救援预案演练。预案每半年至少进行一次演练，并不断进行修订完善。要明确救援人员及职责，配齐救援设备器材，精通事故处置程序，提高对突发事件的应急处置能力，严禁不具备条件的盲目施救，杜绝类似事故的再次发生。

2. 滕州市水务局要牢固树立“管行业必须管安全”理念，坚守红线意识，时刻绷紧安全生产这根弦，把安全工作做精、做严、做细、做实，确保行业安全监管职责履行到位。要针对这起事故暴露出的问题和薄弱环节，开展全行业事故警示教育，要全面、深入、细致开展行业内的安全生产大检查，彻底排查整治各类安全生产隐患，坚决杜绝类似事故的再次发生；要不断提高安全监管人员业务水平和监管能力，增加监管力量，进一步处理好依法行政、严格监管和热情服务的关系，努力做好水务系统各项安全监管工作。

3. 滕州市人民政府要全面落实地方政府属地监管责任。要进一步结合本地安全生产工作实际，摸清本地安全生产状况和存在症结，真正做到心中有数，研究制定相应的政策措施；要进一步研究事故发生的规律和特点，牢牢把握安全生产主动权，增强做好安全监管工作的责任感、使命感和事业心；要进一步增加行业安全监管力量，提升安全监管水平，提高应急救援能力，强化安全生产责任和防范措施的落实；要进一步突出重点，标本兼治，重在治本，坚决整改各类安全生产隐患，堵塞安全生产管理漏洞，努力促进本市安全生产形势持续稳定好转。

参考资料

1. 枣庄市安全生产监督管理局：枣庄滕州市国电银河水务（滕州）有限公司“7·10”较大中毒事故调查报告，见 http：//www. zzajj. com/news/2014121113920. html。

2. 安全管理网：事故通告，见 http：//www. safehoo. com/Case/notice/201407/357570. shtml。

3. 国家安全生产监督管理总局：事故通报，见 http：//www. safehoo. com/Case/notice/201407/357570. shtml。

湖南湘潭“7·10”校车翻车事故

一、事件简介

2014年7月10日17时，湖南省湘潭市雨湖区响塘乡金桥村乐乐旺幼儿园所属园车，在送幼儿回家途中，经过与湘潭市交界的长沙市岳麓区干子村时，翻入水库。此事故共致11人遇难，其中包括8名幼儿。

二、事件原因

该事故直接原因是校车超载。

三、事件处理

事故发生后，湖南省委省政府高度重视，省、市有关领导及时赶赴现场指挥救援。道路两旁停满了警车和其他车辆，每隔几百米的距离都有一名交警。逾百名警察和特警手持警棍与盾牌，快速徒步前往校车落水所在地，维持现场秩序。经过长达11小时的救援，起重机于11日4时将落水校车打捞出水，11名遇难者遗体全部找到，其中幼儿8名、成人3名。

四、补救措施

湖南省湘潭市相关负责人员表示，幼儿园校车是用于运送学生往返学校的交通工具，要谨慎行驶。国务院安全生产委员会办公室在《道路交通安全“十二五”规划》中指出，要建立健全校车安全管理法律法规体系和安全管理制度，明确校车优先通行权，加强校车监管，保障校车安全；并规定校车须安装卫星定位和限速装置。各幼儿园要严格按照文件规定，确保安全驾驶校车，尽力避免事故的发生。

参考资料

1. 新浪网：湖南湘潭超载校车翻入水库致8名幼儿遇难，见 http：//news. sina. com. cn/c/2014-07-11/061630502925. shtml。

2. 安全管理网：事故通告，见 http：//www. safehoo. com/Case/notice/201407/357572. shtml。

3. 火车网：7月10日湖南校车事故致11死，见 http：//www. huoche. net/chehuo_7573/。

江西鸣山矿业“7·11”较大瓦斯爆炸事故

一、事件简介

2014年7月11日19时30分，江西鸣山矿业有限责任公司-600m水平45621风巷4号小斜坡掘进工作面上部采空区发生一起瓦斯爆炸事故，造成3人死亡、1人轻伤，直接经济损失350.9万元。

二、事件原因

直接原因

矿井在45621风巷4号斜坡上山违规采煤、违章放炮导通上部4563回采工作面已封闭的采空区，引发采空区瓦斯爆炸。

间接原因

1. 违章指挥。

2. 矿井技术管理不到位。矿井对测量工作不重视，测量人员偏少，技术素质较差，责任心不强，在锚网等金属材料支护的环境下用罗盘测量，造成测量误差大，留设的安全煤柱尺寸不足，《45621风巷补充安全技术措施》针对性不强，流于形式，且未组织施工单位作业人员学习。随意改变采掘方案。未编制工作面作业规程。

3. 矿井安全管理不到位。放炮管理不到位：事故当班瓦斯检查员和安全员都不在工作面现场，未执行“三人联锁”的放炮制度；放炮未使用水炮泥；未在指定地点放炮；放炮员资格证过期。

4. 煤矿对职工安全教育、培训工作不到位，职工安全意识淡薄，放炮员未及时复训，违规放炮。

5. 乐平矿务局、江西众一矿业集团有限公司对鸣山矿业安全管理不到位。

三、事件处理

事故发生后，江西省领导对救援工作非常重视，省安监局、省煤监局、省煤炭行办及时派人赶赴现场组织救援，并做好伤者救治及各项善后工作。

四、补救措施

江西煤矿安监局表示，这起较大瓦斯爆炸事故发生在瓦斯矿井，并且事故发生后谎报事故，教训深刻，影响恶劣，充分暴露出事故单位法制意识淡漠，在瓦斯治理等安全生产工作中存在的严重问题，反映出安全生产方针、政策措施在一些地方和企业没有得到真正落实。各地区、各部门、各单位要深刻吸取这起事故教训，进一步增强做好安全生产工作的责任感、紧迫感和使命感，切实改进和加强安全生产工作，认真开展事故警示教育，切实吸取事故教训，全面落实企业安全生产主体责任，深入开展隐患排查治理和“七打七治”打非治违专项行动，坚决遏制煤矿事故的发生，确保江西省煤矿安全生产形势稳定好转。

参考资料

1. 江西煤矿安全监察局：江西煤矿安监局关于江西鸣山矿业有限责任公司“7·11”较大瓦斯爆炸事故处理结果的通报，见 http：//jdzol. net/html/info/501/news_42552. htm。

2. 江西省政府信息公开：江西煤矿安监局关于江西鸣山矿业有限责任公司“7·11”较大瓦斯爆炸事故处理结果的通报，见 http：//xxgk. jiangxi. gov. cn/bmgkxx/smkaqjcj/gzdt/gggs/201411/t20141124_1097561. htm。

3. 安全管理网：事故通告，见 http：//www. safehoo. com/Case/notice/201407/357572. shtml。

河北任丘“7·17”中毒事故

一、事件简介

2014年7月17日19时16分，河北省任丘市石门桥镇卢英雄造纸厂非法生产，导致3名工人因中毒伴淹溺而死亡。

二、事件原因

事故原因有三个：一是该厂管理人员、作业人员对有限空间作业的危险性认识不足，存在盲区；二是该厂对有限空间作业疏于管理，缺少有针对性地安全操作规程，没有作业审批制度；三是工人未佩戴个人防护用品，未采取任何防护措施，违章作业、冒险作业。

三、事件处理

事故发生后，河北省有关领导作出重要批示，要求及时展开施救。同时，河北省任丘市安监部门指导工厂技术人员采取有效措施，迅速清理现场，严防次生灾害事故的发生。

四、补救措施

为深刻吸取事故教训，举一反三，进一步加强有限空间作业安全管理工作，坚决遏制同类事故发生，结合河北省安委办《关于深刻吸取事故教训进一步加强有限空间作业安全管理的紧急通知》精神，河北省任丘市相关部门提出如下要求：

1. 深入开展企业有限空间作业安全自查自改（2014年9月10日至9月30日）。企业负责人和安全管理人员要充分认识有限空间作业存在的危险性，针对同类事故发生的原因，一对一地对号入座，查漏补缺，完善各种防范措施，在充分吸取教训的基础上，严格按照沧州市安全生产委员会办公室《关于印发〈有限空间作业专项治理行动实施方案〉的通知》（〔2014〕145号）的要求，开展企业内部自查（附件1：《工商贸企业有限空间作业安全检查表》）。

2. 扎实开展有限空间作业现场检测（2014年10月1日至10月20日）。企业要在建立健全有限空间作业6项制度（有限空间作业证审批制度、作业人员健康检查制度、有限空间安全设施管理制度、作业人员安全教育培训制度、作业现场检测制度、有限空间作业管理制度）的基础上，聘请有资质的检验检测机构开展一次现有有限空间有毒有害气体（介质）基底检测，弄清日常情况下本企业各有限空间存在的有毒有害气体（介质）的种类和基础数值，为有限空间的安全作业提供基础数值依据。

3. 组织专家进行有限空间危害因素辨识（2014年10月15日至25日）。各地、各部门、各企业要集中组织聘请专业技术人员对有限空间作业区域逐一进行危害因素辨识，分析危害性质，评估危害等级，完善有效的防范措施，进一步建立健全有限空间作业安全操作规程和安全管理各项制度，将制度落实的责任层层分解到人。

4. 设立有限空间安全警示标识（2014年10月25日至31日）。为防止无关人员进入有限空间作业现场，提醒作业人员引起重视，在有限空间外敞面醒目处，设置警戒区、警戒线、警戒标志。警示标示内容包括提醒有危险存在和须经授权才能进入的词语。每个有限空间都要标明统一的编号。

5. 强化有限空间作业教育培训（2014年10月15日至10月25日）。各县（市、区）、各有关部门对涉及有限空间作业企业相关人员，组织搞好教育培训工作，并建立从业人员培训档案，做到作业人员全部持证上岗。

6. 配备有限空间作业个体防护器具（2014年10月21日至10月31日）。企业要为有限空间作业人员（含检测人员）配备符合国家标准要求的防护用品和设备。防护装备以及应急救援设备设施应当妥善保管，并按规定定期进行检验、维护。

7. 制定有限空间作业应急处置预案，配齐应急救援装备（10月25日至10月31日）。企业要按照相关规定、标准的要求，认真组织制定所涉及如冶金煤气管道、窑炉、锅炉、纸浆池、腌渍池、污水池、电解槽、窨井等区域有限空间作业的事故应急处置预案，在规定时间内组织一次有限空间应急救援演练。要配齐将准入者从特定密闭空间或已知危害的密闭空间中救出的装备，妥善做好应急救援和应急处置。

参考资料

1. 沧州市安全生产监督管理局：沧州市安全生产委员会办公室关于深刻汲取事故教训进一步加强有限空间作业安全管理的紧急通知，见http：//www.czsafety.gov.cn/ggao/html/？2409.html。

2. 沧州市安全生产监督管理局：2014年度全市安全生产情况，见 http：//czsafety.gov.cn/aqfx/html/？2623.html。

3. 安全管理网：事故通告，见http：//media.chinasafety.gov.cn：8090/iSystem/shigumain.jsp。

沪昆高速邵怀段“7·19”特大交通事故

一、事件简介

2014年7月19日3时，沪昆高速邵怀段1309km处由东往西方向（邵阳市隆回县境内），一辆装载可燃液体的小货车与一辆福建开往贵州的大客车发生追尾后爆炸燃烧，共造成54人死亡、6人受伤。

二、事件原因

事故直接原因是危化品运输车非法改装伪装上路。

三、事件处理

事故发生后，党中央、国务院领导同志高度重视，先后作出重要批示，要求做好事故救援和善后工作，尽力减少人员伤亡，尽快查明事故原因，依法依规严肃追责；要汲取事故教训，采取有力措施，进一步加强道路交通安全和危化品运输安全监管，全面排查整治安全隐患，严防重特大事故发生。接到事故报告后，国家安全监管总局、公安部、交通运输部领导及时行动，派出工作组于当天赶赴事故现场，指导地方政府及其有关部门开展相关工作。遵照党中央、国务院领导同志的重要批示要求，依据《安全生产法》和《生产安全事故报告和调查处理条例》（国务院令第493号）等有关法律法规规定，2014年7月21日，国务院批准成立了由国家安全监管总局、公安部、监察部、交通运输部、全国总工会、湖南省人民政府有关负责同志等参加的国务院沪昆高速湖南邵阳段“7·19”特别重大道路交通危化品爆燃事故调查组，开展事故调查工作。事故调查组邀请最高人民检察院派员参加，并聘请了公安、交通、消防、车辆、质检、化工、塑料加工等方面的专家参加事故调查工作。事故调查组按照“四不放过”和“科学严谨、依法依规、实事求是、注重实效”的原则，通过现场勘验、调查取证、检测鉴定、研究试验、专家论证、综合分析等，查明了事故发生的经过、原因、人员伤亡和直接经济损失情况，认定了事故性质和责任，提出了对有关责任人和责任单位的处理建议，并针对事故原因及暴露出的突出问题，提出了事故防范措施建议。

四、补救措施

相关领导表示，“7.19”事故的发生，暴露出一些地方、部门和单位没有牢固树立安全“红线”意识和科学发展观，安全责任不落实，重生产轻安全；肇事的危险化学品运输企业无视国家法律，非法改装车辆、非法充装危险品、非法从事营运；客运企业未严格执行凌晨2时至5时停运的规定，地方政府及其有关部门未积极推行接驳运输的组织方式；车辆超载问题严重，违法违规行为突出；一些地方政府及其有关部门监管不力、执法不严，“打非治违”和隐患排查治理不深入、不扎实、不彻底。必须清醒地看到这些问题，深刻汲取这血的教训，下大气力加以解决。

参考资料

1. 新疆平安网：沪昆高速危化品爆燃事故20名责任人被控制10人被刑拘，见 http：//www.xjpeace.cn/zfzongzhi/zyzf/201407/t20140722_481560.htm。

2. 百度百科：沪昆高速邵怀段“7·19”交通事故，见 http：//baike.baidu.com/view/14229223.htm。

3. 新浪新闻：沪昆高速湖南段发生爆燃事故，见 http：//news.sina.com.cn/c/z/hngsbz/。

湖南嘉禾“7·23”较大瓦斯爆炸事故

一、事件简介

2014年7月23日9时33分，湖南省煤业集团嘉禾矿业有限公司蒲溪井发生一起较大瓦斯爆炸事故，造成5人死亡，直接经济损失601.77万元。

二、事件原因

2251内段工作面地质构造复杂，背斜轴部回采后采空区内积聚高浓度的瓦斯，顶板来压垮顶将采空区瓦斯压出至维修的2251南风巷，达到爆炸浓度，作业人员未及时撤出；电工用铁锤在铁轨上敲砸金属导线，产生火花引爆瓦斯，造成人员死亡。

三、事件处理

事故发生后，湖南省副省长作出重要批示，要求省市相关部门全力以赴抓紧救援，尽最大可能减少人员伤亡，并做好社会稳定工作。郴州市委市政府迅速安排市、县相关部门赶赴现场，协助湘煤集团进行抢险救援，并做好现场处置工作。

四、补救措施

为杜绝此类事故再次发生，湖南省相关部门提出以下要求：

1. 嘉禾矿业公司要认真组织开展停产整顿。首先，立即封闭2251南风巷，停止一切采掘修活动。22采区地质条件复杂、灾害严重，事故多发，由湖南省煤业集团有限公司组织专家对22采区开展安全论证，达不到国家政策规定和煤炭行业安全标准，必须停止开采22采区。其次，在停产整顿期间，蒲溪井要聘请专家对全矿井各系统、各环节进行一次全面排查，制定整改方案并进行扎实整改。按照《国务院办公厅关于进一步加强煤矿安全生产工作的意见》（国办发〔2013〕99号）的要求，整改到位后，由湖南省煤业集团有限公司提出申请，经湖南省煤炭管理局组织验收合格，局长签字后，方可解除停产整顿。

2. 深化瓦斯综合治理。建议每个采、掘、修工作面加挂便携式甲烷检测报警仪，建立低负压瓦斯抽放系统，加强采空区瓦斯抽采，防止采空区瓦斯积聚。加强安全监控系统管理，安全监控系统必须保障正常运行，不能正常运行时，必须停产撤人，所有甲烷、一氧化碳和抽采参数监控传感器必须按规定安装、使用和维护，必须实时同值上传。

3. 规范矿灯房管理和检身制度的落实。矿灯房必须按规定对矿长、技术负责人、爆破工、采掘区队长、通风区队长、工程技术人员、班长、流动电钳工、安全监测工、瓦斯检查员等10种人发放便携式甲烷检测报警仪，并将矿长等10种人员随身携带便携式甲烷检测报警仪纳入井口检身制度范围，凡没有按规定随身携带的，一律不准下井。

4. 强化现场安全管理。配齐班组长，推进班组安全基础建设。加强日常安全监督检查，及时发现和查处电工不随身携带便携式甲烷检测报警仪等习惯性违章行为，从严惩处瓦斯超限作业人员，及时排查事故隐患，特别是区队干部要现场盯守处理隐患。

5. 加强安全技术管理。严格落实湖南省煤业集团有限公司、湖南黑金时代股份有限公司、资兴矿区安全生产管理局的规定，强化作业规程和安全技术措施的编制、审查和贯彻，做到编写内容全面，审查严格，认真贯彻落实。

6. 加强安全培训教育。认真组织全矿职工观看“7·23”较大瓦斯爆炸事故警示教育片，深刻反思，制订措施，严格落实。加强新《安全生产法》的宣贯工作，企业负责人要带头学法知法、遵法守法，依法搞好安全生产。从业人员要牢固树立瓦斯超限必须停工撤人、电工必须随身携带便携式甲烷检测报警仪下井的意识，提高从业人员的自主保安能力。

7. 加强应急处置机制建设。要统一生产、通风、安全监控调度，建立快速有效的应急处置机制，认真落实湖南煤矿安全监察局《关于强化10项煤矿安全生产险情必须停产撤人的通知》规定，加强应急处理常识教育，按规定及时停工撤人。建议通过调研建立安全生产应急广播系统，提高应急保障能力。

参考资料

1. 湖南煤矿安全监察局：湖南省煤业集团嘉禾矿业有限公司蒲溪井“7·23”较大瓦斯爆炸事故调查报告公告，见 http：//www. hunanmj. gov. cn/Item/50323. aspx。

2. 搜狐新闻：湘煤集团嘉禾矿业发生一起瓦斯事故致1死4失踪，见 http：//news. sohu. com/20140723/n402640942. shtml。

3. 凤凰资讯：湘煤嘉禾矿业发生瓦斯爆炸事故，见 http：//news. ifeng. com/a/20140724/41282107_0. shtml。

云南楚大高速“7·24”道路交通事故

一、事件简介

2014年7月24日13时58分，一辆号牌为云LGP828号小型客车行至祥云县境内杭瑞高速2463km+332m时（大理至昆明方向），与道路南侧钢质护栏发生碰撞之后，坠入路旁桥梁下的河道，造成3人死亡、1人受伤，造成直接经济损失10余万元。

二、事件原因

驾驶员驾驶机动车未按照操作规范安全驾驶、文明驾驶，在发生事故时速度为129km/h，超速17%（该路段限速110 km/h），是造成事故的根本原因。

三、事件处理

事故发生后，云南省大理州委州政府、祥云县委县政府高度重视。大理州公安局交警支队、安监局等州级部门及时赶赴事故现场指导、协调相关单位迅速组织开展伤员救治、核实死者身份和善后处理以及事故调查等相关工作，维护社会稳定。根据《生产安全事故报告和调查处理条例》（国务院令第493号）和《云南省生产安全事故报告和调查处理规定》（云南省人民政府令第155号），大理州人民政府依法成立了楚大高速路“7·24”较大道路交通事故调查组，对事故进行了认真全面的调查。

四、补救措施

为深刻吸取事故教训，进一步加强道路安全管理工作，云南省大理州相关部门提出如下要求：

1. 加强交通安全宣传，提高交通参与者的法制观念与安全意识。多渠道、多层次、全方位深入开展形式多样、内容丰富的交通安全集中宣传活动。不断提高广大群众的交通安全知识。一是充分利用服务区、收费站、交通执法服务站点建设宣传阵地，结合安全行车常识、典型事故案例、常见违法行为处罚、紧急避险、应急救援处置等方面工作，开展常态化宣传。二是充分利用辖区可变信息情报板，在恶劣天气、专项整治等期间，24小时不间断地打出流动字幕，对过往车辆驾驶人开展安全提示和宣传教育。三是通过主流媒体、互联网、微博、QQ群等媒介发布信息，提示驾驶人安全行车。

2. 加强交通安全隐患排查整治，完善交通安全设施，强化路面管控力度。一是对事故多发的路段进行认真分析研判，采取有针对性的治理措施，有效减少事故的发生；对车辆碰撞交通安全防护设施后易造成车辆翻覆到路外的路段进行整改，最大限度减少人员的伤亡。二是对高速路交通标志标线和安全设施开展排查，完善提示标志、交通标线。三是针对高速公路的特点，制定更加科学合理的勤务制度，加强恶劣天气条件下的值班备勤制度，强化重点时段、重点路段的巡逻力度，严查超速行驶、超员超载、疲劳驾驶、无证驾驶、酒后驾驶等交通违法行为，消除事故隐患。

3. 加强科技应用，不断提高科技化水平。一是积极推进现有高速公路视频监控设备共享共用。对现有高速公路监控设备特别是视频监控设备进行详细摸底调查，积极协调，实现共享。二是在高速公路隧道内设置固定测速设备，加大对隧道内交通违法的查处力度。

4. 加强部门联动，提升协作水平。各有关单位要进一步建立健全联勤联动机制，定期召开联席会议，通报交通安全形势，交流事故防范经验，明确应对措施，深化区域协作，提高快速处置水平。

参考资料

1. 大理白族自治州安全生产监督管理局：大高速路“7·24”较大道路交通事故调查报告，见 http：//www. stats. yn. gov. cn/Z_M_003/Info_Detail. aspx？DocumentKeyID = 0106307AD1864FA0AEA41823FF752ACD。

2. 易安网：云南楚大高速路发生一起交通事故 3 人死亡 1 人受伤，见 http：//www. esafety. cn/news/96930. html。

3. 安全管理网：事故通告，见 http：//media. chinasafety. gov. cn：8090/iSystem/shigumain. jsp。

青海西宁“7·26”道路交通事故

一、事件简介

2014 年 7 月 26 日 20 时 19 分，一辆载有 59 名乘客的甘肃牌照旅游大巴车，在途经青海省西宁市大通县极乐乡吉拉口村时发生侧翻事故，造成 4 人死亡、37 人受伤。

二、事件原因

降雨后路面湿滑，加之该旅游大巴司机处置不当，导致了此次事故的发生。

三、事件处理

事故发生后，根据甘肃省市领导安排指示，甘肃省大通县委县政府及时召开紧急会议专项研究部署，成立了“7·26”翻车事故处置工作领导小组，并下设医疗救护、事故调查、善后处理、媒体应对四个小组，全力以赴，不计任何代价组织开展抢救和后期处理工作。同时，加强与兰州市政府、兰州市旅游局、兰州鑫晟旅游有限公司的沟通，做好受伤人员及死者亲属的接待安抚移交工作。卫生部门做好伤者后勤保障工作，在生活上给受伤人员提供必要的帮助，并给予伤者心理辅导，避免留下心理阴影。

四、补救措施

青海省西宁市交警部门负责人表示，要继续加强道路安全监督和排查，确保大型车辆安全行驶，把危险度降到最低，尽力保障人民的生命和财产安全。

参考资料

1. 人民网：甘肃一大巴在西宁大通侧翻致 4 人死亡 37 人受伤，见 http：//qh. people. com. cn/n/2014/0728/c182766 – 21796129. html。

2. 凤凰资讯：甘肃旅游大巴青海境内侧翻 4 人遇难 37 人受伤，见 http：//news. ifeng. com/a/20140727/41325767_0. shtml。

3. 西部网：甘肃旅游大巴青海境内侧翻 4 人遇难 37 人受伤，见 http：//news. cnwest. com/content/2014 – 07/27/content_11420453. htm。

安徽合铜路“7·26”道路交通事故

一、事件简介

2014 年 7 月 26 日 23 时 40 分，安徽省合铜路 S103 省道 76km + 980m 处，一辆苏 E0306N 轿车沿 S103 省道自北向南行驶，与怀远县皖 C13678 号重型仓栅式货车会车时发生碰撞，造成苏 E0306N 轿车 4 死 2 伤，其中 1 名驾驶员和 1 名乘客当场死亡，2 名乘客经庐江县人民医院抢救无效后死亡。

二、事件原因

涉事轿车车牌号为苏 E0306N，当时正沿 S103 省道自北向南行驶，行至事发地时，一辆皖 C13678 牌号重型仓栅式货车迎面开来。两车在会车时避让不及，发生碰撞，导致了此事故的发生。

三、事件处理

事故发生后，安徽省庐江县公安、医疗和消防等部门紧急赶赴现场，安徽省、市、县和有关部门领导及时赶赴现场指挥施救。庐江县人民政府召集公安、安监、交通、卫生、宣传、应急等有关部门成立善后处理组、交通事故调查组、新闻宣传报道组开展工作。

四、补救措施

安徽省庐江县交通部门表示，吸取事故教训不应停留在一时，而应警钟长鸣，将灾难的可怕时刻牢记于心，不心存侥幸，全社会成员都应当提高安全意识，加强安全管理，做好灾害预控防控，防患于未然。一是必须加强道路安全管理，严格整治违法违规现象，监管部门必须加强日常监管，消除和杜绝违规现象，对于监管的范围不能留有死角，从而才能有效地防止灾害事故的发生。二是要坚持“安全第一，生命至上”的安全理念，杜绝违章指挥。应当知道，发生灾害事故时，监管部门必须将人的生命放在第一位，及时分析灾害事故施救的危险性，防止二次灾害事故的发生，真正将“安全第一，生命至上”的安全理念落到实处。

参考资料

1. 安全管理网：事故通告，见 http：//media. chinasafety. gov. cn：8090/iSystem/shigumain. jsp。

2. 新浪安徽：合铜路庐江境内货车撞上小轿车致4死2伤，见 http：//ah. sina. com. cn/news/s/2014－07－28/0638110571. html。

3. 合肥新闻网：合铜路大货车与轿车迎面相撞致 4 死 2 伤，见 http：//www. ah. xinhuanet. com/2014－07/28/c_1111827447. htm。

江苏昆山“8·2”重大爆炸事故

一、事件简介

2014 年 8 月 2 日 7 时 34 分，位于江苏省苏州市昆山市昆山经济技术开发区的昆山中荣金属制品有限公司抛光二车间发生特别重大铝粉尘爆炸事故，事故造成 75 人死亡、185 人受伤。

二、事件原因

事故车间除尘系统较长时间未按规定清理，铝粉尘集聚。除尘系统风机开启后，打磨过程产生的高温颗粒在集尘桶上方形成粉尘云。1 号除尘器集尘桶锈蚀破损，桶内铝粉受潮，发生氧化放热反应，达到粉尘云的引燃温度，引发除尘系统及车间的系列爆炸。因没有泄爆装置，爆炸产生的高温气体和燃烧物瞬间经除尘管道从各吸尘口喷出，导致全车间所有工位操作人员直接受到爆炸冲击，造成群死群伤。

三、事件处理

事故发生后，党中央、国务院高度重视，习近平总书记、李克强总理及时作出重要批示，要求全力救治伤员，做好遇难者亲属安抚工作，查明事故原因，追究责任人责任，吸取血的教训，强化安全生产责任制，保障人民群众生命财产安全。受习近平总书记、李克强总理委派，2014 年 8 月 2 日下午相关部门负责同志赶赴现场，组织指挥抢险救援，全力开展对受伤人员的救治，调动全国数十名专家支持医疗救助工作，并到 11 家医院慰问受伤人员，对做好善后处理和事故调查工作提出了明确要求。

四、补救措施

为深刻吸取事故教训，进一步加强安全生产工作，江苏省相关部门特提出如下要求：

1. 严格落实企业主体责任，加强现场安全管理。各类粉尘爆炸危险企业不分内外资、不分所有制、不分中央地方、不分规模大小，必须遵守国家法律法规，把保护职工的生命安全与健康放在首位，坚决不能以牺牲职工的生命和健康为代价换取经济效益。必须坚决贯彻执行《安全生产法》、《严防企业粉尘爆炸五条规定》（安全监管总局令第 68 号），认真开展隐患排查治理和自查自改，要按标准规范设计、安装、维护和使用通风除尘系统，除尘系统必须配备泄爆装置，一定要切记加强定时规范清理粉尘，使用防爆电气设备，落实防雷、防静电等技术措施，配备铝镁等金属粉尘生产、收集、贮存防水防潮设施，加强对粉尘爆炸危险性的辨识和对职工粉尘防爆等安全知识的教育培训，建立健全粉尘防爆规章制度，严格执行安全操作规程和劳动防护制度。

2. 加大政府监管力度，强化开发区安全监管。各地区特别是江苏省、苏州市、昆山市都要深刻吸取事故教训，强化依法治安，建立健全“党政同责、一岗双责、齐抓共管”的安全生产责任体系，落实安全发展，坚持安全第一，切实解决好安全生产在地方经济建设和社会发展中的“摆位”问题，坚守安全生产“红线”。

3. 落实部门监管职责，严格行政许可审批。各地区特别是江苏省、苏州市、昆山市各有关部门要按照“管行业必须管安全”的要求，认真履行职责，把好准入和监督关。

4. 深刻吸取事故教训，强化粉尘防爆专项整治。各地区特别是江苏省、苏州市、昆山市及其有关部门要认真开展粉尘防爆专项整治工作，对辖区内存在粉尘爆炸危险的企业进行全面排查，摸清企业基本情况，建立基础台账，将《严防企业粉尘爆炸五条规定》宣贯到每个企业。

5. 加强粉尘爆炸机理研究，完善安全标准规范。学习借鉴国外先进方法，建立粉尘特性参数数据库，为修订不同类型可燃性粉尘安全技术标准、粉尘爆炸预防提供科学依据；加强与国际劳工组织及发达国家相关研究机构交流，制定出台

《铝镁制品机械加工防爆安全技术规范》等标准规范；加强对可燃性粉尘企业生产工艺、安全生产条件、安全监管等基础情况的调查研究，建立可燃性粉尘重点监管目录，提出涉及可燃性粉尘企业安全设施技术指导意见；推广采用湿法除尘工艺和机械自动化抛光技术，提高企业本质安全水平，有效预防和坚决遏制重特大粉尘爆炸事故发生。

参考资料

1. 国家安全生产监督管理总局：江苏省苏州昆山市中荣金属制品有限公司“8·2”特别重大爆炸事故调查报告，见 http：//www. chinasafety. gov. cn/newpage/Contents/Channel_5498/2014/1230/244872/content_244872. htm。

2. 七台河市安全生产监督管理局：江苏省苏州昆山市中荣金属制品有限公司“8·2”特别重大爆炸事故调查报告，见 http：//www. qthaj. gov. cn/news/aqjb/2014/1231/141231101038J6BH0A2HC89J0K579GKI. html。

3. 安全管理网：事故通告，见 http：//media. chinasafety. gov. cn：8090/iSystem/shigumain. jsp。

新疆吉木萨尔“8·2”工地坍塌事故

一、事件简介

2014 年 8 月 2 日 21 时 45 分，新疆维吾尔自治区昌吉州吉木萨尔县五彩湾工业园区一在建工地 3 楼发生坍塌，导致工地部分模板、支架和混凝土下坠，致使在 3 楼施工的 8 人被埋，其中 4 人死亡、4 人受伤。

二、事件原因

工地 3 楼顶部中间出现局部坍塌，3 楼至 1 楼中间水泥板被砸出一个大窟窿，一些钢筋混凝土散落下来，导致工人被埋。

三、事件处理

事故发生后，事发工地及附近工地上百工人及时救援，当地公安、消防、120 急救也赶赴现场开展救援工作，并在现场成立了救援指挥部，制订营救方案。最终，指挥部调派重型吊车先对上部脚手架进行清理，寻找被困的 4 名工人，但 4 人均不幸身亡。

四、补救措施

新疆维吾尔自治区相关领导同志作出重要指示：必须掌握事故发生的规律，重视工程质量与安全生产，提高警惕，总结经验教训，在施工前有预见地考虑对事故采取有效预防措施，并在施工中认真实施。

参考资料

1. 安全管理网：事故通告，见 http：//media. chinasafety. gov. cn：8090/iSystem/shigumain. jsp。

2. 新华网：脚手架模架坍塌人员被困　新疆吉木萨尔消防紧急救援，见 http：//www. xj. xinhuanet. com/2014 – 08/05/c_1111941664. htm。

3. 新浪新闻：新疆吉木萨尔县五彩湾工业园区一在建工地坍塌 4 死 4 伤，见 http：//news. sina. com. cn/c/2014 – 08 – 05/072030632046. shtml。

广西鹿寨“8·4”较大道路交通事故

一、事件简介

2014 年 8 月 4 日 23 时 4 分，广西壮族自治区鹿寨县 15 岁的韦某某无证驾驶一辆未年检桂 B47M10 号两轮摩托车，超载 15 岁的韦某某、14 岁的韦某某，由鹿寨县中渡香桥方向往中渡镇方向行驶，行至 X603 线 29km + 700m 路段时，驶出路外碰撞电杆，造成车上 3 人经现场抢救无效死亡。

二、事件原因

当事人韦某某未取得机动车驾驶证、超载驾驶逾期未年检的桂 B47M10 号两轮摩托车、驾驶摩托车时未按规定戴安全头盔等一系列违法行为是造成该起道路交通事故的直接原因。

三、事件处理

事故发生后，鹿寨县政府、交通、安监、急救中心等部门相关人员及时赶赴现场进行救援，并努力抚慰好伤亡人员家属。

四、补救措施

为汲取广西鹿寨“8·14”较大道路交通事故的深刻教训，柳州交警继续充分发挥县乡联席办的作用，加强对驾驶人的管理，对逾期未年检的车辆通过专门的力量进行查处，严防上路；同时联合安监、教育、交通、宣传、司法等部门，进一步强化道路交通安全宣传，全面提高交通参与者的安全意识和自觉守法意识，采取走进企业、走进校园、走进社区、走进群众、走进机关、开展警营开放日等形式，进行交通安全“五进”宣传活动。

此外，柳州交警还将组织警力到重点村镇上路查控，提高见警率，对无证驾驶、酒后驾车、违法载人、超速行驶和不按规定戴安全头盔等违法行为进行严厉查处。加强雨雾天气的交通安全管理工作，密切注意天气变化情况，做好应对措施。加大危险路段隐患排查整治力度，定期对道路急弯、陡坡、临水临崖等事故多发等危险路段安全隐患开展排查治理，从多方面织牢道路交通安全网。

针对此次事故，柳州交警提出：在广大农村地区，两轮摩托车驾驶人无证驾驶摩托车上路存在侥幸心理，加上驾驶逾期未年检车辆、摩托车载人超过核定载人人数、不按规定戴安全头盔行驶，间接加重了事故后果。部分未成年人家长未能对自己的未成年孩子尽到监督、教育的职责。驾驶机动车辆所要达到的条件、所具有的危险性，绝大多数未成年人是不懂的，家长把机动车交给自己未成年的孩子驾驶，或者放任孩子搭乘无驾驶证的人驾驶的摩托车，对孩子的安全埋下了巨大隐患。

参考资料

1. 安全管理网：事故通告，见 http：//media.chinasafety.gov.cn：8090/iSystem/shigumain.jsp。

2. 广西法制网：柳州：两轮摩托撞上电线杆 3 名花季少年命陨落，见 http：//www.gxfzw.com.cn/news/news_show.asp？id＝265811。

3. 柳州在线：柳州新播报 2014 年 8 月 20 日，见 http：//www.liuzhouonline.cn/news/local/3105209.html。

浙江舟山货船“8·6”触礁沉没事故

一、事件简介

2014 年 8 月 6 日 13 时，一艘浙江舟山籍干货船在舟山黄它山附近水域触礁沉没，船上 7 人全部落水，后经舟山市海上搜救中心全力搜救，最终 1 人获救、3 人死亡、3 人失踪。

二、事件原因

货船在浙江舟山黄它山附近水域触礁导致沉没，船上人员无防御准备导致落水。

三、事件处理

事故发生后，浙江省副省长及时作出重要批示：全力搜救，救人第一，切实做好相关工作及善后工作，维护社会和谐稳定。2014 年 8 月 6 日 13 时 11 分，舟山市海上搜救中心接到报警后及时启动搜救应急预案，指令舟山海事局就近派遣 3 艘海巡艇赶赴现场救助，并协调东海救助局、舟山市海洋与渔业局、中国海监局、浙江海腾海上工程有限公司等单位派人员前往现场。

四、补救措施

浙江省委省政府作出重要批示，要求相关部门要举一反三，加强海上监督和管理工作，把安全监管的责任和措施落实到具体人头上，以对人民生命高度负责的精神做好每项工作。

参考资料

1. 国家安全生产监督管理总局：事故通报，见 http：//media.chinasafety.gov.cn：8090/iSystem/shigumain.jsp。

2. 浙江新闻：一艘舟山籍货船触礁沉没，见 http：//zj.zjol.com.cn/news/12928.html。

3. 浙江新闻网：舟山一船舶触礁致 2 死 4 人下落不明 搜救仍继续，见 http：//news.zj.com/detail/2014/08/07/1535450.html。

4. 定海新闻网：舟山籍干货船在黄它山水域触礁沉没 7 人落水，见 http：//dhnews.zjol.com.cn/dhnews/system/2014/08/08/018296345.shtml。

西藏拉萨“8·9”重大道路交通事故

一、事件简介

2014 年 8 月 9 日 14 时 37 分，西藏自治区拉萨市尼木县境内 318 国道发生一起特别重大道路交通事故，造成 44 人死亡、11 人受伤，直接经济损失 3900 余万元。

二、事件原因

藏 AX9272 越野车在上坡路段超速行驶、在会车时违法占道是导致事故的重要原因。藏 AL1869 大客车安全性能不符合国家标准，存在严重安全隐患，在下坡路段严重超速行驶，会车时发现对方车辆违法占道未采取减速、警示、停车或者避让等措施，也是导致事故的重要原因。

三、事件处理

事故发生后，拉萨市曲水县和尼木县及时启动应急预案，公安、卫生等部门先后赶到现场，迅速开展现场救援、交通指挥疏导等工作。西藏自治区、拉萨市党委、政府迅速启动二级应急响应，有关领导亲临一线组织开展事故救援和前期勘察工作。国家安全监管总局、交通运输部、公安部负责同志率工作组赶赴事故现场，指导事故调查和善后处理工作。2014 年 8 月 9 日 20 时 50 分，事故现场救援基本结束，交通秩序恢复正常。

四、补救措施

为汲取西藏拉萨“8·9”特别重大道路交通事故的深刻教训，拉萨交警部门特提出以下要求：

1. 以最坚决的态度坚守安全发展红线。西藏自治区、拉萨市人民政府及有关部门要深刻吸取事故教训，认真贯彻落实习近平总书记、李克强总理等中央领导同志关于安全生产工作的一系列重要指示批示精神，牢固树立科学发展、安全发展理念，始终坚守“发展决不能以牺牲人的生命为代价”这条红线，建立健全“党政同责、一岗双责、齐抓共管”和“管行业必须管安全，管业务必须管安全，管生产经营必须管安全”的安全生产责任体系。

2. 严格落实汽车租赁企业和客运企业安全生产主体责任。西藏自治区、拉萨市人民政府及有关部门要督促汽车租赁企业、客运企业认真贯彻“安全第一、预防为主、综合治理”的安全生产工作方针，严格执行国家道路交通安全、运输企业管理的法律法规和规章标准，健全和落实企业安全生产责任制，建立健全安全管理机构，按规定配足安全管理人员，切实承担起安全生产的主体责任。

3. 严肃查处非法租赁汽车行为。拉萨市交通运输部门要加大对汽车租赁企业的监督管理力度，督促企业健全和落实规章制度，规范汽车租赁合同，张贴租赁标志，严格查验租赁车辆所有驾驶人员资质，未提交驾驶资质证明的不得驾驶租赁车辆；加强对租车合同检查和日常暗访暗查，发现非法租赁行为要严肃查处，切实扭转汽车租赁市场混乱局面。

4. 切实加强旅游客运企业源头管理。西藏自治区和拉萨市交通运输部门要严格督促企业落实驾驶员培训教育制度、车辆例检制度和派车制度，强化对客运车辆和驾驶人的安全管理，对“以包代管”、“包而不管”一律停运整改，杜绝新增进入客运市场的车辆实行租赁、承包、挂靠经营。

5. 加大路面执法巡查力度。拉萨市公安交管部门要强化节假日、旅游旺季等重点时段和临水临崖等事故多发路段交通管控，严厉打击客运车辆超速等交通违法行为；加大道路交通安全治理整顿工作力度，加强路面监控排查整治，重点加强对营运客车违法行为的查处力度，充分运用客运车辆运行动态行驶监控系统，与交通运输等部门密切配合，强化客运车辆路面监控，严厉打击各种违法行为。

6. 大力实施生命防护工程。西藏自治区及拉萨市交通部门要针对地形地貌复杂、交通安全基础薄弱、事故多发高发路段多、安全隐患突出的情况，在急弯陡坡、临江临崖、事故多发的危险路段尽快加装和完善安全防护设施，实施生命防护工程。要完善限速设置、交通安全管理设备和监控设施，强化科学管理。

参考资料

1. 易安网：西藏拉萨“8·9”特别重大道路交通事故调查报告，见 http：//www. esafety. cn/dianzi/163404100120. html。

2. 安全管理网：事故通告，见 http：//media. chinasafety. gov. cn：8090/iSystem/shigumain. jsp。

湖北恩施“8·13”煤矿透水事故

一、事件简介

2014年8月13日10时30分，湖北省恩施州巴东县一煤矿发生透水事故，造成6人被困。

二、事件原因

此次事故的原因主要有以下四点：1. 地质条件不明，未查出含水层或老窑；2. 工人或工程技术人员经验不足，不能及时发现透水征兆；3. 管理人员为了赶进度或其他原因对透水征兆不重视，未能及时采取措施；4. 措施不力。

三、事件处理

事故发生后，湖北省安监局、巴东县政府及县安监、公安、消防等部门负责人及时赶赴事故现场开展事故抢险救援工作。湖北煤监局局长亲自带队赶赴现场指导抢险施救。

四、补救措施

国家煤矿安全监察局要求，各煤矿企业要查清水文地质资料，切实加强防治水工作；发生透水后，尤其要确保救援和现场处置安全，严格落实安全技术措施，严禁冒险作业。

参考资料

1. 安全管理网：事故通告，见 http：//media. chinasafety. gov. cn：8090/iSystem/shigumain. jsp。

2. 搜狐新闻：湖北巴东县一煤矿发生两次透水事故1死6人被困，见 http：//news. sohu. com/20140814/n403449879. shtml。

3. 湖北省安全生产监督管理局：恩施州巴东县野三关矿业公司东坡二号井煤矿发生一起透水事故致6人遇险，见 http：//www. hubeisafety. gov. cn/content/content_a. asp？ id＝9419。

黑龙江鸡西“8·14”煤矿透水事故

一、事件简介

2014年8月14日，黑龙江省鸡西市城子河区安之顺煤矿发生透水事故，共造成16人死亡。

二、事件原因

安之顺煤矿在井下设备回撤期间违法组织生产，打通老空区积水，发生透水事故。

三、事件处理

事故发生后，黑龙江省委省政府高度重视，要求及时启动应急预案，迅速做好救援工作。相关部门主要负责同志及时赶赴事故现场，成立事故抢险救援指挥部，组织抢险救援工作。

四、补救措施

为认真吸取事故教训，坚决遏制煤矿重特大事故发生，确保煤矿安全生产形势持续稳定好转，国务院安全委员会特提出如下要求：

1. 深刻认识煤矿安全生产的严峻性、复杂性、反复性和突发性。2014 年以来，煤矿安全生产形势持续稳定好转，安全生产工作取得了明显成效。但煤矿安全生产形势稳中有忧、依然严峻，主要表现在煤矿较大以上事故时有发生。各地区要清醒认识当前煤矿安全生产的严峻形势，进一步统一思想，增强责任感、使命感和紧迫感，严防麻痹松懈思想，牢固树立安全生产工作只有起点、没有终点的思想观念，坚持从零做起、常抓不懈，督促煤矿企业严格落实“双七条”，把各项工作抓严、抓实、抓细、抓好。

2. 落实“六打六治”要求，严厉打击非法违法行为。首先，各地区、各有关部门和煤矿企业，要坚决贯彻国务院安委会的部署，集中开展好以“六打六治”为重点的打非治违专项行动。其次，要进一步创新执法方式，按照“四不两直”要求，采取突击检查、夜晚抽查、交叉执法以及发动群众举报等多种方式，铁腕打击非法违法和违规违章行为。原则上，市、县级政府要组织有关部门每月对辖区内煤矿开展一次突击检查和抽查。最后，严惩非法违法行为。要严格执行“四个一律、五个一批”的要求，对停产整顿、停建整顿的煤矿限期整改后仍未达到要求的，一律提请地方人民政府依法关闭取缔；对非法违法生产建设单位和责任人一经查实一律按规定上限予以处罚；对违法生产建设单位一律依法责令停产整顿，并严格落实监管措施；对因非法违法生产建设导致事故的主要责任人，一律依法严格追究法律责任。

3. 突出重大灾害，加大煤矿隐患排查治理力度。要紧紧围绕有效防范和坚决遏制重特大事故，查大系统、治大隐患、防大事故。突出抓好煤矿“一通三防”、煤与瓦斯突出及水害等方面的隐患排查治理工作，做到排查不留死角、整治不留后患。对排查不认真、整改措施不落实的煤矿，要依法严肃惩处；对存在重大隐患不能有效治理的煤矿，要坚决提请地方政府依法予以关闭。要紧紧抓住瓦斯、水害等灾害，加大隐患排查治理力度。大力推进“通风可靠、抽采达标、监控有效、管理到位”的瓦斯综合治理工作体系建设，将瓦斯超限作为事故严肃查处。强化综合防突措施和瓦斯抽采，严格落实“不掘突出头、不采突出面”要求。认真排查治理隐蔽致灾因素，严格执行井下探放水规定，落实专业技术人员、专职队伍、采用专用设备的“三专”要求。

4. 加快查处事故，严肃追究责任。各级煤矿安全监察机构要认真组织煤矿事故调查工作，对每一起事故都要查明原因、吸取教训，严肃追究责任，提出防范措施，加快事故结案。各地区安委会有关成员单位要积极配合驻地煤矿安监机构依法从严从快开展煤矿事故调查工作。对非法开采、瞒报事故的主要责任人，要依法从严从快从重处罚；涉嫌犯罪的，要依法移交司法机关追究刑事责任，依法公开审判，发挥警示和震慑作用。同时，及时开展警示教育，做到“一矿出事故、万矿受教育”。各省（区、市）发生重特大事故，要及时召开煤矿矿长、主要负责人参加的现场会，深刻剖析事故原因，吸取事故血的教训，切实做到用事故教训推动安全生产工作。

参考资料

1. 安全管理网：事故通告，见 http：//www.safehoo.com/Case/notice/201407/356942.shtml。

2. 大庆市安全生产监督管理局：国务院安委会办公室关于近期三起煤矿重大事故的通报，见 http：//aqjd.daqing.gov.cn/sgfx_1.asp？cla = 160&id = 2134。

3. 安全管理网：关于近期三起煤矿重大事故的通报，见http：//www.safehoo.com/Laws/Notice/201408/362509.shtml。

广东茂名“8·16”道路交通事故

一、事件简介

2014 年 8 月 16 日 1 时 5 分，一辆江西籍牵引车行驶至沈海高速公路茂名市电白区路段，连环追尾碰撞一辆肇庆籍小轿车、一辆佛山籍小轿车、一辆广西籍大客车，造成肇庆籍小轿车上 5 人死亡。

二、事件原因

该起事故的直接原因是江西籍牵引车司机操作不当，没有保持与前车的安全距离。

三、事件处理

事故发生后，广东省茂名市市委书记、市委副书记作出指示，要求及时救援，全力抢救伤员，做好安抚等善后工作。市委常委、常务副市长及时带领有关单位负责同志赶赴现场组织事故处置工作。

四、补救措施

该事故引起广东省政府高度重视。广东省相关领导要求妥善做好死者亲属安抚等善后工作；吸取教训，切实落实整改措施；加强暑期交通安全管理，防止类似事故再次发生。

参考资料

1. 安全管理网：事故通告，见http：//media.chinasafety.gov.cn：8090/iSystem/shigumain.jsp。

2. 无锡市应急管理：茂名市电白区发生一起交通事故造成5人死亡，见 http：//yjb. wuxi. gov. cn/zxzx/tfsj/gn/6981452. shtml。

3. 广东省人民政府应急管理办公室：茂名市电白区发生一起交通事故造成5人死亡，见 http://www. gdemo. gov. cn/yjdt/gdyjdt/201408/t20140816_201528. htm。

山西长治“8·17”居民楼爆炸事故

一、事件简介

2014年8月17日1时35分，山西省长治市高新区保宁门西街景山花园小区长治广电住宅楼，一住户家中突发爆炸，事故造成7人死亡、4人受伤。

二、事件原因

该起事故是由居民家中天然气爆炸所致。

三、事件处理

事故发生后，山西省省委书记、省长高度重视，分别作出重要批示。长治市及时启动应急预案，迅速成立了“8·17”事故应急处置组，高新区成立了事故应急指挥部。长治市委市政府领导接到事故报告后，及时带领公安、消防、安监、卫生、住建等部门人员赶赴现场处置和救援。

四、补救措施

山西省委省政府高度重视，省委书记、省长就该起事故作出重要批示。要求相关部门加大排查安全隐患的力度，防止滋生灾害，全力救援和医治伤者。要举一反三，吸取教训，加强安全生产检查，确保人民生命财产安全。

参考资料

1. 山西新闻网：长治一居民楼发生爆炸，见 http：//news. sxrb. com/sxxww/xwpd/dsxw/4051800. shtml。

2. 汉丰网：长治一居民楼发生爆炸，见 http：//www. kaixian. tv/gd/2014/0818/8337890. html。

3. 如皋新闻网：山西长治爆炸已致7人死亡初步分析为疑似燃气爆炸，见 http：//news. 226531. com/ArticleView_185253. html。

安徽淮南“8·19”瓦斯爆炸事故

一、事件简介

2014年8月19日3时58分，安徽省淮南市谢家集区东方煤矿发生瓦斯爆炸事故，造成2人死亡、25人被困。

二、事件原因

该矿矿井通风管理混乱，以掘代采工作面局扇通风，风量不足，造成瓦斯积聚，遇到火源引起爆炸。

三、事件处理

事故发生后，安徽省领导对救援工作高度重视，安徽省安监局、省煤监局、省煤炭行办及时派人赶赴现场组织救援，并做好伤者救治及各项善后工作。

四、补救措施

为认真吸取事故教训，坚决遏制煤矿重特大事故发生，确保煤矿安全生产形势持续稳定好转，国务院安全委员会特提出如下要求：

1. 深刻认识煤矿安全生产的严峻性、复杂性、反复性和突发性。2014年以来，煤矿安全生产形势持续稳定好转，安全生产工作取得了明显成效。但煤矿安全生产形势稳中有忧、依然严峻，主要表现在煤矿较大以上事故时有发生。各地区要清醒认识当前煤矿安全生产的严峻形势，进一步统一思想，增强责任感、使命感和紧迫感，严防麻痹松懈思想，牢固树立安全生产工作只有起点、没有终点的思想观念，坚持从零做起、常抓不懈，督促煤矿企业严格落实“双七条”，把各项工作抓严、抓实、抓细、抓好。

2. 落实“六打六治”要求，严厉打击非法违法行为。首先，各地区、各有关部门和煤矿企业，要坚决贯彻国务院安委会的部署，集中开展好以“六打六治”为重点的打非治违专项行动。其次，要进一步创新执法方式，按照“四不两直”要求，采取突击检查、夜晚抽查、交叉执法以及发动群众举报等多种方式，铁腕打击非法违法和违规违章行为。原则上市、县级政府要组织有关部门每月对辖区内煤矿开展一次突击检查和抽查。第三，严惩非法违法行为。要严格执行“四个一律、五个一批”的要求，对停产整顿、停建整顿的煤矿限期整改后仍未达到要求的，一律提请地方人民政府依法关闭取缔；对非法违法生产建设单位和责任人一经查实一律按规定上限予以处罚；对违法生产建设单位一律依法责令停产整顿，并严格落实监管措施；对因非法违法生产建设导致事故的主要责任人，一律依法严格追究法律责任。

3. 突出重大灾害，加大煤矿隐患排查治理力度。要紧紧围绕有效防范和坚决遏制重特大事故，查大系统、治大隐患、防大事故。突出抓好煤矿“一通三防”、煤与瓦斯突出及水害等方面的隐患排查治理工作，做到排查不留死角、整治不留后患。对排查不认真、整改措施不落实的煤矿，要依法严肃惩处；对存在重大隐患不能有效治理的煤矿，要坚决提请地方政府依法予以关闭。

4. 加快查处事故，严肃追究责任。各级煤矿安全监察机构要认真组织煤矿事故调查工作，对每一起事故都要查明原因、吸取教训，严肃追究责任，提出防范措施，加快事故结案。各地区安委会有关成员单位要积极配合驻地煤矿安监机构依法从严从快开展煤矿事故调查工作。对非法开采、瞒报事故的主要责任人，要依法从严从快从重处罚；涉嫌犯罪的，要依法移交司法机关追究刑事责任，依法公开审判，发挥警示和震慑作用。同时，及时开展警示教育，做到“一矿出事故、万矿受教育”。各省（区、市）发生重特大事故，要及时召开煤矿矿长、主要负责人参加的现场会，深刻剖析事故原因，吸取事故血的教训，切实做到用事故教训推动安全生产工作。

参考资料

1. 安全管理网：事故通告，见 http：//media. chinasafety. gov. cn：8090/iSystem/shigumain. jsp。

2. 安全管理网：关于近期三起煤矿重大事故的通报，见http：//www. safehoo. com/Laws/Notice/201408/362509. shtml。

3. 大庆市安全生产监督管理局：国务院安委会办公室关于近期三起煤矿重大事故的通报，见 http：//aqjd. daqing. gov. cn/sgfx _ 1. asp? cla = 160&id = 2134。

安徽蚌埠“8·24”道路交通事故

一、事件简介

2014 年 8 月 24 日 21 时 10 分，安徽省蚌埠市禹会区朝阳路段，蚌埠市公交集团 118 路皖 C16989 号车由南向北正常行驶至十一中附近时，遇到 3 名女子过马路，公交车避让不及发生事故，致使这 3 名女子全部死亡。

二、事件原因

此次事故的双方都有责任，公交车在行驶过程中没有控制好车速，导致遇到行人时避让不及；行人在过马路时没有注意观察车辆，导致了此次事故的发生。

三、事件处理

事故发生后，蚌埠市公安、交通等相关部门高度重视，积极安抚死者家属，依法做好事故的调查处置工作。接到报警后，交警支队事故处理民警迅速赶到现场，民警协同 120 急救车迅速将事故伤者送往医院抢救。得知消息后，蚌埠市委常委、政法委书记、公安局长也及时赶到现场，指示要全力做好伤者的抢救工作。

四、补救措施

安徽省蚌埠市交通部门表示，要继续加强公交车安全行驶的宣传教育，以史为鉴，吸取经验教训，举一反三，尽力避免此类事故的发生。安徽省委省政府作出重要批示，要求相关部门要举一反三，切实加强公交车安全驾驶管理，把安全的责任和措施落实到具体人头上，以对人民生命高度负责的精神做好这件事。

参考资料

1. 安全管理网：事故通告，见 http：//media. chinasafety. gov. cn：8090/iSystem/shigumain. jsp。

2. 安徽财经网：蚌埠市公交车发生事故 致 3 人死亡，见http：//www. ahcaijing. com/news/2014/0825/422094. shtml。

3. 新浪安徽：蚌埠公交车发生交通事故 致 3 名行人不幸身亡，见 http：//ah. sina. com. cn/news/g/2014 – 08 – 26/0633114102. html。

福建厦门“8·29”较大中毒事故

一、事件简介

2014 年 8 月 29 日 14 时 24 分，福建省厦门市火炬高科技产业开发区内瑞世达科技（厦门）有限公司员工在污水井清淤作业时，发生中毒事故，导致 3 人死亡、1 人受伤。

二、事件原因

在厂区污水站，一人在清淤作业时不慎掉落污水池中，另外 3 人实施救援，由于井内沼气的浓度较重，导致 4 人均中毒。

三、事件处理

事故发生后，厦门市消防中队出动两辆消防车和 12 名官兵赶赴现场实施救援。厦门市相关领导高度重视，作出重要批示，要求及时启动应急预案，迅速成立“8·29”事故调查组，进行全面调查，并进行责任追究。

四、补救措施

根据国务院《生产安全事故报告和调查处理条例》和厦门市人民政府的授权，厦门市安全生产监督管理局决定成立瑞世达科技“8·29”较大中毒事故调查组，对该起事故进行全面调查，以排清安全隐患，确保人民生命财产安全。

参考资料

1. 厦门市安全生产监督管理局：厦门市安全生产监督管理局关于成立瑞世达科技“8·29”较大中毒事故调查组的通知，见 http：//xmsafety. xmsme. gov. cn/View. Asp? ID = 18935。

2. 人民网：厦门：工人污水池清淤遇险致 3 死 1 伤 系沼气中毒引起，见 http：//fj. people. com. cn/n/2014/0830/c234949 – 22158524. html。

3. 闽南网：工人污水池清淤遇险致 3 死 1 伤

事发厦门宸鸿科技瑞士达厂区，见 http：//www.mnw.cn/xiamen/news/791582.html。

中国西南三省暴雨灾害

一、事件简介

2014 年 8 月 31 日以来，西南部分地区出现大到暴雨，局部大暴雨，引发洪涝、泥石流、滑坡等灾害。截至 2014 年 9 月 2 日 9 时统计，分省灾情如下：1. 重庆市云阳、奉节、万州等 12 个县（区）75.5 万人受灾，10 人死亡，2.2 万人被紧急转移安置，6900 余人需紧急生活救助；1000 余间房屋倒塌，5600 余间损坏；农作物受灾面积 14.6 千公顷，其中绝收 2.5 千公顷；直接经济损失 5.9 亿元。2. 四川省广元、泸州、甘孜等 4 市（自治州）6 个县（区）2.5 万人受灾，1000 人被紧急转移安置；500 余间房屋倒塌，200 余间损坏；直接经济损失 1300 余万元。3. 云南省怒江傈僳族自治州贡山独龙族怒族自治县 1200 余人受灾，农作物受灾面积近 500 公顷，其中绝收 300 余公顷，直接经济损失 1400 万元。

二、事件原因

本次暴雨灾害发生的主要原因是：暴雨持续时间长，雨量特大；垮塌现场地势险峻，险情发生频繁；暴雨和山体垮塌呈多点态势，受灾地区多。

三、事件处理

灾害发生后，国家减灾委、民政部启动国家Ⅳ级救灾应急响应，派出工作组分别赶赴受灾省份的重灾市县查看灾情，慰问受灾群众，调拨救灾储备物资，协助和指导做好救灾工作。国家财政部、民政部向受灾省份下拨中央自然灾害生活补助资金，用于暴雨洪涝灾害受灾群众的紧急转移安置、过渡期生活救助、倒损住房恢复重建和向因灾遇难人员家属发放抚慰金，帮助做好受灾群众基本生活救助工作。

四、补救措施

为避免由大暴雨引发的泥石流等地质灾害，造成人员伤亡和重大经济损失，受暴雨灾害影响地区的相关部门对地灾防治工作提出以下措施和要求：各区县国土房管部门要夯实巡查排查、监测预警、应急处置、专家驻守、督查督办五道防线；及时与当地气象部门联系，准确预测和掌握辖区内的雨情和水情，及时将预测信息和地灾防治工作要求通知相关乡镇、国土所、地灾隐患点监测责任人和群测群防员；加强地灾监测预警，切实做好雨中巡查和排查工作，要提醒居住在受地灾威胁区域的群众做好房前屋后地面巡查工作；督促指导交通、建设、市政、水利等行业主管部门认真做好公路沿线、建筑边坡、基础设施周边、水利设施周边等地灾防治工作；加强与地灾应急救援分队和技术支撑单位联系，依靠驻守专家和技术人员加强分析研判和重大隐患点的监测巡查；相关区县要及时上报地灾险情和救援信息。

参考资料

1. 和讯网：重庆暴雨致 3 人死亡多人失踪，见 http：//news.hexun.com/2014－09－15/168477498.html。

2. 中国新闻网：重庆暴雨致 12 县区 75.5 万人受灾 10 人死亡 25 人失踪，见 http：//www.chinanews.com/gn/2014/09－02/6553907.shtml。

3. 兰州大学：中国公共危机事件案例知识库，见 http：//ccm.lzu.edu.cn/caseShow.jsp？caseID＝1262#box_2。

4. 广东省应急网：重庆市启动防汛救灾三级应急响应，见 http：//www.gdemo.gov.cn/yjdt/gnyjdt/201409/t20140903_202196.htm。

黑龙江双鸭山“9·4”瓦斯事故

一、事件简介

2014 年 9 月 4 日 16 时，黑龙江省双鸭山市双新煤炭有限责任公司新久煤矿发生瓦斯爆炸事故，造成 4 人死亡。

二、事件原因

经相关部门调查，事故发生的主要原因为：黑龙江省双鸭山市新久煤矿在停产期间非法组织生产，发生事故后自行组织抢救，蓄意隐瞒事故；黑龙江省双鸭山市煤矿安全生产主管部门监管失察、失责、失灵。

三、事件处理

事故发生后，黑龙江省成立事故调查组到双鸭山市新久煤矿进行事故调查。黑龙江省双鸭山市新久煤矿积极组织救援。

四、责任追究

事故发生后，黑龙江省双鸭山市新久煤矿相关负责人被警方依法控制。双鸭山市委市政府针对“9·4”事故，被责成向黑龙江省委省政府作出深刻检讨与反思。

五、补救措施

为认真吸取教训，深刻反思，黑龙江省政府要求双鸭山市相关领导进一步提高思想认识，深刻认识煤矿安全生产工作的极端重要性，对省委省政府关于安全生产工作的重大决策部署，要坚决落实到位；要切实加强煤矿安全监管，深入开展“六打六治”专项行动，广泛开展联合执法，加强暗访暗查和突击检查，出重拳、下狠手、严惩治，严厉打击各类非法违法生产行为；对不符合安全条件的要该停的停、该关的关，决不能手软；要严肃责任追究，从严、从快、从重查处事故，严厉追究事故相关责任人；要加快推进小煤矿整顿关闭，按照省政府出台的煤矿整顿关闭工作指导意见，抓紧编制上报实施方案，加快推进煤矿整顿关闭工作，为煤矿安全生产奠定良好基础。

参考资料

1. 中新网：黑龙江省政府就“9·4”瓦斯爆炸隐瞒事故做出批示，见http：//www.chinanews.com/gn/2014/10－14/6676332.shtml。

2. 黑龙江新闻网：省政府就煤矿安全生产事故约谈双鸭山市政府，见http：//epaper.hljnews.cn/hljrb/html/2014－10/15/content_1369461.htm。

3. 和讯网：双鸭山矿难瞒报近半月因监管“失灵”，见 http：//news.hexun.com/2014－09－24/168808871.html。

4. 本质安全网：黑龙江严肃查处“9·4”瓦斯爆炸事故瞒报，见 http：//www.51benan.com/a/201410/222696.html。

河北唐山“9·4”窒息事故

一、事件简介

2014年9月4日17时40分，河北省唐山市热力总公司管网公司北部管网所在对路北区缸窑路陶然居小区外网热力阀门井进行检修作业时，发生窒息事故，造成3人死亡，直接经济损失331.78万元。

二、事件原因

直接原因

河北省唐山市路北区陶然居小区热力管网内随着供热管网内不断发生氧化反应，致使管道内氧含量逐渐降低，管道气体内氮气所占比例逐渐上升，作业人员在未对井室内气体进行检测的情况下，违规操作。

间接原因

河北省唐山市热力总公司和管网公司隐患排查治理工作不细致，对管道内缺氧气体逸出的隐患未能有效预见，并制定预防性措施；热力总公司和管网公司安全管理不到位，对作业现场违章作业、冒险施救行为未及时发现和有效制止；热力总公司和管网公司安全教育培训不到位，导致作业人员安全意识淡薄，违反安全操作规程；唐山市住房和城乡建设局未认真履行安全监管职责，安全监管不到位。

三、事件处理

事故发生后，河北省唐山市委市政府高度重视，成立了由唐山市安监局、市监察局、市公安局、市总工会和市住建局等单位人员参加的唐山市热力总公司“9·4”窒息事故调查组，邀请唐山市检察院参加，对事故展开全面调查。河北省唐山市医疗和消防人员及时到达现场展开救援。

四、责任追究

河北省唐山市热力总公司10名相关人员被给予政纪处分；唐山市住房和城乡建设局3名相关人员被要求写出深刻检查，并报唐山市安全生产监督管理局备案；唐山市热力总公司总经理简某被给予相应的行政处罚；唐山市热力总公司被给予29万元的经济处罚；唐山市住房和城乡建设局被责成向唐山市人民政府写出深刻书面检查。

五、补救措施

为认真吸取事故教训，避免类似事故的发生，河北省唐山市相关部门提出：唐山市热力总公司和管网公司要在全公司范围内全面开展安全隐患大排查，彻底消除事故隐患；唐山市热力总公司和管网公司要加强安全管理，完善受限空间作业操作规程，强化危险区域作业过程的安全监管，及时督促、检查安全生产责任制落实情况，杜绝违章作业行为，加大安全生产资金投入，完善各类安全及应急救援设备、设施；唐山市热力总公司和管网公司要加强安全教育培训工作，特别要加强对受限空间作业人员的安全技能和安全知识的培训，确保员工熟知本岗位的安全操作技能，具备本岗位危险因素的判断识别能力，杜绝违章操作和冒险作业；唐山市住房和城乡建设局要认真吸取事故教训，严格落实“管行业必须管安全”的要求，认真履行安全监管职责，加强对下属单位的安全监管和监督检查，真正做到安全生产监管“全覆盖”。

参考资料

1. 河北省安全生产监督管理局网：唐山市热力总公司“9·4”窒息事故调查报告，见http：//www.hebsafety.gov.cn/index.do？id＝34648&templet＝content&cid＝796。

2. 凤凰资讯：唐山热力检修发生事故　河北省住建厅下发紧急通知，见 http：//news.ifeng.com/a/20140918/42021529_0.shtml。

3. 燕赵都市网：河北省国庆节前拉网排查燃气热企安全问题，见 http：//yanzhao.yzdsb.com.cn/system/2014/09/21/013914524.shtml。

甘肃庆阳“9·6”交通事故

一、事件简介

2014年9月6日7时40分，甘肃省庆阳市环县城东塬通村油路东山距坡底约1km处，一辆搭载14人从环县城东塬向七里沟方向行驶的车牌号为甘M25656的农用三轮车，在下山转弯时驶出路面，撞上砖墙发生侧翻，造成11人死亡。

二、事件原因

经调查，事故发生的原因主要是：下雨致使路面湿滑，驾驶车辆突然失控，撞上路边的防撞墙后发生侧翻。

三、事件处理

事故发生后，甘肃省相关领导就事故救援处置及伤员救治工作多次作出重要批示。甘肃省公安厅派出工作组赶赴事故现场指导协调事故处置工作。庆阳市有关领导和市直有关部门负责人赶赴事故现场，庆阳市、环县启动交通二级应急响应，环县县委县政府组织县消防、交警、公安、安监、卫生等部门工作人员及时赶赴现场，开展事故处置及救治工作，慰问受伤人员。

四、补救措施

事故发生后，甘肃省公安厅结合全省开展的“降事故、保安全、保畅通百日攻坚”行动，对甘肃省农用车管理提出严格要求：各地交警部门要切实履行农村道路交通安全监管职责，组织交警中队、农机站、运管所联合组建执法小分队，组织农村道路交通安全“劝导队”，在重点路段设置交通安全检查劝导站，纠正、制止、劝导交通违法行为；严查农用运输车，对农用运输车载人的扣留机动车，并处2000元罚款；加大农村地区交通安全劝导提示管控力度，严禁违法载人的低速货车、三轮汽车、拖拉机以及超员载客的客车、面包车出村、上路；加强农村地区交通安全宣传，开展针对性的警示教育，提示群众自觉抵制交通违法和陋习。为深刻汲取事故教训，举一反三，甘肃省庆阳市在全市范围内部署开展安全整治行动，制定整治方案，细化工作措施，对农村道路的隐患进行全面排查，对农用车非法载客行为进行拉网式检查，切实防范类似悲剧再次发生。

参考资料

1. 兰州大学：中国公共危机事件案例知识库，见 http：//ccm. lzu. edu. cn/caseShow. jsp? caseID =1266#box_2。

2. 每日甘肃网：农用车惨祸为何一再上演——环县“9·6”重大交通事故引发的思考，见 http：//gsrb. gansudaily. com. cn/system/2014/10/08/015203161. shtml。

3. 人民网：甘肃环县发生农用车侧翻事故王三运刘伟平作出批示，见 http：//leaders. people. com. cn/n/2014/0908/c58278 -25620524. html。

4. 中国庆阳政府网：环县发生一起非经营性农用车乡村道路侧翻伤亡事故，见 http：//www. zgqingyang. gov. cn/h/93/8052. html。

广西柳州“9·6”窒息事故

一、事件简介

2014年9月6日12时50分，广西壮族自治区柳州市柳东新区新柳大道一建筑工地发生工人被困桩基井事故，造成4名建筑工人死亡。

二、事件原因

经过调查，相关部门判定：井下缺氧是导致下井工人遇难的最主要原因。

三、事件处理

事故发生后，柳州市、柳东新区两级领导高度重视。柳州市公安、安监、消防等部门及时赶到事故现场进行营救。柳州市政府党组成员、柳东新区管委会主任赶到现场对事故进行指挥和处置。柳州市相关部门成立事故救援及调查指挥部，开展责任调查、家属安抚等工作。

四、补救措施

事故发生后，柳州市住建委柳东建设局对事故单位下达停工整改通知书。为消除隐患，防止再次发生类似事故，由柳东新区安监局牵头，对新区井下作业单位进行全面的安全隐患排查。

参考资料

1. 兰州大学：中国公共危机事件案例知识库，见 http：//ccm. lzu. edu. cn/caseShow. jsp? caseID =1273#box_2。

2. 新浪网：广西柳州四名建筑工人被困10米深桩基井内死亡，见 http：//beihai. house. sina. com. cn/news/2014 -09 -09/09004435695. shtml。

3. 中新网：广西柳州四名建筑工人被困10米深桩基井内死亡，见 http：//www. chinanews. com/sh/2014/09 -06/6569548. shtml。

4. 新华网：广西柳州一工地4名建筑工在桩基井内死亡，见 http：//news. xinhuanet. com/local/2014 -09/06/c_1112388571. htm。

广昆高速“9·8”交通事故

一、事件简介

2014年9月8日8时31分，广东省肇庆市境内G80广昆高速公路46km +200m处，一辆由东向西行驶的粤 WN1466 大客车追尾桂 K35025 中型货车后，越过中心护栏，与对向车道由西向东由罗定发往广州的粤 W08896 大客车发生迎面碰撞，事故造成 7 人死亡、18 人受伤，直接经济损失 538 万元。

二、事件原因

经相关部门调查，认定这是一起生产经营性道路交通责任事故。赖某驾驶的粤 WN1466 大客车超速行驶，没有与前方同车道行驶的桂 K35025 中型货车保持安全距离，导致碰撞并使大客车失控，撞坏路中间护栏，滑行驶入对向车道，与粤 W08896 大客车发生碰撞。陈某驾驶的粤 W08896 大客车在没有实施超车的情况下使用超车道行驶，且在粤 WN1466 大客车越过护栏驶入对向车道时，陈某未采取必要处置措施，加重了事故的后果。

三、事件处理

事故发生后，广东省副省长、公安厅长、肇庆市委书记等相关领导作出批示，要求全力抢救伤员，做好善后工作。肇庆市委副书记、副市长与市公安局局长赶到医院部署安排伤员抢救工作，看望伤员。肇庆市公安、安监、交通、公路等相关单位领导到达事故现场，有效组织交警进行现场救援、勘查现场、疏导交通工作。

四、责任追究

事故发生后，粤 WN1466 大客车驾驶员赖某因涉嫌交通肇事罪、粤 WN1466 大客车所有人陈某因涉嫌非法经营罪和重大责任事故罪，被公安机关依法追究刑事责任。

五、补救措施

为避免类似事故的发生，广东省肇庆市政府要求肇庆市各地区、各相关部门和企业深入开展道路交通领域“打非治违”，坚决查处道路交通违法行为；强化道路交通安全监管，提高企业本质安全水平；强化联合执法，加大监督检查力度；全面加强交通管控力度，合理利用信息化监控手段；加强部门信息沟通，形成管理合力；强化道路交通安全宣传教育，提高道路交通参与者的安全意识。

参考资料

1. 中国青年网：广昆高速发生较大交通事故致 7 人死亡 18 人伤，见 http：//news. youth. cn/jsxw/201409/t20140909_5721975. htm。

2. 兰州大学：中国公共危机事件案例知识库，见 http：//ccm. lzu. edu. cn/caseShow. jsp？caseID＝1268#box_2。

3. 肇庆阳光网：广昆高速肇庆段“9·8”较大道路交通事故结案，见 http：//www. sun0758. com/zq/minsheng/92440. html。

河北邯郸“9·11”起重伤害事故

一、事件简介

2014 年 9 月 11 日 15 时 10 分，河北省邯郸涉县崇利制钢有限公司炼钢厂机修车间发生一起重伤害事故，造成 1 人死亡，直接经济损失 85 万元。

二、事件原因

直接原因

河北省邯郸市涉县崇利制钢有限公司机修车间天车维修车间电工班班长吕某某违反公司规定，违反操作规程，在未与天车工及任何人沟通协调的情况下，违章跨越封闭栏杆至天车运行区域，被运行中的天车与横梁立柱挤压。

间接原因

河北省邯郸市涉县崇利制钢有限公司安全警示标志缺失；班组安全培训落实不到位；安全管理不到位。

三、事件处理

事故发生后，河北省邯郸市涉县崇利制钢有限公司相关负责人赶赴事故现场积极进行事故救援和善后处理工作，启动应急救援预案，将受伤人员送往涉县第一人民医院进行救治。

四、责任追究

河北省邯郸市涉县崇利制钢有限公司 6 名相关人员依照企业内部规章制度被给予相应处罚；崇利制钢有限公司董事长被给予行政处罚；崇利制钢有限公司被涉县安全生产监督管理局处以 14 万元的罚款。

五、补救措施

为避免和防范类似事故的发生，河北省邯郸市涉县相关领导要求崇利制钢有限公司：要举一反三，认真吸取事故教训，开展安全生产大检查，全面排查和消除各类事故隐患；要加强对施工作业现场的安全管理，认真落实安全生产责任制，加强对危险区域作业现场的安全检查，杜绝违章作业，指派专人进行安全协调指挥，并确保覆盖作业的全过程；要教育和督促从业人员严格执行本岗位的规章制度和安全操作规程，实施制度化、精细化、规范化管理，从本质上提升职工的安全意识及安全素质。

参考资料

1. 河北省安全生产监督管理局网：邯郸涉县崇利制钢有限公司“9·11”起重伤害事故调查报告，见 http：//www. hebsafety. gov. cn/index. do？id＝33485&templet＝content&cid＝1571。

2. 安全文化网：邯郸涉县崇利制钢有限公司“9·11”起重伤害事故，见 http：//www. anquan. com. cn/index. php？ m = content&c = index&a = show&catid = 40&id = 97691。

3. 四川省诚实安全咨询技术服务有限责任公司网：邯郸涉县崇利制钢有限公司“9·11”起重伤害事故调查报告，见 http：//www. cs - safety. com/list. asp？ id = 3471。

中航工业制造所“9·19”物体打击事故

一、事件简介

2014 年 9 月 19 日 8 时 53 分，中国航空工业集团公司北京航空制造工程研究所航空专用装备工程中心高档数控机床高碑店装配基地，在组装数控机床过程中发生物体打击事故，造成 1 人死亡，直接经济损失 66.02 万元。

二、事件原因

直接原因

中国航空工业集团公司高碑店装配基地作业人员安全意识淡薄，在组装机床时，为取出掉落的管接头，不听劝阻，冒险作业，擅自拧松 Z 向电机的锁紧螺钉，造成机床滑枕下滑，导致事故发生。

间接原因

中航工业制造所高档数控机床高碑店装配基地未落实职工持证上岗制度；中航工业制造所高档数控机床高碑店装配基地未严格落实班组安全检查隐患排查制度，车间未设置规章制度、操作规程和警示标识。

三、事件处理

事故发生后，河北省高碑店市政府成立由高碑市政府党组成员为组长，高碑市政府督查室主任、安监局局长为副组长，安监局、监察局、公安局、总工会、和平办事处等有关部门人员参加的中航工业制造所高档数控机床高碑店装配基地“9·19”物体打击事故调查组，并邀请检察院派员参加，对事故展开全面调查。中国航空工业集团公司高碑店装配基地相关负责人赶赴事故现场积极救援，将伤者及时送往医院。

四、责任追究

中航工业制造所高档数控机床高碑店装配基地代班长被航空专用装备工程中心依据内部规定给予警告，调离原岗位；中航工业制造所航空专用装备工程中心主任被给予行政处罚；中航工业制造所被高碑店市安全监管局处以 11 万元的罚款。

五、补救措施

为防范类似事故发生，中航工业制造所强化安全生产主体责任，严格要求中航工业制造所高档数控机床高碑店装配基地落实隐患排查治理制度，建立健全事故隐患排查治理机制，严格要求中航工业制造所高档数控机床高碑店装配基地落实安全生产各项规章制度，车间设置规章制度、操作规程和警示标识。

参考资料

1. 河北省安全生产监督管理局网：中航工业制造所高档数控机床高碑店装配基地“9·19”物体打击事故调查报告，见 http：//www. hebsafety. gov. cn/index. do？ id = 33091&templet = content&cid = 1571。

2. 中搜资讯：中航工业制造所高档数控机床高碑店装配基地“9·19”物体打击事故调查报告，见 http：//zixun. zhongsou. com/faster/24/ba4879b6ab139cb52370c4c3873e1496. html。

3. 河北省安全生产宣教网：中航工业制造所高档数控机床高碑店装配基地“9·19”物体打击事故调查报告，见 http：//www. hbajxj. org. cn/a/shiguchachu/2014/1121/615. html。

福建厦门“9·19”爆炸事故

一、事件简介

2014 年 9 月 19 日 11 时 29 分，福建省厦门市湖里区国泰大厦旁福园公寓楼下一瓦罐店内煤气罐爆炸，事故造成 6 人死亡、32 人受伤，经济损失 896 万元。

二、事件原因

经过调查，爆炸原因系操作人员将本应连接在气液两相瓶（YSP118 – Ⅱ型）气相阀上的减压阀，连接到了液相瓶阀上，且减压阀安装连接不到位，导致瓶阀开启时液化石油气以液相状态大量泄漏并迅速气化与空气混合形成爆炸性混合物，在相对封闭的空间内遇电器开关、空调、电风扇等点火源引发爆炸。

三、事件处理

事故发生后，厦门市相关部门成立由厦门市安监局局长担任组长，成员单位包括厦门市公安局、市检察院、市市政园林局、市质监局、市安监局、市消防支队、市总工会、市市场监督管理局、市商务局、市城市管理行政执法局、市安全生产执法支队和湖里区政府等 12 个部门组成的厦门湖里“9·19”燃气爆炸事故调查组，组织公安、安监、消防、市政、卫生、民政、湖里区等及时赶到事故现场，将受伤人员送往医院。厦门市卫计委成立小组，组织12辆专项救护车运送伤员。厦门市第一医院、厦门市中医院、厦门市中山医院、厦门市174医院等积极组织专家对伤员进行诊断、救治，指导工作。

四、责任追究

经调查认定，福建省厦门市湖里区家乡瓦罐煨汤馆“9·19”较大燃气爆炸事故是一起生产安全责任事故，3人被移交司法机关处理，6人被给予党纪、政纪处分。

五、补救措施

厦门市市政园林局召集全市燃气企业召开安全会议，要求全市燃气企业要进行全覆盖、地毯式的安全隐患排查，严防类似事故的再次发生。

参考资料

1. 新浪专题：厦门燃气爆炸原因查明瓦罐店气瓶安装不当所致，见 http：//mn. sina. com. cn/news/b/2014－09－26/073295374. html。

2. 兰州大学：中国公共危机事件案例知识库，见 http：//ccm. lzu. edu. cn/caseShow. jsp? caseID＝1280#box_2。

3. 中新网：厦门湖里区燃爆事故涉10名责任人3人被建议移交司法机关，见 http：//www. chinanews. com/gn/2015/01－24/7001583. shtml。

湖南醴陵“9·22”爆炸事故

一、事件简介

2014年9月22日15时20分，湖南省醴陵市浦口镇保丰村南阳出口花炮厂发生爆炸，事故共造成14人死亡、33人受伤。

二、事件原因

经调查，事故发生的主要原因是：湖南省醴陵市南阳出口花炮厂没有申请通过高温停产后的复产验收，擅自违规生产；擅自改变工房用途，将无药工房改为有药生产工房，从而引发事故；企业外部安全距离不够，一证多厂，多股东各自组织生产，多危险工序混合生产。

三、事件处理

事故发生后，湖南省委书记、省长及时作出批示，要求组织专门力量全力以赴抢救受伤人员，做好死亡人员善后和家属安抚工作，调查事故原因，及时准确公开信息。醴陵市医疗、消防等部门及时赶赴事故现场，开展救援与处置工作。湖南省、株洲市成立专门工作班子全力救治受伤人员，抽调医疗专家指导伤员救治工作。

四、责任追究

湖南省醴陵市副市长、醴陵市浦口镇党委书记、镇长、醴陵市安监局总工程师、醴陵市安监局执法大队大队长等事故相关负责人被给予免职处理。醴陵市南阳出口花炮厂法人代表被司法机关依法采取强制措施。

五、补救措施

为吸取事故教训，避免类似事故发生，湖南省委副书记、省长提出：烟花爆竹批发企业一定要按照少量多次的原则，严禁“三超一改”，严禁烟花爆竹批发企业仓库超量储存、超员作业和在库房内拆箱分装，确保企业安全生产；要牢固树立红线意识、底线思维，始终坚持重心下移，把工作的着力点放在基层、社区和企业，把责任落实到每一个社区、每一个企业、每一个人，确保各项安全隐患排查和整治措施落到实处，坚决遏制重特大事故发生。湖南省醴陵市市委书记提出要完善工作流程，落实“党政同责、一岗双责、齐抓共管”的要求；宣传、安监等部门以及乡镇、街道办事处要联合加大宣传力度，强化企业的主体责任。醴陵市委市政府在全市范围内深入开展安全生产隐患大停产、大排查、大整顿；对烟花爆竹、道路和水上交通、煤矿、非煤矿山、尾矿库、危险化学品、民爆物品、冶金、有色、消防、建筑施工、特种设备等重点行业领域的生产经营建设单位，有针对性地开展全面检查，摸清安全生产隐患和薄弱环节，落实责任、认真整改、健全制度，彻底排除重大安全隐患。

参考资料

1. 网易新闻：湖南对“9·22”花炮厂爆炸事故追责　醴陵副市长等5人被先期免职，见 http：//news. 163. com/14/0924/13/A6TO2UCH00014SEH. html。

2. 株洲网：醴陵花炮厂“9·22”重大爆炸事故原因初步查明，见 http：//www. zhuzhouwang. com/2014/0929/291632. shtml。

3. 醴陵市政府网：醴陵下发紧急通知开展安全生产隐患大排查，见 http：//www. liling. gov. cn/dangzhengyaowen/2381. html。

云南曲靖“9·23”透水事故

一、事件简介

2014年9月23日16时30分，云南省曲靖市宣威市倘塘镇小河边煤矿小河边井东南巷掘进工作面发生水害事故，造成3人死亡，直接经济损失993.4万元。

二、事件原因

直接原因

小河边煤矿东南巷掘进工作面附近存在老窑积水；作业人员未进行探放水，冒险打眼作业导通老窑导致事故发生。

间接原因

小河边煤矿安全生产主体责任不落实，违法违规组织生产，不执行探放水措施，安全管理混乱；宣威市、倘塘镇人民政府落实煤矿安全生产属地监管职责不到位，对派驻停产整顿煤矿的盯守人员工作履职情况督促检查不到位。

三、事件处理

事故发生后，云南省宣威市倘塘镇人民政府组织救援力量投入救援工作，成立抢险救援指挥部，调集宣威市矿山救护队、宣威市来宾光明煤电有限公司、羊场煤矿、田坝煤矿、麒麟区5支专业矿山救护队，并从麒麟区调集大型排水设备、设施及时开展抢险救援工作。宣威市倘塘镇党委政府抽调干部成立事故善后处理工作组，及时按照相关政策落实善后处理及赔偿工作。

四、责任追究

经调查认定，小河边煤矿“9·23”较大水害事故是一起责任事故。小河边煤矿4名相关负责人被依法移送司法机关处理。7名宣威市相关党政领导被依法给予党纪、政纪处分。小河边煤矿安全副矿长、生产副矿长依据有关法律法规规定依法被给予行政处罚。小河边煤矿依法被处以相应的罚款，没收其违法所得，依法实施关闭，被颁证部门吊销相关证照。宣威市煤矿安全监督管理局局长、宣威市煤炭工业局局长被责成向宣威市人民政府写出书面检查。宣威市人民政府被责成向曲靖市人民政府作出书面检查。

五、补救措施

为避免类似事故的发生，云南省宣威市倘塘镇小河边煤矿“9·23”较大水害事故调查组提出：要切实督促煤矿企业落实安全生产主体责任；做好煤矿隐蔽致灾因素普查工作；做好停产整顿矿井的盯守工作；切实提高煤矿应急救援能力和装备保障能力；切实加快推进煤炭产业转型升级。

参考资料

1. 云南煤矿安全监察局网：云南煤矿安全监察局关于曲靖市宣威市倘塘镇小河边煤矿小河边井“9·23”较大水害（瞒报）事故调查处理情况公布，见 http：//www.ynmj.gov.cn/upload/20141215/2014121517550991.pdf。

2. 中国安全生产网：云南宣威市倘塘镇小河边煤矿事故8人被困，见 http：//www.aqsc.cn/101808/101914/340703.html。

3. 中新网：云南宣威煤矿8人被困井下瞒报事故10余人被追责，见 http：//www.chinanews.com/gn/2014/12－15/6878573.shtml。

河北唐山“9·23”坍塌事故

一、事件简介

2014年9月23日17时，河北省唐山市安泰钢铁有限公司烧结厂竖炉车间发生电除尘器积灰仓坍塌事故，造成3人死亡，直接经济损失232.89万元。

二、事件原因

直接原因

河北宣化环保设备集团公司2007年11月承揽并于2007年12月完成安装的唐山安泰钢铁有限公司电除尘器积灰仓施工质量存在缺陷；电除尘器经多年使用，积灰仓在长期负重情况下，焊接部位脱焊区域逐渐增多，积灰仓承重能力逐渐下降，最终导致2号积灰仓坍塌。

间接原因

竖炉电除尘器积灰仓和电除尘器存在的质量缺陷无法在日常岗位点检和安全检查中发现并及时消除；唐山安泰钢铁有限公司未制定电除尘器维护检修规程及隐患排查制度，致使设备维护检修及隐患排查无章可循；竖炉电除尘器安装施工过程中，唐山安泰钢铁有限公司未按相关规定对该工程项目实施工程监理。

三、事件处理

事故发生后，河北省滦县人民政府启动应急救援预案，成立事故调查组，组织安监、公安、消防、卫生等相关部门人员赶赴现场实施救援，受伤人员被及时送往滦县人民医院进行救治。唐山安泰钢铁有限公司相关人员赶到事故现场，组织人员、调集设备进行救援。

四、责任追究

唐山安泰钢铁有限公司6名相关责任人员被给予相应的经济处罚；唐山安泰钢铁有限公司总经理韩某被给予行政处罚；唐山安泰钢铁有限公司被给予20万元的经济处罚；河北宣化县汇铂环保设备有限公司被给予20万元的经济处罚。

五、补救措施

为防范类似事故的再次发生，唐山安泰钢铁有限公司“9·23”坍塌事故调查组提出唐山安泰钢铁有限公司要：在全公司范围内全面开展安全隐患大排查，聘请专业人员对烧结厂竖炉车间电除尘器1号、3号积灰仓稳定性现状进行技术鉴定，提出加固的具体措施；加强设备检修及维护保养工作，对公司所有高位半地下料仓、高位管道及设备进行全面的隐患排查；要认真完善和落实设备定期检修、维护保养制度；要加强新建、改建、扩建项目的工程监理，按照《建设工程质量管理条例》的要求，委托具有相应资质等级的工程监理单位进行监理，指派有经验、责任心强的人员加强对现场的管理，确保工程质量合格，施工过程安全。

参考资料

1. 河北省安全生产监督管理局网：唐山安泰钢铁有限公司“9·23”坍塌事故调查报告，见 http：//www. hebsafety. gov. cn/index. do? id =34649&templet = content&cid =796。

2. 深圳新闻网：河北唐山安泰钢铁公司发生物体打击事故 3 人死亡，见 http：//news. sznews. com/content/2014 -09/26/content_10274780. htm。

3. 新浪网：唐山安泰钢铁公司发生物体打击事故 3 人死亡，见 http：//hebei. sina. com. cn/news/yz/2014 -09 -26/0954107256. html。

广东登革热疫情

一、事件简介

2014 年 9 月 25 日，广东省卫生计生委通报全省登革热确诊病例达 8273 例，累计病例数较去年同期上升 1341. 29%，其中本地病例 8241 例，境外感染输入病例 32 例。

二、事件原因

事件发生的主要原因是：广东省花鸟交易市场有大量水生植物，伊蚊密度大，感染几率高。

三、事件处理

广东省相关部门高度重视，指定全市二级以上医院为收治医院，指定重症病例收治医院成立登革热临床救治专家组，及时诊断、甄别疑似病例，隔离治疗感染病例，通过微信公众号、电信运营商、大众媒体、宣传标语进社区等方式加强防病知识宣传教育，动员市民清除室内室外积水。

四、补救措施

广东省副省长强调，各地、各有关单位要坚持防控和治疗相结合，严控疫情暴发及蔓延，尽最大努力减少死亡病例发生：按照突发公共卫生事件Ⅱ级应急响应要求成立省防控登革热疫情指挥部、疫情防控和临床救治专家组，进一步加强防控工作组织领导和技术指导；督查各有关单位按照启动响应的职责分工，认真履职；加强信息沟通，强力推动各项防控措施的落实；立足防、强化治，防止死亡病例增加；重点做好重点地区、重点节庆活动和人群密集点的防控工作，严防疫情暴发及蔓延；加强与港澳合作，启动粤港澳突发公共事件处置联动机制。

参考资料

1. 中央政府门户网站：警惕登革热疫情来袭广东已达 7497 例，见 http：//www. gov. cn/xinwen/2014 -09/25/content_2756314. htm。

2. 广东省应急网：省政府召开登革热防控工作领导小组会议，见 http：//www. gdemo. gov. cn/gzyw/sn/201409/t20140926_203511. htm。

3. 中央政府门户网站：广东报告登革热确诊病例一日新增 791 例达 8273 例，见 http：//www. gov. cn/xinwen/2014 -09/25/content_2756467. htm。

云南昆明“9·26”踩踏事故

一、事件简介

2014 年 9 月 26 日 14 时，云南省昆明市明通小学发生踩踏事故，造成 6 人死亡、26 人受伤。

二、事件原因

2014 年 9 月 25 日，云南省昆明市明通小学体育教师将两块体育教学使用的海绵垫子（长 200cm、宽 150cm、厚 30cm）临时靠墙放置于学生午休宿舍楼一楼过道处。9 月 26 日 14 时，明通小学一、二年级午休学生起床后在下楼过程中，由于靠墙的其中一块海绵垫平倒于一楼过道，造成通道不畅，先期下楼的学生在通过海绵垫时跌倒，后续下楼的大量学生情况不明，继续向前拥挤造成相互叠加挤压，造成踩踏事故。

三、事件处理

云南省昆明市明通小学踩踏事故发生后，国务院副总理作出指示，要求全力救治受伤学生，确保受伤学生得到最有效的医疗救治，做好遇难学生的善后工作和家长的安抚工作。云南省急救中心启动公共应急事件四级响应。云南省红会医院、延安医院对受伤学生及时进行检查救治。昆明市委书记赶赴现场，指挥事故处置工作，对明通小学明通巷附近道路实施交通管制，成立事故处置工作领导小组，在全市校园进行安全隐患的排查工作。

四、责任追究

事故发生后，云南省昆明市教育局分管校园安全保卫工作的副局长、盘龙区政府分管教育工作的副区长、盘龙区教育局局长、盘龙区拓东街道办事处分管安全生产的副主任、明通小学校长被停职检查，盘龙区教育局分管校园安全工作的副局长、盘龙区明通小学分管校园安全工作的副校长被免去职务。

五、补救措施

国务院副总理作出指示，云南省教育厅和各州市要对全省各级各类学校内部安全管理进行全面检查，杜绝类似事故再发生。云南省昆明市成立事故处置工作领导小组，在全市校园进行安全隐患的排查工作。云南省昆明市明通小学踩踏事件中每名因事故不幸身亡的学生，家属可从中国大地保险云南分公司获得最少 80 万元的赔偿金。

参考资料

1. 中国新闻网：昆明明通小学踩踏事故6人死　人群从1楼堵到5楼，见http：//www.chinanews.com/sh/2014/09－27/6636031. shtml。

2. 兰州大学：中国公共危机事件案例知识库，见 http：//ccm. lzu. edu. cn/caseShow. jsp？caseID＝1265。

3. 新华网：昆明小学踩踏事故 7 名责任人受处理，见 http：//news. xinhuanet. com/local/2014－09/27/c_1112652042. htm。

4. 网易新闻：云南昆明小学踩踏事故每名遇难学生家属将获赔至少 80 万，见 http：//news. 163. com/14/0929/06/A79PUVL300014Q4P. html。

陕西延安“9·29”山体滑坡灾害

一、事件简介

2014 年 9 月 29 日 20 时 20 分，陕西省延安市宝塔区万花乡毗屹堵村牛圈沟发生山体滑坡，导致两户居民院落房屋垮塌，事故造成 5 人死亡。

二、事件原因

此次灾害事故主要是由于山体崩塌导致的民房被掩埋，造成人员伤亡。

三、事件处理

灾害发生后，陕西省民政厅要求延安市、宝塔区民政局妥善做好死亡人员家属安抚工作，积极配合国土等部门加强地质灾害隐患点的排查工作，及时组织转移受威胁区域民众，防止地质灾害造成人员伤亡。陕西省延安市、宝塔区两级领导与安监、国土、公安、武警、消防等部门 200 余人到达现场，成立现场救援指挥部，对现场实施警戒，紧急疏散撤离附近群众近百人，设立观察哨，对山体实施即时监测，严密排查周边山体安全隐患，防止二次灾害发生。

四、补救措施

为避免类似事故发生，防范二次灾害，延安市宝塔区委区政府向宝塔区各街道党工委、各乡（镇）下发通知，要求对山体居民群众居住环境进行安全大排查，及时消除安全隐患，建立预防机制。

参考资料

1. 网易新闻：延安山体崩塌 已确认 4 人遇难，见 http：//news. 163. com/14/0930/12/A7D1ASF600014AEE. html。

2. 延安特快：延安发生山体崩塌 5 人遇难事故原因正在进一步调查，见 http：//news. 163. com/14/0930/12/A7D1ASF600014AEE. html。

3. 兰州大学：中国公共危机事件案例知识库，见 http：//ccm. lzu. edu. cn/caseShow. jsp？caseID＝1264#box_2。

4. 中国消防在线：延安发生山体滑坡消防救援，见 http：//119. china. com. cn/qxjy/txt/2014－09/30/content_7274755. htm。

湖南东洞庭湖“10·1”运砂船侧翻事故

一、事件简介

2014 年 10 月 1 日 18 时 30 分，湖南省岳阳市岳阳县东洞庭湖陡砂坡水域发生一起洲滩挖砂运砂作业安全事故，造成一艘运砂船侧翻，5 人死亡。

二、事件原因

据调查，此次事故的原因为：作业运砂船受载完毕后在未退挡的情况下沥水，引发船体倾斜造成事故。

三、事件处理

事故发生后，湖南省岳阳县政府有关职能部门及时赶赴事故现场，成立了应急救援小组、善后处理小组和事故调查小组。岳阳县委县政府要求全力搜救失踪人员，安抚好死者家属。截至 2014 年 10 月 4 日上午，事故最后 1 名失踪者的遗体被找到，整个搜救工作结束。后经协调，事故双方当事人和死者家属就善后、赔偿事宜达成协议。

四、补救措施

为吸取此次事故教训，湖南省岳阳县人民政府举一反三，在全县紧急部署开展安全生产隐患大排查、大整治行动，杜绝此类安全事故的再次发生。

参考资料

1. 凤凰网：东洞庭湖侧翻运砂船两名失踪人员遗体被找到，见 http：//hunan. ifeng. com/news/fghx/detail_2014_10/06/2981480_0. shtml。

2. 新华网：东洞庭湖运砂船侧翻事故已造成 3 人死亡 2 人失踪，见 http：//news. xinhuanet. com/local/2014－10/02/c_1112705585. htm。

3. 岳阳网：东洞庭湖一运砂船侧翻一人死亡四人失踪，见 http：//www. yyx. gov. cn/Item/16881. aspx。

山西临县“10·2”坍塌事故

一、事件简介

2014年10月2日16时50分，山西省吕梁市临县湍水头镇新舍窠村218省道附近发生一起挡土墙滑塌事故，造成4人死亡、2人受伤。

二、事件处理

事故发生后，山西省委省政府领导高度重视，迅速作出批示。临县县政府迅速组织抢险救援并成立了事故调查组，积极进行事故调查及善后处理等工作。

三、补救措施

2014年10月3日，山西省吕梁市政府在临县主会场紧急召开安全工作电视电话会议通报此次事故的情况，并对全市安全工作作了安排部署。为杜绝此类事故再次发生，吕梁市相关领导在全市安全工作紧急电视电话会议上提出以下要求：

1. 安全生产这根弦任何时候都不能放松，稍有疏忽就可能付出生命的代价。

2. 生产生活中的每个领域都可能存在安全隐患，隐患排查必须横向到边、纵向到底，确保不留死角、没有盲点。

3. 隐患排查治理必须坚持长期抓、经常抓、深入抓，及时把各类隐患消除在萌芽状态。

4. 必须加强安全方面的宣传教育，提高全民安全意识，在全社会形成人人知安全、人人懂安全、人人讲安全的良好氛围。各级各部门一定要进一步提高认识，深刻汲取事故教训，坚决克服麻痹松懈思想和厌战情绪，进一步增强做好安全工作的责任感、紧迫感和使命感。

参考资料

1. 人民网：山西临县发生挡土墙滑塌事故致4死2伤，见 http：//politics. people. com. cn/n/2014/1003/c70731－25776215. html。

2. 山西新闻网：吕梁近日发生两起事故当地政府迅速组织抢险救援，见 http：//dt. sxrb. com/appsjzd/appsjzd_dsxw/ll/4211806. shtml。

3. 山西新闻网：吕梁市召开安全工作紧急电视电话会议　会议通报临县兴县两起安全事故，见 http：//www. sxrb. com/sxxww/dspd/llpd/llxw/4153616. shtml。

湖北洪湖“10·3”连环中毒事故

一、事件简介

2014年10月3日10时18分，湖北省洪湖市众鑫益农生物能源有限公司发生一起有限空间作业中毒事故，共造成6人死亡。

二、事件原因

经专家认定，此次事故原因为：湖北众鑫益农生物能源有限公司负责人谈某在组织5名公司员工清理漂染池过程中，一人沼气中毒昏迷，其他人员因盲目施救，进一步扩大了事故后果。

三、事件处理

事故发生后，湖北省安监局领导及时赶赴现场指导救援和善后工作，事发单位地方政府及时组织现场救援。死者遗体于2014年10月3日16时运至洪湖市殡仪馆。

四、责任追究

除事发企业负责人谈某在事故中身亡外，企业另外两名负责人已被警方控制。

五、补救措施

为深刻吸取事故教训，有效防范同类事故发生，湖北省安全生产委员会办公室特提出如下要求：

1. 强化安全生产责任落实，切实加强节日期间和第四季度安全生产工作。要按照《省安委会办公室关于切实做好“十一”国庆期间和今年四季度安全生产工作的通知》（鄂安办〔2014〕79号）要求，认真开展安全生产大检查和隐患排查，仔细排查薄弱环节，及时消除事故隐患。要突出事故易发多发重点行业领域，深入推进安全生产领域专项整治“六打六治”及源头治理，确保重点行业领域安全。

2. 强化安全教育培训，切实提高有限空间作业人员的安全意识和技能。要督促有限空间和其他可能接触有毒气体作业单位严格执行《工贸企业有限空间作业安全管理与监督暂行规定》（国家安全监管总局令第59号），强化安全教育培训，提高有限空间作业人员的安全意识和技能。要求进入有限空间作业人员必须严格遵守有限空间安全作业五条规定，即必须严格实行作业审批制度，严禁擅自进入有限空间作业；必须做到“先通风、再检测、后作业”，严禁通风、检测不合格作业；必须配备个人防中毒窒息等防护装备，设置安全警示标识，严禁无防护监护措施作业；必须对作业人员进行安全培训，严禁教育培训不合格上岗作业；必须制定应急措施，现场配备应急装备，严禁盲目施救。

3. 强化安全监管，切实加大对违法违规行为的查处力度。要加大对涉及有限空间作业单位的监管力度，督促企业加强对作业现场、有关设施设备、作业人员操作行为的监督检查，严格按照规章制度和操作规程进行管理和作业，严厉惩处违规操作行为，坚决杜绝“三违”现象。对不履行有限空间作业管理责任，不建立完善的有限空间作业管理体系、规章制度和操作规程，不保证有限空间作业人员安全的企业以及不严格执行国家相关规定的违法行为，坚决依法予以查处。

4. 严肃事故调查处理和责任追究。要严格按照“四不放过”和“依法依规、实事求是、注重实效”的原则，认真组织开展事故调查，并及时向社会公布调查处理结果，强化事故的警示作用，以事故教训推动各项安全生产防范措施的落实。

参考资料

1. 湖北省人民政府网：荆州市洪湖市一能源公司发生一起安全生产事故致6人死亡，见http：//www. hubei. gov. cn/zwgk/szsmlm/shzqb/201410/t20141005_529427. shtml。

2. 中国洪湖网：洪湖市发生一起较大安全事故，见http：//www. honghu. gov. cn/index. php？a = shows&catid = 27&id = 5035。

3. 中国天门网：省安办关于洪湖市众鑫益农生物能源有限公司较大中毒事故的通报，见http：//www. tianmen. gov. cn/root10/szbm/0032/201410/t20141009_297311. html。

贵州黔西“10·5”煤矿瓦斯突出事故

一、事件简介

2014年10月5日18时46分，贵州省永贵能源开发有限责任公司新田煤矿发生煤与瓦斯突出事故，造成10人死亡、11人受伤。

二、事件原因

据有关部门调查认定，该起事故的原因为：一是瓦斯抽采不达标、抽采接续不合理。二是工作面瓦斯超限未及时撤人。事故前1小时，1404回风顺槽工作面及回风巷瓦斯传感器陆续超限，该矿未采取断然措施撤出井下作业人员，也未组织分析瓦斯超限原因，仍然继续作业。三是上级公司对该矿瓦斯治理工作监管不到位。

三、事件处理

事故发生后，贵州省委省政府领导高度重视，在接到事故通报后及时作出重要批示，要求迅速组织力量开展救援处置，全力科学搜救被困人员，救治伤员，妥善做好家属安抚工作。贵州省毕节市黔西县及时成立了抢险救援指挥部，积极开展抢险救援工作。

四、责任追究

依据有关规定，国务院安委会对该起事故查处实行了挂牌督办。

五、补救措施

贵州省黔西县新田煤矿事故发生后，贵州省安监局发出通知，要求全省各地区安监部门及各级别煤矿，开展安全生产检查，消除安全隐患。要求各地各有关部门所有休假人员提前返岗，对全省正常生产建设的煤矿进行一次全覆盖安全检查，对井下所有采掘作业地点要全覆盖、对井下各个生产环节要全覆盖、对各级安全管理人员是否落实安全生产责任制的检查要全覆盖。凡是瓦斯抽采不达标、防突措施不落实的高瓦斯、突出矿井，一律停产整顿。加强事前防范，消除事故隐患，坚决遏制煤矿重特大事故发生。

为认真吸取事故教训，坚决遏制煤矿重特大事故、控制煤矿较大事故，确保煤矿安全生产形势持续稳定好转，国务院安委会办公室特提出如下要求：

1. 强化瓦斯防治工作。瓦斯防治是煤矿安全生产工作的重中之重。高瓦斯矿井和煤与瓦斯突出矿井在回采、掘进前必须进行瓦斯抽采，保持合理的抽采接续，瓦斯抽采不达标不得进行采掘作业；各类煤矿要切实加强通风系统管理，严禁无风微风作业，严禁瓦斯超限作业，严格执行“一炮三检”制度。

2. 严格落实综合防突措施。煤与瓦斯突出矿井要按照《防治煤与瓦斯突出规定》（国家安全监管总局令第19号）要求，健全防突机构，落实防突责任，完善规章制度，强化地质基础工作。要严格落实区域综合防突措施，对区域综合防突措施不落实、未消除突出危险性的煤层，不得布置采掘工作面，切实做到抽采达标，不掘突出头、不采突出面。工作面遇到地质构造带，要采取有针对性的防范措施。不具备防突能力的煤与瓦斯突出煤矿，要强制其退出市场。

3. 强化应急管理和处置。煤矿企业要建立健全应急管理规章制度。煤矿要制定和完善应急预案，并严格组织应急演练。矿调度值班室和安全监测监控室要集中布置。要赋予调度值班人员和现场班组长在遇到险情时及时下达停产撤人命令权。因撤离不及时导致人身伤亡事故的，要从重追究企业主要负责人和相关责任人员的法律责任。

4. 加大监管监察力度。要结合辖区安全生产工作实际，深入基层和生产一线加强督促指导，推进瓦斯治理各项规章制度的落实，督促企业做到工作面瓦斯零超限。要重点检查通风系统是否合理、防突措施是否落实、抽采接续是否合理、应急处置是否恰当、瓦斯超限是否按事故处理等。同时，要依法加大对国有煤矿执法监察力度。

5. 严肃认真查处事故。各级煤矿安全监察机构要认真组织煤矿事故调查工作，查明原因，严肃问责，吸取教训，严加防范。事故结案后要依法及时向社会公布事故调查报告。要认真总结事故教训，采用多种方式扩大事故警示教育范围、提高事故警示教育效果，真正做到“一矿出事故、万矿受教育，一地出事故、全国受警示”。

参考资料

1. 网易新闻：国务院安委会办公室关于贵州省永贵能源开发公司新田煤矿“10·5”重大煤与瓦斯突出事故的通报，见 http：//news.163.com/14/1028/09/A9KP9O6L00014SEH.html。

2. 新华网：贵州毕节市黔西县发生煤矿事故 3 人死亡 7 人失联，见 http：//news.xinhuanet.com/legal/2014－10/08/c_127070032_2.htm。

3. 黔西新闻：贵州永贵能源公司黔西新田煤矿“10·5”事故抢险救援工作有序进行，见 http：//www.bjsou.com/news/？266.html。

内蒙古东源科技“10·7”爆炸事故

一、事件简介

2014 年 10 月 7 日 19 时 20 分，中国化学工程第十六建设公司在内蒙古自治区乌海市乌达区施工的内蒙古东源科技有限公司回用水装置发生爆炸，事故造成 2 人死亡、4 人受伤。

二、事件处理

事故发生后，乌海市、乌达区两级政府及企业及时启动应急预案，乌海市相关领导及时赶赴现场指导救援和善后处理工作，并作重要指示：一是尽快抢救伤员；二是立即成立事故救援、调查等相关组织；三是严防发生次生灾害；四是尽快查清事故原因，妥善做好事故善后处理。

三、责任追究

内蒙古自治区安全生产委员会对该起事故查处实行了挂牌督办。

四、补救措施

为认真贯彻落实内蒙古自治区政府和乌海市委市政府领导同志的重要批示精神，深刻吸取事故教训，举一反三，乌海市安全生产委员会决定在全市范围内对企业开展一次全覆盖、拉网式的安全隐患排查治理专项行动，切实做到“一厂出事故、万厂受教育”。为进一步加强企业安全监督管理工作，有效预防和遏制事故发生，乌海市安全生产委员会办公室提出以下要求：

1. 明确职责，落实责任，坚决防范事故发生。各区、各有关部门要进一步增强安全生产工作的责任感、紧迫感和使命感，坚守“发展决不能以牺牲人的生命为代价”这条不可逾越的红线，认真落实市委市政府领导同志重要指示精神，深刻汲取事故教训，进一步落实企业安全监督管理工作的职责，按照职责分工，采取有效措施，切实加强企业安全监督管理工作。各区、各相关部门和企业主要领导亲自带队并聘请专家，按照“全覆盖、零容忍、严执法、重实效”的要求，立即开展拉网式的全市隐患排查治理专项行动。深入查找本地区、本部门、本企业在安全生产工作中的短板，彻底解决危险化学品安全生产中的隐患和顽疾。

2. 迅速开展企业安全隐患排查治理行动。各区、各有关部门要深入落实国务院安委会“六打六治”及自治区“九打九治”工作要求和 9 月 18 日市安委会第三季度工作会议精神，结合市安委会《关于深刻吸取“4·8”事故教训认真开展全市安全生产大检查的通知》（乌安委发〔2014〕3 号）和市安全生产监督管理局《关于认真汲取两起火灾爆炸事故教训扎实做好危化企业安全生产工作的通知》（乌安监发〔2014〕111 号），迅速组织开展对辖区企业的安全隐患全面排查整治，逐厂逐车间排查整治事故隐患，重点排查企业各项安全措施是否到位、设施完好是否可靠、安全投入是否到位、安全培训是否到位、基础管理是否到位、应急救援是否到位等问题。发现存在安全隐患的，要立即责令整改；整改不合格的，坚决停止生产经营。

3. 深入宣传贯彻落实新《安全生产法》。各地区、各有关部门要充分认识学习、宣传、贯彻新修改的《安全生产法》的重要性和紧迫性，采取切实可行的措施，做好新修改的《安全生产法》的学习、宣传和贯彻落实工作。各地区、各有关部门、各企业要牢固树立以人为本、生命至上的理念，坚守发展绝不能以牺牲人的生命为代价这条“红线”，进一步强化安全生产工作的重要地位、落实生产经营单位主体责任、加强政府监管、强化责任追究，对预防和减少生产安全事故，保障人民群众生命和财产安全，深刻领会精神实质，坚决抓好各项法规的贯彻落实。要通过互联网、报纸、电视、广播、短信、挂图等多种途径，广泛宣传新修改的《安全生产法》的立法精神和实质内涵，普及安全生产防范知识，及时报道各单位宣传贯彻新修改的《安全生产法》的经验和做法。

4. 依法查处事故，严肃责任追究。各区、各有关部门要依法加强生产安全事故的查处工作，按照“四不放过”和“依法依规、实事求是、注重实效”的原则，认真组织开展事故调查，严肃事故责任追究，尤其要强化对事故责任单位和人员的处罚。要通过严厉处罚违法违规企业和个人，切实起到震慑和警示作用。事故查处工作要严格按照法定要求，及时结案并向社会公布。

5. 加强安全教育培训，提高作业人员安全素质。各区、各有关部门和各企业要加强对企业员工的教育培训，特别要重点做好对上岗职工的安全教育培训，坚决树立“培训不到位是重大隐患”的理念，提高其安全生产意识和操作技能，增强自我防护能力和应急处置能力。要充分利用各种渠道和形式，有针对性地开展企业安全专项宣传教育活动，普及安全常识，将宣传教育经常化、制度化，营造企业安全的良好社会氛围。

参考资料

1. 乌海市安全生产监督管理局官网：乌海市安全生产委员会办公室关于内蒙古东源科技有限公司“10·7”爆炸事故情况的通报，见 http://ajj. wuhai. gov. cn/readnews. php? class =% B6% AF% CC% AC% D0% C5% CF% A2&subclass =% B9% AB% CE% C4% B9% AB% B8% E6&id =3997。

2. 中国新闻网：内蒙古东源科技有限公司回用水装置爆炸致2人亡，见http://www. chinanews. com/sh/2014/10 -08/6654261. shtml。

3. 内蒙古自治区政府网：生产安全事故查处挂牌督办通知书（内安委督〔2014〕33号），见 http://www. nmg. gov. cn/ggfw/shbs/aqsc/sgczgs/201501/t20150107_365594. html。

4. 新浪财经：10月7日内蒙古东源科技 BDO 生产装置出现故障，见 http://finance. sina. com. cn/money/future/20141009/095020490928. shtml? fromhao123_finance_money。

青海兴海“10·13”特大交通事故

一、事件简介

2014年10月13日18时30分，国道214线青海省海南藏族自治州兴海县河卡镇路段，一辆青A牌照重型吊车失控后连续撞击多辆行驶中的车辆，事故共造成9人死亡、15人受伤。

二、事件原因

经交警现场勘查认定，这起事故的直接原因是重型吊车驶入长下坡路段后失控撞向其他车辆。另外，事故发生时很多途经车辆在河卡镇主街道两旁的饭馆就餐，现场人多车多，加重了事故后果。

三、事件处理

事故发生后，武警青海总队海南州支队迅速启动应急预案，50余名官兵及时赶往事发现场进行救援，支队命令兴海县中队及时出动兵力就地展开救援行动。青海省交警、海南州消防和卫生等部门派员迅速赶赴现场，开展伤者抢救、善后处理等工作。青海警方在事故发生后封锁事发现场，消防部门用沙土覆盖车祸现场的油面，过往车辆从该区域绕行。青海省海南州相关领导连夜赶赴事发地点，省州县三级公安机关交通管理部门在州、县党委政府的大力支持下，在消防、治安、特警的紧密配合下，连夜展开现场勘查、事故调查、善后处理、维护稳定等工作。海南州地方有关部门于2014年10月14日早上着手清理现场，有关领导于当日上午组织州公安、卫生、民政、交警、红十字会等部门和兴海县政府及财险公司、平安保险、阳光财险、安邦财险公司的主要负责同志，召开处置“10·13”较大道路交通事故有关事宜专题会议，就受伤人员抢救、死者家属安抚、事故现场处置等工作作了具体安排部署。

四、责任追究

肇事车辆驾驶员韩某已被青海警方实施逮捕。

五、补救措施

青海省海南州有关领导强调，此次事故补救措施需着力抓好三项工作：一要全力以赴救治伤员。把抢救危重伤员作为头等大事，州医院要积极配合省专家，全力以赴做好救治工作。要尽快联系、组织伤员亲属朋友，配合医院做好伤员的照顾工作，确保所有伤员脱离生命危险尽快康复。二要启动政府救助机制。在详细了解登记、认真核实伤员及家庭基本情况的基础上，启动州县政府救助机制，组织民政、保险、红十字会等实施综合社会救助，全力以赴做好伤员救治及生活保障等工作。三要做好善后工作。兴海县和河卡镇要切实做好伤亡人员家属的思想安抚工作，帮助解决实际生产生活困难，按照民族习俗妥善处理死者后事。

参考资料

1. 海南藏族自治州政府网：海南州全力做好“10·13”交通事故处置和伤员救治工作，见 http://www. qhhn. gov. cn/html/2318/411506. html。

2. 新华网：青海兴海县境内重大交通事故已确认9死15伤，见 http://news. xinhuanet. com/ttgg/2014 -10/14/c_1112823701. htm。

3. 军报记者网：青海兴海县境内发生特大交通事故武警官兵火速救援，见 http://wj. 81. cn/content/2014 -10/16/content_6181891. htm。

云南泸水“10·13”爆炸事故

一、事件简介

2014年10月13日19时40分，云南省泸水县老窝工业园区内鼎盛冶化有限公司发生冶炼炉爆炸事故，造成4人死亡、9人受伤。

二、事件原因

经有关部门现场勘查认证，此次事故的原因为：事发单位1号冶炼电炉右侧水冷烟道冷却水泄漏，顺烟道进入冶炼电炉，当班作业人员发现电炉进水后，于19时30分断电停水，有关人员违章指挥工人冒险进行盖火作业，加入炉内的盖火料不断烧结、固化，导致前期泄漏进入冶炼电炉的冷却水遇高温熔体产生的大量蒸汽无法释放，发生爆炸。

三、事件处理

事故发生后，云南省委省政府高度重视事故处置工作，相关领导作出批示，要求省卫计委马上与怒江州政府会商，协调省内有关专家全力给予支持，尽可能减少新的死亡。云南省泸水县相关部门及时启动应急处置工作预案，县领导和县公安、消防、安监、卫生、工信、环保、质检，以及工业园区管委会、老窝镇党委政府负责人赶赴现场开展处置工作，并及时成立了“10·13”怒江鼎盛冶化有限公司冶炼炉爆炸事故处置工作领导小组，领导小组下设伤员救治、事故调查、善后处置、社会维稳、信息舆论引导5个工作组，全力开展事故处置领导工作。

四、责任追究

云南省安监、工信等相关部门指导州县查清事故原因，对相关责任人依法依规作出严肃处理。

五、补救措施

为深刻汲取事故教训，进一步强化安全生产工作，严防类似事故发生，云南省安全生产委员会办公室要求：

各级安全监管部门和有关单位要深刻汲取事故教训，以“六打六治”专项行动的标准和要求，迅速深入开展涉及高温熔体作业的安全生产大检查，重点检查冶炼炉窑水冷构件是否设置流量、温度极限指示及警报器，是否设置冷却水供应应急电源或应急水池，行车类型及行走路线条件、铁水包等高温熔体承装器具是否符合标准规范要求，冶炼炉窑的操作室、休息区等设置是否符合规程要求，员工教育培训是否到位，相关管理制度、操作规程和应急预案是否满足相应要求等。对排查出的安全隐患和问题，能整改的应立即整改，不能立即整改的要采取有效控制措施，落实整改时间、措施、资金、责任人和应急预案，限期消除事故隐患。

参考资料

1. 云南省安全生产管理监督局：云南省安全生产委员会办公室关于怒江鼎盛冶化有限公司“10·13”高温熔体爆炸事故的通报，见 http://www.ynsafety.gov.cn/contents/226/14611.html。

2. 新华网：云南泸水县“10·13”鼎盛冶化公司冶炼炉爆炸事故遇难者增至4人，见http://www.sc.xinhuanet.com/content/2014－10/15/c_1112828664.htm。

3. 人民网：云南泸水县冶炼炉爆炸事故已致4人死亡，见 http://society.people.com.cn/n/2014/1015/c1008－25837051.html。

山西阳城“10·19”溃泥事故

一、事件简介

2014年10月19日5时35分，山西省晋城市阳城县阳泰集团宇昌煤业有限公司井下3201综采工作面推进至已关闭充填的马寨回风立井时，井筒内填充的黄土形成的黄泥突然溃入回采工作面，截至2014年10月27日，事故共造成2人死亡。

二、事件处理

事故发生后，山西省委省政府高度重视，相关领导亲赴现场，指导抢险救援工作并作重要批示，要求全力搜救被困人员，严防次生灾害，确保救援安全，同时强调要进一步加大安全工作力度，坚决防范各类事故发生，确保人民群众生命财产安全。山西煤监局、省煤炭厅、省安监局主要领导接到事故报告后，立即率领有关处室人员前往事故矿井，深入井下现场指导搜救工作。山西省晋城市相关部门及时启动应急响应，市委市政府相关领导迅速赶到现场，成立了事故抢险救援指挥部，迅速有序开展工作。

三、补救措施

为深刻吸取“10·19”溃泥事故教训，有效防范各类煤矿事故的发生，山西省安全生产监督管理局提出如下要求：

1. 清醒认识全省煤矿安全生产面临的严峻形势，进一步增强做好煤矿安全生产工作的责任感和紧迫感，强化问题意识，落实安全责任。

2. 严禁采煤、掘进工作面过老旧井筒。已经设计布置过老旧井筒的必须立即停止作业，修改设计，重新布置，避开老旧井筒，并留设足够的保安煤柱。

3. 严格落实矿领导下井带班制度，强化现场指挥、现场管理，及时发现和消除事故隐患。

4. 认真做好煤矿安全生产技术管理工作，加强对图纸、作业规程、施工组织设计等技术文件的规范化、标准化、精细化管理；进一步加强探放水工作，严格落实《煤矿防治水规定》，坚持

"物探先行、化探跟进、钻探验证"的探放水原则。

5. 安全监管监察部门要加大安全执法力度，严厉查处图纸造假、图实不符、弄虚作假等行为，严格安全责任追究，促进企业安全生产主体责任落实。

参考资料

1. 山西煤矿安全监察网：关于晋城市阳城县阳泰集团宇昌煤业有限公司"10.19"溃泥事故的警示通报，见 http：//www.sxsafety.gov.cn/sgkb/20141027/aqjg174404.html。

2. 网易新闻：山西宇昌煤业溃泥事故4人被困井下 正紧急救援，见 http：//money.163.com/14/1022/09/A95BJ8J500253B0H.html。

3. 中国新闻网：山西晋城一煤矿发生井下溃泥事故4人仍被困，见 http：//www.chinanews.com/gn/2014/10－21/6700421.shtml。

甘肃兰州"10·22"铁路事故

一、事件简介

2014年10月22日21时48分，兰州铁路局兰州西机务段10152次货运火车行驶至陇海线梁家坪站至定西站间上行线1619km＋037m处时，撞轧铁路上行人后停车，事故造成3人死亡、1人重伤。

二、事件原因

据有关部门调查，事发前4名被撞男子正在饮酒，其中一人的父亲驾驶的汽车抛锚，4人前去帮忙，匆忙翻越铁路护栏跨越线路时，被正在通过的货车撞上。

三、事件处理

事故发生后，3人被撞当场身亡，1人受伤后被送往医院抢救。

四、补救措施

为了保障列车运行安全和铁路周边群众生命安全，兰州铁路局相关部门不断加强管理，在线路周边增加警示牌和警示标志，增加照明设施，同时采取24小时巡守的方式，对进入铁路线路等突发行为进行劝阻。为减少悲剧的发生，有关铁路部门除通过新闻、报纸等多种媒介不断宣传外，还采取设立防护栏以及树立警示牌等多种措施，目的就是警示大家：切勿乱穿线路，触碰安全底线。部分铁路部门人员和法律人士建议，保障列车运行安全要进一步完善法律细则，对私自进入铁道线路等行为根据引发的后果，作出详细的处罚规定；同时铁路部门和地方相关部门还要深入对铁路沿线群众加强宣传教育，减少破坏铁路设施、私自翻越护栏进入铁路线路等行为发生。

参考资料

1. 新华网：甘肃4男子铁路上被撞3死1伤事发前饮酒，见 http：//www.gs.xinhuanet.com/news/2014－10/23/c_1112946057.htm。

2. 高铁网：4男子酒后翻越铁路护栏酿惨剧，见 http：//news.gaotie.cn/anquan/2014－10－24/192513.html。

3. 人民铁道网：横越铁路需"三思而后行"，见 http：//www.peoplerail.com/rail/show－467－201532－1.html。

新疆乌鲁木齐"10·24"冒落事故

一、事件简介

2014年10月24日22时51分，新疆维吾尔自治区乌鲁木齐市米东区东方金盛沙沟煤矿（甘肃电力投资集团辰旭能源公司经营）＋615m 45°煤层东翼综采工作面发生采空区冒落事故，造成16人死亡、11人受伤。

二、事件原因

经新疆维吾尔自治区煤矿安全监察局调查认定，此次事故的直接原因为：事发煤矿综采工作面采空区大面积冒顶，有毒有害气体溢出，造成16名作业工人窒息死亡。

三、事件处理

事故发生后，新疆维吾尔自治区政府、自治区煤矿安全监察局、乌鲁木齐市相关负责领导迅速赶往现场指挥救援。

四、责任追究

根据《国务院关于进一步加强企业安全生产工作的通知》（国发〔2010〕23号）和《重大事故查处挂牌督办办法》（安委〔2010〕6号）的有关规定，国务院安委会决定对新疆维吾尔自治区乌鲁木齐市米东区东方金盛工贸有限责任公司米泉沙沟煤矿"10·24"重大事故查处实行挂牌督办。由新疆维吾尔自治区人民政府负责协调落实事故责任追究及有关整改措施，并及时将落实情况书面反馈国务院安委会办公室。

五、补救措施

为深刻吸取教训，有效防范和坚决遏制重特大事故，切实做好当前和今后一段时期安全生产工作，确保安全生产形势持续稳定，新疆维吾尔自治区安全生产委员会办公室提出以下要求：

1. 充分认识当前安全生产严峻形势，进一步强化落实各级安全生产责任。各地、各部门和各单位要深刻吸取"10·24"重大事故教训，举一反三，充分认清当前安全生产的严峻形势，进一步统一思想，增强责任感，严防麻痹松懈思想，牢固树立安全生产工作只有起点、没有终点的思想观念。各地、各部门主要领导要亲自组织深入开展安全生产检查，督促企业严格落实安全生产主体责任，把责任、任务、措施、要求落实到岗位、落实到人头，把安全生产各项工作抓严、抓实、抓细、抓好。

2. 进一步深化“六打六治”打非治违专项行动，加强对重点行业领域的安全监管。各地、各部门要继续深入开展安全生产领域“六打六治”打非治违专项行动，始终保持高压态势，针对事故易发多发的重点行业领域，采取不发通知、不打招呼、不听汇报、不用陪同接待、直奔基层、直插现场和暗访暗查、突击抽查、交叉执法及发动群众举报等多种方式，深入开展安全生产执法检查，严格落实停产整顿、关闭取缔、上限处罚、追究法律责任“四个一律”措施，依法严肃查处每一起非法违法行为，做到彻查隐患、及时整改，形成强有力的震慑，有效防范和坚决遏制群死群伤事故的发生。

3. 进一步加强应急救援和值班值守工作。各地、各部门、各单位要进一步完善安全生产事故应急预案，准备充足的应急救援物资和抢险装备，确保发生事故后能反应迅速、指挥得力、处置及时、救援有效。一旦发生安全生产事故，要及时启动应急救援预案，力争在最短时间内做到组织领导到位、技术指导到位、物资资金到位、救援人员到位，妥善处置，最大限度减少人员伤亡和财产损失。同时，要严格执行领导干部值班和关键岗位 24 小时值班制度，切实加强值班值守工作。

参考资料

1. 国家安全生产监督管理总局：重大生产安全事故查处挂牌督办通知书，见 http：//www. chinasafety. gov. cn/newpage/Contents/Channel _ 20595/2014/1104/242667/content_242667. htm。

2. 巴州安全生产监督管理局：转发关于深刻吸取东方金盛沙沟煤矿“10·24”重大事故教训切实加强安全生产事故防范工作的通知，见http：//anjj. xjbz. gov. cn/Article. asp？NewsID＝2855。

3. 中国煤炭新闻网：10 月 24 日 23 时 30 分许，新疆乌鲁木齐市米东区铁厂沟镇沙沟煤矿发生采空区冒落事故，16 人遇难 11 人受伤，见 http：//www. cwestc. com/newshtml/2014－10－25/349765. shtml。

浙江宁波“10·28”中毒死亡事故

一、事件简介

2014 年 10 月 28 日 17 时，浙江省宁波市北仑区小港街道污水干管及泵管道清淤工程进行地下清淤时，施工人员中毒，事故造成 4 人死亡，直接经济损失 480 余万元。

二、事件原因

直接原因

事发地点 W9 井内硫化氢气体自然逸出，加上作业过程中提放抽水泵搅动井底污水和水泵抽吸造成污水系统和污水底部残存污泥中的硫化氢气体大量逸出，含量超标。工作人员蔡某在未经通风、未检测合格、未佩戴有效劳动防护装备的情况下，违规入井作业，吸入硫化氢有毒气体，中毒死亡。工作人员徐某、袁某、宋某 3 人在未采取安全防护措施的情况下，先后盲目入井施救，吸入硫化氢有毒气体，中毒死亡，导致事故后果扩大。

间接原因

1. 柴桥建安公司未认真履行安全生产主体责任。（1）未严格执行合同约定。将枫林污水管道清淤作业项目非法转让，致使该项目被两次转包。（2）未认真履行项目安全生产管理责任。安全生产法律法规、操作规程执行不严，现场未配备符合规定的劳动防护装备和用品；有限空间作业未实行审批制度，作业前未按规定开展通风、检测等。（3）未按规定对作业人员开展安全生产教育培训。致使徐某等作业人员安全意识淡薄，缺乏有限空间作业相应的安全生产和应急救援知识、技能。

2. 北仑工务局未严格履行安全生产监管责任。对枫林污水管道清淤作业项目被两次转包失察、失管，对作业现场存在的违法违规行为和事故隐患，未能有效督促整改。

三、事件处理

事故发生后，相关领导及时赶赴现场，成立了事故调查组、安抚组、医疗组以及总体协调组处置相应突发情况。接警后，浙江省宁波市北仑区公安、消防、120 急救中心等及时赶赴事故现场组织救援。至 2014 年 18 时 50 分，井底 4 名作业人员先后被救出，并分别送往镇海龙赛医院及北仑区小港医院。

四、责任追究

经事故调查组认定这是一起较大的生产安全责任事故，对有关责任人与单位处置如下：

1. 柴桥建安公司对事故的发生负有责任，浙江省安监部门依法对该公司实施了行政处罚；浙江省建设行政主管部门依法对该公司进行了查处。

2. 事发单位负责人梅某、乐某、陈某等6人被公安机关立案侦查。

3. 事发单位工作人员徐某、蔡某等4人违规作业造成事故发生，盲目施救导致事故后果扩大，因在事故中已经死亡，免于追究其责任。

4. 责成北仑区人民政府向宁波市人民政府作深刻书面检查，并抄送宁波市安监局和宁波市监察局。

五、补救措施

为避免此类事故重复发生，此次事故调查组提出以下要求：

1. 牢固树立以人为本、安全发展的理念。浙江省宁波市北仑区及各地政府要深刻汲取“10·28”事故教训，牢固树立以人为本、安全发展理念，牢牢坚守“发展决不能以牺牲人的生命为代价”这条红线。要建立健全“党政同责、一岗双责、齐抓共管”的安全生产责任体系，坚持管行业必须管安全、管业务必须管安全、管生产经营必须管安全的原则，把安全责任落实到领导、部门和岗位，严格按照市“八打八治”部署要求，切实加强有限空间作业安全生产管理，严防类似事故的再次发生，确保人民群众生命财产安全。

2. 切实履行部门安全生产监管职责。各级相关部门要切实引以为戒，严格履行行业监管职责，督促相关企业认真履行安全生产主体责任，切实遵守各项安全生产法律法规、标准规范要求。加强建筑市场管理，严格执行和督促、检查相关企业按照《建筑法》《招标投标法》等相关法律法规要求，开展工程项目招投标，严禁非法转包分包及资质挂靠等行为。加大有限空间作业监管力度，严格依照《有限空间安全作业五条规定》（国家安监总局令第69号）、《有限空间作业安全技术规程》（DB33/707—2008）及其他相关行业法律法规、标准规范要求，督促相关生产经营单位落实有限空间作业安全防护措施。要依法严厉打击违规开展有限空间作业，以及非法转包等违法违规行为。

3. 切实落实企业安全生产主体责任。柴桥建安公司及各生产经营单位要深刻汲取事故教训，举一反三，认真履行安全生产主体责任。切实遵守《建筑法》《招标投标法》等相关法律法规要求，依法依规开展工程项目招投标，禁止非法转包分包及资质挂靠等违法违规行为。严格依照《有限空间安全作业五条规定》（国家安监总局令第69号）、《有限空间作业安全技术规程》（DB33/707—2008）等相关各行业法律法规、标准规范要求，切实强化有限空间作业管理，严格建立、落实有限空间作业审批、管理制度，执行“先通风、再检测、后作业”，做好安全生产防护措施，配备有效、合规的劳动防护装备，强化作业人员安全生产教育培训，严禁未经教育培训或教育培训不合格上岗作业，禁止盲目施救等问题，防止类似事故的再次发生。

参考资料

1. 宁波市安全生产监督管理局：宁波市北仑区枫林污水干管及泵站工程管道清淤作业“10·28”较大中毒死亡事故调查报告，见 http：//www.nbsafety.cn/zwgk/aqtb/sgdc/40904.htm。

2. 新华网：四名工人井窖清淤时中毒致三死一伤，见http：//news.xinhuanet.com/video/2014－10/30/c_127160710.htm。

3. 浙江省安全工程学会：2014年10月28日，宁波北仑区发生一起中毒事故致4人死亡，见http：//www.zjsafety.cn/Des－20120508153508－20120509145648－20141030174414.html。

4. 浙江新闻网：宁波管道清淤致4人死亡认定为责任事故6人被追责，见 http：//news.zj.com/detail/2015/01/05/1559476.html。

浙江丽水“10·30”爆炸事故

一、事件简介

2014年10月30日8时，浙江省丽水市缙云县壶镇浙江精瑞工模具有限公司轧板车间煤气发生炉炉膛发生爆炸事故，造成4人死亡、4人受伤。

二、事件处理

事故发生后，浙江省丽水市、缙云县及时启动紧急预案，组织事故抢险救援。丽水市委市政府主要领导及时作出批示，市委市政府相关领导、市安监局主要领导，缙云县主要领导、相关领导等及时赶赴现场，指挥事故救援处置工作。缙云县成立了医疗救治组、善后处置组、维稳组、事故调查配合和行业整治组，全力以赴做好伤员抢救工作，配合做好事故调查工作，积极做好死者善后处理工作。

三、补救措施

为认真吸取浙江精瑞工模具有限公司“10·30”煤气发生炉较大爆炸事故教训，举一反三、迅速行动、强化责任、狠抓落实，深入推进安全生产“打非治违”专项行动，坚决遏制类似事故发生，浙江省丽水市安全生产委员会办公室提出以下要求：

1. 全面落实煤气发生炉使用企业安全生产主体责任。煤气具有易燃、易爆、易中毒的特点，在煤气生产、净化、加压、储存、输配、使用过程中，稍有不慎发生泄漏，极易造成煤气中毒、燃烧、爆炸等群死群伤生产安全事故。各地有关部门要认真监督、指导各类煤气发生炉使用企业加强安全生产基础工作，建立健全煤气发生炉安全管理规章制度、操作规程，配齐、配足安全管理人员和操作人员，强化从业人员培训教育，认真纠正违章操作、违章指挥和违反劳动纪律的行为；各使用企业应加大安全投人，对使用的煤气发生炉按规定装设安全保护装置、自动控制调节装置、安全联锁装置，提高煤气发生炉生产系统安全技术水平。要坚决淘汰工艺落后、安全技术水平低和不符合安全生产条件的煤气发生炉，积极推广使用二段式煤气发生炉，有条件的使用天然气，实现本质安全。

2. 切实加强对煤气发生炉使用企业的安全监管。各地政府要立即组织质监、安监、经信、环保等部门对本辖区企业使用煤气发生炉的情况进行清理整顿，了解和掌握辖区内煤气发生炉使用企业的基本情况，摸清底数，建立档案，明确监管责任，开展联合执法检查，有针对性地实施安全监管。要定期组织对各类煤气发生炉使用企业落实企业安全主体责任、建立健全安全管理规章制度、隐患排查治理等情况的监督检查，及时治理各类安全隐患。对照《工业企业煤气安全规程》认真开展隐患排查治理，对不符合规程要求的，要立即进行整改，对存在重大安全隐患的，实行逐级挂牌督办、公告制度。对拒不进行整改的，要依法依规予以严肃查处；对不能确保安全生产的，要坚决停产整顿；对违法建设生产的企业单位及落后淘汰设施设备坚决关闭取缔。

3. 努力防范工矿商贸企业事故的发生。截至2014年11月3日，丽水市较大事故已发生了4起，其中企业较大事故2起，企业生产安全事故死亡人数已突破控制指标。市委市政府领导高度重视，要求各地、各相关部门要结合实际，分析事故原因，吸取事故教训，举一反三，采取针对性的措施，加强安全生产工作。各地各部门要结合当前正在开展的“打非治违”专项行动，突出建设施工、消防以及工贸行业使用的煤气发生炉、中频炉、有限空间作业、粉尘作业场所、液氨制冷等容易发生重特大事故的重点行业领域，按照“全覆盖、零容忍、严执法、重实效”的总体要求，严格落实停产整顿、关闭取缔、上限处罚和严厉追责的“四个一律”执法措施，集中打击、整治一批当前表现突出的非法违法、违规违章行为，进一步规范安全生产法治秩序，努力防范工矿企业事故的发生，坚决遏制较大及重特大事故，努力扭转当前安全生产严峻形势。

参考资料

1. 中国丽水：丽水市安全生产委员会办公室关于缙云县浙江精瑞工模具有限公司“10·30”煤气发生炉较大爆炸事故的通报，见 http://www.lishui.gov.cn/zwgk/zwxxgk/ajj/zcfg/t20141103_1620745.html。

2. 浙江在线：缙云一模具企业发生爆炸 事故造成4人死亡4人受伤，见 http://cs.zjol.com.cn/system/2014/10/30/020332863.shtml。

3. 丽水市安全生产监督管理局：10月30日，缙云县浙江精瑞工模具有限公司发生爆炸事故，见 http://ajj.lishui.gov.cn/sgkb04/t20141030_1620042.htm。

上海“11·3”客运大巴侧翻事故

一、事件简介

2014年11月3日10时8分，一辆由南浦大桥旅游集散中心开往小洋山岛沈家湾客运码头的客运大巴（沪D23347），在洋山港东海大桥能源路路口发生侧翻事故，造成6人死亡、43人受伤。

二、事件原因

经调查，事发当时大巴司机赵某驾驶车辆沿洋山港东海大道最右侧机动车道由西向东行驶，在距能源路西约300m处，赵某俯身捡拾落在车内的手机，车辆向右偏离，碰撞道路右侧路肩，赵某向左急打方向盘，致使车辆失控侧翻。此外，事发车辆还存在超速行为，且司机和大多数乘客在车辆行驶中未系安全带，进一步扩大了事故后果。

三、事件处理

事故发生后，上海市委市政府领导高度重视，要求全力救治伤员，处理好善后。上海市公安局、消防局、卫计委及时组织救援，上海市公安局指挥中心下令市公安局警务航空队紧急调派3架警用直升机，飞赴东海大桥交通事故现场开展救援。

四、责任追究

大巴司机赵某因涉嫌交通肇事罪被上海市虹口区人民检察院依法批准逮捕。

五、补救措施

2014年11月5日，上海市交通委员会向全行业下发重申加强行业安全管理的通知，要求客运企业加强安全监管。按照要求，各企业要开展一次针对驾驶员的专项安全教育学习活动，以提升驾驶人员安全意识。要求切实提高驾驶操作水平，避免由于操作不当引起的交通事故。驾驶员在执行驾驶任务前要适时调整身体状况，注意休息，防止疲劳驾驶。出车前要认真检查车辆，确保安全带、灭火器材、逃生锤等设备完好。

参考资料

1. 中国上海：东海大道大巴侧翻事故已致6死43伤市领导要求全力救治伤员，见 http：//www. shanghai. gov. cn/shanghai/node2314/node2315/node4411/u21ai945819. html。

2. 东方网：虹口检察院批捕“11·3”客运大巴东海大桥侧翻事故司机，见 http：//sh. eastday. com/m/20141119/u1ai8450889. html。

3. 网易新闻：上海大巴车6死43伤事故原因：司机捡手机超速行驶，见 http：//news. 163. com/14/1107/00/AADKJMNL00014AED. html。

兰渝铁路“11·4”隧道塌方事故

一、事件简介

2014年11月4日15时10分，由中铁二十一局承建的兰渝铁路桃树坪隧道二号斜井突然发生突水突泥、流沙突出事故，导致9名施工人员死亡。

二、事件原因

据兰渝铁路桃树坪隧道总工程师李某介绍，桃树坪隧道穿越地层为第三系富水粉细砂，该地层属于特殊地层，施工难度极大加之受到降雨影响，施工过程出现突泥突水、流沙突出，致使9名正在作业的施工人员受困。

三、事件处理

事故发生后，事发单位及时启动应急预案，组织现场救援并及时上报相关单位。同时，当地成立了5个工作小组分工负责现场的施救。甘肃省兰州市政府于2014年11月7日成立了“11·4”事件调查组，对兰渝铁路桃树坪隧道突泥突水、流沙突出展开全面调查。2014年11月14日甘肃省安委会根据《甘肃省较大生产安全事故调查处理挂牌督办及备案办法》的有关规定，对兰渝铁路桃树坪隧道“11·4”较大生产安全事故实行了挂牌督办。

四、补救措施

为了认真吸取事故教训，进一步强化隧道施工安全管理，坚决遏制隧道施工坍塌等重大建设项目事故发生，甘肃省安全生产委员会要求及时在全省范围内开展隧道施工安全大检查、大排查、大整治活动。甘肃省住房和城乡建设厅、安全生产监督管理局和兰州市城乡建设局、市安全生产监督管理局共同组成检查组，从2014年11月12日开始，对兰州市轨道交通1号线一期工程隧道工程施工的三个标段安全生产工作情况进行了专项检查。

参考资料

1. 中国甘肃网：甘肃省安委会挂牌督办兰渝铁路桃树坪隧道“11·4”生产安全事故，见 http：//gansu. gscn. com. cn/system/2014/11/15/010850159. shtml。

2. 新华网：甘肃省即日起开展隧道安全排查整治专项行动，见 http：//www. gs. xinhuanet. com/news/2014－11/11/c_1113201095. htm。

3. 甘肃省安全生产监督管理局：甘肃省住房和城乡建设厅甘肃省安全生产监督管理局关于兰州市轨道交通工程隧道施工安全专项检查情况的通报，见 http：//www. gssafety. gov. cn/ch/articleview－8620－1. html。

4. 中国甘肃网：兰渝铁路桃树坪隧道“11·4”坍塌事故最新进展施工时挖出一名被困者遗体，见 http：//gansu. gscn. com. cn/system/2015/01/20/010907187. shtml。

贵州开阳“11·4”透水事故

一、事件简介

2014年11月4日19时30分，贵州省贵阳市开阳县贵州开阳双阳磷矿有限公司发生透水事故，造成5人被困，截至2014年11月6日21时10分，救援队员在井下共找到3名遇难者遗体，还有2人下落不明。

二、事件处理

透水事故发生后，贵州省安监局、贵阳市及开阳县相关领导率有关部门及时赶到现场组织抢险救援。根据省、市有关领导的批示和现场指导意见，现场救援指挥部科学调度，周密安排，有序推进抢险救援工作。

三、补救措施

为深刻吸取事故教训，有效防范和坚决遏制类似事故发生，贵州省安全生产委员会办公室提出如下要求：

1. 各地要认真贯彻落实2014年11月4日全国安全生产工作视频会议和全省安全生产工作视频会议精神，结合当前开展的落实严防九类事故、非煤矿山“十条”规定和非煤矿山“六打六治”打非治违专项行动，立即组织开展地下矿山安全隐患大排查，对存在的安全隐患，特别是矿山水害隐患进行重点排查。要采取“四不两直”的方式，深入基层和地下矿山监督检查，对重点地区、重点企业、重点环节、重点时段实施暗查暗访，要严格落实“四个一律”措施，对排查出的重大安全隐患进行分级挂牌督办，督促企业及时消除隐患。

2. 严厉打击非法违法行为。各地要加强统一领导，建立和完善多部门联合执法机制，明确国土、安全监管、公安等部门的监管职责，严厉打击无证或证照不全采矿、超层越界开采、开挖保安矿柱等非法违法行为；要加强对火工品的管理，健全金属非金属矿山火工品申领、审批工作程序，从源头上切断非法生产链。

3. 着力落实防治水各项工作及措施。各级安全监管部门要督促地下矿山企业认真落实《金属非金属矿山安全规程》（GB16423－2006）和《国家安全监管总局关于进一步加强金属非金属矿山防治水工作的意见》（安监总管一〔2010〕75号）要求，立即组织力量，对地下矿山水害安全隐患进行全面排查治理。地下矿山要建立防治水组织机构，建立健全并严格落实防治水各项工作制度，配齐矿山排水设备设施，严格执行采掘工作面探放水措施。尤其是在积水的旧井巷、老采区或相邻矿山等可能出水的区域，必须确定探水线，编制探放水设计。对水文地质情况不清、资料不全的，存在重大隐患危及员工安全的应立即停产，及时撤出井下全部作业人员，水害情况未查明前，严禁采掘活动。

4. 严格落实企业主体责任。地下矿山企业要严格按照“预测预报，有疑必探，先探后掘，先治后采”的原则，严格落实采掘工作面探放水制度。配强配齐防治水专业技术人员、探放水设施设备及相应物资，调查核实本矿及相邻矿山采空区积水情况，分析查明采空区的空间位置、积水量和水压。在采掘等作业过程中，有透水危险情况的，要认真落实防、堵、疏、排、截的水害综合治理措施，有效预防水害事故。

5. 扎实做好应急救援工作。各级安全监管部门要督促企业制订和完善矿井水害及其他事故应急预案，建立专兼职应急救援队伍或与有关专业救援队伍签订协议，配备满足抢险救援需要的各种设备、物资；加强应急救援知识培训，定期开展应急演练，提高作业人员、管理人员对水害等事故的应急处置能力。

6. 严格事故责任追究。各级安全监管部门要严格按照“四不放过”要求，认真开展事故调查工作，做到查明事故原因、分清事故责任、总结事故教训、人员受到教育、落实防范措施，切实用事故教训推动安全生产工作。

参考资料

1. 开阳在线：开阳县金中镇双阳磷矿发生透水事故致5人被困，见http：//www. kaiyang. ccoo. cn/news/local/3284783. html。

2. 贵州省生产安全监督管理局：省安委办关于贵州开阳双阳磷矿有限公司“11·4”透水事故的通报，见http：//www. gzaj. gov. cn/xxzx/gwgg/tb/75147. Shtml。

3. 易安网：贵州开阳磷矿透水事故已致3人死亡 仍有2人失踪，见 http：//www. esafety. cn/news/99432. html。

4. 中国贵阳：开阳县组织召开非煤矿山安全工作会议，见 http：//www. gygov. gov. cn/art/2014/12/2/art_10687_671523. html。

广西都安“11·9”特大道路交通事故

一、事件简介

2014年11月9日14时30分，广西壮族自治区河池市都安县发生了一起面包车翻下百米山崖的交通事故，造成9人死亡、5人受伤。

二、事件原因

经调查，肇事车辆核载8人，实载14人，严重超员。驾驶员韦某擅自强行进入尚未允许通行的施工路段，由于雨天路滑，在路经九渡村往九经方向约3km处（施工路段）时翻下深约80m的山谷。

三、事件处理

事故发生后，河池市、都安县两级党委、政府高度重视，及时启动突发事件应急预案。河池市相关领导要求全力抢救伤员，做好善后处置和事故调查工作，并采取有力措施，加强道路交通事故防范工作。都安县政府也及时成立事故救援善后工作领导小组，组织公安、交警、消防、安监、卫生、民政、交通、医院等部门赶赴现场施救。

四、补救措施

为保障道路交通安全，严厉打击乡镇非法客运，防范重特大安全事故的发生。广西壮族自治区安委办、交通运输、农机、安监、公安等部门重拳出击，严厉打击乡镇非法客运，以微型面包车为重点，开展了农村道路交通安全大整治行动，具体内容如下：

1. 深入开展源头安全大排查。各地组织专门力量对农村地区机动车及其驾驶人进行一次集中排查，特别要对辖区微型面包车开展一次拉网式排查，建立健全微型面包车“户籍化”管理台账，各地每个乡镇、每个行政村都要按照“一车一档”要求，对辖区微型面包车及其驾驶人建立详细的“户籍化”管理台账。各地对辖区事故多发易发路段点段再进行一次全面的排查，提出整改建议报告政府，明确整改责任单位和完成时限。

2. 深入开展交通安全大教育。通过“五进”宣传、展出展板等形式，向广大交通参与者进行宣传教育。要充分利用电视台、广播站，以及手机、QQ、微信群等，播放交通安全常识，推送安全提示信息。

3. 深入开展交通违法大整治。加大对微型面包车通行频繁的路段和道路复杂、事故多发等危险路段的监管力度。加强对微型面包车等重点车辆的检查和管控。严厉查处微型面包车超员、超速、无证驾驶、酒后驾驶、机件不符合技术标准、安全设施不全等严重交通违法行为，营造整治的高压态势。

参考资料

1. 广西新闻网：广西通报都安“11·9”交通事故原因将严打乡镇非法客运，见 http：//news.gxnews.com.cn/staticpages/20141114/newgx54660d65－11589363.shtml。

2. 中新网：河池都安“11·9”特大交通事故救援纪实，见 http：//www.gx.chinanews.com/2014/1612_1110/117770.html。

3. 新华网：广西都安：核载8人实载14人面包车翻下山崖9死5伤，见 http：//news.xinhuanet.com/legal/2014－11/10/c_127196954.htm。

广东佛山“11·10”基坑坍塌事故

一、事件简介

2014年11月10日17时30分，位于广东省佛山市南海区大沥镇穗盐路旁的新怡智逸大厦1—3栋工程基坑发生局部坍塌，坍塌土方量约400m^3，事故造成3人死亡。

二、事件处理

事故发生后，佛山市委市政府高度重视，相关领导要求市、区、镇安监、住建、消防、应急、卫生等相关职能部门配合救援行动。佛山市住建局和南海区住建局及时启动应急预案，进行事故调查及善后处置工作。

三、补救措施

为深刻吸取事故教训，举一反三，杜绝此类安全事故的再次发生，广东省佛山市安全生产监督管理部门作出如下要求：

1. 提高认识，加强组织领导。为切实加强此次大检查的组织领导，各施工、监理企业要成立以企业法人为组长、企业分管负责人为副组长的工作领导小组和以各主管科室、分公司负责人为成员的工作小组，全面开展施工安全大检查，有关检查的台账要留存一份在工地备查。

2. 认真总结，及时报送。各单位要深刻吸取此次事故教训，举一反三，在大检查中总结经验，分析薄弱环节和主要问题，完善安全生产管理制度，落实整改措施，确保房屋建筑安全生产形势持续平稳，对大检查工作情况汇报形成周报制。

参考资料

1. 南报网：广东佛山发生一起基坑坍塌事故3名施工人员死亡，见 http：//www.njdaily.cn/2014/1118/988935.shtml。

2. 珠江时报：全市建筑工地开展排查整治，见 http：//dadao.net/php/prtime/temp_news.php?ArticleID＝246278。

3. 佛山市禅城区国土城建和水务局网：关于迅速开展建筑施工安全生产大检查的紧急通知，见 http：//www.chancheng.gov.cn/gtcjswj/wztz/201411/14ceca353b864bba84b41395e2f42402.shtml。

河南郑州“11·10”民房坍塌事故

一、事件简介

2014年11月10日17时40分，河南省郑州市高新区双桥办事处王村在建民房发生坍塌事故，造成7人死亡、5人受伤。

二、事件处理

事故发生后，河南省郑州市消防、公安、医疗救护等260余名救援抢险人员赶赴现场，紧急救援，经过反复搜寻，采用各种技术手段侦测被掩埋人员。郑州市高新区管委会对5名伤者及家属实行24小时专人陪护，并垫付资金全力救治。截至2014年11月16日确认现场已无被困人员，搜救工作宣告结束。

三、责任追究

事故发生后，河南省郑州市公安机关及时立案，对房屋户主、包工头等相关事故责任人展开抓捕。2014年11月14日，房东于某、包工头张某、吊车司机等事故主要责任人，被当地公安机关控制。

四、补救措施

为深刻吸取事故教训，举一反三，杜绝此类安全事故的再次发生，河南省住房和城乡建设厅要求：

1. 强化红线意识，进一步落实安全生产责任。河南省各地区、各部门、各单位要清醒认识到当前安全生产面临的严峻形势和做好安全生产工作的极端重要性，倍加警觉、警钟长鸣，进一步强化安全生产红线意识和底线思维，切实高度重视安全生产工作。要按照国务院、省政府及住建部和我厅近期安全生产工作的要求，结合本系统、本单位的实际，认真做好双节和岁末年初安全生产工作安排，切实加强组织领导，层层落实责任，周密部署，完善措施，加大安全检查督查力度，彻底排查和消除各种安全隐患，强化对重大危险源的管理和监控，防止重、特大事故的发生，确保元旦春节和岁末年初建筑安全生产形势稳定和社会稳定。

2. 强化安全隐患排查，深入开展建设安全生产专项治理活动。针对本地区、本行业、本单位存在的突出问题和薄弱环节，结合正在进行的建筑施工领域“六打六治”和工程质量治理两年专项行动，认真开展为期三个月的建筑安全生产集中大检查活动，切实加强对重点地区、重点企业的指导和督促检查。对检查中发现的比较突出的问题要组织人员进行核查，监督整改，切实消除事故隐患。对存在严重事故隐患且不能及时整改的，一律停工整顿。要防止出现节日期间突击生产、无视安全生产要求的情况，加大安全监督执法力度，严厉打击各种非法违法违章作业行为。

3. 加强应急值守、完善应急预案，及时妥善处理突发事件。各级住房城乡建设行政主管部门要进一步健全完善本部门和部门间预报、预警、协调联动工作机制，切实加强应急值守工作，严格落实领导干部带班、重要岗位24小时值班和安全生产报告制度。要进一步健全完善建筑施工安全生产的应急预案，强化与当地政府应急预案的有效衔接，遇有重要险情和各类突发事件要立即启动应急响应，科学妥善处置，及时准确上报。各部门、单位主要负责人、分管领导在节日期间要带队巡查，发现问题及时处理，确保元旦春节和岁末年初全省建设安全生产形势的持续稳定。

参考资料

1. 新华网：郑州高新区民房坍塌事故7人死亡相关人员被控制，见 http：//news. xinhuanet. com/local/2014－11/16/c_1113265410. htm。

2. 搜狐新闻：河南在建楼房坍塌5人遇难 事故或因地基未打牢，见 http：//news. sohu. com/20141221/n407133158. shtml。

3. 河南省工程建设信息网：河南省住房和城乡建设厅关于切实做好元旦、春节期间和岁末年初建筑施工安全生产工作的紧急通知，见 http：//www. hngcjs. net/news_show. asp？ id＝10810。

广东连州“11·11”重大交通事故

一、事件简介

2014年11月11日12时23分，广东省323国道连州市区地段，一辆重型半挂牵引车失控冲向道路右侧，连续碰撞路边停放的二轮摩托车、房屋和行人，事故造成3人死亡、5人受伤。

二、事件原因

广东省公安机关调查认定，事故原因是该牵引车因长时间下坡，导致该车制动失灵。

三、事件处理

事故发生后，广州市连州市4台消防车近20多名消防官兵到场并及时参与现场抢救工作。随后，另一台大型拯救车火速到达现场，相关医疗救助单位以及近30名公安、交警、协警赶到增援，配合和参与现场抢救工作。

四、补救措施

为加强车辆安全管理，避免此类事故的发生，广东省安全生产委员会办公室作出如下要求：

全省各地、各有关部门要将摩托车和涉矿产品运输车辆及其运输企业、运输路段列为管控和整治重点。要进一步优化警力部署，合理安排勤务，严格路面巡查，重点整治摩托车违规载人、不戴安全头盔、无牌无照以及涉矿产品运输车辆证照不全、不符合安全技术要求或长期超限超载导致制动系统失效、擅自改装等非法违法行为。要集中开展对摩托车驾驶人的宣传教育，提高安全意识。要督促涉矿产品运输企业建立严格的安全生产责任制和安全保障措施，切实加大驾驶员教育和车辆管理的力度，严格对驾驶员的培训和日常管控。要强化联合执法，加大“四不两直”监督检查力度，及时发现和解决突出问题，推动落实运输企业安全生产主体责任，加快建立运输企业、车辆及驾驶人“黑名单”制度，坚决遏制涉矿产品运输车辆造成事故多发的势头。

参考资料

1. 连州点点网：“11·11”连州重大交通事故近百人抢救现场，见 http：//www. dd513400. com/portal. php？ mod＝view&aid＝145。

2. 新华网：广东清远连州发生一起车祸造成3死5伤 其中5名学生伤亡，见 http：//media. chinasafety. gov. cn：8090/iSystem/shigumain. jsp。

3. 新浪广东：公安确认连州拖挂车因刹车失灵致3死5伤，见 http：//gd. sina. com. cn/qy/news/2014－11－11/17359658. html。

4. 广东省安全生产监督管理局：广东省安委

会办公室关于近期较大事故情况的通报，见 http：//www.gdsafety.gov.cn/xxfw/gwgg/tb/201411/t20141126_44261.htm。

山东平邑“11·13”石矿坍塌事故

一、事件简介

2014年11月13日20时，山东省临沂市平邑县范加新花岗石矿发生坍塌事故，造成4人死亡。

二、事件原因

经调查取证，事发矿场在有关部门发现隐患责令整改的情况下，仍私自非法组织生产，导致浮石坍塌，属生产安全责任事故。

三、补救措施

为认真吸取事故教训，举一反三，采取切实有效措施，坚决遏制类似事故发生，山东省安全生产委员会办公室特提出如下要求：

1. 迅速开展非煤矿山安全生产大检查。各级安监部门要组织专家，深入到每个矿山企业，对照有关规程和标准，全面深入开展安全生产大检查，凡存在安全隐患和不具备安全生产条件的，一律停产整顿。停产整顿期间，要暂扣《安全生产许可证》，停止爆炸物品供应。凡是构成严重隐患或逾期整改不合格的，要责令立即停产整改；对发现问题或者存在隐患逾期不改的，要依法给予行政处罚直至吊销相关许可证，及时提请政府予以关闭。对执法检查中发现的问题和隐患，各级安监部门要抓住不放，跟踪督办，坚决防止整改期间再次发生事故。

2. 严厉打击非法违法采矿行为。各地要按照《金属非金属矿山领域“六打六治”打非治违专项行动实施方案》要求，进一步加大工作力度，采取突击检查、重点抽查、“四不两直”等方式对地下矿山、露天矿山和尾矿库进行全面深入排查，尤其对小型露天采石场未按设计自上而下分台阶分层开采、没有按设计严格控制台阶（分层）参数、没有爆破设计或不按设计进行作业、使用爆破方式进行二次破碎、爆破后没有对边坡浮石及时清理等违法违规开采的，要发现一起，查处一起，严厉打击，坚决遏制非法生产行为。安监、国土、公安、工商、电力等有关部门要联合执法，形成合力，对暂扣《安全生产许可证》的，公安部门要停止供应爆炸物品。对政府决定关闭的矿山，要吊销有关证照，彻底关死关实，坚决防止死灰复燃。

3. 严肃追究事故责任人员。对发生事故的，要依法从重从快调查处理，特别是临沂市政府要按照国务院和省政府关于事故调查处理的有关规定，迅速对该起事故进行调查处理，要依法从严从快追究有关人员的法律责任，对平邑县发生的“11·13”事故的矿山法人代表、有关责任人要依法从重从快追究刑事责任，要公开审理，公开宣判。同时，要通过视频形式，向全省转播，组织所有非煤矿山法人代表、主要负责人及其他有关人员收看，形成强大的震慑力，切实发挥警示作用，维护依法办矿、依法管矿、依法生产经营的法治秩序。

4. 抓好资源整合，提升保障水平。各市要全面落实《山东省非煤矿山安全生产攻坚克难工作方案》，强力推进矿山的整合重组，真正实现规模化、集约化开采。要下决心将一个矿体存在多个开采主体、开采范围及规模小、相邻开采相互影响的矿山整合重组作为重点，一个矿体原则上只有一个开采主体。矿山比较集中的县区，要借鉴煤矿的做法，成立专门的集团公司，对辖区内矿山实行统一管理。要鼓励专业化安全管理团队以托管、入股等方式管理矿山，切实提升安全管理水平和保障能力。特别是连续发生较大事故的平邑县，要尽快拿出整顿整合方案，并报省政府安委会办公室同意后，迅速组织实施。

参考资料

1. 国家安全生产监督管理总局：事故查询，见 http：//media.chinasafety.gov.cn：8090/iSystem/shigumain.jsp。

2. 中国烟台：转发省政府安委会办公室关于临沂市平邑县范加新花岗石矿坍塌事故的通报，见 http：//ajj.yantai.gov.cn/YTIICxxgk/AJJ/AJJXXGKMLGZZD/153818.html。

3. 东北能源网：11月13日20时左右，山东省临沂市平邑县范加新花岗石矿发生坍塌事，见 http：//www.zhyny.com/a/shigukuaibao/2014/1117/51738.html。

陕西吴起“11·15”交通事故

一、事件简介

2014年11月15日10时30分，陕西省延安市吴起县吴华路21km（白豹镇新庄科村）处发生一起货车与小轿车相撞的交通事故，造成6人死亡、2人受伤。

二、事件处理

吴起交警大队事故值班室于2014年11月15日10时33分接到指挥中心报警后及时通知马营交警中队，马营交警中队于10时42分派民警赶到现场，10时47分吴起交警大队负责人带领干警和消防队、县医院120到达现场，展开救援。

随后，相关领导与部门负责人及时赶赴现场组织救援。

三、补救措施

为加强车辆安全管理，避免此类事故的发生，陕西省吴起县“11·15”特大交通事故处理领导小组，委托吴起县安全委员会下发紧急通知：为深刻汲取惨痛教训，尽快组织力量，在吴起全县范围内开展一次拉网式排查，重点对道路交通、地质灾害、公共场所消防和森林防火等领域进行检查，及时消除隐患，确保安全。

参考资料

1. 中国吴起：吴起县“11·15”较大交通事故情况说明，见 http：//www. wqx. gov. cn/news/20141115/n41077462. html。

2. 新华网：陕西省吴起县交通事故共造成6人死亡，见 http：//news. xinhuanet. com/local/2014－11/15/c_1113263816. htm。

3. 陕西农村网：延安市副市长薛海涛赴吴起指导“11·15”事故处置工作，见 http：//city. sxncb. com/html/2014/yashehui_1117/74330. html。

山东寿光“11·16”重大火灾事故

一、事件简介

2014年11月16日18时36分，山东省寿光市化龙镇裴岭村龙源食品有限公司发生火灾，过火面积5000m^3，造成18人死亡、13人受伤，

二、事件原因

据相关部门调查认定，此次事故的直接原因是：龙源食品有限公司保鲜恒温库内沿墙敷设的制冷风机供电线路接头过热短路，引燃墙面聚氨酯泡沫保温材料，引发火灾。同时企业违法违规生产经营，生产厂房未经正规设计、未申报验收，违规使用不合格保温材料，疏散通道、安全出口设置不符合规范要求。

三、事件处理

事故发生后，山东省相关领导作出批示，要求全力组织救助伤员，并连夜赶赴事故现场指挥救援工作。当晚21时30分，明火被扑灭；23时10分，残火全部扑灭。至2014年11月17日7时，人员搜救工作结束。2014年11月18日，山东省寿光市龙源食品有限公司“11·16”重大火灾事故调查组成立并召开全体会议，对事故调查工作作出部署。

四、责任追究

火灾涉事企业负责人被当地警方控制。

五、补救措施

为深刻吸取事故教训，切实加强安全生产工作，有效防范和坚决遏制重特大事故发生，国务院安全生产委员会办公室提出如下要求：

1. 严格落实各方主体责任，提高劳动密集型企业火灾防控能力。各地区要按照安全生产“党政同责、一岗双责、齐抓共管”总要求，强化对消防安全工作的领导，指导、督促各行业主管部门按照“管行业必须管安全、管业务必须管安全、管生产经营必须管安全”的原则，落实相关消防安全监管职责，加强对生产经营单位特别是中小型劳动密集型企业消防安全监管，督促其严格履行消防安全主体责任，遵守消防安全法规标准要求，强化消防安全基础管理，针对易引发群死群伤火灾事故的环节持续开展隐患排查治理，提高火灾防控能力。

2. 深入开展消防安全专项整治，严厉打击非法违法行为。各地区要继续结合当前正在集中开展的“六打六治”打非治违专项行动，针对突出问题、薄弱环节，深入开展消防安全专项整治。重点整治易发生群死群伤火灾事故的人员密集场所、劳动密集型企业等重点场所存在的建设项目未经消防设计审查、备案和验收，违规采用易燃可燃材料彩钢板搭建建筑，违规使用聚氨酯泡沫材料作保温层，堵塞疏散通道和安全出口、电器设备安装及线路敷设不规范，违规存储易燃可燃物品，消防设施损坏等各类消防违法违规行为，要依法采取停产整顿、关闭取缔、上限处罚和追究法律责任，彻底消除隐患。

3. 加大消防安全宣传教育力度，提高全民消防安全意识。各地区要高度重视消防安全宣传教育工作，督促社会单位积极采取措施，加强对从业人员的消防安全培训教育，提高从业人员检查消除火灾隐患、扑救初期火灾、组织疏散逃生和宣传教育等四个能力。同时，要充分利用移动互联网、楼宇电视、手机短信、微博、微信等现代传媒定期刊播消防公益广告，宣传消防知识，广泛普及安全用火、用电、用气、用油和逃生自救等防火灭火知识，努力形成全社会关注消防安全的良好氛围，提高社会公众消防安全意识和自救能力。

4. 加强应急管理，提高企业员工应急处置能力。各地区要指导督促劳动密集型企业制定针对性和可操作性强的应急预案，并定期组织演练。对于生产季节性强、员工流动性大的企业，要及时组织针对新员工的演练，使其能掌握使用灭火器材的技能、熟悉逃生通道和安全出口位置，确保一旦发生火灾，员工能有效施救、及时报警、快速疏散。

参考资料

1. 网易新闻：国务院安委会办公室关于山东寿光“11·16”重大火灾事故的通报，见http：//news.163.com/14/1127/12/AC2BB8MG00014SEH.html。

2. 齐鲁网：山东通报寿光“11·16”火灾起火原因系电线短路造成，见 http：//news.iqilu.com/shandong/yuanchuang/2014/1205/2237988.shtml。

3. 齐鲁网：山东省政府成立寿光市“11·16”重大火灾事故调查组，见 http：//news.iqilu.com/shandong/yuanchuang/2014/1119/2218826.shtml。

山东蓬莱“11·19”重大道路交通事故

一、事件简介

2014年11月19日7时30分，山东省烟台金进建材有限公司一辆车牌为鲁 FN7610 的重型自卸货车，在沿烟台蓬莱新机场路由南向北行驶至蓬莱市潮水镇刘家庄村路段时，与蓬莱市潮水镇潮水四村幼儿园雇佣的一辆车牌为鲁 Y9P118 的小型面包车相遇。重型自卸货车在向左打方向避让时，导致车辆重心发生偏移向右倾翻，砸压在小型面包车上，重型自卸货车所载沙土将小型面包车掩埋，致使面包车司机和11名儿童死亡，其他3名儿童受伤。

二、事件原因

经有关部门调查落实，此次事故的原因为：一是单位主体责任不落实，安全意识淡薄。蓬莱市潮水镇潮水四村幼儿园及其主要负责人交通安全意识淡薄，雇佣不具备校车条件的车辆接送孩子，车辆严重超员；肇事货车严重超载。二是有关部门的安全管理责任不落实。幼儿园长期雇佣不符合安全标准的车辆接送孩子，而且严重超员，有关部门没有及时查处。说明有关职能部门在安全责任落实、监督管理等方面存在漏洞和薄弱环节，已有的法规、制度、措施执行不严格、落实不到位，“打非治违”不认真，专项整治不彻底。三是地方政府监管有薄弱环节，重点领域专项整治不到位、不深入。事故发生在位于乡村附近的路段，当地没有把监管的触角延伸到末端、延伸到最基层、延伸到最薄弱部位，表明地方政府和行业部门安全发展理念没有树立起来，红线意识、底线思维不强，工作不认真、不扎实。

三、事件处理

事故发生后，事发地相关负责领导迅速赶赴现场，及时组织救援，全力抢救受伤人员，并展开调查处理。接治伤员的蓬莱市人民医院、蓬莱市中医医院都及时启动了应急预案，对伤者进行了全力抢救。山东省、蓬莱市还组织专家组进驻医院随时对孩子的病情进行评估，进行新的治疗。经山东省政府同意，2014年11月20日，山东蓬莱“11·19”重大道路交通事故责任调查组成立并召开全体会议，对事故调查工作作出部署。

四、责任追究

肇事货车驾驶人戴某、烟台金进建材公司法人代表张某、涉事幼儿园园长张某、面包车车主郭某等4人已被蓬莱市公安机关以涉嫌过失致人死亡罪刑事拘捕。

五、补救措施

教育部2014年12月17日发布对山东省蓬莱市“11·19”重大道路交通事故的专项督导报告，要求当地加强校车和接送学生车辆安全管理，迅速组织开展校车和接送学生车辆安全隐患排查治理行动，逐校逐园摸排本地区校车和接送车辆数量、安全性能及运行情况，加强路面检查，杜绝租用非法营运车辆、使用拼装或达到报废标准机动车接送学生和幼儿等违法违规行为。

参考资料

1. 新华网：山东蓬莱货车与面包车相撞已致12人死亡3人伤，见 http：//www.sd.xinhuanet.com/news/2014－11/19/c_1113318306.htm。

2. 人民网：蓬莱“11·19”重大道路交通事故责任调查组成立，见 http：//society.people.com.cn/n/2014/1121/c1008－26067361.html。

3. 新华网：教育部通报山东蓬莱“11·19”重大道路交通事故专项督导结果，见http：//news.xinhuanet.com/edu/2014－12/17/c_1113681706.htm。

4. 中国网山东频道：山东通报烟台蓬莱“11·19”重大道路交通事故处理情况车辆超载系主因，见 http：//sd.china.com.cn/a/2014/shouyejinriyaowen_1205/48919.html。

广西上思“11·19”挡土墙坍塌事故

一、事件简介

2014年11月19日16时30分，广西壮族自治区防城港市上思县叫安乡那当村百姓屯发生一起挡土墙坍塌事故，导致正在临近的上思县珍稀植物园旅游配套项目施工的6名工人被埋或砸伤，事故造成4人死亡、2人受伤。

二、事件原因

经调查，能超旅游开发公司（建设单位）自行组织劳务队伍施工，无相关施工资质，无施工图纸，存在质量问题；挡土墙后方回填土没有分层压实，不符合规范要求；挡土墙倒塌前，能超旅游开发公司组织挖掘机在挡土墙上方施工，加重挡土墙承载，造成倒塌；鲁威建筑工程公司（施工单位）现场管理人员未及时发现挡土墙存在安全隐患源，未对挡土墙进行监测，及时疏散人员。

三、补救措施

为深刻吸取该起事故教训，切实做好全区建筑施工安全生产工作，有效防范和坚决遏制建筑施工生产安全事故，广西壮族自治区住房和城乡建设厅提出如下要求：

1. 深刻吸取事故教训，组织开展全面自查。各地住房城乡建设主管部门要深刻吸取事故教训，立即组织本辖区内的所有在建工程项目开展全面自查，项目施工单位应对项目施工现场周边是否存在高大挡土墙、高切坡、高填方、高压输配电线路等危险性因素进行认真排查并采取针对性的防护措施，建设、监理单位应对施工单位的排查工作认真督促，项目所在地的建设工程质量安全监督机构应对本辖区内各项目的自查情况和危险性因素的防护情况严格监管并进行随机抽查，确保消除施工场地周边的安全隐患。

2. 严格安全条件审查，切实杜绝事故隐患。各地住房城乡建设主管部门要进一步加强对建筑施工安全生产工作的重视，从本文下发之日起，各地住房城乡建设主管部门或其委托的安全监督机构在办理工程项目安全监督手续时，对项目周边可能存在高大挡土墙、高切坡、高填方、高压输配电线路等危险性因素的，应严格按照住房城乡建设部《房屋建筑和市政基础设施工程施工安全监督工作规程》（建质〔2014〕154号）第四条的要求，到现场对项目周边存在危险性因素及其防护情况进行踏勘检查并严格审查是否具备安全条件，对于项目周边存在危险性因素且未做好有效防护的工程，一律不得办理施工安全监督手续。各地住房城乡建设主管部门在办理工程施工许可时，还应对周边可能存在高大挡土墙、高切坡、高填方、高压输配电线路等危险性因素的项目现场安全条件进行复核。我厅将对各地在办理施工安全监督和施工许可时是否进行安全条件严格审查的情况加强层级监督检查。

3. 严格基本建设程序管理，依法查处违法违规行为。各类建设工程必须严格遵守法定基本建设程序，凡未办理用地许可、规划许可、施工图审查、质量安全报监、施工许可等建设手续的或手续不全的，一律不得开工建设。各地住房城乡建设主管部门要加强对本辖区内各项目遵守基本建设程序情况的检查，从本文下发之日起对辖区内在建项目开展全面排查，发现有未经施工许可即开工建设的项目，应立即责令停工整改，并对项目是否存在违法发包、转包、违法分包、挂靠等建筑市场违法违规行为开展深入调查。对违法违规行为，要依法进行严厉查处和坚决打击，以进一步规范建筑市场秩序，保障工程质量安全。

参考资料

1. 广西住房和城乡厅：关于防城港市上思县“11·19”挡土墙坍塌事故的通报，见http：//www.jtzl.gxzjt.gov.cn/HTMLFile/2014－12/shownews_178921.html。

2. 中新网：防城港4死2伤挡土墙坍塌事故未办理报建施工许可，见 http：//www.gx.chinanews.com/2014/1913_1205/119936.html。

3. 网易新闻：涉事项目未批先建违规施工，见 http：//news.163.com/14/1206/16/ACPUBSJT00014AED.html。

广西南宁“11·12”特大交通事故

一、事件简介

2014年11月22日11时47分，广西壮族自治区南宁市那马镇境内325国道787km＋500m处发生一起大货车与面包车碰撞的交通事故，造成8人死亡、1人受伤。

二、事件原因

经当地警方调查确认，此次事故的原因为：重型自卸货车驾驶员关某沿325国道由钦州往那马方向行驶时驶入左侧车道，属违规驾驶，后与闪躲不急的小型普通客车发生碰撞，导致两车冲入路边坡。

三、事件处理

事故发生后，广西壮族自治区南宁市良庆区消防大队、交警六大队、120接警后迅速赶赴现场紧急施救，自治区和南宁市相关部门领导随后也赶赴现场，指导救援处置工作。南宁市政府于2014年11月24日，召开紧急会议，对加强道路交通安全工作进行研究部署。

四、责任追究

肇事驾驶员关某已被当地警方控制。

五、补救措施

为深刻吸取南宁“11·22”事故教训，南宁市安全生产委员会就进一步加强交通安全生产工作，作出如下要求：

1. 认真分析和准确把握当前安全生产形势，毫不松懈抓好安全生产工作。

2. 深刻吸取“11·22”事故教训，立即组织开展全市道路交通安全生产大检查、大整治。按照“全覆盖、零容忍、严执法、重实效”的要求，立即制定工作方案，组织开展一次全面彻底的道路交通安全生产大检查、大整治活动。

3. 组织开展道路交通安全宣传教育，营造安全文明的行车氛围。各县（区）、开发区和各有关单位要充分利用广播电视、平面媒体、微信、报纸、横幅、板报等媒介，广泛开展交通安全宣传进农村、进社区、进企业、进学校、进家庭活动。

4. 组织开展道路交通安全专项督查，确保各项工作措施落到实处。

参考资料

1. 新华网：广西南宁：大货车与面包车相撞致8死1伤，见 http：//www. gx. xinhuanet. com/newscenter/2014－11/24/c_1113383545. htm。

2. 中国新闻网：广西南宁两车相撞事故致8死1伤肇事司机被控，见 http：//www. chinanews. com/sh/2014/11－23/6804779. shtml。

3. 新浪网：广西面包车与货车相撞8人身亡其中4人为儿童，见 http：//news. sina. com. cn/c/2014－11－22/220431187378. shtml。

4. 南宁安全生产监督管理局：南宁市安全生产委员会关于深刻吸取良庆区那马镇“11·22”较大道路交通事故教训采取有力措施进一步加强当前交通安全生产工作的紧急通知，见 http：//www. nnsafety. gov. cn/ejlm/viewnews. jsp？ itemId＝789&newsID＝10527。

内蒙古国泰化工“11·24”窒息死亡事故

一、事件简介

2014年11月24日16时40分，内蒙古自治区鄂尔多斯市国泰化工有限公司在建甲醇项目合成车间低温甲醇洗单元发生一起窒息死亡事故，造成4人死亡。

二、事件原因

经现场勘察和有关技术人员调查认定，此次事故原因为：一是事发单位用做气密性试验的氮气窜入废甲醇罐并泄入废甲醇储槽（上口敞开式），工作人员进入后窒息死亡；二是工作人员救援不当，盲目施救，导致事故死亡人员增加，造成事态扩大，事故升级；三是气密性试验中盲板管理不到位。

三、事件处理

接到呼救信号后，事发单位工作人员陆续将4位遇险人员用绳索拉出，并及时送往乌拉特前旗医院救治。2014年11月28日内蒙古自治区安委会根据《内蒙古自治区安全生产较大事故查处挂牌督办办法》（内安委会发〔2010〕18号）的规定，该起事故查处实行挂牌督办。

四、补救措施

为深刻吸取事故教训，切实加强危险化学品安全生产工作，内蒙古自治区安监局提出如下要求：

1. 进一步提高认识，加大安全监管力度。各级安监部门要引以为戒，从遏制生产安全事故、扭转安全生产严峻形势的角度出发，进一步增强做好当前危险化学品安全生产工作的责任感和紧迫感，切实绷紧危险化学品安全生产这根弦，严格贯彻落实即将实施的新修订的《安全生产法》，以提升危险化学品领域本质安全水平专项行动、夯实安全生产标准化建设、推进危险化学品生产企业分级分类监管等工作为抓手，找准本地区危险化学品安全生产的薄弱环节，采取针对性措施，加大安全监管力度，严格执法检查，开展有关专项整治行动，强化源头管控，加强建设项目安全设施“三同时”把关，督促企业把安全生产主体责任真正落到实处，竭力减少一般事故，坚决遏制较大事故，逐步扭转当前的危险化学品安全生产形势。

2. 严格落实企业安全生产主体责任。一是危险化学品企业要真正重视隐患排查治理；二是加强对从业人员的安全教育和培训；三是严格执行危险作业安全管理制度；四是加大对“三违”行为的处罚力度；五是加强泄漏管理；六是严格执行《化工（危险化学品）企业保障生产安全十条规定》。

3. 严肃事故查处。严格按照《关于进一步加大危险化学品事故处理力度的通知》（内安监管三字〔2014〕60号），发生死亡事故和影响较大非死亡事故的一律暂扣许可证，停产整改。依法依规查处事故，严肃追究相关人员的责任。

4. 确保岁末年初安全生产。岁末年初是危险化学品生产安全事故易发多发期，要结合这个时期的安全生产特点，采取有力有效措施，进一步强化安全监管。

参考资料

1. 中国网：鄂尔多斯一煤制甲醇项目发生气体泄漏事故4人死亡，见 http：//news. china. com. cn/live/2014－11/29/content_30102867. htm。

2. 内蒙古自治区安全生产监督管理局：生产安全事故查处挂牌督办通知书，见 http：//222. 74. 213. 213：81/A/？ C－1－2251. Html。

3. 内蒙古自治区安全生产监督管理局：关于鄂尔多斯市国泰化工有限公司“11·24”较大事故的通报，见 http：//222. 74. 213. 213：81/A/？C－1－2244. Html。

四川达州“11·24”煤矿冒顶事故

一、事件简介

2014年11月24日13时，四川省达州市宣汉县上峡煤焦有限责任公司丁木沟煤矿+380m水平K11采煤工作面发生大面积冒顶串矸，事故造成5人死亡、2人受伤。

二、事件原因

据达州市政府应急办通报：2014年11月24日13时左右，宣汉县上峡煤焦有限责任公司丁木沟煤矿+380m水平K11采煤工作面下出口边缘以上40m处采空区顶板大面积来压，顶板垮落后冲出采空区推垮采面支柱，将距工作面下出口边缘以上20m左右的刘某、殷某、唐某等5名支护人员掩埋，致使在采煤工作面下段靠近煤壁的唐某和黎某受伤。

三、事件处理

事故发生后，四川省政府相关领导，达州市委市政府主要领导分别作出批示，要求全力营救被困人员，严防发生次生事故，并由分管市领导带队赶赴现场，指导抢险救援工作。宣汉县委县政府主要负责人及分管领导及时带领相关部门及矿山救援大队赶赴现场，迅速成立现场指挥部，展开现场施救及善后处置工作。

四、责任追究

事故煤矿相关责任人已被当地警方控制。

五、补救措施

为深刻吸取事故教训，切实抓好煤矿安全生产工作，四川省川东监察分局作出如下要求：

1. 继续长期坚持“打非治违”高压态势，严厉打击煤矿各类非法违法违规行为。认真抓好煤矿安全隐患整改“回头查”活动，确保活动取得实效，切实巩固今年来之不易的煤矿安全生产成果。

2. 督促各县市区煤矿监管部门深刻吸取宣汉县上峡煤焦丁木沟煤矿“11·24”较大顶板事故教训，及时组织专家对本区域大倾角煤层开采方法的安全可靠性和操作实际性进行论证，切实采取防治类似事故发生的有效措施。

3. 督促各县市区煤矿监管部门继续深入开展以“头面核定”等五项制度为抓手、以“瓦斯治理”“水患防治”为重点的隐患排查工作，强力推进煤矿安全治本攻坚工作，推动煤矿科学发展、安全发展。

4. 进一步转变工作作风，坚持“四不两直”，暗查暗访，确保动态监察执法效果。

参考资料

1. 四川在线：宣汉上峡丁木沟煤矿发生事故致5死2伤，见http：//sichuan. scol. com. cn/dzxw/content/2014－11/25/content_9814925. htm? node＝946。

2. 中国达州：宣汉县上峡煤焦有限责任公司丁木沟煤矿发生事故致5人被困（续报），见http：//www. dazhou. gov. cn/ZWGK/YJGL/TFSJ/2014/11/25/131026175725. html。

3. 四川省安全生产监督管理局：川东监察分局“五措施”吸取丁木沟事故教训，见http：//www. scsafety. gov. cn/Detail_da1de5d5－9106－42f6－865a－879aa49f3ed2。

4. 中国煤炭新闻网：11月24日下午13时左右，宣汉上峡煤焦有限责任公司丁木沟煤矿发生一起冒顶串矸事故，致5人死亡、2人受伤，见http：//www. cwestc. com/newshtml/2014－11－26/353151. shtml。

辽宁阜新矿业“11·26”重大瓦斯爆燃事故

一、事件简介

2014年11月26日2时35分，辽宁省阜新矿业（集团）有限责任公司恒大煤业公司综采放顶煤工作面发生一起重大煤尘爆炸燃烧事故。截至2014年12月1日，事故已造成28人死亡、50人受伤。

二、事件原因

国务院安委会办公室对于此次事故的通报中称，此次事故的原因为：一是阜新矿业（集团）有限责任公司没有深刻吸取2005年孙家湾煤矿海州立井“2·14”特别重大瓦斯爆炸事故、2006年五龙煤矿“6·28”特别重大瓦斯爆炸事故的教训，所属恒大煤业公司再次发生重大事故。二是现场安全管理混乱，“三违”问题突出，采煤工作面违章放炮，放炮没有按规定撤人、设警戒。三是该矿北翼153采区回风巷瓦斯超限，没有及时撤出作业人员。四是该矿同时安排大量人员在采煤工作面及上下顺槽平行作业。事故发生时，5336综放工作面及上下顺槽共安排89人作业，其中进回风顺槽安排了三个维修队共48人平行进行维修。五是该矿违规使用局扇和挡风帘排工作面上隅角瓦斯。

三、事件处理

事故发生后，辽宁阜新矿业（集团）及时启动事故应急救援预案，辽宁省委省政府相关领导分别作出重要批示，要求全力抢救伤员，全力搜救井下人员。2014年11月26日，国家安监总局派出工作组，赶赴阜新指导处理矿难相关工作。

2014年11月27日恒大煤业公司所属各矿井已全部停产整顿进行安全隐患排查。依据有关规定，国务院安委会对该起事故的查处进行挂牌督办，国家安全监管总局和国家煤矿安监局派出工作组现场督导事故调查处理工作。

四、补救措施

为认真吸取事故教训，坚决遏制煤矿重特大事故发生，确保煤矿安全生产形势持续稳定好转，国务院安委会办公室提出如下要求：

1. 加强监督，切实落实企业主体责任。要加大对煤矿企业落实新《安全生产法》、《国务院办公厅关于进一步加强煤矿安全生产工作的意见》（国办发〔2013〕99号）和《煤矿矿长保护矿工生命安全七条规定》（国家安全监管总局令第58号）的检查力度，督促其落实企业安全生产主体责任，切实强化企业出资人、实际控制人和法人、矿长的责任，健全企业安全管理机构，完善安全生产规章制度，确保安全投入、安全管理、技术装备、教育培训等措施落实到位。

2. 突出重点，认真开展煤矿隐患排查治理。要按照《国务院安委会办公室关于印发〈全国集中开展煤矿隐患排查治理行动方案〉的通知》（安委办〔2014〕20号）要求，督促煤矿企业紧紧围绕有效防范和坚决遏制重特大事故，认真组织自查，彻底排查大系统、治理大隐患、防范大事故，突出抓好煤矿“一通三防”、煤与瓦斯突出、煤尘、冲击地压和水患等方面的隐患排查。煤矿企业要切实加强火工品和放炮管理，严禁违章放炮；牢固树立“瓦斯超限就是事故”理念，瓦斯超限必须立即停止作业、撤出人员、采取措施、进行处理。

3. 依法履职，加大对国有煤矿的监管监察。地方政府及有关部门要按照新《安全生产法》要求，依法履行属地安全监管职责，特别是要加大对中央企业和省属煤矿企业的安全监管。对职责划分不明确的地方政府和部门，要督促其尽快明确安全监管责任并落实到位。各级煤矿安全监察机构要加大监察力度，督促企业主体责任和属地监管责任落实到位。

4. 淘汰落后，深化煤矿整顿关闭工作。依靠科技手段，提升煤矿整体办矿水平。对落后产能，要制定计划坚决予以淘汰。对瓦斯、水、火、冲击地压等灾害严重且无治理能力的煤矿，要坚决纳入关闭计划。对确定关闭的矿井，相关部门要采取得力措施，确保及时关闭并关实关死。

5. 举一反三，切实加大煤矿事故警示教育力度。要组织辖区内所有煤矿认真吸取近期发生的事故教训，采用多种方式扩大事故警示教育范围、提高事故警示教育效果，增强矿长等主要负责人、管理人员及广大职工的安全意识，真正做到“一矿出事故、万矿受教育，一地出事故、全国受警示”。

参考资料

1. 网易新闻：阜新一煤矿突发煤尘燃烧事故，见 http：//news. 163. com/14/1127/08/AC1TELF300014Q4P. html。

2. 央广网：安监总局通报辽宁阜新矿难调查情况：重大瓦斯爆炸燃烧事故，见 http：//china. cnr. cn/NewsFeeds/201411/t20141127 _ 516904497. shtml。

3. 人民网：国务院安委会办公室通报辽宁、贵州两起煤矿重大事故，见 http：//politics. people. com. cn/n/2014/1203/c1001－26140766. html。

4. 新华网：国务院安委办通报阜新矿业恒大煤业公司重大煤尘爆炸燃烧事故，见http：//news. xinhuanet. com/legal/2014－12/03/c_1113508800. htm。

贵州六盘水“11·27”瓦斯爆炸事故

一、事件简介

2014年11月27日3时52分，贵州省六盘水市盘县松林煤矿发生一起重大瓦斯爆炸事故，造成11人死亡、8人受伤。

二、事件原因

国务院安委办通报中称，贵州省六盘水市盘县松林煤矿事故的原因为：矿方弄虚作假，蓄意逃避监管；违反规定，多头作业；局部通风管理混乱；机电管理混乱；图实严重不符；安全监控系统弄虚作假；矿领导下井带班制度不落实；安全管理机构不健全。

三、事件处理

事故发生后，当地政府相关领导及时赶赴现场指挥救援。依据有关规定，国务院安委会对该起事故的查处进行挂牌督办，国家安全监管总局和国家煤矿安监局派出工作组现场督导事故调查处理工作。

四、责任追究

经事故调查组调查认定，贵州省盘县松河乡松林煤矿“11·27”瓦斯爆炸事故是一起重大责任事故。事发煤矿矿长刘某、总工程师邓某、安全矿长何某、机电矿长袁某4人行为涉嫌构成犯罪，被依法刑事拘留。

五、补救措施

为认真吸取事故教训，坚决遏制煤矿重特大事故发生，确保煤矿安全生产形势持续稳定好转，国务院安委会办公室提出如下要求：

1. 加强监督，切实落实企业主体责任。要加大对煤矿企业落实新《安全生产法》、《国务院办公厅关于进一步加强煤矿安全生产工作的意见》（国办发〔2013〕99号）和《煤矿矿长保护矿工生命安全七条规定》（国家安全监管总局令第58号）的检查力度，督促其落实企业安全生产主体责任，切实强化企业出资人、实际控制人和法人、矿长的责任，健全企业安全管理机构，完善安全生产规章制度，确保安全投入、安全管理、技术装备、教育培训等措施落实到位。

2. 突出重点，认真开展煤矿隐患排查治理。要按照《国务院安委会办公室关于印发〈全国集中开展煤矿隐患排查治理行动方案〉的通知》（安委办〔2014〕20号）要求，督促煤矿企业紧紧围绕有效防范和坚决遏制重特大事故，认真组织自查，彻底排查大系统、治理大隐患、防范大事故，突出抓好煤矿"一通三防"、煤与瓦斯突出、煤尘、冲击地压和水患等方面的隐患排查。煤矿企业要切实加强火工品和放炮管理，严禁违章放炮；牢固树立"瓦斯超限就是事故"理念，瓦斯超限必须立即停止作业、撤出人员、采取措施、进行处理。

3. 依法履职，加大对国有煤矿的监管监察。地方政府及有关部门要按照新《安全生产法》要求，依法履行属地安全监管职责，特别是要加大对中央企业和省属煤矿企业的安全监管。对职责划分不明确的地方政府和部门，要督促其尽快明确安全监管责任并落实到位。各级煤矿安全监察机构要加大监察力度，督促企业主体责任和属地监管责任落实到位。

4. 淘汰落后，深化煤矿整顿关闭工作。依靠科技手段，提升煤矿整体办矿水平。对落后产能，要制定计划坚决予以淘汰。对瓦斯、水、火、冲击地压等灾害严重且无治理能力的煤矿，要坚决纳入关闭计划。对确定关闭的矿井，相关部门要采取得力措施，确保及时关闭并关实关死。

5. 举一反三，切实加大煤矿事故警示教育力度。要组织辖区内所有煤矿认真吸取近期发生的事故教训，采用多种方式扩大事故警示教育范围、提高事故警示教育效果，增强矿长等主要负责人、管理人员及广大职工的安全意识，真正做到"一矿出事故、万矿受教育，一地出事故、全国受警示"。

参考资料

1. 中新网：贵州松林瓦斯爆炸事故致11死追踪：4人被刑拘，见 http：//www.chinanews.com/fz/2014/12－01/6832512.shtml。

2. 和讯网：重大生产安全事故查处挂牌督办通知书，见 http：//news.hexun.com/2014－12－19/171593677.html。

3. 凤凰资讯：国务院安委办通报两起重大煤矿事故，见 http：//news.ifeng.com/a/20141203/42634759_0.shtml。

4. 中国新闻网：安委办通报两起煤矿重大事故：安监系统弄虚作假，见http：//news.xinhuanet.com/2014－12/03/c_1113508909.htm。

湖北潜江"12·6"坍塌事故

一、事件简介

2014年12月6日20时10分，江苏中南建筑产业集团有限责任公司承建的湖北省潜江市曹禺大剧院施工现场，发生模板支撑体系坍塌，造成3人死亡、6人受伤。

二、事件处理

事故发生后，湖北省潜江市人民政府及时展开救援行动。2014年12月7日19时，潜江市委市政府召开会议，安排部署"12·6"事故调查工作。随后成立由潜江市安监局、市监察局、市公安局、市住建委、市总工会等部门组成的调查小组。2014年12月9日，国家住房和城乡建设部安全生产管理委员会对湖北省住房和城乡建设厅下发了事故查处督办通知书；2014年12月15日，湖北省安委会办公室根据有关规定对潜江"12·6"较大建筑施工事故查处实行了挂牌督办。

三、责任追究

涉事项目经理张某因涉嫌重大安全责任事故罪，被当地公安机关刑事拘留。

四、补救措施

为认真吸取事故教训，举一反三，有效防范和坚决遏制各类建筑施工事故，湖北省安委会办公室要求，湖北省各地、各有关部门要高度重视建筑施工安全生产工作，要认真落实"党政同责、一岗双责、齐抓共管"要求，进一步加强对安全生产工作的领导。各行业主管部门要切实落实工程建筑领域监管职责，加强指导和监管。各建筑行业企业要全面落实安全生产主体责任，切实把安全管理制度和各项安全措施落实到位。结合国家安全监管总局办公厅《关于深入开展建筑施工预防坍塌事故专项检查工作的通知》（安监总厅管二函〔2014〕175号）精神，进一步做好当前我省建筑施工安全生产工作和开展预防坍塌事故检查工作。

参考资料

1. 人民网：湖北省安委办挂牌督办潜江建筑工地倒塌事故，见 http：//hb. people. com. cn/n/2014/1216/c194063－23241483. html。

2. 湖北省安全生产监督管理局：省安委会办公室关于深刻吸取潜江“12·6”事故教训认真开展建筑施工预防坍塌事故专项检查工作的通知，见 http：//www. hubeisafety. gov. cn/content/content_a. asp？id＝9938。

3. 新华网：潜江曹禺大剧院在建工程垮塌事故涉事项目经理被刑拘，见 http：//www. hb. xinhuanet. com/2014－12/09/c_1113579854. htm。

安徽同仁中学“12·8”围墙倒塌事故

一、事件简介

2014 年 12 月 8 日 14 时 49 分，位于安徽省淮北市相山区的民办同仁中学发生围墙倒塌事故，造成 5 人死亡、2 人受伤。

二、事件处理

接到事故报警后，安徽省淮北市相关部门及时启动事故抢险应急预案，淮北市领导及公安、消防、卫生等部门救援人员迅速赶赴现场救援。安徽省政府于 2014 年 12 月 9 日成立了以安徽省安全监管局为组长单位，省监察厅、省公安厅、省教育厅、省住建厅、省总工会、淮北市人民政府参加的事故调查组，特邀省人民检察院派员参加，开展此起事故的调查处理工作。随后，安徽省教育厅、淮北市委市政府主要负责同志前往医院探望受伤学生，安抚学生家长。

三、责任追究

安徽省同仁中学负责人于 2014 年 12 月 8 日被当地警方控制。

四、补救措施

安徽同仁中学“12·8”围墙倒塌事故暴露出地方有关政府和部门工作中有关制度不落实，隐患排查不认真，校园安全管理还存在突出问题和差距，为深刻吸取教训，安徽省政府和有关部门强调要认真调查，举一反三，切实加强校园安全工作。随后，安徽省教育厅下发通知要求切实加强校园安全工作。

参考资料

1. 安徽省安全生产监督管理局：我省严肃快速开展淮北市“12·8”同仁中学围墙倒塌较大安全责任事故调查处理工作，见http：//d. ahwmw. cn/szjggw/ahaj12345678/？m＝article&a＝show&id＝304501。

2. 人民网：淮北一中学围墙倒塌事故追踪：相关责任人被警方控制，见 http：//ah. people. com. cn/n/2014/1208/c358266－23152932. html。

3. 新华网：5 个花季女生如何命丧校园围墙？——安徽淮北中学围墙坍塌事故追踪，见 http：//www. ah. xinhuanet. com/2014－12/10/c_1113582202. htm。

4. 青年导网：安徽省淮北市民办中学同仁中学发生墙体倒塌事故处理结果，见 http：//qndb. net/sqxw/232136_2. html。

河南济源“12·8”生产安全事故

一、事件简介

2014 年 12 月 8 日 15 时 50 分，河南省济源钢铁（集团）有限公司炼铁厂热力车间发生一起有限空间作业生产安全事故，造成 3 人死亡、1 人受伤。

二、事件原因

经河南省安全生产监督管理局通报认定：事发单位炼铁厂热力车间 3 名职工在风机工段喷碱塔净循环水池注水口查看池内注水时，发现池中漂浮一块木板，其中一人下去拾捡，在向注水口攀爬时，坠落池内，其余 2 人在没有采取防护措施的情况下，盲目施救，先后坠入池中。此次事故原因为工作人员违规作业造成缺氧窒息，后又有 2 名工人盲目施救进一步扩大了死伤后果。

三、事件处理

2014 年 12 月 8 日 16 时 50 分，遇险 3 人相继被救出并紧急送往医院，后经抢救无效全部死亡。2014 年 12 月 24 日河南省政府安委办向济源市政府下发了挂牌督办通知。

四、补救措施

为深刻吸取事故教训，认真贯彻落实《有限空间安全作业五条规定》（国家安监总局 69 号令），就进一步加强河南省有限空间作业管理，河南省安全生产监督管理局提出以下要求：

1. 健全制度措施，开展专项培训。各企业要进一步梳理完善有限空间作业各项规章制度，严格执行作业票制度。要采取多种方式，扎实开展有限空间作业专项安全培训，切实提高职工安全防范和作业意识及能力。

2. 深入自查自纠，落实主体责任。各企业要举一反三，深刻汲取事故教训，全面排查各类事故隐患，尤其是要结合有限空间作业确认工作，认真组织排查整治本单位有限空间作业事故隐患；对排查出的隐患和问题要明确专人负责，采取针对性措施，确保责任、措施、资金、期限、应急预案“五落实”，严防事故发生。

3. 严格督导检查，落实监管责任。各级安全监管部门要进一步加强督导检查力度，督促企业认真开展安全隐患排查整治，对排查不力，整治不彻底的企业，要严肃查处，顶格处理；对督导检查走过场、隐患督办不到位的，一旦发生生产安全事故，要严肃追究有关人员责任。

参考资料

1. 人民网：河南一钢铁企业热力车间发生安全事故致3人死亡，见 http：//henan. people. com. cn/n/2014/1211/c351638－23183018. html。

2. 河南省安全生产监督管理局：河南省安全生产监督管理局关于汲取济源钢铁“12·8”事故教训切实加强有限空间作业管理的通知，见 http：//www. hnsaqscw. gov. cn/sitegroup/root/html/40288177343d8543013455e6d0ab17a0/20141210170398442. html。

3. 中公网：河南省安委办：昨日连发三份挂牌督办通知，见 http：//right. workercn. cn/896/201412/24/141224100103860. shtml。

广东河源“12·13”重大交通事故

一、事件简介

2014年12月13日2时15分，粤赣高速公路广东省河源市和平县上陵路段发生一起6车连环追尾引发4车爆燃的重大交通事故，共造成12人死亡、3人受伤。

二、事件原因

经有关部门调查认定，此次事故原因为：江西籍大货车刹车失灵突然侧翻，导致后方一辆小车、一辆面包车和3辆货车因刹车不及发生6车连环追撞事故，并引发后方4车起火燃烧。事故车辆存在货车超载、未与前车保持安全距离、商务车超员等交通违法行为。

三、事件处理

事故发生后，国务院和广东省委省政府有关领导高度重视，相关领导分别作出重要批示，要求立即抢救伤员，认真做好事故处置和善后工作。广东省河源市委市政府相关领导及时赶赴事故现场并迅速组织事故救援。2014年12月16日，经广东省政府批准，成立该事故调查组。

四、责任追究

2014年12月17日，广东省公安机关对涉嫌交通肇事罪的4名责任人刑事拘留。

五、补救措施

为深刻吸取事故教训，举一反三，有效防范和坚决遏制较大以上道路交通事故的发生，广东省安全生产委员会办公室提出以下要求：

1. 全面开展交通安全大检查。各地、各有关部门和单位要认真贯彻落实国务院和省委省政府领导的重要批示精神，强化政府领导和属地监管责任，严格落实“管行业必须管安全、管业务必须管安全、管生产经营必须管安全”的要求，立即行动起来，分析研判本地区、本部门和单位交通安全薄弱环节和突出问题，集中时间、集中力量部署开展交通安全大检查。要认真排查治理交通设施事故隐患，完善警示标志等安全设施；要严格客货运车辆、旅游包车、危险化学品运输车辆的管理，建立从业单位和从业人员“黑名单”制度；要把交通事故多发路段列为管控和整治重点，进一步优化警力部署，合理安排勤务，严格路面巡查，督促指导驾驶人员严格遵守道路交通秩序；要继续深化道路交通领域“打非治违”工作，严厉打击客货运车辆超载、超速以及疲劳驾驶等各类非法违法行为；要严格按照“四不放过”的原则，严肃事故查处，加大责任追究力度，切实用事故教训推动工作。

2. 加强道路客货运企业安全监管。各地、各有关部门要认真贯彻落实《广东省道路货物运输源头超限超载治理办法》（省政府令第201号），加强对货运源头单位货物装载环节的监管，督促货运企业建立货物装载工作制度；要切实加强对运输企业的日常监督检查，督促其建立严格的安全生产责任制和安全保障措施，严格内部安全管理制度，加强企业主要负责人、安全管理人员和驾驶人安全培训，加强对运输车辆及其驾驶人的安全监管，严禁运输车辆超载、超速、驾驶人疲劳驾驶，加强车辆日常维护检修保养，坚决防止车辆带病运行；要大力推进道路运输车辆动态监管，进一步提高客货运企业安全管理水平。各地、各有关部门要强化联合执法，严厉打击超员超载行为，采取“四不两直”暗查暗访的方式，及时发现和解决突出问题，推动客货运企业安全生产主体责任的落实。

3. 强化道路交通安全宣传教育。各地要坚决贯彻落实党的十八届四中全会对推进依法治国的战略部署，利用正在开展的“道路交通安全日”、创建交通安全文明示范单位等主题活动，充分发挥媒体的舆论宣传和监督作用，普及交通安全法律法规、弘扬法治交通精神，在全社会树立通行规则意识、安全自律意识、社会责任意识、文明礼让意识，努力提高驾驶人的交通安全素质和技能；要发动社会资源、利用社会力量，开展有效宣传，用好典型案例，曝光严重交通违法行为，在全社会形成人人抵制交通违法、人人践行交通文明、全社会共建共享文明交通环境的良好风尚，增强自我保护能力，保证安全出行。

参考资料

1. 广东省安全生产监督管理局：广东省安委会办公室关于粤赣高速河源和平路段“12·13”重大道路交通事故的通报，见 http://zwgk.gd.gov.cn/758333079/201501/t20150105_563147.html。

2. 腾讯大粤网：河源车祸 12 死 13 伤事故调查组成立 4 人被刑拘，见 http://gd.qq.com/a/20141217/009190.htm。

3. 腾讯大粤网：粤赣高速 12 死重大车祸因货车刹车失灵侧翻引发，见 http://gd.qq.com/a/20141215/007863.htm。

河北廊坊幼儿园坍塌事故

一、事件简介

2014 年 12 月 13 日 16 时，河北省廊坊市永清县刘街乡徐街村民办春蕾幼儿园发生 2 间教室坍塌事故，造成 3 名儿童死亡、1 名儿童轻微伤。

二、事件原因

河北省廊坊市永清县政府对外通报称，河北永清幼儿园教室坍塌事故排除人为因素；坍塌建筑属于危房。

三、事件处理

事故发生后，河北省永清县安监、教育、公安消防、纪委、检察院、当地乡镇等部门组成了联合调查组，进行应急处置，组织人员及时开展救治。

四、责任追究

河北省永清县公安局对事发幼儿园责任人进行了控制。

五、补救措施

对于此次事故，相关部门提出以下要求：一方面必须加大对学前教育的投入，优先解决先天不足的问题；另一方面，必须加强对学前教育的监管，补齐失之过偏的后天短板。尤其对办学的准入条件必须严格把关，无论是硬件还是软件，包括师资等不能降低要求。针对民办学校问题较多的现实情况，除了要加强集中性的专项整治之外，平时也应将监管的重心向其转移，并充分发挥社会全面参与的作用，共同致力于规范民办学校的办学行为，保护未成年人不受到身心伤害。

参考资料

1. 中国新闻网：河北幼儿园房屋坍塌 3 名儿童死亡建筑疑系危房，见 http://www.chinanews.com/edu/2014/12-14/6874769.shtml。

2. 人民网：河北永清县幼儿园坍塌事故原因排除人为因素，见 http://legal.people.com.cn/n/2014/1214/c188502-26204622.html。

3. 腾讯新闻：河北永清发生坍塌事故幼儿园责任人被警方控制，见 http://news.qq.com/a/20141213/035745.htm。

4. 新华网：河北永清县成立联合调查组调查私立幼儿园房屋坍塌致 6 人伤亡事件，见http://news.xinhuanet.com/local/2014-12/13/c_1113631777.htm。

黑龙江鸡西“12·14”煤矿瓦斯爆炸事故

一、事件简介

2014 年 12 月 14 日 10 时 10 分，黑龙江省鸡西市鸡东县兴运煤矿发生瓦斯爆炸事故，造成 10 人死亡。

二、事件原因

据有关部门调查认定，此次事故的直接原因为：黑龙江省兴运煤矿在采掘生产过程中发生瓦斯爆炸，造成 10 人被困井下。

三、事件处理

事故发生后，黑龙江省委省政府主要领导作出重要批示。黑龙江省鸡西市委市政府的主要领导和沈煤集团盛隆公司领导及时赶往现场，积极组织抢险救援工作。截至 2014 年 12 月 14 日 17 时 20 分，经黑龙江省鸡西市政府相关部门确认，鸡东县兴运煤矿瓦斯爆炸事故中的 10 名被困者全部找到，但均已遇难。

四、补救措施

为全面落实煤矿安全生产责任，切实加大煤矿瓦斯防治力度，严防煤矿瓦斯爆炸事故，黑龙江省政府安委会在《关于鸡西市鸡东县兴运煤矿“12·14”瓦斯爆炸事故的通报》中要求：各地要立即对被托管矿井再梳理、再排查，被托管矿井必须符合煤矿关闭和整治整合政策，达到复产验收和三级标准化标准。被托管矿井每班必须有 1 名承托方领导人入井带班，指挥现场作业。凡不符合政策要求、达不到安全标准的一律不得生产作业；未被确定保留的矿井，一律不得进行隐患治理和整改维修工作，已经批准的要立即停下来；确定保留的矿井必须严格落实整改达标措施，确保安全整改，严禁借整改之名私自生产。要加强对关停矿井的检查巡视，落实专人专盯等有效措施，严防煤矿私自生产、关闭矿井死灰复燃。

参考资料

1. 人民网：黑龙江省鸡东县兴运煤矿瓦斯爆炸事故致 9 人遇难，见 http://hlj.people.com.cn/n/2014/1214/c220024-23219257.html。

2. 网易新闻：黑龙江煤矿事故致10人被困官员赴现场指导救援，见 http：//news. 163. com/14/1214/15/ADEG49RJ00014JB6. html。

3. 中国新闻网：黑龙江省鸡东县兴运煤矿瓦斯爆炸事故致10人遇难，见 http：//finance. chinanews. com/gn/2014/12－14/6875051. shtml。

4. 国家安全生产监督管理总局：黑龙江省深刻吸取教训切实加强煤矿瓦斯防治工作，见 http：//www. chinasafety. gov. cn/newpage/Contents/Channel_4224/2014/1224/244664/content_244664. htm。

山东临清“12·14”倒塌事故

一、事件简介

2014年12月14日16时，山东省聊城市烟店镇富达轴承厂在建筑施工时发生倒塌事故，造成4人死亡、10人受伤。

二、事件处理

事故发生后，山东省临清市委市政府及时启动应急预案，相关领导及时率领市政府应急办、市安监局、市住建委有关同志赶赴事故现场指挥应急救援工作。

三、责任追究

事故发生后，事发企业主及施工方负责人被临清市警方控制。

四、补救措施

为深刻汲取事故教训，举一反三，按照山东省、临清市领导指示，临清市安全委员会办公室研究制定了《全市建设工程安全生产紧急检查方案》，并要求各级、各地、各有关部门和单位：对发现的问题要采取多种措施坚决予以消除，能现场整改的要现场监督整改，不能确保安全的要立即责令停工、停产整改。对隐患整改情况要跟踪复查，凡是整改不到位、不彻底的，一律不得施工，并对企业及相关负责人采取经济处罚、警示约谈、通报批评等措施，坚决整顿治理不符合安全生产条件的施工现场，有效防范事故发生。对检查不到位、整改不落实的，要依法依规从严追责。

参考资料

1. 中国青年网：山东临清一在建二层楼倒塌四人抢救无效死亡，见 http：//news. youth. cn/jsxw/201412/t20141216_6271874. htm。

2. 聊城市安全生产监督管理局：关于立即开展全市建设工程安全生产检查的紧急通知，见http：//www. lcajj. gov. cn/list_content. asp? articleid＝3795。

3. 齐鲁晚报：聊城市开展建设工程安全生产“十查”，见 http：//fangchan. qlwb. com. cn/news/2014/cjgh_1217/16860. html。

4. 鲁网新闻：聊城：在建工程隐患整改不彻底不得施工，见 http：//lc. sdnews. com. cn/lcxw/201412/t20141217_1811498. htm。

河南长垣“12·15”火灾事故

一、事件简介

2014年12月15日0时20分，河南省新乡市长垣县蒲东街道皇冠KTV发生火灾，事故造成11人死亡、24人受伤。

二、事件原因

据调查，此次火灾是由电热器烤爆空气清新剂所致。据事发KTV监控录像显示，发生明火时服务员曾试图踹灭火，而不是使用3m外的灭火器，起火初应对不力，加上报警晚，从而导致小火变大灾。

三、事件处理

事故发生后，长垣县及时启动火灾事故应急预案，相关领导及时赶赴现场，组织消防、公安、卫生、安监等部门，全力组织灭火、救治工作。火灾于2014年12月15日1时5分扑灭；3时20分，长垣县委县政府相关领导主持召开紧急会议，迅速成立火灾事故应急指挥部，全力处置火灾事故。2014年12月16日，河南省政府“12·15”重大火灾事故调查组进驻长垣县。同时，长垣县政府由专门人员就赔偿问题与死者家属展开协商。

四、责任追究

事故发生后，长垣县皇冠KTV法人代表孔某被当地警方控制。

五、补救措施

2014年12月15日，长垣县委县政府召开了全县安全隐患大排查工作会议，要求在全县范围内立即开展安全生产大检查，迅速对各个领域特别是人员密集场所进行全面排查，全县KTV场所全部停业核查，坚决消除安全隐患。

参考资料

1. 网易河南：新乡KTV火灾原因：电热器烤爆空气清新剂致爆燃，见 http：//henan. 163. com/14/1216/17/ADJQJ0V602270A59. html。

2. 人民网：河南KTV火灾祸起吧台电暖器多数死者被浓烟呛死，见 http：//legal. people. com. cn/n/2014/1216/c188502－26218860. html。

3. 新华网：长垣全力做好皇冠KTV火灾事故处置工作（续），见 http：//www. ha. xinhuanet. com/hnxw/2014－12/15/c_1113639958. htm。

4. 中国青年网：河南KTV火灾死者家属：政

府称统一垫赔 50 万，见 http：//news. youth. cn/jsxw/201412/t20141219_6300886. htm。

山东济南“12·15”煤矿爆炸事故

一、事件简介

2014 年 12 月 15 日 13 时 40 分，山东省济南市圣井镇李福煤矿有限公司 401301 工作面切眼贯通后，在工作面安装起底过程中，发生一起放炮引起的爆炸事故，造成 3 人死亡、15 人受伤。

二、事件原因

经有关部门调查认定，这是一起由放炮引起的爆炸事故。

三、事件处理

事故发生后，山东省、济南市有关部门迅速组织专业队伍进行抢险救援，并全面展开事故排查。

四、责任追究

经调查，该事故属于安全生产事故。事故发生后，事发单位存在迟报瞒报行为。涉事企业相关人员已于 2014 年 12 月 16 日被当地警方控制。

五、补救措施

为认真吸取事故教训，切实做好全省煤矿安全生产工作，山东省煤炭工业局紧急通告如下：

1. 充分认识抓好当前煤矿安全生产工作的极端重要性。岁末年初，是易诱发重特大事故的高风险期，也是抓安全生产的关键期。各部门各单位务必认真贯彻落实全国、全省安全生产会议精神，认真汲取省内外安全生产事故教训，举一反三，从讲政治、讲大局的高度，充分认识当前煤炭行业面临形势的极端严峻性，充分认识抓好当前煤矿安全生产工作的极端复杂性、重要性，进一步强化安全生产红线意识和底线思维。各级领导同志要时刻保持清醒头脑，警钟长鸣，坚决克服盲目乐观和麻痹松懈情绪，盯紧、盯牢本地区、本单位煤矿安全生产工作。

2. 扎实开展煤矿隐患治理行动。各部门、各单位要立即根据省政府安委会《全省集中开展煤矿隐患排查治理行动方案》（鲁安发〔2014〕34 号）部署，结合各自实际，制定实施方案。各排查组尽快入矿检查，按照“一矿一策、一矿一案”要求，全面排查各类煤矿安全隐患，检查结束后，统一下达整改通知书。煤矿要逐项制定整改方案，严格做到整改措施、责任、资金、时限和预案“五落实”。对存在的重大安全隐患，实施挂牌督办。对不落实整改或整改不到位的，依法依规加大处罚力度。

3. 严格落实矿井综合防尘措施。要强化煤尘源头控制，严格落实煤层注水、湿式打眼、使用水炮泥、通风除尘、通风洒水、爆破喷雾、冲洗粉尘、运输系统过车喷雾及定期人员清扫积尘等防尘措施。要严控煤层爆炸火源，严格按规程要求进行装药和爆破作业，爆破前要冲洗煤壁，无封泥、封泥不足或不实的炮眼严禁爆破。严禁裸露爆破。严格控制井下电气焊等明火作业。

4. 进一步强化现场安全管理。各煤矿企业要严格制定并落实各项安全技术措施，并根据现场变化情况及时补充完善，提高措施科学性、针对性和可操作性，特别是工作面安装撤出、过断层等地质构造等薄弱环节，必须严格制定安全专项技术措施，经总工程师批准后方可组织实施。要充分发挥带班矿长、区队长、班组长、安监员的作用，加大现场安全隐患的排查力度，及时制止各类违规违章行为。要加强职工安全培训工作，强化职工自主保安意识，形成人人抓安全、人人查“三违”的自保互保机制。

5. 强化事故报告和应急处置。要严格执行事故报告制度，事故情况暂时不明的要以电话快报等形式及时上报事故概况，并随后补报事故情况，严禁隐瞒、谎报、迟报和拒报。对瞒报谎报的，查明决策者、组织者、参与者等相关人员责任，按照有关规定上限严肃追责、严厉处罚。发生事故企业主要负责人必须坚守岗位，立即启动应急预案，迅速开展救援工作，防止事故扩大。对因隐瞒、迟报等贻误救援时机，导致事故扩大化的，依法从严追究有关责任人的责任。

参考资料

1. 法制山东：济南李福煤矿发生事故造成 3 人死亡 15 人受伤，见 http：//www. fzsdzk. com/guonei/fazhi/fazhiyaowen/2014－12－16/23289. html。

2. 山东省煤炭工业局：关于济南李福煤矿有限公司“12·15”爆炸事故的通报，见 http：//www. sdmtw. com/tzggml/2014/1216/4548. html。

3. 新华网：济南李福煤矿爆炸事故导致 3 死 15 伤存瞒报行为，见 http：//www. sc. xinhuanet. com/content/2014－12/16/c_1113662281. htm。

湖南邵阳“12·18”民房爆炸事故

一、事件简介

2014 年 12 月 18 日 11 时，湖南省邵阳市武冈市晏田乡焦林村 4 组发生一起非法生产烟花爆竹引发的爆炸事故，造成 4 人死亡、1 人受伤。

二、事件原因

经邵阳市公安机关调查确认，此次事故系武冈市安乐乡村民熊某夫妇临时租用晏田乡焦林村

4组村民周某房屋，雇佣周边村民从事爆竹非法生产，在生产过程中因操作不当，发生爆炸。

三、事件处理

事故发生后，湖南省武冈市委市政府高度重视，组织公安、安监、消防、乡镇、医疗等部门赶赴现场迅速开展事故应急抢险救援工作。

四、责任追究

事故发生后，湖南省武冈市委常委会议研究决定，对晏田乡主持党政工作的主要负责人胡某某、分管“打非治违”的副乡长夏某某、派出所所长杨某给予免职处理。并责成该乡党委对安监站负责人刘某某、焦林村党支部书记周某某和联系该村的党政领导予以免职处理。

五、补救措施

湖南省邵阳市安监局自2014年12月21日起对全市烟花爆竹行业开展专项整治行动，此次行动的整治对象为全市烟花爆竹生产、经营、运输、储存、燃放等领域，整治重点包括无证、证照不全（证照过期）或关闭取缔后又擅自从事烟花爆竹生产经营活动等12方面的非法违法行为，2014年12月24日，湖南省邵阳市安监局召开烟花爆竹安全生产媒体吹风会，希望通过媒体让更多的民众认识到非法生产、经营、储存、运输、燃放烟花爆竹等行为的危害性。

参考资料

1. 腾讯新闻：湖南武冈一村民非法生产爆竹爆炸致4死1伤，见 http：//news. qq. com/a/20141219/018846. htm。

2. 湖南省安全生产监督管理局：湖南省安全生产委员会办公室关于邵阳市“12·18”和“12·20”烟花爆竹非法生产经营事故的通报，见 http：//www. hunansafety. gov. cn/2014/chactongb_1229/16143. html。

3. 人民网：邵阳连发两起烟花爆竹事故13名责任人被追责，见 http：//hn. people. com. cn/n/2014/1224/c195194－23323158. html。

4. 邵阳新闻网：邵阳安监局征集隐患线索经查实后举报者将获奖励，见 http：//news. syxwnet. com/2014/1229/34052. shtml。

北京海淀“12·29”体育馆坍塌事故

一、事件简介

2014年12月29日8时，北京市海淀区清华附中体育馆工程发生基础钢筋坍塌事故，造成10人死亡、4人受伤。

二、事件处理

事故发生后，北京市消防、公安、急救等部门及时赶往事故现场搜救被困人员，交管部门在现场周围采取临时交通管理措施。2014年12月29日12时，北京市成立由市政府领导任组长，由市安监局、公安局、住建委、人力社保局、监察局、检察院、总工会等部门组成的联合事故调查组，进行事故查处。

三、责任追究

事故发生后，该项目直接事故责任人被公安机关控制。国家住房城乡建设部对北京“12·29”清华附中体育馆坍塌事故进行了通报批评。

四、补救措施

2014年12月29日19点30分，国家住房城乡建设部召开全国建筑施工安全生产电视电话会议，通报北京“12·29”坍塌事故情况，部署进一步加强建筑施工安全生产工作，对各地住房城乡建设主管部门进一步扎实做好建筑施工安全生产工作提出了要求。为深刻吸取事故教训，北京市住建委决定进行为期一个月的施工现场安全质量大检查，全市所有工地从2014年12月30日起全面停工整改。

参考资料

1. 网易新闻：住房城乡建设部关于对北京“12·29”等五起坍塌事故的通报，见 http：//news. 163. com/14/1231/14/AEQ5NBP800014SEH. html。

2. 新浪网：清华附中坍塌事故后北京在建工地全部停工整改，见 http：//news. dichan. sina. com. cn/2014/12/31/1295320. html。

3. 凤凰网：清华附中脚手架坍塌事故：直接责任人被控制，见 http：//news. ifeng. com/a/20141229/42822622_0. shtml。

4. 人民网：北京市就清华附中工地发生倒塌事故成立联合调查组，见 http：//society. people. com. cn/n/2014/1229/c136657－26294492. html。

广东顺德“12·31”爆炸事故

一、事件简介

2014年12月31日9时30分，位于广东省佛山市顺德区勒流镇港口路的广东富华工程机械制造有限公司发生一起重大气体爆炸事故，截至2015年1月3日12时，事故已造成18人死亡、32人受伤。

二、事件原因

经调查，事故直接原因是工人使用稀释剂清洗车轴总装线设备和地面过程中，流入车轴总装线地沟内的稀释剂挥发产生的可燃气体与空气混合形成爆炸性混合物，遇现场违规电焊作业火花引发爆炸。

三、事件处理

事故发生后，国家安监总局主要领导及时作出重要批示，要求全力抢救受伤人员。广东省委省政府主要领导及时赶赴事故现场指导事故救援工作，看望受伤人员及死亡人员家属，并召开现场工作会议，研究部署事故善后处置工作。

四、补救措施

为深刻吸取事故教训，举一反三，切实加强对相关行业、企业的检查，有效防范和坚决遏制较大以上生产安全事故的发生，广东省人民政府办公厅提出以下要求：

1. 开展安全生产大检查。各地、各有关部门和单位要认真贯彻落实党中央、国务院和省委省政府领导的重要批示精神，牢固树立红线意识和底线思维，以高度的政治责任感、紧迫感、使命感和对人民生命财产安全高度负责的精神，落实安全生产“一岗双责”制度，强化党政领导和属地监管责任，严格落实“管行业必须管安全、管业务必须管安全、管生产经营必须管安全”的要求。根据省委主要领导同志指示，各地要立即开展一次安全生产大检查，督促企业认真排查治理事故隐患，坚决打击非法违法生产经营建设行为，消除隐患，切实加强岁末年初安全生产工作，有效遏制此类事故再次发生。此次安全生产大检查要由各地级以上市市长直接负责、直接部署、直接带队，检查要实现全覆盖，特别要重视对容易被忽视的行业、企业的检查，不能有盲区、漏洞，确保安全生产大检查不走过场、抓出实效。

2. 加强节日期间检维修的安全管理。各地要督促相关生产经营单位抓紧制订节日期间检维修的安全管理方案，强化对安全生产管理。对涉及危险化学品使用、特种设备设施运行管理、消防安全、危险作业的企业，要进行全员安全培训，坚决防止设备带病运行、作业人员冒险作业。要督促相关企业认真落实负责人节日期间现场带班制度，加强作业现场的安全巡查检查和维修作业现场安全监控，及时消除隐患，确保安全。

3. 全面落实安全生产主体责任。各地要督促相关生产经营单位吸取教训，举一反三，严格落实企业安全生产主体责任，建立健全并认真落实安全生产规章制度，严格实行安全生产谁检查、谁签字、谁负责，做到不打折扣、不留死角、不走过场、不留盲区。对于查找的各类隐患和问题，企业必须建立“一案一档”、动态销案，做到整改方案、责任、时限、措施和资金“五落实”，全面提高企业依法依规生产经营水平。同时，各地要督促相关生产经营单位认真落实安全生产法律法规和规程标准，突出“天那水”、可燃气体、交叉作业等重大隐患的专项治理，加强检维修、使用危险化学品、有限空间作业等安全管理，加大企业安全生产投入，严格落实事故隐患排查治理制度；要加强应急救援体系建设，健全完善事故应急预案，加强应急演练，提高突发事故处置能力。

4. 强化安全生产培训教育。各地要督促相关企业加大从业人员安全教育和培训的力度，增强从业人员的安全意识，严格按照操作规程进行作业，杜绝“三违”现象的发生。凡是未经培训上岗作业的，要从严从重处罚。各地、各有关部门和单位要按照安全生产“一岗双责”制度要求，加强本行业、领域生产经营单位负责人和安全管理人员、特种作业人员培训，并广泛动员、发动社会资源、利用社会力量，开展有效安全宣传，用好典型案例，曝光严重非法违法生产经营建设行为，在全社会形成“关爱生命、关注安全”的良好氛围。

5. 加大隐患整治和事故查处力度。要严格实施“四个一律”的要求，对非法违法从事生产经营建设和经停产整顿仍未达到要求的，一律依法关闭取缔；对非法违法生产经营建设的有关单位和责任人，一律按规定上限予以经济处罚；对存在违法生产经营建设行为的单位，一律责令停产整顿，并严格落实监管措施；对触犯法律的有关单位和人员，一律依法严格追究法律责任。对事故隐患整改不到位或因工作不力导致事故发生的，要严格倒查追究企业有关责任人的责任。对发生的事故，要按照从快从严从紧要求，查清事故原因，分清事故责任，对发生事故的相关责任单位、责任个人要依法进行严肃追究。对事故发生负有监管责任的部门和单位，要依据相关规定，给予严肃处理。通过严格责任追究，进一步夯实企业安全生产基础，确保我省安全生产形势持续稳定好转，保障人民群众生命财产安全。

参考资料

1. 网易新闻：广东顺德“12·31”爆炸事故死亡人数增至18人，见 http://news.163.com/15/0103/12/AF1M5MPQ00011229.html。

2. 广东省应急管理办公室：广东省人民政府办公厅关于佛山市顺德区广东富华工程机械制造有限公司“12·31”气体爆炸重大事故的紧急通报，见 http://www.gdemo.gov.cn/zt/caita/zc/201501/t20150105_207141.htm。

3. 搜狐新闻：广东顺德爆燃事件初步调查：工人误操作导致，见 http://news.sohu.com/20150102/n407476901.shtml。

4. 人民网：顺德燃爆事故原因初步查明：违规作业引爆可燃挥发物，见 http：//gd. people. com. cn/n/2015/0108/c123932 -23487953. html。

上海黄浦“12·31”踩踏事故

一、事件简介

2014 年 12 月 31 日 23 时 35 分，上海市黄浦区外滩陈毅广场东南角通往黄浦江观景平台的人行通道阶梯处发生拥挤踩踏，事故造成 36 人死亡、49 人受伤。

二、事件原因

经有关部门调查确认，此次事故的原因有：

1. 对新年倒计时活动变更风险未作评估。大量市民游客认为外滩风景区仍会举办新年倒计时活动，南京路商业街和黄浦江对岸的上海中心、东方明珠等处举办的相关活动吸引了部分市民游客专门至此观看。对此，黄浦区政府在新年倒计时活动变更时，未对可能的人员聚集安全风险予以高度重视，没有进行评估，缺乏应有认知，导致判断失误。

2. 新年倒计时活动变更信息宣传严重不到位。新年倒计时活动变更后，主办单位应当提前向社会充分告知活动信息。但是，直至 2014 年 12 月 30 日，黄浦区旅游局才对外正式发布了新年倒计时活动信息，对“外滩”与“外滩源”的区别没有特别提醒和广泛宣传，信息公告不及时、不到位、不充分。

3. 预防准备严重缺失。黄浦公安分局未按照黄浦区政府常务会议要求，在编制的新年倒计时活动安全保卫工作方案中，仅对外滩源新年倒计时活动进行了安全评估，未对外滩风景区安全风险进行专门评估。黄浦公安分局仅会同黄浦区市政委等有关部门在外滩风景区及南京路沿线布置了 350 名民警、108 名城市管理和辅助人员、100 名武警，安保人员配置严重不足。

4. 对监测人员流量变化情况未及时研判、预警，未发布提示信息。2014 年 12 月 31 日 20 时至事件发生时，外滩风景区人员流量呈上升趋势。黄浦公安分局指挥中心未严格落实上海市公安局指挥中心每半小时上报人员流量监测情况的工作要求，也未及时向黄浦区委区政府总值班室报告。黄浦公安分局对各时段人员流量快速递增的变动情况未及时采取有效措施，未报请黄浦区政府发布预警，控制事态发展。对上海市公安局多次提醒的形势研判要求，未作响应。

5. 应对处置不当。针对事发当晚持续增加的人员流量，在现场现有警力配备明显不足的情况下，黄浦公安分局只对警力部署作了部分调整，没有采取其他有效措施，一直未向黄浦区政府和上海市公安局报告，未向上海市公安局提出增援需求，也未落实上海市公安局相关指令，处置措施不当。上海市公安局对黄浦公安分局处置措施不当指导监督不到位。黄浦区政府未及时向市政府报送事件信息。

三、事件处理

2014 年 23 时 35 分，拥挤踩踏事件发生后，在现场维持秩序的民警试图与市民游客一起将临近的摔倒人员拉出，但因跌倒人员仍被上方的人流挤压，多次尝试均未成功。此后，阶梯处多位市民游客在他人帮助下翻越扶手，阶梯上方人流在民警和热心市民游客指挥下开始后退，上方人员密度逐步减小，民警和市民游客开始将被拥挤踩踏的人员移至平地进行抢救。许多市民游客自发用身体围成人墙，辟出一条宽约 3m 的救护通道。现场市民游客中的医生、护士都自发加入了抢救工作，对有生命体征的受伤人员进行紧急抢救。23 时 41 分 22 秒起，上海市 120 医疗急救中心陆续接到急救电话。23 时 49 分起，先后有 19 辆救护车抵达陈毅广场，及时开展现场救治和伤员转运。上海市公安局及黄浦公安分局迅速开辟应急通道，调集警用、公交及其他社会车辆，将受伤市民游客就近送至瑞金医院、长征医院、上海市第一人民医院和黄浦区中心医院抢救。同时，迅速组织力量千方百计收集伤亡人员信息，及时联系伤亡人员所在单位和家属。

上海市委市政府主要领导接到事故报告后及时赶赴现场指挥应急处置工作，并分别赶往医院看望慰问受伤人员和伤亡人员家属。同时，相关领导连夜召开紧急会议，决定成立医疗救治、善后处置等专项工作组和联合调查组，各组当即开展工作。2015 年 1 月 1 日上午，上海市委市政府召开全市党政负责干部紧急会议，全面部署各项善后工作和全市面上安全防范工作，并在会议开始前向遇难者表示深切哀悼。1 月 4 日，市领导分别参加市十四届人大三次会议各代表团会前组团活动和市政协十二届三十八次主席会议，会前全体与会人员肃立默哀，向遇难者表示深切哀悼。1 月 7 日，市委市政府召开全市安全工作会议，要求全面开展各类安全隐患排摸，针对薄弱环节和短板，一个一个认真梳理，一件一件细致解决，切实做好人员密集场所的安全管理工作。

四、责任追究

经调查认定上海“12·31”外滩拥挤踩踏事故是一起对群众性活动预防准备不足、现场管理不力、应对处置不当而引发的拥挤踩踏并造成重大伤亡和严重后果的公共安全责任事件。经上海市委常委会、市政府常务会议讨论通过，给予周某、彭某、吴某等11人党纪、政纪处分；上海市黄浦区政府被责成向上海市政府作出深刻检查。

五、补救措施

为深刻吸取教训，避免此类事故的发生，上海“12·31”外滩陈毅广场拥挤踩踏事件联合调查组，提出以下整改建议：

1. 切实落实安全责任制，大力增强“红线”、“底线”意识。要真正把安全作为不能触碰、不能逾越的高压线，把“红线”、“底线”作为守护生命安全的保护线。按照“党政同责、一岗双责、齐抓共管”的要求，进一步健全安全责任体系，全面落实管行业必须管安全、管业务必须管安全、管生产经营必须管安全，切实把安全责任逐级落实到基层、落实到岗位、落实到人头。要严格落实政府部门监管责任，进一步落实区县、乡镇属地管理责任，依法强化企业安全生产主体责任，切实做到守土有责、守土负责、守土尽责，坚决把好每道安全关。

2. 切实加强对大人流场所和活动的安全管理，进一步落实和完善相关制度规定。这起事件暴露出本市公共安全管理方面仍然存在盲点，特别是对无主办单位的大型群众性活动安全风险评估不足、准备不充分，存在管理空白。要按照国务院《大型群众性活动安全管理条例》，对大型群众性活动严格依法审批，切实落实相应监管和防范措施。尽快制定出台本市大型群众性活动安全管理实施办法，加强对公共场所群众自发聚集活动管理，填补无组织群众活动的管理空白。对照国家旅游局日前下发的《景区最大承载量核定导则》，本市各景区要抓紧核算游客最大承载量，制定游客流量控制预案。各区县、各部门和单位要按照“分类管理、分级负责、属地为主”的要求，坚持预防为主、关口前移、重心下沉。在6月底前完成对旅游景点、商业设施、体育场馆、娱乐场所、公园、学校、地铁、机场、车站、码头等人员密集场所的公共安全检查，梳理风险隐患清单，落实整改治理措施。要督促相关经营和管理单位制定应急预案，明确最大人流承载量、限流措施和疏散路线等具体内容，做到“有组织活动有预案，群众自发活动也要有预案”，尤其对活动变更要做好风险评估、信息发布等工作。要根据应急预案，落实活动场所的供水供电、临时厕所、移动通信等基本保障措施。各区县要在年底前对涉及公共安全的重要场所进行全面梳理和评估，符合条件的要建立区县级基层应急管理单元，明确管理单元牵头主体，做实特定区域应急管理工作。

3. 切实加强监测预警，进一步提升突发事件防范能力。这起事件反映出，相关管理部门对监测信息研判不够、对人群高度密集产生的后果估计不足。要健全“谁主管、谁监测，谁预警、谁发布”的预警管理机制，针对不同突发事件，完善预警标准和响应措施。进一步加强重点环节、重点领域和重要时段的现场情况监测，结合大规模人员聚集、大流量交通等情况变化，加强分析研判，及时发现苗头性、趋势性问题，及时启动相关应急预案，采取限流、划定区域、单向通行等交通管控措施，重点加强台阶、扶梯、连接通道等特定区域的人员流动管理。要适时在全市重要场所设立显示屏和高音喇叭等安全提示设施，充分利用应急广播、新闻媒体、网络等平台发布预警信息和相关提示，规范引导市民游客采取合理避险措施。要利用大数据加快构建全市统一的公共安全信息平台，实现信息共享，进一步加强预警信息沟通。

4. 切实加强应急联动，进一步强化应急处置能力。这起事件表明，“条块分割、条线分割、各自为政”依然是城市运行管理亟须破解的难题。要结合这起事件教训，近期抓紧组织修订本市突发事件应急联动处置暂行办法，进一步规范本市应急联动体制机制和响应程序，强化指挥协同，提升应急联动处置效能。要加强应急队伍训练和管理，组织开展实战化应急演练，特别是要针对轨道交通、高层建筑、危险化学品、人员密集场所等开展专项处置和救援训练及演练，确保现场处置和救援有序高效。各区县政府、各有关部门和单位要认真执行值班值守制度，严格落实重要节假日及重大活动前后领导值班带班制度。要按照突发事件信息报告规定的时限要求，向同级和上级政府总值班室报告，避免信息迟报、漏报，杜绝谎报、瞒报。

5. 切实加强宣教培训，进一步提升全社会公共安全意识和能力。加强人民群众的公共安全教育是各级政府的一项重要工作，需要常抓不懈。要充分发挥“5·12”防灾减灾日等公共安全宣传活动作用，依托传统媒体和新媒体，开展公共安全知识普及。要扎实推进公共安全宣传教育工作“进社区（乡村）、进企业、进学校”，鼓励市民积极参与社区（乡村）组织的防灾宣传活动，督促企事业单位组织职工开展应急技能培训和实战演练，加强大中小学安全教育，增强青少年学生安全意识和自救、互救能力。加紧研究制定本市院前急救地方性法规。要加强以急救知识为核心的应急技能培训，不断提高急救专业资质人员比例。推动市民参与应急演练和宣传教育，共同树立忧患意识，增强安全防范知识，提高突发事件应对能力。

参考资料

1. 解放网：外滩拥挤踩踏事件调查报告全文，见 http：//www. jfdaily. com/shanghai/new/201501/t20150121_1166772. html。

2. 腾讯新闻：外滩拥挤踩踏事件调查通报：十一人予以处分，见 http：//finance. qq. com/a/20150121/040799. htm。

3. 解放网：上海召开干部大会，严肃问责踩踏事件，见 http：//www. jfdaily. com/shanghai/new/201501/t20150121_1167004. html。

第二章　事件简讯

1. 湖北省沪蓉高速武麻段追尾事故

2014 年 1 月 1 日 5 时 15 分，湖北省沪蓉高速武麻段一辆厢式货车行驶至沪蓉高速 745cm + 800m 处，与一辆罐式半挂车相撞，厢式货车发生侧翻，造成 5 人死亡、1 人受伤。

2. 广西北海市交通事故

2014 年 1 月 1 日 11 时 40 分，广西壮族自治区北海市铁山港区石营线背屋塘村路段，一辆重型自卸货车与一辆轻型货车相撞，造成 3 人死亡、3 人受伤。

3. 浙江省监港工业园区民房火灾事故

2014 年 1 月 1 日 22 时 40 分，浙江省杭州市萧山区瓜沥镇监港工业园区一民房发生火灾，造成 4 人死亡。

4. 山东省滨州市石脑油输送管线泄漏事故

2014 年 1 月 1 日 23 时 20 分，山东省滨州市滨化滨阳燃化有限公司发生石脑油输送管线泄漏事故，造成 4 人死亡、3 人受伤。

5. 云南省云龙县交通事故

2014 年 1 月 2 日 18 时 40 分，云南省大理州云龙县境内，一辆面包车在花旧公路功果桥至旧州 20km 处翻入澜沧江，造成 3 人死亡、4 人失踪。

6. 湖北省宜昌市煤与瓦斯突出事故

2014 年 1 月 3 日 1 时 30 分，湖北省宜昌市五峰县红票湾煤矿发生煤与瓦斯突出事故，造成 3 人死亡。

7. 黑龙江省佳木斯市交通事故

2014 年 1 月 3 日 16 时 30 分，黑龙江省佳木斯市境内，一辆客车沿佳木斯同三高速由东向西行驶至 362km 处时，与同方向停靠路边的另一辆客车相撞，造成 3 人死亡、25 人受伤。

8. 安徽省蚌埠市交通事故

2014 年 1 月 3 日 17 时 18 分，安徽省蚌埠市禹会区境内，一辆大货车行至禹会村北 2km 处时，与一辆小轿车相撞，造成 3 人死亡、1 人受伤。

9. 河北省石家庄市脚手架坍塌事故

2014 年 1 月 3 日 20 时，河北省石家庄市境内，栾城县新建大型高温水锅炉供热站在锅炉房主体工程施工过程中发生脚手架倒塌事故，造成 3 人死亡。

10. 云南省迪庆州民房火灾事故

2014 年 1 月 4 日 2 时，云南省迪庆州香格里拉县金江镇吾竹村一民房发生火灾，造成 3 人死亡。

11. 浙江省衢州市交通事故

2014 年 1 月 4 日 8 时 20 分，浙江省衢州市衢江区境内，一辆中巴车行至浮石街道十三里路段时，与一辆教练车发生碰撞，造成 3 人死亡、1 人受伤。

12. 贵州省晴隆县煤与瓦斯突出事故

2014 年 1 月 4 日 11 时 29 分，贵州省黔西南州晴隆县中营镇中田煤矿发生一起煤与瓦斯突出事故，造成 4 人死亡。

13. 河北省沙河市透水事故

2014 年 1 月 4 日 15 时 10 分，河北省邢台市沙河市上郑村上西铁矿发生透水事故，造成 4 人被困。

14. 安徽省芜湖市交通事故

2014 年 1 月 5 日 8 时 40 分，安徽省芜湖市境内，沪渝高速上行线宣城至芜湖方向 315km 处，因大雾天气造成三辆大型货车与一辆小型面包车碰撞事故，造成 7 人死亡。

15. 四川省内江市瓦斯燃烧事故

2014 年 1 月 5 日 11 时，四川省内江市威远县小河镇三羊村岩洞湾矸子厂发生局部瓦斯燃烧事故，造成 4 人死亡、4 人受伤。

16. 陕西省蒲城县汽车爆炸事故

2014年1月5日18时40分，陕西省蒲城县境内，由西安城东客运站始发的陕西宏华客运有限责任公司高速客运班车行驶至蒲城县迎宾路与朝阳街十字路口时发生爆炸，造成3人死亡、24人受伤。

17. 山西省太原市施工中毒事故

2014年1月7日3时20分，山西省太原市太钢二厂北区2号转炉除尘管道改造施工中发生中毒事故，造成4人死亡、2人受伤。

18. 四川省广安市煤矿爆炸事故

2014年1月7日6时40分，四川省广安市邻水县葛麻湾煤矿发生一起火工产品引起的爆炸事故，造成4人死亡。

19. 北京市通州区建筑坍塌事故

2014年1月7日14时50分，北京市通州区新华大街商业、办公、居住项目，1号楼6层卸料平台发生垮塌，2名作业工人随平台一同坠落，并将在基坑内作业的3名工人砸伤，造成5人死亡。

20. 湖南省怀化市交通事故

2014年1月7日16时40分，湖南省怀化市新晃县境内，一辆小客车沿G320线由西向东行驶至鱼市镇新桥村路段时，与相对方向行驶的一辆重型自卸货车正面相撞，造成小客车上3人当场死亡。

21. 浙江省杭州市交通事故

2014年1月8日7时，浙江省杭州市萧山区宁围镇钱江世纪城路段，一辆小客车与路边电线杆相撞，造成3人死亡、6人受伤。

22. 广东省汕头市民房火灾事故

2014年1月8日23时22分，广东省汕头市潮阳区金灶镇芦塘村一民宅发生火灾，造成3人死亡、1人受伤。

23. 安徽省亳州市中毒事故

2014年1月9日9时，安徽省亳州市谯城区安徽康达化工有限责任公司（生产农药）在维修公司地下管道时发生中毒事故，造成4人死亡、2人受伤。

24. 甘肃省天水市交通事故

2014年1月9日11时，甘肃省天水市甘谷县大像山镇庙湾沟路段，一辆低速载货车失控翻入道路南侧20m深的沟中，造成9人死亡、4人受伤。

25. 黑龙江省齐齐哈尔市交通事故

2014年1月9日15时30分，黑龙江省齐齐哈尔市泰来县境内111国道1479km+660m处，一辆小轿车与大树相撞，造成3人死亡。

26. 湖南省湘潭市交通事故

2014年1月9日16时，湖南省湘潭市湘乡市境内320国道山枣镇路段，一辆营运中巴车与一辆小客车迎面相撞，造成4人死亡。

27. 河北省廊坊市火灾事故

2014年1月10日17时，河北省廊坊市霸州市胜芳镇红光街西格马家具厂发生火灾事故，造成5人死亡。

28. 云南省临沧市交通事故

2014年1月11日10时58分，云南省临沧市耿马县境内羊耿线106km+800m处，发生一起小轿车与摩托车相撞事故，造成3人死亡。

29. 北京市昌平区施工中毒事故

2014年1月11日11时，北京市昌平区创新路东侧进行地下供电管线铺设时发生中毒事故，造成5人死亡、2人受伤。

30. 广东省广州市火灾事故

2014年1月12日4时，广东省广州市白云区三元里大道沙涌北街19号一出租房屋发生火灾，造成6人死亡。

31. 云南省开远市交通事故

2014年1月12日4时30分，云南省红河州开远市境内广昆高速公路弥勒锁龙寺往平远街方向约1180km处，发生4车追尾事故，造成3人死亡、3人受伤。

32. 天津市滨海新区火灾事故

2014年1月12日13时50分，天津市滨海新区胡家园北八堡村新建京津城际延伸线天津至于家堡工程标段施工现场，因桥墩保温材料（棉被）被蜂窝煤炉火引燃导致火灾事故，造成3人死亡。

33. 云南省昭通市交通事故

2014年1月13日12时，云南省昭通市彝良县荞山镇和平村大丫口路段，一辆微型车翻下200m深涧，造成4人死亡、5人受伤。

34. 浙江省台州市火灾事故

2014年1月14日14时52分，浙江省台州市温岭市城北街道杨家渭村大东鞋厂发生火灾事故，造成16人死亡、5人受伤。

35. 内蒙古包头市交通事故

2014年1月14日16时12分，内蒙古自治区包头市达茂旗境内省道S104线156km处发生一起交通事故，一辆夏利轿车与一辆马自达轿车迎面相撞，造成4人死亡、5人受伤。

36. 甘肃省庆阳市交通事故

2014年1月14日18时10分，甘肃省庆阳市华池县悦乐镇境内省道S202线48km+100m处，一辆小轿车与一辆普通货车发生碰撞，造成4人死亡、6人受伤。

37. 云南省昆明市交通事故

2014年1月15日9时，云南省昆明市禄劝县马鹿塘乡上龙厂村路段，一辆面包车坠下50余米山崖，造成12人死亡。

38. 贵州省遵义市交通事故

2014年1月16日14时20分，贵州省遵义市新蒲新区境内，一辆重型货车行驶至杭瑞高速1579km+900m处，碾压道路右侧施工的3名工人，造成3人死亡。

39. 广西柳州市交通事故

2014年1月16日14时30分，广西壮族自治区柳州市融水县杆洞乡锦洞村锦洞小屯往锦洞水电站方向，一辆农用拖拉机翻下20m高的路基，造成4人死亡、6人受伤。

40. 江西省南昌市坍塌事故

2014年1月16日14时54分，江西省南昌市进贤县文港镇电镀城工业园挖沟渠施工过程中发生一起土方坍塌事故，造成3人死亡。

41. 贵州省铜仁市塌方事故

2014年1月16日15时10分，贵州省铜仁市德江县青龙镇黄门垭采石场发生一起塌方事故，造成4人死亡。

42. 广东省惠州市交通事故

2014年1月16日17时10分，广东省惠州市境内，一辆客车行驶至沿海高速37km+700m处，失控撞到交通标示牌标杆后，起火燃烧，造成6人死亡、2人受伤。

43. 广西桂林市交通事故

2014年1月17日1时，广西壮族自治区桂林市阳朔县境内国道321线580km+650m处，一辆大客车与一辆小客车发生碰撞，造成5人死亡、8人受伤。

44. 湖北省襄阳市交通事故

2014年1月17日6时30分，湖北省襄阳市汉十高速汉江大桥谷城桥头段，发生一起货车与轿车追尾事故，造成5人死亡、1人受伤。

45. 河南省洛阳市坍塌事故

2014年1月17日12时，河南省洛阳市宜阳县锦屏镇黄龙庙村北整修排洪渠时渠道边坡发生坍塌，造成4人死亡、5人受伤。

46. 河南省永城市中毒事故

2014年1月17日15时30分，河南省永城市欧亚路污水管网施工过程中，1名工人下窨井检查时不慎中毒，另外4名工人盲目下井施救，造成3人死亡、2人受伤。

47. 贵州省毕节市交通事故

2014年1月18日7时50分，贵州省毕节市黔西县境内，一辆由毕节开往贵阳方向的大型普通客车，与一辆小轿车发生碰撞，造成3人死亡、6人受伤。

48. 吉林省通化市爆炸事故

2014年1月18日14时，吉林省通化市通化化工股份有限公司合成车间甲醇泵房发生爆炸，造成3人死亡、5人受伤。

49. 湖北省宜昌市磷矿跑车事故

2014年1月19日10时49分，湖北省宜昌市东圣化工集团有限公司殷家沟矿区鱼林溪矿段详查工程东斜井发生一起较大车辆伤害事故，造成4人死亡、3人受伤。

50. 浙江省衢州市山体滑坡事故

2014年1月20日16时40分，浙江省衢州市开化县境内205国道1725km+900m处，由浙江省华明工程建设有限公司承建的一施工工地现场发生山体滑坡，造成4人死亡、1人受伤。

51. 云南省广南县交通事故

2014年1月21日7时15分，云南省文山州广南县境内，一辆大型卧铺客车行至广昆高速G80线1030km+900m处时发生侧翻，随后一辆大型普通客车与之相撞，造成4人死亡、2人受伤。

52. 内蒙古赉特旗交通事故

2014年1月21日11时，内蒙古自治区兴安盟赉特旗境内新察公路74km处（由南向北），一辆小轿车与一辆普通客车相撞，造成4人死亡、4人受伤。

53. 浙江省温州市民房爆燃事故

2014年1月21日18时15分，浙江省温州市瓯海区一民房发生液化气钢瓶爆燃事故，造成3人死亡。

54. 云南省临沧市交通事故

2014年1月21日23时，云南省临沧市沧源县境内耿沧线28km+800m处，一辆两轮摩托车与一辆重型货车相撞，造成3人死亡。

55. 四川省雅安市交通事故

2014年1月22日9时40分，四川省雅安市境内京昆高速2092km+200m处，一辆面包车发生侧翻，随后一辆大巴车与此车碰撞后，又撞上应急车道上的5人，造成5人死亡、5人受伤。

56. 陕西省安康市交通事故

2014年1月22日13时，陕西省安康市镇平县平镇公路69km处，一辆客运班车与一辆客车相撞，造成5人死亡、9人受伤。

57. 陕西省咸阳市煤气中毒事故

2014年1月22日15时40分，陕西省咸阳市中船重工西安船舶材料成型有限公司在清洗煤焦油过程中发生煤气中毒事故，造成3人死亡、5人受伤。

58. 安徽省阜阳市交通事故

2014年1月22日18时，安徽省阜阳市临泉县景庄村路段，一辆私家车因驾驶员对突发情况处置不当发生多次碰撞，造成6人死亡、2人受伤。

59. 黑龙江省齐齐哈尔市交通事故

2014年1月24日0时，黑龙江省齐齐哈尔市境内，一辆重型半挂牵引车与一辆小客车发生碰撞，造成3人死亡。

60. 重庆市江津区交通事故

2014年1月25日16时，重庆市江津区境内，一辆吊车行驶至吴滩镇宁康路双胜路路口时，为躲避行人冲入商铺，造成3人死亡、1人受伤。

61. 浙江省舟山市爆燃事故

2014年1月28日7时，浙江省舟山市岱山县海舟修造船有限公司B船坞，正在清仓检修的印度油轮“橡树号”发生爆燃，造成7人死亡。

62. 广东省广州市交通事故

2014年1月28日23时5分，广东省广州市白云区江高镇境内，两辆无牌两轮摩托车相撞，造成4人死亡。

63. 云南省云龙县交通事故

2014年1月29日9时30分，云南省大理州云龙县民建乡孙足岔路口，一辆三轮摩托车与一辆轿车相撞，造成6人死亡、6人受伤。

64. 海南省定安县交通事故

2014年1月30日0时20分，海南省定安县境内东线高速公路海口往三亚方向52km+700m处，一辆小轿车追尾撞上一辆油罐车，造成小轿车起火燃烧，造成5人死亡。

65. 安徽省池州市交通事故

2014年1月31日10时25分，安徽省池州市青阳县境内，一辆越野车行至G318线384km+570m处时，撞上路边同向行走的一家4口人，造成3人死亡、1人受伤。

66. 陕西省延安市交通事故

2014年1月31日16时4分，陕西省延安市甘泉县G210线杨家砭加油站附近，一辆皮卡和一辆轿车相撞，造成3人死亡、3人受伤。

67. 湖南省邵阳市交通事故

2014年2月1日17时30分，湖南省邵阳市新邵县境内，一辆小轿车经过晒谷滩时从桥头坠入资江河，造成5人死亡。

68. 贵州省兴仁县交通事故

2014年2月1日23时40分，贵州省黔西南州兴仁县境内，一辆凯美瑞轿车由晴隆往兴义方向行驶，行至晴兴高速公路24km处，与道路右侧边坡挡墙相撞，造成4死亡、2人受伤。

69. 天津市宝坻区交通事故

2014年2月4日6时40分，天津市宝坻区通唐公路与宝白公路交叉口，一辆由邯郸开往唐山的拉煤货车，与一辆承塘高速公路班车发生碰撞，造成7人死亡、3人受伤。

70. 湖北省十堰市交通事故

2014年2月4日9时30分，湖北省十堰市郧西县境内，一辆小客车行驶至301省道郧漫路81km+57m处时冲出路外，造成4人死亡、5人受伤。

71. 黑龙江省佳木斯市交通事故

2014年2月4日11时15分，黑龙江省佳木斯市桦南县境内，一辆行驶至鹤大公路163km+140m处的轿车，与正在清雪的铲车尾部相撞，造成3人死亡、1人受伤。

72. 云南省昭通市交通事故

2014年2月4日15时10分，云南省昭通市镇雄县境内，一辆微型车在镇雄县牛场镇新桥路段翻下10多米高的桥，造成6人死亡、3人受伤。

73. 北京市顺义区中毒事故

2014年2月5日10时30分，北京市顺义区空港工业区B区北京市恩布拉科雪花压缩机有限公司在清理动力车间气浮池内淤泥过程中发生中毒事故，造成3人死亡。

74. 安徽省阜阳市交通事故

2014年2月5日12时38分，安徽省阜阳市境内，一辆江淮瑞风商务车在颍州区九龙镇至腰庄村的乡村道路上翻入路边水沟，造成车内4人死亡。

75. 贵州省铜仁市交通事故

2014年2月5日23时50分，贵州省铜仁市境内杭瑞高速1312km+200m处，一辆由湖南凤凰驶往贵州铜仁方向的小型普通客车与一辆因事故停驶的小型越野车相撞，造成3人死亡、2人受伤。

76. 开阳高速广东阳江段交通事故

2014年2月6日7时，广东省开阳高速阳江路段往广州方向距白沙出口约3km处，发生3车碰撞道路交通事故，造成4人死亡、1人重伤。

77. 湖北省天门市交通事故

2014年2月6日7时30分，湖北省天门市汪场镇罗阳村路段，一辆客车发生侧翻，造成5人死亡、22人受伤。

78. 云南省曲靖市中毒事故

2014年2月7日4时，云南省曲靖市罗平县锌电股份公司综合车间发生中毒事故，造成3人死亡、2人受伤。

79. 浙江省温岭市渔船爆炸事故

2014年2月7日17时，浙江省温岭市石塘镇救助信息中心接到位于东经126度59分、北纬29度6分海域的“浙岭渔冷90058”船报警，船上主机仪表和油管发生爆炸，造成6人死亡、1人受伤。

80. 贵州省剑河县交通事故

2014年2月9日18时，贵州省黔东南州剑河县境内沪昆高速下行线1617km+100m处，一辆越野车失控撞击路边护墙，造成7人死亡。

81. 湖北省荆州市民宅火灾事故

2014年2月10日3时2分，湖北省荆州市荆州区荆北路41号一栋居民楼的顶层（6楼）突发火灾，造成4人死亡。

82. 广东省河源市交通事故

2014年2月10日18时，广东省河源市东源县境内灯塔路段，一辆轿车与一辆东风货车迎面相撞，造成轿车上5人当场死亡。

83. 贵州省黔西南州交通事故

2014年2月11日0时52分，贵州省黔西南州义龙新区境内晴兴高速49km处一辆小型客车，与一辆重型半挂牵引车相撞，造成5人死亡。

84. 新疆伊犁州交通事故

2014年2月11日16时，新疆维吾尔自治区伊犁州巩留县境内，一辆商务车行驶至省道242线6km+400m处时驶出路基，造成4人死亡、2人受伤。

85. 黑龙江省绥化市坍塌事故

2014年2月13日11时，黑龙江省绥化市兰西县长江乡鸿景粮贸公司粮仓中的玉米发生坍塌，造成3人死亡、1人受伤。

86. 广东省清远市交通事故

2014年2月15日12时25分，广东省清远市连州市保安镇S114线285km+450km处，一辆小客车（核载5人、实载8人）与一辆由南向北行驶的大客车相撞，造成小客车内5人死亡、3人受伤。

87. 广西田阳县交通事故

2014年2月17日3时，广西壮族自治区百色市田阳县境内广昆高速百色往南宁方向761km+700m处，一辆大型普通客车与一辆大货车（运载甘蔗）追尾，造成4人死亡、9人受伤。

88. 广西百色市交通事故

2014年2月17日20时，广西壮族自治区百色市境内，一辆行驶至省道206线126km+600m处的轿车，与一辆货车相撞，造成3人死亡、4人受伤。

89. 广西百色市交通事故

2014年2月19日14时30分，广西壮族自治区百色市境内省道210线德保县往靖西县68km+600m大沐屯路口小西湖风景区路段，广西现代运输集团一辆普通客车因爆胎与对向行驶的大货车发生碰撞，造成4人死亡、3人受伤。

90. 安徽省马鞍山市交通事故

2014年2月20日23时30分，安徽省马鞍山市境内常合高速马鞍山段（马鞍山南收费站附近），一辆面包车与一辆大货车相撞，造成面包车上9人死亡、2人受伤。

91. 辽宁省沈阳市交通事故

2014年2月25日7时25分，辽宁省沈阳市境内G91辽中环线216km+200m处，四辆货车发生连环追尾相撞，造成3人死亡。

92. 山东省青岛市交通事故

2014年2月25日8时10分，山东省青岛市莱西市经济开发区境内204国道与泰山路交叉路口处，一辆商务车与一辆垃圾清运车相撞，造成7人死亡。

93. 浙江省宁波市交通事故

2014年2月25日23时30分，浙江省宁波市境内，一辆大型客车行驶至G92高速宁波方向238km处，车辆碰撞护栏后翻下路基，造成5人死亡、19人受伤。

94. 江西省宜春市塌冒事故

2014年2月27日12时45分，江西省宜春市宜丰县棠浦煤矿副井井筒下部清修过程中发生塌冒事故，造成2人死亡。

95. 山西省晋城市交通危化品燃爆事故

2014年3月1日14时50分，山西省晋城市境内（晋城—济源）高速公路，一辆甲醇运输车与一辆运煤车发生追尾，导致运煤车自燃，引发大火，造成40人死亡。

96. 四川省攀枝花市高温炉料泄漏事故

2014年3月1日15时50分，四川省攀枝花市钒钛产业园区马店河片区天亿化工有限公司2号冶炼炉高温炉料泄漏，造成3名工人死亡。

97. 甘肃省甘南州交通事故

2014年3月3日1时20分，甘肃省甘南州境内，一辆客车从云南驶往兰州皋兰，行至国道213线合作市卡加曼乡依毛村附近时发生侧翻，造成10人死亡。

98. 河北省邢台市爆炸事故

2014年3月3日11时40分，河北省邢台市开发区东汪镇赵麻村一供气站发生爆炸，造成5人死亡。

99. 广东省东莞市爆炸事故

2014年3月3日14时55分，广东省东莞市旗峰路中侨大厦四楼中国石化广东石油东莞分公司内部食堂发生液气泄漏引发爆炸，造成1人死亡、30人受伤。

100. 吉林省吉林市通勤客车燃烧事故

2014年3月5日7时5分，吉林省吉林市富康木业有限公司租用吉林市平安客运有限责任公司名下的通勤大客车在运送职工上班途中发生燃烧，造成10人死亡、17人受伤。

101. 四川省南充市交通事故

2014年3月6日9时45分，四川省南充市仪陇县境内，一辆农村客运车行至杨桥镇五一桥时撞断护栏坠入湖中，造成11人死亡。

102. 河北省唐山市爆炸事故

2014年3月7日11时25分，河北省唐山市开滦（集团）化工有限责任公司民爆器材生产线包装车间装药工段发生爆炸，厂房坍塌，造成13人死亡。

103. 贵州省安顺市交通事故

2014年3月7日21时10分，贵州省安顺市西秀区境内，一辆小型客车从西秀区城区驶往东站方向，行经黄果树大街东段处时，与对向行驶的小型客车相撞，造成5人死亡、2人受伤。

104. 中国民航飞行学院训练飞机坠毁事故

2014年3月8日15时25分，中国民航飞行学院新津分院一架小型双发训练飞机执行带飞训练任务时，与地面失去无线电联系，坠毁在成都市都江堰市崇义镇，造成2人死亡。

105. 新疆塔城交通事故

2014年3月10日3时50分，新疆维吾尔自治区塔城地区托里县境内S221线279km处，一辆大客车与前方因故障停驶的一辆大货车追尾相撞，造成6人死亡。

106. 安徽省淮北市煤矿生产事故

2014年3月12日15时25分，安徽省淮北市濉溪县南坪镇皖北煤电集团公司任楼煤矿Ⅱ8222外段机巷附近原Ⅱ7322机巷封闭墙内因采空区漏风煤层自燃，发生瓦斯爆炸，冲倒Ⅱ7322机巷封闭墙，造成在Ⅱ8222外段机巷掘进作业的3人死亡、1人受伤。

107. 贵州省铜仁市交通事故

2014年3月12日21时40分，贵州省铜仁市碧江区境内，一辆重型货车行驶中碰撞停靠在道路左侧的一辆普通客车后冲进路边宵夜摊，货车坠入路边河中，造成6人死亡、1人受伤。

108. 湖北省黄石市高处坠落事故

2014年3月16日9时5分，湖北省黄石市大冶市铜山口矿在井下拆卸工作时发生高处坠落事故，造成3人死亡。

109. 山西省临汾市交通事故

2014年3月16日12时30分，山西省临汾市乡宁县西坡镇宏强焦化厂大门口路段，发生一起三轮车与重型自卸货车相撞事故，造成7人死亡、2人受伤。

110. 湖南省麻阳县交通事故

2014年3月20日9时，湖南省麻阳县境内，一辆双排座小货车行至大桥江乡盘田村路段时，因路面湿滑、刹车失灵翻下路边坎下，造成7人死亡、21人受伤。

111. 四川省南充市交通事故

2014年3月21日4时25分，四川省南充市仪陇县境内，一辆小货车上坡时失去动力，在驾驶员下车查看时翻下山崖，造成8人死亡、4人受伤。

112. 河南省平顶山市煤与瓦斯突出事故

2014年3月21日10时37分，河南省平顶山市汝州市境内，平煤神马集团长虹矿业公司1－21010机巷工作面发生煤与瓦斯突出事故，造成13人死亡。

113. 云南省昆明市中毒事故

2014年3月21日14时15分，云南省昆明市官渡区官渡古镇医院附近，在进行疏通下水管道作业时发生中毒事故，造成4人死亡。

114. 湖南省娄底市交通事故

2014年3月21日21时10分，湖南省娄底市娄星区境内，一辆货车行至江龙滩大桥时，与相对方向行驶的小车相撞，造成6人死亡、1人受伤。

115. 内蒙古蒙金矿业生产事故

2014年3月21日23时15分，内蒙古自治区锡林郭勒盟镶黄旗蒙金矿业有限公司加布斯铌钽矿南风井井下清渣作业时，提升吊桶钢丝绳断裂，吊桶坠落井下，造成3人死亡、2人受伤。

116. 重庆市黔江区交通事故

2014 年 3 月 25 日 0 时 30 分，重庆市黔江区境内，一辆大客车行至包茂高速公路黔江段发生侧翻，随后被货车追尾，造成 16 人死亡、54 人受伤。

117. 广东省揭阳市火灾事故

2014 年 3 月 26 日 13 时 25 分，广东省揭阳市普宁市军埠镇莲坛村泉发楼一内衣作坊发生火灾，造成 12 人死亡、5 人受伤。

118. 吉林省辽源矿业顶板冒落事故

2014 年 3 月 27 日 0 时 50 分，吉林省辽源矿业（集团）有限责任公司梅河一井在 4102 采区综采工作面 22 号架子处顶板冒落，造成 3 人死亡。

119. 河南省千秋煤矿冲击地压事故

2014 年 3 月 27 日 11 时 18 分，河南省能源化工集团义煤公司千秋煤矿 21032 回风上山掘进工作面发生冲击地压事故，造成 6 人死亡。

120. 河北省邯郸市坍塌事故

2014 年 3 月 27 日 16 时 20 分，河北省邯郸经济开发区锦天新能源汽车公司锦田电动车项目施工现场，发生建筑施工坍塌事故，造成 3 人死亡、3 人受伤。

121. 广西盛隆冶金窒息事故

2014 年 3 月 28 日 11 时 50 分，广西壮族自治区防城港市广西盛隆冶金有限公司在安装调试精炼厂煤气风机房 3 号风机过程中（施工单位：十九冶设备安装公司），安装人员钻入风机外壳内作业时，造成 3 人窒息死亡。

122. 湖北省十堰市房檐坍塌事故

2014 年 3 月 28 日 16 时 28 分，湖北省十堰市郧西县上津镇工商所办公楼三楼砖混结构房檐突然坠落，造成 3 名行人死亡。

123. 江西省上高县采石场塌方事故

2014 年 3 月 29 日 17 时，江西省宜春市上高县锦江镇锦程矿业有限公司采石场在排险作业时发生大面积塌方，造成 7 人死亡。

124. 广东省肇庆市塌方事故

2014 年 3 月 30 日 15 时，广东省肇庆市高要市南岸街道长乐墓园发生塌方事故，造成 5 人死亡、2 人受伤。

125. 云南省昭通市瓦斯爆炸事故

2014 年 3 月 31 日 10 时 30 分，云南省昭通市威信县浦草坝煤矿在井下运输大巷车场焊接煤仓仓口时引发瓦斯爆炸事故，造成 5 人死亡、3 人受伤。

126. 天津市北辰区火灾事故

2014 年 4 月 4 日 18 时，天津市北辰区宜兴埠镇三千工业园内，天津市正大同创印刷有限公司真空镀膜车间发生火灾事故，造成 5 人死亡、2 人受伤。

127. 湖南省娄底市火灾事故

2014 年 4 月 4 日 22 时 56 分，湖南省娄底市冷水江市冷钢社区金石山庄一废品收购站发生火灾事故，造成 3 人死亡。

128. 山西省临汾市山体崩塌事故

2014 年 4 月 6 日 2 时 20 分，山西省临汾市吉县吉昌镇西关村柏浪沟发生山体崩塌，滑落土方量约 $1500m^3$，造成 7 人死亡。

129. 辽宁省大连市吊塔倾覆事故

2014 年 4 月 6 日 14 时，辽宁省大连石达建筑工程有限公司在庄河市新建中心医院的施工过程中，吊塔发生倾覆，造成 3 人死亡、2 人受伤。

130. 云南省曲靖市煤矿透水事故

2014 年 4 月 7 日 4 时 50 分，云南省曲靖市麒麟区黎明实业有限公司下海子煤矿一采区工作面放炮引发透水事故，造成 22 人死亡。

131. 广东省肇庆市设备倾倒事故

2014 年 4 月 8 日 9 时 39 分，广东省肇庆市鼎湖区永安镇中国水利水电第十四工程局有限公司肇庆制梁厂在拆除 2 号机门时发生设备倾倒，造成 3 人死亡、2 人受伤。

132. 内蒙古乌海市爆燃事故

2014 年 4 月 8 日 10 时 45 分，内蒙古乌海市泰和焦化集团有限公司在进行脱硫罐检修焊接时发生燃爆事故，造成 3 人死亡、2 人受伤。

133. 西藏四川中船钢结构公司坠落事故

2014 年 4 月 8 日 12 时 35 分，西藏自治区日喀则地区四川中船钢结构公司在对拉日铁路混合货物仓库进行顶棚加顶作业时发生坠落事故，造成 3 人死亡。

134. 重庆市长寿区顶板事故

2014 年 4 月 8 日 17 时，重庆市长寿区重庆恒发煤业有限公司刘家沟煤矿井下 +188m 水平南翼采煤工作面发生顶板事故，造成 2 人死亡。

135. 海南省文昌市交通事故

2014 年 4 月 10 日 10 时 50 分，海南省文昌市公坡镇水北墟往东阁镇宝芳墟方向约 1km 处，一辆大巴车发生侧翻，造成 8 人死亡、32 人受伤。

136. 浙江省丽水市火灾事故

2014 年 4 月 10 日 14 时，浙江省丽水市庆元县竹口镇竹上村一民房发生火灾，造成 3 名儿童死亡。

137. 新疆阿拉尔市交通事故

2014年4月11日4时，新疆维吾尔自治区阿拉尔市境内S210线182km+100m处，一辆车牌号为新R23733（新R5994挂）货车，与车牌号为新R20792（新R1657挂）货车发生剐蹭后，撞上前方停靠在路边的车牌号为新R18341货车，造成3人死亡。

138. 山东省济南市工地坍塌事故

2014年4月13日14时47分，山东省济南市章丘市枣园街道后斜沟村污水管网施工工地发生坍塌，造成4人死亡。

139. 云南省大理市交通事故

2014年4月14日11时27分，云南省大理市境内大保高速（大理至保山方向）93km+200m处，一辆小轿车坠入道路右侧150m深的公路桥下，造成5人死亡。

140. 江苏省南通市爆炸事故

2014年4月16日10时3分，江苏省南通市如皋双马化工有限公司硬脂酸造粒车间发生爆炸并引发火灾，造成8人死亡。

141. 云南省昭通市交通事故

2014年4月16日17时50分，云南省昭通市彝良县洛泽河镇境内，一辆小客车由罗泽镇龙潭村驶往洛泽河笋叶村方向，行至洛泽河镇太坪村下毛坡组村社公路时，翻下陡坡，造成3人死亡、7人受伤。

142. 贵州省六盘水市瓦斯突出事故

2014年4月18日0时40分，贵州省六盘水市盘县湾田煤矿井下综采面发生煤与瓦斯突出事故，造成7人死亡。

143. 京港澳高速湖南长潭段交通事故

2014年4月20日6时，湖南省京港澳高速长潭段，一辆小型越野车（载5人）沿京港澳高速公路由北向南行驶至1494km处时，车辆失控冲破隔离带与对向车道相向行驶的大货车（载2人）相撞并起火燃烧，造成7人死亡。

144. 贵州省贵阳市爆炸事故

2014年4月20日17时10分，贵州省贵阳市白云区综合保税区在建海关查验仓库施工现场发生爆炸，造成4人死亡。

145. 云南省曲靖市瓦斯爆炸事故

2014年4月21日0时30分，云南省曲靖市富源县红土田煤矿井下发生一起瓦斯爆炸事故，造成14人死亡。

146. 山东省威海市爆炸事故

2014年4月22日8时50分，山东省威海市文登区东方礼花有限公司中转库发生爆炸事故，造成6人死亡、2人受伤。

147. 辽宁省朝阳市罐笼坠井事故

2014年4月24日24时，辽宁省朝阳市喀左县鑫星矿业有限公司（铁矿）7号脉采区发生罐笼坠井事故，造成3人死亡。

148. 山西省临汾市煤气爆炸事故

2014年4月26日12时30分，山西省临汾市安泽县山西永鑫煤焦化有限公司焦化一厂焦炉发生煤气泄漏，引起燃烧爆炸，造成4人死亡、31人受伤。

149. 湖北省十堰市交通事故

2014年4月28日11时10分，湖北省十堰市郧西县境内，一辆大型水泥罐车由郧西县城驶往上津镇，行至S301郧漫路119km+733m处发生侧翻，压倒一辆正三轮摩托车，造成6人死亡。

150. 辽宁省抚顺市爆炸事故

2014年4月28日14时，辽宁省抚顺市高湾经济开发区爱山村“辽沈战役”景区合成配药房，2名烟火效果师用镁粉和高氯酸钾配制烟火效果药品时，药品室发生爆炸，造成6人死亡。

151. 山东省东营市坍塌事故

2014年4月28日18时，山东省东营市东营区史口镇东营利源环保科技有限公司一新建球罐安装区发生脚手架坍塌事故，造成5人死亡。

152. 内蒙古呼和浩特市安全生产事故

2014年4月28日18时，内蒙古自治区呼和浩特市内蒙古中环光伏污水处理厂施工现场，1名工人在施工时不慎落入污水地沟池中，现场另外3名工作人员因施救不当先后落入池中，造成4人死亡。

153. 陕西省咸阳市交通事故

2014年5月1日8时30分，陕西省咸阳市境内，一辆半挂车行驶至312国道长武县境亭口坡段1648km+400m处时失控，接连与同向行驶的货车、农用拖拉机、小轿车等发生碰撞后侧翻，造成3人死亡、4人受伤。

154. 河南省新乡市厂房倒塌事故

2014年5月1日18时，河南省新乡市平原新区中部药业施工工地在建钢结构厂房发生倒塌，造成3人死亡、1人重伤。

155. 四川省广元市爆炸事故

2014年5月2日14时50分，四川省广元市旺苍县天森煤化有限公司在对污水处理池进行检修过程中，因焊接火星引发污水池中可燃气体发生爆炸，造成3人死亡。

156. 湖北省武汉市坠落事故

2014年5月2日18时，湖北省武汉市江汉六桥工程L4联处自行拼装挂架时发生坠落，造成3人死亡。

157. 安徽省池州市隧道坍塌事故

2014年5月3日0时53分，安徽省池州市东至县望东大桥尧渡西村龙头岭隧道施工工地现场发生坍塌，造成6人死亡、2人受伤。

158. 广东省高州市坍塌事故

2014年5月3日13时20分，广东省茂名市高州市深镇镇良坪村委会坑口村一在建石拱桥发生重大坍塌事故，造成11人死亡、16人受伤。

159. 广东省珠江口水域撞船事故

2014年5月5日2时52分，广东省珠江口水域一艘马绍尔籍集装箱船与一艘河北籍货船发生碰撞，造成11人死亡。

160. 重庆市北碚区隧道塌方事故

2014年5月5日23时30分，重庆市北碚区静观镇境内，在建的重庆至广安高速公路华蓥山隧道左洞开挖清理过程中发生塌方事故，造成3人死亡。

161. 江苏省海门市火灾事故

2014年5月7日3时9分，江苏省南通市海门市康泰电脑绣花有限责任公司一座二层钢结构厂房发生火灾，造成4人死亡。

162. 浙江省金华市危化品泄漏事故

2014年5月7日20时32分，浙江省金华市境内，G60沪昆（杭金衢）高速公路往衢州方向261km+200m（浦江段）处，发生5车刮擦相撞事故，导致其中一辆载有氢氟酸的危化品车罐体左侧前方部位泄漏，致使现场人员因吸入氢氟酸中毒，造成3人死亡、4人重伤。

163. 云南省丽江市煤矿瓦斯爆炸事故

2014年5月8日20时，云南省丽江市宁蒗县石笋沟煤矿4名工人打开封闭井口入井作业时发生瓦斯爆炸，造成3人死亡、1人受伤。

164. 陕西省榆林市交通事故

2014年5月9日16时50分，陕西省榆林市吴堡县青银高速吴定段下行线1057km处，一辆大型普通卧铺客车与一辆半挂牵引车迎面相撞，造成4人死亡、12人受伤。

165. 广东省韶关市交通事故

2014年5月11日3时20分，广东省韶关市境内京港澳高速南行1991km+400m处（韶关翁源路段），一辆大客车碰到护栏后自翻，造成5人死亡、5人受伤。

166. 黑龙江省安泰煤矿顶板垮落事故

2014年5月11日11时15分，黑龙江省龙煤集团双鸭山分公司安泰煤矿发生顶板垮落，造成3人死亡。

167. 吉林省白山市煤矿瓦斯事故

2014年5月13日4时39分，吉林省白山市江源区松树镇立成矿业有限责任公司宏达煤矿在+556m二层上山工作面放炮作业时发生瓦斯事故，造成4人死亡。

168. 广西桂林市工地坍塌事故

2014年5月13日9时，广西壮族自治区桂林市临桂县建筑公司承建的六塘镇政府公租房项目在进行浇筑作业时发生坍塌事故，造成5人死亡。

169. 山西省阳煤集团煤与瓦斯突出事故

2014年5月13日14时3分，山西宏厦第一建设有限公司第七项目部承建的山西省阳煤集团五矿赵家分区井下联络巷工程作业时发生一起煤与瓦斯突出事故，造成4人死亡。

170. 广东省惠州市交通事故

2014年5月13日20时28分，广东省惠州市惠东县稔山镇广汕公路铁马关桥，一辆小轿车与一辆小型普通客车相撞，小客车侧翻右侧水沟并燃烧，造成6人死亡。

171. 陕西省榆林市坠落事故

2014年5月14日7时23分，陕西省榆林市榆阳区中煤大海则煤矿发生溜灰管坠落事故，造成13人死亡、16人受伤。

172. 广东省韶关市交通事故

2014年5月14日19时50分，广东省韶关市境内，一辆变型拖拉机由南雄市梅岭驶往市区方向，途经国道323线264km+650m处时，碰撞4名行人，造成3人死亡、1人重伤。

173. 河北省石家庄市液氨爆裂事故

2014年5月20日18时40分，河北省石家庄市赵县杨户办事处北门村一冷库检修过程中发生残余液氨爆裂事故，造成3人死亡、3人受伤。

174. 内蒙古满洲里市火灾事故

2014年5月20日20时10分，内蒙古自治区满洲里市扎赉诺尔区海英木业有限公司厂房发生火灾，造成3人死亡。

175. 河南省南阳市交通事故

2014年5月23日13时42分，河南省南阳市西峡县境内，一辆半挂货车与一辆客车发生挂擦，造成8人死亡、20人受伤。

176. 安徽省芜湖市爆竹厂殉爆事故

2014年5月24日1时30分，安徽省芜湖市无为县瑞松烟花爆竹厂发生自燃导致殉爆，造成3人死亡、10人受伤。

177. 广东省普宁市火灾事故

2014年5月24日1时48分，广东省揭阳市普宁市流沙东街道一民宅发生火灾，造成3人死亡。

178. 西藏日喀则火灾事故

2014年5月24日22时，西藏自治区日喀则地区日喀则市东嘎乡一民房发生火灾事故，造成3人死亡。

179. 辽宁省铁岭市工地触电事故

2014年5月25日5时40分，辽宁省铁岭市西丰县陶然镇施工工地发生触电事故，造成3人死亡、2人受伤。

180. 新疆甘莫公路交通事故

2014年5月25日6时40分，新疆维吾尔自治区甘莫公路86km处，一辆福田牌重型货车与一辆福田牌轻型货车发生刮擦，造成11人死亡、31人受伤。

181. 湖南省怀化市交通事故

2014年5月25日10时46分，湖南省怀化市麻阳县境内，一辆重型半挂牵引车失控，先后与10辆车发生碰撞，造成4人死亡、2人受伤。

182. 贵州省六盘水市煤与瓦斯突出事故

2014年5月25日15时50分，贵州省六盘水市水城县贵州玉舍煤业有限公司发生煤与瓦斯突出事故，造成8人死亡、1人受伤。

183. 江苏省扬州市爆炸事故

2014年5月29日18时10分，江苏省扬州市宝应县曹甸镇曙光助剂厂发生爆炸，造成3人死亡、3人受伤。

184. 四川省雅安市管道爆裂事故

2014年5月30日11时20分，四川省雅安市宝兴县蜂桶寨乡青山白玉电站机房管道爆裂，造成3人死亡。

185. 新疆乌鲁木齐市坍塌事故

2014年5月30日12时5分，新疆维吾尔自治区乌鲁木齐市高新区一施工工地在基坑开挖过程中发生坍塌，造成4人死亡。

186. 云南省祥云县坍塌事故

2014年6月2日13时55分，云南省大理州祥云县财富工业园区内一挡墙发生坍塌，造成3人死亡、2人受伤。

187. 重庆市砚石台煤矿瓦斯爆炸事故

2014年6月3日17时5分，重庆市南桐矿业公司砚石台煤矿发生瓦斯爆炸事故，造成22人死亡、1人受伤。

188. 广西贺州市窒息事故

2014年6月5日7时，广西壮族自治区贺州市八步区大田水电站隧道内施工人员发生窒息事故，造成3人死亡。

189. 贵州省遵义市坠落事故

2014年6月7日15时50分，贵州省遵义市仁怀市一施工工地发生坠落事故，造成4人死亡。

190. 江苏省徐州市坍塌事故

2014年6月8日12时，江苏省徐州市龙山制焦有限公司焦化工程煤塔工地发生脚手架坍塌事故，造成3人死亡、1人受伤。

191. 贵州省新华煤矿煤与瓦斯突出事故

2014年6月11日0时5分，贵州省六枝工矿集团公司新华煤矿一炮掘工作面发生煤与瓦斯突出事故，造成10人死亡。

192. 山东省临沂市坍塌事故

2014年6月13日6时20分，山东省临沂市北城新区污水管道施工现场发生坍塌，造成4人死亡。

193. 贵州省贵阳市交通事故

2014年6月13日7时41分，贵州省贵阳市白云区境内，一辆重型半牵引车与前方等候通行的两辆小型客车及一辆重型半挂牵引车发生碰撞，造成7人死亡、3人受伤。

194. 辽宁省沈阳市中毒事故

2014年6月14日7时，辽宁省沈阳市经济技术开发区沈阳新元建设集团有限公司发生有害气体中毒事故，造成3人死亡。

195. 云南省昆明市交通事故

2014年6月15日7时，云南省昆明市石林县境内，一辆大货车与一辆小客车相撞，造成7人死亡、5人受伤。

196. 贵州省黔西南州脚手架坍塌事故

2014年6月15日22时20分，贵州省黔西南州义龙新区新桥镇一在建厂房脚手架发生坍塌，造成7人死亡。

197. 陕西省榆林市触电事故

2014年6月18日9时，陕西省榆林市定边县砖井镇西关社区移民搬迁点建筑工地在施工过程中，一名工人将铁架子碰到上方10kV高压线，造成3人死亡、1人受伤。

198. 安徽省桐城市坍塌事故

2014年6月21日13时9分，安徽省桐城市自来水公司宿舍区院内一挡土墙坍塌，造成3人死亡。

199. 河北省石家庄市触电事故

2014年6月21日20时25分，河北省石家庄市新华区杜北乡一废弃厂房（原众诚搅拌站）发生触电事故，造成4人死亡。

200. 新疆昌吉州交通事故

2014年6月24日7时10分，新疆维吾尔自治区昌吉州吉木萨尔县境内，一辆面包车行驶途中发生侧翻，造成3人死亡、17人受伤。

201. 浙江省临安市倒塌事故

2014年6月24日14时50分，浙江省杭州市临安市锦北街道临安保通车辆综合性监测公司在修建车辆监测平台时围墙倒塌，造成3人死亡。

202. 黑龙江省牡丹江市塔吊倾覆事故

2014年6月26日11时30分，黑龙江省牡丹江市一设备安装公司在塔吊拆卸过程中，塔吊倾覆、大臂折断，造成3人死亡。

203. 贵州省福泉市交通事故

2014年6月27日14时40分，贵州省黔南州福泉市金鸡山隧道口，一辆客车先后与两辆货车相撞，造成5人死亡、25人受伤。

204. 贵州省瓮安县坠落事故

2014年6月28日11时30分，贵州省黔南州瓮安县境内贵瓮高速施工现场3名工人不慎坠落，造成3人死亡。

205. 江苏省南京市氩气泄漏事故

2014年6月30日4时50分，江苏省南京市南钢集团检修人员更换金属氩气软管时，发生氩气泄漏事故，造成3人死亡。

206. 黑龙江省绥化市残土滑落事故

2014年6月30日11时30分，黑龙江省绥化市望奎县一排水管线施工现场残土滑落，造成3人死亡。

207. 海南省海口市爆炸事故

2014年7月1日11时，海南省海口市美兰区灵山镇一药业有限公司发生爆炸，造成4人死亡、4人受伤。

208. 贵州省安顺市隧道坍塌事故

2014年7月1日12时，贵州省安顺市关岭县境内一在建隧道发生坍塌，造成4人死亡、4人受伤。

209. 新疆乌鲁木齐塔吊塔臂坠落事故

2014年7月1日20时30分，新疆维吾尔自治区乌鲁木齐市一建设工地发生塔吊塔臂坠落事故，造成3人死亡。

210. 内蒙古乌兰察布市坍塌事故

2014年7月2日16时40分，内蒙古自治区乌兰察布市丰镇市丰业铁合金厂在建工地发生坍塌事故，造成4人死亡。

211. 黑龙江省富锦市塌方事故

2014年7月3日17时45分，黑龙江省佳木斯市富锦市工业园区在施工时发生塌方事故，造成3人死亡、1人受伤。

212. 西藏那曲县交通事故

2014年7月4日18时，西藏自治区那曲县境内，一辆货车与一辆越野车相撞，造成4人死亡、3人受伤。

213. 黑龙江省鹤岗市煤矿顶板事故

2014年7月5日18时，黑龙江省鹤岗市一煤矿发生顶板事故，造成7人死亡、1人重伤。

214. 重庆市武隆县交通事故

2014年7月5日19时，重庆市武隆县境内，一辆大客车发生侧翻，造成6人死亡、36人受伤。

215. 新疆豫新煤业瓦斯爆炸事故

2014年7月5日20时43分，新疆维吾尔自治区大黄山豫新煤业有限责任公司一号井+708m水平西翼中大槽煤层综采工作面顶板巷，在锁风启封压缩板闭时发生一起重大瓦斯爆炸事故，造成17人死亡、3人受伤。

216. 云南省漾濞县交通事故

2014年7月6日16时25分，云南省大理州漾濞县境内，一辆大客车行至大保高速公路时驶离路面，造成5人死亡、19人受伤。

217. 云南省曲靖市爆燃事故

2014年7月7日17时20分，云南省曲靖市麒麟区一化工厂发生爆燃事故，造成3人死亡、5人受伤。

218. 福建省泉州市倒塌事故

2014年7月7日17时40分，福建省泉州市安溪县发生爆炸致墙体倒塌，造成3人死亡、2人受伤。

219. 湖南省湘乡市坠落事故

2014年7月9日15时10分，湖南省湘潭市湘乡市一工地发生坠落事故，造成3人死亡。

220. 山东省滕州市窒息事故

2014年7月10日8时58分，山东省滕州市经济开发区内国电银河水务有限公司污水处理厂发生窒息事故，造成4人死亡、2人受伤。

221. 湖南省长沙市交通事故

2014年7月10日17时，湖南省长沙市岳麓区境内，一辆校车掉入水库，造成11人死亡。

222. 江西省鸣山矿业瓦斯爆炸事故

2014年7月11日19时30分，江西省鸣山矿业有限责任公司-600m水平45621风巷4号小斜坡掘进工作面上部采空区发生一起瓦斯爆炸事故，造成3人死亡、1人轻伤。

223. 新疆伊犁州交通事故

2014年7月11日21时，新疆维吾尔自治区伊犁州新源县境内，一辆小型越野车翻下山路，造成6人死亡、4人受伤。

224. 四川省雅安市窒息事故

2014年7月11日22时5分，四川省雅安市雨城区大众煤业有限公司井下掘进工作面无风微风作业，放炮作业产生大量有毒有害气体，作业人员盲目进入工作面发生中毒窒息，造成3人死亡。

225. 浙江省临安市交通事故

2014年7月12日12时30分，浙江省杭州市临安市境内，一辆大型客车发生侧翻，造成6人死亡、36人受伤。

226. 新疆鄯善县窒息事故

2014年7月15日2时30分，新疆维吾尔自治区吐鲁番地区鄯善县联合矿业有限公司细砂沟铁矿发生炮烟中毒窒息事故，造成3人死亡。

227. 内蒙古鄂尔多斯市爆炸事故

2014年7月15日16时40分，内蒙古自治区鄂尔多斯市鄂托克旗新胜露天煤矿发生炸药爆炸事故，造成3人死亡。

228. 广东省深圳市塌落事故

2014年7月18日12时12分，广东省深圳市罗湖区一处二楼阳台塌落，造成3人死亡、12人受伤。

229. 河北省邯郸市坍塌事故

2014年7月18日17时，河北省邯郸市经济开发区锦天电动车项目施工现场发生坍塌事故，造成3人死亡、3人受伤。

230. 沪昆高速湖南邵阳段危化品燃爆事故

2014年7月19日3时，湖南省沪昆高速邵阳段1309km处隆回往洞口方向，一辆违法装载乙醇的厢式小货车与一辆大客车发生追尾后燃烧，造成54人死亡、6人受伤。

231. 湖南省郴州市爆炸事故

2014年7月23日9时27分，湖南省郴州市湘煤集团嘉禾公司蒲溪井2251南风巷掘进工作面发生瓦斯爆炸事故，造成5人死亡。

232. 四川省南充市交通事故

2014年7月23日19时10分，四川省南充市仪陇县境内，一辆客车侧翻坡下，造成3人死亡、20人受伤。

233. 山西省水利工程局塌方事故

2014年7月24日13时12分，山西省水利工程局黄河泵站提水项目施工现场发生塌方，造成3人死亡。

234. 陕西省榆林市窒息事故

2014年7月25日16时，陕西省榆林市神木县孙家岔镇在检修污水井时发生中毒窒息事故，造成4人死亡。

235. 甘肃省兰州市交通事故

2014年7月26日20时19分，甘肃省兰州市境内，一辆大巴车发生侧翻，造成4人死亡、37人受伤。

236. 陕西省甘泉县隧道塌方事故

2014年7月28日12时30分，陕西省延安市甘泉县境内黄延高速公路在隧道施工过程中发生塌方，造成3人死亡。

237. 宁夏泾源县坍塌事故

2014年7月31日9时40分，宁夏回族自治区泾源县一石料厂施工时墙体发生坍塌，造成4人死亡、2人受伤。

238. 广东省中山市渡船翻沉事故

2014年8月1日19时20分，广东省中山市东升镇一艘渡船发生翻沉，造成5人死亡。

239. 安徽省安庆市木船侧翻事故

2014年8月1日19时50分，安徽省安庆市宿松县5名农民利用自家木船渡河，发生侧翻，造成5人死亡。

240. 贵州省铜仁市塔吊倒塌事故

2014年8月1日22时，贵州省铜仁市大龙开发区施工工地发生塔吊倒塌事故，造成3人死亡、1人受伤。

241. 江苏省昆山市爆炸事故

2014年8月2日7时34分，江苏省苏州市昆山市昆山经济技术开发区内昆山中荣金属制品有限公司抛光二车间发生特别重大铝粉尘爆炸事故，造成97人死亡、163人受伤

242. 浙江省苍南县交通事故

2014年8月3日9时，浙江省温州市苍南县境内，一辆卡车失控撞向路边民房，造成3人死亡、4人受伤。

243. 黑龙江省绥化市坠落事故

2014年8月3日13时30分，黑龙江省绥化市一新建校址工地发生坠落事故，造成3人死亡、2人受伤。

244. 内蒙古锡林郭勒盟交通事故

2014年8月3日17时，内蒙古自治区锡林郭勒盟境内，一辆越野车与由一辆重型半挂牵引车正面相撞，造成3人死亡、1人受伤。

245. 河南省济源煤业冒顶事故

2014年8月4日5时30分，河南省济源煤业有限责任公司二矿井下发生一起冒顶事故，造成3人死亡。

246. 平煤神马集团冒顶事故

2014年8月4日14时25分，中国平煤神马

集团平煤股份五矿采面运输机机头超前三角处发生冒顶事故，造成5人死亡。

247. 浙江省丽水市中毒事故

2014年8月4日18时30分，浙江省丽水市莲都区一施工工地抽水作业时，施工人员吸入一氧化碳中毒，造成3人死亡、5人受伤。

248. 山西省河津市爆燃事故

2014年8月6日14时54分，山西省运城市河津市中国铝业公司山西华泽铝电有限公司碳素厂成型车间发生爆燃事故，造成4人死亡。

249. 甘肃省河津市交通事故

2014年8月7日14时，甘肃省甘南州河津市境内，一辆大客车与一辆轿车相撞，造成9人死亡、14人受伤。

250. 浙江省温州市山体垮塌事故

2014年8月9日11时，浙江省温州市苍南县境内发生山体垮塌，造成4人死亡。

251. 云南省昭通市交通事故

2014年8月9日14时6分，云南省昭通市威信县境内，一辆小客车侧翻至山崖下，造成4人死亡、4人受伤。

252. 西藏尼木县交通事故

2014年8月9日16时25分，西藏自治区拉萨市尼木县境内，一辆大巴车与一辆越野车及一辆皮卡碰撞，大巴车坠入悬崖，造成44人死亡、11人受伤。

253. 黑龙江省哈尔滨市交通事故

2014年8月11日21时30分，黑龙江省哈尔滨市道里区境内，一辆重型厢式货车与一辆面包车相撞，造成8人死亡。

254. 贵州省毕节市煤矿瓦斯事故

2014年8月13日10时，贵州省毕节市织金县一煤矿发生瓦斯事故，造成3人死亡、1人受伤。

255. 福建省漳州市交通事故

2014年8月13日16时54分，福建省漳州市境内，一辆轿车行驶至林区水泥路段时，坠落至100多米下的山涧水潭中，造成5人死亡。

256. 广西玉林市交通事故

2014年8月14日8时20分，广西壮族自治区玉林市省道216线4km南江镇坡塘路口处，一辆大货车右转弯时，与同向行驶的一辆摩托车发生侧面碰撞，造成3人死亡。

257. 黑龙江省鸡西市煤矿透水事故

2014年8月14日13时10分，黑龙江省鸡西市城子河区安之顺煤矿发生透水事故，造成16人死亡。

258. 沈海高速辽宁大连段交通事故

2014年8月15日16时，辽宁省沈海高速大连段297km处，一辆面包车与前方小货车追撞，造成4人死亡。

259. 河南省平煤集团倒架事故

2014年8月15日21时15分，河南省平顶山平煤集团朝川矿工作面发生倒架事故，造成3人死亡。

260. 山西省长治市爆炸事故

2014年8月17日1时35分，山西省长治市高新区一居民住宅楼发生爆炸，造成7人死亡、4人受伤。

261. 四川省巴中市交通事故

2014年8月17日3时4分，四川省巴中市通江县境内，一面包车坠入沟内，造成7人死亡、2人受伤。

262. 连霍高速新疆吐鲁番段交通事故

2014年8月17日17时54分，新疆维吾尔自治区吐鲁番地区G30连霍高速两辆从吐鲁番驶向鄯善的小轿车相撞，造成5人死亡、6人受伤。

263. 黑龙江省七台河市交通事故

2014年8月18日6时10分，黑龙江省七台河市境内，一辆轿车失控驶入道路右侧沟内，造成4人死亡、1人受伤。

264. 安徽省淮南市瓦斯爆炸事故

2014年8月19日3时56分，安徽省淮南市谢家集区东方煤矿发生瓦斯爆炸事故，造成27人死亡、1人受伤。

265. 辽宁省沈阳市交通事故

2014年8月20日2时50分，辽宁省沈阳市浑南区境内，一辆大型货车与一辆小汽车发生交通事故，造成4人死亡、1人受伤。

266. 广东省佛山市交通事故

2014年8月24日16时35分，广东省佛山市境内，一辆两轮摩托车由于车速过快，先剐碰路边基石、再撞上路边灯柱，造成4人死亡。

267. 黑龙江省安达市交通事故

2014年8月26日19时10分，黑龙江省安达市境内，一辆小型吉普车与一辆轿车相撞，造成4人死亡、5人受伤。

268. 湖南省常德市交通事故

2014年8月28日1时26分，湖南省常德市临澧县境内，一辆小型汽车行与一辆重型货车相撞，造成3人死亡。

269. 新疆吐鲁番交通事故

2014年8月28日2时35分，新疆维吾尔自治区吐鲁番地区境内G30线芒硝湖路段，一辆两轮摩托车与一辆中型货车相撞，造成3人死亡。

270. 吉林省长春市触电事故

2014年8月28日8时，吉林省长春市朝阳区富峰镇铁塔路星辰物流院内在建厂房施工过程中发生触电事故，造成4人死亡、3人受伤。

271. 湖南省四维矿业瓦斯爆炸事故

2014年8月28日8时30分，湖南省四维矿业邵阳县分公司石井铺锑（铅）矿田东探矿井，井下作业时发生瓦斯爆炸事故，造成3人死亡。

272. 湖南省益阳市交通事故

2014年8月28日9时20分，湖南省益阳市安化县境内，一辆小型客车坠落山坡，造成8人死亡、1人受伤。

273. 河南省开封市烫伤事故

2014年8月28日11时30分，河南省开封市龙亭区通洁清洗服务部在河南晋开化工集团二分公司气化车间进行清洗作业时，发生蒸气烫伤事故，造成3人死亡。

274. 四川省宜宾市交通事故

2014年8月30日7时12分，四川省宜宾市境内，一辆重型货车与同向行驶的载重货车相撞，导致载重货车甩尾碰撞另一辆面包车，造成6人死亡、5人受伤。

275. 福建省漳州市交通事故

2014年8月30日14时30分，福建省漳州市境内，一辆客车与一辆小轿车发生碰撞，造成5人死亡、3人受伤。

276. 山东省青岛市交通事故

2014年8月30日18时50分，山东省青岛市红岛新区宝源路与丰庆路交叉路口处，一辆班车与一辆面包车相撞，造成5人死亡。

277. 河北省沧州市窒息事故

2014年9月1日15时，河北省沧州市高新区博信建筑安装工程有限公司在高新区新建的临时污水站井下进行作业时，发生中毒窒息事故，造成3人死亡。

278. 黑龙江省哈尔滨市火灾事故

2014年9月1日21时，黑龙江省哈尔滨市一商厦突发火灾，造成4人死亡。

279. 河北省唐山市窒息事故

2014年9月3日18时，河北省唐山市热力总公司管网公司北部管网所在进行检修作业时，发生一起中毒窒息事故，造成3人死亡。

280. 黑龙江省双鸭山市瓦斯爆炸事故

2014年9月4日18时，黑龙江省双鸭山市双新煤炭有限责任公司新久煤矿发生瓦斯爆炸事故，造成4人死亡。

281. 陕西省西安市窒息事故

2014年9月4日19时，陕西省西安市长安区一腌菜厂，工人在下池作业时发生窒息事故，造成4人死亡。

282. 新疆乌鲁木齐市交通事故

2014年9月5日5时50分，新疆维吾尔自治区乌鲁木齐市米东区境内，一辆拉载混凝土的车辆撞倒同向右侧行驶的5名骑车人，造成3人死亡、2人受伤。

283. 甘肃省庆阳市交通事故

2014年9月6日7时40分，甘肃省庆阳市境内，一辆农用三轮车在下山转弯处驶出路面，撞上砖墙发生侧翻，造成11人死亡、3人受伤。

284. 广西柳州市施工窒息事故

2014年9月6日13时，广西壮族自治区柳州市一工程施工现场，1名工人在下入地质勘探井捡拾钻头时未升井，另外3名工人陆续下井救援也未升井，造成4人死亡。

285. 湖南省邵阳市瓦斯突出事故

2014年9月7日18时20分，湖南省邵阳市新邵县坪上镇胜利煤矿东采区+90水平2153工作面发生瓦斯突出事故，造成3人死亡。

286. 广东省肇庆市交通事故

2014年9月8日8时31分，广东省肇庆市境内，一辆大客车追尾一辆中型货车后，越过中心护栏与对向车道由西往东行驶的一辆大客车迎面相撞，造成7人死亡、18人受伤。

287. 湖南省娄底市交通事故

2014年9月8日9时30分，湖南省娄底市新化县境内，一辆轻型货车翻下路坑，造成3人死亡、18人受伤。

288. 黑龙江省肇东市交通事故

2014年9月9日5时，黑龙江省绥化市肇东市境内，一辆中型客车驶入对向车道，与对向车道半挂车相撞后侧滑驶入沟内，造成中型客车内5人死亡、1人受伤。

289. 江苏省苏州市坠落事故

2014年9月10日17时，江苏省苏州市4名员工不慎随物料坍塌跌入储料桶桶底，造成3人死亡、1人受伤。

290. 安徽省滁州市坍塌事故

2014年9月11日10时30分，安徽省滁州市一农民自建房坍塌，造成4人死亡。

291. 云南省保山市交通事故

2014年9月11日12时30分，云南省保山市施甸县一辆小汽车翻下路边山谷中，造成4人死亡、1人重伤。

292. 安徽省宿州市交通事故

2014年9月12日8时51分，安徽省宿州市泗县境内，一辆轿车与一辆客车相撞，造成3人死亡、3人受伤。

293. 湖北省随州市交通事故

2014年9月12日19时14分，湖北省随州市曾都开发区境内，一辆大货车与一辆小轿车相撞，造成3人死亡、2人受伤。

294. 广西崇左市交通事故

2014年9月13日12时30分，广西壮族自治区崇左市大新县境内，一辆三轮摩托车发生侧翻，造成5人死亡、5人受伤。

295. 黑龙江省黑河市交通事故

2014年9月13日22时40分，黑龙江省黑河市境内，一辆货车与一辆重型自卸货车相撞，造成4人死亡。

296. 湖北省孝感市交通事故

2014年9月15日2时40分，湖北省孝感市汉川市红卫桥处，一辆越野车撞坏桥面防护栏坠入桥下，造成3人死亡、5人受伤。

297. 河北省张家口市交通事故

2014年9月16日8时19分，河北省张家口市境内，一辆半挂车刹车失灵翻车，导致正在公交车站候车的14人被撞被砸，造成8人死亡、6人受伤。

298. 新疆阿克苏交通事故

2014年9月16日17时25分，新疆维吾尔自治区阿克苏地区境内，一辆小轿车发生自翻，造成3人死、5人受伤。

299. 浙江省温州市交通事故

2014年9月16日20时40分，浙江省温州市境内，一辆重型货车与前方12辆汽车发生碰撞，造成3人死亡、2人受伤。

300. 河北省承德市窒息事故

2014年9月17日7时30分，河北省承德市豆子沟采区井下发生炮烟中毒窒息事故，造成3人死亡、1人受伤。

301. 四川省盐源县交通事故

2014年9月17日10时40分，四川省凉山州盐源县境内，一辆客车与一辆货车相撞，造成4人死亡、4人受伤。

302. 重庆市石柱县交通事故

2014年9月18日22时45分，重庆市石柱县境内，沪渝高速发生汽车连环追尾事故，造成4人死亡。

303. 福建省厦门市煤气罐爆燃事故

2014年9月19日11时30分，福建省厦门市一小吃店发生煤气罐爆燃事故，造成5人死亡。

304. 广西百色市交通事故

2014年9月19日20时25分，广西壮族自治区百色市靖西县龙林镇大品村国道302线处，一辆面包车与一辆货车相撞，造成4人死亡。

305. 黑龙江省绥化市交通事故

2014年9月20日8时15分，黑龙江省绥化市明水县国道203线13km+950m处，三车相撞，造成3人死亡。

306. 新疆吐鲁番交通事故

2014年9月21日16时1分，新疆维吾尔自治区吐鲁番地区托克逊县境内，一辆重型罐式半挂车与一辆小型面包车相撞，造成8人死亡。

307. 山西省太原市倒塌事故

2014年9月21日18时，山西省太原市小店区坞城路一自建房工地发生倒塌事故，造成3人死亡。

308. 湖南省醴陵市爆炸事故

2014年9月22日15时20分，湖南省株洲市醴陵市浦口南阳出口鞭炮烟花厂发生爆炸事故，造成14人死亡、33人受伤。

309. 甘肃省兰州市塌料事故

2014年9月22日23时30分，甘肃省兰州市皋兰县鸿丰电石有限公司气烧2号立窑进行窑内除瘤作业时发生塌料事故，造成3人死亡。

310. 岱黄高速湖北段交通事故

2014年9月26日8时，湖北省岱黄高速黄陡至汉口方向10km+300m处，一辆小车翻在沟内，造成4人死亡。

311. 江西省上饶市交通事故

2014年9月26日8时40分，江西省上饶市上饶县境内，一辆前往合福高铁武夷山隧道施工的轻型货车发生侧翻，造成5人死亡、18人受伤。

312. 云南省昆明市踩踏事故

2014年9月26日14时30分，云南省昆明市明通小学宿舍楼梯间发生踩踏事故，造成6人死亡、26人受伤。

313. 广西北海市交通事故

2014年9月26日15时10分，广西壮族自治区北海市铁山港区境内，一重型自卸货车与同向行驶的一辆小轿车相撞，造成6人死亡、1人受伤。

314. 福建省三明市坍塌事故

2014年9月28日12时20分，福建省三明市中铁隧道集团有限公司三明快速通道施工队伍在孔桩挖孔作业时发生坍塌事故，造成3人死亡。

315. 安徽省亳州市交通事故

2014年9月28日16时22分，安徽省亳州市蒙城县三义镇境内，一辆小轿车侧滑冲入路边沟塘内，造成4人死亡。

316. 江苏省盐城市交通事故

2014年9月30日22时11分，江苏省盐城市射阳县境内，一辆小轿车坠入河中，造成7人死亡。

317. 四川省绵阳市交通事故

2014年10月1日9时15分，四川省绵阳市北川县境内，一辆客车发生翻车事故，造成5人死亡、1人重伤。

318. 新疆阿克苏交通事故

2014年10月1日14时40分，新疆维吾尔自治区阿克苏地区境内，一辆越野车与一辆小轿车正面相撞，造成4人死亡、2人受伤。

319. 贵州省铜仁市交通事故

2014年10月2日0时45分，贵州省铜仁市碧江区境内，一辆厢式货车撞上一辆小轿车后，又被另一辆小轿车追尾，造成4人死亡、2人受伤。

320. 新疆伊犁州交通事故

2014年10月2日8时30分，新疆维吾尔自治区伊犁州尼勒克县境内，一辆重型半挂牵引车与一辆小轿车迎面相撞，造成4人死亡。

321. 山西省吕梁市塌方事故

2014年10月2日16时50分，山西省吕梁市临县境内一涵洞挡墙工程在砌筑过程中发生塌方，造成4人死亡、2人受伤。

322. 安徽省淮南市交通事故

2014年10月2日20时10分，安徽省淮南市潘集区境内，一辆轿车不慎翻落到桥下的水沟内，造成6人死亡。

323. 湖北省洪湖市中毒事故

2014年10月3日10时18分，湖北省洪湖市乌林镇湖北众鑫益农生物能源有限公司发生沼气中毒事故，造成6人死亡。

324. 广东省河源市交通事故

2014年10月4日16时，广东省河源市紫金县好义镇境内，一辆大货车下坡时制动失灵，撞上前行的一辆小客车和一辆面包车，造成8人死亡。

325. 黑龙江省大庆市交通事故

2014年10月5日9时30分，黑龙江省大庆市境内，一辆小轿车与一辆出租车相撞，造成3人死亡、5人受伤。

326. 贵州省毕节市煤与瓦斯突出事故

2014年10月5日19时，贵州省毕节市黔西县永贵能源公司新田煤矿发生煤与瓦斯突出事故，造成10人死亡。

327. 新疆喀什交通事故

2014年10月7日16时45分，新疆维吾尔自治区喀什地区境内，一辆货车与一辆机动三轮车相撞，造成4人死亡、6人受伤。

328. 内蒙古乌海市爆炸事故

2014年10月7日19时20分，内蒙古自治区乌海市乌达工业园区一在建回用水装置发生爆炸，造成3人死亡、6人受伤。

329. 天津市滨海新区交通事故

2014年10月9日12时，天津市滨海新区境内，一辆688路公交车行驶到滨海新区大港津歧公路49km+400m处，与前方同向行驶的一辆水泥罐车追尾，造成4人死亡、26人受伤。

330. 江西省萍乡市触电事故

2014年10月12日8时20分，江西省萍乡市湘东区培兴精制酱菜厂在生产过程中一电机漏油导致漏电，造成3人死亡。

331. 青海省兴海县交通事故

2014年10月13日18时30分，青海省海南州兴海县河卡镇境内，一辆西宁籍重型非载货专项作业车行至国道214线218km处时失控，与停靠在路边及行驶中的车辆相继发生碰撞，造成8人死亡、14人受伤。

332. 云南省泸水县爆炸事故

2014年10月13日19时20分，云南省怒江州泸水县鼎盛冶化有限公司发生冶炼炉爆炸事故，造成4人死亡、8人受伤。

333. 江苏省连云港市火灾事故

2014年10月17日19时，江苏省连云港市海州区一酒家发生火灾，造成3人死亡、5人受伤。

334. 辽宁省朝阳市坍塌事故

2014年10月19日2时，辽宁省朝阳市京沈客运专线一建筑工地发生坍塌事故，造成3人死亡。

335. 广东省广州市棚架坍塌事故

2014年10月19日14时40分，广东省广州市白云区太和镇林安物流园外墙装修工程棚架被一辆自卸车碰撞后发生坍塌事故，造成3人死亡、11人受伤。

336. 云南省曲靖市塌方事故

2014年10月21日22时30分，云南省曲靖市会泽县境内待功高速公路一施工路段弃土场发生塌方，造成3人死亡。

337. 甘肃省定西市火车撞轧事故

2014年10月22日21时48分，甘肃省定西市境内，10152次货车行驶至陇海线时撞轧铁路上的行人，造成3人死亡、1人重伤。

338. 湖北省宜昌市交通事故

2014年10月24日19时20分，湖北省宜昌市秭归县两河口镇境内，一辆罐车发生侧翻，导致油品泄漏并引发火灾，造成5人死亡、3人受伤。

339. 新疆米泉沙沟煤矿窒息事故

2014年10月24日23时30分，新疆维吾尔自治区乌鲁木齐市米东区米泉沙沟煤矿采空区大面积冒顶，有毒有害气体溢出导致人员窒息，造成16人死亡、11人受伤。

340. 浙江省宁波市窒息事故

2014年10月28日17时，浙江省宁波市北仑区小港街道污水干管及泵管道清淤工程进行地下清淤时，施工人员中毒窒息，造成4人死亡。

341. 浙江省舟山市渔船沉没事故

2014年10月29日23时50分，浙江省舟山市嵊泗县境内，一艘渔船从渔场回港途中，被一艘香港籍货轮撞沉，造成13人死亡。

342. 湖北省宜昌市瓦斯窒息事故

2014年10月30日1时42分，湖北省宜昌市秭归县磨坪乡朝阳煤炭有限责任公司沙坡煤矿发生瓦斯窒息事故，造成4人死亡。

343. 浙江省丽水市爆炸事故

2014年10月30日8时，浙江省丽水市缙云县壶镇工业园区浙江精瑞工模具有限公司一车间煤气发生炉爆炸，造成4人死亡、4人受伤。

344. 吉林省吉林市交通事故

2014年10月31日11时28分，吉林省吉林市丰满区吉丰西路女子中学附近，一辆水泥罐车发生侧翻将一辆面包车压在车下，造成6人死亡、2人受伤。

345. 四川省南充市工地坠落事故

2014年10月31日13时55分，四川省南充市一居民合伙建房工地安装塔吊时主臂钢绳突然断裂，致使站在臂上安装作业的4名工人坠落地面，造成3人死亡、1人受伤。

346. 山东省东营市工地坠落事故

2014年11月1日13时30分，山东省东营市一建筑工地在实施塔吊拆卸作业施工中发生坠落事故，造成3人死亡、1人受伤。

347. 青海省乌兰县交通事故

2014年11月4日12时，青海省海西州乌兰县境内，一辆半挂货车行驶过程中失控，先后与停在路边等待通行的7辆车相撞，造成7人死亡。

348. 安徽省淮南市坍塌事故

2014年11月7日11时40分，安徽省淮南市潘集区一公司卸煤沟工地脚手架发生坍塌事故，造成7人死亡。

349. 广西河池市交通事故

2014年11月9日14时33分，广西壮族自治区河池市都安县境内一辆面包车翻下山崖，造成9人死亡、5人受伤。

350. 辽宁省朝阳市吊塔倾覆事故

2014年11月10日12时20分，辽宁省朝阳市荣田尊府2号楼施工现场，塔吊在拆除过程中发生倾覆，造成3人死亡。

351. 广东省佛山市坍塌事故

2014年11月10日17时30分，广东省佛山市南海区大沥镇新怡智逸大厦工程基坑发生局部坍塌事故，造成3人死亡。

352. 河南省郑州市民房坍塌事故

2014年11月10日17时40分，河南省郑州市高新区双桥办事处王村在建民房发生坍塌事故，造成7人死亡。

353. 广东省连州市交通事故

2014年11月11日12时22分，广东省清远市连州市连江路与慧光路交汇十字路口处，一辆半挂牵引车失控，造成3人死亡。

354. 浙江省诸暨市爆炸事故

2014年11月13日9时35分，浙江省绍兴市诸暨市安华镇浙江洁达环保集团有限公司一车间在进行气割作业时发生爆炸，造成2人死亡、1人受伤。

355. 河北省保定市坍塌事故

2014年11月13日15时，河北省保定市容城县晾马台镇崇明庄村水岸花城项目，在铺设排污管时发生坍塌事故，造成3人死亡、1人受伤。

356. 山东省临沂市坍塌事故

2014年11月13日20时，山东省临沂市平邑县范加新花岗石矿发生坍塌事故，造成4人死亡。

357. 四川省松潘县交通事故

2014年11月15日7时30分，四川省阿坝州松潘县安宏乡境内，一辆面包车与一辆货车相撞，造成8人死亡。

358. 陕西省延安市交通事故

2014年11月15日10时30分，陕西省延安市境内，一辆小汽车与一辆大货车相撞，造成6人死亡、2人受伤。

359. 山东省潍坊市火灾事故

2014年11月16日18时47分，山东省潍坊市寿光县化龙镇裴岭村龙源食品加工厂车间发生火灾，造成18人死亡、13人受伤。

360. 辽宁省大连市交通事故

2014年11月17日16时，辽宁省大连市普兰店市境内，一辆小型客车与一辆大客车相撞，造成5人死亡。

361. 甘肃省白银市中毒事故

2014年11月18日17时，甘肃省白银市景泰县一企业在进行供热设备调试过程中发生沼气中毒事故，造成3人死亡。

362. 浙江省瑞安市火灾事故

2014年11月18日20时，浙江省温州市瑞安市塘下镇陈宅旺村一民房发生火灾，造成3人死亡。

363. 黑龙江省牡丹江市顶板事故

2014年11月18日21时，黑龙江省牡丹江市穆棱市宏盛煤矿二井井下维修作业时发生顶板事故，造成4人死亡。

364. 山东省蓬莱市交通事故

2014年11月19日8时，山东省烟台市蓬莱市境内，一辆大货车与一辆微型面包车相撞，造成12人死亡、3人受伤。

365. 广东省惠州市火灾事故

2014年11月19日12时54分，广东省惠州市龙门县蓝田乡新传养菌场有限公司发生火灾，造成3人死亡。

366. 广西防城港市坍塌事故

2014年11月19日16时30分，广西壮族自治区防城港市上思县在建珍稀植物园旅游配套项目工程发生挡土墙坍塌事故，造成4人死亡、2人受伤。

367. 广东省东莞市火灾事故

2014年11月19日19时，广东省东莞市凤岗镇黄洞村安科产业园内东莞市金明阳电子科技有限公司发生火灾，造成5人死亡。

368. 云南省个旧市生产安全事故

2014年11月21日10时18分，云南省红河州个旧自立矿冶有限责任公司回转窑脱硫塔顶板断裂导致工人坠入烟道内，造成5人死亡、2人受伤。

369. 福建省龙岩市交通事故

2014年11月22日10时49分，福建省龙岩市境内，两辆货车与一辆摩托车相撞，造成6人死亡、1人受伤。

370. 广西南宁市交通事故

2014年11月22日11时47分，广西壮族自治区南宁市那马镇境内，一辆货车与一辆客车相撞，造成8人死亡、1人受伤。

371. 陕西省宝鸡市交通事故

2014年11月22日13时40分，陕西省宝鸡市岐山县境内，发生连环撞车事故，造成5人死亡、5人受伤。

372. 新疆昌吉州交通事故

2014年11月23日1时，新疆维吾尔自治区昌吉州境内，一辆重型半挂车与前方等候通行的5辆车先后相撞，造成4人死亡。

373. 湖北省随州市交通事故

2014年11月23日14时10分，湖北省随州市随县境内，一辆货车与一辆客车相撞，造成3人死亡、11人受伤。

374. 浙江省温州市火灾事故

2014年11月24日16时30分，浙江省温州市鸿华鞋厂发生火灾，造成3人死亡。

375. 福建省厦门市爆炸事故

2014年11月25日8时27分，福建省厦门市思明区美湖路29号一菜馆发生燃气泄漏爆炸事故，造成4人死亡、3人受伤。

376. 辽宁省阜新市爆燃事故

2014年11月26日2时35分，辽宁省阜新市阜新矿业（集团）有限责任公司恒大煤业公司综采放顶煤工作面发生一起重大煤尘爆炸燃烧事故，造成28人死亡、50人受伤。

377. 贵州省六盘水市瓦斯爆炸事故

2014年11月27日3时52分，贵州省六盘水市盘县松林煤矿发生一起重大瓦斯爆炸事故，造成11人死亡、8人受伤。

378. 浙江省宁波市火灾事故

2014年11月29日1时，浙江省宁波市慈溪市桥头镇桥三路一家菜馆发生火灾，造成4人死亡、2人受伤。

379. 包茂高速陕西榆林段交通事故

2014年12月5日20时30分，陕西省包茂高速公路榆林段，一辆面包车与一辆重型半挂车发生追尾，造成4人死亡、1人受伤。

380. 安徽省淮北市坍塌事故

2014年12月8日14时30分，安徽省淮北市同仁中学围墙突然坍塌，造成5人死亡、2人受伤。

381. 龙河高速广东河源段交通事故

2014年12月13日2时20分，广东省龙河高速公路河源路段往江西方向30km处，一辆大货车刹车失灵侧翻，后方紧跟的一辆物流大货车紧急刹车，引发6车连环相撞起火燃烧，造成12人死亡、3人受伤。

382. 黑龙江省鸡西市瓦斯爆炸事故

2014年12月14日10时10分，黑龙江省鸡西市鸡东县兴运煤矿井下发生瓦斯爆炸事故，造成10人死亡。

383. 山东省聊城市倒塌事故

2014年12月14日16时，山东省聊城市富达轴承厂在建建筑施工时发生倒塌事故，造成4人死亡、10人受伤。

384. 辽宁省凤城市交通事故

2014年12月14日19时40分，辽宁省丹东市凤城市境内，一辆吉普车驶入对向车道与一辆微型客车相撞，造成5人死亡、6人受伤。

385. 安徽省阜阳市交通事故

2014年12月14日23时55分，安徽省阜阳市境内，一辆大货车与一辆轿车碰撞起火，造成4人死亡。

386. 河南省新乡市火灾事故

2014年12月15日0时20分，河南省新乡市长垣县皇冠KTV发生火灾，造成12人死亡、24人受伤。

387. 安徽省淮北市坠落事故

2014年12月15日6时39分，安徽省淮北市濉溪县皖北煤电集团刘桥一矿发生电机坠落事故，造成3人死亡、1人受伤。

388. 山东省济南市爆炸事故

2014年12月15日13时40分，山东省济南市李福煤矿有限公司发生一起放炮引起的爆炸事故，造成3人死亡。

389. 库库高速新疆轮台县段交通事故

2014年12月16日8时10分，新疆维吾尔族自治区库库高速公路轮台县段，一辆客车追尾一辆重型半挂牵引车，造成4人死亡、9人受伤。

390. 云南省昆明市交通事故

2014年12月16日18时，云南省昆明市境内，一辆小轿车驶入机场高速公路中心隔离绿篱，撞到绿篱内混凝土电力设施，造成4人死亡、1人受伤。

391. 湖南省邵阳市爆炸事故

2014年12月18日11时，湖南省邵阳市武冈市晏田乡焦林村一非法生产烟花爆竹的小作坊发生爆炸，造成4人死亡、1人受伤。

392. 云南省南华县交通事故

2014年12月25日21时，云南省楚雄州南华县境内，一辆小汽车翻下路外，造成4人死亡、1人受伤。

393. 安徽省阜阳市火灾事故

2014年12月26日3时，安徽省阜阳市颍州区王店镇十二里庙后卢庄一床垫厂发生火灾，造成5人死亡。

394. 福建省泉州市交通事故

2014年12月26日20时55分，福建省泉州市境内，一辆自卸货车发生侧翻后与对向行驶的一辆重型半挂牵引车相撞，造成4人死亡。

395. 北京市海淀区坍塌事故

2014年12月29日8时20分，北京市海淀区清华附中一在建工地发生坍塌事故，造成10人死亡、4人受伤。

396. 广东省佛山市爆炸事故

2014年12月31日9时30分，广东省佛山市顺德区新富华机械厂发生天然气爆炸，造成18人死亡、32人受伤。

397. 上海市黄浦区踩踏事故

2014年12月31日23时35分，上海市黄浦区外滩陈毅广场东南角通往黄浦江观景平台的人行通道阶梯处发生拥挤踩踏事故，造成36人死亡、49人受伤。

第五编 文 献

《理论与改革》

1. 基于项目管理方法的突发事件应急管理驱动机制研究/张英菊 仝传军

《国家行政学院学报》

1. 论我国政府与社会组织应急管理合作伙伴关系的建构/陶鹏 薛澜

《云南行政学院报》

1. 加强应急管理基础体系建设探略/邱霈恩

《领导科学》

1. 中国公民境外安全应急管理体系建设：中国安全应急管理的战略任务/雷蕾 刘智勇

2. 省级政府间应急管理协作的进展与制度创新/鲍芳修 方雷

3. 系统科学视域下非常规突发事件内涵、特征与分类研究/赵宇 周海兵

4. 加大服务型组工建设力度 认真贯彻落实党的十八大精神/邓国侠

《长白学刊》

1. 完善城市突发事件应急管理的路径选择/王亮 李琦 郑琛誉

《公路》

1. 公路隧道交通事件分类分级与应急管理/王少飞 王辉 涂耘 马锐华

《四川大学学报（哲学社会科学版）》

1. 知识管理在政府应急管理中的应用研究/姚乐野 林曦 蔡娜

《中国安全生产科学技术》

1 高校突发事件应急管理能力成熟度模型研究/姬浩 苏兵 吕美

2. 城市运行与应急管理一体化模式研究——以北京市海淀区为例/郭德勇 王凌志 刘铁忠 江田汉

3. 基于X列表的云应急管理体系构建/曹策俊 谢天 李从东 罗静 杜军

4. 石油石化突发事件重点应急物资分类与关键属性参数研究/刘牧 裴玉起 储胜利 张超

5. 海外高风险地区项目突发事件应急对策/彭英伟 伍东 刘国志

6. “12·31” 事件警示——环境污染突发事件已触及公共安全底线/刘铁民 王浩 王永明

7. 基于案例推理的地铁非常规突发事件应急决策方法研究/徐亚博 汪彤 王培怡 宋冰雪 葛悦

8. 基于DBR理论的突发事件中应急资源动态调度方法研究/杨琴 袁玲玲 廖斌 李金奇

9. 地铁人员疏散心理行为调查及相关性研究/穆娜娜 肖国清 何理 史聪灵 胥旋

10. 基于AHP - Fuzzy方法的成品油库应急演练评估/吴东平 裴玉起 栾国华 魏宝莹 刘任龙

11. 石油石化企业应急资源调度决策支持系统设计/张超 裴玉起 刘任龙

12. 食品应急储备配置比例及方法研究/赵磊 彭涛 李宁

13. 基于人机可靠性的重大危险源事故概率计算/罗陈 徐克 陈立新 昝军

《林业经济》

1. 森工企业应急管理：面向突发事件的知识元链接技术/刘畅 尚航标

《中国商贸》

1. 企业应对潜在风险的管理机制研究/钟文彬

《工业安全与环保》

1. 民航机场应急管理能力评估研究/程明 孙瑞山

2. 考虑失效的煤炭应急储备中心选址模型/王立杰 尹峰 关博

《中国水产》

1. 辽宁省渔业安全应急管理工作现状、问题与建议/阴惠义

《科技管理研究》

1. 基于层次分析—模糊综合评价的煤矿应急管理风险评价/蔡文飞 王汉斌

2. 应急管理知识系统的体系结构分析/李春娟

3. 技术灾害下的政府应急管理机制研究/李奋生 陈静 江昀

4. 基于收益共享契约的突发事件下四级供应链协调研究/刘秋生 胡晓玥 侯云章

5. 我国应急预案管理的问题及对策/庞宇

6. 突发危机事件管理的元本体模型/赵继娣 沈惠璋 刘欢

7. 输电网络危机事件动态演化模型/何冰 季建华 刘新平 侯晓明

8. 我国石油企业境外突发公共事件控制研究/石昊栋 丁浩 霍国辉 罗永灿

9. 供应中断风险下链与链竞争的博弈分析/郑志欣 何波

《生态经济》

1. 海洋灾害应急管理的国际经验及对我国的启示/刘明

《中国公共卫生》

1. 黑龙江省疾控人员在线应急培训系统需求分析/关黎 孙宏 吴群红 郝艳华 胥娇 吴振悦 陈蕾

2. 卫生应急关键技术 TOPSIS 法筛选/胥娇 吴群红 郝艳华 宁宁 康正

3. 辽阳市中学生结核病防治知识及行为现况调查/邱凤兰

《重庆大学学报（社会科学版）》

1. 网络突发舆论事件的传播特征与应急管理对策研究/李勇 陈刚 田晶晶

《人民论坛》

1. 武警部队应对网络舆情的机制构建研究/刘优良

2. 突发事件报道中传统媒体对“公民新闻”的运用/马奇炎 西晨

3. 高校群体性突发事件的预防与处置/李忠春

4. 浅析美国智库在政府决策中的作用/王颖

5. 芦山“震感”与中国“政感”/王善平

6. 突发性公共事件行政程序研究/李庆

《学习与探索》

1. 应对突发公共事件的政府协调能力：框架、问题与思路/金太军 徐婷婷

《资源科学》

1. 基于多目标规划的城市水资源应急管理模型研究/李翠梅 吴健荣 王建华 王浩 陆艳晨

《中国行政管理》

1. 体系下延与个体能力：应急关联机制探索——基于江苏省 1252 位农村居民的实证研究/张海波

2. 高校突发事件辅导员预控机制的构建/高军 姜德照

3. 信息与应急决策：一个解释框架/钟开斌

4. 应对重大社会安全事件政府绩效评估的理论基础和模型设计/翁列恩 李娇娜

5. 领导干部突发事件应急意识的现状调查与分析——基于某省的问卷调查/李荣志 蔡建淮

《图书情报知识》

1. 基于电子政务的自然灾害应急知识管理系统建设/刘焕成 刘小龙

《水科学进展》

1. 中国水文水资源常态与应急统合管理探析/刘宁

《机械工程学报》

1. 考虑行为主体的单机调度干扰管理模型/姜洋 孙伟 丁秋雷 张旭

《中国职业医学》

1. 稳定性碘预防应用及其对我国核事故卫生应急准备工作启示/郑克非 孙全富

《系统管理学报》

1. 基于广义随机 Petri 网的工程突发事故应急处置流程建模及效能分析/李迁 刘亚敏

2. 加工能力受扰的可控排序干扰管理/刘锋 王征 王建军 杨德礼

3. 考虑感知满意度的多受灾点应急资源分配模型/王旭坪 董莉 陈明天

4. 基于 Stackelberg 博弈模型的展会人员应急疏散问题/霍良安 黄培清 方星

5. 模糊环境下应急系统多目标调度问题求

解/杨勃 李小林 杜冰

《中国煤炭》

1. 精细化管理在煤矿应急管理体系建设中的应用/李绍春 王霞

《城市轨道交通研究》

1. 高密度客流集散区域交通应急管理信息系统的建设/沈效毅 周春燕

《水利水电科技进展》

1. 突发水灾害事件应急管理参与主体的界定及其互动关系/李红艳

《大连海事大学学报》

1. 船载危险品应急管理系统的设计与实现/杨家轩 马文耀 史国友

《环境卫生学杂志》

1. 涪江流域绵阳段水质锰污染事件应急处理分析/周云 王莉 岳蕴瑶 李永清 张代友

《中国物流与采购》

1. 基于"云计算"架构的应急管理云服务平台研究/曾俊伟 钱勇生 张锦龙 王能

2. 供应链突发事件扩散机理研究/王红春 吕昳苗

3. 雅安地震：应急物流大考

4. 军地协同提升国家抗危能力/王宗喜

《水土保持通报》

1. 三峡库区水环境应急管理系统设计及集成应用/张艳军 曾咺 张云怀 余游

《系统工程理论与实践》

1. 行驶时间延迟下配送车辆调度的干扰管理模型与算法/王征 胡祥培 王旭坪

2. 考虑公众心理风险感知的应急物资优化调度/王旭坪 马超 阮俊虎

3. 运力受限的应急物资动态调度模型及算法/王旭坪 马超 阮俊虎

《情报杂志》

1. 基于在线社会网络的应急信息共享平台研究/夏志杰 吴忠

2. 突发事件网络舆情研究：回顾、检视及反思/张玉亮

3. 基于突发事件的微博集群行为舆情感知实验/王林 时勘 赵杨 张跃先

4. 基于SNA的突发事件微博谣言传播研究/刘金荣

5. 面向非常规突发事件演化分析的动态模型集成方法研究/陈雪龙 龚麒 王延章

6. 突发事件网络舆情传播规律与预警阶段研究/兰月新 曾润喜

7. 群体性突发事件信息传播网络特性研究——以抢蜡烛事件为例/庄亚明 余海林

8. 基于搜索引擎关注度的网络舆情时空演化比较分析——以谷歌趋势和百度指数比较为例/陈涛 林杰

9. 基于在线社会网络的应急信息共享平台研究/夏志杰 吴忠

10. 国内图情期刊关于网络舆情研究的现状及特点/罗昊

《上海交通大学学报》

1. 基于双源采购的供应应急管理分析/张文杰 骆建文

2. 基于贝叶斯网络的非常规突发事件灾情评估/徐磊 李向阳 黄湘岳

3. 考虑路径风险的不确定需求应急物流定位－路径问题/孙华丽 周战杰 薛耀锋

《科技导报》

1. 从芦山地震和汶川地震看现代应急管理的重要性/陈安

《运筹与管理》

1. 突发事件应急响应的多属性风险决策方法研究/刘洋 樊治平 袁媛

2. 基于资源约束的突发事件应急救援鲁棒性调度优化/胡信布 何正文 徐渝

3. 基于Delphi－AHP和加权集值统计的高校突发事件预警评估/周荣喜 李守荣 杨敏 邱菀华

《企业经济》

1. 提升供应链应对突发事件应急管理能力的策略/覃艳华 曹细玉 宋巧娜

《计算机仿真》

1. 复杂突发事件应急响应模型研究与仿真/朱东芹 刘艳 李志刚

2. 多目标多约束应急物资调度优化的仿真研究/吴波

《华中师范大学学报（自然科学版）》

1. 突发事件下生产成本信息不对称时的供应链协调应对/覃艳华 曹细玉 阮平 宋巧娜

《现代图书情报技术》

1. 中文微博突发事件检测研究/王勇 肖诗斌 郭跚秀 吕学强

2. 突发事件网络衍生舆情监测模型研究/兰月新

《中国报业》

1. 多元化媒体时代的舆情突发事件应对/姜富良

2. 突发事件报道“三字诀”——以江南都市报四川雅安地震报道为例/王宣海

3. 省级网络媒体的突发公共事件报道分析——以齐鲁网芦山地震报道为例/张雯婷

4. 突发事件中的网络谣言的传播学分析——以芦山地震中的谣言传播为例/赵喆

《湖南师范大学自然科学学报》

1. VMI 下考虑销售努力因素的供应链协调应对突发事件研究/覃艳华 曹细玉 曹磊

《新闻大学》

1. 微博在突发事件中的舆论作用机制初探/刘路

《新闻知识》

1. 浅析突发事件中基层政务微博的角色定位/汪青云 柯筱清

2. 突发事件中政务微博的传播策略/冀芳

3. 新媒体时代地方媒体突发事件传播策略研究/郭琳

4. 从“四个一”建设入手，快速构建突发事件主流舆论场/张治理 童慧

5. 群体性突发事件网络舆情演变机制的传播学解读/刘华欣

6. 自媒体时代突发事件报道的变革——以雅安地震报道为例/朱述超

7. 政府官方微博在突发事件中如何引导网络舆论/丁晨明 吴跃先

8. 广播媒体在突发性事件报道中的策略/凌羽 拓紫云

《兰台世界》

1. 突发事件中图书档案管理应急机制研究/李亚君 吴卫华 李忠伟

2. “1+2”企业档案安全管理策略探析/郝志勇

《高教探索》

1. 高校突发事件研究综述（1979—2012）/刘辉

《计算机学报》

1. 一种基于情感符号的在线突发事件检测方法/张鲁民 贾焰 周斌 赵金辉 洪锋

《当代传播》

1. 浅析互联网时代政府的突发事件舆论引导/张红菊

2. 危机管理中领导干部的媒介素养/李敏

3. 四类重大突发事件的网络舆论比较研究/宫承波 李珊珊

《工业工程》

1. 无缺陷退货下三级供应链应对突发事件的协调研究/姚泽有 曹细玉

2. 基于免疫学的非常规突发事件基因研究/刘星星 杨青

《东南大学学报（自然科学版）》

1. 突发事件条件下的铁路行车组织/王莉 秦勇 徐杰 贾利民

《湖北社会科学》

1. 国外突发事件网络舆情信息流导控模式及其对中国的借鉴/张玉亮 路瑶

《管理评论》

1. 突发事件信息传播超网络中枢纽节点的判定研究/武澎 王恒山 李煜

2. 蓄意破坏的应急设施防护模型与试验/董银红 付丽丽 万仲平

《档案学研究》

1. 档案工作突发事件应急预案编制的几点思考/向立文 昌珍霞

《管理工程学报》

1. 面向突发事件的民众负面情绪生命周期模型/刘志明 刘鲁

《旅游学刊》

1. 旅游目的地突发事件对西藏入境旅游市场规模影响与政策响应/田祥利 白凯

《北京交通大学学报》

1. 一种基于 PDBMLCA 聚类的网络突发事件发现算法/温源 王星 刘云 行新香

《学校党建与思想教育》

1. 高校辅导员应对学生突发事件能力的构成与提升/孟国忠

2. 试析体育突发事件传播对大学生思想意识的影响/李鹏 杨宏伟

3. 网格化管理背景下高校突发事件应急机制构建/曾秋菊

4. 高校组织发展困境问题分析/董晓华

《新闻与写作》

1. 突发事件报道中如何运用自媒体/郭士荧

2. 从芦山地震看突发事件中广播应急机制的构建/连新元

3. 广播主持人在突发事件直播中的专业素质/孙佳池

4. 突发事件报道中记者的角色定位/向晖

5. 建立更加完善的“火灾现场新闻发言人制度”/韩敬

6. 正视：专业报道的力量/李蕾

7. 地震报道中的媒体责任/苏显龙

8. 电视直播的力量——见证东方卫视“4·20”芦山地震直播报道/汤砺锋

9. 微博在芦山地震传播中的作用/殷俊 兰岚

《经济体制改革》

1. 中国国际石油合作突发事件应急管理研究中的基本问题探析/何沙 姬荣斌 谷峰

《社会科学家》

1. 少数民族地区群体性突发事件预防机制探讨/封贵平

《新视野》

1. 基于网络舆情研判的突发事件应急舆论引导/张小明

2. 社区安全管理中的公民话语权问题/滕五晓 柳肖涵

《广西社会科学》

1. 大型体育赛事突发事件预警与应对系统研究/栾丽霞 王少华

《黑龙江高教研究》

1. 高校辅导员预控学生突发事件的长效工作机制研究/高军 李绍龙

2. 高校突发事件下学生群体心理危机干预的效果研究/黄锡榜

《中国管理科学》

1. 需求和生产成本同时扰动下供应链期权契约应对突发事件/吴忠和 陈宏 赵千

《河北学刊》

1. 宋代矿冶业中的突发事件与官府应对/王菱菱

《中国安全科学学报》

1. 面向公共工程突发事件的语言信息应急决策方法/尹念红 王增强 蒲云

2. 综合多属性决策的区域救灾物资储备库选址模型研究/肖俊华 侯云先

3. 基于改进模糊 TOPSIS 的应急物资代储企业选择研究/韩永飞 侯云先

4. 基于复杂网络理论的城市公交网络可靠性研究/赵山春

5. 油气集输站场实时风险预警评价体系研究/辛颖 王岩

《西南师范大学学报（自然科学版）》

1. 交通运输行业突发事件应急预案体系构建——以四川省为例/殷涛

《中国成人教育》

1. 高校突发事件处置的方法与途径研究/高永军 冷树伟

《中国税务》

1. 突发事件舆论引导的艺术/邱有根 于小娜

2. 应急演练护航信息安全/京国税

《新闻爱好者》

1. 网络传播重大突发事件的优势——以“王立军事件”为例/王雪桦

2. 报纸号外在重大突发事件中的作用——以

"雅安4·20地震"报纸号外为例/王晓斌

3. 群体性突发事件网络舆情中政府应对策略研究——以河北省遵化市职教中心欠薪事件为例/刘华欣

4. 政务微博的管理特点与善治之道/王绍龙 徐新民

《数学的实践与认识》

1. 场馆人员疏散的元胞自动机模拟/张艳芳 靳志同 任晴晴

2. 突发事件中对嫌疑犯有效封堵的模型与算法/谢治州

《中国记者》

1. "烂尾新闻"何以养患成祸?——以嘉兴"死猪投江"事件为例/蒋连根

2. 纸媒VS微博:武汉暴雨"新闻战"反思/郭钦 丁寅

3. 地方媒体生态环保报道如何见成效?/郭飞

4. 人接地气文有才气——评中国新闻奖广播消息一等奖作品《公安微博危机公关十小时》/许莉 许伟

5. 首个国家应急广播"芦山抗震救灾应急电台"开播启示/罗促建 王凯山

6. 央企新闻传播与舆情应对能力的相对滞后及对策/陈重

《教育科学研究》

1. 课堂突发事件的分类及其处理策略——基于新教师的立场/汪明帅

《软科学》

1. 非常规突发事件模糊情景演化分析与管理——一个建议性框架/傅琼 赵宇

2. 非常规突发事件个体决策行为影响因素研究/刘嘉 谢科范

《工业卫生与职业病》

1. 核事故突发事件医学应急碘预防措施分析/王川 袁添鸿 郑谦 周昌 李光鹏

《学术交流》

1. 科技参与应对重大突发事件的特征分析/王欣 王九云 李斐

《新闻界》

1. "湘潭神女"事件的网络舆情分析及政府应对/吉雪菲 董小玉

《思想教育研究》

1. 微博视域下高校突发事件应对与处理机制研究/周强 陈少平

《系统工程与电子技术》

1. 面向非常规突发事件演化分析的动态模拟仿真系统/陈雪龙 镇培 肖文辉

《测绘通报》

1. 测绘应急保障服务体系建设研究——以佛山市为例/康停军 李武龙 张新长

2. 测绘应急保障数据组织与实现研究/倪志 张新长

《微电子学与计算机》

1. 高速公路交通突发事件案例的本体模型及应用/李文雄 闫茂德 王建伟

《毛泽东思想研究》

1. 民主革命时期中共应对突发事件的历史经验与现实启迪/牟蕾 郑德荣

《中国广播电视学刊》

1. 突发事件下的信息发布和传播机制探究——以H7N9禽流感和"4·20"四川雅安地震为例/陈永松

2. 在最需要的地方发出应急广播的声音——芦山应急电台的试验意义研讨会综述/王磊

3. 把握速度深度温度 体现媒体责任担当——以济南广播电视台广播消息《公安微博危机公关十小时》为例/许莉 许伟 王磊 张林

4. 浅谈地方电视媒体如何应对网络谣言/柯国新

《前沿》

1. 欠发达地区县域突发公共事件治理的机制创新/苏静

2. 当前我国城市政府综合减灾能力研究/魏淑艳 张乘祎

3. 内蒙古电视台提升传播力途径及对策——从成功把控重大突发事件中看媒体的传播力建设/赵春涛 袁力

4. 提升校园BBS在校内突发事件中舆论导向效用研究——以合肥某理工大学为例/王光照 苗丹蕊

5. 论“自媒体时代”我国新闻媒体的危机管理/佘世红 刘艳子

6. 论公共危机管理中的思想政治工作/胡丁月

《传媒观察》

1. 基于公共突发事件场域下的报道策略研究/张耀钟

《中国学校卫生》

1. 小学生突发事件认知与应急能力现状及影响因素分析/陈卓 刘堃 郭蕾蕾 张林

2. 遵义市 2007—2011 年学校突发公共卫生事件分析/曹家艳 张仁俊 吉光辉 陶宏 谌文菊

3. 济南市某高中一起流行性腮腺炎暴发调查/刘晓雪 赵小冬 张学化 张先慧 张济 李自强 李振

4. 贵州两县中小学校结核病防治健康教育效果评价/陈再平 王波 陈静

5. 济南市 2006—2012 年学校突发公共卫生事件特征分析/张军 任德和 周林

《探索》

1. 从突发事件报道中看新闻记者的道德素养/薛天

2. 美国虚假复苏舆论与 2013 年国际动荡危险/杨斌 张发营

《新闻战线》

1. 微博在突发事件传播中的角色分析/计冬梅

2. 对话、沟通：舆情危机应对良方/温锦清

3. 微博国家队：改善网络舆论生态——@人民日报开通一周年舆情解读/祝华新

4. 灾难报道：走向更加成熟的中国媒体/欧阳宏生

《电视研究》

1. 突发事件报道中主持人的角色定位分析/张庆 贾爽

2. 突发新闻的报道结构——以美国康涅狄格州桑迪·胡克小学发生枪击案为例/陈卫星 李琪

《浙江档案》

1. 突发事件档案管理研究综述/宋冰梦

《情报理论与实践》

1. 结合知识组织体系的突发主题监测研究/李勇 安新颖 赵迎光 贾晓峰

《武汉理工大学学报（社会科学版）》

1. 基于能力提升的高速公路应急救援产业化研究/余廉 娄天峰 程琦

《甘肃社会科学》

1. 社会资本视阈下我国农村应急预警机制建设/崔吉磊 范若冰

《企业管理》

1. 发现企业潜在风险/赵彦威

《科研管理》

1. 第三方回收闭环供应链协调应对突发事件研究/李新然 胡鹏旭 牟宗玉

《档案管理》

1. 档案部门应对突发事件能力的提升/翟柱玉

《中国卫生事业管理》

1. 校园突发事件中大学生群体行为与心理特点的实证研究/王儒芳 陶铮

2. 美国重大突发事件期间医疗卫生资源管理体系——医疗激增能力管理体系/王浩

《计算机应用研究》

1. 基于需求链的海上应急物资协同调度方法研究/王军 陈金晶 陆永样 王美蓉

2. 民航应急决策方案语义模型构建方法的研究/周文涛 王红 王静 朱悦莉 潘振杰

《国家教育行政学院学报》

1. 情景模拟教学法在干部培训中的应用研究——以国家教育行政学院“高校突发事件新闻发布会模拟演练”课程为例/杨艳玲

《继续教育研究》

1. 和谐校园背景下高校大学生突发事件辅导员预控机制的构建研究/高军

《教育探索》

1. 高校学生突发事件信息传播机制的缺陷及对策研究/李游

《计算机工程与应用》

1. 大规模突发事件应急设施选址模型及算

法/肖俊华 侯云先

2. 应急救援中应急物资需求紧迫性分级研究/王婧 王海军

3. 三级跨国供应链应对非常规突发事件决策研究/庞国楹 魏杰

《武汉大学学报（理学版）》

1. 非常规突发事件危害性评估和态势监测模型/胡俊 陆晴漪 陈磊 王云华 陈世鸿

《控制与决策》

1. 非常规突发事件应急决策冲突消解协调方法/徐选华 周声海 汪业凤 陈晓红

《情报科学》

1. 突发事件微博舆情扩散规律模型研究/兰月新

《统计与决策》

1. 高校突发事件的应急处置决策模型/宋希博 谭学元

《求实》

1. 北京地区非传统安全问题的类型及特点分析/卢保亮

《环境保护》

1. 污染事故“迟报”根在监管问责“迟到”/张枫逸

2. 媒体：在环境危机中如何化“危”为“安”/李淑文

3. 深化电子政务应用推动环境监管创新/魏斌

4. 突出危险废物源头监管需从环评入手/杨常青 王亚男 胡华龙

《湖南社会科学》

1. 社会稳定视角下突发公共事件信息公开研究/黎万和 李克龙

《金融理论与实践》

1. 基于帕累托最优理论的人民银行应急资源配置研究/徐振潇 徐书杰 刘小康

《中国卫生经济》

1. 突发公共卫生事件应急能力评价指标体系构建研究/王晓东 吴群红 郝艳华 康正 梁立波 陈海平

《中国家禽》

1. H7N9，家禽业不该忍受之痛——“后H7N9时代家禽业发展论坛暨《中国家禽》《中国禽业导刊》编委代表大会”在扬州召开/李新

《中州学刊》

1. 新媒体背景下的舆论极化及其防范/刘行芳 刘修兵 韩灵丽

《北京师范大学学报（社会科学版）》

1. 突发性灾害治理——政府与非营利组织的良性互动/孔庆茵 侯玲

《自动化与仪表》

1. 轨道交通综合监控在线决策支持功能研究/徐漫江 许涛 李冰

《财会月刊》

1. 我国会计工作应急机制建设构想/黄宁

《现代预防医学》

1. 一起小城镇腹泻流行的现场流行病学调查/赵志刚

《辽宁工程技术大学学报（自然科学版）》

1. 不确定需求下应急物流系统多目标鲁棒优化模型/何珊珊 朱文海 任晴晴

《铁道运输与经济》

1. 武汉站应急处置机制研究/杨涛 崔艳萍

2. 基于TOPSIS的铁路应急资源调度优化模型/王东海 段力伟

3. 铁路企业应急管理工作的实践与思考/吴志强

《地理研究》

1. 2005—2010年中国自然灾害救助应急响应的区域分异特征/马玉玲 袁艺 程姚英

《铁道学报》

1. 认知的铁路应急自组织网络研究/李翠然 钟章队 谢健骊

《理论导刊》

1. 转型期非直接利益冲突与社会生活互动之影响/冉光仙 冉群光

《经济地理》

1. 区域救灾物资储备库布局优化的实证研究——以北京市昌平区为例/肖俊华 侯云先

2. 基于突变理论的过饱和旅游流应急疏散效率评价方法/戢晓峰 梁斐雯 陈方

《环境科学》

1. 新建核电站风险信息沟通实证研究/贺桂珍 吕永龙

《特区经济》

1. 环境突发事故中农民权益保护新研究/徐建雪 王育才

《给水排水》

1. 大广高速公路黄龙带隧道消防系统设计/钱经纬

2. 饮用水安全区域联动应急技术研究与示范/董秉直 顾玉亮 俞亭超 华建良 管伟民 华伟 戎文磊 陆纳新 赵平伟 汪瑞清 李树平 李伟英 刘宴辉 黄怡 刘菁 程伟平

3. 自来水厂应急净化处理技术及工艺体系研究与示范/陈超 张晓健 董红 顾军农 陈国光 董玉莲 卢益新 周圣东 冯桂学 韩宏大 纪峰 陈宇敏 盛德洋 孙增峰

《上海海洋大学学报》

1. 省级海洋突发性事件应急预案的层级选择/唐建业 郭倩

《中国劳动关系学院学报》

1. 企业劳动关系风险预警系统研究/何勤

《中国党政干部论坛》

1. 问题与建议：对我国行政紧急权力立法模式的反思/吴卫军 谈迅

《河南师范大学学报（哲学社会科学版）》

1. 论社会稳定视野下的“无直接利益冲突”/王艳成

《证券市场导报》

1. 股市交易中群体行为发生机制研究——以新股上市首日股价大涨为例/林芳竹 翟伟丽 李广川

《财政研究》

1. 预防和应对危机的政府理财研究——冯俏彬新书《序》/魏礼群

《制造业自动化》

1. 基于物联网的输液监控报警系统的设计/邓健志 程小辉 杨书杰 吴泽昆

《城市发展研究》

1. 针对社区脆弱性的应对措施分析/于瑛英 赵红

《工程爆破》

1. 工程爆破行业信息化建设的探讨/曲艳东 孔祥清 赵辛 马丹

《教学与管理》

1. 课堂偶发事件的辨识与调控/肖晓燕

《商业研究》

1. 基于公私应急物流资源整合下的 VRP 研究/王绍仁 任飞宇

《四川大学学报（自然科学版)》

1. 多机型不正常航班恢复的时空网络模型/乐美龙 王婷婷 吴聪聪

《环境与职业医学》

1. 某单晶硅生产企业职业危害及防护调查/杨章萍 姜彩霞 张旭慧 丁钢强

《江苏社会科学》

1. 1901—1910 年清政府应对民变的措施及其评价/王业兴

《中国经贸导刊》

1. 美国应急物资保障体系新变化

《图书馆学研究》

1. 美国大学图书馆危机管理实践及启示/王金茹 高波

《光通信技术》

1. 应急无源光接入系统设计/尹树华

《人民长江》

1. 长江防总办公室印发《长江流域防汛抗旱

应急预案》/长江

《中华医院感染学杂志》

1. 轻型车载式灾害救援医院无菌物品安全管理措施的研究/曹力 郑静晨 杨炯 万琼

《计算机科学》

1. 基于供应链网络的传递攻击策略研究/柳虹 周根贵 傅培华 毛国红

《激光技术》

1. 基于 Mach – Zehnder 干涉的全光纤防区型周界系统/张睿 江山 闫奇众 印新达 刘军荣 熊岩

《消防科学与技术》

1. 硬质聚氨酯泡沫的潜在火灾危险性/王国辉 张清林 韩伟平 王俊胜 刘丹

2. 火灾环境下 LPG 储罐冷却防护的研究进展/邢志祥 赵垒

3. 消防物联网技术体系研究/隋虎林 范玉峰

4. 高层塔楼办公标准层的性能化防火设计/黄鑫 倪照鹏 杨丙杰 谢天光

5. KTV 火灾人员安全疏散研究/姜立春 陈锦添

6. 重载铁路隧道火灾特点分析/陈长坤 康恒

7. 含添加剂细水雾熄灭 K 类火灾的实验研究/朱鹏 刘惠平 徐凡席 周波 刘章蕊

8. 地铁环境下的应急通信指挥模式探讨/吴樵

9. 公共危机应急救援力量管理体系研究/葛晓霞 郭其云 董希琳

10. 具有认知能力的应急通信系统构建研究/王海涛 宋丽华